Generis
PUBLISHING

International Business Glossary o Glosario de Comercio Exterior

Diccionario bilingüe

Mario Ríos Mayorga

Title: **International Business Glossary o Glosario de Comercio Exterior**

Diccionario bilingüe

ISBN: 979-8-89966-158-7

Author: Mario Ríos Mayorga

Cover image: www.pixabay.com

Publisher: Generis Publishing
Online orders: www.generis-publishing.com
Contact email: info@generis-publishing.com

International Business Glossary o Glosario de Comercio Exterior

Diccionario bilingüe

Descripción breve

"Glosario de los términos de comercio internacional más utilizados en la Organización Mundial del Comercio (OMC). Bilingüe: inglés/español o vicersa, basado en su popularidad, definición, importancia y ejemplos."

Mario Ríos Mayorga

mriosm@uandina.edu.pe

Tabla de contenido

Prólogo

El comercio internacional es, sin lugar a dudas, uno de los pilares fundamentales de la economía contemporánea. En un mundo interconectado y en constante transformación, la capacidad de comprender y gestionar los complejos flujos de bienes, servicios y capitales entre naciones constituye una competencia indispensable para los profesionales de hoy. No obstante, esta comprensión trasciende los grandes conceptos de la globalización o los tratados comerciales; se fundamenta en la precisión de los detalles, en la terminología rigurosa que sustenta cada transacción, contrato y acuerdo internacional.

Este libro nace de la necesidad de ofrecer una herramienta exhaustiva, práctica y accesible que permita a estudiantes, académicos y profesionales aproximarse con claridad al lenguaje técnico del comercio internacional. Más que un diccionario, se presenta como un glosario, en el que cada término es contextualizado en su uso real y cotidiano, acompañado de ejemplos y explicaciones que facilitan su aplicación en el quehacer académico, empresarial y profesional.

El autor, con más de tres décadas de experiencia en el ámbito del comercio exterior, ha desempeñado funciones de liderazgo como gerente de exportaciones en empresas que operan en mercados exigentes y diversos. Actualmente, conjuga esa vasta experiencia profesional con la docencia universitaria, formando a nuevas generaciones de especialistas en negocios internacionales. Su trayectoria, marcada por la práctica, la reflexión y la enseñanza, se refleja en cada página de esta obra, que reúne la rigurosidad conceptual con la mirada práctica de quien ha vivido en primera persona la evolución del comercio internacional.

A lo largo de su carrera, el autor ha sido testigo de la profunda transformación del sector: desde los métodos tradicionales de intercambio hasta la incorporación de tecnologías avanzadas, pasando por la adaptación a entornos regulatorios cada vez más complejos. Este libro es, por tanto, fruto de décadas de aprendizaje, innovación y transmisión de conocimiento, concebido con el propósito de aclarar la terminología técnica y, al mismo tiempo, dotar a los lectores de una herramienta que los prepare para afrontar los desafíos del comercio global en el siglo XXI.

La obra está dirigida a una audiencia diversa: estudiantes y académicos que buscan consolidar su formación, profesionales que requieren un instrumento de consulta confiable, e incluso empresarios y negociadores que interactúan en entornos internacionales dinámicos. En estas páginas, todos encontrarán un recurso invaluable para comprender con mayor profundidad los engranajes del comercio mundial.

Este prólogo no estaría completo sin un reconocimiento sincero a colegas, estudiantes, instituciones y empresas que, a lo largo de los años, han acompañado y enriquecido la labor del autor. A todos ellos, su gratitud por haber contribuido al desarrollo de esta obra, que aspira a ser guía práctica, fuente de consulta permanente e inspiración para seguir explorando y dominando el vasto y apasionante universo del comercio internacional.

En un escenario caracterizado por la globalización y la interdependencia, se hace imprescindible cultivar competencias que respondan a los retos de un entorno en constante cambio: dominar las normas nacionales e internacionales que rigen los intercambios de bienes, servicios, capitales e ideas; gestionar con eficiencia el financiamiento y la logística internacional; y desarrollar habilidades de negociación en mercados competitivos y dinámicos.

El International Business Glossary / Glosario de Comercio Exterior, reúne y clarifica los términos esenciales que regulan las transacciones globales. Su propósito es contribuir a la difusión de una terminología universalmente aceptada, facilitando el entendimiento, la interacción y la negociación entre actores económicos que representan empresas y países en un escenario global altamente competitivo y desafiante.

Dr. Raimundo Espinoza Sánchez
Ex Rector de la Universidad Andina del Cusco
Director del Departamento Académico de Administración – UAC

Introducción

El comercio internacional es una disciplina que ha evolucionado y se ha expandido de manera significativa en las últimas décadas, impulsado por la globalización, la digitalización de las economías, y el creciente entrelazamiento de las cadenas de suministro a nivel mundial. En este entorno, las barreras tradicionales al comercio se han reducido, dando lugar a un mercado global en el que las oportunidades son vastas, pero también los desafíos son más complejos. Las empresas, tanto grandes como pequeñas, se enfrentan a la necesidad de adaptarse rápidamente a las nuevas dinámicas comerciales, entender los acuerdos multilaterales, y gestionar los riesgos asociados a la volatilidad económica y política de diferentes regiones. Con este libro, buscamos ofrecer una herramienta indispensable que no solo define cada término con precisión, sino que también contextualiza su importancia y proporciona ejemplos prácticos que facilitan su comprensión y aplicación en el mundo real.

En este contexto, comprender los términos y conceptos clave del comercio internacional no es solo una necesidad para quienes ya están inmersos en el sector, sino también una herramienta esencial para aquellos que desean incursionar en un mercado cada vez más competitivo y globalizado. Conocer estos términos permite a los profesionales no solo navegar con mayor eficacia en el entorno global, sino también identificar y aprovechar oportunidades que podrían haber pasado desapercibidas.

Con más de 30 años de experiencia como gerente de diversas empresas exportadoras del país, y actualmente combinando su actividad exportadora con la docencia universitaria, el autor ha creado este libro como una herramienta indispensable. No solo define cada término con precisión, sino que también contextualiza su importancia, compartiendo sus valiosas experiencias acumuladas en la práctica del comercio internacional. Este libro no solo busca ser una guía teórica, sino también un recurso práctico, fundamentado en décadas de vivencias en el campo, que facilita la comprensión y aplicación de los conceptos en el mundo real.

Propósito del libro

Este libro fue concebido con el propósito de servir como una guía exhaustiva para cualquier persona interesada en el comercio exterior, ya sea un empresario que busca expandir sus operaciones, un académico que estudia las dinámicas del comercio internacional, o un estudiante que se adentra en este fascinante mundo. A través de este glosario bilingüe, el lector no solo aprenderá el significado de los términos y frases utilizados en el comercio internacional, sino que también entenderá por qué son importantes y cómo se aplican en la práctica.

Contexto

El comercio internacional es el motor imparable que conecta economías, culturas y oportunidades, permitiendo a naciones y empresas acceder a mercados dinámicos, recursos estratégicos y tecnologías innovadoras que transforman realidades. La Organización Mundial del Comercio (OMC) juega un papel fundamental al establecer reglas claras y equitativas que promueven un intercambio justo, transparente y eficiente, reduciendo barreras y fomentando la cooperación global. Para los profesionales y empresas, dominar el vocabulario y los conceptos clave del comercio exterior como aranceles, cadenas globales de valor o comercio electrónico transfronterizo es esencial para tomar decisiones informadas, optimizar operaciones y aprovechar oportunidades en un mundo cada vez más interconectado. Además, en un contexto donde la sostenibilidad y la responsabilidad social son prioritarias, el comercio internacional se convierte en una plataforma para impulsar prácticas éticas y contribuir al desarrollo global. Este ecosistema vibrante no solo genera empleo e innovación, sino que también construye puentes entre naciones, ofreciendo a quienes se atreven a explorarlo la posibilidad de liderar y dejar una huella en la economía mundial. El futuro es global, y el momento de actuar es ahora.

Estructura del libro

Este glosario está organizado de manera alfabética, facilitando la búsqueda de términos específicos tanto en español como en inglés. Cada entrada ofrece una definición clara y concisa, seguida de una explicación sobre la importancia del término en el comercio internacional, y complementada con ejemplos prácticos que ilustran su uso en situaciones reales. De esta manera, el lector podrá no solo familiarizarse con el lenguaje del comercio exterior, sino también aplicarlo de manera efectiva en su práctica profesional o académica.

Capítulo 1: Marco conceptual del comercio internacional

Introducción al comercio internacional

El comercio internacional es el intercambio de bienes, servicios y capital entre países y regiones. Este proceso, que ha existido desde tiempos antiguos, ha evolucionado con la globalización, transformándose en un motor esencial de la economía mundial. En esta sección, se explorarán los conceptos básicos del comercio internacional, incluyendo la diferencia entre comercio de bienes y servicios, y las teorías económicas que explican por qué los países comercian entre sí, como la teoría de la ventaja comparativa y la teoría de la especialización. Se presentará un panorama de cómo el comercio internacional ha crecido en volumen y complejidad, impulsado por acuerdos comerciales, la reducción de aranceles y el avance tecnológico.

Importancia
Esta sección proporcionará una base sólida para comprender la lógica detrás del comercio internacional y cómo se ha convertido en una fuerza impulsora de la economía global. Un ejemplo sería la evolución del comercio entre países desarrollados y en desarrollo, y cómo los acuerdos de libre comercio han contribuido a este crecimiento.

Rol de la OMC

Análisis del papel de la OMC

La Organización Mundial del Comercio (OMC) es la principal entidad internacional encargada de regular y supervisar las normas del comercio global. Desde su creación en 1995, la OMC ha desempeñado un papel fundamental en la promoción de un comercio justo y en la resolución de disputas comerciales entre países. En esta sección, se detallará cómo la OMC establece las reglas que guían el comercio internacional, cómo se negocian los acuerdos comerciales, y cómo se gestionan las disputas comerciales a través de su mecanismo de solución de controversias. Se discutirá el impacto de la OMC en la liberalización del comercio, su influencia en las políticas comerciales nacionales, y los desafíos actuales que enfrenta, como el proteccionismo creciente y las disputas entre grandes potencias económicas.

Importancia
Entender el rol de la OMC es crucial para cualquier profesional del comercio internacional, ya que esta organización define las reglas del juego a nivel global. Un ejemplo de su importancia puede verse en cómo la OMC ha facilitado acuerdos que han abierto nuevos mercados para productos agrícolas y tecnológicos en varias regiones del mundo.

Importancia de la terminología

Por qué es crucial entender y dominar la terminología específica en este campo
La terminología del comercio internacional no es solo un conjunto de palabras técnicas, sino

que representa conceptos fundamentales que tienen implicaciones directas en la práctica comercial diaria. Desde términos relacionados con la logística y la documentación, hasta conceptos legales y financieros, el dominio de esta terminología es esencial para evitar errores costosos, asegurar una comunicación clara entre las partes involucradas y cumplir con las normativas internacionales. En esta sección, se examinará la importancia de dominar esta terminología para la redacción de contratos, la negociación de acuerdos, y la comprensión de regulaciones y políticas comerciales. Además, se ofrecerán ejemplos prácticos de cómo un malentendido o una mala interpretación de términos específicos puede llevar a disputas comerciales o pérdidas financieras.

Importancia

El dominio de la terminología específica del comercio internacional es una habilidad clave para cualquier profesional en este campo, ya que garantiza precisión y eficacia en todas las operaciones comerciales. Por ejemplo, la comprensión clara de los términos Incoterms puede evitar conflictos sobre responsabilidades y costos entre compradores y vendedores en una transacción internacional.

Capítulo 2: Metodología del glosario

Criterios de selección de términos

Explicación de cómo se eligieron los términos incluidos en el glosario
La selección de términos para este glosario se realizó siguiendo un enfoque riguroso y sistemático para garantizar que se incluyan aquellos términos que son fundamentales para el comercio internacional. Los criterios de selección radicaron en la frecuencia de uso de los términos en la práctica comercial, su relevancia en documentos legales y financieros, y su importancia para la comprensión de conceptos clave en la industria. Además, se priorizó la inclusión de términos que son críticos para el cumplimiento de normativas internacionales y que son comunes en las negociaciones comerciales. Se consideraron tanto términos tradicionales, que han estado en uso durante décadas, como términos emergentes que reflejan las nuevas tendencias y desarrollos en el comercio internacional.

Importancia
Este proceso de selección asegura que el glosario sea una herramienta relevante y práctica para los profesionales del comercio internacional. Por ejemplo, la inclusión de términos relacionados con la tecnología blockchain refleja su creciente impacto en la transparencia y seguridad de las transacciones comerciales internacionales.

Fuentes utilizadas

Descripción de las fuentes bibliográficas, bases de datos y otros recursos consultados
Para garantizar la precisión y exhaustividad del glosario, se consultaron diversas fuentes de alta calidad. Estas incluyen libros especializados en comercio internacional, artículos de revistas académicas indexadas en (Scielo, Web of Science y Scopus), bases de datos gubernamentales, y publicaciones de organismos internacionales como la Organización Mundial del Comercio (OMC) y el Banco Mundial. Además, se revisaron documentos técnicos, informes de la industria, y estudios de caso que proporcionaron un contexto práctico a los términos seleccionados. También se utilizaron diccionarios bilingües y glosarios especializados en comercio exterior para asegurar la exactitud de las traducciones y definiciones.

Importancia
El uso de estas fuentes garantiza que el glosario esté respaldado por información verificada y actualizada, ofreciendo a los lectores una referencia confiable. Un ejemplo es la consulta de los informes de la OMC para definir términos relacionados con las políticas comerciales que están en constante evolución.

Clasificación bilingüe

Cómo se estructuraron los términos en ambos idiomas para facilitar su comprensión y uso práctico

El glosario se ha estructurado de manera bilingüe, presentando cada término en español junto con su equivalente en inglés o viceversa por la importancia de cada una se tomó la decisión de jerarquizar. Esta clasificación se diseñó para ser intuitiva y fácil de usar, permitiendo a los lectores encontrar rápidamente los términos que necesitan, independientemente de su idioma de origen. Los términos se han organizado alfabéticamente en ambos idiomas y se han agrupado por categorías temáticas cuando es relevante, como términos financieros, logísticos, o legales, para facilitar su consulta en contextos específicos. Además, cada entrada incluye una definición clara y concisa, ejemplos de uso en contextos reales, y notas adicionales cuando es necesario para aclarar diferencias culturales o jurídicas entre los dos idiomas.

Importancia
Esta estructura bilingüe asegura que el glosario sea accesible y útil tanto para hablantes nativos de español como de inglés, lo que es crucial en un campo tan globalizado como el comercio internacional. Por ejemplo, un usuario puede buscar "bill of lading" y encontrar su correspondiente término en español "conocimiento de embarque", junto con una explicación de su uso en documentos de transporte marítimo.

Aquí tienes una propuesta para el desarrollo de los capítulos 3 a X, donde cada capítulo se enfocará en una letra del alfabeto. Esta estructura garantiza que los lectores puedan navegar fácilmente por los términos, comprendiendo no solo su significado, sino también su aplicación práctica en el comercio internacional.

Glosario de términos desde la letra o frase A hasta la Z

Cada uno de los capítulos se dedicará a una letra específica del alfabeto, agrupando los términos de manera alfabética para facilitar su consulta. La estructura de cada entrada incluirá la definición del término, su importancia en el contexto del comercio internacional, y un ejemplo práctico que ilustre su uso.

Ejemplo de Estructura de un capítulo

Letra A

Término: Arancel (Tariff)

Definición en español

Un arancel es un impuesto que un país impone a los bienes importados desde otro país, con el fin de proteger la industria nacional o generar ingresos fiscales.

Importancia
Los aranceles son herramientas clave en la política comercial de un país, ya que pueden influir en el flujo de bienes y servicios entre fronteras. Entender cómo funcionan los aranceles es crucial para cualquier empresa involucrada en el comercio internacional, ya que pueden afectar los costos de importación y, por ende, los precios finales de los productos en el mercado.

Ejemplo
Una empresa en Estados Unidos que importa automóviles de Japón puede verse afectada por un arancel del 10% impuesto por el gobierno estadounidense, lo que incrementará el costo de los automóviles importados y podría hacer que los productos nacionales sean más competitivos.

Letra B

Término: Barrera comercial (Trade Barrier)

Definición en español

Una barrera comercial es cualquier medida, ya sea arancelaria o no arancelaria, que un país utiliza para restringir el comercio de bienes y servicios, limitando las importaciones o exportaciones.

Importancia
Las barreras comerciales, como cuotas, subsidios o regulaciones estrictas, pueden tener un impacto significativo en la capacidad de las empresas para acceder a nuevos mercados. Comprender estas barreras permite a las empresas prepararse mejor para enfrentar desafíos en mercados internacionales y diseñar estrategias para superarlas.

Ejemplo
Una empresa textil peruana enfrenta dificultades para exportar a Europa debido a las estrictas regulaciones sobre estándares de calidad y etiquetado, que actúan como barreras comerciales no arancelarias, estando aun vigencia el TLC con el bloque económico de la Unión Europea (UE).

Letra C

Término: Conocimiento de Embarque (Bill of Lading)

Definición en español

El conocimiento de embarque es un documento legal emitido por un transportista a un remitente que detalla el tipo, cantidad y destino de los bienes transportados. Es fundamental para la ejecución de un contrato de transporte marítimo.

Importancia
Este documento es esencial en el comercio internacional, ya que sirve como prueba de propiedad de la mercancía y es necesario para liberar los bienes al destinatario en el puerto de destino. Un manejo incorrecto del conocimiento de embarque puede llevar a retrasos en la entrega o a disputas legales.

Ejemplo
Una empresa exportadora de café en Perú envía un lote a un comprador en Alemania, utilizando un conocimiento de embarque para asegurar que el café llegue al destino correcto y en la cantidad acordada.

Capítulos siguientes

Cada uno de los capítulos subsiguientes seguirá la misma estructura, presentando términos clave de la letra correspondiente del alfabeto. Cada término será definido en español, traducido al inglés o viceversa dependiendo de la importancia que el autor consideró entre paréntesis, seguido de una breve explicación de su importancia en el comercio internacional y un ejemplo práctico que lo contextualice en la vida real.

Resumen de los temas centrales

Este libro ofrece una exhaustiva revisión de la terminología esencial en el comercio internacional, cubriendo desde conceptos fundamentales hasta términos más especializados que reflejan la evolución del sector. Hemos explorado cómo los términos relacionados con aranceles, barreras comerciales, documentos de transporte, acuerdos internacionales y regulaciones impactan directamente en la práctica diaria del comercio exterior. A lo largo de los capítulos, se ha enfatizado la importancia de dominar esta terminología para navegar con éxito en un entorno comercial globalizado, donde la precisión y el conocimiento especializado son cruciales para tomar decisiones informadas y evitar errores costosos.

El resumen enfatiza la importancia de los términos abordados y su influencia en la operatividad diaria del comercio internacional. Una comprensión adecuada de conceptos como Incoterms o Conocimiento de Embarque puede ser determinante para el éxito o el fracaso de una transacción internacional.

Implicaciones para profesionales, empresarios y estudiantes

El conocimiento adquirido a través de este glosario es invaluable para una amplia gama de profesionales, desde exportadores e importadores hasta consultores y académicos. Para los profesionales del comercio exterior, este glosario sirve como una referencia constante que puede facilitar la toma de decisiones estratégicas y operativas. Al entender la terminología en profundidad, los profesionales pueden mejorar la comunicación con socios comerciales, negociar contratos más eficientemente, y asegurar el cumplimiento de normativas internacionales.

Para estudiantes y académicos, este libro no solo proporciona una base sólida de conocimientos, sino que también actúa como un puente entre la teoría y la práctica. Los términos y conceptos aquí explicados son aplicables en escenarios reales, permitiendo a los estudiantes preparar mejor sus carreras en comercio internacional y a los académicos desarrollar investigaciones que tengan un impacto tangible en la industria.

El enfoque en las implicaciones prácticas asegura que el conocimiento no se quede solo en la teoría, sino que se traduzca en habilidades y competencias aplicables en el día a día. Un ejemplo sería cómo un estudiante puede utilizar este glosario para entender mejor los estudios de caso en sus cursos y luego aplicar ese conocimiento en su primer trabajo en una empresa exportadora.

Sugerencias para estudios futuros

Aunque este glosario ofrece una cobertura extensa de términos fundamentales y avanzados en el comercio internacional, el campo radica constante evolución. En futuras ediciones o en investigaciones académicas, sería valioso explorar términos emergentes relacionados con nuevas tecnologías, como la inteligencia artificial y la automatización en la logística, así como el impacto de las políticas comerciales cambiantes en la globalización. Además, áreas como el comercio sostenible y las nuevas regulaciones medioambientales merecen una atención más profunda, dado su creciente influencia en el comercio internacional.

También se sugiere que futuros estudios investiguen la intersección entre comercio internacional y economía digital, analizando cómo la digitalización está transformando las cadenas de suministro y los modelos de negocio tradicionales. Estos temas no solo enriquecerían futuras ediciones del glosario, sino que también contribuirían a la formación de profesionales preparados para enfrentar los desafíos del comercio en el siglo XXI.

Importancia
Las sugerencias para estudios futuros permiten que el libro no solo cierre con una recapitulación, sino que también inspire a los lectores a continuar explorando y contribuyendo al campo del comercio internacional. Por ejemplo, la investigación sobre cómo las criptomonedas pueden impactar el comercio transfronterizo podría ser un área fascinante para el desarrollo académico.

Esta conclusión proporciona un cierre robusto y visionario para el libro, recapitulando los puntos clave, enfatizando la aplicabilidad práctica del conocimiento adquirido, y proponiendo nuevas direcciones de investigación que mantendrán la relevancia del contenido en el futuro.

Considerando lo globalizado que está el mundo hoy en día y que el inglés es el principal idioma del comercio internacional, saberlo te da una gran ventaja a la hora de buscar empleo. Incluso, muchas empresas incluyen el dominio del inglés dentro de sus requisitos de contratación

Glosario or glossary

A

A base de tanto por día (Per diem basis): Es un término utilizado para describir un acuerdo de pago basado en una cantidad fija por día. Este término se aplica comúnmente en contratos laborales y de servicios.

La relevancia del pago per diem se encuentra en la simplicidad y equidad que ofrece en la compensación por trabajos o servicios que varían en duración. Por ejemplo, un consultor puede ser contratado a base de tanto por día para un proyecto, asegurando una tarifa diaria fija por su trabajo.

Abandonment clause (Cláusula de abandono): Es la disposición en un contrato de seguro que permite al asegurado renunciar a sus derechos sobre los bienes asegurados a favor del asegurador y reclamar una indemnización total. Esta cláusula se aplica cuando los bienes son considerados una pérdida total o están irrecuperables.

La trascendencia de la cláusula de abandono reside en la protección financiera que ofrece al asegurado, permitiendo una solución rápida en caso de pérdidas significativas. Por ejemplo, un armador puede activar la cláusula de abandono si su buque se hunde y no es recuperable, reclamando el valor total asegurado.

Abandonment (Abandono): Es el acto de renunciar a los derechos sobre bienes o propiedades, generalmente en el contexto de seguros o contratos marítimos, donde el propietario cede sus derechos al asegurador a cambio de una indemnización.

La significancia del abandono se establece en la capacidad para resolver situaciones de pérdida total de manera eficiente, permitiendo que el asegurado reciba una compensación y el asegurador tome control de los bienes. Por ejemplo, un propietario de un buque puede abandonar el buque en favor de su asegurador si se considera una pérdida total tras un naufragio.

Aboard (A bordo): Se refiere a estar en o sobre un medio de transporte, como un buque, avión, tren o vehículo. Este término se utiliza comúnmente en el contexto de viajes y transporte.

La influencia estratégica de "a bordo" consiste en la especificación de la ubicación de personas o bienes durante el transporte, asegurando claridad en la documentación y operaciones. Por ejemplo, los pasajeros deben estar a bordo del avión antes de la hora de despegue especificada.

Abordaje por negligencia (Negligent collision): Es una colisión entre dos buques o vehículos causada por la falta de cuidado o atención por parte de una de las partes involucradas. Este término se utiliza en el contexto de seguros y derecho marítimo.

El protagonismo estratégico de abordar por negligencia consiste en la asignación de responsabilidad y la determinación de indemnizaciones por daños y perjuicios. Por ejemplo, un buque que colisiona con otro debido a la maniobra imprudente de su capitán puede ser considerado culpable de abordaje por negligencia.

Above par (Por encima de la paridad, por encima del valor nominal): Es un término financiero que indica que un valor, como un bono o acción, se está negociando a un precio superior a su valor nominal o de emisión.

La influencia global de "por encima de la paridad" se basa en la indicación de la salud y demanda del valor en el mercado, reflejando la percepción positiva de los inversores. Por ejemplo, un bono que se negocia por encima del par muestra que los inversores están dispuestos a pagar más de su valor nominal debido a su atractivo rendimiento o solidez del emisor.

Abroad (En el extranjero): Se refiere a cualquier lugar fuera del país de origen de una persona o entidad. Este término se utiliza comúnmente en contextos de viajes, comercio y operaciones internacionales.

La relevancia estratégica de "en el extranjero" está en la distinción clara de jurisdicciones, regulaciones y mercados, impactando decisiones de negocios, legales y de cumplimiento. Por ejemplo, una empresa que opera en el extranjero debe cumplir con las leyes y regulaciones locales de los países donde realiza negocios.

Acceleration clause (Cláusula de aceleración): Es una disposición en un contrato de préstamo que permite al prestamista exigir el pago inmediato del saldo total del préstamo si el prestatario incumple ciertas condiciones, como pagos atrasados o violación de términos del contrato.

La importancia de la cláusula de aceleración consiste en la protección que ofrece al prestamista, permitiendo una respuesta rápida y la recuperación del préstamo en situaciones de incumplimiento. Por ejemplo, si un prestatario deja de hacer los pagos mensuales de su hipoteca, el banco puede invocar la cláusula de aceleración y exigir el pago total del saldo pendiente.

Acceptance (Aceptación): Es el acto de recibir una oferta, propuesta o documento con consentimiento y acuerdo a los términos presentados. En el contexto de comercio y contratos, la aceptación es fundamental para la formación de un acuerdo vinculante.

La preponderancia de la aceptación depende de su papel en la creación de obligaciones contractuales y en la finalización de transacciones comerciales. Por ejemplo, un comprador acepta una oferta de venta firmando un contrato de compra, formalizando así el acuerdo entre las partes.

Accepted for carriage (Aceptado para transporte): Es un término utilizado para indicar que una mercancía ha sido aceptada por un transportista para ser transportada a su destino. Este término confirma que las mercancías cumplen con los requisitos y están listas para el envío.

La significancia operativa de "aceptado para transporte" se fundamenta en la confirmación de que las mercancías están en condiciones adecuadas y que el transportista ha asumido la responsabilidad de su entrega. Por ejemplo, una empresa de logística confirma que un lote de productos ha sido aceptado para transporte y radica camino a su destino final.

Accesible al arribo (Reachable on arrival): Se refiere a la capacidad de un buque para llegar a un puerto específico y atracar de manera segura a su llegada. Este término se utiliza en contratos de fletamento y transporte marítimo.

La relevancia de "accesible al arribo" se encuentra en la seguridad y previsibilidad que ofrece en la planificación de operaciones portuarias, asegurando que los buques puedan llegar y atracar sin problemas. Por ejemplo, un contrato de fletamento puede especificar que el puerto de destino debe ser accesible al arribo para evitar retrasos y costos adicionales.

Accesión Aduanera (Customs Accession): Es el proceso por el cual un país se adhiere a un acuerdo o tratado aduanero internacional, adoptando sus normas y regulaciones para facilitar el comercio y la cooperación aduanera.

La trascendencia de la accesión aduanera reside en la armonización de las prácticas aduaneras y en la promoción del comercio internacional, reduciendo barreras y facilitando el movimiento de mercancías. Por ejemplo, un país que se adhiere a la Organización Mundial de Aduanas adopta sus estándares para mejorar la eficiencia y seguridad de sus operaciones aduaneras.

Accident (Accidente): Es un evento imprevisto y no intencional que resulta en daño o lesión. Los accidentes pueden ocurrir en diversos contextos, como en el trabajo, en el transporte o en el hogar.

La significancia de la cobertura de accidentes se establece en la protección financiera y en la seguridad que proporciona, asegurando que las personas afectadas reciban compensación y apoyo en caso de incidentes. Por ejemplo, un trabajador herido en un accidente laboral puede recibir beneficios de compensación a través del seguro de accidentes de la empresa.

Accidental death (Muerte por accidente): Es el fallecimiento de una persona como resultado de un accidente. Este término se utiliza en el contexto de seguros para describir un tipo de cobertura que proporciona beneficios en caso de muerte accidental.

El alcance estratégico de la cobertura por muerte accidental consiste en la protección financiera que ofrece a los beneficiarios, asegurando que reciban apoyo económico en caso de una tragedia inesperada. Por ejemplo, una póliza de seguro de vida con cobertura por muerte accidental proporciona un beneficio adicional a los beneficiarios si el asegurado fallece en un accidente.

Acción (Share): Es una unidad de propiedad en una empresa que representa una fracción del capital social de la misma. Los accionistas poseen acciones y tienen derechos sobre los beneficios y activos de la empresa.

El eje fundamental de las acciones se sostiene en su papel fundamental para la financiación de las empresas, ya que permiten captar recursos y facilitar su crecimiento, permitiendo a las compañías recaudar capital y a los inversores participar en el crecimiento y éxito de la empresa. Por ejemplo, una empresa emite acciones para recaudar fondos para expandir sus operaciones y los inversores compran esas acciones para obtener beneficios y dividendos.

Accionista (Shareholder, stockholder): Es una persona o entidad que posee acciones en una empresa y, por lo tanto, tiene derechos sobre una parte de los beneficios y activos de la empresa. Los accionistas pueden tener derecho a votar en decisiones importantes de la empresa.

La preeminencia comercial de los accionistas se sustenta en su papel como propietarios parciales de la empresa, influyendo en su dirección y estrategias a través de su derecho a voto y participación en las decisiones. Por ejemplo, los accionistas de una empresa pública pueden votar en la elección de la junta directiva y en decisiones estratégicas clave.

Accounting information (Información contable): Es la información financiera que una empresa recopila, procesa y presenta en sus estados financieros, incluyendo ingresos, gastos, activos, pasivos y patrimonio. La información contable es esencial para la toma de decisiones empresariales y el cumplimiento de regulaciones.

La influencia de la información contable está en su capacidad para proporcionar una visión clara y precisa de la situación financiera de una empresa, facilitando la toma de decisiones informadas y el cumplimiento de requisitos legales. Por ejemplo, los gerentes de una empresa utilizan información contable para evaluar el rendimiento financiero y planificar estrategias futuras.

Accounts department (Departamento de contabilidad): Es el departamento de una empresa responsable de gestionar y registrar todas las transacciones financieras, preparar estados financieros y asegurar el cumplimiento de las normativas contables y fiscales.

La relevancia estratégica del departamento de contabilidad proviene de su rol esencial en la gestión financiera de la empresa, proporcionando información precisa y oportuna para la toma de decisiones y asegurando el cumplimiento de las regulaciones. Por ejemplo, el departamento de contabilidad prepara los informes financieros anuales que se presentan a los accionistas y las autoridades fiscales.

ACE Acuerdo de Complementación Económica (Existing economic complementation agreement - ECA): Es un acuerdo entre países que busca promover la integración y cooperación económica mediante la reducción de barreras comerciales y la implementación de políticas comunes. Estos acuerdos pueden abarcar diversos aspectos como aranceles, comercio de servicios, inversiones y propiedad intelectual.

La preponderancia del ACE depende de su capacidad para fomentar el comercio y la inversión entre los países miembros, mejorando la competitividad y el crecimiento económico regional. El Mercosur es un ejemplo de un acuerdo de complementación económica que facilita el comercio entre los países miembros de América del Sur.

Acknowledgment of receipt (Acuse de recibo): Es una confirmación formal de que se ha recibido un documento, paquete o comunicación. El acuse de recibo puede ser utilizado en diversos contextos, como en la correspondencia comercial, los envíos y las transacciones financieras.

La significancia operativa del acuse de recibo se fundamenta en la certeza y registro que proporciona, asegurando que las partes involucradas tengan constancia de la recepción de los documentos o bienes. Por ejemplo, un proveedor envía un acuse de recibo a un cliente para confirmar que ha recibido un pedido de productos.

ACP - Acuerdo de Cooperación y Participación (Cooperation and participation agreement): Es un convenio entre países o entidades que establece la cooperación y participación en diversas áreas, como el comercio, la inversión, la tecnología y la investigación. Estos acuerdos buscan promover el desarrollo mutuo y fortalecer las relaciones entre las partes involucradas.

La relevancia del ACP se encuentra en la promoción de la colaboración y el intercambio de recursos, conocimientos y beneficios, mejorando la capacidad de los países o entidades para enfrentar desafíos comunes y aprovechar oportunidades. Por ejemplo, un ACP entre dos países puede incluir la cooperación en proyectos de infraestructura, investigación científica y educación.

Acreedor (Creditor): Es una persona o entidad a la que se le debe dinero u otra obligación. Los acreedores pueden ser individuos, empresas o instituciones financieras que han proporcionado préstamos, bienes o servicios a cambio de una promesa de pago.

La trascendencia del acreedor reside en su participación en la financiación y el apoyo económico, permitiendo a los deudores acceder a los recursos necesarios para operar y crecer. Por ejemplo, un banco que otorga un préstamo hipotecario a un comprador de vivienda actúa como acreedor.

Act of God (Acto de Dios): Es un evento natural imprevisible e inevitable, como un terremoto, inundación o huracán, que no puede ser prevenido ni controlado por ninguna de las partes involucradas. Este término se utiliza en contratos y seguros para eximir de responsabilidad por daños causados por tales eventos.

La significancia del acto de Dios se establece en la claridad que proporciona en la asignación de responsabilidad y en la protección contra eventos fuera del control humano. Por ejemplo, una póliza de seguro puede excluir la cobertura de daños causados por actos de Dios.

Acts of public enemies (Actos de los enemigos públicos): Son acciones llevadas a cabo por enemigos reconocidos del estado, como terroristas o fuerzas hostiles, que pueden causar daños o pérdidas. Este término se utiliza en el contexto de seguros y derecho internacional.

La significancia operativa de los actos de los enemigos públicos consiste en la especificación de riesgos que pueden estar excluidos de la cobertura de seguros, protegiendo a las aseguradoras de responsabilidades excesivas. Por ejemplo, una póliza de seguro marítimo puede excluir la cobertura de pérdidas causadas por actos de piratería.

Acts of war (Actos bélicos): Son acciones militares o conflictos armados que pueden causar daños o pérdidas. Este término se utiliza en contratos y seguros para excluir la responsabilidad por daños resultantes de actividades bélicas.

La gravitación comercial de los actos bélicos radica en la protección que ofrecen a las partes involucradas, permitiendo una asignación clara de responsabilidades y riesgos en situaciones de conflicto. Por ejemplo, una póliza de seguro puede excluir la cobertura de daños causados por actos bélicos.

Actual cash value (Valor efectivo real): Es el valor de un bien en el mercado en el momento de la pérdida, considerando la depreciación. Este término se utiliza en el contexto de seguros para determinar la indemnización por daños o pérdidas.

La relevancia global del valor efectivo real se fundamenta en la precisión que proporciona en la evaluación de las reclamaciones de seguros, asegurando una compensación justa basada en el valor actual del bien. Por ejemplo, una compañía de seguros calcula el valor efectivo real de un automóvil dañado para determinar el pago de la reclamación.

Actual fault (Culpa real): Es la responsabilidad directa y comprobada de una parte en un evento o daño. Este término se utiliza en contextos legales y de seguros para determinar la responsabilidad y las indemnizaciones.

La gravitación esencial de la culpa real está en la equidad y precisión que proporciona en la asignación de responsabilidad, asegurando que las partes culpables sean responsables de los daños causados. Por ejemplo, en un accidente de tráfico, la culpa real se determina mediante la investigación de las circunstancias del incidente.

Actual weight - A/W (Peso real): Es el peso exacto de una mercancía, sin incluir el embalaje o cualquier otro material adicional. Este término se utiliza en el transporte y la logística para calcular costos y tarifas.

La influencia clave del peso real proviene de la precisión que proporciona en la gestión de la carga y la determinación de tarifas, asegurando una facturación justa y exacta. Por ejemplo, una empresa de transporte utiliza el peso real de las mercancías para calcular el costo del envío.

Acuerdo (Understanding): Es un acuerdo informal o formal entre dos o más partes sobre un asunto específico. Los acuerdos pueden ser verbales o escritos y suelen ser menos formales que los contratos legales.

La preponderancia del acuerdo depende en la capacidad para establecer expectativas y compromisos claros entre las partes, facilitando la cooperación y la resolución de conflictos. Por ejemplo, dos empresas pueden llegar a un acuerdo para colaborar en un proyecto conjunto sin necesidad de un contrato formal.

Acuerdo de distribución (Distribution agreement): Es un contrato entre un proveedor y un distribuidor que establece los términos y condiciones para la distribución de productos o servicios en una región o mercado específico.

La significancia operativa del acuerdo de distribución se fundamenta en la clarificación de responsabilidades y expectativas, asegurando una colaboración eficaz y el éxito en la comercialización de los productos. Por ejemplo, una empresa de tecnología firma un acuerdo de distribución con una compañía local para vender sus productos en un nuevo mercado.

Acuerdos comerciales (Trade agreements): Son tratados o convenios entre países que buscan facilitar el comercio y la inversión mediante la reducción de barreras arancelarias y no arancelarias. Estos acuerdos pueden incluir tratados de libre comercio y acuerdos bilaterales o multilaterales.

La relevancia de los acuerdos comerciales radica en su capacidad para impulsar el crecimiento económico, aumentar el comercio y mejorar las relaciones internacionales. Por ejemplo, el Tratado de Libre Comercio de América del Norte (TLCAN) es un acuerdo comercial que facilita el intercambio de bienes y servicios entre Estados Unidos, Canadá y México.

Acuerdos de nueva generación (New generation agreements): Son tratados comerciales y de inversión que no solo abordan el comercio de bienes y servicios, sino también cuestiones como la protección del medio ambiente, los derechos laborales y la regulación de la economía digital.

La trascendencia de los acuerdos de nueva generación reside en su enfoque integral para abordar los desafíos globales y promover un desarrollo sostenible y equitativo. Por ejemplo, el Acuerdo Económico y Comercial Global (CETA) entre la Unión Europea y

Canadá incluye disposiciones sobre sostenibilidad y estándares laborales.

Ad Valorem (Valorar): Es un término latino que significa "según el valor" y se refiere a un impuesto o arancel que se calcula como un porcentaje del valor de un bien o servicio. Este método se utiliza comúnmente en la imposición de aranceles aduaneros y otros impuestos indirectos.

La significancia del ad valorem se establece en su capacidad para ajustar la carga impositiva de acuerdo con el valor de los bienes o servicios, proporcionando una base justa y proporcional para la recaudación de impuestos. Por ejemplo, un arancel ad valorem del 10% se aplica al valor total de los productos importados.

Additional premium - A/P (Prima adicional): Es una cantidad extra de dinero que se paga por una póliza de seguro para cubrir riesgos adicionales o ampliar la cobertura existente. La prima adicional se calcula en función del riesgo y la extensión de la cobertura solicitada.

El pilar fundamental de la prima adicional consiste en la flexibilidad que ofrece a los asegurados para ajustar su cobertura según sus necesidades cambiantes, asegurando una protección adecuada. Por ejemplo, una empresa que transporta mercancías valiosas puede pagar una prima adicional para aumentar la cobertura de seguro durante el período de transporte.

Address (Dirección): Es la ubicación física o postal de una persona, empresa u organización. La dirección se utiliza para la correspondencia, la entrega de bienes y servicios, y la identificación de la ubicación.

La relevancia estratégica de la dirección gira en torno a la precisión y claridad que proporciona en la comunicación y la logística, asegurando que los bienes y mensajes lleguen al destinatario correcto. Por ejemplo, una empresa de comercio electrónico necesita la dirección exacta del cliente para enviar sus productos.

Adhesion (Adhesión): Es el acto de aceptar y adherirse a un acuerdo, contrato o tratado. En el contexto de seguros, la adhesión se refiere a la aceptación de los términos y condiciones de una póliza de seguro por parte del asegurado.

El alcance estratégico de la adhesión se depende de la formalización y el compromiso que establece entre las partes, asegurando que todas las condiciones sean claras y aceptadas. Por ejemplo, un nuevo miembro de un acuerdo comercial internacional firma un documento de adhesión para aceptar los términos del tratado.

Aditivo alimentario (Food additive): Es una sustancia añadida a los alimentos para mejorar su sabor, apariencia, conservación o valor nutricional. Los aditivos alimentarios están regulados por autoridades sanitarias para asegurar su seguridad y eficacia.

La influencia de los aditivos alimentarios está en su capacidad para mejorar la calidad y seguridad de los alimentos, asegurando que sean atractivos y seguros para el consumo. Por ejemplo, los conservantes se utilizan para prolongar la vida útil de los productos alimenticios, reduciendo el desperdicio y manteniendo la seguridad alimentaria.

Administration (Administración): Es el proceso de gestionar y coordinar las actividades de una organización o empresa para alcanzar sus objetivos. La administración incluye la planificación, organización, dirección y control de recursos.

La trascendencia global de la administración proviene de su capacidad para asegurar el funcionamiento eficiente y eficaz de una organización, optimizando el uso de recursos y logrando metas estratégicas. Por ejemplo, un administrador de una empresa de manufactura planifica la producción, gestiona el personal y controla los costos para mejorar la rentabilidad.

Administrative (Administrativo): Se refiere a las tareas y actividades relacionadas con la gestión y organización de una empresa u oficina. Las funciones administrativas incluyen la gestión de documentos, la coordinación de reuniones y la supervisión de operaciones diarias.

La preponderancia de las funciones administrativas depende de su capacidad para apoyar y facilitar el funcionamiento eficiente de una organización, asegurando que las operaciones se realicen sin problemas. Por ejemplo, un asistente administrativo organiza el calendario de reuniones, gestiona la correspondencia y coordina actividades de oficina.

Admiralty law (Derecho marítimo): Es el conjunto de leyes y regulaciones que gobiernan las actividades marítimas, incluyendo el transporte marítimo, los contratos de fletamento, los accidentes en el mar y las reclamaciones por salvamento. El derecho marítimo es una rama especializada del derecho internacional.

La trascendencia estratégica del derecho marítimo se fundamenta en su capacidad para regular y resolver disputas en el comercio y las operaciones marítimas, garantizando la seguridad y la justicia en las actividades marítimas. Por ejemplo, el derecho marítimo establece las normas para las reclamaciones por daños causados por colisiones entre buques.

Admision temporal (Temporary admission): Es un régimen aduanero que permite la entrada temporal de mercancías a un país sin el pago de derechos de importación, siempre que las mercancías se reexporten en un plazo determinado. Este régimen se utiliza para mercancías que se importan temporalmente para ferias, exhibiciones o procesos de reparación.

La relevancia de la admisión temporal se sostiene en la facilitación del comercio internacional y la reducción de costos para las empresas que necesitan importar mercancías de manera temporal. Por ejemplo, una empresa de maquinaria puede importar temporalmente equipos para una exposición comercial y luego reexportarlos sin pagar aranceles.

Admitido todo interés (Full interest admitted): Es la cláusula en una póliza de seguro que asegura que todos los intereses del asegurado permanezcan completamente cubiertos, proporcionando una cobertura amplia y completa.

La trascendencia de esta cláusula reside en la protección total que ofrece al asegurado, asegurando que todos sus intereses estén protegidos bajo la póliza. Por ejemplo, una empresa de transporte marítimo incluye esta cláusula en su seguro para cubrir todos los posibles intereses y riesgos asociados con sus operaciones.

ADR - Alternative dispute resolution (Resolución alternativa de disputas): Es un conjunto de métodos utilizados para resolver conflictos fuera de los tribunales, incluyendo la mediación, el arbitraje y la conciliación.

La ADR ofrece una alternativa más rápida y menos costosa al litigio tradicional.

La significancia de la ADR se establece en su capacidad para resolver disputas de manera eficiente y efectiva, reduciendo los costos y el tiempo asociados con los litigios judiciales. Por ejemplo, dos empresas en disputa sobre un contrato comercial pueden optar por la mediación para llegar a un acuerdo sin ir a juicio.

Aduana (Customs): Es una autoridad gubernamental responsable de la regulación y supervisión del comercio internacional, incluida la recaudación de aranceles y la aplicación de las leyes aduaneras. La aduana controla la entrada y salida de mercancías, personas y vehículos en un país.

La relevancia global de la aduana consiste en la protección de la economía y la seguridad nacional, facilitando el comercio legítimo y previniendo el contrabando y la entrada de mercancías ilegales. Por ejemplo, la aduana inspecciona y grava las importaciones de productos electrónicos para asegurar que cumplan con las regulaciones nacionales.

Advanced letter of credit (Carta de crédito anticipada): Es un instrumento financiero emitido por un banco a solicitud de un comprador, que garantiza el pago al vendedor antes del envío de las mercancías, siempre que se cumplan las condiciones especificadas.

La utilidad estratégica de la carta de crédito anticipada se basa en la seguridad y confianza que ofrece tanto al comprador como al vendedor, asegurando el pago y facilitando las transacciones comerciales internacionales. Por ejemplo, un importador utiliza una carta de crédito anticipada para asegurar el pago de maquinaria pesada antes de su envío.

Advanced payment (Pago anticipado): Es el pago realizado por adelantado antes de la entrega de bienes o servicios. Este tipo de pago puede ser total o parcial y se utiliza para asegurar el compromiso del comprador.

La importancia del pago anticipado radica en la protección que ofrece al vendedor, asegurando que recibirá al menos una parte del pago antes de entregar los bienes o servicios. Por ejemplo, un proveedor solicita un pago anticipado del 50% para comenzar la producción de una orden personalizada.

Advise (Aviso): Es una notificación formal enviada para informar a una parte sobre un evento, acción o cambio importante. En el contexto financiero, el aviso puede referirse a la notificación de una transacción o un cambio en los términos de un acuerdo.

La trascendencia estratégica del aviso está en la claridad y la comunicación que proporciona, asegurando que todas las partes estén informadas y puedan actuar en consecuencia. Por ejemplo, un banco envía un aviso a un cliente informándole de la aprobación de un préstamo.

Advise of arrival (Aviso de llegada): Es una notificación enviada para informar a una parte interesada sobre la llegada de mercancías, un vehículo o una persona a su destino. Este aviso es crucial para la coordinación logística y la planificación de la recepción.

La trascendencia global del aviso de llegada proviene de la preparación y coordinación que permite, asegurando que las mercancías o personas sean recibidas y gestionadas de manera eficiente. Por ejemplo, una empresa de logística envía un aviso de llegada a un cliente para informar que su envío ha llegado al puerto de destino.

Advise of dispatch (Aviso de expedición o despacho): Es una notificación enviada para informar a una parte interesada sobre el envío o despacho de mercancías. Este aviso puede incluir detalles sobre la fecha de envío, el método de transporte y la fecha estimada de entrega.

La importancia del aviso de expedición depende de la comunicación y transparencia que ofrece, permitiendo a las partes involucradas rastrear y planificar la recepción de las mercancías. Por ejemplo, un proveedor envía un aviso de expedición a un comprador para confirmar que los productos han sido enviados.

Advise of shipment (Aviso de embarque): Es una notificación enviada para informar a una parte interesada sobre el embarque de mercancías. Este aviso suele incluir detalles sobre el contenido del envío, el método de transporte y la fecha estimada de llegada.

La utilidad estratégica del aviso de embarque se fundamenta en la comunicación y coordinación que permite, asegurando que todas las partes estén informadas sobre el estado y el progreso del envío. Por ejemplo, un exportador envía un aviso de embarque a un importador para confirmar que la mercancía ha sido cargada y radica camino.

Advising bank (Banco avisador): Es el banco que notifica al beneficiario sobre la emisión de una carta de crédito y transmite los documentos relacionados. El banco avisador actúa como intermediario entre el banco emisor y el beneficiario.

La relevancia del banco avisador se sostiene en la seguridad y transparencia que proporciona en las transacciones financieras internacionales, asegurando que los documentos y fondos sean manejados de manera adecuada. Por ejemplo, un exportador recibe notificaciones y documentos del banco avisador en su país de origen.

Aerodeslizador (Hovercraft): Es un vehículo que se desplaza sobre una almohadilla de aire, permitiendo el transporte sobre superficies tanto terrestres como acuáticas. Los aerodeslizadores son utilizados para diversas aplicaciones, incluyendo el transporte de pasajeros, carga y operaciones de rescate.

La trascendencia del aerodeslizador reside en su versatilidad y capacidad para operar en terrenos difíciles y superficies mixtas, proporcionando soluciones de transporte únicas. Por ejemplo, un aerodeslizador puede ser utilizado para el transporte de pasajeros y carga en áreas costeras y pantanosas donde otros vehículos no pueden operar.

Affreightment (Fletamento): Es un contrato de arrendamiento de un buque o una parte del mismo para el transporte de mercancías. El fletamento puede ser por un viaje específico (fletamento por viaje) o por un período determinado (fletamento a tiempo).

La significancia del fletamento se establece en la flexibilidad y eficiencia que ofrece en el transporte marítimo, permitiendo a los cargadores y armadores optimizar el uso de los buques y reducir costos. Por ejemplo, una empresa de exportación fleta un buque para transportar su carga a un mercado internacional.

Aforo (Arqueo, capacidad): Es la medición del volumen o capacidad de carga de un buque o contenedor. El aforo se utiliza para determinar la capacidad de transporte y para calcular tarifas y costos de flete.

El eje fundamental del aforo consiste en la precisión que proporciona en la planificación y gestión del transporte, asegurando que los buques y contenedores se utilicen de manera eficiente. Por ejemplo, el aforo de un buque determina cuántos contenedores puede transportar en un solo viaje.

After derrick post (Poste de carga de popa): Es un poste vertical ubicado en la parte trasera de un buque que se utiliza para soportar las grúas de carga y descarga. Este poste es esencial para la maniobra segura y eficiente de la carga.

La trascendencia del poste de carga de popa estriba en su función para facilitar el manejo de la carga, permitiendo una operación segura y eficiente en el puerto. Por ejemplo, las grúas montadas en el poste de carga de popa se utilizan para levantar y mover contenedores en el muelle.

After perpendicular (Perpendicular de popa): Es una línea vertical imaginaria trazada en la parte trasera de un buque, generalmente en la unión del casco con el timón. Esta línea se utiliza como referencia para medir la longitud total del buque.

El eje estratégico de la perpendicular de popa se basa en su uso para definir y calcular las dimensiones y capacidades del buque, asegurando la precisión en la documentación y el cumplimiento de regulaciones. Por ejemplo, la longitud entre perpendiculares se mide desde la proa hasta la perpendicular de popa.

Against all risks (Contra todo riesgo): Es un tipo de cobertura de seguro que protege contra todos los riesgos posibles, excepto aquellos específicamente excluidos en la póliza. Esta cobertura es ampliamente utilizada en seguros de carga y propiedades.

La influencia del seguro contra todo riesgo está en la protección integral que ofrece, asegurando que el asegurado esté cubierto frente a una amplia gama de posibles pérdidas o daños. Por ejemplo, una empresa asegura sus envíos internacionales contra todo riesgo para protegerse contra daños, robos y otros incidentes imprevistos.

Against delivery (Contra entrega): Es una condición de pago que especifica que el comprador debe pagar por los bienes en el momento de la entrega. Esta condición se utiliza para asegurar que el vendedor reciba el pago antes de transferir la posesión de los bienes.

La relevancia global de la condición contra entrega proviene de la seguridad que proporciona al vendedor, asegurando que no se entreguen bienes sin recibir el pago correspondiente. Por ejemplo, un proveedor de materiales de construcción solicita el pago contra entrega para asegurar la recepción del pago antes de transferir los materiales al comprador.

Agenda (Orden del día): Es una lista de temas o asuntos que se discutirán en una reunión o evento. La agenda proporciona una estructura y un enfoque claro para la discusión, asegurando que se cubran todos los puntos importantes.

La preponderancia de la agenda depende de la organización y eficiencia que ofrece, permitiendo a los participantes prepararse adecuadamente y abordar todos los temas relevantes. Por ejemplo, una reunión de la junta directiva de una empresa incluye una agenda detallada para guiar la discusión y la toma de decisiones.

Agent (Agente, intermediario, o representante): Es una persona o entidad que actúa en nombre de otra parte para realizar tareas específicas, como la negociación de contratos, la venta de productos o la representación en transacciones comerciales. Los agentes pueden especializarse en diversas áreas, como bienes raíces, seguros y comercio internacional.

La relevancia estratégica del agente se fundamenta en su capacidad para facilitar transacciones y representar los intereses de sus clientes, ofreciendo experiencia y conocimientos especializados. Por ejemplo, un agente de ventas representa a una empresa en la promoción y venta de sus productos en un mercado extranjero.

Agente de aduana (Customs agent): Es un profesional autorizado que actúa en nombre de importadores y exportadores para gestionar y facilitar el despacho de mercancías a través de las aduanas. Los agentes de aduana se aseguran de que las mercancías cumplan con las regulaciones aduaneras y pagan los aranceles e impuestos correspondientes.

La relevancia del agente de aduana se encuentra en la eficiencia y precisión que ofrece en el proceso de despacho aduanero, asegurando el cumplimiento de las normativas y facilitando el comercio internacional. Por ejemplo, un agente de aduana gestiona el despacho de una importación de productos electrónicos, asegurando que se cumplan todas las regulaciones y se paguen los aranceles necesarios.

Agente de carga (Freight forwarder): Es un intermediario que organiza y coordina el transporte de mercancías en nombre de los exportadores o importadores. Los agentes de carga manejan la logística, la documentación y las negociaciones con los transportistas para asegurar que las mercancías lleguen a su destino de manera eficiente y segura.

La trascendencia del agente de carga reside en su capacidad para optimizar la logística y el transporte, proporcionando soluciones integrales y eficientes para el movimiento de mercancías. Por ejemplo, un agente de carga organiza el transporte multimodal de una carga desde el fabricante hasta el cliente final, asegurando la eficiencia y cumplimiento de los plazos.

Agente de transporte aduanero - A.T.A. (Customs Transport Agent): Es un profesional o empresa que gestiona y facilita el transporte de mercancías a través de las aduanas, asegurando el cumplimiento de todas las regulaciones aduaneras y la correcta documentación.

La significancia del Agente de Transporte Aduanero se establece en la eficiencia y precisión que ofrece en el despacho de aduanas, asegurando que las mercancías se muevan sin problemas a través de las fronteras. Por ejemplo, un A.T.A. maneja el despacho aduanero y la logística de un envío internacional de productos farmacéuticos, asegurando el cumplimiento de las normativas y la entrega a tiempo.

Agentes de los armadores (Owner's agents): Son representantes de los propietarios de buques que gestionan las operaciones y los intereses del buque en un puerto específico. Estos agentes coordinan la carga y descarga, el mantenimiento y la logística portuaria.

La influencia clave de los agentes de los armadores consiste en su capacidad para asegurar que las operaciones portuarias se realicen de manera eficiente y en el mejor interés de los propietarios del buque. Por ejemplo, un owner's agent coordina la carga y descarga de un buque granelero en un puerto internacional, asegurando que las operaciones se completen sin contratiempos.

Agentes fletadores (Chartering agents): Son intermediarios que facilitan el fletamento de buques, actuando en nombre de los fletadores para encontrar y negociar contratos de fletamento con los propietarios de buques.

La influencia estratégica de los agentes fletadores radica en su capacidad para optimizar el proceso de fletamento, asegurando que las necesidades de transporte de los fletadores se cumplan de manera eficiente y económica. Por ejemplo, un chartering agent encuentra un buque adecuado para transportar una carga de grano desde Sudamérica a Europa.

Agreement (Acuerdo o contrato): Es un entendimiento formal entre dos o más partes que especifica los términos y condiciones bajo los cuales se llevará a cabo una transacción o se prestará un servicio. Los acuerdos pueden ser verbales o escritos y tienen fuerza legal.

La influencia global del acuerdo se basa en la claridad y la seguridad que ofrece, estableciendo las expectativas y obligaciones de las partes involucradas. Por ejemplo, un contrato de compraventa de bienes especifica los términos de la transacción, incluyendo el precio, la cantidad y las condiciones de entrega.

Agrupamiento (Unitization): Es el proceso de consolidar múltiples artículos o paquetes en una sola unidad para facilitar el manejo, el almacenamiento y el transporte. Esto se realiza comúnmente en el transporte de carga para optimizar el uso del espacio y mejorar la eficiencia.

La influencia del agrupamiento está en la reducción de costos y la mejora de la eficiencia logística, facilitando el manejo de grandes volúmenes de mercancías. Por ejemplo, varios paquetes pequeños se agrupan en un contenedor para facilitar su transporte en un buque.

Ahorro (Saving): Es la parte del ingreso que no se gasta y se reserva para uso futuro. Los ahorros pueden ser depositados en cuentas bancarias, invertidos en activos financieros o guardados como efectivo.

La influencia estratégica del ahorro proviene de la seguridad financiera y la capacidad para enfrentar gastos imprevistos, inversiones futuras o jubilación. Por ejemplo, una familia ahorra parte de su ingreso mensual para crear un fondo de emergencia y planificar su jubilación.

Air consignment note (Carta de transporte aéreo): Es un documento que acompaña el envío de mercancías por vía aérea, detallando la naturaleza de las mercancías, las condiciones de transporte y la información del remitente y el destinatario.

La preponderancia de la carta de transporte aéreo depende de su rol para asegurar la transparencia y la trazabilidad de los envíos, facilitando el comercio y la logística internacional. Por ejemplo, una empresa utiliza una carta de transporte aéreo para enviar productos electrónicos a un cliente en otro país.

Air mail transfer (Transferencia de fondos por correo aéreo): Es un método de transferencia de dinero mediante el uso del servicio de correo aéreo. Este método es utilizado para enviar fondos de manera rápida y segura entre diferentes ubicaciones geográficas.

La preeminencia comercial de la transferencia de fondos por correo aéreo se fundamenta en su capacidad para facilitar transacciones financieras internacionales de manera eficiente. Por ejemplo, una persona envía dinero a su familia en otro país utilizando una transferencia de fondos por correo aéreo.

Air Way Bill - AWB (Guía aérea): Es un documento que acompaña las mercancías enviadas por vía aérea y sirve como recibo del transportista y contrato de transporte. La guía aérea contiene detalles sobre la carga, el remitente, el destinatario y las condiciones de transporte.

La relevancia de la guía aérea se encuentra en su capacidad para proporcionar un registro claro y detallado del envío, asegurando la transparencia y facilitando la reclamación de seguros en caso de pérdida o daño. Por ejemplo, un exportador utiliza una guía aérea para documentar el envío de productos farmacéuticos a un distribuidor en otro país.

Aircraft (Avión o aeronave): Es una aeronave utilizada para el transporte de pasajeros y carga. Los aviones pueden ser de diferentes tamaños y capacidades, desde pequeños aviones privados hasta grandes aviones comerciales.

La influencia operativa del avión reside en su capacidad para conectar rápidamente diferentes partes del mundo, facilitando el comercio internacional, el turismo y el transporte de pasajeros y mercancías. Por ejemplo, una aerolínea utiliza aviones comerciales para transportar pasajeros y carga entre continentes.

Airport of departure (Aeropuerto de salida): Es el lugar del aeropuerto desde el cual un vuelo se inicia. Este término se utiliza en la documentación de viajes y transporte aéreo para indicar el punto de origen de un vuelo.

La significancia del aeropuerto de salida se establece en la claridad que proporciona para la planificación y coordinación de vuelos, asegurando que las operaciones logísticas se realicen sin problemas. Por ejemplo, en un boleto de avión, el aeropuerto de salida especifica el lugar desde donde el pasajero abordará el vuelo.

Airport of destination (Aeropuerto de destino): Es el punto del aeropuerto al cual un vuelo llega. Este término se utiliza en la documentación de viajes y transporte aéreo para indicar el punto final de un vuelo.

La importancia del aeropuerto de destino se fundamenta en que proporciona para la planificación y coordinación de vuelos, asegurando que las operaciones logísticas se realicen sin problemas. Por ejemplo, en un boleto de avión, el aeropuerto de destino especifica el lugar donde el pasajero llegará al final de su vuelo.

Ajuste de corrección monetaria - CAF (Currency Adjustment Factor): Es un cargo adicional aplicado al flete para ajustar las fluctuaciones en los tipos de cambio entre la moneda del país de origen y la moneda del país de destino. Este ajuste asegura que las compañías navieras y de transporte no sufran pérdidas debido a cambios en las tasas de cambio.

La gravitación internacional del ajuste de corrección monetaria consiste en la protección que ofrece a las empresas de transporte contra las fluctuaciones monetarias, asegurando la estabilidad financiera en las operaciones internacionales. Por ejemplo, una compañía naviera aplica un CAF a los fletes de importación desde un país con una moneda volátil.

ALCA - Área de Libre Comercio de las Américas (Free trade area of the americas): Fue una iniciativa para crear una zona de libre comercio que abarcaría a todos los países de América, desde Canadá hasta Argentina, eliminando barreras arancelarias y facilitando el comercio y la inversión.

La importancia del ALCA se basa en la promoción del comercio y la integración económica en las Américas, aunque la iniciativa no se ha concretado. Por ejemplo, el ALCA buscaba fomentar el crecimiento económico y la competitividad en la región a través de la eliminación de aranceles y barreras comerciales.

Aleatory contract (Contrato aleatorio): Es un acuerdo en el cual las obligaciones de las partes dependen de un evento incierto y aleatorio. Este tipo de contrato es común en seguros y juegos de azar.

La influencia del contrato aleatorio está en la gestión de riesgos y la provisión de seguridad financiera en situaciones inciertas. Por ejemplo, un contrato de seguro de vida es un contrato aleatorio, ya que el pago de la póliza radica la ocurrencia incierta de la muerte del asegurado.

Alianza estratégica (Strategic alliance): Es una cooperación formal entre dos o más empresas para lograr objetivos comunes, compartiendo recursos y capacidades. Las alianzas estratégicas pueden incluir acuerdos de colaboración, joint ventures y asociaciones.

La trascendencia global de la alianza estratégica proviene de la capacidad para mejorar la competitividad, acceder a nuevos mercados y compartir riesgos y beneficios. Por ejemplo, dos empresas tecnológicas forman una alianza estratégica para desarrollar conjuntamente una nueva plataforma de software.

Alijes (Lighterages): Son las operaciones de carga y descarga de mercancías entre un buque y una embarcación más pequeña, conocida como alije, que transporta la carga a tierra o a otro buque. Esta práctica es común en puertos donde los grandes buques no pueden atracar directamente.

La preponderancia de los alijes depende de la flexibilidad que ofrecen para el manejo de carga en puertos con limitaciones de calado o infraestructura, facilitando el comercio y la logística. Por ejemplo, un buque petrolero utiliza alijes para transferir su carga a una terminal costera donde no puede atracar directamente.

All charges to goods (Todos los gastos a cargo del vendedor): Es una condición de venta en la cual todos los costos asociados con el transporte, manipulación y seguro de las mercancías son pagados por el vendedor hasta que las mercancías lleguen a su destino.

La trascendencia estratégica de este tipo de tratos comerciales se fundamenta en la claridad y la responsabilidad que establece, asegurando que el comprador no incurra en costos adicionales no previstos. Por ejemplo, un exportador acuerda pagar todos los gastos hasta que las mercancías lleguen al almacén del importador, garantizando una entrega sin problemas.

All line insurer (Asegurador autorizado para emitir toda clase de seguros): Es una compañía de seguros que está autorizada para emitir y gestionar pólizas de seguro en todas las líneas de negocio, incluyendo seguros de vida, salud, propiedad y accidentes.

La relevancia de un asegurador autorizado para emitir toda clase de seguros se centra en la capacidad para ofrecer una cobertura completa y diversa, adaptándose a las necesidades variadas de los clientes. Por ejemplo, una empresa puede obtener todas sus pólizas de seguro de un solo asegurador, simplificando la gestión de riesgos.

All risk Contract (Seguro contra todo riesgo): Es una póliza de seguro que proporciona cobertura contra todos los riesgos posibles, excepto aquellos específicamente excluidos en la póliza. Este tipo de contrato es común en seguros de carga y propiedades.

La trascendencia del seguro contra todo riesgo reside en la protección integral que ofrece, asegurando que el asegurado esté cubierto frente a una amplia gama de posibles pérdidas o daños. Por ejemplo, una empresa asegura sus envíos internacionales contra todo riesgo para protegerse contra daños, robos y otros incidentes imprevistos.

All risks (Pólizas de seguro a todo riesgo): Son pólizas de seguro que cubren todos los riesgos posibles, excepto aquellos específicamente excluidos en la póliza. Estas pólizas proporcionan una cobertura amplia y completa.

La significancia de las pólizas de seguro a todo riesgo se sostiene en la protección integral que ofrecen, asegurando que el asegurado esté cubierto frente a una amplia gama de posibles pérdidas o daños. Por ejemplo, una empresa asegura su inventario con una póliza de seguro a todo riesgo para protegerse contra incendios, robos y daños por agua.

Allowed (Permitido): Es un término utilizado para indicar que algo está autorizado o aceptado. En el contexto de contratos y regulaciones, "permitido" se refiere a acciones o condiciones que están dentro de los límites establecidos.

El eje estratégico de "permitido" radica en la claridad y certeza que proporciona, asegurando que todas las partes comprendan y respeten las reglas y condiciones establecidas. Por ejemplo, un contrato de arrendamiento especifica que ciertas modificaciones al local están permitidas, mientras que otras no lo están.

Almacén aduanero (Bonded warehouse): Es una instalación de almacenamiento donde las mercancías importadas pueden ser guardadas bajo la supervisión de las autoridades aduaneras hasta que se paguen los aranceles y se cumplan los requisitos aduaneros. Los almacenes aduaneros permiten el aplazamiento del pago de impuestos y aranceles hasta que las mercancías sean retiradas para su distribución.

El impacto global del almacén aduanero radica en la flexibilidad que ofrece a los importadores para gestionar el flujo de mercancías y los costos asociados con los aranceles aduaneros, mejorando la eficiencia logística y financiera. Por ejemplo, un importador almacena productos electrónicos en un almacén aduanero hasta que se completan los trámites aduaneros y se pagan los aranceles.

Almacén particular (Private warehouse): Es una instalación de almacenamiento operada y gestionada por una empresa para almacenar sus propios productos. Los almacenes particulares son utilizados para gestionar inventarios y facilitar la distribución de mercancías.

La relevancia estratégica del almacén particular se basa en la capacidad para controlar y optimizar el almacenamiento y la distribución de productos, mejorando la eficiencia y reduciendo costos. Por ejemplo, un fabricante de automóviles utiliza su propio almacén particular para almacenar piezas y componentes antes de su ensamblaje.

Almacenaje (Storage): Es el proceso de guardar y conservar mercancías en un lugar seguro y adecuado hasta que sean necesarias para su uso o distribución. El almacenamiento puede ser temporal o a largo plazo y se realiza en instalaciones como almacenes, bodegas y depósitos.

La importancia del almacenaje está en la capacidad para gestionar inventarios, proteger mercancías y asegurar la disponibilidad de productos cuando se necesiten, optimizando la cadena de suministro. Por ejemplo, una empresa de retail almacena productos en su centro de distribución antes de enviarlos a las tiendas.

Alteration (Agravación material - alteración): Es un cambio significativo en las condiciones, características o uso de un bien asegurado que puede afectar el riesgo cubierto por la póliza de seguro. La alteración puede requerir una reevaluación de la cobertura y la prima del seguro.

La significancia operativa de la alteración proviene de la necesidad de mantener actualizadas las condiciones de la póliza de seguro para reflejar cambios en el riesgo, asegurando una cobertura adecuada. Por ejemplo, una empresa que convierte su almacén en una planta de producción debe notificar a su aseguradora sobre la alteración para ajustar la cobertura.

Always afloat (Siempre a flote): Es un término utilizado en contratos de fletamento para indicar que el buque debe permanecer a flote en todo momento durante las operaciones de carga y descarga, evitando tocar fondo en puertos de poca profundidad.

La preponderancia de "siempre a flote" depende de la protección del buque contra posibles daños y en la garantía de operaciones seguras y eficientes en el puerto. Por ejemplo, un contrato de fletamento especifica que el buque debe permanecer siempre a flote para evitar riesgos durante la carga en un puerto de aguas poco profundas.

Ambas cabezas (Both ends): Es un término utilizado en contratos de transporte y fletamento para indicar que las responsabilidades y costos asociados con el transporte de mercancías se aplican tanto en el puerto de carga como en el puerto de descarga.

La trascendencia estratégica de "ambas cabezas" se fundamenta en la claridad y equidad de la distribución de responsabilidades y costos, asegurando que todas las partes comprendan y acuerden las condiciones del transporte. Por ejemplo, un contrato de fletamento puede especificar que el fletador es responsable de los costos de carga y descarga en ambos extremos del viaje.

Ambiguity (Ambigüedad): Es la falta de claridad en un término o cláusula de un contrato, que puede llevar a diferentes interpretaciones y potencialmente a disputas entre las partes. La ambigüedad puede surgir por el uso de lenguaje vago o indefinido.

La relevancia de evitar la ambigüedad gira en torno a la necesidad de asegurar que los contratos y acuerdos sean claros y precisos, minimizando el riesgo de malentendidos y conflictos. Por ejemplo, un contrato de servicios debe redactarse cuidadosamente para evitar ambigüedades que puedan dar lugar a disputas sobre las obligaciones de las partes.

Amendment (Modificación): Es un cambio o adición a los términos de un contrato, acuerdo o documento oficial. Las modificaciones deben ser acordadas por todas las partes involucradas y generalmente se documentan por escrito.

La trascendencia de la modificación radica en la flexibilidad que ofrece para adaptar los términos de un acuerdo a nuevas circunstancias o necesidades, asegurando que el contrato siga siendo relevante y efectivo. Por ejemplo, las partes de un contrato de arrendamiento pueden acordar una modificación para extender el plazo del alquiler.

American Lloyds (Lloyd's americano): Es una organización o marca de seguros marítimos y no marítimos en los Estados Unidos, similar a Lloyd's of London, que proporciona cobertura y gestión de riesgos para diversos tipos de activos y actividades comerciales.

La significancia de American Lloyds se establece en la provisión de soluciones de seguros especializadas y en la gestión de riesgos para empresas y particulares, apoyando la estabilidad y el crecimiento económico. Por ejemplo, una empresa de transporte marítimo puede obtener cobertura de American Lloyds para proteger sus buques y cargamentos.

Amortización (Amortization or redemption): Es el proceso de pagar una deuda o préstamo mediante pagos periódicos que incluyen tanto el principal como los intereses. La amortización también puede referirse a la depreciación gradual de un activo intangible.

La importancia de la amortización consiste en la capacidad para gestionar deudas de manera estructurada, reduciendo gradualmente el saldo pendiente y los costos de interés. Por ejemplo, una hipoteca se amortiza a lo largo de 30 años mediante pagos mensuales que incluyen tanto el principal como los intereses.

Amount (Monto): Es la cantidad de dinero especificada en un contrato, factura o transacción. El monto puede referirse al valor de una transacción, el importe de una deuda o el valor asegurado.

La relevancia estratégica del monto se centra en la claridad y precisión que proporciona en las transacciones financieras y comerciales, asegurando que todas las partes comprendan y acuerden el valor de la transacción. Por ejemplo, una factura especifica el monto total adeudado por los bienes o servicios proporcionados.

Anchor (Ancla): Es un dispositivo utilizado para asegurar un buque al fondo del mar, evitando que se desplace debido a las corrientes, el viento o las olas. Las anclas son esenciales para la seguridad y la estabilidad del buque cuando está fondeado.

El alcance prioritario del ancla se basa en la protección y seguridad que ofrece al mantener el buque en una posición fija, evitando accidentes y daños. Por ejemplo, un buque utiliza su ancla para mantenerse en su lugar mientras espera para entrar en un puerto congestionado.

Annex (Anexo): Es un documento adicional adjunto a un contrato, acuerdo o informe que proporciona información complementaria o detalles específicos. Los anexos son parte integral del documento principal y tienen la misma validez legal.

La influencia del anexo está en su capacidad para proporcionar detalles adicionales sin sobrecargar el documento principal, asegurando que toda la información relevante esté disponible y accesible. Por ejemplo, un contrato de arrendamiento puede incluir un anexo con una lista de muebles y accesorios proporcionados por el arrendador.

Annuity rent (Seguro de renta): Es un contrato de seguro que proporciona pagos periódicos, generalmente mensuales o anuales, a una persona durante un período determinado o de por vida. Los seguros de renta son utilizados como una forma de ingreso garantizado para la jubilación.

La importancia del seguro de renta proviene de la seguridad financiera y la estabilidad que ofrece, proporcionando un flujo de ingresos constante y predecible para el beneficiario. Por ejemplo, una persona compra un seguro de renta para asegurarse de recibir un ingreso mensual fijo después de jubilarse.

Antes de comenzar la descarga - BBB (Before breaking bulk): Es una cláusula en contratos de transporte marítimo que especifica que ciertos términos y condiciones deben cumplirse antes de que se inicie la descarga de la carga del buque.

La preponderancia de la cláusula BBB depende de la protección que ofrece al establecer requisitos claros y asegurando que las partes cumplan con sus obligaciones antes de iniciar la descarga. Por ejemplo, un contrato de fletamento puede incluir una cláusula BBB que requiere el pago del flete antes de comenzar la descarga de la carga.

Anticancellation laws (Leyes que restringen el derecho de los aseguradores a cancelar pólizas): Son regulaciones que limitan la capacidad de las compañías de seguros para cancelar pólizas de seguro sin causa justificada, protegiendo a los asegurados de cancelaciones arbitrarias.

La trascendencia global de las leyes anti-cancelación se fundamenta en la protección que ofrecen a los asegurados, asegurando la continuidad de la cobertura y evitando la discriminación o las cancelaciones injustas. Por ejemplo, una aseguradora no puede cancelar una póliza de seguro de salud sin una razón válida y con el debido aviso al asegurado.

Antidumping (Aplicar un derecho de importación adicional): Es una política comercial que busca proteger a la industria nacional de la competencia desleal causada por productos importados vendidos a precios inferiores a los del mercado doméstico. Las medidas antidumping incluyen la imposición de aranceles adicionales a las importaciones infractoras.

La relevancia de las medidas antidumping se fundamenta en la protección de las industrias nacionales y el mantenimiento de una competencia justa en el mercado, evitando la destrucción de empleos y la distorsión del mercado. Por ejemplo, un país impone aranceles antidumping a las importaciones de acero que se venden a precios artificialmente bajos.

Anti-Dumping Duty - ADD (Derecho antidumping): Es un arancel adicional impuesto a las importaciones de productos que se venden a precios inferiores a los de su mercado doméstico, con el objetivo de nivelar el campo de juego para los productores nacionales.

La trascendencia del derecho antidumping reside en su capacidad para proteger las industrias locales de la competencia desleal y asegurar una competencia justa en el mercado. Por ejemplo, un país impone un derecho antidumping sobre las importaciones de textiles que se venden a precios de dumping.

Apparel (Maniobra): Se refiere a la operación y manipulación de las cargas a bordo de un buque, incluyendo la carga, descarga y estiba. La maniobra es una parte crucial de las operaciones portuarias y marítimas.

La significancia de la maniobra se establece en la eficiencia y seguridad con la que se manejan las cargas, asegurando que los bienes se muevan de manera segura y eficiente. Por ejemplo, la correcta maniobra de contenedores en un puerto reduce el riesgo de daños y acelera las operaciones de carga y descarga.

Apparent order and condition (Orden y condición aparente de las mercancías): Se refiere a la inspección visual de las mercancías en el momento de su recepción, para verificar que estén en buen estado y conformes con la documentación de envío.

La preeminencia comercial de la orden y condición aparente consiste en la protección de los intereses de ambas partes en una transacción, asegurando que las mercancías recibidas coincidan con lo acordado. Por ejemplo, un recibo de carga especifica que las mercancías fueron recibidas en buen estado aparente, lo que ayuda a resolver disputas sobre daños.

Applicant (Ordenante): Es la persona o entidad que solicita la emisión de una carta de crédito, generalmente un comprador que asegura el pago al vendedor a través de un banco emisor.

La supremacía estratégica del ordenante consiste en su participación en la facilitación de transacciones comerciales internacionales, proporcionando seguridad y garantías de pago al vendedor. Por ejemplo, un importador actúa como ordenante al solicitar una carta de crédito para pagar a un exportador por bienes adquiridos.

Arancel (Tariff): Es un impuesto que se aplica a los bienes importados, con el objetivo de generar ingresos para el gobierno y proteger las industrias nacionales de la competencia extranjera.

El rol del arancel se basa en su capacidad para influir en el comercio internacional y en la economía de un país, regulando el flujo de importaciones y protegiendo a las industrias locales. Por ejemplo, un país puede imponer un arancel a los productos agrícolas importados para proteger a sus agricultores locales.

Arancel ad-valorem (Ad valorem tariff): Es un tipo de arancel que se calcula como un porcentaje del valor de los bienes importados. Este método se utiliza comúnmente para gravar productos de alto valor.

La influencia del arancel ad valorem gira en torno a su capacidad para ajustar la carga impositiva de acuerdo con el valor de las mercancías, proporcionando una base justa y proporcional para la recaudación de impuestos. Por ejemplo, un arancel del 10% se aplica al valor total de los productos electrónicos importados.

Aranceles de aduana (Import tariff): Son impuestos que se cobran sobre las mercancías que se importan a un país. Estos aranceles se utilizan para recaudar ingresos y proteger a las industrias nacionales.

La preeminencia comercial de los aranceles de aduana proviene de su capacidad para regular el comercio internacional, proteger las industrias locales y generar ingresos para el gobierno. Por ejemplo, un país puede imponer aranceles elevados sobre productos textiles importados para apoyar a su industria textil local.

Arbitraje (Arbitration): Es un método de resolución de disputas fuera de los tribunales, en el que una o más personas imparciales, conocidas como árbitros, toman una decisión vinculante para las partes en conflicto.

La preponderancia del arbitraje depende de su capacidad para resolver disputas de manera rápida, confidencial y eficiente, evitando los costos y retrasos asociados con los litigios judiciales. Por ejemplo, dos empresas en conflicto sobre un contrato comercial pueden optar por el arbitraje para resolver sus diferencias de manera rápida y efectiva.

Arbitration award (Laudo arbitral): Es la decisión final y vinculante emitida por un árbitro o un panel de árbitros en un procedimiento de arbitraje. El laudo arbitral resuelve la disputa y establece las obligaciones de las partes.

La trascendencia estratégica del laudo arbitral se fundamenta en su capacidad para proporcionar una resolución definitiva y ejecutable de una disputa, ofreciendo una alternativa eficaz al litigio judicial. Por ejemplo, un laudo arbitral puede resolver una disputa contractual entre un proveedor y un cliente, estableciendo las compensaciones y obligaciones correspondientes.

Arbitration clause (Cláusula de arbitraje): Es una disposición en un contrato que establece que las partes acuerdan resolver cualquier disputa que surja del contrato mediante arbitraje, en lugar de recurrir a los tribunales.

La relevancia de la cláusula de arbitraje se encuentra en la previsión y acuerdo mutuo de las partes para resolver disputas de manera eficiente y confidencial, evitando los litigios prolongados. Por ejemplo, un contrato de suministro puede incluir una cláusula de arbitraje que obliga a las partes a resolver cualquier disputa a través del arbitraje.

Arcadas (Shifting boards): Son tableros o barreras temporales utilizados en los buques para mantener la estabilidad de la carga a granel durante el transporte, evitando que se desplace y cause desequilibrio.

La trascendencia de las arcadas reside en la seguridad y estabilidad que proporcionan al asegurar que la carga permanezca en su lugar, evitando accidentes y daños. Por ejemplo, un buque que transporta granos utiliza arcadas para mantener la carga en su lugar durante el viaje.

Área aduanera (Customs area): Es una zona designada en un puerto, aeropuerto o frontera donde las mercancías se inspeccionan, clasifican y se les aplican los aranceles correspondientes antes de permitir su entrada o salida del país.

La significancia del área aduanera se establece en su función para asegurar el cumplimiento de las regulaciones aduaneras, proteger la economía y la seguridad nacional, y facilitar el comercio legítimo. Por ejemplo, un contenedor de mercancías importadas es inspeccionado en el área aduanera de un puerto para verificar su contenido y aplicar los aranceles correspondientes.

Armador (Shipowner): Es la persona o entidad propietaria de un buque. El armador es responsable de la operación, mantenimiento y gestión del buque, así como de cumplir con las regulaciones marítimas.

La preeminencia comercial del armador radica en su papel en la gestión y operación de los buques, asegurando que cumplan con las normas de seguridad y operen de manera eficiente. Por ejemplo, un armador contrata a una tripulación y mantiene el buque en condiciones óptimas para el transporte marítimo.

Arqueo de buques (Measurement of vessels): Es el proceso de determinar las dimensiones, capacidad de carga y otras características de un buque, generalmente para propósitos de registro, impuestos y cumplimiento de regulaciones marítimas.

La relevancia estratégica del arqueo de buques radica en la precisión y claridad que proporciona en la documentación y regulación de los buques, asegurando que cumplan con las normativas y optimizando su uso. Por ejemplo, el arqueo de un buque determina su capacidad de carga y la tarifa de puerto correspondiente.

Arrived ship (Buque arribado o llegado): Es un buque que ha llegado a su puerto de destino y está listo para comenzar las operaciones de carga o descarga. La llegada del buque marca el inicio de las operaciones portuarias y la finalización del viaje.

La importancia de un buque arribado se centra en la coordinación y planificación eficiente de las operaciones portuarias, asegurando que las mercancías sean manejadas de manera ordenada y oportuna. Por ejemplo, un buque que ha llegado a puerto debe coordinar con las autoridades portuarias y los operadores de terminal para comenzar la descarga de la carga.

Arrumaje (Stowage): Es el proceso de colocar y organizar la carga en un buque, contenedor o vehículo de transporte para maximizar el uso del espacio y asegurar la estabilidad y seguridad de la carga durante el transporte.

La influencia del arrumaje se sostiene en la eficiencia y seguridad que proporciona al asegurar que la carga esté correctamente distribuida y asegurada, minimizando el riesgo de daños y accidentes. Por ejemplo, el arrumaje adecuado de contenedores en un buque portacontenedores asegura un viaje seguro y eficiente.

Arson (Incendio intencional, premeditado): Es el acto deliberado de prender fuego a una propiedad con la intención de causar daño. El incendio intencional es un delito grave y puede tener consecuencias legales severas.

La relevancia global de la cobertura de seguro contra incendios intencionales proviene de la protección financiera que ofrece a las víctimas de tales actos, asegurando que reciban compensación por los daños causados. Por ejemplo, una empresa asegura sus instalaciones contra incendios intencionales para protegerse de posibles pérdidas financieras.

As is (Tal cual, en el estado en que radica): Es una condición de venta que indica que los bienes se venden en su estado actual, sin garantías ni modificaciones. El comprador acepta los bienes en su condición existente, con todos sus defectos y características.

La preponderancia de la condición "as is" depende de la claridad y transparencia que proporciona en la transacción, estableciendo que el vendedor no será responsable de futuros defectos o problemas.

As is where is (Donde está y como está): Es una cláusula en contratos de venta que indica que el comprador acepta el bien en su estado actual, sin ninguna garantía o condición adicional del vendedor. Esto significa que el comprador asume todos los riesgos asociados con el estado del bien.

La trascendencia estratégica de la cláusula "as is where is" se fundamenta en la claridad y transparencia que proporciona, estableciendo que el vendedor no es responsable de ninguna deficiencia o problema con el bien. Por ejemplo, una empresa compra un equipo usado bajo esta cláusula, asumiendo la responsabilidad de cualquier reparación o mantenimiento necesario.

Ashore (En tierra): Se refiere a cualquier actividad o ubicación que ocurre en tierra firme, en contraste con actividades que se realizan en el mar o a bordo de un buque.

La relevancia de "ashore" se fundamenta en la distinción entre operaciones marítimas y terrestres, facilitando la planificación y gestión de las actividades logísticas. Por ejemplo, las mercancías descargadas de un buque se transportan ashore para su almacenamiento en un almacén.

Asiento (Trim): Es la distribución del peso en un buque que afecta su equilibrio longitudinal. El trim se ajusta para asegurar la estabilidad y la eficiencia del buque durante la navegación.

La trascendencia del trim reside en la seguridad y eficiencia de la navegación, ya que un buque bien equilibrado consume menos combustible y es menos propenso a problemas de estabilidad. Por ejemplo, los oficiales de un buque ajustan el trim redistribuyendo la carga para optimizar la navegación.

Assessment (Valuación): Es el proceso de determinar el valor de un bien, propiedad o empresa para diversos propósitos, como impuestos, seguros o venta.

La significancia de la valuación se establece en su precisión para establecer valores justos y equitativos en transacciones y obligaciones financieras. Por ejemplo, una propiedad se valúa para determinar la cantidad de impuestos que deben pagarse.

Assignable credit (Crédito cedible): Es un crédito o préstamo que puede ser transferido de una parte a otra, permitiendo al titular original ceder sus derechos y obligaciones a un tercero.

La importancia del crédito cedible depende de la flexibilidad que ofrece en la gestión de financiamiento y en la optimización de recursos financieros. Por ejemplo, una empresa puede ceder un crédito a un proveedor como forma de pago por bienes o servicios.

Assignment (Cesión): Es la transferencia de derechos u obligaciones de una parte a otra mediante un acuerdo formal. La cesión puede aplicarse a contratos, derechos de propiedad, deudas y otros activos.

La relevancia estratégica de la cesión consiste en la capacidad para gestionar y transferir activos y responsabilidades de manera eficiente, permitiendo una mayor flexibilidad en las transacciones comerciales. Por ejemplo, un contratista puede ceder sus derechos de pago bajo un contrato a un tercero para obtener financiamiento.

Assignment of proceeds (Cesión del producto del crédito): Es la transferencia del derecho a recibir los ingresos generados por un contrato o transacción a un tercero. Esta cesión se utiliza comúnmente en financiamiento y en transacciones de comercio internacional.

La trascendencia estratégica de la cesión del producto del crédito se centra en la capacidad para obtener financiamiento o asegurar pagos mediante la transferencia de derechos a los ingresos futuros. Por ejemplo, un exportador cede el producto de una carta de crédito a un banco para obtener financiamiento anticipado.

Assigns (Derechohabientes): Son las personas o entidades que reciben derechos y obligaciones transferidos mediante una cesión o un contrato. Los derechohabientes pueden ser sucesores, beneficiarios o cesionarios.

La influencia de los derechohabientes se fundamenta en la claridad y la legalidad de la transferencia de derechos y obligaciones, asegurando que todas las partes comprendan y respeten el acuerdo. Por ejemplo, en un testamento, los herederos son los derechohabientes designados para recibir los bienes del fallecido.

Assured (Asegurado): Es la persona o entidad que está cubierta por una póliza de seguro y tiene derecho a recibir indemnización en caso de pérdida o daño cubierto por la póliza.

La relevancia global del asegurado proviene de la protección financiera y la seguridad que ofrece el seguro, proporcionando cobertura contra riesgos específicos. Por ejemplo, una empresa de transporte asegura su flota de camiones, convirtiéndose en el asegurado bajo la póliza.

Assurer (Asegurador): Es la compañía o entidad que emite pólizas de seguro y asume el riesgo de indemnizar al asegurado en caso de pérdida o daño cubierto.

La preponderancia del asegurador depende en la capacidad para proporcionar protección financiera y gestionar riesgos, asegurando la estabilidad y la seguridad económica para individuos y empresas. Por ejemplo, una aseguradora emite una póliza de seguro de vida para proteger a los beneficiarios del asegurado en caso de fallecimiento.

At sight (A la vista): Es un término utilizado en finanzas y comercio internacional para indicar que un documento, como una letra de cambio, debe ser pagado inmediatamente cuando se presenta al deudor o a la entidad financiera correspondiente.

La influencia clave de "a la vista" se fundamenta en la rapidez y certeza que proporciona en las transacciones financieras, asegurando que los pagos se realicen sin demora. Por ejemplo, un exportador presenta una letra de cambio a la vista al banco del importador para recibir el pago inmediato de la mercancía enviada.

Autofinanciación (Self-financing): Es la capacidad de una empresa o individuo para financiar sus actividades y proyectos utilizando sus propios recursos, sin necesidad de recurrir a financiamiento externo.

La relevancia de la autofinanciación depende de la independencia y control financiero que ofrece, reduciendo la dependencia de fuentes externas de financiamiento y los costos asociados. Por ejemplo, una empresa utiliza sus reservas de efectivo para financiar una expansión sin necesidad de solicitar un préstamo.

Automatic adjustment of insured value (Ajuste de índice variable): Es una cláusula en una póliza de seguro que permite ajustar automáticamente el valor asegurado en función de un índice o fórmula predeterminada, asegurando que la cobertura se mantenga adecuada con respecto a la inflación u otros factores.

La trascendencia del ajuste automático del valor asegurado radica en la protección continua y adecuada que ofrece, manteniendo la cobertura alineada con el valor real de los bienes asegurados. Por ejemplo, una póliza de seguro de propiedad ajusta automáticamente el valor asegurado en función del índice de precios al consumidor.

Automatic coverage clause (Cláusula de cobertura automática): Es una disposición en una póliza de seguro que extiende automáticamente la cobertura a ciertos riesgos o bienes nuevos adquiridos por el asegurado, sin necesidad de notificación inmediata al asegurador.

La significancia de la cláusula de cobertura automática se establece en la tranquilidad y protección que ofrece, asegurando que los nuevos riesgos o bienes estén cubiertos desde el momento de su adquisición. Por ejemplo, una empresa que adquiere nuevos equipos industriales está automáticamente cubierta bajo su póliza existente.

Automatic coverage in customs (Cobertura automática en aduana): Es una cláusula en una póliza de seguro que proporciona cobertura automática para las mercancías durante su almacenamiento en aduanas, asegurando que estén protegidas contra riesgos mientras se completan los trámites aduaneros.

El eje estratégico de la cobertura automática en aduana consiste en la protección continua que ofrece a las mercancías durante el proceso aduanero, minimizando los riesgos de pérdida o daño. Por ejemplo, un importador asegura que sus productos estén cubiertos mientras están en el almacén aduanero esperando el despacho.

Automatic premium loan clause (Cláusula de préstamo automático): Es una disposición en una póliza de seguro de vida que permite al asegurador prestar automáticamente el valor en efectivo de la póliza para pagar las primas impagas, evitando la cancelación de la póliza.

La relevancia global de la cláusula de préstamo automático se sostiene en la protección que ofrece al asegurado, asegurando que la póliza se mantenga en vigor incluso si se omite un pago de prima. Por ejemplo, un asegurado que no puede pagar una prima a tiempo ve su póliza protegida mediante un préstamo automático del valor en efectivo acumulado.

Automatic reinstatement insured limit (Límite asegurado de reintegro automático): Es una disposición en una póliza de seguro que restaura automáticamente el límite asegurado original después de que se haya pagado una reclamación, sin necesidad de que el asegurado tome medidas adicionales.

La relevancia transformadora de la reinstalación automática del límite asegurado radica en la continuidad de la protección, asegurando que el asegurado tenga cobertura completa después de una reclamación. Por ejemplo, una empresa que presenta una reclamación por daños a su inventario ve su límite de cobertura restaurado automáticamente para futuras reclamaciones.

Autorización de uso y consumo (Authorization for use and consumption): Es un permiso otorgado por una autoridad competente que permite la utilización y el consumo de ciertos bienes o productos, asegurando que cumplen con las regulaciones y normas establecidas.

La influencia de la autorización de uso y consumo se fundamenta en la garantía de que los productos cumplen con los estándares de seguridad y calidad, protegiendo a los consumidores y facilitando el comercio legal. Por ejemplo, un importador obtiene una autorización de uso y consumo para distribuir productos alimenticios en el mercado local.

Auxiliares del servicio aduanero (Customs service auxiliaries): Son personas o entidades que asisten a las autoridades aduaneras en la gestión y control de las operaciones aduaneras, incluyendo agentes aduaneros, despachantes de aduana y otros profesionales relacionados.

La relevancia estratégica de los auxiliares del servicio aduanero gira en torno al apoyo que ofrecen para asegurar que las operaciones aduaneras se realicen de manera eficiente y conforme a las regulaciones. Por ejemplo, un agente aduanero ayuda a un importador a cumplir con los requisitos de documentación y pago de aranceles.

Average (Avería): Es un término utilizado en el transporte marítimo y seguro para referirse a una pérdida o daño parcial sufrido por las mercancías durante su transporte. La avería puede ser general o particular, dependiendo de si la pérdida se comparte entre todos los interesados o es específica de una parte.

La preponderancia de la avería depende de la gestión de riesgos y la determinación de responsabilidades y compensaciones en caso de pérdida o daño durante el transporte. Por ejemplo, en una avería general, todos los propietarios de carga en un buque comparten la pérdida causada por medidas extraordinarias para salvar el buque y su carga.

Average adjuster (Liquidador de averías): Es un profesional especializado que se encarga de calcular y distribuir las pérdidas y gastos resultantes de una avería marítima entre las partes interesadas, como los propietarios de la carga y del buque. El liquidador de averías prepara un informe detallado conocido como "declaración de avería".

La significancia operativa del liquidador de averías se fundamenta en su capacidad para asegurar una distribución justa y equitativa de las pérdidas y gastos, basándose en las normas y prácticas del derecho marítimo. Por ejemplo, en caso de una avería gruesa, el liquidador de averías calcula y distribuye los costos entre todos los propietarios de la carga afectada.

Average statement (Declaración de avería): Es un informe preparado por el liquidador de averías que detalla las pérdidas y gastos incurridos durante una avería marítima y cómo se distribuyen entre las partes interesadas. Este documento es esencial para el proceso de liquidación de la avería.

La relevancia de la declaración de avería se fundamenta en su participación en proporcionar una base transparente y detallada para la compensación de las pérdidas y gastos, facilitando la resolución de reclamaciones y disputas. Por ejemplo, tras un incidente de avería gruesa, el liquidador de averías emite una declaración de avería que especifica cómo se distribuyen los costos entre los propietarios de la carga y el buque.

Average unless general (Avería distinta a la gruesa): Es una cláusula en los contratos de seguro marítimo que especifica que las pérdidas y daños solo se cubrirán si no son resultado de una avería gruesa. Esta cláusula excluye explícitamente la cobertura de pérdidas compartidas bajo el principio de avería gruesa.

La trascendencia de esta cláusula se centra en la claridad que proporciona en la cobertura de seguros, definiendo los límites de la responsabilidad del asegurador. Por ejemplo, un asegurado con una póliza que contiene esta cláusula sabrá que solo se cubrirán las pérdidas individuales, no las compartidas en una avería gruesa.

Average particular (Avería particular): Es una pérdida o daño que afecta únicamente a la carga de un propietario específico y no se comparte entre todos los propietarios de la carga y el buque. La avería particular se diferencia de la avería gruesa, que implica pérdidas compartidas.

La significancia de la avería particular se fundamenta en la responsabilidad individual de los propietarios de la carga, asegurando que cada parte sea responsable de sus propias pérdidas y daños. Por ejemplo, si una caja de mercancías se daña durante el transporte, el propietario de esa caja asume la pérdida, no los otros propietarios de la carga.

Average general (Avería gruesa): Es un principio del derecho marítimo que implica la distribución equitativa de las pérdidas y gastos incurridos durante una emergencia que beneficia a todas las partes interesadas en el buque y la carga. La avería gruesa se aplica cuando se realizan sacrificios o gastos extraordinarios para salvar el buque y su carga.

El alcance estratégico de la avería gruesa consiste en la equidad y la colaboración que fomenta, asegurando que todas las partes compartan los costos de las medidas necesarias para salvar la propiedad común. Por ejemplo, si un capitán decide arrojar parte de la carga por la borda para estabilizar el buque durante una tormenta, los costos de esa acción se distribuyen entre todos los propietarios de la carga y el buque.

Avería (Average): Es un término general que se refiere a cualquier pérdida o daño sufrido por un buque o su carga durante el transporte marítimo. Las averías pueden ser particulares o gruesas, dependiendo de si las pérdidas se comparten o son individuales.

La significancia operativa de entender las averías se fundamenta en la preparación y manejo de riesgos en el transporte marítimo, asegurando que las partes involucradas comprendan sus responsabilidades y derechos en caso de pérdida o daño. Por ejemplo, las pólizas de seguro marítimo detallan las condiciones bajo las cuales se cubren los diferentes tipos de averías.

Aviso de expedición (Notice of dispatch): Es una notificación enviada por el remitente al destinatario para informar que las mercancías han sido enviadas. Este aviso puede incluir detalles como la fecha de envío, el método de transporte y la fecha estimada de llegada.

La pertinencia comercial del aviso de expedición se centra en la comunicación y transparencia que ofrece, permitiendo al destinatario prepararse para la recepción de las mercancías y monitorear su progreso. Por ejemplo, un exportador envía un aviso de expedición a un importador para confirmar que la mercancía ha sido enviada y se espera su llegada en una fecha específica.

AWB - Air Way Bill (Conocimiento de embarque aéreo): Es un documento de transporte utilizado para envíos aéreos que actúa como contrato entre el remitente y el transportista, detallando la naturaleza de la carga, el destinatario, y las condiciones del transporte.

La influencia del AWB está en su papel en la facilitación del comercio internacional, proporcionando un registro oficial del envío y asegurando que todas las partes comprendan y acuerden las condiciones del transporte. Por ejemplo, un exportador utiliza un AWB para enviar productos electrónicos por vía aérea a un cliente en otro país.

All Working Time in Advance - AWTSB (Todo el tiempo de trabajo adelantado): Es una cláusula en los contratos de trabajo que especifica que todo el tiempo trabajado fuera del horario regular debe ser compensado.

La preeminencia comercial de esta cláusula proviene de la protección de los derechos de los trabajadores, asegurando que reciban una compensación justa por el tiempo extra trabajado. Por ejemplo, una empresa acuerda pagar a sus empleados por cualquier tiempo de trabajo adicional realizado fuera del horario normal.

Palabras vinculadas a la A

Barrera arancelaria (Tariff barrier): Es una medida comercial que impone aranceles o impuestos a las importaciones para proteger las industrias nacionales de la competencia extranjera. Las barreras arancelarias aumentan el costo de los bienes importados, haciendo que los productos locales sean más competitivos en precio.

La preponderancia de las barreras arancelarias gira en torno a su capacidad para proteger las industrias nacionales y fomentar el desarrollo económico interno, aunque también pueden restringir el comercio internacional. Por ejemplo, un país impone una barrera arancelaria a las importaciones de textiles para proteger a los fabricantes nacionales de la competencia extranjera barata.

To amend (Modificar): Es el acto de cambiar o añadir algo a un documento, contrato o acuerdo existente. Las modificaciones pueden ser necesarias para reflejar nuevos términos, condiciones o circunstancias.

La relevancia transformadora de modificar un documento se fundamenta en la capacidad para mantener los acuerdos relevantes y adecuados a las necesidades y condiciones actuales, asegurando que todas las partes comprendan y acuerden los cambios. Por ejemplo, un contrato de arrendamiento puede ser modificado para extender el plazo de alquiler o ajustar el monto del alquiler.

To assess the risk (Apreciar el riesgo): Es el proceso de evaluar la probabilidad y el impacto potencial de un evento adverso. La evaluación del riesgo es esencial para la toma de decisiones informadas y la implementación de medidas de mitigación adecuadas.

La relevancia de apreciar el riesgo se encuentra en la capacidad para identificar, cuantificar y gestionar los riesgos de manera efectiva, reduciendo la incertidumbre y protegiendo los intereses de las partes involucradas. Por ejemplo, una empresa de seguros aprecia el riesgo asociado con la cobertura de una propiedad antes de emitir una póliza de seguro.

B

Back freight (Flete de regreso): Es el costo del transporte de mercancías que deben ser devueltas al punto de origen o a otro destino debido a que no fueron aceptadas o no pudieron ser entregadas en el destino original. Este flete cubre los gastos adicionales de transporte en estas circunstancias.

La trascendencia del flete de regreso radica en la gestión eficiente de la logística y en la minimización de pérdidas financieras. Por ejemplo, un envío de productos perecederos que no puede ser entregado debido a problemas aduaneros puede ser devuelto a su origen con un costo de flete de regreso.

Back letter (Carta de garantía): Es un documento escrito en el que una parte se compromete a garantizar el cumplimiento de ciertas obligaciones o condiciones acordadas entre las partes. La carta de garantía se utiliza comúnmente en transacciones financieras y comerciales para asegurar compromisos.

La significancia de la carta de garantía se establece en la confianza y seguridad que proporciona a las partes involucradas, asegurando que las obligaciones sean cumplidas. Por ejemplo, un importador puede emitir una carta de garantía para asegurar el pago a un proveedor en una transacción internacional.

Backed note (Nota de respaldo): Es un documento que proporciona una garantía adicional o respaldo a una transacción, contrato o instrumento financiero. La nota de respaldo puede ser utilizada para fortalecer la confianza y la credibilidad en acuerdos comerciales.

La significancia operativa de la nota de respaldo consiste en su capacidad para proporcionar seguridad adicional a las partes involucradas, asegurando que las obligaciones serán cumplidas. Por ejemplo, un banco puede emitir una nota de respaldo para garantizar el pago de un préstamo otorgado a una empresa.

Bad stowage (Estiba deficiente): Se refiere a la incorrecta o ineficiente disposición de la carga en un buque, lo que puede resultar en daños a la carga, problemas de estabilidad del buque o dificultades en la carga y descarga.

La pertinencia comercial de evitar la estiba deficiente radica en la protección de la carga y en la seguridad del buque, asegurando que las operaciones de transporte se realicen de manera eficiente y segura. Por ejemplo, una mala estiba de contenedores puede causar su desplazamiento durante el viaje, resultando en daños y pérdidas.

B.A.F. - Bunker Adjustment Factor (Factor de ajuste por combustible): Es un recargo aplicado al costo del flete marítimo para compensar las fluctuaciones en los precios del combustible (bunker). Este factor permite a las navieras ajustar los precios del flete en función de los costos variables del combustible.

La importancia del B.A.F. se fundamenta en su capacidad para estabilizar los ingresos de las navieras y reflejar los costos reales de operación, asegurando la viabilidad económica del transporte marítimo. Por ejemplo, durante períodos de aumento en los precios del combustible, las navieras aplican el B.A.F. para cubrir los costos adicionales.

Bag (Bolsa): Es un tipo de embalaje utilizado para contener y proteger mercancías durante el almacenamiento y transporte. Las bolsas pueden estar hechas de diversos materiales, como plástico, papel, yute o tela, y se utilizan para una variedad de productos.

La influencia de las bolsas se sostiene en su capacidad para proteger los productos, facilitar su manejo y optimizar el espacio de almacenamiento y transporte. Por ejemplo, las bolsas de yute se utilizan comúnmente para el transporte de granos y productos agrícolas.

Bags for safely stowage (Sacos para evitar escurrimientos): Son sacos utilizados para rellenar espacios vacíos entre las cargas en un contenedor o buque, asegurando que las mercancías permanezcan estables y no se desplacen durante el transporte.

La prominencia internacional de estos sacos proviene de la prevención de daños a la carga y en la mejora de la seguridad del transporte, garantizando que las mercancías lleguen en buen estado a su destino. Por ejemplo, los sacos inflables se utilizan para estabilizar cajas y paletas en un contenedor de envío.

Bailee (Depositario): Es una persona o entidad a la que se le entrega la posesión temporal de bienes para su custodia, almacenamiento o transporte, sin transferir la propiedad de los mismos. El depositario tiene la responsabilidad de cuidar los bienes y devolverlos al propietario en buen estado.

La preponderancia del depositario depende de la confianza y la responsabilidad que asume para proteger y gestionar los bienes bajo su custodia. Por ejemplo, un almacén actúa como depositario de productos almacenados hasta su distribución.

Bailee clause (Cláusula de caución): Es una disposición en un contrato de seguro que extiende la cobertura a los bienes bajo la custodia de un depositario. Esta cláusula asegura que los bienes estarán protegidos contra pérdidas o daños mientras estén en posesión del depositario.

La trascendencia global de la cláusula de caución se fundamenta en la protección adicional que ofrece, asegurando que los bienes estén cubiertos incluso cuando no están bajo el control directo del propietario. Por ejemplo, una empresa de almacenamiento incluye esta cláusula en su póliza de seguro para proteger los bienes de sus clientes.

Bajamar en marea ordinaria de primavera - LWOST (Low water in ordinary spring tide): Es el nivel más bajo de la marea durante las mareas de primavera ordinarias. Este nivel se utiliza como referencia para la navegación y el diseño de infraestructuras marítimas.

La relevancia de conocer el LWOST se sostiene en la planificación y seguridad de las operaciones marítimas, asegurando que los buques puedan navegar de manera segura en aguas poco profundas. Por ejemplo, los puertos deben considerar el LWOST al diseñar muelles y canales de navegación.

Bajamar media en marea muerta (MLWN - Mean low water neap): Es el nivel promedio más bajo de la marea durante las mareas muertas, que ocurren cuando la diferencia entre la marea alta y baja es mínima. Este nivel es una referencia importante para la navegación y la planificación costera.

La trascendencia del MLWN gira en torno a la planificación y gestión de las operaciones marítimas y costeras, proporcionando una referencia para el diseño de infraestructuras y la navegación segura. Por ejemplo, las autoridades portuarias utilizan el MLWN para determinar las profundidades mínimas necesarias para la operación de buques.

Bajamar media en marea viva (MLWS - Mean low water spring): Es el nivel promedio más bajo de la marea durante las mareas vivas, que ocurren cuando la diferencia entre la marea alta y baja es máxima. Este nivel es crucial para la navegación y la construcción de infraestructuras marítimas.

La significancia del MLWS se establece en su uso para planificar y diseñar infraestructuras costeras y marítimas, asegurando que las operaciones se realicen de manera segura y eficiente. Por ejemplo, los ingenieros navales utilizan el MLWS para calcular las profundidades necesarias en los canales de navegación.

Balance (Balance): Es un estado financiero que muestra la situación económica de una entidad en un momento específico, incluyendo activos, pasivos y patrimonio. El balance es fundamental para evaluar la salud financiera y la estabilidad de una organización.

La relevancia estratégica del balance se sostiene en su capacidad para proporcionar una visión clara y completa de la situación financiera de una entidad, facilitando la toma de decisiones informadas. Por ejemplo, los inversores analizan el balance de una empresa para evaluar su solvencia y rentabilidad antes de invertir.

Balance of payments (Balanza de pagos): Es un registro contable de todas las transacciones económicas realizadas entre un país y el resto del mundo durante un período específico. La balanza de pagos incluye la cuenta corriente, la cuenta de capital y la cuenta financiera.

El impacto global de la balanza de pagos radica en su capacidad para proporcionar una visión completa de las relaciones económicas de un país con el exterior, ayudando a evaluar su posición financiera y económica. Por ejemplo, un superávit en la balanza de pagos puede indicar una economía fuerte y competitiva.

Bale (Fardo): Es un paquete comprimido y atado de materiales como algodón, heno, lana o papel. Los fardos facilitan el manejo, almacenamiento y transporte de grandes cantidades de material a granel.

La influencia operativa del fardo se basa en la eficiencia que proporciona en el almacenamiento y transporte de materiales, optimizando el uso del espacio y facilitando la manipulación. Por ejemplo, los fardos de algodón se comprimen y atan para facilitar su transporte a las fábricas textiles.

Balizaje (Beaconage): Es el sistema de señalización marítima que utiliza boyas, faros y otros dispositivos para guiar a los navegantes y marcar peligros en el agua. El balizaje es esencial para la seguridad de la navegación.

La significancia operativa del balizaje proviene de su capacidad para proporcionar orientación y advertencias a los navegantes, reduciendo el riesgo de accidentes y mejorando la seguridad marítima. Por ejemplo, las boyas de balizaje marcan canales de navegación seguros y evitan que los buques encallen en áreas peligrosas.

Ballast (Lastre): Es cualquier material pesado, como agua, arena o grava, utilizado para estabilizar un buque o aeronave. El lastre se utiliza para ajustar el centro de gravedad y mejorar la estabilidad durante el viaje.

La preponderancia del lastre depende de su capacidad para proporcionar estabilidad y seguridad a los buques y aeronaves, permitiendo una navegación segura y eficiente. Por ejemplo, los buques cargan agua de lastre en sus tanques para mantener el equilibrio cuando están vacíos o parcialmente cargados.

Banca (Bank): Es una institución financiera que acepta depósitos, otorga préstamos, y proporciona otros servicios financieros a individuos, empresas y gobiernos. Los bancos desempeñan un papel crucial en la economía al facilitar la intermediación financiera y el movimiento de capital.

La importancia de la banca se fundamenta en su capacidad para promover el crecimiento económico, financiar proyectos y ofrecer servicios financieros esenciales para individuos y empresas. Por ejemplo, los bancos ofrecen préstamos hipotecarios que permiten a las personas comprar viviendas.

Bank charges (Cargos bancarios): Son las tarifas y comisiones que los bancos cobran a sus clientes por diversos servicios, como mantenimiento de cuentas, transferencias de dinero, y emisión de cheques. Estos cargos pueden ser fijos o basados en el uso de los servicios.

La relevancia de los cargos bancarios se sostiene en la transparencia y cobertura de los costos operativos de los servicios bancarios, asegurando la viabilidad y la sostenibilidad de las instituciones financieras. Por ejemplo, un banco puede cobrar una tarifa mensual por el mantenimiento de una cuenta corriente.

Bank rate (Tasa bancaria): Es la tasa de interés establecida por el banco central de un país, que influye en las tasas de interés de los préstamos y depósitos ofrecidos por los bancos comerciales. La tasa bancaria es una herramienta clave de la política monetaria.

La supremacía estratégica de la tasa bancaria reside en su capacidad para influir en la actividad económica, controlar la inflación y estabilizar la moneda. Por ejemplo, un banco central puede reducir la tasa bancaria para estimular el crédito y el gasto en una economía desacelerada.

Bank to bank reimbursement agreement (Acuerdo de reembolso de banco a banco): Es un acuerdo entre dos bancos en el que uno se compromete a reembolsar al otro por pagos realizados en nombre de un cliente. Este acuerdo se utiliza comúnmente en transacciones internacionales para asegurar que los fondos sean transferidos de manera segura y eficiente.

La significancia de este acuerdo se establece en la seguridad y confianza que proporciona en las transacciones financieras internacionales, asegurando que ambas partes cumplan con sus obligaciones. Por ejemplo, un banco emisor en un país puede reembolsar a un banco pagador en otro país por un crédito documentario.

Banker's acceptance (Aceptación bancaria): Es un documento financiero que representa una promesa incondicional por parte de un banco para pagar una cantidad específica de dinero en una fecha futura. Las aceptaciones bancarias se utilizan comúnmente en el comercio internacional como garantía de pago.

La importancia de la aceptación bancaria consiste en la seguridad y credibilidad que ofrece en las transacciones comerciales, facilitando el financiamiento y la gestión del riesgo. Por ejemplo, un exportador puede aceptar una aceptación bancaria como garantía de que recibirá el pago por sus mercancías.

Bar draught (Calado de barra): Es la profundidad del agua en la entrada de un puerto o canal en su punto más bajo, que limita el tamaño de los buques que pueden acceder. El calado de barra es un factor crítico en la planificación de operaciones portuarias.

La influencia determinante del calado de barra depende de su impacto en la navegación segura y en la capacidad de los puertos para manejar buques de diferentes tamaños. Por ejemplo, un puerto con un calado de barra limitado puede necesitar dragado para permitir la entrada de buques más grandes.

Barco de arrastre (Trawler): Es un tipo de embarcación diseñada y equipada para la pesca de arrastre, una técnica que implica arrastrar una red a través del fondo del mar para capturar peces y otros mariscos. Los barcos de arrastre pueden ser de diferentes tamaños y capacidades.

La influencia clave del barco de arrastre se centra en su capacidad para capturar grandes cantidades de pescado, contribuyendo significativamente a la industria pesquera. Por ejemplo, los trawlers son fundamentales en la pesca comercial de especies como el bacalao y el camarón.

Barco fletado (Chartered ship): Es un buque que ha sido alquilado o arrendado a una empresa o individuo por un período determinado o para un viaje específico. El contrato de fletamento define las condiciones y responsabilidades de ambas partes.

La influencia del barco fletado depende de la flexibilidad que ofrece a las empresas para gestionar sus necesidades de transporte marítimo sin tener que poseer los buques. Por ejemplo, una empresa puede fletar un barco para transportar mercancías a un destino específico durante una temporada de alta demanda.

Bare boat charter (Contrato de arrendamiento a casco desnudo): Es un tipo de contrato de fletamento en el que el armador entrega el buque sin tripulación, provisiones, seguros ni mantenimiento. El arrendatario asume todas estas responsabilidades durante el período de arrendamiento.

La importancia del contrato de arrendamiento a casco desnudo proviene de en la transferencia total de la responsabilidad operativa al arrendatario, permitiendo una mayor flexibilidad en la gestión del buque. Por ejemplo, una empresa de logística puede arrendar un buque a casco desnudo para operar bajo su propia gestión.

Barge carrying ship (Buque portabarcazas o buque portagabarras): Es un tipo de buque diseñado para transportar gabarras cargadas. Estos buques permiten la transferencia rápida y eficiente de carga desde las gabarras a otros medios de transporte o instalaciones de almacenamiento.

La preponderancia del buque de transporte de gabarras depende de la eficiencia que proporciona en la logística de carga, facilitando el manejo y la transferencia de grandes volúmenes de mercancías. Por ejemplo, un buque de transporte de gabarras puede cargar varias gabarras llenas de contenedores y transportarlas a otro puerto para su descarga.

Barratry (Baratería): Es un término legal que se refiere a actos ilegales o fraudulentos cometidos por el capitán o la tripulación de un buque, en detrimento del propietario o los cargadores. Estos actos pueden incluir el robo, la destrucción intencional de la carga o el desvío del buque.

La influencia operativa de la baratería se fundamenta en la necesidad de proteger los intereses de los propietarios de buques y cargadores, asegurando que los actos ilícitos sean reconocidos y tratados legalmente. Por ejemplo, los seguros marítimos a menudo excluyen la cobertura para pérdidas causadas por actos de baratería.

Barrel (Barril): Es un recipiente cilíndrico utilizado para almacenar y transportar líquidos como petróleo, vino, cerveza y productos químicos. Los barriles pueden estar hechos de diversos materiales, incluyendo madera, acero y plástico.

La relevancia del barril se centra en su capacidad para contener y proteger líquidos durante el almacenamiento y transporte, facilitando su manejo y comercialización. Por ejemplo, los barriles de petróleo son una unidad estándar de medida en la industria petrolera.

Barrera arancelaria (Tariff barrier): Es un impuesto o arancel que un país impone a los productos importados para proteger su industria nacional de la competencia extranjera. Las barreras arancelarias pueden aumentar el costo de los productos importados, haciéndolos menos competitivos en el mercado local.

La trascendencia de las barreras arancelarias gira en torno a su capacidad para proteger las industrias locales y generar ingresos para el gobierno, aunque también pueden afectar negativamente el comercio internacional y las relaciones comerciales. Por ejemplo, un país puede imponer aranceles elevados a los productos agrícolas importados para proteger a sus agricultores locales.

Barter (Trueque): Es un método de intercambio en el que bienes o servicios se intercambian directamente por otros bienes o servicios sin utilizar dinero. El trueque es una forma de comercio que se ha utilizado desde tiempos antiguos y aún se practica en algunas comunidades y transacciones comerciales.

La significancia del trueque se establece en su capacidad para facilitar el comercio en situaciones donde el dinero no es una opción viable, permitiendo a las partes satisfacer sus necesidades mutuas. Por ejemplo, dos empresas pueden intercambiar productos sin necesidad de transacciones monetarias si ambos encuentran valor en los bienes ofrecidos por la otra parte.

Battens (Listones): Son tiras de madera, metal u otro material utilizadas para reforzar, proteger o asegurar cargas durante el transporte. Los listones ayudan a estabilizar la carga y evitar movimientos no deseados que podrían causar daños.

El eje fundamental de los listones se fundamenta en su capacidad para mejorar la seguridad y estabilidad de la carga durante el transporte, reduciendo el riesgo de daños. Por ejemplo, los listones se utilizan para asegurar cajas y mercancías en contenedores de envío, evitando su desplazamiento durante el viaje.

BBB - Before Breaking Bulk (Antes de comenzar la descarga): Es un término utilizado en contratos de fletamento y documentos de transporte para indicar que ciertas condiciones deben cumplirse antes de que se inicie la descarga de la carga. Este término asegura que todas las partes estén de acuerdo con las condiciones establecidas antes de manipular la carga.

La supremacía competitiva de "Before Breaking Bulk" radica en la protección de los intereses de todas las partes involucradas en la transacción, asegurando que se cumplan todas las condiciones contractuales antes de la descarga. Por ejemplo, el pago del flete puede ser una condición que debe cumplirse antes de comenzar la descarga de la carga.

Beaching (Varada voluntaria): Es la acción de llevar intencionalmente un buque a la costa para realizar reparaciones, descargar la carga, o en situaciones de emergencia para evitar el hundimiento. La varada voluntaria puede ser una medida necesaria para proteger el buque y su carga en circunstancias adversas.

La utilidad estratégica de la varada voluntaria se sostiene en su capacidad para salvar el buque y la carga en situaciones de emergencia, permitiendo realizar reparaciones y operaciones de manera segura. Por ejemplo, un buque que ha sufrido daños estructurales puede ser varado voluntariamente en una playa para evitar que se hunda y permitir reparaciones.

Beaconage (Balizaje): Es el sistema de señalización marítima que utiliza boyas, faros y otros dispositivos para guiar a los navegantes y marcar peligros en el agua. El balizaje es esencial para la seguridad de la navegación.

La influencia del balizaje está en su capacidad para proporcionar orientación y advertencias a los navegantes, reduciendo el riesgo de accidentes y mejorando la seguridad marítima. Por ejemplo, las boyas de balizaje marcan canales de navegación seguros y evitan que los buques encallen en áreas peligrosas.

Beam (Manga): Es la medida del ancho máximo de un buque, que se toma en el punto más ancho del casco. La manga es un factor crucial en el diseño y la capacidad operativa de un buque, afectando su estabilidad y capacidad de carga.

La significancia operativa de la manga proviene de su influencia en la estabilidad del buque y en la capacidad para acomodar carga y pasajeros. Por ejemplo, un buque con una mayor manga puede transportar más carga y ofrecer una mayor estabilidad en el agua.

Belligerent power (Potencia beligerante): Es una nación o entidad involucrada en un conflicto armado, reconocida como tal por el derecho internacional. Las potencias beligerantes tienen derechos y obligaciones específicas bajo las leyes de la guerra.

La preponderancia de reconocer a una potencia beligerante depende de la aplicación de las leyes y normas internacionales que regulan los conflictos armados, protegiendo a los civiles y limitando la conducta en la guerra. Por ejemplo, las potencias beligerantes deben respetar los derechos de los prisioneros de guerra según las Convenciones de Ginebra.

Below par (Bajo par): Es un término financiero que se refiere a un bono o valor que se negocia a un precio inferior a su valor nominal. Esto puede ocurrir debido a varios factores, como el aumento de las tasas de interés o la percepción de riesgo de crédito.

La gravitación internacional de negociar valores "bajo par" se fundamenta en las oportunidades y riesgos que presenta para los inversores, ya que pueden comprar bonos a precios reducidos con la esperanza de obtener ganancias si los precios se recuperan. Por ejemplo, un inversor compra bonos que se negocian "bajo par" con la expectativa de que su valor aumente en el futuro.

Beneficiary (Beneficiario): Es una persona o entidad designada para recibir beneficios de un contrato de seguro, testamento, fideicomiso u otro instrumento financiero. El beneficiario recibe los pagos o activos en caso de fallecimiento del titular o cuando se cumplen ciertas condiciones.

La relevancia del beneficiario se encuentra en su derecho a recibir los beneficios asegurados, proporcionando seguridad financiera y apoyo en momentos críticos. Por ejemplo, una póliza de seguro de vida designa a los hijos del titular como beneficiarios, garantizando su apoyo financiero en caso de fallecimiento.

Beneficio (Profit): Es el excedente financiero que queda después de que todos los costos y gastos de una empresa han sido pagados. El beneficio es una medida clave del rendimiento financiero y la viabilidad de una empresa.

La trascendencia del beneficio reside en su capacidad para indicar la salud financiera de una empresa, permitiendo reinversiones, distribución de dividendos y crecimiento. Por ejemplo, una empresa rentable puede expandir sus operaciones y mejorar su competitividad en el mercado.

Berth (Sitio de atraque o muelle): Es un lugar designado en un puerto donde un buque puede atracar para cargar o descargar mercancías y pasajeros. Los sitios de atraque son esenciales para las operaciones portuarias y la logística marítima.

La significancia del sitio de atraque se establece en su capacidad para facilitar el manejo eficiente de la carga y el flujo de tráfico en el puerto, mejorando la eficiencia operativa. Por ejemplo, un puerto con suficientes sitios de atraque puede manejar múltiples buques simultáneamente, reduciendo tiempos de espera.

Berth charter (Contrato de muelle): Es un tipo de contrato de fletamento en el que se acuerda que el buque atracará en un muelle específico para cargar o descargar mercancías. Este contrato define las responsabilidades y condiciones para ambas partes, incluyendo tiempos de carga y descarga.

La significancia operativa del contrato de muelle se sostiene en la claridad y previsibilidad que proporciona en las operaciones portuarias, asegurando que las partes cumplan con sus obligaciones contractuales. Por ejemplo, un contrato de muelle especifica que un buque debe atracar en un muelle designado y completar la carga dentro de un plazo acordado.

Berth clause (Cláusula de atraque o de muelle): Es una disposición en un contrato de fletamento que especifica que el buque debe atracar en un muelle designado para cargar o descargar mercancías. Esta cláusula define las responsabilidades y condiciones del atraque, asegurando que las operaciones se realicen en el lugar acordado.

La relevancia global de la cláusula de atraque se fundamenta en la claridad y previsibilidad que proporciona en las operaciones portuarias, evitando malentendidos y disputas sobre el lugar de carga y descarga. Por ejemplo, un contrato de fletamento con una cláusula de atraque puede especificar que el buque debe atracar en un muelle particular en el puerto de destino.

Berth freight (Flete de línea regular): Es el costo del transporte de mercancías en una línea de navegación regular, donde el flete se cobra por el uso de un sitio de atraque en un puerto. Este tipo de flete radica en tarifas establecidas por las compañías navieras para rutas y puertos específicos.

La relevancia global del flete de línea regular se basa en la previsibilidad y estabilidad que ofrece en los costos de transporte, facilitando la planificación y presupuestación logística. Por ejemplo, una empresa que envía mercancías regularmente entre dos puertos puede beneficiarse de las tarifas estandarizadas del flete de línea regular.

Berth option (Opción de atraque): Es una disposición en un contrato de fletamento que permite al fletador elegir el muelle específico en el puerto de carga o descarga. Esta opción proporciona flexibilidad al fletador para seleccionar el sitio más conveniente según sus necesidades operativas.

La influencia de la opción de atraque está en la flexibilidad y eficiencia que ofrece en la gestión de las operaciones portuarias, permitiendo optimizar el uso de los recursos y minimizar los tiempos de espera. Por ejemplo, un fletador puede elegir un muelle con mejor acceso y menor congestión para agilizar la descarga de mercancías.

Berth terms or liner terms (Términos de muelle o de buque de línea): Son condiciones de un contrato de transporte marítimo que especifican que la carga y descarga de mercancías se realizarán de acuerdo con las prácticas y tarifas estándar del puerto y la línea de navegación. Estos términos definen las responsabilidades y costos asociados con el manejo de la carga en el puerto.

La influencia operativa de los términos de muelle proviene de la claridad y estandarización que proporcionan en las transacciones comerciales, facilitando el cumplimiento y la gestión de los costos logísticos. Por ejemplo, un contrato de fletamento puede incluir términos de muelle que especifican que el fletador es responsable de los costos de carga y descarga en el puerto de destino.

Bid (Oferta, adjudicación): Es una propuesta presentada por una persona o entidad para realizar un trabajo, proporcionar un servicio o comprar bienes a un precio específico. Las ofertas se utilizan en licitaciones, subastas y contratos comerciales para seleccionar al proveedor más adecuado.

La preponderancia de la oferta depende de la competencia y transparencia que fomenta en las transacciones comerciales, asegurando que se seleccionen las mejores propuestas en términos de costo y calidad. Por ejemplo, una empresa de construcción presenta una oferta para un proyecto de infraestructura pública, detallando el precio y las condiciones del trabajo.

Bid bond (Garantía de oferta y cumplimiento): Es un tipo de garantía financiera proporcionada por un postor para asegurar que cumplirá con los términos de su oferta si es adjudicado el contrato. Esta garantía protege al licitador contra el riesgo de que el postor no cumpla con su oferta.

La relevancia estratégica de la garantía de oferta y cumplimiento se fundamenta en la protección que ofrece a los licitadores, asegurando que solo postores serios y comprometidos participen en el proceso de licitación. Por ejemplo, una empresa que participa en una licitación pública debe proporcionar una garantía de oferta para demostrar su seriedad y capacidad para cumplir con el contrato.

Bienes de consumo (Consumer goods): Son productos destinados al consumo final por parte de los individuos, en lugar de ser utilizados en la producción de otros bienes o servicios. Los bienes de consumo incluyen alimentos, ropa, electrodomésticos y productos electrónicos.

La relevancia de los bienes de consumo se centra en su impacto directo en la calidad de vida y el bienestar de los consumidores, así como en su influencia en la economía y el mercado minorista. Por ejemplo, la demanda de bienes de consumo impulsa la producción y el crecimiento económico.

Bienes portuarios (Port goods): Son mercancías que radican en tránsito a través de un puerto, ya sea para ser importadas, exportadas o transferidas entre diferentes modos de transporte. Los bienes portuarios pueden incluir contenedores, graneles líquidos y sólidos, y mercancías diversas.

La trascendencia de los bienes portuarios reside en su papel en el comercio internacional y en la logística, facilitando el flujo de mercancías y el desarrollo económico. Por ejemplo, un puerto eficiente maneja grandes volúmenes de bienes portuarios, contribuyendo a la competitividad de la cadena de suministro global.

Bilge (Sentina): Es la parte más baja del interior de un buque donde se acumula el agua que entra debido a filtraciones o condensación. La sentina debe ser regularmente drenada para mantener la estabilidad y la seguridad del buque.

La significancia de la sentina se establece en la necesidad de mantener el buque libre de agua acumulada, evitando problemas de estabilidad y corrosión. Por ejemplo, los sistemas de bombeo de sentina son esenciales para remover el agua acumulada y mantener la integridad del buque.

Bill (Billete): Es un término general para referirse a un documento que representa una obligación de pago, como un billete de banco, una factura o una letra de cambio. Los billetes pueden ser utilizados en diversas transacciones financieras y comerciales.

La importancia del billete consiste en su capacidad para facilitar las transacciones y registrar las obligaciones de pago, proporcionando un medio confiable para la gestión financiera. Por ejemplo, una empresa emite un billete a un proveedor para pagar por los bienes recibidos.

Bill of exchange (Letra de cambio): Es un documento financiero que ordena a una persona o entidad pagar una cantidad específica de dinero a otra parte en una fecha futura. La letra de cambio se utiliza comúnmente en el comercio internacional para asegurar el pago de bienes y servicios.

La trascendencia global de la letra de cambio gira en torno a su capacidad para facilitar el comercio y proporcionar seguridad en las transacciones financieras, asegurando que el pago se realizará en la fecha acordada. Por ejemplo, un exportador utiliza una letra de cambio para asegurar el pago de un comprador extranjero por los bienes enviados.

Bill of health (Patente de sanidad): Es un certificado emitido por las autoridades sanitarias de un puerto que certifica que un buque y su tripulación están libres de enfermedades contagiosas. Este documento es necesario para que el buque pueda entrar en otros puertos sin restricciones.

La prominencia internacional de la patente de sanidad se basa en la protección de la salud pública y en la prevención de la propagación de enfermedades, asegurando que los buques cumplan con los requisitos sanitarios antes de ingresar a un puerto. Por ejemplo, un buque debe presentar una patente de sanidad para ser admitido en un puerto extranjero sin cuarentena.

Bill of Lading - B/L (Conocimiento de embarque): Es un documento emitido por un transportista que certifica la recepción de mercancías para su transporte, detalla las condiciones del transporte y actúa como título de propiedad de las mercancías. El conocimiento de embarque es esencial en el comercio internacional.

La influencia del conocimiento de embarque se fundamenta en su función como recibo de las mercancías, contrato de transporte y título de propiedad, proporcionando seguridad y claridad en las transacciones comerciales. Por ejemplo, un importador utiliza el conocimiento de embarque para reclamar las mercancías en el puerto de destino.

Binder (Certificado de cobertura): Es un documento provisional emitido por una compañía de seguros que proporciona cobertura temporal hasta que se emita la póliza definitiva. El certificado de cobertura asegura que el asegurado esté protegido durante el proceso de emisión de la póliza.

La relevancia global del certificado de cobertura proviene de la protección inmediata que ofrece, asegurando que el asegurado no quede expuesto a riesgos durante el período de transición. Por ejemplo, un propietario recibe un certificado de cobertura para proteger su nueva casa mientras espera la póliza de seguro definitiva.

Bladings (Abreviatura de «bill of lading»): Es una abreviatura comúnmente utilizada para referirse al conocimiento de embarque, un documento esencial en el comercio y transporte marítimo.

La preponderancia de los "bladings" depende de su función como recibo, contrato y título de propiedad de las mercancías, proporcionando claridad y seguridad en las transacciones comerciales. Por ejemplo, los agentes de aduanas y transportistas utilizan esta abreviatura en la documentación y comunicación diaria.

Blank back (Dorso en blanco): Se refiere a un documento que no tiene información ni escritura en su reverso. En el contexto de un conocimiento de embarque, un dorso en blanco puede facilitar la transferencia del título de propiedad al endosar el anverso.

La significancia operativa del dorso en blanco se fundamenta en la facilidad que proporciona para la transferencia y endoso de documentos comerciales, simplificando las transacciones. Por ejemplo, un exportador puede endosar un conocimiento de embarque con dorso en blanco a un comprador, transfiriendo la propiedad de las mercancías.

Blank bill of lading (Conocimiento de embarque en blanco): Es un conocimiento de embarque emitido sin información específica sobre el destinatario o los detalles de la carga, permitiendo que esta información se complete más tarde. Este tipo de documento es utilizado para facilitar la flexibilidad en la transferencia de la propiedad de las mercancías.

La relevancia del conocimiento de embarque en blanco se sostiene en la flexibilidad que ofrece en las transacciones comerciales, permitiendo ajustes y transferencias según sea necesario. Por ejemplo, un exportador emite un conocimiento de embarque en blanco para permitir al comprador completar los detalles del destinatario final.

Blanket policy (Póliza universal o general): Es un tipo de póliza de seguro que proporciona cobertura a múltiples bienes, ubicaciones o personas bajo un solo contrato. Las pólizas universales son utilizadas por empresas que buscan una protección integral y simplificada.

La trascendencia de la póliza universal reside en su capacidad para ofrecer una cobertura amplia y reducir la complejidad de la gestión de seguros, asegurando que todos los riesgos relevantes estén protegidos. Por ejemplo, una empresa con múltiples sucursales y vehículos puede adquirir una póliza universal para cubrir todas sus propiedades y operaciones.

Block coefficient (Coeficiente de afinamiento cúbico): Es una medida de la forma de un buque, calculada como la relación entre el volumen del buque y el volumen de un prisma que tiene las mismas dimensiones de longitud, ancho y calado. Este coeficiente se utiliza para evaluar la eficiencia hidrodinámica del buque.

La significancia del coeficiente de afinamiento cúbico se establece en su capacidad para influir en el diseño y rendimiento del buque, afectando la resistencia al avance y la eficiencia del combustible. Por ejemplo, los ingenieros navales utilizan este coeficiente para optimizar el diseño de los buques y mejorar su desempeño en el agua.

Blockage (Bloqueo): Es la obstrucción o interrupción del flujo de mercancías, servicios o información, que puede ocurrir debido a diversos factores como huelgas, desastres naturales o problemas técnicos. El bloqueo puede afectar significativamente la cadena de suministro y las operaciones comerciales.

La preeminencia comercial de gestionar los bloqueos consiste en la necesidad de mantener la continuidad operativa y minimizar las interrupciones, asegurando que las mercancías y servicios lleguen a su destino a tiempo. Por ejemplo, una empresa de logística debe tener planes de contingencia para enfrentar bloqueos en rutas de transporte clave.

Blue peter (Bandera de despedida): Es una bandera náutica utilizada para indicar que un buque está listo para zarpar y que la tripulación debe regresar a bordo. La bandera es azul con un rectángulo blanco en el centro.

La relevancia global de la bandera Blue Peter radica en su función para comunicar de manera clara y eficiente la preparación del buque para partir, coordinando las acciones de la tripulación y el puerto. Por ejemplo, un capitán iza la bandera Blue Peter para notificar a la tripulación y al puerto que el buque zarpará pronto.

Board feet (Pies superficiales): Es una unidad de medida utilizada en la industria de la madera para cuantificar el volumen de la madera aserrada. Un pie superficial equivale a un volumen de una pulgada de espesor, un pie de ancho y un pie de largo.

La significancia operativa de los pies superficiales depende de su uso para estandarizar la medición y el comercio de madera, facilitando la compra, venta y procesamiento de productos de madera. Por ejemplo, los aserraderos y distribuidores de madera utilizan pies superficiales para cotizar precios y gestionar inventarios.

Board measurement (Tablonadura): Es una técnica de medición utilizada para calcular el volumen de madera aserrada en términos de pies superficiales. Esta técnica es esencial para la industria de la madera y la carpintería.

La influencia de la tablonadura está en su capacidad para proporcionar una medida precisa y estandarizada del volumen de madera, facilitando las transacciones comerciales y el uso eficiente de los recursos. Por ejemplo, los contratistas y carpinteros utilizan la tablonadura para calcular la cantidad de madera necesaria para proyectos de construcción.

Boarding (Abordaje): Es el acto de subir a bordo de un buque, ya sea por parte de la tripulación, pasajeros, inspectores o fuerzas de seguridad. El abordaje puede realizarse en el puerto o en el mar.

La influencia operativa del abordaje proviene de la seguridad y el control que proporciona, permitiendo la inspección y verificación de la tripulación y la carga, así como la protección contra amenazas. Por ejemplo, las autoridades aduaneras realizan abordajes para inspeccionar buques en busca de contrabando y asegurar el cumplimiento de las regulaciones.

Boatage (Derechos de barco): Es una tarifa cobrada por el uso de embarcaciones auxiliares para trasladar personas o mercancías entre un buque y la costa o entre diferentes puntos en el puerto. Estos derechos pueden incluir el uso de lanchas, remolcadores y otras embarcaciones de apoyo.

La preponderancia de los derechos de barco depende de la cobertura de los costos asociados con el uso de servicios de transporte adicionales, asegurando que las operaciones portuarias se realicen de manera eficiente. Por ejemplo, un buque que ancla en un fondeadero puede necesitar servicios de lanchas para trasladar la tripulación y la carga al puerto.

Bodega (Hold): Es el espacio de almacenamiento dentro de un buque donde se guarda la carga durante el transporte. Las bodegas pueden estar diseñadas para acomodar diferentes tipos de mercancías, incluyendo graneles, contenedores y carga refrigerada.

La pertinencia comercial de la bodega se fundamenta en su capacidad para maximizar el espacio de carga del buque y proteger las mercancías durante el viaje, asegurando que lleguen en buen estado a su destino. Por ejemplo, un buque granelero utiliza sus bodegas para transportar grandes cantidades de productos como cereales y minerales.

Bolsa (Stock exchange): Es un mercado organizado donde se compran y venden valores como acciones, bonos y otros instrumentos financieros. Las bolsas proporcionan una plataforma para la negociación de valores y facilitan la inversión y el financiamiento.

La relevancia de la bolsa se encuentra en su participación en la economía, proporcionando liquidez, transparencia y regulación en el mercado de valores, permitiendo a las empresas recaudar capital y a los inversores comprar y vender participaciones. Por ejemplo, la Bolsa de Nueva York es una de las principales bolsas del mundo, donde se negocian acciones de empresas globales.

Bona fide holder (Tenedor de buena fe): Es una persona o entidad que adquiere un instrumento financiero, como un cheque o una letra de cambio, de manera legítima y sin conocimiento de defectos o reclamaciones en su contra. El tenedor de buena fe tiene derecho a recibir el pago según los términos del instrumento.

La trascendencia del tenedor de buena fe reside en la protección legal que se le otorga, asegurando que las transacciones financieras se realicen de manera justa y segura. Por ejemplo, un tenedor de buena fe de un cheque tiene derecho a cobrarlo, incluso si hubo problemas en la emisión original del cheque.

Bond for demurrage (Garantía sobre las sobreestadías): Es una garantía financiera proporcionada para cubrir los costos adicionales incurridos cuando un buque permanece en un puerto más allá del tiempo acordado para la carga o descarga. Esta garantía asegura que el armador recibirá una compensación por el uso prolongado del buque.

La significancia de la garantía sobre las sobreestadías se establece en la protección que ofrece al armador y en la incentivación de la eficiencia en las operaciones portuarias, asegurando que los buques se liberen a tiempo. Por ejemplo, un fletador proporciona una garantía sobre las sobreestadías para cubrir posibles demoras en la descarga de mercancías.

Bond, Bond of indemnity (Fianza, caución): Es una garantía proporcionada por una persona o entidad para asegurar el cumplimiento de una obligación o para indemnizar a otra parte en caso de incumplimiento. Las fianzas y cauciones se utilizan comúnmente en contratos de construcción, proyectos financieros y transacciones comerciales.

La importancia de la fianza consiste en la seguridad y protección que ofrece a las partes involucradas, asegurando que las obligaciones se cumplan y que las partes afectadas sean indemnizadas en caso de incumplimiento. Por ejemplo, una empresa de construcción proporciona una fianza para garantizar la finalización de un proyecto según los términos del contrato.

Bonded warehouse (Almacén aduanero, depósito comercial o franco): Es una instalación de almacenamiento donde las mercancías importadas pueden ser guardadas bajo la supervisión de las autoridades aduaneras hasta que se paguen los aranceles y se cumplan los requisitos aduaneros. Los almacenes aduaneros permiten el aplazamiento del pago de impuestos y aranceles hasta que las mercancías sean retiradas para su distribución.

La influencia operativa del almacén aduanero radica en la flexibilidad que ofrece a los importadores para gestionar el flujo de mercancías y los costos asociados con los aranceles aduaneros, mejorando la eficiencia logística y financiera. Por ejemplo, un importador almacena productos electrónicos en un almacén aduanero hasta que se completan los trámites aduaneros y se pagan los aranceles.

Book value (Valor en libros): Es el valor contable de un activo según los registros de una empresa, calculado como el costo original del activo menos la depreciación acumulada. El valor en libros se utiliza para evaluar el valor de los activos y la salud financiera de una empresa.

La preeminencia comercial del valor en libros se fundamenta en su capacidad para proporcionar una medida objetiva del valor de los activos y en su uso para la toma de decisiones financieras y contables. Por ejemplo, los inversores analizan el valor en libros de una empresa para evaluar su solvencia y rentabilidad antes de tomar decisiones de inversión.

Booking (Reserva): Es el acto de solicitar y confirmar un espacio o servicio para el transporte de mercancías, pasajeros o alojamiento. Las reservas son esenciales en la planificación y gestión de la logística y el turismo.

La influencia de la reserva reside en la capacidad para asegurar la disponibilidad de servicios y en la planificación eficiente de las operaciones, garantizando que los recursos se utilicen de manera óptima. Por ejemplo, una empresa de exportación realiza una reserva para el transporte de sus productos en un buque de carga con destino a un mercado internacional.

Booking number (Número de identificación o reserva): Es un número único asignado a una reserva de espacio o servicio para el transporte de mercancías o pasajeros. Este número se utiliza para identificar y rastrear la reserva en los sistemas de gestión de logística y transporte.

La pertinencia comercial del número de reserva proviene de la capacidad para organizar y gestionar eficientemente las reservas, asegurando que los servicios se presten de manera ordenada y conforme a lo acordado. Por ejemplo, una empresa de logística utiliza el número de reserva para rastrear el envío de mercancías desde el punto de origen hasta el destino.

Booking office (Despacho de pasajes, oficina de reservas): Es una oficina donde se gestionan las reservas y la venta de pasajes para el transporte de pasajeros o mercancías. Las oficinas de reservas pueden estar ubicadas en terminales de transporte, oficinas de agentes de viajes o en línea.

La preponderancia de la oficina de reservas depende de la capacidad para facilitar la planificación y organización de viajes y envíos, proporcionando un punto centralizado para gestionar las reservas. Por ejemplo, una oficina de reservas en un aeropuerto gestiona la venta de boletos y las reservas de vuelos para los pasajeros.

Boom (Pescante de grúa): Es una estructura alargada y articulada en una grúa que se utiliza para levantar y mover cargas. El pescante permite que la grúa alcance áreas de difícil acceso y manipule cargas pesadas de manera segura.

La esencia del pescante de grúa se fundamenta en su capacidad para aumentar la eficiencia y la versatilidad de las operaciones de carga y descarga, permitiendo manejar una amplia variedad de mercancías. Por ejemplo, los pescantes de grúa en los puertos se utilizan para cargar y descargar contenedores y cargas a granel de los buques.

Boottopping (Zona de inmersión): Es la sección del casco de un buque que radica entre la línea de flotación en lastre y la línea de flotación a plena carga. Esta zona está sujeta a cambios constantes en la exposición al agua y al aire, lo que la hace vulnerable a la corrosión y al crecimiento de organismos marinos.

La relevancia de la zona de inmersión se encuentra en la necesidad de un mantenimiento adecuado para prevenir la corrosión y asegurar la integridad del casco del buque. Por ejemplo, los buques reciben tratamientos de pintura y limpieza en la zona de inmersión durante el mantenimiento regular en dique seco.

Borda del buque (Ship's rail): Es el borde superior de la cubierta de un buque que actúa como una barrera para prevenir la caída de personas y objetos al agua. La borda también proporciona apoyo estructural y puede incluir barandillas y otros dispositivos de seguridad.

La trascendencia de la borda reside en la protección que ofrece a la tripulación y a la carga, mejorando la seguridad a bordo del buque. Por ejemplo, las bordas de los buques de carga están equipadas con barandillas para proteger a los trabajadores durante las operaciones de carga y descarga.

Borrower (Prestatario): Es una persona o entidad que recibe dinero en préstamo de un prestamista, comprometiéndose a devolver el monto prestado junto con los intereses acordados en un plazo determinado. Los prestatarios pueden ser individuos, empresas o gobiernos.

La significancia del prestatario se establece en su papel en la economía, permitiendo la financiación de proyectos, inversiones y gastos mediante el uso de crédito. Por ejemplo, una empresa toma un préstamo para financiar la expansión de sus operaciones y mejorar su capacidad de producción.

Both ends (Ambos extremos): Es un término utilizado en contratos de fletamento y transporte para referirse a las responsabilidades y obligaciones tanto en el puerto de carga como en el puerto de descarga. Esto asegura que ambas partes del proceso de transporte sean cubiertas según lo acordado.

La gravitación internacional de "both ends" se centra en la claridad y equidad que proporciona en la asignación de responsabilidades, asegurando que las operaciones se realicen conforme a lo establecido en el contrato. Por ejemplo, un contrato de fletamento puede especificar que el fletador es responsable de los costos de carga y descarga en ambos extremos del viaje.

Both to blame collision clause (Cláusula de ambos culpables por el abordaje): Es una disposición en un contrato de seguro marítimo que establece que, en caso de una colisión en la que ambos buques son parcialmente culpables, cada uno debe indemnizar a sus propios asegurados y compartir la responsabilidad proporcionalmente.

La pertinencia comercial de esta cláusula depende de la equidad y distribución de la responsabilidad en caso de colisiones, proporcionando una base clara para la resolución de reclamaciones. Por ejemplo, dos buques que colisionan pueden utilizar esta cláusula para determinar cómo se compensarán los daños y las pérdidas.

Bottomry bond (Préstamo a la gruesa): Es un contrato de préstamo marítimo en el que el armador utiliza el buque como garantía para obtener fondos. Si el buque se pierde durante el viaje, el prestamista pierde su dinero; si el viaje tiene éxito, el préstamo debe ser devuelto con intereses.

La importancia del préstamo a la gruesa se fundamenta en la capacidad para obtener financiamiento en situaciones donde otros tipos de garantía no son viables, facilitando la realización de viajes y operaciones marítimas. Por ejemplo, un armador puede utilizar un préstamo a la gruesa para financiar reparaciones y mejoras en el buque antes de un viaje.

Bow (Proa): Es la parte frontal de un buque, diseñada para cortar el agua y mejorar la navegabilidad y estabilidad del buque. La forma y el diseño de la proa son cruciales para la eficiencia y el rendimiento del buque.

La influencia de la proa está en su influencia en la hidrodinámica del buque, afectando su velocidad, maniobrabilidad y consumo de combustible. Por ejemplo, una proa bien diseñada reduce la resistencia al avance y mejora la eficiencia operativa del buque.

Bow anchor (Ancla de proa): Es un ancla ubicada en la parte delantera del buque, utilizada para asegurar el buque en un lugar determinado. El ancla de proa es fundamental para la estabilidad y seguridad del buque en el fondeadero.

La influencia operativa del ancla de proa proviene de su capacidad para mantener el buque en una posición fija, evitando el desplazamiento no deseado y proporcionando estabilidad en el fondeadero. Por ejemplo, los buques utilizan el ancla de proa para asegurarse mientras esperan para entrar en un puerto.

Bow thruster (Hélice transversal): Es un dispositivo de propulsión instalado en la proa de un buque, que permite realizar maniobras laterales precisas sin necesidad de mover el timón principal. La hélice transversal mejora la maniobrabilidad del buque en espacios reducidos, como puertos y canales.

La preponderancia de la hélice transversal depende de su capacidad para facilitar maniobras seguras y eficientes, reduciendo el riesgo de colisiones y mejorando la precisión en el atraque y desatraque. Por ejemplo, un buque utiliza la hélice transversal para maniobrar en un puerto congestionado sin la ayuda de remolcadores.

BPO Business Process Outsourcing (Subcontratación de procesos de negocio): Es la contratación de servicios empresariales a terceros para realizar funciones que tradicionalmente se llevaban a cabo internamente. Esto puede incluir servicios de contabilidad, atención al cliente, recursos humanos y TI.

La magnitud económica del BPO se fundamenta en la capacidad para reducir costos operativos, mejorar la eficiencia y permitir a las empresas enfocarse en sus competencias principales. Por ejemplo, una empresa contrata a un proveedor de BPO para gestionar su servicio de atención al cliente, liberando recursos internos para otras tareas estratégicas.

Branch (Sucursal): Es una oficina o ubicación secundaria de una empresa que opera fuera de su sede principal. Las sucursales pueden ofrecer servicios completos o especializados y están diseñadas para expandir la presencia de la empresa en diferentes mercados.

La relevancia de las sucursales gira en torno a la capacidad para ampliar la cobertura geográfica y ofrecer servicios más accesibles a los clientes, mejorando la competitividad y el crecimiento. Por ejemplo, un banco abre sucursales en diferentes ciudades para atender a una base de clientes más amplia.

Breach of warranty clause (Cláusula de violación de garantía): Es una disposición en un contrato de seguro que especifica que la violación de una garantía por parte del asegurado puede resultar en la anulación de la póliza o la negación de una reclamación. Las garantías son condiciones que el asegurado debe cumplir para mantener la cobertura.

La trascendencia de esta cláusula reside en la protección que ofrece a la aseguradora, asegurando que el asegurado cumpla con ciertas condiciones para recibir cobertura. Por ejemplo, un propietario de un buque debe cumplir con los requisitos de mantenimiento especificados en la póliza para asegurar la validez de la cobertura de seguro.

Break bulk cargo (Carga surtida): Es una carga que se transporta en piezas individuales y no en contenedores, como cajas, barriles, sacos o paquetes. La carga surtida se maneja y estiba individualmente en el buque, en lugar de en unidades estandarizadas.

La significancia de la carga surtida se establece en la capacidad para transportar mercancías diversas y de diferentes tamaños, ofreciendo flexibilidad en el manejo y la logística. Por ejemplo, un buque de carga general transporta maquinaria, cajas y barriles como carga surtida.

Breakage (Rotura): Se refiere a la acción de romperse o dañarse un objeto durante el manejo o transporte. La rotura es una preocupación común en la logística y el transporte de mercancías, especialmente para productos frágiles.

La influencia operativa de gestionar y minimizar la rotura radica en la protección de la integridad de los productos y la reducción de pérdidas financieras, asegurando que las mercancías lleguen en buen estado a su destino. Por ejemplo, una empresa de transporte implementa medidas de embalaje y manejo cuidadosas para prevenir la rotura de productos de vidrio.

Breakdown clause (Cláusula de averías): Es una disposición en un contrato de seguro que cubre los daños o pérdidas resultantes de una avería mecánica o eléctrica. Esta cláusula es común en seguros de maquinaria y equipos.

La relevancia estratégica de la cláusula de averías se sostiene en la protección financiera que ofrece, asegurando que los costos de reparación o reemplazo de equipos averiados sean cubiertos, minimizando el impacto en las operaciones. Por ejemplo, una fábrica incluye una cláusula de averías en su póliza de seguro para cubrir posibles fallos en sus máquinas de producción.

Breaking bulk (Inicio de la descarga): Es el proceso de comenzar a descargar mercancías de un buque. Este término se refiere específicamente al momento en que se inicia la descarga de la carga del buque, marcando el comienzo de las operaciones de desembarque.

La prominencia global del inicio de la descarga se basa en la coordinación y planificación eficiente de las operaciones portuarias, asegurando que las mercancías sean manejadas de manera ordenada y segura. Por ejemplo, el inicio de la descarga se planifica cuidadosamente para minimizar los tiempos de espera y maximizar la eficiencia del puerto.

Bridge (Puente de navegación): Es la estructura elevada en la parte superior de un buque donde radican los controles y equipos de navegación. Desde el puente, el capitán y los oficiales supervisan y dirigen la operación del buque.

La influencia del puente de navegación está en su papel central en la operación segura y eficiente del buque, proporcionando un punto de control y observación para la tripulación. Por ejemplo, el puente está equipado con radares, sistemas de comunicación y otros instrumentos necesarios para la navegación y la gestión del buque en alta mar.

Brochure (Publicación, folleto): Es un documento impreso o digital utilizado para promocionar productos, servicios o eventos. Los folletos suelen incluir imágenes, descripciones y detalles importantes para atraer a los clientes y proporcionarles la información necesaria.

La importancia del folleto proviene de su capacidad para comunicar información de manera efectiva y atractiva, apoyando las estrategias de marketing y ventas. Por ejemplo, una empresa de turismo distribuye folletos para promocionar sus paquetes de vacaciones, destacando destinos, actividades y precios.

Broken stowage (Pérdida de estiba): Se refiere al espacio vacío que queda entre las unidades de carga en la bodega de un buque, lo que resulta en una utilización menos eficiente del espacio disponible. La pérdida de estiba puede ocurrir debido a la forma irregular de las cargas o a la falta de planificación adecuada.

La preponderancia de minimizar la pérdida de estiba depende de la optimización del espacio de carga y la mejora de la eficiencia operativa, reduciendo los costos de transporte. Por ejemplo, un cargador planifica cuidadosamente la disposición de las mercancías en la bodega para maximizar el uso del espacio y minimizar la pérdida de estiba.

Broker (Agente, productor, intermediario): Es una persona o entidad que actúa como intermediario entre compradores y vendedores, facilitando transacciones comerciales y financieras. Los brokers pueden especializarse en diversos mercados, como bienes raíces, seguros y valores.

La relevancia global del broker se fundamenta en su capacidad para conectar a las partes interesadas, proporcionar asesoramiento experto y negociar términos favorables, facilitando transacciones exitosas. Por ejemplo, un broker de seguros ayuda a los clientes a encontrar las pólizas más adecuadas a sus necesidades y presupuesto.

Brokerage (Corretaje): Es la actividad y el negocio de actuar como intermediario en transacciones comerciales y financieras, conectando a compradores y vendedores. El corretaje incluye la negociación, la asesoría y la facilitación de acuerdos.

La relevancia del corretaje se encuentra en su capacidad para simplificar y agilizar las transacciones, proporcionando acceso a mercados y oportunidades que de otro modo podrían ser difíciles de alcanzar. Por ejemplo, una firma de corretaje de valores facilita la compra y venta de acciones para sus clientes.

Brokerage Fee (Comisión de corretaje): Es la tarifa que un broker cobra por sus servicios de intermediación en una transacción. La comisión de corretaje puede ser un porcentaje del valor de la transacción o una tarifa fija.

La preeminencia comercial de la comisión de corretaje depende de la remuneración justa por los servicios prestados, incentivando a los brokers a facilitar transacciones beneficiosas para ambas partes. Por ejemplo, un broker de bienes raíces cobra una comisión del 3% del precio de venta de una propiedad por sus servicios de intermediación.

Bulbous bow (Proa bulbo): Es una extensión bulbosa en la parte inferior de la proa de un buque, diseñada para mejorar la eficiencia hidrodinámica al reducir la resistencia al avance en el agua. La proa bulbo es común en buques de gran tamaño como petroleros y cruceros.

La significancia de la proa bulbo se establece en su capacidad para reducir el consumo de combustible y aumentar la velocidad del buque, mejorando la eficiencia operativa. Por ejemplo, un petrolero con una proa bulbo puede transportar su carga de manera más eficiente y a menor costo.

Bulk (Masa, volumen): Se refiere a mercancías que se transportan sin envasar, en grandes cantidades. Las mercancías a granel incluyen productos como minerales, granos, líquidos y productos químicos.

La influencia operativa del transporte a granel consiste en la capacidad para manejar grandes volúmenes de mercancías de manera eficiente y económica, facilitando el comercio de materias primas y productos básicos. Por ejemplo, el transporte de trigo a granel en un buque granelero permite mover grandes cantidades de producto de manera rentable.

Bulk cargo (Carga a granel): Es la mercancía transportada sin envasar en grandes cantidades, como minerales, granos, carbón, petróleo y productos químicos. La carga a granel se maneja utilizando equipos especializados y buques graneleros.

La trascendencia estratégica de la carga a granel depende de su eficiencia y economía, permitiendo el movimiento de grandes volúmenes de mercancías esenciales para la industria y el comercio global. Por ejemplo, un buque granelero transporta mineral de hierro desde las minas hasta las plantas siderúrgicas en diferentes países.

Bulk carrier (Granelero): Es un tipo de buque diseñado específicamente para transportar carga a granel, como minerales, granos, carbón y productos químicos. Los graneleros tienen grandes bodegas y equipos de carga especializados para manejar mercancías a granel.

La supremacía competitiva del granelero se basa en su capacidad para transportar grandes volúmenes de carga de manera eficiente y económica, apoyando el comercio de materias primas a nivel mundial. Por ejemplo, un granelero transporta soja desde América del Sur hasta los mercados de Asia.

Bulkhead (Escotilla): Es una estructura vertical que separa diferentes compartimentos dentro de un buque, proporcionando soporte estructural y compartimentación para la seguridad. Las escotillas son esenciales para la integridad y la estabilidad del buque.

La influencia de las escotillas está en su capacidad para mejorar la seguridad y la integridad estructural del buque, previniendo la propagación de agua en caso de inundación y proporcionando compartimentos seguros para la carga. Por ejemplo, las escotillas de un buque de carga están diseñadas para soportar la presión y proteger la carga en caso de daños en el casco.

Bulkheads (Mamparos): Son paredes verticales dentro de un buque que dividen el espacio en compartimentos separados, proporcionando soporte estructural y compartimentación para la seguridad. Los mamparos ayudan a mantener la integridad del buque y a contener daños en caso de inundación.

La trascendencia estratégica de los mamparos proviene de la protección y estabilidad que ofrecen al buque, mejorando la seguridad de la tripulación y la carga. Por ejemplo, los mamparos están diseñados para resistir la presión y prevenir la propagación de agua en caso de daños en el casco del buque.

Bunker clause (Cláusula de combustible de consumo): Es una disposición en un contrato de fletamento que establece las condiciones y responsabilidades relacionadas con el suministro y pago del combustible utilizado por el buque. Esta cláusula puede especificar quién es responsable de proporcionar el combustible y cómo se ajustarán los costos en función de las variaciones en los precios del combustible.

La preponderancia de la cláusula de combustible depende de la claridad y equidad que proporciona en la asignación de responsabilidades y costos, asegurando que ambas partes comprendan y acuerden las condiciones relacionadas con el suministro de combustible. Por ejemplo, un contrato de fletamento puede incluir una cláusula de combustible que establece que el fletador es responsable de pagar el combustible utilizado durante el viaje.

Buque apto (Good ship or vessel): Es un término utilizado para describir un buque que radica buenas condiciones de funcionamiento, cumple con todas las regulaciones y estándares de seguridad, y es adecuado para el propósito previsto. Un buque apto debe estar bien mantenido y equipado para realizar su viaje de manera segura y eficiente.

La supremacía estratégica de un buque apto se fundamenta en la seguridad y confiabilidad que proporciona en las operaciones marítimas, minimizando los riesgos de accidentes y problemas operativos. Por ejemplo, un armador debe asegurarse de que su buque esté en condiciones óptimas antes de fletarlo para un viaje internacional.

Buque cisterna (Tank vessel): Es un tipo de buque diseñado específicamente para transportar líquidos a granel, como petróleo, productos químicos, gases licuados y otros líquidos. Los buques cisterna tienen tanques especializados y sistemas de bombeo para manejar la carga de manera segura.

La relevancia del buque cisterna se sostiene en su capacidad para transportar grandes volúmenes de líquidos de manera segura y eficiente, apoyando el comercio global de productos esenciales. Por ejemplo, un petrolero transporta crudo desde los campos petrolíferos hasta las refinerías en diferentes partes del mundo.

Buque de carga seca (Dry cargo carrier): Es un buque diseñado para transportar carga seca a granel, como minerales, granos, carbón y otros productos no líquidos. Estos buques tienen grandes bodegas y equipos especializados para manejar y estibar la carga seca.

La trascendencia del buque de carga seca se fundamenta en su capacidad para mover grandes volúmenes de mercancías a granel de manera eficiente y económica, facilitando el comercio de materias primas y productos básicos. Por ejemplo, un buque de carga seca transporta carbón desde las minas hasta las plantas de energía en diferentes países.

Buque frigorífico (Reefer ship): Es un buque equipado con sistemas de refrigeración para transportar mercancías perecederas que requieren un control de temperatura, como alimentos, productos agrícolas y productos farmacéuticos. Los buques frigoríficos aseguran que las mercancías se mantengan en condiciones óptimas durante el transporte.

La significancia del buque frigorífico se establece en su capacidad para preservar la calidad y la seguridad de las mercancías perecederas, permitiendo su transporte a largas distancias sin deterioro. Por ejemplo, un buque frigorífico transporta frutas y verduras frescas desde América del Sur hasta Europa.

Buque listo (Prompt ship): Es un buque que está listo para zarpar de inmediato o en un plazo muy corto, sin necesidad de preparativos adicionales. Un buque listo está completamente cargado, tripulado y equipado para comenzar su viaje.

La relevancia global de un buque listo consiste en la capacidad para responder rápidamente a las necesidades de transporte, mejorando la eficiencia y reduciendo los tiempos de espera. Por ejemplo, un fletador puede preferir un buque listo para asegurarse de que la carga se transporte sin demoras.

Buque trampa de propósito general (General purpose tramp): Es un buque que no opera en rutas fijas ni tiene horarios regulares, sino que se fleta para transportar carga a donde sea necesario. Estos buques son versátiles y pueden transportar una variedad de cargas según las necesidades del mercado.

La prominencia internacional del buque trampa de propósito general se sostiene en su flexibilidad y capacidad para adaptarse a las demandas fluctuantes del mercado, ofreciendo soluciones de transporte a medida. Por ejemplo, un buque trampa puede ser contratado para transportar maquinaria pesada a un proyecto de construcción en una ubicación remota.

Buques de cubierta corrida (Flush deck ships): Son buques que tienen una cubierta continua sin interrupciones de superestructuras elevadas, proporcionando un espacio de carga amplio y despejado. Estos buques son adecuados para transportar cargas voluminosas y pesadas.

La relevancia estratégica de los buques de cubierta corrida depende de la eficiencia y flexibilidad que ofrecen en el manejo de cargas, permitiendo la estiba y manipulación de mercancías de gran tamaño. Por ejemplo, un buque de cubierta corrida transporta grandes estructuras metálicas para proyectos industriales.

Buques ganaderos (Cattle carriers): Son buques diseñados específicamente para el transporte de ganado, como vacas, ovejas y cerdos. Estos buques están equipados con instalaciones para garantizar el bienestar de los animales durante el viaje, incluyendo ventilación, alimentación y agua.

La influencia de los buques ganaderos se sostiene en su capacidad para transportar animales vivos de manera segura y humanitaria, facilitando el comercio internacional de ganado. Por ejemplo, un buque ganadero transporta vacas desde América del Sur hasta Oriente Medio para su venta en mercados locales.

Burden (Carga, tonelaje neto): Es una medida del peso o volumen de la carga que un buque puede transportar. El tonelaje neto es una unidad de medida que indica la capacidad de carga útil de un buque, excluyendo el espacio ocupado por la tripulación, los motores y otros equipos.

La relevancia estratégica del tonelaje neto proviene de su uso para determinar la capacidad de transporte de un buque y calcular las tarifas de flete y otros costos operativos. Por ejemplo, un buque con un tonelaje neto de 20,000 toneladas puede transportar esa cantidad de carga útil en un viaje.

Burglary (Robo): Es el acto de entrar ilegalmente en un edificio o recinto con la intención de cometer un delito, generalmente robo. En el contexto de seguros, el robo está cubierto por pólizas específicas que protegen contra pérdidas y daños resultantes de tales actos.

La importancia de la cobertura contra el robo depende de la protección financiera que ofrece a individuos y empresas, asegurando que las pérdidas sean compensadas y minimizando el impacto económico de estos incidentes. Por ejemplo, una tienda asegura su inventario contra el robo para protegerse de pérdidas financieras en caso de un allanamiento.

Burial insurance (Seguro que cubre gastos de sepelio): Es una póliza de seguro diseñada para cubrir los costos asociados con el sepelio y los servicios funerarios del asegurado. Este tipo de seguro proporciona un beneficio en efectivo a los beneficiarios para cubrir gastos como el ataúd, la ceremonia y el entierro.

La supremacía competitiva del seguro de sepelio se fundamenta en la seguridad financiera que ofrece a los familiares del asegurado, asegurando que los gastos funerarios no sean una carga económica durante un momento difícil. Por ejemplo, una persona puede adquirir un seguro de sepelio para asegurarse de que sus seres queridos no tengan que preocuparse por los costos del entierro.

Business interruption (Pérdida de beneficios): Es una cobertura de seguro que proporciona compensación por la pérdida de ingresos y gastos operativos adicionales que resultan de la interrupción del negocio debido a un evento cubierto, como un incendio, un desastre natural o una falla de equipo.

La relevancia del seguro por interrupción del negocio se centra en su capacidad para proteger la estabilidad financiera de una empresa durante períodos de inactividad forzada, permitiendo que la empresa se recupere y continúe operando. Por ejemplo, un restaurante que cierra temporalmente debido a un incendio puede recibir beneficios por pérdida de beneficios para cubrir los ingresos perdidos y los gastos adicionales mientras se realizan las reparaciones.

But safely aground (Pero varado con seguridad): Se refiere a una situación en la que un buque ha encallado intencionalmente o de manera controlada para evitar daños mayores o situaciones peligrosas. La varada segura puede ser una medida preventiva en circunstancias difíciles.

La trascendencia de estar varado con seguridad radica en la protección del buque y su carga, minimizando los riesgos de daños y asegurando la seguridad de la tripulación. Por ejemplo, un capitán puede varar el buque de manera controlada en una playa para evitar el hundimiento durante una tormenta severa.

Buy-back (Convenio de recompra): Es un acuerdo en el que el vendedor de un activo, generalmente una empresa o un bien, se compromete a recomprarlo en el futuro a un precio acordado. Este convenio proporciona seguridad tanto al comprador como al vendedor.

La significancia del convenio de recompra se establece en la flexibilidad y seguridad que ofrece a ambas partes en la transacción, permitiendo al comprador beneficiarse del uso del activo mientras mantiene la opción de venderlo de nuevo al vendedor original. Por ejemplo, una empresa vende maquinaria a un socio comercial con un acuerdo de recompra para asegurarse de que puede recuperar el equipo si es necesario.

Buyer (Comprador): Es la persona o entidad que adquiere bienes o servicios a cambio de dinero o alguna otra forma de pago. Los compradores pueden ser consumidores individuales, empresas o gobiernos.

La importancia del comprador se basa en su rol fundamental en la economía, impulsando la demanda de productos y servicios y facilitando el intercambio comercial. Por ejemplo, un comprador de una empresa de manufactura adquiere materias primas necesarias para la producción de bienes.

Palabras relacionadas a la letra o términos compuestos con la B

Claiming bank (Banco reclamante): Es el banco que presenta una solicitud de pago o reembolso en nombre de su cliente en una transacción financiera internacional. Este banco actúa como intermediario entre el beneficiario y el banco emisor.

La relevancia global del banco reclamante radica en su papel para facilitar transacciones internacionales, asegurando que las reclamaciones de pago se manejen de manera eficiente y conforme a las normas establecidas. Por ejemplo, un banco reclamante presenta una reclamación de pago a un banco emisor bajo una carta de crédito documentaria.

Clean bill of lading (Conocimiento de embarque limpio): Es un documento de transporte marítimo que certifica que las mercancías han sido recibidas a bordo del buque en buen estado y sin observaciones. Un conocimiento de embarque limpio indica que no hay daños ni defectos visibles en la carga.

La importancia del conocimiento de embarque limpio se basa en la confianza que proporciona a los compradores y financiadores sobre la condición de las mercancías, facilitando el comercio y la financiación. Por ejemplo, un importador exige un conocimiento de embarque limpio para asegurarse de que la mercancía recibida no está dañada.

Common carrier bill of lading (Carta de porte de un transportista público): Es un documento emitido por un transportista público que detalla las condiciones de transporte y actúa como recibo de las mercancías. Este tipo de conocimiento de embarque se utiliza cuando el transportista ofrece sus servicios al público en general.

La influencia de la carta de porte de un transportista público se centra en la regulación y estandarización de los términos de transporte, protegiendo los derechos tanto del transportista como del remitente. Por ejemplo, una empresa de transporte público emite una carta de porte para documentar el envío de mercancías entre dos ciudades.

Confirming bank (Banco confirmador): Es un banco que añade su propia confirmación a una carta de crédito emitida por otro banco, asegurando al beneficiario que el pago será realizado incluso si el banco emisor no cumple con sus obligaciones. Este banco proporciona una garantía adicional de pago.

La importancia del banco confirmador se sostiene en la seguridad adicional que ofrece al beneficiario, reduciendo el riesgo de incumplimiento y facilitando el comercio internacional. Por ejemplo, un exportador en un país en desarrollo puede requerir la confirmación de un banco internacional para asegurar el pago de sus mercancías.

Contingent beneficiary (Beneficiario secundario): Es una persona o entidad designada para recibir los beneficios de una póliza de seguro o un fideicomiso en caso de que el beneficiario principal no pueda recibirlos. El beneficiario secundario actúa como una segunda opción para asegurar que los beneficios se distribuyan según lo previsto.

La preponderancia del beneficiario secundario depende de la continuidad y seguridad que proporciona en la planificación financiera y de seguros, asegurando que los beneficios lleguen a las personas adecuadas. Por ejemplo, una póliza de seguro de vida puede nombrar a los hijos como beneficiarios secundarios si el cónyuge, que es el beneficiario principal, fallece antes que el asegurado.

Correspondent bank (Banco corresponsal): Es un banco que tiene acuerdos con otros bancos para facilitar las transacciones financieras internacionales, proporcionando servicios como la transferencia de fondos, la gestión de cuentas y la liquidación de pagos. Los bancos corresponsales permiten a los bancos acceder a mercados extranjeros.

La trascendencia global del banco corresponsal se fundamenta en su capacidad para facilitar el comercio internacional y las transacciones financieras, proporcionando una red global de servicios bancarios. Por ejemplo, un banco en Europa utiliza un banco corresponsal en Asia para procesar pagos y gestionar cuentas en la región asiática.

Direct bill of lading (Conocimiento sin transbordo): Es un documento de transporte marítimo que indica que las mercancías serán transportadas directamente desde el puerto de carga hasta el puerto de destino sin transbordo en otro buque. Este tipo de conocimiento de embarque asegura un transporte más rápido y menos manipulación de la carga.

La relevancia del conocimiento sin transbordo se basa en la eficiencia y seguridad que ofrece en el transporte de mercancías, reduciendo los riesgos de daños y retrasos. Por ejemplo, un exportador prefiere un conocimiento sin transbordo para asegurar que su carga llegue rápidamente y en buen estado al destino final.

Dirty bill of lading (Conocimiento de embarque sucio): Es un documento de transporte marítimo que contiene anotaciones sobre defectos, daños o irregularidades en las mercancías al momento de su carga. Un conocimiento de embarque sucio indica que la carga no estaba en perfectas condiciones cuando fue recibida a bordo.

La trascendencia del conocimiento de embarque sucio radica en la transparencia y la responsabilidad que proporciona, documentando cualquier problema con la carga y protegiendo los derechos del transportista. Por ejemplo, un transportista emite un conocimiento de embarque sucio para anotar que los contenedores recibidos tenían daños visibles.

Drawee bank (Banco girado): Es el banco sobre al cual se gira una letra de cambio o un cheque, y que está obligado a pagar la cantidad especificada en el documento al presentador legítimo. El banco girado es responsable de verificar y procesar el pago.

La significancia del banco girado se establece en su papel en la facilitación de pagos seguros y eficientes, asegurando que las transacciones financieras se completen según lo acordado. Por ejemplo, un importador gira una letra de cambio sobre su banco para pagar a un exportador extranjero por las mercancías recibidas.

First beneficiary (Primer beneficiario): Es la persona o entidad designada para recibir los beneficios de una póliza de seguro, fideicomiso u otro instrumento financiero. El primer beneficiario tiene prioridad sobre cualquier beneficiario secundario o contingente.

La prominencia global del primer beneficiario consiste en la certeza y prioridad que ofrece en la distribución de beneficios, asegurando que los activos se entreguen según los deseos del propietario. Por ejemplo, un asegurado nombra a su cónyuge como primer beneficiario de su póliza de seguro de vida.

In bond (En depósito): Se refiere a mercancías que están almacenadas en un almacén aduanero bajo la supervisión de las autoridades aduaneras y no pueden ser retiradas hasta que se paguen los aranceles e impuestos correspondientes. Estas mercancías están en tránsito o en espera de cumplimiento de requisitos aduaneros.

La supremacía competitiva de las mercancías en depósito gira en torno a la flexibilidad que ofrece a los importadores para gestionar los tiempos de pago de aranceles y preparar la distribución de las mercancías. Por ejemplo, un importador almacena productos electrónicos en un depósito aduanero hasta que se completen los trámites aduaneros.

Inland bill of lading (Conocimiento de embarque terrestre): Es un documento de transporte utilizado para el envío de mercancías por vía terrestre, como camiones o trenes, dentro de un país o región. Este documento actúa como recibo y contrato de transporte entre el remitente y el transportista.

El rol del conocimiento de embarque terrestre se basa en la formalización y regulación del transporte de mercancías por tierra, proporcionando una base clara para la responsabilidad y la reclamación de daños. Por ejemplo, un fabricante utiliza un conocimiento de embarque terrestre para enviar productos desde su fábrica a un centro de distribución en otra ciudad.

Issuing bank (Banco emisor): Es el banco que emite una carta de crédito a favor del beneficiario en una transacción comercial internacional. El banco emisor se compromete a pagar al beneficiario una vez que se cumplan todas las condiciones especificadas en la carta de crédito.

La influencia del banco emisor está en la seguridad y garantía de pago que proporciona en el comercio internacional, facilitando la confianza entre compradores y vendedores. Por ejemplo, un banco emisor en Europa emite una carta de crédito a favor de un exportador en Asia para asegurar el pago de una transacción comercial.

Long bill of lading (Conocimiento de embarque largo): Es un conocimiento de embarque que incluye una descripción detallada de las mercancías, las condiciones del transporte y otras informaciones específicas. Este documento proporciona un registro completo y detallado de la carga y las responsabilidades del transportista.

La importancia del conocimiento de embarque largo proviene de la claridad y precisión que ofrece, asegurando que todas las partes comprendan y acuerden las condiciones del transporte. Por ejemplo, un exportador utiliza un conocimiento de embarque largo para documentar el envío de una carga compleja con múltiples ítems y condiciones especiales.

Negotiable bill of lading (Conocimiento de embarque negociable): Es un documento de transporte que puede ser transferido a otra parte mediante endoso, permitiendo la transferencia de la propiedad de las mercancías mientras están en tránsito. Este tipo de conocimiento de embarque facilita el comercio y la financiación.

La preponderancia del conocimiento de embarque negociable depende de la flexibilidad y liquidez que ofrece en las transacciones comerciales, permitiendo a los propietarios vender o financiar la carga mientras radica tránsito. Por ejemplo, un exportador endosa un conocimiento de embarque negociable a un banco para obtener un préstamo basado en el valor de la carga.

Nominated bank (Banco nominado): Es el banco designado por el banco emisor en una carta de crédito para recibir, verificar y procesar los documentos presentados por el beneficiario. El banco nominado actúa como intermediario y facilita el cumplimiento de los términos de la carta de crédito.

La pertinencia comercial del banco nominado se fundamenta en su papel para facilitar y asegurar la ejecución de transacciones comerciales internacionales, proporcionando un punto de contacto local para el beneficiario. Por ejemplo, un banco en Asia es nominado por un banco emisor en Europa para procesar los documentos de una carta de crédito en favor de un exportador asiático.

Non-negotiable bill of lading (Conocimiento de embarque no negociable): Es un documento de transporte marítimo que no puede ser transferido a otra parte mediante endoso. Este tipo de conocimiento de embarque indica que la propiedad de las mercancías no puede cambiarse mientras están en tránsito.

La relevancia del conocimiento de embarque no negociable se fundamenta en la claridad que proporciona sobre la propiedad de las mercancías, asegurando que solo el consignatario nombrado pueda reclamar la carga. Por ejemplo, un importador recibe un conocimiento de embarque no negociable para garantizar que las mercancías le sean entregadas exclusivamente a él.

On board bill of lading (Conocimiento a bordo): Es un documento de transporte marítimo que certifica que las mercancías han sido cargadas a bordo del buque. Este conocimiento de embarque es esencial para confirmar que la carga ha sido recibida y radica tránsito hacia su destino.

La trascendencia del conocimiento a bordo reside en la seguridad y garantía que ofrece tanto al comprador como al vendedor de que las mercancías han sido efectivamente embarcadas. Por ejemplo, un exportador proporciona un conocimiento a bordo al comprador para confirmar que los bienes han sido cargados y están en camino.

Primary beneficiary (Beneficiario primario): Es la persona o entidad designada para recibir los beneficios de una póliza de seguro, carta de crédito o fideicomiso en primer lugar. El beneficiario primario tiene prioridad sobre cualquier beneficiario secundario o contingente.

La significancia del beneficiario primario se establece en la certeza y prioridad que ofrece en la distribución de beneficios, asegurando que los activos se entreguen según los deseos del propietario. Por ejemplo, en una póliza de seguro de vida, el cónyuge del asegurado es designado como beneficiario primario para recibir el pago del seguro en caso de fallecimiento del asegurado.

Reimbursing bank (Banco reembolsador): Es el banco designado en una carta de crédito para efectuar el pago al banco presentador de los documentos, una vez que estos han sido verificados y aprobados. El banco reembolsador actúa como intermediario financiero para asegurar que los fondos sean transferidos adecuadamente.

La preeminencia comercial del banco reembolsador consiste en la seguridad y eficiencia que proporciona en las transacciones comerciales internacionales, facilitando el flujo de fondos entre los bancos involucrados. Por ejemplo, un banco en Europa actúa como banco reembolsador para una carta de crédito emitida por un banco asiático, asegurando que los pagos se realicen según lo acordado.

Remitting bank (Banco remitente): Es el banco que envía documentos financieros, como letras de cambio o documentos de exportación, a otro banco para su procesamiento y cobro. El banco remitente actúa en nombre del exportador para asegurar que los documentos lleguen al banco del importador.

La relevancia estratégica del banco remitente se sostiene en su rol para facilitar las transacciones internacionales, asegurando que los documentos se manejen de manera segura y eficiente. Por ejemplo, un exportador utiliza un banco remitente para enviar los documentos necesarios a un banco en el país del importador para el cobro de una letra de cambio.

Second beneficiary (Segundo beneficiario): Es una persona o entidad designada para recibir los beneficios de una póliza de seguro, carta de crédito o fideicomiso en caso de que el beneficiario primario no pueda o no quiera recibirlos. El segundo beneficiario actúa como una alternativa en la planificación financiera y de seguros.

El rol del segundo beneficiario se basa en la continuidad y seguridad que ofrece, asegurando que los beneficios lleguen a una persona designada si el beneficiario primario no está disponible. Por ejemplo, un asegurado nombra a sus hijos como segundos beneficiarios de su póliza de seguro de vida si el beneficiario primario, su cónyuge, fallece antes que él.

Short bill of lading (Conocimiento de embarque corto): Es un documento de transporte marítimo que contiene menos detalles que un conocimiento de embarque estándar. Puede omitir ciertas condiciones o descripciones detalladas de la carga.

La influencia del conocimiento de embarque corto está en la simplicidad y rapidez que ofrece en la documentación, aunque puede no proporcionar tanta protección legal como un conocimiento de embarque completo. Por ejemplo, en algunas transacciones donde la velocidad es crucial, un exportador puede utilizar un conocimiento de embarque corto para agilizar el proceso.

Stale bill of lading (Conocimiento de embarque demorado o vencido): Es un documento de transporte marítimo que se presenta para el cobro después del plazo especificado, lo que puede afectar su validez y aceptación. Los conocimientos de embarque vencidos pueden presentar desafíos en la reclamación de la carga.

La importancia de manejar adecuadamente los conocimientos de embarque demorado proviene de la protección de los derechos del comprador y del vendedor, asegurando que la carga se pueda reclamar sin problemas. Por ejemplo, un exportador debe asegurarse de que los documentos se presenten a tiempo para evitar complicaciones con un conocimiento de embarque demorado.

Through bill of lading (Conocimiento de embarque directo): Es un documento de transporte que cubre el envío de mercancías desde el punto de origen hasta el destino final, incluyendo todos los modos de transporte involucrados. Este conocimiento de embarque facilita la transferencia de carga entre diferentes medios de transporte, como buques, trenes y camiones.

La preponderancia del conocimiento de embarque directo depende de su capacidad para simplificar y coordinar el transporte multimodal, asegurando que las mercancías se muevan de manera eficiente y sin interrupciones. Por ejemplo, un exportador emite un conocimiento de embarque directo para enviar productos desde una fábrica en el interior del país hasta un cliente en el extranjero, pasando por varios modos de transporte.

B.D.I - Both Dates Includes (Incluye ambas fechas): Es una cláusula utilizada en contratos y documentos comerciales para especificar que el período mencionado incluye tanto la fecha de inicio como la fecha de finalización. Esto clarifica el rango de fechas aplicable y evita malentendidos sobre la duración del contrato o acuerdo.

La relevancia global de la cláusula "Both Dates Includes" se fundamenta en la precisión y claridad que proporciona en la definición de períodos de tiempo, asegurando que todas las partes comprendan y acuerden el alcance temporal del contrato. Por ejemplo, un contrato de alquiler que especifica "1 de enero al 31 de diciembre, ambas fechas incluidas" asegura que el alquiler cubre todo el año.

C

Cable bróker (Agente intercontinental): Es un intermediario que facilita las comunicaciones y transacciones comerciales entre empresas de diferentes continentes. Este agente se especializa en el manejo de operaciones y contratos que involucran partes en distintos países, asegurando que se cumplan las regulaciones y normativas internacionales.

La relevancia de un cable bróker se centra en su capacidad para agilizar y asegurar transacciones intercontinentales, reduciendo riesgos y mejorando la eficiencia comercial. Por ejemplo, un cable bróker puede coordinar la compra y venta de materias primas entre una empresa en Europa y otra en Asia, garantizando que se cumplan todas las normativas aduaneras y financieras.

Cable ship (Buque cablegráfico): Es un buque especializado en la instalación y mantenimiento de cables submarinos utilizados para telecomunicaciones, energía y otros fines. Estos buques están equipados con tecnología avanzada para desplegar y reparar cables en el fondo del océano.

La trascendencia del cable ships reside en su papel crucial en la infraestructura global de telecomunicaciones y energía, asegurando conexiones seguras y eficientes entre continentes. Por ejemplo, un cable ship puede desplegar un nuevo cable de fibra óptica que conecta América del Norte con Europa, mejorando la velocidad y capacidad de las comunicaciones internacionales.

Cable transfer (Transferencia por cable): Es un método de transferencia de fondos electrónicamente entre bancos de diferentes países, facilitando el movimiento rápido y seguro de dinero a nivel internacional.

La significancia de las transferencias por cable se establece en su rapidez y seguridad, permitiendo a las empresas y particulares realizar pagos internacionales de manera eficiente. Por ejemplo, una empresa en Estados Unidos puede utilizar una transferencia por cable para pagar a un proveedor en China, asegurando que los fondos se reciban de manera rápida y segura.

Cabotaje (Coastal trade): Se refiere al transporte de bienes y personas entre puertos dentro del mismo país, utilizando la navegación costera. Este tipo de comercio está regulado por leyes nacionales que pueden restringir la participación de embarcaciones extranjeras.

La trascendencia global del cabotaje consiste en su capacidad para fortalecer la economía nacional, fomentar el desarrollo regional y asegurar el control sobre el transporte marítimo interno. Por ejemplo, una empresa de transporte marítimo en Brasil puede operar rutas de cabotaje para distribuir productos agrícolas entre diferentes puertos del país, apoyando la economía local y regional.

C.A.D (Cash against documents) (Pago contra documentos): Es un método de pago en el que el comprador paga al vendedor al presentar los documentos que demuestran el envío de mercancías. Este método asegura que el vendedor reciba el pago antes de que el comprador obtenga los documentos necesarios para reclamar la mercancía.

La supremacía estratégica del C.A.D depende de su capacidad para proteger a ambas partes en una transacción comercial, asegurando que el vendedor reciba el pago y el comprador obtenga los documentos para la recepción de las mercancías. Por ejemplo, un exportador de maquinaria puede utilizar C.A.D para garantizar que reciba el pago antes de liberar los documentos de embarque al comprador.

C.A.F Cost and freight (Costo y flete): Es un término de comercio internacional que indica que el vendedor cubre los costos y el flete necesarios para llevar las mercancías al puerto de destino. Sin embargo, el riesgo se transfiere al comprador una vez que las mercancías se cargan en el buque.

La supremacía competitiva del C.A.F se basa en su capacidad para clarificar las responsabilidades de costos y riesgos entre el comprador y el vendedor, facilitando el comercio internacional. Por ejemplo, un exportador en España puede acordar un contrato C.A.F con un importador en México, cubriendo los costos de envío hasta el puerto mexicano mientras el riesgo se transfiere en el puerto de embarque.

C.F Cost and freight (Costo y flete): Similar al C.A.F, este término indica que el vendedor cubre los costos y el flete para transportar las mercancías al puerto de destino, pero el riesgo se transfiere al comprador una vez que las mercancías están a bordo del buque.

La influencia del C.F se sustenta en su claridad sobre la distribución de costos y riesgos, facilitando la negociación y el cumplimiento en transacciones internacionales. Por ejemplo, un fabricante en Alemania puede vender productos a un distribuidor en Japón bajo términos C.F, asegurando el pago de costos de transporte hasta el puerto japonés mientras transfiere el riesgo al comprador en el puerto de embarque.

C.A.F. Currency Adjustment Factor (Ajuste de corrección monetaria): Es un recargo aplicado por las compañías de transporte para ajustar las tarifas de flete en respuesta a las fluctuaciones en las tasas de cambio de las monedas. Este recargo protege a las empresas de transporte de la volatilidad del mercado cambiario.

La trascendencia global del CAF radica en su capacidad para proteger a las compañías de transporte de las pérdidas financieras debido a cambios inesperados en las tasas de cambio, asegurando estabilidad en las tarifas de flete. Por ejemplo, una naviera puede aplicar un CAF para ajustar sus tarifas cuando la moneda en la que se cotiza el flete se devalúa significativamente en comparación con la moneda de pago.

CAF cleared (Costo y flete con despacho): Este término se refiere a un acuerdo en el cual el vendedor cubre el costo y el flete de las mercancías hasta el puerto de destino, incluyendo el despacho aduanero en el país de origen. El comprador se hace cargo del riesgo desde el puerto de embarque.

La preponderancia de CAF cleared depende de su capacidad para clarificar las responsabilidades de costos y riesgos, facilitando el comercio internacional y asegurando un despacho aduanero eficiente. Por ejemplo, un exportador de ropa en Italia puede vender a un comprador en Estados Unidos bajo términos CAF cleared, cubriendo todos los costos hasta el puerto estadounidense, incluyendo el despacho aduanero italiano.

CAF landed (Costo y flete puesto en tierra): Este término indica que el vendedor es responsable del costo y el flete hasta el puerto de destino, y además asegura que las mercancías sean desembarcadas en el puerto de destino. El comprador asume el riesgo desde el puerto de embarque.

La trascendencia global de CAF landed se fundamenta en su capacidad para asegurar que las mercancías no solo lleguen al puerto de destino, sino que también sean desembarcadas, proporcionando una mayor seguridad al comprador. Por ejemplo, un exportador de maquinaria pesada en Alemania puede vender bajo términos CAF landed a un comprador en Brasil, asegurando que las máquinas sean desembarcadas en el puerto brasileño.

CAG (Certificado de aceptación de garantía): Es un documento que certifica que una garantía ha sido aceptada y cumple con los términos y condiciones especificados. Este certificado es esencial en transacciones comerciales donde se requiere una garantía como parte del acuerdo contractual.

La relevancia del CAG se basa en su capacidad para proporcionar seguridad y confianza a las partes involucradas en una transacción, asegurando que la garantía es válida y aceptada. Por ejemplo, en un contrato de construcción, el cliente puede exigir un CAG antes de proceder con el pago para asegurarse de que la garantía ofrecida por el contratista es aceptada y cumple con los términos del contrato.

Calado de barra (Bar draught): Es la profundidad mínima que un barco necesita para pasar sobre una barra en la entrada de un puerto. Este valor es crucial para determinar si un buque puede entrar o salir de un puerto sin riesgo de encallar.

La trascendencia del calado de barra se fundamenta en su capacidad para asegurar la navegación segura de los buques en puertos y canales. Por ejemplo, un puerto puede especificar un calado de barra de 10 metros, lo que significa que solo los buques con un calado inferior a 10 metros pueden entrar o salir del puerto sin riesgo.

Calado de verano (Summer draft): Es el calado máximo permitido para un buque durante el verano, cuando las aguas son generalmente más cálidas y menos densas. Este valor es regulado para asegurar la navegación segura y la estabilidad del buque.

La significancia del calado de verano se establece en su capacidad para garantizar la seguridad y estabilidad de los buques durante la temporada de verano. Por ejemplo, un buque que opera en el Mar del Norte debe respetar el calado de verano especificado para evitar problemas de estabilidad y asegurar una navegación segura.

Calado en carga (Load draught): Es la profundidad máxima a la que un buque se sumerge cuando está completamente cargado. Este valor es crítico para asegurar que el buque no exceda los límites de seguridad y estabilidad durante el transporte de mercancías.

La significancia operativa del calado en carga consiste en su capacidad para asegurar que los buques operen dentro de los límites seguros, evitando el riesgo de hundimiento o daños estructurales. Por ejemplo, un carguero que transporta contenedores debe mantener su calado en carga dentro de los límites permitidos para garantizar una navegación segura y eficiente.

Calado en lastre (Light draught): Es la profundidad a la que un buque se sumerge cuando no lleva carga y solo tiene lastre a bordo. Este valor es importante para mantener la estabilidad y maniobrabilidad del buque en condiciones de navegación sin carga.

La relevancia estratégica del calado en lastre radica en su capacidad para asegurar la estabilidad y maniobrabilidad del buque cuando navega sin carga, permitiendo una operación segura y eficiente. Por ejemplo, un petrolero que regresa vacío a su puerto de origen debe mantener su calado en lastre dentro de los límites seguros para evitar problemas de estabilidad y maniobrabilidad.

Call at (Escala en): Se refiere a la parada que un buque hace en un puerto específico durante su viaje para cargar o descargar mercancías, o para realizar operaciones de reabastecimiento y mantenimiento. Las escalas en puerto son planificadas como parte de la ruta del buque.

La prominencia de "call at" se basa en su capacidad para facilitar el comercio internacional y la logística, permitiendo a los buques entregar y recoger mercancías en varios puertos durante su viaje. Por ejemplo, un buque de carga que transporta productos desde Asia a Europa puede hacer escalas en varios puertos a lo largo de su ruta para cargar y descargar contenedores, optimizando su capacidad y eficiencia operativa.

Call option (Opción de compra): Es un contrato financiero que otorga al comprador el derecho, pero no la obligación, de comprar un activo subyacente a un precio específico dentro de un periodo determinado. Las opciones de compra son utilizadas comúnmente en los mercados financieros para especulación y cobertura.

La influencia de las opciones de compra depende de su capacidad para proporcionar flexibilidad y oportunidad de ganancias en los mercados financieros, permitiendo a los inversores aprovechar movimientos favorables en los precios de los activos subyacentes. Por ejemplo, un inversor puede comprar una opción de compra sobre acciones de una empresa con la expectativa de que su precio aumente, obteniendo una ganancia si el precio efectivamente sube.

Cámara de Comercio (Chamber of Commerce): Es una organización que representa los intereses de las empresas y comerciantes en una región específica, promoviendo el desarrollo económico y facilitando el comercio y la industria. Las cámaras de comercio proporcionan servicios como capacitación, asesoría, y networking para sus miembros.

La importancia de la Cámara de Comercio proviene de su capacidad para apoyar el crecimiento económico y empresarial en una comunidad, proporcionando recursos y representación a las empresas locales. Por ejemplo, una Cámara de Comercio puede organizar ferias comerciales y eventos de networking para ayudar a las empresas a expandir sus redes y encontrar nuevas oportunidades de negocio.

Cámara de Comercio Internacional (International Chamber of Commerce): Es una organización global que promueve el comercio internacional y la globalización económica, estableciendo normas y directrices para facilitar el comercio y resolver disputas comerciales. La CCI juega un papel crucial en la formulación de políticas comerciales y en la promoción del libre comercio a nivel mundial.

La preponderancia de la Cámara de Comercio Internacional depende de su capacidad para establecer normas y directrices que faciliten el comercio internacional, promoviendo un entorno comercial justo y transparente. Por ejemplo, la CCI establece los Incoterms, que son términos comerciales internacionales estandarizados que definen las responsabilidades de los compradores y vendedores en transacciones internacionales, proporcionando claridad y reduciendo disputas.

Can (Poder): En el contexto comercial, "can" se refiere a la capacidad o posibilidad de una entidad de realizar una acción específica. Esto puede incluir la habilidad de una empresa para cumplir con un contrato, exportar productos a un mercado determinado o implementar una estrategia de negocio.

La prominencia global de "can" se fundamenta en su capacidad para definir los límites y capacidades operativas de una empresa, influenciando decisiones estratégicas y operativas. Por ejemplo, una empresa que "can" exportar productos a múltiples mercados internacionales tiene una mayor capacidad para diversificar sus ingresos y reducir riesgos.

Capital asset (Activo de capital): Es un activo a largo plazo utilizado en las operaciones de una empresa, como edificios, maquinaria, vehículos y equipos. Los activos de capital son esenciales para la producción de bienes y servicios y se deprecian a lo largo del tiempo.

La relevancia de los activos de capital se sostiene en su capacidad para generar ingresos y proporcionar una base para la expansión y el crecimiento de la empresa. Por ejemplo, una fábrica que invierte en nueva maquinaria puede aumentar su capacidad de producción y eficiencia, contribuyendo al crecimiento a largo plazo.

Cancelling clause (Cláusula de rescisión o cancelación): Es una disposición en un contrato que permite a una de las partes terminar el acuerdo bajo ciertas condiciones. Esta cláusula especifica los términos y procedimientos para la cancelación del contrato, incluyendo cualquier penalización o compensación.

La trascendencia de la cláusula de rescisión radica en su capacidad para proporcionar una salida clara y definida de un contrato, protegiendo a las partes de compromisos indeseables o perjudiciales. Por ejemplo, una empresa puede incluir una cláusula de rescisión en un contrato de suministro que le permita cancelar el acuerdo si el proveedor no cumple con los estándares de calidad acordados.

Cancelling date (Fecha de rescisión o cancelación del compromiso): Es la fecha límite especificada en un contrato después de la cual el acuerdo puede ser cancelado sin penalización. Esta fecha proporciona un punto claro para la terminación del compromiso, asegurando que ambas partes tengan una comprensión mutua de los plazos.

La significancia de la fecha de rescisión se establece en su capacidad para establecer un plazo definitivo para la terminación del contrato, proporcionando claridad y certeza a ambas partes. Por ejemplo, un contrato de flete puede especificar una fecha de rescisión que permita al fletador cancelar el acuerdo si el buque no está disponible para la carga en la fecha estipulada.

Capa (Primage): Es un recargo adicional cobrado por los armadores o transportistas para cubrir los costos de manipulación y carga de las mercancías. Este término se utiliza principalmente en el transporte marítimo.

El valor de la capa consiste en su capacidad para cubrir costos adicionales asociados con la manipulación y carga de mercancías, asegurando que los transportistas puedan operar de manera rentable. Por ejemplo, un armador puede cobrar una capa adicional en los contratos de flete para cubrir los costos de estiba y manipulación en el puerto de carga.

Capacidad de carga (Cargo capacity): Se refiere a la cantidad máxima de mercancías que un buque, vehículo o contenedor puede transportar de manera segura y eficiente. La capacidad de carga se mide en toneladas o metros cúbicos.

La preeminencia comercial de la capacidad de carga gira en torno a su capacidad para determinar la eficiencia y rentabilidad del transporte de mercancías, asegurando que los medios de transporte se utilicen de manera óptima. Por ejemplo, una empresa de transporte puede maximizar sus ingresos utilizando contenedores con la capacidad de carga adecuada para cada tipo de mercancía.

Capacidad y tonelaje totales (Full reach and burden): Se refiere a la capacidad total de carga y el tonelaje bruto de un buque, incluyendo la capacidad de transporte de mercancías y pasajeros. Este término es crucial para evaluar la capacidad operativa de un buque.

La importancia de la capacidad y tonelaje totales se basa en su capacidad para determinar la eficiencia y rentabilidad de un buque, asegurando que se utilice de manera óptima para maximizar los ingresos. Por ejemplo, un armador puede evaluar la capacidad y tonelaje totales de su flota para planificar rutas y optimizar la carga y descarga de mercancías.

Capture (Captura): En el contexto de comercio y transporte, se refiere al acto de tomar control de una mercancía o buque, ya sea por razones legales, de seguridad o comerciales. La captura puede implicar la confiscación de bienes por autoridades aduaneras o la incautación de un buque por motivos legales.

La influencia de la captura está en su capacidad para asegurar el cumplimiento de las leyes y regulaciones, protegiendo los intereses de las partes involucradas y garantizando la seguridad de las transacciones. Por ejemplo, las autoridades aduaneras pueden capturar mercancías que no cumplan con las regulaciones de importación, asegurando la integridad y seguridad del mercado.

Carga (Bonded): Se refiere a mercancías que están almacenadas en un almacén aduanero bajo la supervisión de las autoridades aduaneras y no pueden ser retiradas hasta que se paguen los aranceles e impuestos correspondientes. Estas mercancías están en tránsito o en espera de cumplimiento de requisitos aduaneros.

La trascendencia global de la carga en depósito proviene de la flexibilidad que ofrece a los importadores para gestionar los tiempos de pago de aranceles y preparar la distribución de las mercancías. Por ejemplo, un importador almacena productos electrónicos en un depósito aduanero hasta que se completen los trámites aduaneros.

Cargo (Carga): Se refiere a las mercancías o bienes transportados en un buque, avión, tren o vehículo. La carga puede incluir una amplia variedad de productos, desde materias primas hasta productos manufacturados.

La preponderancia de la carga depende de su capacidad para representar el valor económico y comercial de las mercancías transportadas, facilitando el comercio y la distribución de bienes a nivel global. Por ejemplo, un buque carguero que transporta productos electrónicos desde Asia a América del Norte desempeña un papel crucial en la cadena de suministro global, asegurando que los productos lleguen a los consumidores de manera eficiente.

Cargo ship (Buque de carga): Es un tipo de embarcación diseñada específicamente para transportar mercancías a granel o en contenedores. Los buques de carga pueden variar en tamaño y capacidad, desde pequeños cargueros costeros hasta grandes buques portacontenedores que operan en rutas internacionales.

La Relevancia significativa de los buques de carga se fundamenta en su capacidad para facilitar el comercio internacional y la distribución de mercancías a gran escala, conectando mercados y economías de todo el mundo. Por ejemplo, un buque portacontenedores que transporta productos manufacturados desde China a Europa permite a las empresas acceder a materiales y productos esenciales, fomentando el comercio y el crecimiento económico.

Carga (Freight): Se refiere a las mercancías transportadas por un medio de transporte, así como a la tarifa cobrada por el transporte de estas mercancías. La carga puede incluir bienes de consumo, materias primas y productos manufacturados.

La relevancia de la carga se encuentra en su capacidad para facilitar el comercio y la distribución de bienes, asegurando que los productos lleguen a los mercados y consumidores adecuados. Por ejemplo, una empresa de transporte puede cobrar una tarifa de flete para transportar productos agrícolas desde una granja hasta un mercado mayorista, asegurando la disponibilidad de alimentos frescos para los consumidores.

Carga bonded (Carga en depósito aduanero): Se refiere a mercancías almacenadas en un depósito aduanero bajo la supervisión de las autoridades aduaneras, hasta que se paguen los aranceles e impuestos correspondientes. La carga en depósito aduanero permite a los importadores diferir el pago de aranceles hasta que las mercancías se distribuyan.

La trascendencia de la carga en depósito aduanero radica en su capacidad para proporcionar flexibilidad y eficiencia en la gestión de inventarios y aranceles, permitiendo a las empresas optimizar su flujo de efectivo. Por ejemplo, un importador puede almacenar productos electrónicos en un depósito aduanero hasta que esté listo para distribuirlos, difiriendo el pago de aranceles e impuestos hasta el momento de la venta.

Carga menor que un contenedor completo (LCL - Less than a full container load): Se refiere al envío de mercancías que no llenan un contenedor completo, por lo que se consolidan con otros envíos para optimizar el uso del espacio. Este método es utilizado por pequeñas y medianas empresas para reducir costos de transporte.

La significancia de LCL se establece en su capacidad para ofrecer una opción de transporte económico y eficiente para envíos más pequeños, permitiendo a las empresas acceder a servicios de transporte marítimo sin necesidad de llenar un contenedor completo. Por ejemplo, una pequeña empresa que exporta artesanías puede utilizar LCL para enviar sus productos a varios mercados internacionales, compartiendo el espacio del contenedor con otros envíos y reduciendo costos.

Carga o porte, tonelaje neto (Burden): Se refiere al peso total de la carga transportada por un buque, avión o vehículo. El tonelaje neto es una medida importante para determinar la capacidad de carga y la eficiencia del transporte.

La relevancia global del tonelaje neto consiste en su capacidad para evaluar la eficiencia y capacidad de los medios de transporte, asegurando que se utilicen de manera óptima para maximizar la rentabilidad. Por ejemplo, una naviera puede calcular el tonelaje neto de un buque para planificar la carga y optimizar las rutas de transporte, asegurando una operación eficiente y rentable.

Carga surtida (Break bulk cargo): Se refiere a mercancías que se transportan en piezas individuales o paquetes en lugar de contenedores o a granel. Este tipo de carga incluye productos como maquinaria, vehículos y productos manufacturados que se manipulan y estiban de manera individual.

El eje estratégico de la carga surtida depende de su capacidad para manejar una amplia variedad de mercancías que no se adaptan fácilmente al transporte en contenedores o a granel, permitiendo una mayor flexibilidad en el transporte de productos diversos. Por ejemplo, una empresa de logística puede transportar maquinaria pesada y vehículos como carga surtida, asegurando una manipulación y estiba adecuada para proteger los productos durante el transporte.

Carga unitarizada (Unitized cargo): Se refiere a mercancías agrupadas en unidades manejables, como palets, contenedores o cajas, para facilitar su manipulación, transporte y almacenamiento. La unitarización de la carga permite una mayor eficiencia y seguridad en la cadena de suministro.

La influencia determinante de la carga unitarizada se basa en su capacidad para mejorar la eficiencia operativa, reducir costos de manipulación y minimizar daños durante el transporte. Por ejemplo, una empresa de distribución puede unitarizar productos en palets para optimizar la carga y descarga en almacenes y centros de distribución, mejorando la eficiencia y reduciendo el riesgo de daños a los productos.

Cargado (Laden): Se refiere a un buque que ha sido cargado con mercancías y está listo para zarpar. Este término indica que el buque ha completado el proceso de carga y radica condiciones de iniciar su viaje hacia el puerto de destino.

La influencia de "cargado" está en su capacidad para señalar el estado operativo del buque, asegurando que todos los procedimientos de carga se han completado y que el buque puede navegar de manera segura. Por ejemplo, un capitán de un buque notificará a las autoridades portuarias que el buque está "cargado" y listo para partir, iniciando así la próxima fase del viaje.

Cargador (Shipper): Es la persona o entidad que envía mercancías a través de un transportista. El cargador es responsable de preparar y empaquetar las mercancías, así como de proporcionar la documentación necesaria para el transporte y el despacho aduanero.

La influencia operativa del cargador proviene de su participación en la cadena de suministro, asegurando que las mercancías estén adecuadamente preparadas y documentadas para el transporte. Por ejemplo, un exportador de productos electrónicos actúa como cargador, asegurándose de que los productos estén empaquetados correctamente y que todos los documentos de exportación estén en orden.

Cargo capacity (Capacidad de carga): Se refiere a la cantidad máxima de mercancías que un buque, avión, tren o vehículo puede transportar de manera segura y eficiente. La capacidad de carga se mide en toneladas o metros cúbicos.

La preponderancia de la capacidad de carga depende de su capacidad para determinar la eficiencia y rentabilidad del transporte de mercancías, asegurando que los medios de transporte se utilicen de manera óptima. Por ejemplo, una empresa de transporte puede maximizar sus ingresos utilizando contenedores con la capacidad de carga adecuada para cada tipo de mercancía.

Cargo option (Opción de carga): Es una cláusula en un contrato de fletamento que otorga al fletador la opción de decidir el tipo de carga que se transportará, dentro de los límites establecidos por el contrato.

La relevancia global de la opción de carga se fundamenta en su capacidad para proporcionar flexibilidad al fletador, permitiéndole adaptar el uso del buque a diferentes necesidades de transporte. Por ejemplo, un fletador puede optar por transportar diferentes tipos de mercancías según las demandas del mercado, utilizando la opción de carga para maximizar la rentabilidad del flete.

Cargo terminal (Terminal de carga): Es una instalación en un puerto, aeropuerto o centro de transporte donde se manejan, almacenan y transfieren mercancías. Las terminales de carga están equipadas con infraestructura y tecnología para facilitar la carga y descarga eficiente de bienes.

La relevancia de las terminales de carga se fundamenta en su capacidad para mejorar la eficiencia y seguridad del manejo de mercancías, asegurando una rápida transferencia y almacenamiento adecuado. Por ejemplo, una terminal de carga en un puerto marítimo puede procesar grandes volúmenes de contenedores, facilitando el comercio internacional y la distribución de mercancías.

Cargo's proportion of general average (Contribución del cargamento a la avería gruesa): Se refiere a la parte proporcional que cada consignatario debe pagar cuando se declara una avería gruesa, un principio del derecho marítimo donde todas las partes interesadas en un buque y su carga comparten los costos de una pérdida o gasto extraordinario incurrido para salvar el buque y la carga de un peligro común.

La trascendencia de esta contribución reside en su capacidad para distribuir equitativamente los costos de emergencia entre todas las partes involucradas, protegiendo los intereses de todos los consignatarios. Por ejemplo, si una parte de la carga debe ser arrojada al mar para estabilizar el buque durante una tormenta, todos los propietarios de la carga contribuyen a cubrir la pérdida.

Carguero de gas de petróleo licuado (LPG Carrier): Es un buque diseñado específicamente para el transporte de gas de petróleo licuado (LPG). Estos buques están equipados con tanques especiales que pueden mantener el LPG en su forma líquida a bajas temperaturas y alta presión.

La significancia de los LPG carriers se establece en su capacidad para transportar grandes volúmenes de gas licuado de manera segura y eficiente, facilitando el comercio internacional de energía. Por ejemplo, un LPG carrier puede transportar gas licuado desde los productores en el Medio Oriente a los consumidores en Asia, asegurando un suministro constante de energía.

CARICOM Comunidad del Caribe (Caribbean Community): Es una organización regional que agrupa a 15 países del Caribe para promover la integración económica y la cooperación política. CARICOM trabaja para crear un mercado único y una economía integrada, facilitando el comercio y la inversión entre sus miembros.

La prominencia internacional de CARICOM consiste en su capacidad para fortalecer la cooperación regional y mejorar las oportunidades económicas para sus miembros, promoviendo el desarrollo sostenible y la prosperidad. Por ejemplo, CARICOM facilita el comercio libre de aranceles entre los países miembros, mejorando la competitividad y el crecimiento económico en la región del Caribe.

Carriage (Transporte): Se refiere al proceso de mover mercancías de un lugar a otro utilizando diferentes medios de transporte como camiones, trenes, aviones y buques. El transporte puede ser nacional o internacional, dependiendo del origen y destino de las mercancías.

La relevancia estratégica del transporte radica en su capacidad para conectar mercados y facilitar el comercio, asegurando que los productos lleguen a los consumidores de manera eficiente y oportuna. Por ejemplo, el transporte de productos agrícolas desde las granjas a los mercados urbanos es esencial para la seguridad alimentaria y la economía local.

Carriage by air (Transporte aéreo): Se refiere al transporte de mercancías por avión, una modalidad de transporte que ofrece rapidez y eficiencia para envíos urgentes o de alto valor. El transporte aéreo es ideal para productos perecederos, electrónicos y mercancías que requieren entrega rápida.

El rol del transporte aéreo se basa en su capacidad para ofrecer tiempos de entrega rápidos y mayor seguridad para las mercancías, facilitando el comercio internacional y la logística global. Por ejemplo, una empresa de tecnología puede utilizar el transporte aéreo para enviar componentes electrónicos críticos a una fábrica en otro continente, asegurando una entrega rápida y segura.

Carriage by land (Transporte terrestre): Se refiere al movimiento de mercancías utilizando medios de transporte por carretera y ferrocarril. El transporte terrestre es fundamental para la distribución nacional y regional, conectando puertos, aeropuertos y centros de producción con los mercados de consumo.

La influencia del transporte terrestre está en su capacidad para proporcionar flexibilidad y accesibilidad en la cadena de suministro, asegurando la entrega oportuna de mercancías a diversos destinos. Por ejemplo, un camión de transporte puede llevar productos manufacturados desde una fábrica a un centro de distribución regional, facilitando la logística y la distribución de productos.

Carriage by sea (Transporte marítimo): Se refiere al transporte de mercancías por buques a través de rutas marítimas. Es la forma más común y económica de transportar grandes volúmenes de mercancías a largas distancias, ideal para productos a granel y contenedores.

La trascendencia global del transporte marítimo proviene de su capacidad para manejar grandes volúmenes de mercancías a un costo relativamente bajo, facilitando el comercio internacional y la distribución global. Por ejemplo, un buque portacontenedores puede transportar miles de contenedores desde Asia a Europa, conectando mercados y promoviendo el comercio global.

Carriage of goods (Transporte de mercancías): Se refiere al proceso de mover mercancías desde el punto de origen hasta el destino final, utilizando diversos modos de transporte como camiones, trenes, aviones y buques. Este proceso incluye la manipulación, almacenamiento y transferencia de bienes a lo largo de la cadena de suministro.

La preponderancia del transporte de mercancías depende de su capacidad para conectar productores y consumidores, facilitando el comercio y la distribución de bienes a nivel local e internacional. Por ejemplo, una empresa de logística puede coordinar el transporte de productos desde una fábrica en China hasta una tienda minorista en Estados Unidos, asegurando una entrega eficiente y puntual.

Carriage of goods by sea act (Ley de transporte de mercancías por mar): Es una legislación que regula los derechos y responsabilidades de los transportistas y propietarios de carga en el transporte marítimo internacional. Esta ley establece las obligaciones y limitaciones de responsabilidad de los transportistas, protegiendo a las partes involucradas en las transacciones marítimas.

La relevancia estratégica de la Ley de Transporte de Mercancías por Mar se fundamenta en su capacidad para proporcionar un marco legal claro y justo para el comercio marítimo, asegurando la protección de los derechos de todas las partes. Por ejemplo, un transportista marítimo puede estar protegido contra reclamaciones excesivas en caso de daños a la carga, siempre que haya cumplido con sus obligaciones bajo la ley.

Carrier (Transportista): Es una persona o empresa que se encarga del transporte de mercancías de un lugar a otro. Los transportistas pueden ser de diferentes tipos, incluyendo compañías de camiones, líneas aéreas, ferrocarriles y navieras.

La relevancia del transportista se encuentra en su rol crucial en la cadena de suministro, asegurando que las mercancías se entreguen de manera segura y oportuna. Por ejemplo, una empresa de transporte de camiones puede ser responsable de llevar productos manufacturados desde una fábrica hasta un centro de distribución regional, facilitando la logística y la entrega final de los productos.

Carta de alistamiento (NOR - Notice of readiness): Es un documento emitido por el capitán de un buque para notificar a la parte fletadora que el buque está listo para comenzar la carga o descarga. El NOR se presenta cuando el buque ha llegado al puerto de carga o descarga y radica condiciones de comenzar las operaciones.

La trascendencia de la carta de alistamiento se sostiene en su capacidad para iniciar el conteo del tiempo de estadía del buque en el puerto, asegurando que las operaciones de carga y descarga se realicen de manera oportuna. Por ejemplo, un capitán puede emitir un NOR al llegar a un puerto para notificar al fletador que el buque está listo para cargar, iniciando así el tiempo de estadía contractual.

Carta de confirmación (Fixing letter): Es un documento que confirma los términos y condiciones de un contrato de fletamento o una transacción comercial. Este documento es utilizado para asegurar que ambas partes estén de acuerdo con los detalles del acuerdo y proporciona un registro formal de la transacción.

La significancia de la carta de confirmación se establece en su capacidad para proporcionar claridad y certeza en los términos del acuerdo, reduciendo el riesgo de disputas y malentendidos. Por ejemplo, un fletador puede recibir una carta de confirmación de una naviera que detalla los términos del fletamento, asegurando que ambas partes estén de acuerdo con las condiciones establecidas.

Carta de crédito (Letter of credit): Es un instrumento financiero emitido por un banco que garantiza el pago al vendedor por parte del comprador, siempre que se cumplan ciertos términos y condiciones especificados en el documento. Las cartas de crédito son comúnmente utilizadas en el comercio internacional para asegurar el pago y mitigar el riesgo de las transacciones.

La importancia de la carta de crédito se fundamenta en su capacidad para proporcionar seguridad y confianza a ambas partes en una transacción comercial, asegurando que el vendedor reciba el pago y el comprador reciba las mercancías. Por ejemplo, un exportador de maquinaria puede solicitar una carta de crédito de un comprador extranjero para asegurar el pago antes de enviar los productos.

Carta de crédito documentario (Documentary letter of credit): Es una carta de crédito que exige la presentación de documentos específicos, como facturas, conocimientos de embarque y certificados de seguro, para que el pago sea efectuado. Este tipo de carta de crédito proporciona una garantía adicional de que las condiciones de la transacción se han cumplido.

La relevancia global de la carta de crédito documentario gira en torno a su capacidad para proporcionar una mayor seguridad y control sobre la transacción, asegurando que todas las condiciones se cumplan antes de que se realice el pago. Por ejemplo, un exportador puede presentar los documentos requeridos bajo una carta de crédito documentario para recibir el pago, asegurando que los términos del contrato se han cumplido.

Carta de garantía (Back letter): Es un documento emitido por una de las partes en una transacción comercial para proporcionar una garantía adicional o respaldo a una obligación contractual. Las cartas de garantía son utilizadas para asegurar el cumplimiento de las obligaciones contractuales y mitigar riesgos.

La importancia de la carta de garantía se basa en su capacidad para proporcionar seguridad adicional a la parte beneficiaria, asegurando que las obligaciones contractuales se cumplirán. Por ejemplo, un importador puede emitir una carta de garantía a un exportador para asegurar el pago en caso de que se presenten problemas durante el transporte de las mercancías.

Carta de porte (Waybill): Es un documento emitido por un transportista a un remitente que sirve como recibo de las mercancías y como contrato de transporte. La carta de porte también puede funcionar como un documento de título, permitiendo la transferencia de propiedad de las mercancías.

La influencia de la carta de porte está en su capacidad para proporcionar un registro formal de la transacción de transporte, asegurando que las mercancías se manejen y entreguen según lo acordado. Por ejemplo, un exportador puede utilizar una carta de porte para documentar el envío de productos a un comprador extranjero, asegurando que las condiciones de transporte se cumplan.

Carta de porte aérea (Air waybill): Es un documento que acompaña a los envíos por aire, proporcionando detalles sobre el remitente, destinatario, descripción de las mercancías y condiciones del transporte. La carta de porte aérea no es un documento de título, pero actúa como un recibo y contrato de transporte.

La preponderancia de la carta de porte aérea proviene de su capacidad para proporcionar un registro detallado y formal de los envíos aéreos, asegurando que las mercancías se entreguen de manera segura y conforme a lo acordado. Por ejemplo, una empresa de logística puede utilizar una carta de porte aérea para documentar y gestionar el envío de productos electrónicos por aire, asegurando una entrega rápida y eficiente.

Cartage (Flete local): Se refiere al transporte de mercancías en distancias cortas, generalmente dentro de una ciudad o área metropolitana. El flete local es esencial para la distribución final de productos desde centros de distribución a tiendas o consumidores.

La preponderancia del flete local depende de la capacidad para completar la cadena de suministro, asegurando que los productos lleguen a su destino final de manera eficiente. Por ejemplo, una empresa de logística puede ofrecer servicios de flete local para entregar productos desde un almacén a tiendas minoristas dentro de una ciudad, facilitando la distribución y disponibilidad de productos.

Cartoon (Caja de cartón): Es un contenedor de embalaje hecho de cartón utilizado para proteger y transportar mercancías. Las cajas de cartón son ligeras, reciclables y económicas, y se utilizan ampliamente en el embalaje de productos para el transporte y almacenamiento.

La importancia de las cajas de cartón se fundamenta en su capacidad para proporcionar una protección adecuada a los productos durante el transporte y almacenamiento, asegurando que lleguen en buenas condiciones. Por ejemplo, una empresa de alimentos puede utilizar cajas de cartón para empaquetar y transportar sus productos a tiendas minoristas, asegurando que los alimentos lleguen frescos y sin daños.

Case (Caja): Es un contenedor rígido utilizado para el embalaje y transporte de mercancías. Las cajas pueden estar hechas de diversos materiales, como madera, plástico o metal, y proporcionan una protección robusta para productos delicados o de alto valor.

La relevancia de las cajas se encuentra en su capacidad para proteger mercancías valiosas o frágiles durante el transporte, asegurando que lleguen a su destino sin daños. Por ejemplo, una empresa de tecnología puede utilizar cajas de madera para enviar equipos electrónicos sensibles a clientes internacionales, proporcionando una protección adicional durante el transporte.

Cash (Efectivo): Se refiere al dinero en forma de billetes y monedas, utilizado para realizar transacciones inmediatas. El efectivo es una forma de pago ampliamente aceptada y proporciona liquidez inmediata a las empresas y consumidores.

La trascendencia del efectivo radica en su capacidad para facilitar transacciones rápidas y seguras, permitiendo a las empresas y consumidores realizar compras y pagos sin necesidad de intermediarios. Por ejemplo, un minorista puede aceptar pagos en efectivo de los clientes, proporcionando una forma conveniente y segura de completar transacciones.

Cash in safe (Efectivo en caja fuerte): Se refiere al dinero en efectivo almacenado en una caja fuerte para su protección y seguridad. Las empresas utilizan cajas fuertes para guardar efectivo y otros objetos de valor, protegiéndolos contra robos y pérdidas.

La significancia del efectivo en caja fuerte se establece en la capacidad para proporcionar una solución segura para el almacenamiento de dinero, asegurando que esté protegido contra riesgos de seguridad. Por ejemplo, una tienda minorista puede almacenar su efectivo diario en una caja fuerte al final de la jornada laboral, asegurando que el dinero esté protegido hasta que se deposite en el banco.

Cash in transit (Efectivo en tránsito): Se refiere al dinero en efectivo que se transporta de un lugar a otro, como de una tienda a un banco. El efectivo en tránsito está expuesto a riesgos de seguridad y generalmente se transporta utilizando servicios de transporte seguro.

La relevancia estratégica del efectivo en tránsito consiste en la capacidad para asegurar que el dinero llegue de manera segura a su destino, protegiéndolo contra robos y pérdidas. Por ejemplo, una empresa de seguridad puede transportar efectivo en tránsito desde varias tiendas a un banco central, asegurando que el dinero esté protegido durante el transporte.

Cask (Barril): Es un contenedor cilíndrico utilizado para almacenar y transportar líquidos, como vino, cerveza o aceite. Los barriles están hechos de madera, acero o plástico, y se utilizan ampliamente en la industria alimentaria y de bebidas.

El impacto global de los barriles radica en su capacidad para proporcionar un almacenamiento seguro y eficiente para líquidos, asegurando que mantengan su calidad durante el transporte y almacenamiento. Por ejemplo, una bodega puede utilizar barriles de roble para envejecer y almacenar vino, proporcionando las condiciones ideales para el desarrollo del sabor.

Center Line (Línea central): En náutica, la línea central es una línea imaginaria que divide el buque en dos mitades simétricas, de proa a popa. Esta línea es crucial para el diseño, la construcción y la operación del buque, asegurando su estabilidad y equilibrio.

La relevancia estratégica de la línea central se basa en su capacidad para proporcionar una referencia fundamental para la simetría y el equilibrio del buque, asegurando una navegación segura y eficiente. Por ejemplo, los ingenieros navales utilizan la línea central para diseñar la distribución de peso y carga en un buque, asegurando que mantenga su estabilidad durante el viaje.

Center propeller (Hélice central): Es la hélice ubicada en el centro de la popa de un buque, utilizada para proporcionar propulsión. Los buques pueden tener una o varias hélices, y la hélice central es crucial para la maniobrabilidad y eficiencia del buque.

La influencia de la hélice central está en su capacidad para proporcionar la propulsión principal del buque, asegurando una navegación eficiente y maniobrable. Por ejemplo, un buque de carga grande puede tener una hélice central potente para impulsar el buque a través del agua, asegurando un viaje eficiente y seguro.

Certificate of insurance (Certificado de seguro): Es un documento que certifica que una póliza de seguro está vigente y proporciona cobertura para ciertos riesgos. Este certificado detalla la información de la póliza, incluyendo el asegurado, la cobertura, el período de vigencia y las condiciones del seguro.

La importancia del certificado de seguro se sostiene de su capacidad para proporcionar evidencia de cobertura de seguro, asegurando que las partes interesadas estén protegidas contra riesgos específicos. Por ejemplo, un transportista puede presentar un certificado de seguro a un consignatario para demostrar que las mercancías están aseguradas contra daños durante el transporte.

Cattle carriers (Buques ganaderos): Son buques diseñados específicamente para el transporte de ganado vivo. Estos buques están equipados con instalaciones adecuadas para garantizar el bienestar y la seguridad de los animales durante el viaje.

La preponderancia de los buques ganaderos depende de la capacidad para transportar grandes cantidades de ganado de manera segura y eficiente, facilitando el comercio internacional de animales vivos. Por ejemplo, un buque ganadero puede transportar ganado desde Australia a países del Medio Oriente, asegurando que los animales lleguen en buenas condiciones para su venta y distribución.

CBD Cash before delivery (Pago antes de la entrega de la mercadería): Es un término de pago que requiere que el comprador pague el total de la mercancía antes de que se realice la entrega. Este método de pago proporciona seguridad al vendedor, asegurando que recibirá el pago antes de liberar las mercancías.

La magnitud económica del pago antes de la entrega se fundamenta en su capacidad para proteger al vendedor contra el riesgo de impago, asegurando que reciba el pago antes de entregar las mercancías. Por ejemplo, un proveedor de maquinaria puede requerir pago antes de la entrega para asegurar que reciba el pago completo antes de enviar los equipos al comprador.

CCI Cámara de Comercio Internacional (International Chamber of Commerce): Es una organización global que promueve el comercio internacional y la globalización económica, estableciendo normas y directrices para facilitar el comercio y resolver disputas comerciales. La CCI juega un papel crucial en la formulación de políticas comerciales y en la promoción del libre comercio a nivel mundial.

La relevancia de la Cámara de Comercio Internacional depende de su capacidad para establecer normas y directrices que faciliten el comercio internacional, promoviendo un entorno comercial justo y transparente. Por ejemplo, la CCI establece los Incoterms, que son términos comerciales internacionales estandarizados que definen las responsabilidades de los compradores y vendedores en transacciones internacionales, proporcionando claridad y reduciendo disputas.

CEDEAO Comunidad Económica del África Occidental (Economic Community of West African States (ECOWAS): Organización regional que busca la integración económica y la cooperación política entre los países de África Occidental. Facilita la cooperación política y económica entre los estados miembros, promoviendo un mercado común y una mayor estabilidad regional.

La trascendencia de la organización radica en la promoción del desarrollo económico y la estabilidad política. Ejemplo la creación de un mercado común para facilitar el comercio entre los países miembros, lo que ha llevado a un aumento en el intercambio comercial y a la reducción de conflictos.

Certificado consular (Consular certificate): Documento emitido por el consulado de un país importador para verificar la autenticidad de documentos comerciales. Este certificado garantiza que las mercancías y los documentos asociados cumplen con las regulaciones del país importador.

La significancia se establece en la garantía de la legalidad y conformidad de las mercancías importadas. Ejemplo la verificación de facturas comerciales antes de la importación de productos, asegurando que cumplen con las normas del país importador.

Certificado de análisis (Certificate of analysis): Documento que detalla los resultados del análisis de un producto, confirmando su composición y calidad. Es utilizado para asegurar que los productos cumplen con los estándares requeridos por las autoridades y clientes.

La pertinencia consiste en asegurar que los productos cumplen con los estándares requeridos. Ejemplo el análisis de calidad de un lote de pisco antes de su exportación, garantizando que cumple con los requisitos de los mercados internacionales.

Certificado de depósito (Certificate of deposit): Documento que acredita la propiedad de mercancías almacenadas en un depósito. Facilita la financiación y comercialización de productos almacenados al permitir que los titulares del certificado accedan a créditos utilizando las mercancías como garantía.

La trascendencia estratégica radica en facilitar la financiación y comercialización de productos almacenados. Ejemplo el uso de un certificado de depósito para obtener un préstamo bancario, utilizando el valor de las mercancías almacenadas como garantía.

Certificado de desratización (Certificate of derattization): Documento que certifica que un buque ha sido desratizado o está libre de ratas. Es crucial para prevenir la propagación de enfermedades transmitidas por roedores.

La actividad se basa en la prevención de la propagación de enfermedades. Ejemplo La presentación del certificado en puertos para cumplir con regulaciones sanitarias y permitir la entrada del buque.

Certificado de destinación aduanera (CDA - Customs Destination Certificate): Documento que confirma que las mercancías han sido destinadas a un régimen aduanero específico. Asegura el control y seguimiento de las mercancías en tránsito hasta su destino final.

La influencia está en el control y seguimiento de las mercancías en tránsito. Ejemplo: Uso del CDA para asegurar que productos importados se destinen a un régimen de importación temporal, evitando desvíos ilegales.

Certificado de inspección (Inspection certificate): Documento que verifica la condición y cantidad de las mercancías antes del envío. Garantiza que las mercancías cumplen con las especificaciones contractuales y están en buen estado.

La acción proviene de garantizar que las mercancías cumplen con las especificaciones contractuales. Ejemplo la inspección de maquinaria pesada antes de su exportación, asegurando que radica condiciones óptimas para el uso.

Certificado de origen (Certificate of origin): Documento que certifica el país de origen de las mercancías. Es crucial para el cumplimiento de acuerdos comerciales y la aplicación de aranceles preferenciales.

La preponderancia depende del cumplimiento de acuerdos comerciales y la aplicación de aranceles. Ejemplo su uso del certificado para beneficiarse de aranceles reducidos en el comercio entre países con acuerdos de libre comercio, como el NAFTA.

Certificado de peso (Weight certificate): Documento que confirma el peso exacto de las mercancías. Es esencial para la precisión en el cálculo de costos de transporte y aduanas, así como para el cumplimiento de normativas.

La importancia del documento se fundamenta en la precisión en el cálculo de costos de transporte y aduanas. Ejemplo el uso del certificado de peso para calcular los costos de flete de un envío de granos, asegurando una facturación precisa y justa.

Certificado de registro (Certificate of registry): Documento que certifica el registro de un buque en un país específico. Proporciona la legalidad y nacionalidad del buque, esencial para su operación internacional.

La relevancia se encuentra en la legalidad y nacionalidad del buque para el comercio internacional. Ejemplo la presentación del certificado para demostrar la bandera bajo la cual opera un buque mercante, permitiendo su entrada en puertos internacionales.

Certificado de sanidad o fitosanitario (Health or phytosanitary certificate): Documento que certifica que los productos agrícolas cumplen con las normas sanitarias. Previene la propagación de plagas y enfermedades, garantizando la seguridad de los productos.

La trascendencia se sostiene en la prevención de la propagación de plagas y enfermedades. Ejemplo el uso del certificado para exportar frutas a países con estrictas regulaciones sanitarias, asegurando que los productos sean aceptados en el mercado de destino.

Certificado de seguro (Insurance certificate): Documento que confirma la cobertura de seguro para mercancías en tránsito. Proporciona protección financiera contra riesgos durante el transporte, como daños o pérdidas.

La significancia se establece en la protección financiera contra riesgos durante el transporte. Ejemplo la presentación del certificado para asegurar la indemnización en caso de daños durante el envío de productos electrónicos.

Certificate of derattization (Certificado de desratización): Documento que certifica que un buque ha sido desratizado o está libre de ratas. Previene la propagación de enfermedades transmitidas por roedores y es requerido en puertos.

La pertinencia comercial consiste en la prevención de la propagación de enfermedades. Ejemplo presentación del certificado en puertos para cumplir con regulaciones sanitarias y permitir la entrada del buque.

Certificate of origin (Certificado de origen): Documento que certifica el país de origen de las mercancías. Es crucial para el cumplimiento de acuerdos comerciales y la aplicación de aranceles preferenciales.

La influencia clave consiste en el cumplimiento de acuerdos comerciales y la aplicación de aranceles. Ejemplo el uso del certificado para beneficiarse de aranceles reducidos en el comercio entre países con acuerdos de libre comercio, como el NAFTA.

Certificate of registry (Certificado de registro): Documento que certifica el registro de un buque en un país específico. Proporciona la legalidad y nacionalidad del buque, esencial para su operación internacional.

La gravitación internacional se basa en la legalidad y nacionalidad del buque para el comercio internacional. Ejemplo la presentación del certificado para demostrar la bandera bajo la cual opera un buque mercante, permitiendo su entrada en puertos internacionales.

Cese de arrendamiento (Off hire clause): Cláusula en un contrato de fletamento que especifica las condiciones bajo las cuales el fletador no está obligado a pagar el alquiler del buque. Protege al fletador en caso de inoperabilidad del buque.

La influencia está en la protección financiera del fletador en caso de inoperabilidad del buque. Ejemplo su aplicación de la cláusula si el buque requiere reparación y no puede operar, eximiendo al fletador de pagar el alquiler durante ese período.

Cesser clause (Cláusula de limitación de responsabilidad del fletador): Cláusula en un contrato de fletamento que limita la responsabilidad del fletador por ciertos riesgos. Protege al fletador contra reclamaciones excesivas.

La influencia clave proviene de la protección legal del fletador contra reclamaciones excesivas. Ejemplo la inclusión de la cláusula para limitar la responsabilidad por daños a la carga debido a eventos fuera del control del fletador, como condiciones climáticas adversas.

CFL - Costo, flete y descarga (Cost, freight, landed): Término comercial que indica que el vendedor cubre los costos, el flete y la descarga de las mercancías hasta el puerto de destino. Facilita la negociación al clarificar las responsabilidades.

La preponderancia depende de la claridad sobre las responsabilidades de costos entre comprador y vendedor. Ejemplo el uso de un contrato CFL para la exportación de productos agrícolas asegura que el vendedor cubre todos los costos hasta la descarga en el puerto de destino, simplificando la transacción.

CFR - Cost and Freight (Costo y flete): Término comercial que indica que el vendedor paga los costos y el flete necesarios para llevar las mercancías al puerto de destino, pero el riesgo se transfiere al comprador una vez que las mercancías están a bordo del buque.

La importancia se fundamenta en la claridad sobre la distribución de costos y riesgos entre comprador y vendedor. Ejemplo un contrato CFR para la exportación de maquinaria asegura que el vendedor cubre los costos de transporte hasta el puerto de destino, mientras que el comprador asume el riesgo a partir del embarque.

CFS - Container Freight Station (Estación de flete de contenedores): Instalación donde se consolidan y desconsolidan contenedores para su transporte. En una CFS, las mercancías se manejan, almacenan y transfieren, facilitando el proceso de importación y exportación. Estas estaciones están estratégicamente ubicadas en puertos y áreas logísticas clave para optimizar el flujo de bienes.

La relevancia se encuentra en la eficiencia de la gestión de cargas y el almacenamiento temporal, mejorando la logística y reduciendo tiempos de espera. Ejemplo un CFS en un puerto facilita la carga y descarga rápida de contenedores, permitiendo una rápida distribución de mercancías y mejorando la eficiencia de la cadena de suministro.

Cargos generales de carga (CGC - General Cargo Charges): Acrónimo que puede variar en significado según el contexto, pero generalmente relacionado con términos logísticos y comerciales específicos, como "Cargos Generales de Carga" o "Código General de Comercio". Es importante entender el uso específico del término en cada contrato o situación comercial.

La trascendencia radica en la necesidad de comprender su contexto específico para su correcta aplicación en contratos y operaciones, asegurando claridad y cumplimiento. Ejemplo el uso de CGC en contratos de transporte para definir condiciones específicas de carga y responsabilidades financieras, evitando malentendidos y disputas.

Charges (Cargos): Costos asociados con el transporte y manejo de mercancías, incluyendo fletes, tasas portuarias, y otros gastos relacionados con el movimiento de bienes. Estos cargos son fundamentales para calcular el costo total de envío y afectan la rentabilidad de las operaciones comerciales.

La significancia se establece en la determinación precisa de los costos totales de transporte, lo que impacta la planificación financiera y la fijación de precios. Ejemplo la inclusión de cargos en la factura de transporte para calcular el costo total de envío de productos electrónicos desde China a Europa, asegurando una correcta contabilidad.

Additional charges (Cargos adicionales): Costos extra que pueden surgir durante el transporte de mercancías, como recargos por combustible, servicios especiales o cambios en la ruta. Estos cargos no siempre están previstos en el contrato inicial y pueden afectar el presupuesto del envío.

La pertinencia de cargos adicionales se fundamenta en la previsión y control de costos inesperados en la logística, evitando sorpresas financieras y mejorando la gestión de costos. Ejemplo la aplicación de un recargo por combustible debido a aumentos en el precio del petróleo durante el transporte de mercancías, lo que puede afectar el margen de beneficio del envío.

Charges at destination (Cargos en destino): Costos incurridos en el puerto o lugar de destino, como tasas de descarga, almacenamiento y aduanas. Estos cargos son pagados por el receptor de las mercancías y pueden incluir tarifas de manipulación y servicios portuarios.

La trascendencia global de cargos en destino se centra en la planificación y control de los costos finales de entrega, asegurando que el presupuesto sea preciso y completo. Ejemplo el pago de tasas de descarga y almacenamiento al llegar las mercancías al puerto de destino, como el puerto de Los Ángeles, lo que asegura una entrega eficiente y sin retrasos adicionales.

Charges at origin (Cargos en origen): Costos incurridos en el puerto o lugar de origen, incluyendo tasas de carga, documentación y manipulación de las mercancías antes del transporte. Estos costos son fundamentales para la preparación del envío y deben ser contabilizados en el presupuesto total.

La importancia se fundamenta en la correcta contabilización de los costos iniciales del envío, lo que afecta la rentabilidad y los precios finales del producto. Ejemplo los cargos por manejo y documentación en el puerto de salida para preparar el envío de productos textiles desde India, asegurando que todas las formalidades están cumplidas antes de la exportación.

Charter parties standard (Póliza de fletamento modelo tipo): Contrato estandarizado utilizado en el fletamento de buques, detallando términos y condiciones del arrendamiento. Estos contratos ofrecen una base común que facilita la negociación y reduce las posibilidades de malentendidos entre las partes.

La influencia está en la uniformidad y claridad en los contratos de fletamento marítimo, reduciendo disputas y asegurando que todas las partes entiendan sus obligaciones. Ejemplo el uso de una póliza de fletamento modelo para asegurar un acuerdo claro entre el armador y el fletador de un buque granelero, proporcionando un marco legal establecido.

Charter party (Póliza de fletamento): Contrato entre el propietario del buque y el fletador para el uso del buque bajo términos específicos, incluyendo duración, ruta y carga. Este contrato define las responsabilidades, derechos y obligaciones de ambas partes, asegurando una operación sin contratiempos.

La pertinencia comercial proviene de la definición clara de responsabilidades y obligaciones, evitando malentendidos y protegiendo los intereses de ambas partes. Ejemplo la aplicación de un contrato de fletamento detallando el uso del buque para transportar graneles agrícolas desde Brasil a China, especificando el tiempo de fletamento y las tarifas acordadas.

Charterer (Fletador): Persona o entidad que alquila un buque para el transporte de mercancías o pasajeros bajo un contrato de fletamento. El fletador organiza y gestiona el transporte, asumiendo la responsabilidad de la carga durante el periodo de arrendamiento.

La preponderancia depende de su papel central en la organización y ejecución del transporte marítimo, asegurando eficiencia y cumplimiento de los términos del contrato. Ejemplo una empresa minera que actúa como fletador para transportar mineral a través del océano, asegurando que el mineral llegue a su destino de manera segura y puntual.

Chartering agents (Agentes fletadores): Intermediarios que actúan en nombre del fletador o armador para negociar y gestionar contratos de fletamento. Facilitan el proceso de fletamento, utilizando su conocimiento del mercado y sus contactos para encontrar las mejores condiciones.

La prominencia global se fundamenta en su capacidad para facilitar acuerdos de fletamento eficientes y justos, utilizando su experiencia para negociar términos favorables.
Ejemplo: Un agente fletador negociando términos de fletamento entre una naviera y un exportador de granos, asegurando que ambas partes obtengan un acuerdo beneficioso.

Chartering brokers (Corredores fletadores): Profesionales que actúan como intermediarios entre fletadores y armadores, facilitando la negociación de contratos de fletamento mediante su experiencia y conocimientos del mercado. Estos brokers ayudan a conectar la oferta y la demanda de servicios de fletamento.

La relevancia se basa en su conocimiento del mercado y habilidades de negociación, encontrando soluciones óptimas para ambas partes y asegurando una operación eficiente. Ejemplo: Un corredor fletador encontrando el mejor buque disponible para un cliente que necesita transportar maquinaria pesada, asegurando que el buque cumpla con todos los requisitos del cliente.

Checking operations (Operaciones de verificación): Procedimientos realizados para inspeccionar y confirmar la condición y cantidad de mercancías antes de su envío o recepción. Estas operaciones aseguran que las mercancías cumplen con las especificaciones y están en buen estado.

La trascendencia gira en torno a asegurar la precisión y conformidad en las transacciones de mercancías, evitando disputas y asegurando la satisfacción del cliente. Ejemplo: Inspección de contenedores para verificar la integridad de los sellos antes del despacho aduanero, asegurando que las mercancías no hayan sido manipuladas.

Consular invoice - CI (Factura consular): Documento emitido por el consulado del país importador, certificando el valor y origen de las mercancías. Este documento es requerido para cumplir con las regulaciones aduaneras del país importador.

La significancia se establece en la garantía de cumplimiento con las regulaciones aduaneras, asegurando que las mercancías puedan ser importadas sin problemas. Ejemplo: Presentación de una factura consular para la importación de productos electrónicos en Brasil, asegurando que cumplen con todas las normativas del país.

Ciclo de carga (Turn- round): Tiempo total requerido para descargar, cargar y preparar un buque para su próximo viaje. Este tiempo incluye todas las operaciones necesarias para que el buque esté listo para zarpar nuevamente.

La pertinencia comercial se basa en la eficiencia operativa y reducción de costos en el transporte marítimo, mejorando la productividad y minimizando el tiempo de inactividad. Ejemplo: Optimización del ciclo de carga en un puerto para minimizar el tiempo de inactividad de los buques, permitiendo una mayor frecuencia de viajes y reduciendo costos.

CIF - Cost, insurance, freight (Costo, seguro y flete): Término comercial que indica que el vendedor cubre los costos, seguro y flete hasta el puerto de destino. Este término facilita la negociación y planificación de costos en el comercio internacional.

La supremacía competitiva radica en la claridad sobre la distribución de costos y riesgos en el comercio internacional, asegurando que ambas partes entienden sus responsabilidades. Ejemplo: Un contrato CIF para la exportación de textiles asegura que el vendedor cubre todos los costos hasta que las mercancías lleguen al puerto del comprador, incluyendo el seguro.

Convención Internacional para el Transporte de Mercancías por Ferrocarril - CIM (International Convention for transportation): Es la reguladora del transporte ferroviario internacional de mercancías. Esta convención establece normas uniformes para facilitar el transporte ferroviario entre países miembros.

La importancia se centra en la estandarización y facilitación del transporte ferroviario entre países miembros, asegurando un comercio eficiente y seguro. Ejemplo: Aplicación de las normas CIM para el envío de productos químicos a través de varios países europeos, garantizando el cumplimiento de todas las regulaciones.

Clasificación arancelaria (Tariff classification): Sistema de codificación utilizado para identificar productos y aplicar aranceles aduaneros apropiados. Este sistema es crucial para el comercio internacional, ya que determina los impuestos y regulaciones aplicables a los productos.

La influencia está en la correcta determinación de impuestos y cumplimiento de regulaciones aduaneras, asegurando una importación y exportación sin problemas. Ejemplo: Uso de la clasificación arancelaria para calcular los aranceles de importación de productos electrónicos, garantizando el cumplimiento de las leyes aduaneras.

Cláusula de abandono (Abandoment clause): Cláusula en un contrato de seguro que permite al asegurado abandonar la propiedad asegurada a la aseguradora y reclamar una pérdida total. Esta cláusula es utilizada en casos de daños severos o pérdida de la propiedad.

La trascendencia estratégica radica en la protección del asegurado en caso de pérdida significativa, asegurando una compensación justa. Ejemplo: Activación de la cláusula de abandono en un contrato de seguro marítimo tras la pérdida total de una embarcación en un naufragio, permitiendo al propietario recuperar el valor asegurado.

Cláusula de ambos culpables por el abordaje (Both to blame collision clause): Cláusula que establece que ambas partes involucradas en una colisión marítima comparten la responsabilidad por los daños. Esta cláusula es importante en el derecho marítimo para determinar la compensación justa.

La preponderancia depende de la equidad en la asignación de responsabilidades y costos, asegurando que ambas partes compartan las consecuencias del accidente. Ejemplo: Aplicación de la cláusula en un caso donde dos buques colisionan, compartiendo los costos de reparación y compensación por daños a la carga.

Cláusula de atraque - o de muelle (Berth clause): Cláusula en un contrato de fletamento que especifica que el buque debe atracar en un muelle designado para cargar o descargar. Esta cláusula proporciona claridad sobre las obligaciones y responsabilidades en el puerto.

La trascendencia se fundamenta en la claridad sobre las obligaciones y responsabilidades en el puerto, asegurando una operación fluida y sin contratiempos. Ejemplo: Un contrato de fletamento con una cláusula de atraque que asegura que el buque debe atracar en un muelle específico del puerto de Rotterdam para la carga de mercancías, evitando disputas sobre los lugares de atraque.

Cláusula de averías (Breakdown clause): Cláusula en un contrato de fletamento que detalla las responsabilidades y procedimientos en caso de que el buque sufra averías mecánicas. Esta cláusula especifica las condiciones bajo las cuales el fletador puede reclamar compensación o reducción de tarifas.

La relevancia se encuentra en la protección financiera y operativa tanto del armador como del fletador en caso de fallos mecánicos. Ejemplo: Si un buque se avería durante el transporte de mercancías, la cláusula de averías permite al fletador reclamar una reducción de tarifas por el tiempo de inactividad.

Cláusula de carga posterior (Erload clause): Cláusula que permite la carga de mercancías adicionales después de que el buque haya completado su carga principal. Especifica las condiciones y límites para la carga adicional.

La trascendencia se sostiene en la flexibilidad que proporciona para maximizar el uso de espacio en el buque. Ejemplo: Un buque que ya ha sido cargado completamente puede aceptar cargas adicionales si la cláusula de carga posterior lo permite, aumentando la eficiencia del transporte.

Cláusula de caución (Bailee clause): Cláusula en un contrato de seguro que protege al depositario o custodio de los bienes asegurados. Establece que el depositario no será responsable por pérdidas o daños a menos que se demuestre negligencia.

La significancia se establece en la protección legal para los custodios de bienes, evitando responsabilidades injustas. Ejemplo: Un almacén que guarda mercancías para terceros no es responsable por daños a menos que se pruebe negligencia, gracias a la cláusula de caución.

Cláusula de cese de arrendamiento o de averías (Off hire or breakdown clause): Cláusula que especifica las condiciones bajo las cuales el fletador no está obligado a pagar el alquiler del buque debido a averías o inoperabilidad.

La influencia clave consiste en la protección financiera del fletador durante periodos de inoperabilidad del buque. Ejemplo: Si un buque queda inoperativo por una avería mecánica, el fletador puede dejar de pagar el alquiler durante ese periodo según la cláusula de cese de arrendamiento.

Cláusula de colisión (Running down clause): Cláusula que cubre la responsabilidad del buque en caso de colisión con otro buque. Detalla los términos de compensación y responsabilidad compartida.

La importancia se sostiene en la claridad sobre las responsabilidades financieras y legales en caso de colisiones. Ejemplo: En una colisión entre dos buques, la cláusula de colisión especifica cómo se manejarán las reclamaciones y compensaciones.

Cláusula de combustible de consumo (Bunker clause): Cláusula que especifica los términos y condiciones para el suministro de combustible (bunker) al buque. Incluye detalles sobre calidad, cantidad y costos.

El rol se basa en la transparencia y claridad en el suministro y costos de combustible. Ejemplo: Un contrato de fletamento incluye una cláusula de combustible de consumo que detalla los costos y especificaciones del bunker suministrado al buque.

Cláusula de consignación (Consignment clause): Cláusula que detalla las condiciones bajo las cuales se envían las mercancías a un consignatario. Incluye términos de entrega, riesgos y responsabilidades.

La influencia está en la claridad sobre las responsabilidades de las partes durante el transporte y entrega de mercancías. Ejemplo: Una cláusula de consignación especifica que el riesgo de las mercancías se transfiere al consignatario en el momento de la entrega.

Cláusula de desembarque (Landing clause): Cláusula que especifica los términos y condiciones para el desembarque de mercancías en el puerto de destino. Incluye detalles sobre costos y responsabilidades.

La importancia proviene de la claridad sobre las responsabilidades y costos asociados con el desembarque de mercancías. Ejemplo: Una cláusula de desembarque en un contrato de fletamento detalla los costos de descarga y las responsabilidades del fletador y el consignatario.

Cláusula de devolución (Returns clause): Cláusula que detalla las condiciones para la devolución de mercancías en caso de devolución de productos. Incluye términos sobre quién asume los costos y cómo se gestionan las devoluciones.

La preponderancia depende de la protección de los derechos del comprador y la claridad sobre el proceso de devolución. Ejemplo: Una cláusula de devolución en un contrato de venta permite al comprador devolver productos defectuosos a costo del vendedor.

Cláusula de empleo o de utilización (Employment clause): Cláusula en un contrato de fletamento que especifica cómo se utilizará el buque durante el periodo de arrendamiento. Incluye detalles sobre rutas, tipo de carga y duración del fletamento.

La influencia global se fundamenta en la claridad sobre las expectativas y obligaciones del uso del buque. Ejemplo: Un contrato de fletamento con una cláusula de empleo especifica que el buque se utilizará para transportar petróleo crudo desde Medio Oriente a Europa.

Cláusula de excedente (Excess clause): Cláusula que establece un monto específico que debe ser superado antes de que la cobertura del seguro entre en efecto. También conocida como deducible.

La relevancia se encuentra en la reducción de reclamaciones menores y el control de costos del seguro. Ejemplo: Una póliza de seguro con una cláusula de excedente de $10,000 significa que los daños menores a esa cantidad no serán cubiertos por el seguro.

Cláusula de excepción (Exception clauses): Cláusulas que especifican las circunstancias bajo las cuales una parte no es responsable de ciertos riesgos o daños. Protege contra reclamaciones por eventos fuera del control de las partes.

La trascendencia radica en la protección legal y la reducción de responsabilidades en situaciones excepcionales. Ejemplo: Una cláusula de excepción en un contrato de transporte puede exonerar al transportista de responsabilidad en caso de desastres naturales.

Cláusula de exoneración de responsabilidades (Exception clauses): Cláusulas que detallan las condiciones en las que una parte no será responsable por daños o pérdidas. Similar a la cláusula de excepción, pero con un enfoque más amplio.

La significancia se establece en la claridad y protección legal en situaciones imprevistas. Ejemplo: Un contrato de transporte con una cláusula de exoneración de responsabilidades que exime al transportista de responsabilidad en caso de guerra o terrorismo.

Cláusula de fuerza mayor (Force majeure clause) : Cláusula que exime a las partes de sus obligaciones contractuales en caso de eventos fuera de su control, como desastres naturales, guerras o huelgas.

El rol consiste en la protección legal y la flexibilidad para enfrentar eventos imprevistos. Ejemplo: Una empresa de construcción puede invocar la cláusula de fuerza mayor si un terremoto impide la finalización del proyecto a tiempo.

Cláusula de limitación de responsabilidad del fletador (Cesser clause): Cláusula que limita la responsabilidad del fletador una vez que la carga ha sido embarcada. Protege al fletador de reclamaciones después del inicio del transporte.

La influencia estratégica se basa en la protección legal del fletador y la claridad sobre las responsabilidades. Ejemplo: Una cesser clause en un contrato de fletamento protege al fletador de reclamaciones por daños una vez que la carga está a bordo del buque.

Cláusula de muelle (Docking clause): Cláusula que especifica que el buque debe atracar en un muelle designado para cargar o descargar. Detalla las obligaciones y responsabilidades en el puerto.

La importancia se basa en la claridad sobre las operaciones portuarias y la prevención de disputas. Ejemplo: Un contrato de fletamento con una docking clause asegura que el buque debe atracar en un muelle específico del puerto de Hamburgo para la descarga de mercancías.

Cláusula de muelle disponible (Ready berth clause): Cláusula que especifica que el tiempo de espera para atracar en un muelle, cuenta como tiempo de espera remunerado. Protege al fletador de costos adicionales por demoras en el muelle.

La influencia está en la protección financiera del fletador en caso de demoras portuarias. Ejemplo: Si un buque llega a un puerto congestionado y debe esperar para atracar, la ready berth clause asegura que el fletador no incurra en costos adicionales.

Cláusula de naves hermanas (Sistership clause): Cláusula que permite al fletador utilizar una nave hermana del buque originalmente contratado si esta no está disponible. Proporciona flexibilidad y continuidad en las operaciones.

La importancia proviene de la flexibilidad operativa y la capacidad de mantener el servicio sin interrupciones. Ejemplo: Si el buque original sufre una avería, la sistership clause permite usar un buque similar para cumplir con el contrato de fletamento.

Cláusula de rescisión o cancelación (Cancelling clause): Permite a una de las partes terminar un contrato bajo ciertas condiciones específicas. Se utiliza comúnmente en contratos de fletamento y acuerdos comerciales para proteger a las partes en caso de incumplimiento.

La preponderancia depende de proporcionar una salida clara de un contrato, evitando litigios prolongados. Ejemplo: Un contrato de fletamento incluye una cláusula de rescisión que permite al fletador cancelar si el buque no llega a tiempo.

Cláusula roja (Red clause): En una carta de crédito, permite el pago anticipado al exportador, antes de que se realice el embarque. Esto facilita el financiamiento del exportador, proporcionando fondos para la producción o adquisición de bienes.

La trascendencia se fundamenta en mejorar la liquidez del exportador, facilitando el comercio internacional. Ejemplo: Un exportador recibe un pago parcial antes del envío gracias a la cláusula roja en la carta de crédito.

Cláusulas de casco (Hull clauses): Coberturas en una póliza de seguro marítimo que protegen el casco y la maquinaria del buque contra daños. Estas cláusulas son esenciales para mantener la operatividad del buque.

La relevancia se encuentra en la protección financiera del armador, asegurando la reparación del buque en caso de daños. Ejemplo: Un buque sufre daños en una tormenta y las cláusulas de casco cubren los costos de reparación.

Cláusulas de salva guardia (Safe guard clauses): Disposiciones en contratos de seguro que protegen al asegurador contra pérdidas indebidas. Estas cláusulas detallan las condiciones bajo las cuales el asegurador puede rechazar una reclamación.

La trascendencia consiste en la protección del asegurador contra reclamaciones fraudulentas o indebidas. Ejemplo: Una cláusula de salva guarda permite al asegurador rechazar una reclamación si el asegurado no tomó medidas de seguridad razonables.

Clear charter (Póliza de fletamento limpia): Contrato de fletamento sin condiciones adicionales o cláusulas restrictivas. Este tipo de póliza simplifica el acuerdo entre el armador y el fletador.

La significancia se establece en la claridad y simplicidad del contrato, facilitando la ejecución del fletamento. Ejemplo: Una clear charter permite un acuerdo rápido y sin complicaciones entre un armador y un fletador para el transporte de mercancías.

Clear customs (Desaduanar): Proceso de obtener autorización de las autoridades aduaneras para importar o exportar mercancías. Esto implica la presentación de documentos y el pago de aranceles e impuestos.

La influencia determinante consiste en la legalidad y el cumplimiento de las normativas aduaneras, permitiendo el movimiento de bienes. Ejemplo: Una empresa desaduana su carga en el puerto, asegurando la entrega rápida a sus clientes.

Closing date (Fecha de cierre): Fecha límite para completar una transacción financiera o comercial, como la compra de una propiedad o la firma de un contrato. Esta fecha es crucial para la planificación y ejecución de acuerdos.

La esencia consiste en la claridad sobre los plazos, asegurando el cumplimiento de los términos del contrato. Ejemplo: Una empresa debe finalizar la compra de maquinaria antes de la fecha de cierre acordada en el contrato.

Convención sobre el contrato de Transporte Internacional (CMR - Convention on the contract of carriage): La convención de contratos de transporte internacional de Mercancías por Carretera, que regula los derechos y responsabilidades de las partes involucradas. Es un marco legal importante para el transporte terrestre internacional.

La gravitación comercial se centra en la estandarización de las normas de transporte, facilitando el comercio internacional. Ejemplo: Un transportista y un remitente utilizan un CMR para regular el envío de mercancías entre Francia y Alemania.

Coastal trade (Cabotaje): Transporte de bienes y personas entre puertos dentro del mismo país, utilizando la navegación costera. Está regulado por leyes nacionales para proteger la industria local.

La influencia está en el fortalecimiento de la economía nacional y el control del tráfico marítimo interno. Ejemplo: Una empresa de transporte realiza cabotaje para distribuir productos agrícolas entre puertos de España.

Cobertura abierta (Open cover): Póliza de seguro que cubre múltiples envíos dentro de un periodo específico, sin necesidad de emitir una nueva póliza para cada envío. Ofrece flexibilidad y continuidad en la cobertura de seguro.

La importancia proviene de la simplificación y eficiencia del proceso de aseguramiento para exportadores e importadores frecuentes. Ejemplo: Un exportador de productos manufacturados utiliza una cobertura abierta para asegurar todos sus envíos durante el año.

COD - Cash on delivery (Entrega de la mercancía sólo contra pago): Método de pago donde el comprador paga por las mercancías en el momento de la entrega. Esto asegura que el vendedor recibe el pago antes de liberar la mercancía.

La preponderancia depende de la reducción del riesgo financiero para el vendedor, garantizando el pago inmediato. Ejemplo: Un minorista en línea utiliza COD para asegurar que recibe el pago antes de entregar los productos al cliente.

Coeficiente de afinamiento - fineza cúbico (Block coefficient): Medida de la eficiencia de un buque en el agua, calculada como el volumen del casco dividido por el producto de su longitud, ancho y calado. Indica cómo se desplaza el buque en el agua.

La influencia determinante se fundamenta en la optimización del diseño del buque para mejorar la eficiencia de combustible y rendimiento. Ejemplo: Un ingeniero naval calcula el coeficiente de afinamiento para diseñar un buque más eficiente en términos de consumo de combustible.

Coeficiente de estiba - Ce (Stowage Coefficient): Relación entre el peso y el volumen de una carga, utilizada para determinar el espacio necesario en un buque o contenedor. Es crucial para la planificación de la carga y la maximización del uso del espacio.

La relevancia se encuentra en la eficiencia del transporte y la optimización del espacio disponible. Ejemplo: Un agente de carga calcula el coeficiente de estiba para asegurar que los contenedores estén llenos de manera óptima y eficiente.

Coin (Moneda): Unidad de dinero metálica utilizada en transacciones comerciales. Las monedas son emitidas por gobiernos y utilizadas como medio de intercambio legal.

La trascendencia reside en su uso como dinero de curso legal, facilitando transacciones diarias y el comercio. Ejemplo: Una empresa recibe pagos en monedas locales de sus clientes en una tienda minorista.

Collection Credits (Créditos de cobranza): Mecanismo financiero en el cual un exportador remite documentos comerciales y financieros a un banco que, a su vez, los presenta al comprador. Este proceso asegura que el pago se realice una vez que el comprador recibe y verifica los documentos.

La significancia se establece en proporcionar seguridad y confianza tanto al vendedor como al comprador en transacciones internacionales. Ejemplo: Un exportador utiliza créditos de cobranza para asegurar que el comprador pague antes de recibir la mercancía.

Compensación comercial o liquidación de operaciones comerciales (Trade clearing): Sistema mediante el cual dos o más países acuerdan intercambiar bienes y servicios sin utilizar dinero, compensando las deudas y créditos a través de una cámara de compensación. Este método facilita el comercio internacional sin la necesidad de transferencias monetarias directas.

La gravitación internacional radica en la reducción de riesgos cambiarios y la facilitación del comercio entre países con restricciones monetarias. Ejemplo: Dos países vecinos acuerdan intercambiar productos agrícolas y textiles mediante comercio clearing.

Comercio de compensación (Countertrade): Modalidad de comercio internacional donde las transacciones se liquidan mediante el intercambio directo de bienes y servicios en lugar de dinero. Es común en situaciones donde las divisas son limitadas o para evitar desequilibrios comerciales. Este término se refiere a un acuerdo comercial en el que el pago por bienes o servicios se realiza en forma de otros bienes o servicios, en lugar de utilizar dinero. Algunos tipos de countertrade incluyen el trueque (barter), la compensación (offset) y el comercio de compensación bilateral.

La influencia estratégica consiste en la mejora del balance comercial y la reducción de la necesidad de divisas extranjeras. Ejemplo: Una empresa de maquinaria pesada intercambia equipos por petróleo con un país productor.

Comercio exterior (Foreign trade): Intercambio de bienes y servicios entre países, involucrando exportaciones e importaciones. Este comercio es esencial para el crecimiento económico y el acceso a productos y mercados globales.

La trascendencia se basa en la diversificación económica y la obtención de productos no disponibles localmente. Ejemplo: Un país importa tecnología avanzada de otro país mientras exporta materias primas, equilibrando sus necesidades y recursos.

Commission past us (Comisión a nosotros): Comisión pagada al agente que gestiona una transacción comercial después de que esta se completa. Esta comisión es una remuneración por los servicios prestados, asegurando que los intermediarios sean compensados.

La influencia está en la motivación y remuneración adecuada de los intermediarios en el comercio. Ejemplo: Un agente de ventas recibe una comisión a nosotros tras la venta exitosa de un lote de maquinaria industrial.

Commodities (Materias primas): Productos básicos comercializados en mercados internacionales, como petróleo, granos, metales y otros recursos naturales. Estos productos son esenciales para diversas industrias y economías globales.

La importancia proviene de su rol fundamental en la economía global, afectando precios y disponibilidad de productos esenciales. Ejemplo: El precio del petróleo, una commodity crucial, influye en los costos de producción y transporte a nivel mundial.

Complaint (Queja): Expresión formal de insatisfacción por parte de un cliente o comprador sobre un producto o servicio recibido. Las quejas son cruciales para la mejora continua y la satisfacción del cliente.

La importancia depende de la retroalimentación para mejorar productos y servicios, manteniendo la reputación empresarial. Ejemplo: Un cliente presenta una queja sobre un envío dañado, lo que lleva a la empresa a revisar sus procesos de embalaje.

Concepto de navegabilidad (Seaworthiness): Condición de un buque que radica buen estado y equipado adecuadamente para realizar un viaje seguro. Este concepto es fundamental en contratos de fletamento y seguros marítimos.

La influencia clave se fundamenta en la seguridad y cumplimiento de las normas marítimas internacionales, protegiendo vidas y bienes. Ejemplo: Un inspector verifica la navegabilidad de un buque antes de su salida para asegurar que cumple con todos los estándares de seguridad.

Conferencias de flete (Steamship conferences): Asociaciones de compañías navieras que acuerdan tarifas y condiciones de transporte en ciertas rutas marítimas. Estas conferencias regulan la competencia y estabilizan las tarifas de flete.

La relevancia se encuentra en la estabilidad del mercado y la protección de las empresas navieras contra la competencia desleal. Ejemplo: Una conferencia de flete en el Pacífico establece tarifas estándar para el transporte de contenedores entre Asia y América del Norte.

Conocimiento a la orden (Order bill of lading): Documento de transporte que permite la transferencia de propiedad de las mercancías mediante endoso. Este conocimiento de embarque es crucial para la financiación y comercialización de bienes en tránsito.

La trascendencia reside en la flexibilidad y seguridad que proporciona en la transferencia de propiedad durante el transporte. Ejemplo: Un importador transfiere la propiedad de un envío de café a un comprador local mediante endoso del conocimiento a la orden.

Conocimiento abierto (Open bill of lading): Documento de transporte que permite cambios en el consignatario mientras las mercancías están en tránsito. Este tipo de conocimiento proporciona flexibilidad en la comercialización y entrega de bienes.

La significancia se establece en la capacidad de adaptarse a cambios en el mercado y en los destinatarios durante el transporte. Ejemplo: Un exportador de textiles utiliza un conocimiento abierto para cambiar el consignatario en función de las demandas del mercado.

Conocimiento de embarque a la orden (Bill of lading to order): Variante del conocimiento de embarque que permite la transferencia de propiedad mediante endoso. Es común en transacciones internacionales y facilita la venta de mercancías en tránsito.

La relevancia global se sustenta en la flexibilidad y seguridad en la transferencia de propiedad durante el transporte. Ejemplo: Un importador endosa el conocimiento de embarque a la orden para vender las mercancías a un nuevo comprador antes de que lleguen al puerto de destino.

Conocimiento de embarque aéreo (Air way bill - AWB): Documento de transporte emitido por una aerolínea que cubre el transporte de mercancías por vía aérea. Este documento no es negociable y sirve como recibo y contrato de transporte.

La supremacía competitiva radica en la rapidez y seguridad del transporte aéreo, asegurando la entrega eficiente de bienes. Ejemplo: Un exportador de productos perecederos utiliza un AWB para enviar mercancías a través de una aerolínea, garantizando la entrega rápida.

Conocimiento de embarque combinado (Through bill of lading): Documento que cubre el transporte de mercancías a través de múltiples modos de transporte, como marítimo, terrestre y aéreo. Este documento simplifica el proceso logístico.

La prominencia global se basa en la eficiencia y simplificación del transporte multimodal, reduciendo la necesidad de múltiples documentos. Ejemplo: Un envío de maquinaria desde Alemania a Brasil utiliza un conocimiento de embarque combinado para cubrir el transporte marítimo y terrestre.

Conocimiento de embarque de la compañía (House bill of lading): Documento emitido por un transitario o agente de carga que actúa como intermediario en el transporte de mercancías. Este conocimiento complementa el conocimiento de embarque maestro emitido por la naviera.

La influencia está en la gestión eficiente de envíos consolidados y la documentación precisa. Ejemplo: Un agente de carga emite un house bill of lading para un cliente que envía múltiples paquetes en un contenedor compartido.

Conocimiento de embarque limpio a bordo (Clean on board bill of lading): Documento que certifica que las mercancías fueron cargadas en el buque sin daños aparentes. Es crucial para los exportadores que buscan asegurar la condición de sus bienes al embarcar.

La relevancia global proviene de la garantía de la condición de las mercancías al embarcar, facilitando el financiamiento y seguros. Ejemplo: Un exportador de automóviles obtiene un conocimiento de embarque limpio a bordo para asegurar que los vehículos fueron embarcados sin daños visibles.

Conocimiento de embarque nominativo (Named bill of lading): Documento de transporte que especifica el nombre del consignatario, limitando la transferencia de propiedad solo a la persona o entidad nombrada. Es una forma segura de asegurar que solo el consignatario designado puede reclamar las mercancías.

La preponderancia depende en la seguridad y control sobre la entrega de mercancías, evitando transferencias no autorizadas. Ejemplo: Un exportador utiliza un conocimiento de embarque nominativo para asegurarse de que las mercancías sean entregadas únicamente al comprador especificado.

Conocimiento de retorno (Homeward bill of lading): Documento de transporte emitido para la carga transportada en el viaje de regreso de un buque. Este conocimiento se utiliza para facilitar el comercio y la logística en ambos tramos del viaje.

La trascendencia se fundamenta en la eficiencia y utilización óptima de los buques en rutas de ida y vuelta. Ejemplo: Un buque que entrega maquinaria a Sudamérica emite un conocimiento de retorno para transportar productos agrícolas en su viaje de regreso a Europa.

Conocimiento exterior (Outward bill of lading): Documento de transporte emitido para la carga transportada en el viaje de salida de un buque, desde el puerto de origen hacia un puerto extranjero. Este conocimiento facilita la exportación de mercancías.

La relevancia se encuentra en la legalidad y documentación adecuada para el comercio internacional. Ejemplo: Un exportador de productos electrónicos obtiene un conocimiento exterior para documentar el envío de sus productos a Asia.

Consenso OCDE - Organización para la Cooperación y el Desarrollo Económicos (Organization for economic co-operation and development): Acuerdo entre países miembros de la OCDE para regular las condiciones de financiamiento de exportaciones. Este consenso establece directrices sobre tasas de interés, plazos y otras condiciones para promover una competencia justa.

La trascendencia radica en la estandarización y equidad en el financiamiento de exportaciones entre países miembros. Ejemplo: Una empresa utiliza las directrices del Consenso OCDE para obtener financiamiento competitivo para su proyecto de exportación.

Consequential damage (Daño resultante): Daño que ocurre como una consecuencia indirecta de un evento principal, como pérdidas financieras o interrupciones comerciales. Es un término importante en contratos y seguros.

La significancia se establece en la claridad y protección en contratos, asegurando cobertura adecuada para daños indirectos. Ejemplo: Un contrato de seguro cubre los daños resultantes de un incendio en una fábrica, incluyendo la pérdida de ingresos por la interrupción de la producción.

Consignación (Consignment): Método de envío en el cual el consignador envía mercancías a un consignatario que las vende en su nombre. El consignador retiene la propiedad de las mercancías hasta que se venden.

La preeminencia comercial consiste en la gestión eficiente de inventarios y la reducción de riesgos financieros para el consignador. Ejemplo: Un fabricante de ropa envía mercancías a una tienda bajo consignación, permitiendo a la tienda vender los productos sin comprarlos inicialmente.

Consignatario (Consignee): Persona o entidad que recibe mercancías enviadas en consignación para su venta. El consignatario actúa como intermediario y no adquiere la propiedad de las mercancías hasta que se venden.

La magnitud económica radica en la facilitación del comercio y la distribución de productos sin necesidad de comprar inventarios. Ejemplo: Una tienda minorista actúa como consignatario para un fabricante de joyas, vendiendo los productos y remitiendo las ganancias al fabricante.

Consignment clause (Cláusula de consignación): Disposición en un contrato que detalla las condiciones bajo las cuales las mercancías se envían en consignación.

Incluye términos de entrega, responsabilidades y pago.

La influencia clave se basa en la claridad y protección legal para ambas partes en un acuerdo de consignación. Ejemplo: Un contrato incluye una cláusula de consignación que especifica las condiciones de venta y el reparto de ingresos entre el consignador y el consignatario.

Consolidación (Consolidation): Proceso de combinar múltiples envíos pequeños en uno más grande para optimizar el transporte y reducir costos. La consolidación se utiliza comúnmente en el transporte marítimo y aéreo.

La influencia está en la eficiencia y reducción de costos en la logística, mejorando la rentabilidad. Ejemplo: Un agente de carga consolida varios pequeños envíos de diferentes exportadores en un solo contenedor para reducir los costos de transporte.

Consulages (Despachos consulares): Tarifas cobradas por los servicios prestados por los consulados, como la verificación de documentos comerciales y la emisión de certificados consulares. Estos servicios son esenciales para el comercio internacional.

La influencia global proviene de la legalidad y autenticidad de los documentos comerciales, asegurando el cumplimiento de las normativas. Ejemplo: Una empresa paga despachos consulares para obtener la verificación de facturas comerciales antes de exportar sus productos.

Consular Charges (Cargos consulares): Tarifas impuestas por los consulados por servicios como la legalización de documentos comerciales y la emisión de certificados. Estos cargos son necesarios para cumplir con los requisitos legales de exportación e importación.

La preponderancia depende de la autenticidad y conformidad de los documentos comerciales, facilitando el comercio internacional. Ejemplo: Un exportador paga cargos consulares para legalizar los documentos necesarios para enviar productos a un país extranjero.

Container (Contenedor): Caja grande y robusta utilizada para transportar mercancías de manera segura y eficiente, facilitando el manejo y almacenamiento. Los contenedores son esenciales en el transporte multimodal.

La influencia estratégica se fundamenta en la estandarización y eficiencia en el transporte de mercancías, mejorando la seguridad y reduciendo costos. Ejemplo: Un exportador de electrónica utiliza contenedores para enviar productos desde China a Europa, asegurando su protección durante el transporte.

Contingente (Quota): Cantidad específica de bienes permitidos para importar o exportar bajo un régimen de cuotas. Los contingentes regulan la cantidad de productos que pueden comercializarse, protegiendo industrias locales y equilibrando el comercio.

La relevancia se encuentra en la regulación del comercio y la protección de mercados internos, asegurando un comercio justo. Ejemplo: Un país establece un contingente para la importación de azúcar para proteger a sus productores locales.

Contingente arancelario (Tariff quota): Cantidad de un producto que puede importarse a una tasa arancelaria reducida o nula. Este sistema promueve el comercio mientras protege las industrias locales de la competencia excesiva.

La trascendencia reside en la promoción del comercio y la protección de la industria local mediante el control de aranceles. Ejemplo: Un contingente arancelario permite la importación de una cantidad limitada de trigo a un arancel reducido, beneficiando a los importadores y protegiendo a los productores nacionales.

Contingente cuantitativo (Quantitative contingent): Limitación establecida por un país sobre la cantidad de bienes que pueden importarse o exportarse durante un periodo determinado. Estos contingentes protegen industrias locales y equilibran la oferta y demanda.

La significancia se establece en la regulación del comercio y la protección de la economía local frente a la competencia extranjera. Ejemplo: Un país impone un contingente cuantitativo en la importación de textiles para proteger a sus fabricantes nacionales.

Contractual liability (Responsabilidad contractual): Obligaciones y responsabilidades asumidas por las partes en un contrato. Estas responsabilidades incluyen cumplir con los términos acordados y reparar cualquier daño causado por incumplimiento.

La influencia determinante consiste en la claridad y protección legal para las partes involucradas, asegurando el cumplimiento de los acuerdos. Ejemplo: Un proveedor acepta la responsabilidad contractual de entregar materiales a tiempo y indemnizar al comprador por cualquier retraso.

Contrato con mención de dique (Dock charter): Acuerdo de fletamento que especifica que el buque debe atracar en un dique designado para cargar o descargar. Este contrato detalla las obligaciones y responsabilidades de las partes en el puerto.

La gravitación comercial está en la claridad sobre las operaciones portuarias y la prevención de disputas. Ejemplo: Un contrato de fletamento con mención de dique asegura que el buque debe atracar en un muelle específico del puerto de Rotterdam para la carga de mercancías.

Contrato de arrendamiento a casco desnudo (Bare boat charter): Acuerdo donde el armador alquila el buque sin tripulación, suministros ni mantenimiento, dejando estas responsabilidades al fletador. Este tipo de contrato permite al fletador operar el buque como si fuera su propietario.

La consideración esencial se basa en la flexibilidad operativa y la capacidad del fletador para gestionar el buque de acuerdo a sus necesidades. Ejemplo: Una empresa de transporte marítimo firma un contrato de arrendamiento a casco desnudo para operar un buque durante cinco años.

Contrato de compraventa internacional (International sales contract): Acuerdo entre un comprador y un vendedor de diferentes países para la compra y venta de bienes. Este contrato incluye términos sobre precio, entrega, pago y responsabilidades.

La influencia está en la claridad y seguridad jurídica en el comercio internacional, facilitando las transacciones entre países. Ejemplo: Una empresa estadounidense firma un contrato de compraventa internacional con un proveedor chino para importar componentes electrónicos.

Contrato de fletamento por tiempo (Time charter): Acuerdo donde el fletador alquila el buque por un periodo específico, pagando una tarifa diaria o mensual. El armador proporciona la tripulación y mantiene el buque operativo.

La importancia proviene de la flexibilidad y previsibilidad de costos para el fletador, permitiendo una planificación eficiente. Ejemplo: Una empresa de transporte de graneles firma un contrato de fletamento por tiempo para asegurar el uso de un buque durante la temporada de cosecha.

Contrato de muelle (Berth charter): Acuerdo de fletamento que especifica que el buque debe atracar en un muelle designado para cargar o descargar. Este contrato proporciona claridad sobre las responsabilidades y tiempos de espera en el puerto.

La preponderancia depende de la claridad sobre las operaciones portuarias y la reducción de disputas. Ejemplo: Un contrato de fletamento incluye una cláusula de muelle que asegura que el buque debe atracar en un muelle específico del puerto de Hamburgo para la descarga de mercancías.

Contrato neto (Net charter): Contrato de fletamento donde el fletador paga solo el alquiler del buque, excluyendo otros costos como combustible, puertos y mantenimiento. Estos costos adicionales son responsabilidad del fletador.

La significancia operativa se fundamenta en la transparencia de costos y la capacidad del fletador para gestionar los gastos operativos. Ejemplo: Una empresa minera firma un contrato neto para el fletamento de un buque, asumiendo todos los costos operativos además del alquiler.

Contratos por peso muerto (Deadweight charters): Acuerdos de fletamento basados en el peso muerto del buque, es decir, la cantidad total de carga que el buque puede transportar. Estos contratos especifican las tarifas en función de la capacidad de carga del buque.

La relevancia se encuentra en la transparencia y precisión en la fijación de tarifas basadas en la capacidad real de transporte. Ejemplo: Una empresa minera firma un contrato por peso muerto para asegurar el transporte de minerales a granel según la capacidad del buque.

Contribución a la avería gruesa (General average contribution): Principio en el derecho marítimo donde todas las partes interesadas en un buque y su carga comparten proporcionalmente los costos de una pérdida o gasto extraordinario incurrido para salvar el buque y la carga de un peligro común.

La trascendencia reside en la distribución equitativa de los costos entre todos los interesados, protegiendo sus inversiones. Ejemplo: Si parte de la carga se arroja al mar para estabilizar el buque durante una tormenta, todos los propietarios de la carga contribuyen a cubrir la pérdida.

Contribución del cargamento a la avería gruesa (Cargo's proportion of general average): Parte proporcional que cada consignatario debe pagar en caso de una avería gruesa. Esta contribución se calcula en función del valor de la carga de cada consignatario.

La significancia se establece en la equidad y transparencia en la distribución de los costos entre los consignatarios. Ejemplo: Si un buque sufre daños y la carga debe ser sacrificada para salvar el buque, cada consignatario paga una parte proporcional de los costos de salvamento.

Controles no arancelarios (Nontariff controls): Regulaciones y restricciones no basadas en aranceles que un país impone para controlar la cantidad o el tipo de bienes que se importan o exportan. Incluyen cuotas, licencias y normas de calidad.

La gravitación esencial consiste en la protección de la economía local y la regulación del comercio exterior. Ejemplo: Un país impone controles no arancelarios para limitar la importación de productos agrícolas que no cumplen con sus estándares sanitarios.

Convoy (Group of vehicles or ships): Grupo de buques que navegan juntos por razones de seguridad, especialmente en zonas peligrosas. Los convoyes son comúnmente escoltados por buques de guerra para protegerlos contra ataques.

La gravitación internacional consiste en la protección de los buques y sus cargas en rutas peligrosas, mejorando la seguridad marítima. Ejemplo: Durante la Segunda Guerra Mundial, los convoyes protegidos eran esenciales para transportar suministros a Europa.

Costs of recovery (Costos de recuperación): Gastos incurridos en la recuperación de bienes dañados o perdidos, incluyendo costos de reparación, reemplazo y transporte. Estos costos son cruciales en la evaluación de daños y la gestión de reclamaciones.

La influencia determinante se basa en la precisión en la evaluación de pérdidas y la recuperación eficiente de activos dañados. Ejemplo: Una empresa de seguros calcula los costos de recuperación después de un incendio en un almacén, incluyendo reparaciones y reemplazo de mercancías.

Counter purchase (Compra de compensación): Acuerdo comercial en el cual el vendedor acuerda comprar productos del país del comprador como condición para la venta. Este tipo de comercio ayuda a equilibrar las balanzas comerciales entre los países.

La influencia está en la promoción del comercio bilateral y la reducción de déficits comerciales. Ejemplo: Una empresa de maquinaria vende equipos a un país extranjero y, como parte del acuerdo, compra materias primas del mismo país.

Counter trade (Comercio de compensación): Práctica comercial donde se intercambian bienes y servicios en lugar de utilizar dinero. Incluye acuerdos como trueques, compras de compensación y acuerdos de compensación.

La influencia global proviene de facilitar el comercio en situaciones donde las divisas son limitadas o se busca equilibrar las balanzas comerciales. Ejemplo: Un país exportador de petróleo intercambia crudo por productos manufacturados de otro país sin intercambio de dinero.

Country (País): Unidad política y geográfica con fronteras definidas, gobierno y reconocimiento internacional. Los países son las entidades fundamentales en el comercio internacional y las relaciones diplomáticas.

La preponderancia depende de la definición de jurisdicciones legales y económicas para el comercio y las políticas públicas. Ejemplo: Cada país tiene sus propias leyes y regulaciones que afectan las importaciones y exportaciones.

Country of destination (País de destino): Nación a la cual se envían las mercancías para su entrega final. Este término es crucial en el comercio internacional para determinar aranceles, regulaciones y tratados aplicables.

La influencia operativa se fundamenta en la planificación y cumplimiento de las normativas aduaneras y comerciales del país de destino. Ejemplo: Un exportador debe asegurarse de cumplir con las regulaciones del país de destino para evitar problemas en la aduana.

Country of origin (País de origen): Nación donde se producen o manufacturan los bienes. Este término es importante para determinar los aranceles, cuotas y acuerdos comerciales aplicables.

La relevancia se encuentra en la determinación de la legalidad y los beneficios comerciales, como aranceles preferenciales. Ejemplo: Un certificado de origen permite a un exportador beneficiarse de tarifas arancelarias reducidas en el país de destino.

Courier (Mensajero): Servicio de entrega rápida y segura de documentos y paquetes. Los servicios de mensajería son esenciales para el comercio y la comunicación empresarial, garantizando la entrega puntual y segura.

La trascendencia se sostiene en la eficiencia y fiabilidad en la entrega de bienes y documentos urgentes. Ejemplo: Una empresa utiliza un servicio de mensajería para enviar contratos importantes a clientes internacionales.

Cover (Cobertura): Protección proporcionada por una póliza de seguro que cubre riesgos específicos. La cobertura es esencial para mitigar riesgos financieros y garantizar la seguridad de las operaciones comerciales.

La significancia se establece en la protección financiera contra pérdidas inesperadas, asegurando la estabilidad económica. Ejemplo: Una empresa asegura su envío de mercancías con una póliza que ofrece cobertura contra daños durante el transporte.

Coverage (Cobertura): Alcance de la protección proporcionada por una póliza de seguro. Incluye los riesgos cubiertos, el monto asegurado y las condiciones bajo las cuales se aplica la protección.

La pertinencia comercial consiste en la claridad y comprensión de la extensión de la protección, asegurando que los riesgos relevantes estén cubiertos. Ejemplo: Una póliza de seguro de transporte ofrece cobertura contra robos, daños y pérdidas durante el envío.

Cobertura automática (Automatic coverage): Cobertura de seguro que se activa automáticamente bajo ciertas condiciones especificadas en la póliza. Esta cobertura es importante para proteger contra riesgos imprevistos sin necesidad de acciones adicionales.

La preeminencia estriba en la tranquilidad y protección continua sin la necesidad de renovar o activar manualmente la cobertura. Ejemplo: Una póliza de seguro de transporte incluye cobertura automática para nuevos envíos hasta cierto valor.

Craft (Embarcación): Término general para referirse a cualquier tipo de embarcación utilizada en el transporte marítimo o fluvial. Incluye barcos, lanchas, y otros tipos de buques.

La importancia se basa en la variedad de embarcaciones disponibles para diferentes tipos de transporte y necesidades logísticas. Ejemplo: Una embarcación pequeña es utilizada para transportar mercancías a través de canales estrechos donde los buques grandes no pueden navegar.

Crane (Grúa): Máquina utilizada para levantar y mover cargas pesadas, especialmente en puertos y sitios de construcción. Las grúas son esenciales para la carga y descarga de mercancías en contenedores y otros tipos de transporte.

La influencia está en la capacidad de manejar cargas pesadas y voluminosas de manera segura y eficiente. Ejemplo: Una grúa en un puerto carga contenedores pesados en un buque de carga, agilizando las operaciones de embarque.

Crate (Caja de embalaje): Contenedor utilizado para transportar y almacenar mercancías, proporcionando protección durante el transporte. Las cajas de embalaje están hechas de diversos materiales, como madera, plástico o metal.

La preeminencia comercial proviene de la protección de los bienes contra daños durante el transporte, asegurando que lleguen en buen estado. Ejemplo: Una empresa de tecnología embala sus productos en cajas de embalaje resistentes para protegerlos durante el envío internacional.

Credit (Crédito): Acuerdo financiero en el cual una parte recibe bienes, servicios o dinero con la promesa de pagarlo en el futuro. El crédito es esencial para financiar operaciones comerciales y personales.

La preponderancia depende de la capacidad de financiar compras y operaciones sin necesidad de pago inmediato, facilitando el crecimiento económico. Ejemplo: Una empresa obtiene crédito para financiar la compra de materias primas, pagándolas una vez que los productos terminados se vendan.

Assignable credit (Crédito transferible): Crédito que puede ser transferido de una parte a otra. Esto permite que el beneficiario original del crédito asigne su derecho a otra parte.

La relevancia estratégica se fundamenta en la flexibilidad financiera y la capacidad de transferir obligaciones y derechos de pago. Ejemplo: Un exportador transfiere el crédito recibido a su proveedor como pago por materiales.

Back to back Credit (Crédito a doble carta): Acuerdo financiero donde un crédito es utilizado como garantía para emitir otro crédito. Esto es común en transacciones comerciales complejas donde múltiples partes están involucradas.

La relevancia se encuentra en la facilitación de transacciones comerciales al proporcionar seguridad adicional mediante créditos vinculados. Ejemplo: Un intermediario utiliza un crédito recibido de un comprador para emitir un crédito a un proveedor, asegurando el financiamiento de ambas partes.

Direct credit (Crédito directo): Crédito otorgado directamente por una institución financiera al solicitante sin intermediarios. Este tipo de crédito simplifica el proceso y reduce costos.

La trascendencia se basa en la rapidez y eficiencia en la obtención de financiamiento directo. Ejemplo: Una empresa solicita y recibe un crédito directo de un banco para financiar su expansión.

Divisible credit (Crédito divisible): Crédito que puede ser utilizado en partes separadas en lugar de una sola transacción. Esto permite al beneficiario utilizar el crédito según sus necesidades específicas.

La significancia se establece en la flexibilidad para gestionar el financiamiento y adaptarse a diferentes etapas de una transacción comercial. Ejemplo: Un importador utiliza un crédito divisible para pagar varios envíos parciales de productos desde el extranjero.

Fractionable credit (Crédito fraccionable): Similar al crédito divisible, permite que el monto total del crédito sea utilizado en múltiples pagos o transacciones. Esto facilita el manejo de pagos para grandes compras o proyectos.

La relevancia global consiste en la gestión flexible de financiamiento y la capacidad de pagar en fases. Ejemplo: Un constructor utiliza un crédito fraccionable para financiar la compra de materiales de construcción en varias etapas del proyecto.

Indirect credit (Crédito indirecto): Crédito otorgado a través de un intermediario, como una entidad financiera que actúa en nombre del solicitante. Este tipo de crédito puede ser más accesible para quienes no califican directamente.

La relevancia transformadora estriba en la ampliación del acceso al financiamiento mediante la utilización de intermediarios. Ejemplo: Un pequeño negocio obtiene crédito indirecto a través de una cooperativa financiera que garantiza el préstamo.

Irrevocable credit (Crédito irrevocable): Crédito que no puede ser modificado o cancelado sin el consentimiento de todas las partes involucradas. Proporciona una mayor seguridad en las transacciones comerciales internacionales.

La significancia operativa se basa en la certeza y confianza que ofrece a ambas partes en una transacción. Ejemplo: Un exportador insiste en un crédito irrevocable para asegurarse de que recibirá el pago una vez que cumpla con los términos del contrato.

Pre-advised credit (Crédito preavisado): Notificación preliminar de que un crédito ha sido emitido, enviada al beneficiario antes de que el crédito se vuelva efectivo. Esto permite al beneficiario prepararse para cumplir con los términos del crédito.

La influencia está en la comunicación anticipada y la preparación para las transacciones comerciales. Ejemplo: Un exportador recibe una notificación de crédito preavisado, permitiéndole organizar el envío de mercancías conforme a los términos del crédito.

Revocable credit (Crédito revocable): Crédito que puede ser cancelado o modificado por el emisor sin previo aviso al beneficiario. Ofrece menos seguridad que un crédito irrevocable, pero puede ser útil en ciertas situaciones.

La supremacía competitiva proviene de la flexibilidad para el emisor, aunque a costa de menor seguridad para el beneficiario. Ejemplo: Un importador emite un crédito revocable para una compra inicial de prueba, con la opción de ajustar los términos según los resultados.

Transferable credit (Crédito transferible): Crédito que permite al beneficiario transferir parte o la totalidad del crédito a uno o más terceros. Este tipo de crédito es común en transacciones donde los intermediarios juegan un papel importante.

La preponderancia depende de la flexibilidad y eficiencia en la gestión de pagos en cadenas de suministro complejas. Ejemplo: Un intermediario en una transacción internacional transfiere parte del crédito recibido a sus proveedores para asegurar el suministro de bienes.

Transmissible credit (Crédito transmisible): Similar al crédito transferible, permite al beneficiario transferir sus derechos y obligaciones bajo el crédito a otra parte. Es útil en operaciones donde los beneficiarios necesitan transferir sus derechos de pago.

La supremacía estratégica se fundamenta en la flexibilidad y adaptabilidad en transacciones comerciales, facilitando la gestión de créditos. Ejemplo: Un exportador transfiere sus derechos de un crédito transmisible a un proveedor de materias primas, asegurando el cumplimiento de los términos del contrato.

Credit date (Fecha de crédito): Fecha en la cual un crédito es emitido o se vuelve efectivo. Esta fecha es crucial para determinar los plazos de cumplimiento y pago en las transacciones comerciales.

La relevancia se encuentra en la planificación y gestión del tiempo para cumplir con las obligaciones contractuales. Ejemplo: Un contrato de crédito especifica la fecha de crédito como el punto de partida para el cálculo de los plazos de entrega y pago.

Creditor (Acreedor): Persona o entidad a la que se le debe dinero o algún tipo de obligación financiera. Los acreedores pueden ser bancos, proveedores o cualquier parte que haya extendido crédito.

La trascendencia se sostiene en la provisión de financiamiento y la posibilidad de recuperación de deudas, esencial para la estabilidad financiera. Ejemplo: Un proveedor de materias primas actúa como acreedor de una fábrica, permitiendo la compra a crédito y exigiendo el pago en una fecha futura.

Crew (Tripulación): Grupo de personas que trabajan a bordo de un buque, aeronave u otra embarcación, encargadas de su operación y mantenimiento. La tripulación incluye a oficiales, marineros y personal de apoyo.

La significancia se establece en la operación segura y eficiente del buque, garantizando la navegación y el manejo de carga. Ejemplo: La tripulación de un buque de carga incluye al capitán, oficiales de cubierta y maquinistas, todos trabajando para asegurar un viaje seguro.

Currency (Moneda): Medio de intercambio utilizado para comprar bienes y servicios. Cada país tiene su propia moneda, como el dólar, el euro o el yen.

La trascendencia estratégica consiste en su uso como medida de valor y facilitador del comercio y la economía global. Ejemplo: Un importador paga a su proveedor en euros, la moneda del país de origen del proveedor.

Currency rate (Tasa de cambio): Valor de una moneda en términos de otra, determinando cuánto de una moneda se necesita para comprar una unidad de otra. Las tasas de cambio fluctúan constantemente en función de la oferta y demanda del mercado.

La trascendencia global depende la determinación de los costos de transacciones internacionales y la competitividad en el comercio global. Ejemplo: Un exportador de Estados Unidos monitoriza la tasa de cambio dólar-euro para fijar precios competitivos en el mercado europeo.

Foreign currency (Moneda extranjera): Moneda de otro país utilizada en transacciones internacionales. Las empresas y los individuos utilizan moneda extranjera para importar, exportar y viajar.

La Relevancia significativa se basa en la facilitación del comercio internacional y la inversión. Ejemplo: Una empresa brasileña paga a su proveedor chino en yuanes, utilizando moneda extranjera para completar la transacción.

Current account (Cuenta corriente): Tipo de cuenta bancaria utilizada para transacciones diarias como depósitos, retiros y pagos. En economía, también se refiere a la balanza de pagos que incluye el comercio de bienes y servicios, ingresos y transferencias.

La influencia está en la gestión de efectivo y la facilitación del comercio y pagos internacionales. Ejemplo: Una empresa utiliza su cuenta corriente para pagar a proveedores y recibir pagos de clientes, gestionando su flujo de efectivo diario.

Customary risks (Riesgos usuales): Riesgos que se consideran normales y esperados en el curso de una actividad o negocio. Estos riesgos son generalmente conocidos y aceptados como parte de las operaciones diarias.

La significancia operativa proviene de la identificación y gestión de riesgos inherentes para minimizar pérdidas y asegurar continuidad. Ejemplo: Un exportador de frutas asume los riesgos usuales de transporte, como posibles retrasos o daños menores durante el envío.

Customer (Cliente): Persona o entidad que compra bienes o servicios de una empresa. Los clientes son esenciales para la sostenibilidad y el crecimiento de cualquier negocio.

La preponderancia depende de la generación de ingresos y la creación de relaciones comerciales a largo plazo. Ejemplo: Una tienda minorista tiene clientes que compran productos diariamente, proporcionando un flujo constante de ingresos.

Customs (Aduanas): Autoridad gubernamental que regula y controla el ingreso y salida de mercancías de un país. Las aduanas se encargan de cobrar aranceles, inspeccionar mercancías y asegurar el cumplimiento de las leyes comerciales.

La gravitación comercial se fundamenta en la protección de la economía nacional y la recaudación de ingresos fiscales. Ejemplo: Las aduanas inspeccionan un cargamento de electrónica importada para asegurarse de que cumpla con las regulaciones de seguridad y se hayan pagado los aranceles correspondientes.

Customs dealer / clearer (Despachador de aduanas): Profesional que se encarga de gestionar el proceso de desaduanaje de mercancías, asegurando el cumplimiento de todas las regulaciones aduaneras. Actúa como intermediario entre el importador/exportador y las autoridades aduaneras.

La relevancia se encuentra en la facilitación del comercio internacional y la reducción de retrasos en el desaduanaje. Ejemplo: Un despachador de aduanas gestiona los documentos necesarios y paga los aranceles para liberar un envío de maquinaria importada.

Custom of the port (Costumbre del puerto): Prácticas y procedimientos habituales que se siguen en un puerto específico, las cuales pueden influir en las operaciones de carga y descarga. Estas costumbres son generalmente aceptadas por todas las partes involucradas.

La trascendencia se fundamenta en la previsibilidad y estandarización de las operaciones portuarias, facilitando el comercio. Ejemplo: En un puerto específico, la costumbre del puerto puede dictar que la descarga de contenedores se realice en un orden particular.

Corredor marítimo de buques cisterna (Tanker broker): Profesional que actúa como intermediario en la contratación de buques cisterna para el transporte de líquidos a granel, como petróleo y productos químicos.

La significancia se establece en la facilitación de acuerdos eficientes y seguros entre propietarios de buques y fletadores. Ejemplo: Un corredor marítimo de buques cisterna negocia un contrato para transportar crudo desde el Golfo Pérsico hasta Europa.

Corredores fletadores (Chartering brokers): Profesionales que actúan como intermediarios entre armadores y fletadores para negociar contratos de fletamento de buques. Ayudan a encontrar el buque adecuado para las necesidades del fletador.

La gravitación internacional consiste en la optimización de acuerdos de fletamento y la reducción de costos y riesgos. Ejemplo: Un corredor fletador negocia un contrato de fletamento por tiempo para una empresa que necesita transportar mineral de hierro.

Corredores oceánicos (Shipping lane): Rutas marítimas específicas utilizadas por buques para navegar de un puerto a otro. Estas rutas son esenciales para la planificación de viajes y la seguridad marítima.

La influencia clave consiste en la eficiencia y seguridad del transporte marítimo, asegurando que los buques naveguen por rutas seguras y conocidas. Ejemplo: Un buque de carga sigue una ruta oceánica establecida para transportar mercancías desde Asia a América del Norte.

Corretaje (Brokerage): Comisión o tarifa que se paga a un corredor por sus servicios de intermediación en una transacción comercial. Esta tarifa es generalmente un porcentaje del valor de la transacción.

La influencia determinante se basa en la compensación justa por los servicios profesionales de intermediación y la facilitación de acuerdos comerciales. Ejemplo: Un corredor recibe una tarifa de corretaje por negociar la venta de una gran partida de granos entre un exportador y un importador.

Costes bancarios crédito documentario (Bank documentary credit Expenses): Tarifas y comisiones cobradas por los bancos por la gestión y procesamiento de créditos documentarios. Estos costos incluyen la emisión, confirmación y pago del crédito.

La influencia está en la comprensión y gestión de los costos adicionales en transacciones internacionales, afectando la rentabilidad. Ejemplo: Un exportador considera los costos bancarios de crédito documentario al calcular el precio de sus productos para asegurar que la transacción sea rentable.

Costos diarios de explotación (Daily operating costs): Gastos incurridos diariamente en la operación de un buque, incluyendo tripulación, combustible, mantenimiento y provisiones. Estos costos son esenciales para calcular la rentabilidad de las operaciones.

La influencia proviene de la planificación financiera y la gestión eficiente de los recursos operativos. Ejemplo: Una empresa de transporte marítimo calcula los costos diarios de explotación para determinar las tarifas de fletamento necesarias para cubrir gastos y obtener beneficios.

Coupon (Cupón): Certificado que otorga al portador un descuento o una oferta especial en la compra de bienes o servicios. Los cupones son utilizados como herramientas de marketing para atraer y retener clientes.

La preponderancia depende de la promoción de ventas y la incentivación del consumo, aumentando la lealtad del cliente. Ejemplo: Un supermercado emite cupones de descuento para productos seleccionados, incentivando a los clientes a realizar más compras.

Courier (Mensajero): Servicio de entrega rápida y segura de documentos y paquetes. Los servicios de mensajería son esenciales para el comercio y la comunicación empresarial, garantizando la entrega puntual y segura.

La importancia se fundamenta en la eficiencia y fiabilidad en la entrega de bienes y documentos urgentes. Ejemplo: Una empresa utiliza un servicio de mensajería para enviar contratos importantes a clientes internacionales.

Cover note (Nota de cobertura): Documento provisional emitido por una compañía de seguros que certifica la cobertura temporal de un riesgo específico mientras se emite la póliza definitiva. Proporciona una protección inmediata antes de que se complete el proceso de aseguramiento.

La relevancia se encuentra en la protección inmediata contra riesgos mientras se formaliza la cobertura completa. Ejemplo: Un exportador recibe una nota de cobertura para su envío de mercancías, asegurando protección mientras se finaliza la póliza de seguro.

Cow (Lavado con crudo): Proceso de limpieza de los tanques de un buque cisterna utilizando el propio crudo transportado. Este método es eficaz para eliminar los residuos de petróleo adheridos a las paredes del tanque.

La trascendencia radica en la eficiencia y efectividad en la limpieza de tanques, reduciendo la contaminación y los costos de limpieza. Ejemplo: Un buque cisterna realiza el lavado con crudo antes de cargar un nuevo tipo de petróleo, asegurando que los tanques estén limpios y listos para el nuevo cargamento.

Certificado de Procedencia Aduanera - CPA (Customs certificate of origin): Documento que certifica que las mercancías cumplen con los requisitos de origen necesarios para beneficiarse de aranceles preferenciales. Es esencial para asegurar el cumplimiento de los acuerdos comerciales internacionales.

La significancia se establece en la obtención de beneficios arancelarios y el cumplimiento de las normativas de origen. Ejemplo: Un exportador obtiene un CPA para demostrar que sus productos cumplen con los requisitos de origen del acuerdo comercial entre su país y el país importador.

Transporte pagado hasta - CPT (Transportation paid until): Término comercial que indica que el vendedor paga el transporte hasta el destino acordado, pero el riesgo se transfiere al comprador una vez que las mercancías son entregadas al primer transportista.

La influencia estratégica consiste en la claridad sobre la distribución de costos y riesgos entre comprador y vendedor. Ejemplo: Un contrato CPT establece que el vendedor paga el transporte hasta el puerto de destino, pero el comprador asume el riesgo desde el punto de entrega al transportista.

Craft port (Puerto de alijo): Puerto utilizado principalmente para la carga y descarga de embarcaciones pequeñas o artesanales. Estos puertos son esenciales para el comercio local y la pesca.

La influencia global estriba en la facilitación del comercio regional y el apoyo a las comunidades pesqueras y locales. Ejemplo: Un puerto de alijo en una isla sirve como punto de desembarque para los pescadores locales, permitiendo la venta directa de su captura.

Crated (En jaba): Método de embalaje en el que las mercancías se colocan en cajas o jaulas robustas para su protección durante el transporte. Este tipo de embalaje es común para artículos frágiles o de gran tamaño.

La magnitud económica se basa en la protección de los bienes contra daños durante el transporte, asegurando que lleguen en buen estado. Ejemplo: Una empresa de maquinaria embala sus productos en jabas para protegerlos durante el envío internacional.

Credit card (Tarjeta de crédito): Dispositivo de pago emitido por bancos o instituciones financieras que permite a los usuarios realizar compras a crédito. Los titulares de tarjetas pueden pagar por bienes y servicios con el compromiso de reembolsar el monto prestado más los intereses aplicables.

La influencia está en la conveniencia y flexibilidad que ofrece en las transacciones diarias, facilitando el consumo y la gestión financiera. Ejemplo: Una persona utiliza su tarjeta de crédito para comprar ropa en línea y paga el monto adeudado en cuotas mensuales.

Crédito a la exportación (Export credit): Financiamiento proporcionado a los exportadores para facilitar la venta de bienes y servicios a mercados internacionales. Este crédito puede ser ofrecido por bancos o agencias de crédito a la exportación.

La pertinencia comercial proviene de la promoción del comercio internacional y el apoyo financiero a las empresas exportadoras. Ejemplo: Una empresa de maquinaria agrícola recibe un crédito a la exportación para financiar la venta de tractores a un país en desarrollo.

Crédito documentario (Documentary credit): Método de pago utilizado en el comercio internacional donde un banco emite un crédito a favor del exportador, garantizando el pago una vez que se presentan los documentos requeridos.

La preponderancia depende de la seguridad y garantía de pago para ambas partes en una transacción internacional. Ejemplo: Un importador emite un crédito documentario para asegurar al exportador que recibirá el pago una vez que se envíen y verifiquen los documentos de embarque.

Crédito documentario contra aceptación (Documentary credit against acceptance): Tipo de crédito documentario en el que el banco del importador acepta una letra de cambio a pagar en una fecha futura, proporcionando tiempo adicional para el pago.

La prominencia global se fundamenta en la flexibilidad de pago y la seguridad para el exportador de que el banco aceptará la letra de cambio. Ejemplo: Un exportador de textiles envía la mercancía y presenta los documentos al banco, que acepta la letra de cambio para ser pagada en 90 días.

Crédito documentario contra negociación (Documentary credit against negotiation): Crédito documentario que permite al beneficiario negociar los documentos con un banco antes del pago final. El banco proporciona el pago anticipado contra los documentos presentados.

La relevancia se encuentra en la provisión de liquidez inmediata para el exportador mientras se espera el pago del importador. Ejemplo: Un exportador de productos electrónicos recibe el pago anticipado de su banco local al presentar los documentos requeridos bajo un crédito contra negociación.

Crédito documentario contra pago (Documentary credit against payment): Crédito documentario que requiere el pago inmediato al presentar los documentos requeridos. Este tipo de crédito asegura que el exportador reciba el pago al momento de la presentación de documentos.

La trascendencia se sostiene en la garantía de pago inmediato para el exportador, mejorando el flujo de caja. Ejemplo: Un exportador de maquinaria pesada presenta los documentos de embarque y recibe el pago inmediato de su banco bajo un crédito contra pago.

Crédito documentario irrevocable (Irrevocable documentary credit): Igual que el anterior, es un tipo de crédito documentario que no puede ser cambiado o cancelado sin el acuerdo de todas las partes. Proporciona una seguridad adicional para el exportador.

La significancia se establece en la certeza y estabilidad que proporciona en transacciones comerciales, asegurando el cumplimiento de las condiciones. Ejemplo: Un exportador de textiles utiliza un crédito documentario irrevocable para garantizar que recibirá el pago una vez que se presenten los documentos requeridos.

Crédito documentario revocable (Revocable documentary credit): Crédito que puede ser cancelado o modificado por el banco emisor sin previo aviso al beneficiario. Este tipo de crédito ofrece menos seguridad para el exportador.

La prominencia internacional consiste en la flexibilidad que proporciona al importador, aunque a costa de menor seguridad para el exportador. Ejemplo: Un importador puede cancelar un crédito documentario revocable si decide no proceder con la compra de bienes.

Crédito documentario transferible (Transferable documentary credit): Crédito que permite al beneficiario transferir parte o la totalidad del crédito a uno o más terceros. Esto es útil en transacciones complejas que involucran intermediarios.

La relevancia estratégica estriba en la flexibilidad y eficiencia en la gestión de pagos en cadenas de suministro. Ejemplo: Un intermediario en una transacción de comercio internacional transfiere parte del crédito recibido a sus proveedores.

Crédito de reserva" o "Línea de crédito de emergencia (Stand-by credit): Garantía de pago emitida por un banco que se activa si el comprador incumple con sus obligaciones de pago. Actúa como un respaldo financiero para el beneficiario.

La relevancia global se basa en la seguridad adicional que proporciona, asegurando que el beneficiario reciba el pago en caso de incumplimiento. Ejemplo: Un exportador de maquinaria recibe un crédito stand-by que se activará si el comprador no realiza el pago acordado.

Costado del buque - CS (Ship side): Término utilizado en el comercio marítimo que se refiere a la entrega de mercancías al costado del buque. El vendedor cumple con su obligación una vez que las mercancías se colocan junto al buque en el puerto de embarque.

La influencia está en la claridad sobre las responsabilidades del vendedor y del comprador en la entrega de mercancías. Ejemplo: Un contrato de venta especifica que el vendedor entregará las mercancías al costado del buque, transfiriendo el riesgo al comprador en ese punto.

Combined Transport Bill of Lading - CTBL (Conocimiento de embarque de transporte combinado): Conocimiento de embarque que cubre el transporte de mercancías a través de múltiples modos de transporte, como marítimo, terrestre y aéreo. Simplifica el proceso logístico al consolidar múltiples documentos en uno solo.

La significancia operativa proviene de la eficiencia y simplificación del transporte multimodal, reduciendo la necesidad de múltiples documentos. Ejemplo: Un envío de maquinaria desde Alemania a Brasil utiliza un CTBL para cubrir el transporte marítimo y terrestre.

Constructive total loss - CTL (Pérdida total constructiva): Situación en la que el costo de recuperar y reparar un bien asegurado excede su valor, aunque el bien no esté completamente destruido. En estos casos, el asegurado puede reclamar una pérdida total.

La preponderancia depende de la claridad en la determinación de pérdidas y la protección financiera para el asegurado. Ejemplo: Un buque sufre daños severos en una tormenta, y el costo de repararlo supera su valor, permitiendo al propietario reclamar una pérdida total constructiva.

Cuenta de avería gruesa (General average account): Registro detallado de los costos y contribuciones relacionados con una avería gruesa. Este registro se utiliza para calcular las contribuciones proporcionales de todas las partes interesadas en el buque y la carga.

La supremacía estratégica se fundamenta en la equidad y transparencia en la distribución de los costos de una avería gruesa. Ejemplo: Un ajustador de averías prepara una cuenta de avería gruesa para distribuir los costos de salvamento entre los propietarios del buque y la carga.

Cuota (Quota): Límite establecido por un país para la cantidad de un producto que puede importarse o exportarse durante un período específico. Las cuotas se utilizan para proteger industrias locales y regular el comercio.

La relevancia se encuentra en la regulación del comercio y la protección de la economía nacional. Ejemplo: Un país establece una cuota para la importación de automóviles para proteger a los fabricantes nacionales de la competencia extranjera.

Currency (Moneda): Medio de intercambio utilizado para comprar bienes y servicios. Cada país tiene su propia moneda, como el dólar, el euro o el yen.

La trascendencia radica en su uso como medida de valor y facilitador del comercio y la economía global. Ejemplo: Un importador paga a su proveedor en euros, la moneda del país de origen del proveedor.

Custom and usage (Uso y costumbre): Prácticas y normas aceptadas comúnmente en una industria o comercio que, aunque no estén escritas, se consideran obligatorias. Estas prácticas son esenciales para interpretar contratos y resolver disputas.

La significancia se establece en la previsibilidad y la uniformidad en las prácticas comerciales, proporcionando un marco para el comportamiento esperado. Ejemplo: En el comercio marítimo, el uso y costumbre dictan ciertas prácticas de carga y descarga en puertos específicos.

Customary despatch (Despacho acostumbrado): Término utilizado para describir el ritmo normal de carga o descarga de un buque en un puerto. se basa en las prácticas habituales del puerto y las condiciones del contrato.

La influencia estratégica se sostiene en la claridad sobre las expectativas de tiempo y eficiencia en las operaciones portuarias. Ejemplo: Un contrato de fletamento especifica que la carga se realizará a despacho acostumbrado según las prácticas del puerto de Rotterdam.

Customs (Derechos de aduana): Impuestos y tasas impuestas por el gobierno sobre bienes importados y exportados. Los derechos de aduana son una fuente importante de ingresos para los gobiernos y una herramienta para proteger industrias locales.

El alcance estratégico depende de la regulación del comercio internacional y la protección de la economía nacional. Ejemplo: Un importador paga derechos de aduana sobre productos electrónicos importados, afectando el precio final de venta en el mercado local.

Customs clearance (Desaduanamiento): Proceso de obtener permiso de las autoridades aduaneras para importar o exportar mercancías. Este proceso incluye la presentación de documentos, el pago de aranceles y la inspección de mercancías.

La importancia se basa en la legalidad y el cumplimiento de las normativas aduaneras, permitiendo el movimiento de bienes. Ejemplo: Una empresa completa el desaduanamiento de su cargamento de textiles para asegurar su entrada legal al país.

Customs duties (Derechos de aduana): Impuestos aplicados a bienes importados y exportados. Estos impuestos son recaudados por las autoridades aduaneras y varían según el tipo de producto y su país de origen.

La influencia está en la generación de ingresos gubernamentales y la protección de industrias nacionales. Ejemplo: Un importador paga derechos de aduana al traer productos electrónicos al país, incrementando el costo total de importación.

Customs entry form (Formulario de entrada de aduanas): Documento oficial utilizado para declarar mercancías ante las autoridades aduaneras. Este formulario detalla el tipo, cantidad y valor de los bienes importados o exportados.

La preeminencia comercial proviene del cumplimiento de las regulaciones aduaneras y la facilitación del proceso de desaduanamiento. Ejemplo: Un importador completa un formulario de entrada de aduanas para declarar un envío de maquinaria industrial, asegurando el pago correcto de aranceles.

Customs unit (Unidad de aduanas): División de la autoridad aduanera encargada de la gestión y control de las operaciones aduaneras en un puerto, aeropuerto o punto de entrada terrestre. Estas unidades aseguran que las importaciones y exportaciones cumplan con las leyes y regulaciones.

La preponderancia depende de la protección de la economía nacional y la seguridad, facilitando el comercio legítimo. Ejemplo: La unidad de aduanas de un aeropuerto inspecciona mercancías importadas para verificar el cumplimiento de las regulaciones y prevenir el contrabando.

Customs warrant (Mandato de aduanas): Autorización oficial emitida por las autoridades aduaneras que permite la inspección, detención o confiscación de bienes sospechosos. Este mandato asegura el cumplimiento de las leyes aduaneras.

La relevancia estratégica se fundamenta en la capacidad de las autoridades para hacer cumplir las regulaciones y prevenir actividades ilegales. Ejemplo: Las autoridades aduaneras emiten un mandato para inspeccionar un contenedor sospechoso de contener mercancías falsificadas.

Clause cost and freight - C. & F. (Costo y flete de la cláusula): Término comercial que indica que el vendedor paga los costos y el flete necesarios para llevar las mercancías al puerto de destino designado. El riesgo se transfiere al comprador una vez que las mercancías están a bordo del buque.

La relevancia se fundamenta en la claridad sobre la distribución de costos y riesgos entre comprador y vendedor. Ejemplo: Un contrato C. & F. estipula que el vendedor cubre los costos de transporte hasta el puerto de destino, pero el comprador asume el riesgo desde el embarque.

Container Yard - CY (Patio de contenedores): Área designada en un puerto donde se almacenan y manejan los contenedores antes de ser cargados o descargados de los buques. Los patios de contenedores son cruciales para la logística y la eficiencia portuaria.

La trascendencia reside en la organización y gestión eficiente del flujo de contenedores, mejorando las operaciones de carga y descarga. Ejemplo: Los contenedores de importación se almacenan temporalmente en el CY antes de ser despachados a sus destinos finales.

Discount charges (Cargos por descuento): Tarifas aplicadas por bancos o instituciones financieras cuando descuentan letras de cambio o documentos de crédito antes de su fecha de vencimiento. Estos cargos compensan el riesgo y los costos del servicio.

La significancia se establece en la provisión de liquidez inmediata para empresas que necesitan financiamiento antes del vencimiento de sus documentos. Ejemplo: Una empresa recibe efectivo inmediato a cambio de sus cuentas por cobrar descontadas por un banco, pagando una tarifa por el servicio.

Export charges (Cargos de exportación): Costos asociados con el envío de mercancías fuera de un país, incluyendo tarifas de transporte, documentación, seguros y aranceles. Estos cargos son esenciales para calcular el costo total de exportación.

La supremacía estratégica se centra en la planificación financiera y la competitividad en el mercado internacional. Ejemplo: Un exportador de productos agrícolas incluye todos los cargos de exportación en el precio final para asegurar la rentabilidad.

Import charges (Cargos de importación): Costos incurridos al traer mercancías a un país, incluyendo aranceles, impuestos, tarifas de transporte y costos de desaduanamiento. Estos cargos afectan el precio final de los productos importados.

La relevancia global radica en la correcta estimación de costos y la fijación de precios para el mercado local. Ejemplo: Un importador de equipos electrónicos calcula los cargos de importación para determinar el precio de venta al público.

Minimum charges (Cargos mínimos): Tarifas mínimas que se aplican independientemente de la cantidad o valor de las mercancías transportadas o almacenadas. Estas tarifas aseguran una compensación básica para los servicios prestados.

La relevancia transformadora se basa en la garantía de ingresos mínimos para los proveedores de servicios, manteniendo la viabilidad operativa. Ejemplo: Una empresa de logística aplica cargos mínimos para el almacenamiento de mercancías, asegurando una tarifa base incluso para volúmenes pequeños.

Salvage charges (Cargos de salvamento): Costos asociados con la recuperación de bienes en situaciones de peligro o pérdida. Estos cargos incluyen los gastos de rescate y recuperación de mercancías o buques.

La trascendencia está en la recuperación de bienes y la minimización de pérdidas en situaciones de emergencia. Ejemplo: Una compañía de salvamento marítimo cobra cargos de salvamento por recuperar un buque varado y su carga.

Weight charge (Cargo por peso): Tarifas aplicadas basadas en el peso de las mercancías transportadas. Este método de facturación es común en el transporte aéreo y marítimo para calcular los costos de envío.

La significancia operativa proviene de la equidad y precisión en la fijación de tarifas de transporte según el peso de la carga. Ejemplo: Una empresa de transporte aéreo calcula el cargo por peso para enviar un lote de maquinaria pesada a un destino internacional.

Chart (Gráfico/tabla): Representación visual de datos que muestra la relación entre diferentes variables. Los gráficos y tablas son herramientas esenciales para el análisis y la presentación de información.

La preponderancia depende de la facilidad de interpretación y la claridad en la comunicación de datos complejos. Ejemplo: Un analista de mercado utiliza gráficos para mostrar las tendencias de ventas a lo largo del año, facilitando la toma de decisiones.

Charter (Fletamento): Contrato para alquilar un buque, avión u otra embarcación para el transporte de mercancías o pasajeros. Este contrato especifica las condiciones, duración y tarifas del alquiler.

La trascendencia se fundamenta en la flexibilidad y personalización del transporte según las necesidades del fletador. Ejemplo: Una empresa minera firma un contrato de fletamento para alquilar un buque granelero para transportar mineral de hierro.

Charterer (Fletador): Persona o entidad que alquila un buque, avión u otra embarcación bajo un contrato de fletamento. El fletador organiza y gestiona el uso de la embarcación durante el periodo del contrato.

La relevancia se sostiene en la capacidad del fletador para controlar y utilizar el transporte según sus necesidades específicas. Ejemplo: Una empresa de transporte de petróleo actúa como fletador al alquilar buques cisterna para sus operaciones.

Charter party (Póliza de fletamento): Contrato entre el propietario de un buque y el fletador que detalla los términos y condiciones del fletamento. Este documento incluye información sobre la carga, el viaje y las obligaciones de ambas partes.

La trascendencia radica en la claridad y legalidad del acuerdo, protegiendo los intereses de ambas partes. Ejemplo: Un exportador de graneles firma una póliza de fletamento con una naviera para asegurar el transporte de su carga a largo plazo.

Check (Cheque): Orden de pago escrita que instruye a un banco a pagar una cantidad específica de dinero de la cuenta del emisor a la cuenta del beneficiario. Los cheques son una forma común de transacción financiera.

La significancia se establece en la seguridad y trazabilidad de los pagos, facilitando las transacciones comerciales. Ejemplo: Una empresa paga a su proveedor emitiendo un cheque por el monto acordado, asegurando un registro claro del pago.

C.I.F. Clause Cost, Insurance, Freight (Clausula costo, seguro y flete): Cláusula en un contrato de venta que indica que el precio incluye el costo de los bienes, el seguro y el flete hasta el puerto de destino. El vendedor asume todos los costos hasta que las mercancías lleguen al destino.

La relevancia transformadora consiste en la claridad sobre la distribución de costos y riesgos entre comprador y vendedor. Ejemplo: Un contrato de exportación de maquinaria incluye una cláusula C.I.F., asegurando que el vendedor cubre todos los costos hasta el puerto de destino.

Civil commotions (Conmociones civiles): Disturbios y desórdenes públicos que pueden afectar la seguridad y el transporte de mercancías. Estos eventos pueden incluir manifestaciones, huelgas y actos de vandalismo.

La supremacía competitiva gira en torno a la identificación y gestión de riesgos para asegurar las operaciones comerciales. Ejemplo: Una póliza de seguro de transporte cubre las pérdidas causadas por conmociones civiles, protegiendo a los exportadores de daños inesperados.

Civil strife (Conflicto Civil): Enfrentamientos y violencia entre grupos dentro de un país que pueden afectar la seguridad y la estabilidad. Este término abarca desde pequeñas rebeliones hasta guerras civiles.

La prominencia internacional se basa en la evaluación y mitigación de riesgos en las operaciones comerciales y la inversión en áreas afectadas. Ejemplo: Una empresa de logística evalúa el riesgo de conflicto civil antes de establecer rutas de transporte en una región inestable.

Civil war (Guerra civil): Conflicto armado entre facciones dentro de un mismo país. Las guerras civiles pueden causar interrupciones significativas en el comercio, la inversión y la estabilidad económica.

La influencia está en la evaluación de riesgos y la implementación de estrategias para mitigar el impacto en las operaciones comerciales. Ejemplo: Una empresa multinacional suspende sus operaciones en un país afectado por una guerra civil para proteger a su personal y activos.

Claim (Reclamación): Solicitud formal de compensación presentada por una parte que ha sufrido una pérdida cubierta por un seguro o contrato. Las reclamaciones son esenciales para recuperar pérdidas y obtener indemnización.

La relevancia estratégica depende de la protección financiera y la resolución de disputas comerciales. Ejemplo: Un exportador presenta una reclamación a su aseguradora para recuperar el valor de mercancías dañadas durante el transporte.

Clause (Cláusula): Disposición específica en un contrato o documento legal que detalla los derechos, obligaciones y condiciones de las partes involucradas. Las cláusulas son esenciales para definir los términos y garantizar el cumplimiento.

La preponderancia gira en torno a la claridad y legalidad de los acuerdos contractuales, protegiendo a todas las partes. Ejemplo: Un contrato de venta incluye una cláusula que especifica las condiciones de entrega y pago, asegurando que ambas partes comprendan sus obligaciones.

Both to blame and collision clause (Cláusula de ambos culpables en colisión): Cláusula que establece que ambas partes involucradas en una colisión marítima comparten la responsabilidad por los daños causados. Esta cláusula se utiliza para distribuir equitativamente los costos y responsabilidades.

La relevancia global se fundamenta en la equidad en la asignación de responsabilidades y costos, evitando disputas prolongadas. Ejemplo: En una colisión entre dos buques, la cláusula de ambos culpables asegura que los costos de reparación se compartan entre las partes involucradas.

Cancellation clause (Cláusula de cancelación): Disposición en un contrato que detalla las condiciones bajo las cuales una de las partes puede cancelar el acuerdo. Esta cláusula protege a las partes en caso de incumplimiento o eventos imprevistos.

La relevancia se encuentra en la flexibilidad y protección legal, permitiendo la terminación del contrato bajo condiciones específicas. Ejemplo: Un contrato de suministro incluye una cláusula de cancelación que permite al comprador terminar el acuerdo si el proveedor no cumple con los plazos de entrega.

Care, custody or control exclusion clause (Cláusula de exclusión de cuidado, custodia o control): Cláusula en una póliza de seguro que excluye la cobertura para pérdidas o daños a bienes bajo el cuidado, custodia o control del asegurado. Esta cláusula limita la responsabilidad del asegurador.

La trascendencia se sustenta en la claridad sobre las exclusiones de la cobertura y la gestión de riesgos. Ejemplo: Una empresa de logística revisa su póliza de seguro y nota que la cláusula de exclusión de cuidado, custodia o control limita la cobertura para mercancías almacenadas en sus instalaciones.

Cesser clause (Cláusula de cese): Disposición en un contrato de fletamento que limita la responsabilidad del fletador una vez que la carga ha sido embarcada. Protege al fletador de reclamaciones después del inicio del transporte.

La significancia se establece en la protección legal del fletador y la claridad sobre las responsabilidades. Ejemplo: Una cesser clause en un contrato de fletamento protege al fletador de reclamaciones por daños una vez que la carga está a bordo del buque.

Constructive total loss clause (Cláusula de pérdida total constructiva): Cláusula que define una situación en la que el costo de recuperar y reparar un bien asegurado excede su valor. Permite al asegurado reclamar una pérdida total incluso si el bien no está completamente destruido.

La relevancia estratégica consiste en la claridad y protección financiera en la determinación de pérdidas y reclamaciones de seguro. Ejemplo: Un buque sufre daños severos y el costo de repararlo supera su valor, permitiendo al propietario reclamar una pérdida total constructiva.

Contestable clause (Cláusula contestable): Disposición en un contrato de seguro que permite a la aseguradora impugnar una póliza dentro de un periodo específico si encuentra que se han hecho declaraciones falsas o incorrectas.

La relevancia transformadora estriba en la protección de las aseguradoras contra fraudes y errores en las solicitudes de seguro. Ejemplo: Una aseguradora revisa una póliza bajo la cláusula contestable después de descubrir información falsa en la solicitud inicial.

Continuation clause (Cláusula de continuación): Cláusula que permite la extensión o renovación automática de un contrato bajo ciertas condiciones. Proporciona continuidad y estabilidad en los acuerdos comerciales.

La supremacía competitiva se basa en la previsibilidad y estabilidad a largo plazo en las relaciones contractuales. Ejemplo: Un contrato de arrendamiento incluye una cláusula de continuación que permite renovar el acuerdo anualmente a menos que una de las partes decida terminarlo.

Deviation clause (Cláusula de desviación): Disposición en un contrato de fletamento que permite al buque desviarse de su ruta planificada bajo ciertas condiciones, como emergencias o necesidad de reparaciones.

La influencia está en la flexibilidad operativa y la gestión de riesgos durante el transporte marítimo. Ejemplo: Un buque que necesita desviarse para evitar una tormenta activa la cláusula de desviación, asegurando que la desviación esté cubierta por el contrato.

Ex-mill clause (Cláusula ex-fábrica): Término comercial que indica que el comprador asume todos los costos y riesgos una vez que las mercancías salen de la fábrica del vendedor. El vendedor cumple con su obligación al poner las mercancías a disposición del comprador en su fábrica.

La significancia operativa proviene de la claridad sobre la distribución de costos y riesgos entre comprador y vendedor. Ejemplo: Un contrato de venta de cemento incluye una cláusula ex-mill, especificando que el comprador es responsable del transporte y los riesgos desde la fábrica del vendedor.

Ex-warehouse clause (Cláusula ex-almacén): Término comercial que indica que el comprador asume todos los costos y riesgos una vez que las mercancías salen del almacén del vendedor. El vendedor cumple con su obligación al poner las mercancías a disposición del comprador en su almacén.

La preponderancia depende de la claridad sobre la distribución de costos y riesgos entre comprador y vendedor, facilitando el comercio. Ejemplo: Un contrato de venta de productos electrónicos incluye una cláusula ex-warehouse, especificando que el comprador es responsable del transporte y los riesgos desde el almacén del vendedor.

Ex-works clause (Cláusula ex-fábrica): Término comercial que indica que el vendedor cumple con su obligación al poner las mercancías a disposición del comprador en su fábrica, y el comprador asume todos los costos y riesgos desde ese punto.

La supremacía estratégica se fundamenta en la transferencia clara de responsabilidades y costos, simplificando los términos comerciales. Ejemplo: Un contrato de venta de maquinaria incluye una cláusula ex-works, especificando que el comprador debe organizar y pagar el transporte desde la fábrica del vendedor.

Free of capture, seizure, etc. clause (F.C. & S.) (Cláusula libre de captura, incautación, etc.): Cláusula en una póliza de seguro que excluye la cobertura para pérdidas o daños debido a la captura, incautación o detención por autoridades gubernamentales o piratas.

La relevancia se encuentra en la limitación de la responsabilidad del asegurador, protegiéndolo de riesgos extraordinarios. Ejemplo: Una póliza de seguro de carga incluye una cláusula F.C. & S., excluyendo cobertura para mercancías capturadas por piratas en aguas internacionales.

Free of particular average clause - F.P.A. (Cláusula libre de avería particular): Cláusula en una póliza de seguro marítimo que excluye la cobertura para pérdidas parciales a menos que estas sean causadas por eventos especificados como hundimiento, incendio o colisión.

La trascendencia se sostiene en la claridad sobre qué tipos de pérdidas están cubiertos, limitando las reclamaciones del asegurado. Ejemplo: Un exportador de grano asegura su envío con una póliza que incluye la cláusula F.P.A., cubriendo solo las pérdidas totales causadas por eventos graves.

Free of strikes, riots and civil commotions (F.S.R. & C.C.) clause (Cláusula libre de huelgas, disturbios y conmociones civiles): Cláusula en una póliza de seguro que excluye la cobertura para pérdidas o daños causados por huelgas, disturbios o conmociones civiles.

La significancia se establece en la exclusión de riesgos que son difíciles de prever y manejar, protegiendo al asegurador. Ejemplo: Un importador de textiles contrata una póliza que incluye una cláusula F.S.R. & C.C., excluyendo cobertura por daños causados por huelgas en el puerto de destino.

General average clause (Cláusula de avería gruesa): Cláusula que estipula que todas las partes involucradas en un transporte marítimo (armador y cargadores) comparten proporcionalmente los costos de los sacrificios y gastos extraordinarios realizados para salvar el buque y la carga.

La relevancia global consiste en la equidad y la cooperación en la gestión de riesgos durante el transporte marítimo. Ejemplo: Un buque lanza parte de su carga al mar para estabilizarse durante una tormenta, y los costos se distribuyen según la cláusula de avería gruesa entre todos los propietarios de la carga.

Institute cargo clause (Cláusula del instituto de carga): Cláusula estándar utilizada en pólizas de seguro de carga, desarrollada por el Instituto de Aseguradores de Londres. Estas cláusulas definen las condiciones y el alcance de la cobertura para el transporte de mercancías.

La relevancia transformadora se centra en la estandarización y claridad de los términos de seguro, facilitando acuerdos internacionales. Ejemplo: Una empresa de exportación asegura su carga bajo las condiciones establecidas en la cláusula del Instituto de Carga, cubriendo riesgos de transporte desde el puerto de origen hasta el destino final.

Lien clause (Cláusula de retención): Cláusula que otorga al transportista o al armador el derecho de retener la carga hasta que se paguen todas las deudas pendientes. Este derecho protege al transportista contra el incumplimiento de pago por parte del cargador.

La significancia operativa se basa en la protección financiera del transportista, asegurando que recibirá el pago por sus servicios. Ejemplo: Un transportista retiene la carga de un cliente hasta que se liquiden las tarifas de flete pendientes, según la cláusula de retención.

Paramount clause (Cláusula primordial): Cláusula que establece que en caso de conflicto, las leyes y regulaciones internacionales, como las Reglas de La Haya-Visby, prevalecerán sobre cualquier término contractual.

La influencia está en la garantía de que las leyes internacionales de transporte marítimo se aplicarán, protegiendo a las partes involucradas. Ejemplo: Un contrato de fletamento incluye una cláusula primordial que asegura que las Reglas de La Haya-Visby se aplicarán en caso de conflicto.

Reasonable dispatch clause (Cláusula de despacho razonable): Cláusula que obliga al transportista a realizar el envío con una diligencia razonable, evitando demoras innecesarias. Esta cláusula asegura que el transportista actúe con prontitud y eficiencia.

La supremacía competitiva proviene de la garantía de un servicio eficiente y la reducción de riesgos de demoras prolongadas. Ejemplo: Un contrato de transporte incluye una cláusula de despacho razonable, obligando al transportista a entregar la carga sin demoras injustificadas.

Seaworthiness clause (Cláusula de navegabilidad): Cláusula que requiere que el buque esté en condiciones óptimas y equipado adecuadamente para el viaje antes de zarpar. Esta condición es esencial para la validez del seguro marítimo.

La preponderancia depende de la seguridad del transporte y la protección contra riesgos marítimos. Ejemplo: Un buque debe pasar una inspección de navegabilidad antes de embarcar carga según la cláusula de navegabilidad del contrato de fletamento.

Warehouse to warehouse clause (Cláusula de almacén a almacén): Cláusula en una póliza de seguro que cubre las mercancías desde el momento en que salen del almacén del vendedor hasta que llegan al almacén del comprador.

La supremacía estratégica se fundamenta en la protección continua durante todo el transporte, asegurando que las mercancías están cubiertas en cada etapa del viaje. Ejemplo: Un exportador asegura su carga bajo una cláusula de almacén a almacén, garantizando cobertura desde su almacén hasta el almacén del comprador en el extranjero.

Clean collection (Cobranza limpia): Método de cobro donde los documentos comerciales, como facturas y letras de cambio, se presentan para el cobro sin ninguna condición adicional. Este método es más rápido y simple que otros métodos documentarios.

La relevancia se sostiene en la simplificación y rapidez del proceso de cobro, mejorando el flujo de caja. Ejemplo: Un exportador utiliza la cobranza limpia para presentar su factura y recibir el pago directamente del banco del importador.

Clean document (Documento limpio): Documento que no contiene anotaciones adversas ni reservas. En el comercio internacional, un documento limpio indica que las mercancías han sido recibidas en buenas condiciones.

La trascendencia se fundamenta en la confianza y la garantía de que las mercancías están en condiciones adecuadas, facilitando el pago y la entrega. Ejemplo: Un conocimiento de embarque limpio asegura al comprador que las mercancías fueron embarcadas sin daños visibles.

Clean on board (Limpio a bordo): Término utilizado en el conocimiento de embarque para indicar que las mercancías fueron cargadas a bordo del buque en buenas condiciones, sin daños ni reservas.

La significancia se establece en la seguridad y la garantía de la condición de las mercancías al momento del embarque, facilitando el financiamiento y seguros. Ejemplo: Un exportador de automóviles recibe un conocimiento de embarque limpio a bordo, asegurando que los vehículos fueron embarcados en perfectas condiciones.

Clean transport document (Documento de transporte limpio): Documento de transporte que no contiene ninguna anotación adversa o reserva sobre la condición de las mercancías. Este documento es esencial para asegurar el pago bajo un crédito documentario.

La prominencia se centra en la confianza y garantía de que las mercancías están en buenas condiciones, facilitando el proceso de pago. Ejemplo: Un exportador de maquinaria presenta un documento de transporte limpio para asegurar el pago de su banco bajo un crédito documentario.

Clearance (Despacho): Proceso de obtener permiso de las autoridades aduaneras para importar o exportar mercancías. Incluye la presentación de documentos y el pago de aranceles e impuestos.

La prominencia global depende de la legalidad y el cumplimiento de las normativas aduaneras, permitiendo el movimiento de bienes. Ejemplo: Una empresa completa el despacho de su cargamento de textiles para asegurar su entrada legal al país.

Clearance for customs (Despacho de aduanas): Procedimiento mediante el cual las mercancías pasan por las autoridades aduaneras para ser importadas o exportadas. Este proceso incluye la verificación de documentos y el pago de los derechos aduaneros.

La prominencia internacional se basa en el cumplimiento de las regulaciones aduaneras y la facilitación del comercio internacional. Ejemplo: Un importador de productos electrónicos obtiene el despacho de aduanas para liberar su carga del puerto.

Clearance forms (Formularios de despacho): Documentos oficiales utilizados para declarar mercancías ante las autoridades aduaneras. Estos formularios detallan el tipo, cantidad y valor de los bienes importados o exportados.

La influencia está en la exactitud y el cumplimiento de las regulaciones aduaneras, facilitando el proceso de desaduanamiento. Ejemplo: Un importador completa los formularios de despacho necesarios para declarar un envío de maquinaria industrial, asegurando el pago correcto de aranceles.

Clearing (Compensación): Proceso mediante el cual se liquidan las transacciones financieras y se intercambian los pagos entre bancos u otras instituciones financieras. La compensación asegura que las transacciones se procesen correctamente y de manera eficiente.

La magnitud proviene de la reducción de riesgos y la mejora de la eficiencia en el sistema financiero. Ejemplo: Un banco utiliza un sistema de compensación para procesar pagos y transferencias entre sus clientes y otros bancos.

Clearing agreements (Acuerdos de compensación): Acuerdos entre bancos o instituciones financieras para facilitar el proceso de compensación y liquidación de transacciones. Estos acuerdos establecen las reglas y procedimientos para el intercambio de pagos.

La preponderancia depende de la eficiencia y seguridad en la liquidación de transacciones financieras, reduciendo riesgos y errores. Ejemplo: Varios bancos establecen acuerdos de compensación para facilitar el procesamiento de pagos internacionales.

Clipper ship (Buque de vela): Tipo de velero rápido utilizado en el comercio marítimo durante el siglo XIX. Los clíperes eran conocidos por su velocidad y eficiencia, especialmente en el transporte de té y otras mercancías valiosas.

La relevancia global se fundamenta en la capacidad de estos barcos para acortar los tiempos de viaje y aumentar la eficiencia del comercio marítimo. Ejemplo: Un barco clipper transporta té desde China a Inglaterra, reduciendo significativamente el tiempo de tránsito en comparación con otros veleros.

Coaler ship (Barco carbonero): Buque diseñado específicamente para transportar carbón. Estos barcos eran esenciales para abastecer a otros buques y a instalaciones industriales durante la era del vapor.

La relevancia se sostiene en el apoyo logístico y la capacidad de suministrar combustible a las industrias y buques, facilitando el comercio y la navegación. Ejemplo: Un barco carbonero transporta carbón desde las minas hasta las centrales eléctricas costeras.

Coaster ship (Barco costero): Buque utilizado para el transporte de mercancías a lo largo de la costa, navegando entre puertos cercanos. Los barcos costeros son esenciales para el comercio regional y la distribución de bienes.

La trascendencia reside en la capacidad de estos buques para conectar puertos locales y facilitar el comercio regional. Ejemplo: Un barco costero transporta productos agrícolas entre puertos de una misma región, mejorando la distribución local.

Coasting trade (Comercio de cabotaje): Transporte de mercancías y pasajeros entre puertos de un mismo país, utilizando la navegación costera. El cabotaje está regulado por leyes nacionales para proteger las industrias locales.

La significancia se establece en la promoción del comercio interno y el fortalecimiento de la economía local. Ejemplo: Una empresa de transporte marítimo realiza comercio de cabotaje para distribuir productos manufacturados entre diferentes ciudades costeras del mismo país.

Coinsurance (Coaseguro): Acuerdo de seguro donde el asegurado y el asegurador comparten los costos de una pérdida en una proporción específica. El coaseguro es común en seguros de salud y de propiedad.

La relevancia estratégica consiste en la distribución equitativa de riesgos y costos entre las partes involucradas. Ejemplo: Un asegurado y su compañía de seguros acuerdan un coaseguro del 80/20, donde el asegurado paga el 20% de los costos de una reclamación.

Collect (Cobrar): Término utilizado en el comercio y las finanzas para referirse a la recolección de pagos o deudas. Las transacciones "a cobrar" implican que el pago se realizará al recibir las mercancías o servicios.

La relevancia global se sostiene en la gestión del flujo de caja y la recuperación de ingresos pendientes. Ejemplo: Un vendedor envía mercancías a un cliente bajo términos "a cobrar", esperando recibir el pago a la entrega.

Collection (Cobranza): Proceso de obtener pagos por bienes o servicios prestados, utilizando métodos como facturación, recordatorios y agencias de cobro. La cobranza es crucial para mantener la liquidez y la estabilidad financiera de una empresa.

La trascendencia se basa en la recuperación eficiente de ingresos y la gestión del flujo de caja. Ejemplo: Una empresa contrata a una agencia de cobranza para recuperar pagos atrasados de sus clientes.

Collision (Colisión): Evento en el que dos buques u objetos se golpean, causando daños. Las colisiones pueden resultar en pérdidas significativas y responsabilidades legales para los propietarios de los buques.

La influencia está en la prevención de accidentes y la gestión de riesgos en el transporte marítimo. Ejemplo: Dos buques de carga colisionan en un puerto, causando daños estructurales y retrasos en la entrega de mercancías.

Collision due negligence (Colisión por negligencia): Colisión causada por la falta de cuidado o incumplimiento de las normas de navegación por una o ambas partes involucradas. La negligencia en la navegación puede resultar en responsabilidades legales.

La relevancia estratégica proviene de la identificación de responsabilidades y la implementación de medidas de seguridad para prevenir accidentes. Ejemplo: Una investigación concluye que una colisión fue causada por la negligencia del capitán de uno de los buques, resultando en una reclamación de seguro.

Unavoidable collision (Colisión ineludible): Colisión que ocurre sin culpa ni negligencia de las partes involucradas, generalmente debido a circunstancias fuera de su control, como condiciones meteorológicas extremas.

La preponderancia depende de la evaluación justa de responsabilidades y la implementación de medidas para mitigar riesgos inevitables. Ejemplo: Una colisión entre dos buques durante una tormenta severa se clasifica como ineludible, eximiendo a ambas partes de responsabilidad.

Collision partial loss (Pérdida parcial por colisión): Daño parcial a un buque o su carga debido a una colisión. A diferencia de una pérdida total, los daños pueden ser reparados y no resultan en la destrucción completa del buque o la carga.

La prominencia global se fundamenta en la capacidad de recuperar y reparar bienes dañados, minimizando pérdidas financieras. Ejemplo: Un buque sufre daños en su casco tras colisionar con otro barco, pero las reparaciones son posibles, resultando en una pérdida parcial.

Collision total loss (Pérdida total por colisión): Daño total e irreparable a un buque o su carga debido a una colisión. Esto resulta en la destrucción completa y la imposibilidad de recuperación del bien.

La relevancia se encuentra en la necesidad de indemnización completa para el asegurado, cubriendo la pérdida total del bien. Ejemplo: Un buque se hunde tras colisionar con otro barco, resultando en una pérdida total para su propietario.

Combined transport (Transporte combinado): Método de transporte que utiliza múltiples modos, como marítimo, terrestre y aéreo, bajo un solo contrato. Facilita el transporte eficiente de mercancías a través de diferentes medios.

La trascendencia reside en la optimización de la logística y la reducción de tiempos de tránsito, mejorando la eficiencia del comercio internacional. Ejemplo: Un envío de productos electrónicos utiliza transporte combinado, comenzando con transporte marítimo y finalizando con transporte terrestre.

Commercial documents (Documentos comerciales): Papeles que respaldan las transacciones comerciales, como facturas, conocimientos de embarque y certificados de origen. Estos documentos son esenciales para la legalidad y transparencia en el comercio.

La significancia se establece en la validación y facilitación de transacciones comerciales, asegurando el cumplimiento de normativas. Ejemplo: Un exportador presenta documentos comerciales, incluyendo factura y certificado de origen, para despachar sus mercancías.

Commodities (Materias primas): Bienes básicos y fungibles que se comercializan en mercados internacionales, como petróleo, metales, y productos agrícolas. Son esenciales para la economía global y el comercio.

La significancia operativa se sostiene en su papel fundamental en la economía, afectando precios y disponibilidad de productos esenciales. Ejemplo: El precio del petróleo, una materia prima crucial, influye en los costos de producción y transporte a nivel mundial.

Commodity restrictions (Restricciones a las materias primas): Regulaciones que limitan la importación, exportación o uso de ciertas materias primas. Estas restricciones se implementan para proteger industrias locales o por razones de seguridad nacional.

La supremacía estratégica radica en la protección de la economía y la seguridad del país, regulando el comercio de bienes críticos. Ejemplo: Un país impone restricciones a la exportación de ciertos minerales para asegurar el suministro a su industria manufacturera local.

Compensation (Compensación): Pago o indemnización recibida por una pérdida, daño o perjuicio. En comercio y seguros, la compensación es crucial para cubrir daños y mantener la estabilidad financiera.

La supremacía competitiva se basa en la protección financiera y la reparación de pérdidas, asegurando la continuidad de las operaciones. Ejemplo: Un asegurado recibe compensación por la pérdida de mercancías durante el transporte, cubriendo el valor asegurado.

Compensatory right (Derecho compensatorio): Derecho legal de una parte a recibir compensación por daños o pérdidas sufridas. Este derecho asegura que las partes afectadas sean indemnizadas adecuadamente.

La influencia está en la justicia y equidad en la reparación de daños, protegiendo los intereses de las partes involucradas. Ejemplo: Un exportador ejerce su derecho compensatorio para recibir indemnización por un envío dañado durante el transporte.

Compulsory insurance (Seguro obligatorio): Seguro que es requerido por ley para ciertos tipos de actividades o bienes. Este tipo de seguro asegura que las partes involucradas estén protegidas contra riesgos específicos.

La trascendencia proviene de la protección obligatoria contra riesgos, asegurando la estabilidad y seguridad financiera. Ejemplo: La ley exige que todos los propietarios de vehículos tengan seguro obligatorio de responsabilidad civil para cubrir daños a terceros.

Concealment (Ocultación): Falta de revelación de información relevante por parte del asegurado al asegurador. La ocultación puede invalidar una póliza de seguro si se descubre que la información omitida era crucial para la evaluación del riesgo.

La preponderancia depende en gran medida de la transparencia y la buena fe en los contratos de seguro, asegurando una evaluación precisa del riesgo. Ejemplo: Un solicitante de seguro de salud no revela una condición médica preexistente, lo que puede resultar en la anulación de la póliza.

Conditions (Condiciones): Términos y requisitos establecidos en un contrato, póliza de seguro u otro acuerdo legal. Las condiciones definen las obligaciones y derechos de las partes involucradas.

La trascendencia estratégica se fundamenta en la claridad y cumplimiento de los acuerdos, asegurando que todas las partes comprendan sus responsabilidades. Ejemplo: Una póliza de seguro incluye condiciones que especifican los tipos de riesgos cubiertos y las exclusiones aplicables.

Coverage conditions (Condiciones de cobertura): Términos específicos en una póliza de seguro que describen los riesgos cubiertos, los límites de cobertura y las exclusiones. Estas condiciones determinan el alcance de la protección del asegurado.

La relevancia se encuentra en la comprensión clara de la cobertura y las limitaciones, protegiendo los intereses del asegurado. Ejemplo: Una póliza de seguro de carga incluye condiciones de cobertura que detallan qué tipos de daños y pérdidas están cubiertos durante el transporte.

Seaworthiness conditions (Condiciones de navegabilidad): Requisitos que debe cumplir un buque para ser considerado apto para navegar de manera segura. Estas condiciones incluyen la integridad estructural, el equipo adecuado y una tripulación competente.

La trascendencia reside en la seguridad del transporte marítimo, protegiendo vidas y bienes durante la navegación. Ejemplo: Un buque debe cumplir con las condiciones de navegabilidad antes de zarpar para asegurar la validez de su seguro marítimo.

Unseaworthiness conditions (Condiciones de no navegabilidad): Situaciones en las que un buque no cumple con los requisitos necesarios para navegar de manera segura. Estas condiciones pueden invalidar la cobertura de seguro y exponer a los propietarios a responsabilidades legales.

La significancia se establece en la identificación y corrección de deficiencias para evitar riesgos y garantizar la seguridad. Ejemplo: Un buque con equipo de navegación defectuoso se considera no navegable y no puede embarcar carga hasta que se realicen las reparaciones necesarias.

Conference (Conferencia): Asociación de compañías navieras que acuerdan tarifas y condiciones de transporte en ciertas rutas. Estas conferencias regulan la competencia y estabilizan las tarifas de flete.

El eje fundamental se apoya en la estabilidad del mercado y la protección de las empresas navieras contra la competencia desleal. Ejemplo: Una conferencia de flete en el Pacífico establece tarifas estándar para el transporte de contenedores entre Asia y América del Norte.

Conference line vessel (Buque de línea de conferencia): Buque operado por una compañía miembro de una conferencia de fletes, siguiendo las tarifas y condiciones establecidas por la conferencia. Estos buques operan en rutas específicas bajo un horario regular.

La relevancia estratégica estriba en la radicancia y fiabilidad del servicio de transporte, beneficiando tanto a los transportistas como a los cargadores. Ejemplo: Un buque de línea de conferencia transporta contenedores desde Europa a Sudamérica siguiendo las tarifas y el horario establecidos por la conferencia.

Conference's Tariff (Tarifa de la conferencia): Estructura de precios acordada por los miembros de una conferencia de fletes para el transporte de mercancías en rutas específicas. Las tarifas de la conferencia buscan estabilizar el mercado y evitar la competencia desleal.

La relevancia global se basa en la transparencia y previsibilidad de los costos de transporte, facilitando la planificación comercial. Ejemplo: Una empresa de logística consulta la tarifa de la conferencia para determinar los costos de envío de mercancías a través del Atlántico.

Confirming bank (Banco confirmador): Banco que añade su garantía a una carta de crédito emitida por otro banco, asegurando el pago al beneficiario siempre que se cumplan los términos del crédito. El banco confirmador asume el riesgo de incumplimiento del banco emisor.

La influencia está ponderada en una seguridad adicional para el beneficiario, asegurando el pago en transacciones internacionales. Ejemplo: Un exportador solicita la confirmación de un banco local para una carta de crédito emitida por un banco extranjero, asegurando el pago al cumplir con los términos del crédito.

Consignee (Consignatario): Persona o entidad a la que se envían las mercancías para su recepción. El consignatario es responsable de aceptar y manejar las mercancías una vez que llegan a su destino.

La relevancia transformadora proviene de la claridad sobre la entrega y recepción de mercancías, facilitando la cadena de suministro. Ejemplo: Un importador actúa como consignatario de un envío de productos electrónicos, recibiendo y verificando la carga a su llegada.

Consignment (Consignación): Método de envío en el cual el consignador envía mercancías a un consignatario que las vende en su nombre. El consignador retiene la propiedad de las mercancías hasta que se venden.

La preponderancia depende de la gestión eficiente de inventarios y la reducción de riesgos financieros para el consignador. Ejemplo: Un fabricante de ropa envía mercancías a una tienda bajo consignación, permitiendo a la tienda vender los productos sin comprarlos inicialmente.

Consignor (Consignador): Persona o entidad que envía mercancías a un consignatario bajo un acuerdo de consignación. El consignador retiene la propiedad de las mercancías hasta que se venden.

La supremacía competitiva se fundamenta en la capacidad del consignador para controlar y gestionar sus bienes hasta que se venden, reduciendo riesgos. Ejemplo: Un fabricante de muebles actúa como consignador, enviando sus productos a un minorista para su venta bajo consignación.

Consolidation (Consolidación): Proceso de combinar múltiples envíos pequeños en uno más grande para optimizar el transporte y reducir costos. La consolidación se utiliza comúnmente en el transporte marítimo y aéreo.

La relevancia se centra en la eficiencia y reducción de costos en la logística, mejorando la rentabilidad. Ejemplo: Un agente de carga consolida varios pequeños envíos de diferentes exportadores en un solo contenedor para reducir los costos de transporte.

Consolidator (Consolidador): Entidad o agente que agrupa múltiples envíos pequeños de diferentes cargadores en un solo envío consolidado. El consolidador optimiza el uso del espacio y reduce los costos de transporte.

La trascendencia radica en la eficiencia logística y la reducción de costos para los cargadores pequeños. Ejemplo: Un consolidador agrupa envíos de varias empresas en un contenedor completo, reduciendo los costos de transporte para cada empresa.

Consortium (Consorcio): Asociación de empresas que colaboran para llevar a cabo un proyecto específico o mejorar la competitividad en el mercado. Los consorcios permiten compartir recursos y riesgos.

La significancia se establece en la capacidad de abordar proyectos a gran escala y acceder a nuevos mercados mediante la colaboración. Ejemplo: Varias compañías navieras forman un consorcio para operar una nueva ruta de transporte de mercancías entre Asia y Europa.

Constructive total loss (Pérdida total constructiva): Situación en la que el costo de recuperar y reparar un bien asegurado excede su valor, aunque el bien no esté completamente destruido. En estos casos, el asegurado puede reclamar una pérdida total.

La supremacía estratégica consiste en la claridad de la determinación de pérdidas y la protección financiera para el asegurado. Ejemplo: Un buque sufre daños severos en una tormenta, y el costo de repararlo supera su valor, permitiendo al propietario reclamar una pérdida total constructiva.

Consular charges (Cargos consulares): Tarifas impuestas por los consulados por servicios como la legalización de documentos comerciales y la emisión de certificados. Estos cargos son necesarios para cumplir con los requisitos legales de exportación e importación.

La trascendencia estratégica se sostiene en la autenticidad y conformidad de los documentos comerciales, facilitando el comercio internacional. Ejemplo: Un exportador paga cargos consulares para legalizar los documentos necesarios para enviar productos a un país extranjero.

Consular invoice (Factura consular): Documento requerido por algunos países importadores que certifica el valor, cantidad y origen de las mercancías. Emitido por el consulado del país importador en el país de exportación, este documento asegura el cumplimiento de las regulaciones aduaneras.

La relevancia global se basa en la autenticidad y la facilitación del proceso de desaduanamiento, asegurando el cumplimiento de las normativas. Ejemplo: Un exportador de maquinaria obtiene una factura consular para certificar el valor y el origen de sus productos antes de enviarlos al país importador.

Consulate (Consulado): Oficina diplomática de un país en otro país, encargada de proteger los intereses de sus ciudadanos y facilitar el comercio y las relaciones entre ambos países. Los consulados emiten documentos y proporcionan servicios a los exportadores e importadores.

La influencia está en la facilitación del comercio y la protección de los ciudadanos y sus intereses en el extranjero. Ejemplo: Un consulado ayuda a un exportador a obtener la documentación necesaria para enviar productos a su país de origen.

Consultation (Consulta): Proceso de buscar asesoramiento o información experta para tomar decisiones informadas. Las consultas son esenciales en la planificación y ejecución de estrategias comerciales y logísticas.

La relevancia transformadora proviene de la obtención de conocimientos especializados y la toma de decisiones informadas, mejorando la eficiencia y el éxito. Ejemplo: Una empresa consulta con expertos en logística para optimizar su cadena de suministro y reducir costos.

Container (Contenedor): Caja grande y robusta utilizada para transportar mercancías de manera segura y eficiente, facilitando el manejo y almacenamiento. Los contenedores son esenciales en el transporte multimodal.

La preponderancia depende de la estandarización y eficiencia en el transporte de mercancías, mejorando la seguridad y reduciendo costos. Ejemplo: Un exportador de electrónica utiliza contenedores para enviar productos desde China a Europa, asegurando su protección durante el transporte.

Términos relacionados a la C

Car container (Contenedor para automóviles): Tipo de contenedor diseñado específicamente para el transporte seguro de automóviles y otros vehículos. Estos contenedores protegen los vehículos durante el transporte marítimo, terrestre o aéreo.

La supremacía estratégica se fundamenta en la protección de los vehículos contra daños durante el transporte, asegurando su entrega en perfectas condiciones. Ejemplo: Un fabricante de automóviles utiliza contenedores para automóviles para enviar vehículos nuevos a concesionarios en diferentes países.

Cattle container (Contenedor para ganado): Contenedor diseñado específicamente para el transporte seguro y eficiente de animales vivos, como ganado bovino, ovino y caprino. Estos contenedores están equipados con sistemas de ventilación y espacios adecuados para garantizar el bienestar de los animales durante el transporte.

La relevancia se encuentra en la protección y bienestar de los animales, minimizando el estrés y los riesgos de daño durante el transporte. Ejemplo: Un exportador de ganado utiliza contenedores para ganado para enviar animales vivos a mercados internacionales, asegurando que lleguen en buenas condiciones.

Contenedor con aire forzado (Forced-air container): Contenedor equipado con sistemas de ventilación y aire forzado para mantener una circulación constante de aire dentro del contenedor. Es ideal para el transporte de productos perecederos que requieren ventilación continua para mantener su frescura.

La trascendencia gira en la preservación de la calidad de productos perecederos durante el transporte, evitando el deterioro. Ejemplo: Un exportador de frutas tropicales utiliza contenedores con aire forzado para mantener la frescura de sus productos durante el envío a largas distancias.

Dry bulk container (Contenedor de granel seco): Contenedor utilizado para el transporte de mercancías a granel no líquidas, como granos, minerales, cemento y otros productos similares. Estos contenedores están diseñados para facilitar la carga y descarga de materiales a granel.

La significancia se establece en la eficiencia y seguridad en el transporte de grandes volúmenes de materiales secos, reduciendo el riesgo de pérdida o contaminación. Ejemplo: Una empresa minera utiliza contenedores de granel seco para transportar minerales desde el sitio de extracción hasta el puerto de exportación.

Flat rack container (Contenedor de plataforma): Contenedor con laterales abatibles o sin paredes laterales, utilizado para transportar cargas sobredimensionadas o de forma irregular que no caben en un contenedor estándar. Ideal para maquinaria pesada, vehículos y otros equipos grandes.

La trascendencia consiste en la capacidad de transportar mercancías de gran tamaño o forma irregular de manera segura y eficiente. Ejemplo: Un fabricante de maquinaria pesada utiliza contenedores de plataforma para enviar equipos grandes a clientes internacionales.

Full container load - F.C.L. (Carga completa de contenedor): Método de envío en el cual un contenedor completo es utilizado por un solo consignador para transportar su carga. Esto maximiza la eficiencia del transporte y reduce el riesgo de daño o pérdida.

La trascendencia estratégica se fundamenta en la seguridad y eficiencia del transporte, asegurando que la carga de un solo consignador esté protegida durante el envío. Ejemplo: Un exportador de textiles reserva un contenedor completo para enviar su mercancía a un distribuidor en el extranjero, aprovechando las ventajas del F.C.L.

House container (Contenedor de casa): Contenedor adaptado para ser utilizado como vivienda temporal, oficina móvil o espacio de almacenamiento. Estos contenedores son modificados con puertas, ventanas y sistemas de electricidad y plomería.

La prominencia internacional se basa en la versatilidad y rapidez de implementación, ofreciendo soluciones de vivienda y espacio de trabajo en diversas situaciones. Ejemplo: En un sitio de construcción, los trabajadores utilizan contenedores de casa como oficinas temporales y áreas de descanso.

Insulated container (Contenedor aislado): Contenedor diseñado con materiales aislantes para mantener una temperatura constante dentro del contenedor, protegiendo la carga de temperaturas extremas. Ideal para el transporte de productos sensibles a la temperatura.

La influencia está en la protección de mercancías sensibles a las variaciones de temperatura, asegurando su calidad durante el transporte. Ejemplo: Un exportador de productos farmacéuticos utiliza contenedores aislados para garantizar que sus productos se mantengan a la temperatura adecuada durante el envío.

Less than container Load - L.C.L. (Carga menor a un contenedor completo): Método de envío en el cual múltiples consignadores comparten el espacio de un solo contenedor, cada uno pagando solo por el espacio que utilizan. Esto es ideal para envíos pequeños que no llenan un contenedor completo.

La relevancia global proviene de la reducción de costos y la accesibilidad para pequeñas y medianas empresas que no tienen suficiente carga para un contenedor completo. Ejemplo: Varias pequeñas empresas agrupan sus envíos en un solo contenedor L.C.L. para reducir los costos de transporte.

Contenedor de techo abierto (Open top container): Contenedor con una parte superior abierta, cubierto con una lona, utilizado para transportar cargas que exceden la altura de un contenedor estándar. Este diseño facilita la carga y descarga de mercancías voluminosas.

La preponderancia depende de la flexibilidad para transportar cargas altas y voluminosas que no caben en contenedores convencionales. Ejemplo: Un fabricante de piezas de construcción utiliza contenedores de techo abierto para enviar grandes estructuras metálicas a sus clientes.

Pier container (Contenedor de muelle): Contenedor utilizado específicamente en operaciones portuarias para almacenar temporalmente mercancías antes de su carga o descarga. Estos contenedores son esenciales para la logística y el manejo de carga en los puertos.

La relevancia estratégica se fundamenta en la organización y eficiencia de las operaciones portuarias, facilitando el flujo de mercancías. Ejemplo: Un puerto utiliza contenedores de muelle para almacenar carga que espera ser transferida a buques o camiones.

Reefer container - R.F. (Contenedor refrigerado): Contenedor equipado con sistemas de refrigeración para mantener una temperatura controlada, utilizado para el transporte de productos perecederos como alimentos, flores y productos farmacéuticos.

La relevancia se encuentra en la preservación de la calidad y frescura de los productos perecederos durante el transporte. Ejemplo: Un exportador de mariscos utiliza contenedores refrigerados para enviar su producto a mercados internacionales, manteniendo la cadena de frío.

Reinforced container (Contenedor reforzado): Contenedor diseñado con materiales adicionales y estructura reforzada para transportar cargas pesadas o peligrosas. Estos contenedores proporcionan mayor seguridad y durabilidad.

La trascendencia se sostiene en la capacidad de transportar cargas exigentes y protegerlas contra daños durante el transporte. Ejemplo: Una empresa de productos químicos utiliza contenedores reforzados para enviar sustancias peligrosas, asegurando su integridad y seguridad.

Superventilated container (Contenedor super ventilado): Contenedor equipado con un sistema de ventilación avanzada que permite una circulación de aire óptima, ideal para productos que requieren ventilación constante, como frutas y vegetales.

La significancia se establece en la preservación de la calidad de productos sensibles a la ventilación, evitando la acumulación de humedad y moho. Ejemplo: Un exportador de frutas tropicales utiliza contenedores superventilados para mantener la frescura de sus productos durante el transporte marítimo.

Contenedor estándar de 20 pies (20′ Standard Container): Contenedor de tamaño estándar utilizado en el transporte de mercancías, con una longitud de 20 pies. Es el contenedor más comúnmente utilizado y se adapta a una amplia variedad de cargas.

La relevancia global se centra en la estandarización y facilidad de manejo, permitiendo una logística eficiente y compatible a nivel mundial. Ejemplo: Un exportador de maquinaria utiliza contenedores estándar de 20 pies para enviar sus productos a diferentes mercados internacionales.

Container ship (Buque portacontenedores): Buque diseñado específicamente para el transporte de contenedores. Estos buques están equipados con grúas y sistemas de estiba para manejar grandes volúmenes de contenedores de manera eficiente.

La relevancia estratégica se sostiene de la capacidad de transportar grandes cantidades de mercancías de manera eficiente y segura, facilitando el comercio internacional. Ejemplo: Un buque portacontenedores transporta miles de contenedores desde Asia a Europa, optimizando el tiempo y costo de envío.

Containerise (Contenerizar): Proceso de empacar mercancías en contenedores para su transporte. Contenerizar facilita la manipulación, almacenamiento y transporte de mercancías, mejorando la eficiencia logística.

La prominencia se basa en la estandarización y protección de la carga, reduciendo daños y pérdidas durante el transporte. Ejemplo: Una empresa de logística conteneriza sus envíos para asegurar que las mercancías estén protegidas y sean fáciles de manejar durante el transporte internacional.

Contract of affreightment (Contrato de fletamento): Acuerdo entre un cargador y un transportista en el que el transportista se compromete a transportar cierta cantidad de mercancías en un periodo determinado. Este contrato define las condiciones y responsabilidades de ambas partes.

La influencia está en la claridad y seguridad jurídica en el transporte de mercancías, protegiendo los intereses de ambas partes. Ejemplo: Una empresa de minería firma un contrato de fletamento con una naviera para el transporte regular de minerales durante un año.

Flat rate (Costo o flete liso): Tarifa fija aplicada al transporte de mercancías, independientemente del peso, volumen o distancia. Este tipo de tarifa simplifica la fijación de precios y la facturación.

La relevancia estratégica gira en la previsibilidad y simplicidad en la determinación de costos de transporte, facilitando la planificación financiera. Ejemplo una empresa de manufactura que produce electrodomésticos necesita enviar sus productos desde su fábrica en la ciudad de Shanghái a un centro de distribución en Perú. La empresa contrata el servicio de transporte con una tarifa fija por kilómetro recorrido y un costo adicional por tonelada transportada.

D

DACON - Base de datos del Banco Mundial sobre consultores (World Bank consultants database): Es una plataforma en línea administrada por el Banco Mundial que almacena información sobre consultores individuales y empresas consultoras. Esta base de datos se utiliza para identificar y seleccionar consultores para proyectos financiados por el Banco Mundial y otras organizaciones internacionales.

La preponderancia de DACON depende de su función como herramienta para mejorar la transparencia y la eficiencia en la contratación de consultores, asegurando que las organizaciones encuentren profesionales calificados para sus proyectos. Por ejemplo, un gobierno que recibe financiamiento del Banco Mundial puede usar DACON para contratar expertos en gestión de proyectos para asegurar el éxito de sus iniciativas de desarrollo.

DAF Delivered at frontier (Entregado en la frontera): Es un término comercial internacional (Incoterm) que indica que el vendedor ha cumplido con su obligación de entrega cuando las mercancías han sido puestas a disposición del comprador en el punto y lugar convenidos en la frontera, pero antes de cruzar la aduana del país contiguo. A partir de este punto, el comprador asume todos los costos y riesgos.

La importancia de "DAF" se fundamenta en la claridad que proporciona en la asignación de responsabilidades y costos, facilitando las transacciones internacionales. Por ejemplo, un exportador europeo entrega maquinaria pesada a la frontera de Rusia, y el comprador asume la responsabilidad a partir de ese punto.

Daily indemnity (Indemnización diaria): Es una compensación económica que se paga diariamente en caso de pérdida, daño o interrupción de las operaciones aseguradas. Esta indemnización es común en seguros de salud, accidentes y pérdidas de ingresos.

La relevancia de la indemnización diaria se fundamenta en su capacidad para proporcionar un flujo de ingresos continuo durante el período de recuperación, ayudando a mitigar el impacto financiero. Por ejemplo, un trabajador con una póliza de seguro de salud puede recibir una indemnización diaria mientras se recupera de una lesión.

Damages (Daños): Se refiere a la compensación monetaria otorgada a una persona o entidad por pérdidas o lesiones sufridas debido a la acción u omisión de otra parte. Los daños pueden ser compensatorios, punitivos o nominales, según la naturaleza del caso.

La trascendencia de los daños radica en la capacidad de restaurar a la parte afectada a su posición original antes del daño, proporcionando justicia y reparación. Por ejemplo, una empresa puede recibir daños compensatorios por pérdidas de ingresos debido a la violación de un contrato por parte de un proveedor.

Date of pick-up (Fecha de recogida): Es la fecha en que se recoge una mercancía para su transporte desde el punto de origen hasta su destino final. Esta fecha es crucial para la planificación logística y la gestión de inventarios.

La significancia de la fecha de recogida se establece en la coordinación y eficiencia de las operaciones logísticas, asegurando que las mercancías se transporten de manera oportuna. Por ejemplo, un fabricante programa la recogida de materias primas en una fecha específica para mantener la continuidad de la producción.

Date of post receipt (Fecha de recepción del Correo): Es la fecha en que un destinatario recibe una carta, documento o paquete enviado por correo. Esta fecha es importante para el seguimiento y la verificación de entregas.

La relevancia global de la fecha de recepción del correo consiste en su uso para verificar el cumplimiento de plazos contractuales y legales, asegurando la correcta documentación de las comunicaciones. Por ejemplo, un contrato puede especificar que una notificación debe recibirse antes de una fecha determinada para ser válida.

Dead freight (Falso flete): Es la tarifa que un fletador paga al armador por el espacio reservado en un buque que no se utiliza. El falso flete se cobra cuando el fletador no carga la cantidad de mercancía acordada, pero sigue siendo responsable del costo del espacio reservado.

La influencia del falso flete se sostiene en la compensación justa para el armador por la pérdida de ingresos debido al incumplimiento del fletador. Por ejemplo, si un fletador reserva espacio para 500 toneladas de carga pero solo envía 300 toneladas, debe pagar el falso flete por las 200 toneladas no utilizadas.

Deadweight (Peso muerto): Es la capacidad total de carga de un buque, medida en toneladas, incluyendo la carga, combustible, provisiones, tripulación y otros elementos necesarios para la navegación. El peso muerto es un indicador clave de la capacidad de un buque.

La relevancia global del peso muerto se basa en su uso para determinar la capacidad de transporte y la eficiencia operativa de un buque, facilitando la planificación de cargas y rutas. Por ejemplo, un buque con un peso muerto de 50,000 toneladas puede transportar una combinación de carga y suministros hasta ese límite sin comprometer la seguridad.

Death (Muerte): Es el fin de la vida de un ser vivo. En el contexto de seguros, la muerte de una persona asegurada puede desencadenar el pago de beneficios a los beneficiarios designados en la póliza.

La influencia de la cobertura de muerte de seguros está en en la provisión de seguridad financiera y apoyo económico para los beneficiarios, ayudando a mitigar las dificultades económicas tras la pérdida de un ser querido. Por ejemplo, una póliza de seguro de vida paga una suma asegurada a la familia del asegurado fallecido.

Debt (Deuda): Es una obligación financiera que una persona o entidad debe pagar a otra, generalmente con intereses, dentro de un período de tiempo específico. La deuda puede ser en forma de préstamos, bonos, tarjetas de crédito y otras obligaciones financieras.

La significancia operativa de la deuda proviene de su capacidad para financiar inversiones y operaciones, aunque también implica un riesgo de incumplimiento y presión financiera. Por ejemplo, una empresa puede emitir bonos para financiar la expansión, pero debe gestionar cuidadosamente su deuda para evitar problemas de liquidez.

Debtor (Deudor): Es una persona o entidad que tiene una obligación financiera pendiente de pago con otra persona o entidad, conocida como acreedor. Los deudores deben cumplir con los términos de pago establecidos en los acuerdos de deuda.

La preponderancia de los deudores depende de la sostenibilidad del crédito y la economía, permitiendo a las entidades financiar sus operaciones y crecimiento. Por ejemplo, una empresa que toma un préstamo de un banco se convierte en deudor y debe pagar el préstamo con intereses según lo acordado.

Deck (Cubierta): Es la estructura horizontal en un buque que divide los diferentes niveles o compartimentos. Las cubiertas pueden ser utilizadas para la carga, la tripulación, pasajeros y equipos, y son esenciales para la operación y la seguridad del buque.

La supremacía competitiva de la cubierta se fundamenta en su función para proporcionar estabilidad estructural y organizar el espacio a bordo del buque, facilitando el manejo eficiente de la carga y la operación del buque. Por ejemplo, la cubierta principal de un buque de carga se utiliza para almacenar contenedores y otros bienes.

Deckload (Carga en la cubierta): Se refiere a la carga que se coloca y transporta en la cubierta de un buque en lugar de en sus bodegas. Este tipo de carga puede incluir mercancías sobredimensionadas, vehículos y equipos industriales.

La relevancia de la carga de la cubierta se encuentra en la optimización del espacio de carga disponible y la capacidad de transportar mercancías que no caben en las bodegas. Por ejemplo, un buque puede transportar grandes turbinas eólicas en su cubierta debido a su tamaño y forma.

Declaration (Declaración): Es un documento formal que proporciona información detallada sobre la naturaleza, cantidad y valor de las mercancías importadas o exportadas. Las declaraciones son necesarias para cumplir con las regulaciones aduaneras y fiscales.

La trascendencia de la declaración reside en la transparencia y el cumplimiento de las normativas comerciales, asegurando que las mercancías se manejen legalmente y que se paguen los aranceles correspondientes. Por ejemplo, una empresa debe presentar una declaración de aduana al exportar productos a otro país.

Declaration for dangerous goods (Declaración de mercancías peligrosas): Es un documento que proporciona información detallada sobre las mercancías peligrosas transportadas, incluyendo su clasificación, manejo y medidas de seguridad. Esta declaración es esencial para el cumplimiento de las regulaciones de transporte de mercancías peligrosas.

La significancia de la declaración de mercancías peligrosas se establece en la seguridad y la prevención de accidentes, asegurando que todas las partes involucradas conozcan los riesgos y tomen las precauciones necesarias. Por ejemplo, un transportista debe presentar esta declaración al enviar productos químicos inflamables.

Declared value for carriage (Valor declarado para el transporte): Es el valor de las mercancías declarado por el remitente al transportista para determinar la responsabilidad del transportista en caso de pérdida o daño durante el transporte. Este valor puede influir en las tarifas de transporte y en la cobertura de seguro.

La importancia del valor declarado para el transporte consiste en la protección financiera del remitente y en la clarificación de la responsabilidad del transportista. Por ejemplo, un exportador declara el valor de sus productos electrónicos para asegurar una compensación adecuada en caso de daño durante el envío.

Declared value for customs (Valor declarado para la aduana): Es el valor de las mercancías declarado por el importador o exportador a las autoridades aduaneras para calcular los aranceles e impuestos aplicables. Este valor debe reflejar el precio de transacción real de las mercancías.

La trascendencia estratégica del valor declarado para la aduana estriba en el cumplimiento de las regulaciones fiscales y en la determinación precisa de los aranceles a pagar. Por ejemplo, un importador declara el valor de sus productos textiles para calcular correctamente los aranceles de importación.

Deductible (Deducible): Es la cantidad de dinero que el asegurado debe pagar de su propio bolsillo antes de que la cobertura del seguro comience a aplicar. El deducible radica en la póliza de seguro y puede variar según el tipo de cobertura.

La supremacía estratégica del deducible se basa en su capacidad para compartir el riesgo entre el asegurado y el asegurador, reduciendo las primas de seguro y promoviendo la responsabilidad financiera. Por ejemplo, un propietario de vivienda con un seguro de hogar debe pagar un deducible antes de que la aseguradora cubra los daños por incendio.

Deferred payment (Pago diferido): Es una modalidad de pago en la que el comprador recibe los bienes o servicios inmediatamente, pero se compromete a pagar en una fecha futura. Este acuerdo puede incluir términos específicos sobre intereses y plazos de pago.

La influencia del pago diferido está en la flexibilidad financiera que ofrece tanto al comprador como al vendedor, facilitando las transacciones y mejorando la liquidez. Por ejemplo, un importador puede acordar un pago diferido con un proveedor para recibir mercancías y pagar en un plazo de 90 días.

Delay (Retraso): Es la demora en la entrega de bienes o en la ejecución de servicios más allá del tiempo previsto o acordado. Los retrasos pueden ser causados por diversas razones, incluyendo problemas logísticos, condiciones climáticas adversas o fallos técnicos.

La trascendencia estratégica de gestionar los retrasos proviene de minimizar el impacto negativo en la cadena de suministro, las operaciones y la satisfacción del cliente. Por ejemplo, una empresa de transporte debe comunicar y gestionar adecuadamente los retrasos para mantener la confianza de sus clientes.

Delivery (Entrega): Es el acto de transferir la posesión de bienes del vendedor al comprador, cumpliendo con los términos del contrato de venta. La entrega puede implicar varios métodos, incluyendo transporte terrestre, marítimo o aéreo.

La preponderancia de la entrega depende de la culminación de la transacción comercial, asegurando que los bienes lleguen a su destino de manera segura y conforme a lo acordado. Por ejemplo, una tienda en línea se asegura de que sus productos se entreguen a los clientes en el tiempo prometido para mantener su reputación y satisfacción del cliente.

Delivery against acceptance (D/A) (Entrega contra aceptación): Es un término de comercio internacional donde los documentos de embarque se entregan al importador solo después de que este haya aceptado una letra de cambio, comprometiéndose a pagar en una fecha futura. Este método se utiliza para asegurar el pago por las mercancías.

La jerarquía de la entrega contra aceptación se fundamenta en la protección que ofrece al exportador, asegurando que recibirá el pago una vez que el importador haya aceptado formalmente la deuda. Por ejemplo, un exportador de maquinaria puede utilizar D/A para garantizar que el importador acepte la letra de cambio antes de liberar los documentos de envío.

Delivery against payment (Entrega contra pago): Es un método de pago en el cual el comprador solo recibe los documentos de embarque y, por lo tanto, la posesión de las mercancías, después de realizar el pago completo. Este método es común en transacciones comerciales internacionales para asegurar que el pago se realice antes de la entrega.

La relevancia de la entrega contra pago se encuentra en la seguridad que proporciona al vendedor, asegurando que recibirá el pago antes de entregar los bienes. Por ejemplo, un exportador de productos electrónicos puede usar este método para asegurar el pago antes de que el importador reciba los productos.

Delivery date (Fecha de entrega): Es la fecha acordada en la que los bienes o servicios deben ser entregados al comprador. La fecha de entrega es crucial en los contratos comerciales y en la planificación logística.

La trascendencia de la fecha de entrega radica en la coordinación eficiente de la cadena de suministro y en el cumplimiento de los compromisos contractuales, asegurando la satisfacción del cliente. Por ejemplo, un proveedor de piezas automotrices debe cumplir con la fecha de entrega acordada para no interrumpir la producción del fabricante de automóviles.

Delivery order (Orden de entrega): Es un documento emitido por el propietario de las mercancías o su agente, instruyendo a un depósito o a un operador logístico a liberar las mercancías a una persona específica. Este documento es esencial para el control y la transferencia de la propiedad de las mercancías durante el transporte y almacenamiento.

La significancia de la orden de entrega se establece en la claridad y la seguridad que proporciona en la transferencia de mercancías, asegurando que solo las personas autorizadas puedan reclamar los bienes. Por ejemplo, un importador presenta una orden de entrega al almacén para recoger su cargamento de productos electrónicos.

Demurrage (Demora): Es una tarifa cobrada por el uso adicional de un buque o contenedor más allá del tiempo acordado para la carga y descarga. Esta tarifa compensa al propietario del buque o del contenedor por el tiempo extra que se utiliza.

La utilidad estratégica de la demora consiste en la incentivación de la eficiencia en las operaciones portuarias y logísticas, asegurando que los recursos se utilicen de manera óptima. Por ejemplo, una empresa que retiene un contenedor por más tiempo del acordado debe pagar una tarifa de demora.

Departure (Salida): Es el acto de un medio de transporte de dejar un punto de origen para dirigirse a su destino. La salida es un evento crítico en la planificación y ejecución de la logística.

La Relevancia significativa de la salida se centra en su papel en la coordinación y el seguimiento de las operaciones de transporte, asegurando que los bienes se muevan según lo programado. Por ejemplo, la salida de un buque carguero desde un puerto marca el inicio de su viaje hacia el puerto de destino.

Deposit (Depósito): Es una cantidad de dinero entregada como garantía o adelanto en un acuerdo financiero o de servicio. Los depósitos pueden ser reembolsables o no reembolsables, dependiendo de los términos del contrato.

El alcance prioritario del depósito se basa en su función para asegurar el cumplimiento de los términos del acuerdo y en la protección de las partes involucradas. Por ejemplo, un arrendatario paga un depósito al propietario como garantía de que cumplirá con las obligaciones del contrato de arrendamiento.

Depot (Depósito): Es una instalación de almacenamiento donde se guardan mercancías, vehículos o equipos para su distribución o mantenimiento. Los depósitos pueden ser utilizados por empresas de logística, transporte y distribución.

La influencia del depósito está en su capacidad para proporcionar almacenamiento seguro y eficiente, facilitando la gestión de inventarios y la distribución. Por ejemplo, una empresa de logística utiliza un depósito para almacenar productos antes de su entrega a los clientes.

Depth (Profundidad): Es la medida vertical desde la superficie de un líquido hasta el fondo del recipiente que lo contiene, como en el caso de un buque o un tanque. La profundidad es crucial para la navegación y la seguridad marítima.

La pertinencia comercial de la profundidad proviene del uso para determinar la capacidad de carga y la seguridad operativa en el transporte marítimo. Por ejemplo, la profundidad del calado de un buque indica cuánto puede sumergirse en el agua sin riesgo de tocar el fondo.

Derailment (Descarrilamiento): Es el evento en el que un tren sale de sus rieles, lo que puede causar daños significativos a la carga, infraestructura ferroviaria y posibles lesiones a las personas involucradas.

La preponderancia de prevenir el descarrilamiento depende de la seguridad del transporte ferroviario y en la protección de vidas y bienes. Por ejemplo, las compañías ferroviarias implementan estrictas medidas de mantenimiento y control para evitar el descarrilamiento de trenes.

Description (Descripción): Es una explicación detallada de las características, funciones y especificaciones de un producto, servicio o proceso. La descripción es esencial en la documentación comercial y técnica.

La preeminencia comercial de una descripción precisa se fundamenta en la claridad que proporciona en la identificación y comprensión de productos y servicios, facilitando las transacciones y el cumplimiento de especificaciones. Por ejemplo, una descripción detallada en un catálogo de productos ayuda a los clientes a tomar decisiones informadas de compra.

Detainment (Detención): Es la retención temporal de personas, mercancías o medios de transporte por parte de las autoridades por motivos legales, de seguridad o de control.

La relevancia de la detención se encuentra en la protección de la seguridad pública y en el cumplimiento de las leyes y regulaciones. Por ejemplo, las autoridades aduaneras pueden detener un cargamento sospechoso para inspeccionarlo y asegurar que cumple con las normativas.

Deviation (Desviación): Es el acto de cambiar la ruta o el plan de un medio de transporte, como un buque o un avión, debido a razones imprevistas como condiciones climáticas adversas, emergencias o instrucciones operativas.

La trascendencia de la desviación reside en la capacidad de adaptarse a situaciones imprevistas para asegurar la seguridad y el cumplimiento de las operaciones. Por ejemplo, un capitán de barco puede desviarse de la ruta original para evitar una tormenta y proteger la carga y la tripulación.

Dimension (Dimensión): Es una medida del tamaño físico de un objeto en términos de longitud, ancho y altura. Las dimensiones son fundamentales en la planificación y gestión de espacios de almacenamiento, transporte y construcción.

La significancia de las dimensiones se establece en su uso para calcular el espacio necesario y la capacidad de almacenamiento y transporte, optimizando la eficiencia operativa. Por ejemplo, las dimensiones de un contenedor de envío determinan cuántos productos pueden caber y cómo se deben cargar.

Direct loss (Pérdida directa): Es una pérdida que resulta directamente de un evento específico, como un accidente, un incendio o un robo, sin intermediarios ni consecuencias indirectas.

La prominencia global de la pérdida directa consiste en su relevancia para las reclamaciones de seguro y la evaluación de daños, proporcionando una base clara para la compensación. Por ejemplo, la pérdida directa de un vehículo en un accidente se evalúa para determinar la indemnización del seguro.

Disability (Discapacidad): Es una condición que limita la capacidad de una persona para realizar actividades cotidianas o laborales debido a una lesión, enfermedad o condición física o mental.

La pertinencia comercial de la cobertura de discapacidad estriba en proporcionar apoyo financiero y acceso a recursos para las personas afectadas, ayudando a mantener su calidad de vida. Por ejemplo, una persona con una póliza de seguro de discapacidad recibe beneficios mensuales para cubrir sus gastos mientras no puede trabajar.

Disability income insurance (Seguro de ingreso por discapacidad): Es una póliza de seguro que proporciona ingresos mensuales a una persona que no puede trabajar debido a una discapacidad. Este seguro ayuda a reemplazar parte del salario perdido durante el período de discapacidad.

La pertinencia del seguro de ingreso por discapacidad se basa en la seguridad financiera que ofrece, ayudando a las personas a mantener su nivel de vida y cubrir sus necesidades mientras se recuperan. Por ejemplo, un trabajador que sufre una lesión grave recibe ingresos del seguro para cubrir sus gastos mientras está incapacitado para trabajar.

Disbursement (Desembolso): Es el pago de dinero por parte de una entidad a otra, generalmente en el contexto de préstamos, proyectos o transacciones comerciales. Los desembolsos pueden incluir gastos operativos, pagos de capital y otros costos financieros.

La influencia del desembolso está en la gestión eficiente de los flujos de efectivo y en el cumplimiento de las obligaciones financieras. Por ejemplo, una empresa realiza desembolsos regulares para pagar a proveedores, empleados y otros gastos operativos.

Discharge (Descarga): Es el proceso de descargar mercancías de un medio de transporte, como un buque, camión o avión, una vez que llegan a su destino. La descarga es una parte crucial de la logística y el manejo de mercancías.

La influencia operativa de la descarga proviene de la eficiencia y seguridad del manejo de mercancías, asegurando que los bienes lleguen a su destino final en buen estado. Por ejemplo, un puerto eficiente organiza la descarga rápida y segura de contenedores de un buque de carga.

Disclaimer (Descargo de responsabilidad): Es una declaración que limita o excluye la responsabilidad de una parte en relación con ciertos eventos, acciones o productos. Los descargos de responsabilidad se utilizan en contratos, documentos legales y productos.

La preponderancia del descargo de responsabilidad depende de la protección legal que ofrece, clarificando los límites de responsabilidad y protegiendo a las partes de reclamaciones indebidas. Por ejemplo, un fabricante de productos electrónicos incluye un descargo de responsabilidad en su manual para limitar su responsabilidad por el mal uso del producto.

Disclaimer for Acts of an instructed party (Descargo de responsabilidad por actos de una parte instruida): Es una declaración que exonera de responsabilidad a una parte por las acciones realizadas por otra parte que ha sido instruida para actuar en su nombre. Este tipo de descargo se utiliza para proteger a las empresas y personas de las acciones de sus representantes o agentes.

La influencia global de este descargo se fundamenta en la claridad y protección legal que proporciona, asegurando que las responsabilidades sean claramente definidas y limitadas. Por ejemplo, una empresa de logística puede incluir este descargo para protegerse de las acciones de sus transportistas contratados.

Disclaimer on effectiveness of documents (Descargo de responsabilidad sobre la eficacia de los documentos): Es una declaración que indica que una parte no garantiza la validez, precisión o eficacia de ciertos documentos, generalmente en transacciones legales o comerciales.

La relevancia del descargo se encuentra en la protección contra reclamaciones legales relacionadas con la precisión y validez de la documentación, asegurando que las partes comprendan las limitaciones de los documentos proporcionados. Por ejemplo, un banco puede incluir este descargo al proporcionar documentos relacionados con un préstamo.

Disclaimer on the transmission of messages (Descargo de responsabilidad sobre la transmisión de mensajes): Es una declaración que exime a una parte de responsabilidad por cualquier error, omisión o retraso en la transmisión de mensajes electrónicos o físicos.

La trascendencia de este descargo reside en la protección contra reclamaciones legales relacionadas con fallos en la comunicación, asegurando que las partes comprendan los riesgos inherentes en la transmisión de mensajes. Por ejemplo, una empresa de telecomunicaciones puede incluir este descargo en sus términos de servicio.

Discount (Descuento): Es una reducción en el precio de un producto o servicio, generalmente ofrecida como un incentivo para estimular las ventas o atraer a los clientes. Los descuentos pueden ser porcentuales, fijos o temporales.

La significancia del descuento se establece en su capacidad para aumentar las ventas, atraer nuevos clientes y liquidar inventarios excedentes, mejorando la competitividad del negocio. Por ejemplo, una tienda ofrece un descuento del 20% en todos sus productos durante una venta de temporada para atraer a más compradores.

Discrepancies (Discrepancias): Son diferencias o inradicancias entre documentos, datos o condiciones que deben ser resueltas para asegurar la precisión y el cumplimiento de los acuerdos. Las discrepancias pueden ocurrir en facturas, contratos, documentos de embarque y otros registros.

La influencia operativa de resolver las discrepancias consiste en la precisión y la integridad de las transacciones y en la prevención de conflictos o problemas legales. Por ejemplo, una discrepancia en la cantidad de mercancías recibidas frente a la cantidad facturada debe ser resuelta para evitar disputas con el proveedor.

Dismemberment (Desmembramiento): Es la pérdida de un miembro o parte del cuerpo debido a un accidente o evento traumático. En el contexto de seguros, el desmembramiento puede desencadenar beneficios de seguro específicos, conocidos como seguro de desmembramiento.

La influencia global del seguro de desmembramiento estriba en la provisión de apoyo financiero y asistencia para las personas que sufren este tipo de lesiones graves, ayudándoles a cubrir los costos médicos y adaptarse a su nueva condición. Por ejemplo, una persona con una póliza de seguro de desmembramiento recibe una suma asegurada tras la pérdida de un brazo en un accidente.

Dispatch money (Prima de despacho): Es una cantidad de dinero pagada por el armador al fletador por completar la carga o descarga de un buque antes del tiempo estipulado en el contrato de fletamento. Esta prima incentiva una rápida manipulación de la carga.

La influencia global de la prima de despacho se basa en la eficiencia y el incentivo para completar las operaciones portuarias de manera rápida, beneficiando tanto al armador como al fletador. Por ejemplo, un fletador recibe una prima de despacho por cargar un buque en menos tiempo del acordado en el contrato.

Disponent owner (Propietario disponente): Es una persona o entidad que actúa como propietario de un buque, aunque no sea el propietario registrado, y tiene derecho a disponer del buque, generalmente a través de un contrato de fletamento a casco desnudo.

La influencia del propietario disponente está en la flexibilidad y capacidad para gestionar y operar buques sin poseerlos legalmente, facilitando las operaciones comerciales y de transporte. Por ejemplo, una empresa de logística puede actuar como propietario disponente de un buque fletado para realizar sus operaciones de transporte.

Distributor (Distribuidor): Es una entidad que compra productos a fabricantes o mayoristas y los vende a minoristas o directamente a consumidores. Los distribuidores juegan un papel crucial en la cadena de suministro, facilitando la disponibilidad de productos en el mercado.

La importancia del distribuidor se sostiene de su capacidad para ampliar el alcance del mercado de los productos, mejorar la eficiencia de la cadena de suministro y satisfacer la demanda del consumidor. Por ejemplo, un distribuidor de productos electrónicos compra a fabricantes y vende a tiendas minoristas y clientes finales.

Dividend options (Opciones de dividendos): Son las diversas formas en que los accionistas de una empresa pueden recibir sus dividendos, incluyendo pagos en efectivo, acciones adicionales o reinversión de dividendos. Estas opciones permiten a los accionistas elegir cómo desean recibir su parte de las ganancias.

La preponderancia de las opciones de dividendos depende de la flexibilidad y en la capacidad de los accionistas para maximizar su retorno de inversión según sus preferencias financieras. Por ejemplo, un accionista puede optar por reinvertir sus dividendos para comprar más acciones de la empresa, aumentando su participación.

Divisa (Currency): Es un término que se refiere a la moneda extranjera que se utiliza en transacciones internacionales. Las divisas son esenciales en el comercio global, ya que permiten a las empresas y países intercambiar bienes y servicios a nivel internacional.

La gravitación internacional de las divisas se fundamenta en su rol en la facilitación del comercio exterior, inversión y turismo, ya que proporcionan una medida de valor común para transacciones entre diferentes países. Ejemplo: Una empresa exportadora peruana que vende productos a Estados Unidos recibirá pagos en dólares americanos, que luego podrá convertir a soles peruanos según el tipo de cambio vigente.

Do not store in a damp place (No almacenar en un lugar húmedo): Es una instrucción de almacenamiento que indica que un producto debe mantenerse alejado de la humedad para evitar daños o deterioro. Esta advertencia es común en productos sensibles a la humedad, como alimentos, electrónicos y materiales sensibles.

La relevancia de esta instrucción se encuentra en la protección de la integridad y calidad del producto, asegurando que permanezca en buenas condiciones hasta su uso. Por ejemplo, una caja de productos electrónicos incluye esta advertencia para evitar daños por humedad.

Dock (Muelle): Es una estructura junto a la orilla del agua donde los buques pueden atracar para cargar y descargar mercancías o pasajeros. Los muelles son esenciales para las operaciones portuarias y el comercio marítimo.

La trascendencia del muelle gira en torno de su función como punto de transferencia entre el transporte marítimo y terrestre, facilitando el manejo eficiente de mercancías y la conectividad en la cadena de suministro. Por ejemplo, un puerto con muelles bien equipados puede manejar grandes volúmenes de carga de manera rápida.

E

Earnmarked (Reservado - asignado): Se refiere a fondos o recursos que se han designado específicamente para un propósito particular. Estos fondos no pueden utilizarse para ningún otro fin que no sea el previamente establecido, garantizando así su disponibilidad para el objetivo señalado.

La significancia de tener fondos reservados se fundamenta en la seguridad financiera y en la capacidad de planificación efectiva que proporciona. Por ejemplo, una empresa puede asignar fondos específicos para un proyecto de expansión, asegurando que esos recursos estén disponibles cuando se necesiten.

Earthquake, damage following (Daños materiales por terremoto): Se refiere a los daños físicos que resultan directamente de un terremoto, incluyendo la destrucción de edificios, infraestructura y otros bienes materiales. Estos daños pueden tener un impacto significativo en la economía y en la vida de las personas afectadas.

La significancia operativa de entender y gestionar los daños materiales por terremoto consiste en la preparación y mitigación de desastres, protegiendo vidas y propiedades. Por ejemplo, las empresas y las comunidades pueden implementar medidas de construcción a prueba de terremotos para reducir el impacto de futuros sismos.

Earthquake, fire following (Incendio por terremoto): Se refiere a los incendios que se originan como consecuencia de un terremoto, debido a rupturas de tuberías de gas, fallas eléctricas u otros factores. Estos incendios pueden causar daños adicionales significativos a las estructuras y aumentar el riesgo para las personas.

La gravitación comercial de prever y gestionar los incendios por terremoto estriba en la reducción de pérdidas secundarias y en la protección de vidas y propiedades. Por ejemplo, los planes de emergencia deben incluir estrategias específicas para combatir incendios que podrían desencadenarse tras un sismo.

Echazón (Jettison): Es la acción de lanzar carga al mar desde un buque para aligerarlo en situaciones de emergencia, como tormentas severas o para evitar hundimientos. Esta medida extrema se toma para salvar el buque, su tripulación y el resto de la carga.

La gravitación esencial del echazón se basa en su capacidad para evitar desastres mayores y preservar vidas y bienes en circunstancias críticas. Por ejemplo, durante una tormenta severa, la tripulación puede decidir arrojar parte de la carga por la borda para estabilizar el buque y prevenir su hundimiento.

Economía (Economy): Es el sistema mediante el cual una sociedad organiza la producción, distribución y consumo de bienes y servicios. La economía abarca diversos sectores y actividades, incluyendo la agricultura, industria, servicios y comercio.

La influencia de la economía está en su impacto en el bienestar de la sociedad, determinando el nivel de riqueza, empleo y calidad de vida de sus ciudadanos. Por ejemplo, una economía saludable y en crecimiento puede proporcionar más oportunidades de empleo y mejorar el estándar de vida de la población.

Economista (Economist): Es un profesional especializado en el estudio de la economía, incluyendo la producción, distribución y consumo de bienes y servicios. Los economistas analizan datos, desarrollan modelos teóricos y realizan investigaciones para entender cómo funcionan las economías y cómo pueden mejorarse.

La importancia de los economistas se fundamenta en su capacidad para informar y asesorar a gobiernos, empresas y organizaciones sobre políticas y estrategias económicas efectivas. Por ejemplo, un economista puede ayudar a un gobierno a diseñar políticas fiscales que promuevan el crecimiento económico y la estabilidad financiera.

Efectivo en caja (Cash in hand): Se refiere al dinero en efectivo disponible inmediatamente para su uso, ya sea en la caja registradora de un negocio o en una cuenta bancaria. Este efectivo es crucial para las operaciones diarias y para enfrentar gastos imprevistos.

La preponderancia de tener efectivo en caja depende de la liquidez y en la capacidad de una empresa para operar sin interrupciones y cubrir necesidades inmediatas. Por ejemplo, un minorista necesita tener efectivo en caja para dar cambio a los clientes y pagar suministros urgentes.

Efectivo en casa (Cash on hand): Se refiere al dinero en efectivo disponible en el hogar, utilizado para gastos personales y emergencias. Este efectivo proporciona una forma rápida y fácil de acceder a fondos cuando se necesiten.

La importancia de tener efectivo en casa se fundamenta en la preparación para situaciones de emergencia y en la comodidad de realizar pagos pequeños y cotidianos. Por ejemplo, tener efectivo disponible puede ser crucial durante un corte de energía cuando los métodos de pago electrónicos no están disponibles.

Effects not cleared (Efectos pendientes de cobro): Se refiere a los pagos o documentos que aún no han sido procesados o cobrados, como cheques o facturas pendientes. Estos efectos representan ingresos futuros para la empresa o individuo.

La relevancia de gestionar los efectos pendientes de cobro se encuentra en la planificación financiera y en la previsión de ingresos futuros, asegurando que las obligaciones financieras puedan ser cumplidas a tiempo. Por ejemplo, una empresa necesita monitorear sus efectos pendientes para mantener un flujo de caja saludable.

Embajada (Embassy): Es la representación diplomática de un país en el extranjero, responsable de manejar las relaciones bilaterales, proporcionar servicios consulares y proteger los intereses de sus ciudadanos en el país anfitrión.

La trascendencia de una embajada radica en su participación en la promoción de relaciones internacionales, el apoyo a ciudadanos en el extranjero y la facilitación del comercio y la cooperación bilateral. Por ejemplo, una embajada puede asistir a sus ciudadanos con problemas legales o emergencias durante su estancia en el extranjero.

Embalaje (Packing): Es el proceso de preparar y proteger los productos para su transporte, almacenamiento y venta, utilizando materiales como cajas, envolturas y paletas. El embalaje adecuado asegura que los productos lleguen a su destino en buenas condiciones y sin daños.

La significancia del embalaje se establece en la protección de los productos, la eficiencia en la logística y la satisfacción del cliente. Por ejemplo, un fabricante de productos electrónicos utiliza embalajes resistentes para proteger sus productos durante el envío internacional.

Embargo (Embargo): Es una prohibición oficial impuesta por un gobierno sobre el comercio o la transferencia de bienes a un país específico, generalmente por razones políticas, económicas o de seguridad. Los embargos pueden afectar el comercio de productos específicos o de todas las mercancías.

La gravitación internacional del embargo se sostiene en su uso como herramienta de política exterior para ejercer presión sobre otros países y promover cambios en sus políticas. Por ejemplo, un país puede imponer un embargo sobre el petróleo de otro país para protestar contra violaciones de derechos humanos.

Embarrancada (Grounding): Es el incidente en el que un buque queda atascado en el fondo marino, bancos de arena o rocas, impidiendo su navegación. La embarrancada puede ocurrir debido a errores de navegación, condiciones climáticas adversas o problemas mecánicos.

La influencia clave de gestionar una embarrancada estriba en la seguridad del buque, la carga y la tripulación, así como en la minimización de los daños y los costos de recuperación. Por ejemplo, un buque que se vara necesita asistencia inmediata para evitar daños mayores y asegurar la integridad de la carga y la tripulación.

Employment clause (Cláusula de empleo o de utilización): Es una disposición en un contrato que especifica las condiciones bajo las cuales se empleará o utilizará un recurso, persona o equipo. Esta cláusula detalla aspectos como la duración del empleo, las responsabilidades y las condiciones de trabajo.

La influencia determinante de la cláusula de empleo se basa en la clarificación de las expectativas y responsabilidades de ambas partes, protegiendo los derechos y asegurando el cumplimiento de las obligaciones contractuales. Por ejemplo, un contrato de fletamento de buque puede incluir una cláusula de empleo que detalle el uso específico del buque durante el periodo del contrato.

En calados (Down to her marks): Se refiere a la condición de un buque cuando está cargado hasta su línea de flotación máxima segura. Esta marca indica el límite hasta el cual un buque puede ser cargado sin comprometer su estabilidad y seguridad.

La influencia de cargar un buque hasta sus calados gira en torno a la optimización de la capacidad de carga sin poner en riesgo la seguridad del buque y su tripulación. Por ejemplo, los operadores de buques deben asegurarse de que las cargas no excedan la línea de flotación marcada para evitar problemas de estabilidad y seguridad en el mar.

En lastre (In ballast): Se refiere a la condición de un buque que navega sin carga comercial, llevando solo lastre para mantener la estabilidad y maniobrabilidad. El lastre puede ser agua, arena o cualquier material que aporte peso al buque.

La influencia estratégica de navegar en lastre proviene de la capacidad del buque para mantener su estabilidad y seguridad durante la travesía sin carga. Por ejemplo, un buque petrolero puede navegar en lastre después de descargar su carga y dirigirse a su próximo puerto de carga.

En vía de desarrollo (Developing): Describe a un país que radica proceso de mejorar su economía, infraestructura y estándares de vida, pero que aún enfrenta desafíos significativos en términos de pobreza, educación y salud. Estos países suelen depender de la agricultura y la manufactura básica y buscan diversificar y modernizar sus economías.

La preponderancia de los países en vía de desarrollo depende de su potencial de crecimiento económico y en el papel que desempeñan en la economía global. Por ejemplo, la inversión extranjera directa en estos países puede impulsar el desarrollo y mejorar la calidad de vida de sus habitantes.

Encalladura (Grounding): Es el incidente en el que un buque queda atascado en el fondo marino, bancos de arena o rocas, impidiendo su navegación. La encalladura puede ocurrir debido a errores de navegación, condiciones climáticas adversas o problemas mecánicos.

La gravitación internacional de gestionar una encalladura se fundamenta en la seguridad del buque, la carga y la tripulación, así como en la minimización de los daños y los costos de recuperación. Por ejemplo, un buque que se vara necesita asistencia inmediata para evitar daños mayores y asegurar la integridad de la carga y la tripulación.

Endorsement (Endoso de póliza, suplemento): Es una modificación o adición a una póliza de seguro que cambia sus términos y condiciones originales. Los endosos pueden incluir cobertura adicional, exclusiones, o cambios en las condiciones de la póliza.

La relevancia del endoso se encuentra en la flexibilidad que ofrece para adaptar una póliza de seguro a las necesidades específicas del asegurado, proporcionando una cobertura más adecuada. Por ejemplo, un propietario de vivienda puede agregar un endoso a su póliza para cubrir daños por inundación.

Endowment Insurance (Póliza de seguro total): Es un tipo de seguro de vida que combina la protección de seguro con una opción de ahorro, pagando una suma asegurada al beneficiario en caso de fallecimiento del asegurado, o al propio asegurado si sobrevive al término de la póliza.

La trascendencia del seguro total radica en su capacidad para proporcionar seguridad financiera tanto a corto como a largo plazo, ofreciendo protección y ahorro en un solo producto. Por ejemplo, un asegurado puede utilizar la suma recibida al final de la póliza para financiar su jubilación.

Engine room (Sala de máquinas): Es la sección de un buque donde radican los motores principales, generadores y otros equipos mecánicos esenciales para la propulsión y operación del buque. La sala de máquinas es vital para el funcionamiento del buque y requiere mantenimiento y monitoreo constante.

La significancia de la sala de máquinas se establece en su papel de asegurar que el buque funcione de manera eficiente y segura, permitiendo la propulsión y el suministro de energía. Por ejemplo, los ingenieros de un buque trabajan en la sala de máquinas para garantizar el buen funcionamiento de los motores y equipos auxiliares.

Entrega sobre el costado (Overside delivery): Es un método de entrega en el cual las mercancías se descargan directamente del buque al costado del muelle, barcaza u otro buque sin ser desembarcadas en tierra. Este tipo de entrega se utiliza comúnmente en operaciones de transbordo.

La significancia operativa de la entrega sobre el costado consiste en la eficiencia y flexibilidad que ofrece en la logística de carga, permitiendo transferencias rápidas y directas. Por ejemplo, en un puerto con espacio limitado, la mercancía puede ser transferida directamente a una barcaza para su transporte adicional.

Entrepuentes (Twin decks): Se refiere a las cubiertas adicionales que radican entre la cubierta principal y la quilla de un buque. Los entrepuentes se utilizan para aumentar la capacidad de carga y organizar mejor las mercancías a bordo.

La gravitación comercial de los entrepuentes gira en torno a la maximización del espacio de carga y en la optimización del almacenamiento de mercancías, mejorando la eficiencia del transporte marítimo. Por ejemplo, un buque carguero puede utilizar entrepuentes para transportar una mayor cantidad de productos sin comprometer la estabilidad.

Entry inwards (Formalidades aduaneras de descarga): Son los procedimientos y requisitos que deben cumplirse al ingresar mercancías en un país. Esto incluye la presentación de documentos, inspección de la carga y el pago de aranceles e impuestos. Estos trámites aseguran el cumplimiento de las regulaciones aduaneras y la seguridad del país.

La consideración esencial de las formalidades aduaneras de descarga se basa en la regulación del comercio internacional y la protección del mercado interno. Por ejemplo, una empresa importadora debe cumplir con estas formalidades para legalizar la entrada de sus productos y evitar sanciones.

Entry outwards (Formalidades aduaneras de embarque): Son los procedimientos que deben seguirse para exportar mercancías de un país. Esto incluye la declaración de la carga, la obtención de permisos de exportación y el cumplimiento de las regulaciones aduaneras del país de origen.

La influencia de las formalidades aduaneras de embarque está en la facilitación del comercio internacional y en el aseguramiento de que las exportaciones cumplan con las leyes locales e internacionales. Por ejemplo, una empresa exportadora debe completar estas formalidades para enviar sus productos legalmente al extranjero.

Entry/Immediate delivery (Declaración de aduana / entrega inmediata): Es un proceso aduanero que permite la liberación rápida de mercancías importadas, facilitando su entrega inmediata al importador. Este proceso puede incluir una declaración simplificada y el pago de aranceles y otros cargos.

La consideración esencial de la declaración de aduana y entrega inmediata proviene de la eficiencia y rapidez que ofrece en la liberación de mercancías, reduciendo tiempos de espera y costos. Por ejemplo, una empresa importadora puede utilizar este proceso para recibir sus productos más rápidamente y mantener su cadena de suministro fluida.

EORI Economic Operators Registration and Identification (Registro e identificación de operadores económicos): Es un número de identificación único utilizado en la Unión Europea para los operadores económicos que realizan actividades aduaneras. El número EORI es obligatorio para las empresas que importan o exportan mercancías dentro de la UE.

La preponderancia del número EORI depende de la simplificación y control de las actividades aduaneras, permitiendo una identificación clara y precisa de los operadores económicos. Por ejemplo, una empresa que exporta productos a países de la UE necesita un número EORI para cumplir con las regulaciones aduaneras y facilitar sus operaciones comerciales.

Equipment interchange receipt (Recibo de intercambio): Es un documento que registra el intercambio de equipos de transporte, como contenedores, entre diferentes partes, como transportistas, operadores de terminales y consignatarios. Este recibo detalla el estado y la condición del equipo en el momento del intercambio.

La gravitación comercial del recibo de intercambio se fundamenta en la transparencia y responsabilidad en la gestión del equipo, asegurando que todas las partes conozcan y acepten el estado del equipo. Por ejemplo, un transportista recibe un contenedor de un operador portuario y verifica su condición mediante el recibo de intercambio.

Erasure (Raspadura): Es la acción de eliminar o borrar información de un documento, generalmente mediante raspado o tachado. La raspadura puede ser necesaria para corregir errores, pero debe realizarse de manera que no comprometa la integridad del documento.

La relevancia de la raspadura se encuentra en la corrección precisa de errores sin causar confusión o sospechas de manipulación fraudulenta. Por ejemplo, en un contrato legal, cualquier raspadura debe estar claramente señalada y justificada para mantener la validez del documento.

Errors & Omissions Insurance - E & O (Seguro de responsabilidad profesional): Es un tipo de seguro que protege a los profesionales y empresas contra reclamaciones por negligencia, errores o omisiones en la prestación de sus servicios. Este seguro cubre los costos legales y cualquier indemnización resultante de dichas reclamaciones.

La trascendencia del seguro de responsabilidad profesional se sostiene en la protección financiera y la tranquilidad que ofrece a los profesionales, permitiéndoles ejercer sus funciones con confianza. Por ejemplo, una consultora puede adquirir un seguro E & O para cubrirse en caso de que un cliente presente una reclamación por un error en el asesoramiento proporcionado.

Errors and omissions excepted (Salvo error ú omisión): Es una cláusula utilizada en documentos comerciales y facturas para indicar que los detalles proporcionados están sujetos a corrección en caso de errores o omisiones. Esta cláusula protege a la parte emisora de responsabilidades derivadas de errores no intencionales.

La significancia de "salvo error u omisión" se establece en la protección legal que ofrece, permitiendo corregir errores sin consecuencias contractuales. Por ejemplo, una factura emitida con esta cláusula puede ser corregida si se detectan errores en los cálculos o en la descripción de los productos.

Escasez (Scarcity): Se refiere a la insuficiencia de recursos o bienes en comparación con la demanda. La escasez es un concepto fundamental en economía que influye en la oferta, demanda y precios de los bienes y servicios.

La gravitación comercial de la escasez consiste en su impacto en la toma de decisiones económicas y en la asignación eficiente de recursos limitados. Por ejemplo, la escasez de materias primas puede llevar a un aumento de precios y a la búsqueda de alternativas por parte de las empresas.

Escotilla (Hatch): Es una abertura en la cubierta de un buque que permite el acceso a las bodegas de carga. Las escotillas son esenciales para la carga y descarga de mercancías y están equipadas con cubiertas que pueden cerrarse herméticamente.

La relevancia estratégica de la escotilla estriba en su función para facilitar el manejo de la carga y en la seguridad del buque, protegiendo las mercancías de los elementos y permitiendo el acceso seguro a las bodegas. Por ejemplo, las escotillas de un buque granelero permiten el acceso a las bodegas para cargar y descargar granos.

Escotilla utilizable (Working hatch): Es una escotilla que radica uso activo para la carga y descarga de mercancías. A diferencia de otras escotillas que pueden estar cerradas o inactivas, una escotilla utilizable está operativa y accesible.

La relevancia global de una escotilla utilizable se basa en la eficiencia operativa del buque, permitiendo un manejo rápido y seguro de la carga. Por ejemplo, durante la operación de carga en un puerto, las escotillas utilizables permiten la transferencia continua de mercancías entre el buque y el muelle.

Eslora entre perpendiculares (Length between perpendiculars - LBP): Es la distancia medida entre la proa y la popa de un buque a lo largo de la línea de flotación. Esta medida se utiliza para evaluar la capacidad de carga y el diseño estructural del buque.

La influencia de la eslora entre perpendiculares está en su uso para determinar las características de navegación y capacidad de carga del buque, siendo esencial para su diseño y construcción. Por ejemplo, los ingenieros navales utilizan esta medida para calcular la estabilidad y la capacidad del buque.

Eslora total o máxima (Length overall - LOA): Es la medida total de la longitud de un buque desde el punto más adelantado de la proa hasta el punto más retrasado de la popa. Esta medida incluye todas las partes sobresalientes del buque.

La relevancia estratégica de la eslora total proviene de su uso para determinar la capacidad del buque para atracar en puertos y canales, y en la planificación de operaciones de carga y descarga. Por ejemplo, la eslora total se utiliza para calcular las tarifas portuarias y asegurar que el buque pueda acomodarse en el muelle disponible.

Especulación (Speculation): Es la práctica de realizar inversiones con el objetivo de obtener ganancias a partir de cambios en el precio de activos financieros, como acciones, bienes raíces o divisas. La especulación implica asumir riesgos con la esperanza de obtener beneficios rápidos.

La preponderancia de la especulación depende de su capacidad para proporcionar liquidez y dinamismo a los mercados financieros, aunque también puede aumentar la volatilidad y el riesgo. Por ejemplo, los especuladores pueden comprar acciones esperando que su precio aumente rápidamente y venderlas para obtener una ganancia.

Estado de cuentas (Statement of accounts): Es un documento que resume las transacciones financieras realizadas en una cuenta durante un período determinado. Este estado incluye detalles sobre ingresos, gastos, saldo inicial y saldo final.

La importancia del estado de cuentas se fundamenta en su función para proporcionar una visión clara y detallada de las finanzas de una persona o empresa, facilitando la gestión y la toma de decisiones. Por ejemplo, una empresa revisa su estado de cuentas mensualmente para monitorear su flujo de caja y planificar sus finanzas.

Estancamiento (Stagnation): Se refiere a un período prolongado de crecimiento económico lento o nulo, acompañado generalmente de alto desempleo y baja demanda. El estancamiento puede resultar de diversos factores, incluyendo políticas económicas ineficaces, crisis financieras o falta de innovación.

La relevancia de abordar el estancamiento se encuentra en la necesidad de revitalizar la economía y mejorar el bienestar de la población. Por ejemplo, los gobiernos pueden implementar políticas fiscales y monetarias para estimular el crecimiento económico y reducir el estancamiento.

Estanco (Staunch): Se refiere a un buque o estructura que es resistente y a prueba de filtraciones, capaz de mantener su integridad estructural y evitar la entrada de agua. Un buque estanco es crucial para la seguridad en el mar.

La trascendencia de tener un buque estanco reside en la protección de la carga y la tripulación, asegurando que el buque pueda operar de manera segura en diversas condiciones marítimas. Por ejemplo, los tanques de un buque petrolero deben ser estancos para evitar derrames y contaminación del mar.

Estanques de lastre segregado (SBT - Segregated Ballast Tanks): Son compartimentos dentro de un buque que se utilizan para llevar agua de lastre separada de la carga principal. Estos tanques aseguran que el agua de lastre no se mezcle con la carga, evitando la contaminación y protegiendo la integridad del buque.

La significancia de los estanques de lastre segregado se establece en la protección ambiental y en la seguridad del buque, evitando la contaminación cruzada y mejorando la estabilidad del buque. Por ejemplo, un petrolero utiliza SBT para mantener el agua de lastre separada del petróleo, cumpliendo con las regulaciones ambientales.

Esté la nave atracada o no (Whether in berth or not - Wibon): Es una cláusula en los contratos de fletamento que establece que el tiempo de carga y descarga comienza a contar, independientemente de si el buque está atracado en el muelle o no. Esto asegura que las operaciones de carga y descarga no se retrasen.

La relevancia global de la cláusula Wibon consiste en la eficiencia operativa y en la reducción de tiempos de espera, protegiendo los intereses del fletador. Por ejemplo, si un buque llega al puerto pero no puede atracar inmediatamente, la cláusula Wibon permite que el tiempo de espera se contabilice.

Esté la nave en libre plática o no (Whether in free practique or not - Wipfon): Es una cláusula en los contratos de fletamento que establece que el tiempo de carga y descarga comienza a contar, independientemente de si el buque ha recibido libre plática de las autoridades sanitarias. La libre plática es un permiso que confirma que el buque no tiene enfermedades contagiosas a bordo.

La trascendencia global de la cláusula Wipfon gira en torno a la eficiencia y en la prevención de retrasos en las operaciones portuarias, asegurando que las operaciones puedan comenzar sin esperar el permiso sanitario. Por ejemplo, un buque puede empezar a cargar o descargar mientras espera la inspección sanitaria, evitando demoras.

Esté la nave en puerto o no (Whether in port or not - Wipon): Es una cláusula en los contratos de fletamento que establece que el tiempo de carga y descarga comienza a contar desde la llegada del buque al área del puerto, independientemente de si ha entrado oficialmente en el puerto.

La trascendencia de la cláusula Wipon se basa en la claridad y la previsibilidad en la programación de las operaciones portuarias, evitando disputas sobre el inicio del tiempo de carga y descarga. Por ejemplo, si un buque llega a la zona del puerto, pero aún no ha ingresado oficialmente, la cláusula Wipon permite que el tiempo de espera se contabilice.

Estiba (Trimming): Es el proceso de distribuir y acomodar la carga dentro de un buque para asegurar su estabilidad y seguridad durante el viaje. La estiba adecuada es crucial para evitar el desplazamiento de la carga y mantener el equilibrio del buque.

La influencia de la estiba está en la seguridad del buque y de la carga, asegurando una navegación estable y evitando accidentes. Por ejemplo, una carga mal estibada puede desplazarse durante una tormenta, poniendo en peligro la estabilidad del buque y la integridad de la carga.

Estibador (Stevedore): Es un trabajador especializado en la carga y descarga de mercancías en los buques. Los estibadores utilizan equipos y técnicas específicas para manipular de manera segura y eficiente las mercancías en los puertos.

La significancia operativa de los estibadores se centra en la eficiencia y seguridad de las operaciones portuarias, garantizando que la carga se maneje correctamente y que el buque pueda zarpar a tiempo. Por ejemplo, los estibadores son esenciales para cargar y descargar contenedores en un puerto de manera rápida y segura.

Estimated Time of Arrival - ETA (Hora estimada de llegada): Es la hora prevista en la que se espera que un buque, avión o cualquier otro medio de transporte llegue a su destino. La ETA se calcula en función del tiempo de viaje y las condiciones actuales de navegación o vuelo.

La preponderancia de la ETA depende de la planificación y coordinación logística, permitiendo a las partes involucradas preparar la recepción y manipulación de la carga. Por ejemplo, los operadores portuarios utilizan la ETA para organizar las operaciones de descarga y preparar el muelle para la llegada del buque.

Estimated Time of Departure - ETD (Hora estimada de partida): Es la hora prevista en la que un buque, avión o cualquier otro medio de transporte está programado para salir de su punto de origen. La ETD se calcula en función del tiempo necesario para las operaciones de carga y otros preparativos.

La gravitación comercial de la ETD se fundamenta en la coordinación y eficiencia de las operaciones logísticas, permitiendo a las partes involucradas planificar adecuadamente la carga y salida del transporte. Por ejemplo, los exportadores utilizan la ETD para coordinar la entrega de mercancías al puerto a tiempo para la carga.

Estimated Time of Arrival - ETA (Tiempo estimado de llegada): Es la hora prevista en la que se espera que un medio de transporte llegue a su destino. Esta estimación radica en varios factores, incluyendo la distancia, las condiciones de tráfico o navegación, y cualquier retraso potencial.

La relevancia de la ETA se encuentra en la capacidad de planificación y coordinación de las actividades de recepción y logística. Por ejemplo, los operadores logísticos utilizan la ETA para asegurar que estén listos para recibir y procesar la carga tan pronto como llegue.

Estimated Time of Departure - ETD (Hora estimada de zarpe): Es la hora prevista en la que un medio de transporte está programado para partir de su punto de origen. La ETD radica en la programación de carga, operaciones de mantenimiento y otras actividades preparatorias.

La trascendencia de la ETD radica en la coordinación y eficiencia de las operaciones de carga y salida, asegurando que todos los procesos se realicen según lo planeado. Por ejemplo, una aerolínea utiliza la ETD para coordinar la carga de equipaje y pasajeros, garantizando una salida puntual.

Evaluación de la indemnización (Measure of indemnity): Es el proceso de determinar la cantidad que se pagará como indemnización en un reclamo de seguro. La evaluación considera el valor del bien asegurado, el monto del daño o pérdida y las condiciones de la póliza de seguro.

La significancia de la evaluación de la indemnización se establece en proporcionar una compensación justa y precisa al asegurado, asegurando que las reclamaciones se resuelvan de manera equitativa. Por ejemplo, en un seguro de vivienda, la evaluación de la indemnización determina el monto a pagar por los daños causados por un incendio.

Evidencia concluyente (Conclusive evidence): Es la prueba definitiva y determinante en un caso legal o contractual que no puede ser refutada. Esta evidencia establece de manera irrefutable la verdad de un hecho o circunstancia.

La gravitación esencial de la evidencia concluyente consiste en su capacidad para resolver disputas de manera clara y definitiva, proporcionando una base sólida para la toma de decisiones judiciales o contractuales. Por ejemplo, un documento firmado puede servir como evidencia concluyente de un acuerdo entre dos partes.

E & O E (Salvo Error ú Omisión): Es una cláusula que se utiliza en documentos comerciales y facturas para indicar que los detalles proporcionados están sujetos a corrección en caso de errores u omisiones. Esta cláusula protege a la parte emisora de responsabilidades derivadas de errores no intencionales.

La gravitación internacional de "salvo error u omisión" se fundamenta en la protección legal que ofrece, permitiendo corregir errores sin consecuencias contractuales. Por ejemplo, una factura emitida con esta cláusula puede ser corregida si se detectan errores en los cálculos o en la descripción de los productos.

Excepted Perils (Riesgos excluidos): Son eventos o circunstancias específicamente excluidos de la cobertura en una póliza de seguro. Estos riesgos pueden incluir guerra, terrorismo, desastres naturales y otros eventos que el asegurador no está dispuesto a cubrir.

El alcance estratégico de conocer los riesgos excluidos se basa en la comprensión de las limitaciones de la cobertura de seguro, permitiendo a los asegurados tomar decisiones informadas sobre su protección. Por ejemplo, una póliza de seguro de propiedad puede excluir daños causados por terremotos, por lo que el asegurado debe considerar una cobertura adicional.

Exception clauses (Cláusula de excepción): Son disposiciones en contratos y pólizas de seguro que especifican ciertas condiciones o eventos que no están cubiertos o que liberan a una parte de sus obligaciones bajo el contrato. Estas cláusulas pueden limitar la responsabilidad y definir los límites de la cobertura.

La relevancia estratégica de las cláusulas de excepción se centra en la claridad que proporcionan sobre las obligaciones y limitaciones contractuales, ayudando a evitar malentendidos y disputas. Por ejemplo, una cláusula de excepción en un contrato de transporte puede liberar al transportista de responsabilidad por daños causados por desastres naturales., ayudando a evitar malentendidos y disputas.

Exceptions (Riesgos exceptuados): Son eventos o circunstancias específicos que no están cubiertos por una póliza de seguro o contrato. Estos riesgos son detallados en el contrato y pueden incluir eventos como guerras, disturbios civiles y desastres naturales.

Es fundamental conocer los riesgos exceptuados para que los asegurados comprendan completamente los términos de su póliza y planifiquen en consecuencia. Por ejemplo, una empresa debe saber qué riesgos están exceptuados en su póliza de seguro para evaluar la necesidad de coberturas adicionales.

Excess clause (Cláusula de excedente): Es una disposición en una póliza de seguro que establece una cantidad específica que el asegurado debe pagar de su propio bolsillo antes de que la cobertura del seguro entre en vigor. Esta cantidad se conoce como el deducible.

La trascendencia de la cláusula de excedente radica en la gestión de riesgos y costos, permitiendo a los asegurados compartir parte del riesgo y reducir las primas de seguro. Por ejemplo, un propietario de vivienda puede optar por un deducible más alto para reducir su prima mensual de seguro.

Exemption (Exención): Es la liberación de una obligación, regla o impuesto bajo ciertas condiciones especificadas. Las exenciones pueden aplicarse en diversos contextos, como impuestos, regulaciones y obligaciones contractuales.

La gravitación comercial de la exención se basa en su capacidad para aliviar cargas financieras o regulatorias, facilitando el cumplimiento y promoviendo actividades económicas o sociales. Por ejemplo, las organizaciones sin fines de lucro pueden estar exentas de ciertos impuestos para apoyar sus actividades benéficas.

Ex-fábrica (Ex-works): Es un término comercial que indica que el vendedor cumple con su obligación de entrega cuando las mercancías están disponibles para el comprador en las instalaciones del vendedor. A partir de ese momento, el comprador asume todos los costos y riesgos de transporte.

La pertinencia comercial de "ex-fábrica" radica en la claridad sobre las responsabilidades y costos en una transacción comercial, facilitando la planificación logística. Por ejemplo, un comprador debe organizar y pagar el transporte desde la fábrica del vendedor hasta el destino final.

Existencias (Stocks): Se refiere a los bienes y materiales que una empresa mantiene en inventario para su uso o venta. Las existencias pueden incluir materias primas, productos en proceso y productos terminados.

La magnitud económica de gestionar adecuadamente las existencias se sostiene en la capacidad para satisfacer la demanda del mercado, optimizar la producción y evitar pérdidas por obsolescencia o deterioro. Por ejemplo, una empresa de manufactura debe mantener niveles adecuados de existencias para asegurar la continuidad de la producción.

Expedited delivery service (Servicio de entrega urgente): Es un servicio de transporte que garantiza la entrega rápida de mercancías, generalmente en un plazo más corto que el servicio estándar. Este servicio es ideal para envíos urgentes o de alta prioridad.

La relevancia transformadora del servicio de entrega urgente se establece en la capacidad para cumplir con plazos ajustados y satisfacer las necesidades inmediatas de los clientes, mejorando la satisfacción y la competitividad. Por ejemplo, una empresa puede utilizar este servicio para enviar piezas de repuesto críticas a un cliente con una emergencia.

Explosive (Explosivo): Se refiere a una sustancia o dispositivo que puede detonar o explotar, liberando energía de manera rápida y violenta. Los explosivos se utilizan en diversas aplicaciones, desde la construcción hasta la minería y la defensa.

La importancia de manejar adecuadamente los explosivos se fundamenta en la seguridad y la prevención de accidentes, protegiendo vidas y propiedades. Por ejemplo, las empresas mineras deben seguir estrictas regulaciones y protocolos de seguridad al utilizar explosivos para la extracción de minerales.

Export (Exportación): Es el proceso de enviar bienes y servicios producidos en un país a otro país para su venta. La exportación es una parte crucial del comercio internacional y contribuye significativamente a la economía de un país.

El motor económico de la exportación radica en su capacidad para generar ingresos, crear empleos y fomentar el crecimiento económico. Por ejemplo, un fabricante de automóviles exporta vehículos a mercados extranjeros, aumentando sus ingresos y expandiendo su presencia global.

Export credit insurance (Seguro de crédito a la exportación): Es una póliza de seguro diseñada para proteger a los exportadores contra el riesgo de impago por parte de los compradores extranjeros. Este seguro cubre pérdidas que pueden resultar de eventos políticos, como guerras o cambios en las políticas gubernamentales, y riesgos comerciales, como insolvencia o mora del comprador. La cobertura puede incluir tanto el crédito a corto plazo como el crédito a largo plazo.

La influencia clave del seguro de crédito a la exportación se basa en su capacidad para ofrecer seguridad financiera a los exportadores, permitiéndoles expandirse en mercados internacionales con menor riesgo. Por ejemplo, una empresa que exporta maquinaria pesada a un país en desarrollo puede adquirir este seguro para protegerse contra posibles impagos debido a la inestabilidad económica del país receptor.

Export license (Licencia de exportación): Es un permiso oficial emitido por el gobierno que permite a una empresa o individuo exportar ciertos bienes y servicios. Este documento asegura que las exportaciones cumplen con las regulaciones comerciales y de seguridad nacional del país exportador. La obtención de una licencia de exportación puede requerir cumplir con varios requisitos legales y de seguridad.

La gravitación internacional de la licencia de exportación está en la regulación del comercio internacional y en la protección de los intereses nacionales, asegurando que solo se exporten bienes permitidos y a destinos autorizados. Por ejemplo, una empresa que exporta productos tecnológicos sensibles debe obtener una licencia para garantizar que estos productos no lleguen a manos no autorizadas.

Export hacking (Embalaje de exportación): Es el proceso de preparar y empacar productos para su envío internacional, asegurando que cumplan con las regulaciones de embalaje del país de destino y que lleguen en perfectas condiciones. Esto incluye el uso de materiales adecuados, etiquetado correcto y la protección contra daños durante el transporte.

La relevancia global del embalaje de exportación proviene de la protección de los productos y en la conformidad con las regulaciones internacionales, evitando retrasos y costos adicionales. Por ejemplo, una empresa que exporta productos farmacéuticos debe seguir estrictas directrices de embalaje para garantizar la seguridad y la calidad de sus productos durante el transporte.

Exportación (Export, Exportation): Es el proceso de enviar bienes o servicios producidos en un país a otro para su venta. La exportación implica cumplir con las regulaciones aduaneras, obtener los permisos necesarios y organizar el transporte internacional. Las exportaciones son una parte fundamental del comercio global y pueden incluir bienes tangibles como alimentos y maquinaria, así como servicios intangibles como tecnología y consultoría.

El pilar fundamental de la exportación depende de su capacidad para generar ingresos, crear empleo y fomentar el crecimiento económico en el país exportador. Por ejemplo, un país con abundancia de recursos naturales puede exportar productos agrícolas y minerales, impulsando su economía y mejorando su balanza comercial.

To export (Exportar): Es el acto de enviar bienes o servicios producidos en un país a otro para su venta. Exportar implica cumplir con las regulaciones aduaneras, obtener los permisos necesarios y organizar el transporte internacional. Las exportaciones son una parte fundamental del comercio global y pueden incluir bienes tangibles como alimentos y maquinaria, así como servicios intangibles como tecnología y consultoría.

La trascendencia global de exportar se fundamenta en su capacidad para generar ingresos, crear empleo y fomentar el crecimiento económico en el país exportador. Por ejemplo, un país con abundancia de recursos naturales puede exportar productos agrícolas y minerales, impulsando su economía y mejorando su balanza comercial.

Exporter (Exportador): Es una persona o empresa que envía bienes o servicios a otro país para su venta. Los exportadores deben gestionar varios aspectos del comercio internacional, incluyendo el cumplimiento de las regulaciones aduaneras, la obtención de licencias de exportación y la coordinación logística.

La prominencia internacional del exportador se centra en su papel en la facilitación del comercio global, conectando mercados y proporcionando productos y servicios a nivel internacional. Por ejemplo, un exportador de piscos en Perú trabaja para distribuir sus productos a mercados en Europa, Asia y América, expandiendo su negocio y aumentando sus ingresos.

Exposure (Exposición ante un riesgo): Es la medida del grado en que una empresa, individuo o activo está sujeto a riesgos que pueden causar pérdidas. La exposición puede incluir riesgos financieros, operativos, de mercado, legales y reputacionales. Las empresas evalúan su exposición al riesgo para implementar estrategias de mitigación adecuadas.

La relevancia estratégica de evaluar la exposición ante un riesgo se fundamenta en la capacidad para gestionar y minimizar los impactos negativos potenciales, protegiendo los activos y la viabilidad de la empresa. Por ejemplo, una empresa multinacional evalúa su exposición a riesgos cambiarios al operar en varios países con diferentes monedas, implementando coberturas financieras para mitigar estos riesgos.

Ex-quay (Sobre muelle): Es un término comercial que indica que el vendedor cumple con su obligación de entrega cuando la mercancía es puesta a disposición del comprador en el muelle del puerto de destino. A partir de ese momento, el comprador asume todos los costos y riesgos asociados con el transporte adicional.

La utilidad estratégica de "ex-quay" se establece en la claridad sobre las responsabilidades y costos en una transacción comercial, facilitando la planificación logística y la gestión de riesgos. Por ejemplo, un importador acepta los costos de transporte y manejo desde el muelle del puerto de destino hasta su almacén.

Ex-ship (Sobre buque): Es un término comercial que indica que el vendedor cumple con su obligación de entrega cuando la mercancía es puesta a disposición del comprador a bordo del buque en el puerto de destino. El comprador asume todos los costos y riesgos a partir de ese momento, incluyendo la descarga y transporte adicional.

La supremacía competitiva de "ex-ship" consiste en la claridad sobre las responsabilidades y costos en una transacción comercial, facilitando la coordinación y gestión logística. Por ejemplo, un comprador organiza la descarga y transporte de mercancías desde el buque hasta su almacén una vez que el buque llega al puerto de destino.

Extended coverage extension (Prórroga): Es una adición a una póliza de seguro que amplía la cobertura para incluir riesgos adicionales no cubiertos originalmente. Esta extensión puede incluir riesgos como terremotos, inundaciones o daños por vandalismo, proporcionando una protección más completa.

La influencia operativa de la prórroga gira en torno a su capacidad para ofrecer una cobertura más amplia y personalizada, adaptándose a las necesidades específicas del asegurado. Por ejemplo, una empresa que opera en una zona sísmica puede optar por una prórroga en su póliza de seguro para incluir cobertura contra terremotos.

Extension for Safe burglary (Suplemento de ampliación de cobertura a horas en caja): Es una extensión de una póliza de seguro que proporciona cobertura adicional para el robo de bienes durante las horas en que están en una caja fuerte. Este suplemento asegura que los bienes estén protegidos incluso cuando no están en uso activo.

La trascendencia global de esta extensión se basa en la protección adicional que ofrece, asegurando que los bienes valiosos estén cubiertos contra robos durante todas las horas del día. Por ejemplo, una joyería puede adquirir este suplemento para proteger sus inventarios durante las horas no laborales.

Extra expense insurance (Seguro para gastos extraordinarios): Es una póliza de seguro que cubre los costos adicionales incurridos para mantener las operaciones normales de una empresa tras un evento inesperado, como un incendio o una inundación. Estos costos pueden incluir el alquiler de una nueva ubicación, equipo temporal y otros gastos necesarios para continuar operando.

La influencia determinante del seguro para gastos extraordinarios está en su capacidad para proporcionar apoyo financiero en situaciones de emergencia, ayudando a las empresas a recuperarse rápidamente y minimizar interrupciones. Por ejemplo, una empresa de tecnología puede utilizar este seguro para cubrir los costos de reubicación y equipo temporal después de un incendio en su sede.

Extralarge (Recargo por exceso de medida): Es una tarifa adicional aplicada al transporte de mercancías que exceden las dimensiones estándar establecidas por el transportista. Este recargo cubre los costos adicionales asociados con el manejo y transporte de cargas sobredimensionadas.

La magnitud económica del recargo por exceso de medida proviene de la compensación por los recursos y esfuerzos adicionales necesarios para transportar cargas grandes, asegurando una gestión eficiente y segura. Por ejemplo, una empresa que transporta maquinaria industrial de gran tamaño puede incurrir en un recargo por exceso de medida debido a las dimensiones fuera de lo común de la carga.

Ex-works (Ex-fábrica): Es un término comercial que indica que el vendedor cumple con su obligación de entrega cuando las mercancías están disponibles para el comprador en las instalaciones del vendedor. A partir de ese momento, el comprador asume todos los costos y riesgos de transporte.

La pertinencia comercial de "ex-works" depende de la claridad sobre las responsabilidades y costos en una transacción comercial, facilitando la planificación logística. Por ejemplo, un comprador debe organizar y pagar el transporte desde la fábrica del vendedor hasta el destino final.

To export (Exportar): Es el acto de enviar bienes o servicios producidos en un país a otro para su venta. Exportar implica cumplir con las regulaciones aduaneras, obtener los permisos necesarios y organizar el transporte internacional. Las exportaciones son una parte fundamental del comercio global y pueden incluir bienes tangibles como alimentos y maquinaria, así como servicios intangibles como tecnología y consultoría.

La relevancia transformadora de exportar se fundamenta en su capacidad para generar ingresos, crear empleo y fomentar el crecimiento económico en el país exportador. Por ejemplo, un país con abundancia de recursos naturales puede exportar productos agrícolas y minerales, impulsando su economía y mejorando su balanza comercial.

F

Fabricante (Manufacturer): Es una entidad o persona que produce bienes a gran escala utilizando máquinas, herramientas y mano de obra. Los fabricantes transforman materias primas en productos terminados que pueden ser utilizados o vendidos en el mercado. Estos productos pueden variar desde bienes de consumo hasta componentes industriales.

La relevancia de los fabricantes se sostiene en su rol de la cadena de suministro y en la economía, proporcionando bienes necesarios para el consumo y la industria. Por ejemplo, un fabricante de automóviles produce vehículos que son vendidos a concesionarios y consumidores finales.

Facilidades portuarias (Port Facilities): Son las infraestructuras y servicios disponibles en un puerto que permiten la carga, descarga, almacenamiento y manipulación de mercancías y pasajeros. Incluyen muelles, grúas, almacenes, terminales y otros servicios logísticos.

La trascendencia de las facilidades portuarias radica en su capacidad para facilitar el comercio internacional y el movimiento eficiente de mercancías. Por ejemplo, un puerto con modernas facilidades puede manejar grandes volúmenes de contenedores, mejorando la eficiencia logística.

Factoring (Sistema de cobro): Es una operación financiera en la cual una empresa vende sus cuentas por cobrar a una entidad financiera (factor) a un precio con descuento, a cambio de recibir pagos inmediatos. Esto permite a la empresa mejorar su liquidez y gestionar mejor su flujo de caja.

La significancia del factoring se establece en la mejora de la liquidez y la capacidad de la empresa para financiar sus operaciones sin esperar a que sus clientes paguen. Por ejemplo, una empresa puede utilizar factoring para obtener efectivo inmediato y cubrir sus gastos operativos.

Factura (Invoice): Es un documento comercial que detalla una transacción entre un comprador y un vendedor, incluyendo la cantidad de bienes o servicios suministrados, los precios unitarios, los impuestos aplicables y el total a pagar. La factura sirve como un registro formal de la venta y una solicitud de pago.

El valor de la factura consiste en su función como prueba legal de una transacción comercial y en su uso para la contabilidad y la gestión financiera. Por ejemplo, una empresa emite una factura para cobrar el pago de los productos vendidos a un cliente.

Factura consular (Consular Invoice - CI): Es un documento comercial requerido por algunos países para la importación de bienes. La factura consular debe ser certificada por el consulado del país importador en el país exportador, y sirve para verificar el valor, cantidad y naturaleza de la mercancía.

La relevancia estratégica de la factura consular gira en torno a su función para prevenir el fraude en el comercio internacional y asegurar el cumplimiento de las regulaciones aduaneras. Por ejemplo, un exportador debe obtener una factura consular certificada para enviar mercancías a un país que lo requiera.

Factura proforma (Proforma Invoice): Es un documento preliminar que se emite antes de la entrega de bienes o servicios, detallando los términos de la venta. La factura proforma no es una factura definitiva y no se utiliza para el pago, pero proporciona una estimación de los costos para el comprador.

La importancia de la factura proforma se basa en su uso para proporcionar claridad y transparencia en las condiciones de una venta antes de su finalización. Por ejemplo, un exportador puede emitir una factura proforma para que el importador conozca los costos y condiciones antes de realizar el pedido.

Facultative reinsurance (Reaseguro facultativo): Es una forma de reaseguro donde el asegurador cede riesgos individuales a una compañía de reaseguros, quien tiene la opción de aceptar o rechazar cada riesgo propuesto. Este tipo de reaseguro se utiliza para riesgos específicos y no en bloque.

La influencia del reaseguro facultativo está en la capacidad de las aseguradoras para gestionar riesgos excepcionales y mejorar su estabilidad financiera. Por ejemplo, una aseguradora puede usar reaseguro facultativo para cubrir una póliza de seguro particularmente grande o riesgosa.

FAD - Fully Automated Design (Diseño totalmente automatizado): Es un enfoque de diseño completamente automatizado que utiliza software avanzado para crear productos o sistemas con mínima intervención humana. Esta tecnología se aplica en diversas industrias, desde la fabricación hasta la arquitectura.

La pertinencia comercial del diseño completamente automatizado proviene de en la mejora de la eficiencia y la precisión, reduciendo el tiempo y los costos de desarrollo. Por ejemplo, una empresa de electrónica puede utilizar FAD para diseñar circuitos complejos de manera rápida y precisa.

Fair prices (Precios justos): Son precios establecidos de manera equitativa, reflejando el verdadero valor de los bienes o servicios, sin prácticas de explotación o abuso. Los precios justos consideran los costos de producción, un margen de beneficio razonable y la capacidad de pago del consumidor.

La preponderancia de los precios justos se centra en la promoción de la equidad y la sostenibilidad en el mercado, beneficiando tanto a productores como a consumidores. Por ejemplo, los precios justos en productos agrícolas aseguran que los agricultores reciban una compensación adecuada por sus cultivos.

Fair wear and tear (Desgaste natural): Es el deterioro normal y esperado de un producto o propiedad debido al uso regular a lo largo del tiempo. Este concepto se aplica comúnmente en arrendamientos y garantías, indicando que no se considerará como daño cuando sea resultado del uso ordinario.

La preeminencia comercial de reconocer el desgaste natural se fundamenta en la claridad y equidad en los acuerdos de arrendamiento y garantías, evitando disputas sobre daños esperados. Por ejemplo, en el alquiler de una vivienda, se acepta que la pintura puede desgastarse con el tiempo sin penalizar al inquilino.

Falsa descripción (Misrepresentation): Es la provisión de información incorrecta o engañosa sobre un producto, servicio o transacción. La falsa descripción puede ser intencional o no intencional y puede llevar a consecuencias legales, incluyendo la anulación de contratos y demandas por daños.

La relevancia de evitar la falsa descripción se encuentra en la integridad y transparencia en las transacciones comerciales, protegiendo a todas las partes involucradas. Por ejemplo, vender un coche usado describiéndolo falsamente como "nuevo" puede llevar a la anulación del contrato y responsabilidades legales.

Fardos (Bales): Son grandes paquetes compactos de materiales como algodón, heno, papel reciclado, o textiles, envueltos y atados para facilitar su transporte y almacenamiento. Los fardos se utilizan comúnmente en la agricultura, la industria textil y el reciclaje.

La trascendencia de los fardos reside en la eficiencia y facilidad de manejo y transporte de grandes cantidades de materiales. Por ejemplo, los agricultores empacan el heno en fardos para transportarlo y almacenarlo de manera eficiente.

FAS - Free Alongside Ship (Sin gastos al costado del buque): Es un término comercial que indica que el vendedor cumple con su obligación de entrega cuando la mercancía ha sido colocada al costado del buque en el puerto de embarque. A partir de ese momento, el comprador asume todos los costos y riesgos.

La significancia de FAS se establece en la clara asignación de responsabilidades y costos entre el vendedor y el comprador, facilitando el comercio internacional. Por ejemplo, un exportador de granos coloca la mercancía al lado del buque y el importador asume el transporte y seguros posteriores.

FAS Clause - Free Alongside Ship (Cláusula FAS libre al costado del buque): Es un término comercial utilizado en contratos de venta internacional que indica que el vendedor cumple con su obligación de entrega cuando la mercancía ha sido colocada al costado del buque en el puerto de embarque. A partir de ese momento, el comprador asume todos los costos y riesgos.

La relevancia global de la cláusula FAS consiste en la clara asignación de responsabilidades y costos entre el vendedor y el comprador, facilitando el comercio internacional. Por ejemplo, un exportador de granos coloca la mercancía al lado del buque y el importador asume el transporte y seguros posteriores.

FBL - FIATA Bill of Lading (Conocimiento de embarque multimodal FIATA): Es un documento de transporte multimodal emitido por transitarios, regulado por la Federación Internacional de Asociaciones de Transitarios y Asociaciones Similares (FIATA). El FBL sirve como recibo de la mercancía y contrato de transporte, y puede ser negociable.

La relevancia estratégica del FBL se fudameenta en su reconocimiento internacional y en la simplificación de los procesos de transporte multimodal, ofreciendo seguridad y confianza a las partes involucradas. Por ejemplo, un exportador puede utilizar el FBL para asegurar que su mercancía será transportada de manera eficiente y segura a través de varios modos de transporte.

FCA - Franco en el medio de transporte (Free Carrier): Es un término comercial que indica que el vendedor cumple con su obligación de entrega cuando la mercancía es entregada a un transportista designado por el comprador en un lugar acordado. A partir de ese momento, el comprador asume todos los costos y riesgos del transporte.

La significancia operativa de FCA se basa en la flexibilidad y claridad en la asignación de responsabilidades y costos entre el vendedor y el comprador, facilitando el comercio internacional. Por ejemplo, un exportador entrega la mercancía a un transportista en su país y el importador asume el transporte y seguros posteriores.

FCL - Full Container Load (Carga completa de contenedor): Se refiere a un envío en el cual un contenedor completo es utilizado por un solo remitente para transportar su mercancía. Esto permite optimizar el espacio y reducir los costos de manejo y transporte.

La influencia de la carga completa de contenedor se fundamenta en la eficiencia y seguridad del transporte de grandes volúmenes de mercancía, reduciendo los costos y el riesgo de daños. Por ejemplo, un fabricante de electrónicos puede enviar un contenedor completo de productos a un distribuidor en otro país.

FCLA - Full Container Load Allowance (Asignación de carga completa de contenedor): Es una disposición en los contratos de transporte que permite a un remitente utilizar un contenedor completo para su carga. Esta asignación asegura que el remitente pueda aprovechar al máximo el espacio del contenedor y reducir los costos de transporte.

La supremacía competitiva de la asignación de carga completa de contenedor se sostiene de la maximización de la eficiencia y la reducción de costos en el transporte de mercancías. Por ejemplo, un exportador de productos agrícolas puede utilizar un contenedor completo para enviar su mercancía de manera más económica y segura.

Fecha de cierre (Closing date): Es la fecha en la que se finaliza y formaliza una transacción comercial o financiera. En el contexto de contratos, representa el día en que se cumplen todas las condiciones y se completa la venta o acuerdo. En el ámbito contable, es el último día del período para el que se preparan los estados financieros.

La preponderancia de la fecha de cierre depende de su función para definir el momento exacto en que las obligaciones y derechos se formalizan, facilitando la claridad y precisión en las transacciones. Por ejemplo, en la compra de una propiedad, la fecha de cierre es cuando se transfiere el título y se completa el pago.

Fecha de embarque (Shipping date): Es el día en que una mercancía es enviada desde su punto de origen hacia su destino final. Esta fecha es crítica en la logística y cadena de suministro, ya que afecta la planificación de inventarios, la gestión de almacenes y la entrega al cliente.

La importancia de la fecha de embarque se fundamenta en su influencia en la programación de entregas y la coordinación logística, asegurando que los productos lleguen a tiempo. Por ejemplo, una empresa puede programar su producción y distribución basándose en la fecha de embarque de sus insumos.

Fecha de rescisión o cancelación del compromiso (Cancelling Date): Es la fecha en que se puede terminar un contrato o compromiso sin penalizaciones, según las condiciones acordadas previamente. Esta fecha es clave para los acuerdos comerciales y financieros, permitiendo a las partes retirarse si ciertas condiciones no se cumplen.

La relevancia de la fecha de cancelación se centra en la protección que ofrece a las partes involucradas, proporcionando una salida clara en caso de incumplimiento de términos. Por ejemplo, en un contrato de alquiler, la fecha de rescisión permite al inquilino o propietario cancelar el acuerdo sin penalidades.

Feder vessel (Buque alimentador): Es un tipo de buque utilizado para transportar cargas sueltas y contenedores en rutas fluviales y costeras, especialmente en Europa. Estos buques son esenciales para el comercio regional y la distribución eficiente de mercancías.

La trascendencia de los buques feder radica en su capacidad para conectar puertos interiores con puertos marítimos, facilitando el comercio y la logística regional. Por ejemplo, un feder vessel puede transportar mercancías desde un puerto fluvial en el interior de Alemania hasta un puerto marítimo en los Países Bajos.

Fee (Derecho / Canon / Tasa): Es un cargo o tarifa que se paga por un servicio, permiso o el uso de una infraestructura. Las tarifas pueden ser fijas o variables y son comunes en una amplia variedad de contextos, como servicios legales, licencias, y uso de instalaciones públicas.

La significancia de los fees se establece en la generación de ingresos para los proveedores de servicios y en la regulación del acceso a ciertos servicios o infraestructuras. Por ejemplo, los fees portuarios son cobrados por el uso de las instalaciones y servicios del puerto.

FI - Free in (Libre de gastos de embarque/estiba): Es un término de transporte marítimo que indica que el fletador no paga los costos de carga de la mercancía en el buque; estos costos son responsabilidad del remitente. Este término se utiliza comúnmente en los contratos de fletamento.

La utilidad estratégica de "Free in" consiste en la clara asignación de responsabilidades y costos entre las partes involucradas, facilitando la planificación y negociación. Por ejemplo, un exportador acuerda pagar los costos de carga en el puerto de origen, mientras que el importador asume otros gastos de transporte.

Ficha técnica o monografía (Technical data sheet or monograph): Es un documento detallado que proporciona información técnica específica sobre un producto, incluyendo sus características, composición, usos y precauciones. Estas fichas son esenciales para asegurar el correcto uso y manejo de productos, especialmente en sectores industriales y químicos.

La trascendencia estratégica de la ficha técnica estriba en su papel en la seguridad y eficiencia operativa, proporcionando a los usuarios la información necesaria para el uso adecuado del producto. Por ejemplo, una ficha técnica de un producto químico incluirá instrucciones de manejo seguro y datos sobre su composición.

Fijar un precio (Quote a price): Es el acto de establecer o comunicar el precio de un bien o servicio, basado en factores como los costos de producción, el mercado, y la competencia. Fijar un precio adecuado es esencial para la estrategia de ventas y la competitividad.

La supremacía estratégica de fijar un precio se basa en su impacto en la rentabilidad, la percepción del valor y la capacidad de atraer y retener clientes. Por ejemplo, una empresa puede fijar precios competitivos para atraer a nuevos clientes mientras mantiene márgenes de beneficio adecuados.

FILO - Free in Liner Out (al costo de carga, estiba y sujeción a bordo asignado al usuario): Es un término de transporte marítimo que indica que el remitente paga los costos de carga en el buque, mientras que el fletador cubre los costos de descarga. Este término se utiliza para aclarar las responsabilidades y costos en el transporte de mercancías.

La influencia de "Free in Liner Out" gira en torno a la definición clara de las responsabilidades y costos entre el remitente y el fletador, facilitando la planificación y la negociación de los términos de transporte. Por ejemplo, un exportador acuerda pagar los costos de carga en el puerto de origen, mientras que el importador asume los costos de descarga en el puerto de destino.

Final sailing (Salida definitiva): Se refiere a la última salida de un buque desde el puerto de carga hacia su destino final, sin planes de regresar. Este término es importante en la logística y planificación de rutas marítimas, indicando el cierre de una operación o ruta específica.

La trascendencia estratégica de la salida definitiva proviene de la planificación logística y la gestión de flotas, asegurando que los recursos se asignen eficientemente. Por ejemplo, una compañía naviera puede programar la salida definitiva de un buque después de completar todas sus cargas programadas.

Financing (Financiación): Es el proceso de obtener y gestionar fondos para realizar proyectos, operaciones comerciales o inversiones. La financiación puede provenir de diversas fuentes, como bancos, inversores, o emisiones de deuda y acciones.

La preponderancia de la financiación depende de su capacidad para permitir el crecimiento y la expansión de empresas y proyectos. Por ejemplo, una startup puede obtener financiación de capital de riesgo para desarrollar nuevos productos y expandir su mercado.

FIOS - Free in and out stowed (El flete cotizado no incluye los gastos de las operaciones de carga): Es un término de transporte marítimo que indica que el remitente cubre los costos de carga y estiba en el buque, mientras que el fletador cubre los costos de descarga. Este término se utiliza para especificar la división de costos en el contrato de fletamento.

La trascendencia global de "Free in and out stowed" se fundamenta en la claridad que proporciona en la asignación de costos y responsabilidades entre las partes, facilitando acuerdos transparentes y eficientes. Por ejemplo, un exportador puede acordar pagar los costos de carga y estiba, mientras que el importador se encarga de los costos de descarga.

Fire (Incendio): Es la combustión rápida de materiales que produce calor, luz y humo. Los incendios pueden ser causados por una variedad de factores, incluidos cortocircuitos eléctricos, descuidos humanos y condiciones naturales. Los incendios representan un riesgo significativo para la seguridad y la propiedad.

La relevancia de prevenir y gestionar incendios se encuentra en la protección de vidas humanas y propiedades. Por ejemplo, las empresas implementan medidas de seguridad contra incendios y seguros para mitigar los riesgos asociados.

Accidental fire (Incendio causado en forma accidental): Se refiere a un incendio que ocurre sin intención, como resultado de un accidente o descuido, como un cortocircuito eléctrico, una vela encendida olvidada, o un mal funcionamiento del equipo.

La trascendencia de estar preparados para incendios accidentales radica en la capacidad de minimizar daños y proteger vidas y propiedades. Por ejemplo, una fábrica puede implementar sistemas de detección de incendios y procedimientos de evacuación para responder rápidamente a incendios accidentales.

Fire insurance (Seguro contra incendio): Es un tipo de seguro que proporciona cobertura financiera por daños causados por incendios. Este seguro cubre los costos de reparación o reconstrucción de propiedades dañadas y puede incluir pérdidas de bienes, ingresos y costos adicionales relacionados.

La significancia del seguro contra incendio se establece en la protección financiera que ofrece, ayudando a individuos y empresas a recuperarse de los daños causados por incendios. Por ejemplo, una empresa con seguro contra incendios puede recibir compensación para reconstruir sus instalaciones tras un incendio devastador.

Fireboat (Barco bomba): Es una embarcación equipada con bombas y mangueras de alta capacidad para combatir incendios en puertos, marinas y a bordo de otros buques. Los barcos bomba son esenciales para la seguridad marítima y portuaria, proporcionando una respuesta rápida y eficaz a los incendios en el agua.

La relevancia significativa de los barcos bomba gira en su capacidad para combatir incendios en lugares donde los recursos terrestres no pueden llegar fácilmente, protegiendo vidas y propiedades. Por ejemplo, un barco bomba puede sofocar un incendio en un buque de carga en el puerto, evitando una catástrofe mayor.

First loss absolute (A primer riesgo absoluto): Es un tipo de cobertura de seguro donde el asegurado recibe una indemnización hasta el límite de la póliza sin considerar el valor total de los bienes asegurados. Este tipo de seguro es comúnmente utilizado para riesgos específicos y bien definidos.

La trascendencia global de la cobertura a primer riesgo absoluto se sostiene en su simplicidad y en la protección clara que ofrece para pérdidas hasta un monto determinado. Por ejemplo, una empresa puede asegurar una maquinaria costosa a primer riesgo absoluto para recibir indemnización completa en caso de pérdida.

First loss relative (A primer riesgo relativo): Es un tipo de cobertura de seguro donde la indemnización radica en una proporción del valor total asegurado. Este tipo de seguro ofrece una protección parcial, cubriendo solo una parte del valor total de los bienes asegurados.

La prominencia internacional de la cobertura a primer riesgo relativo se basa en la flexibilidad y en la posibilidad de reducir costos de primas asegurando solo una parte del valor total. Por ejemplo, un comerciante puede optar por este tipo de seguro para proteger una fracción de su inventario.

First refusal (Primera opción): Es un derecho contractual que otorga a una parte la prioridad para aceptar o rechazar una oferta antes de que se haga a otros. Este derecho se utiliza comúnmente en bienes raíces y acuerdos de inversión, proporcionando al titular la oportunidad de asegurar una transacción en términos preferenciales.

La influencia de la primera opción está en la protección de intereses estratégicos y en la posibilidad de asegurar acuerdos favorables antes que la competencia. Por ejemplo, una empresa puede tener la primera opción de comprar una propiedad adyacente a sus instalaciones antes de que se ofrezca a otros compradores.

Fisco (Fiscal authorities): Se refiere a las autoridades gubernamentales responsables de la recaudación de impuestos y la administración de políticas fiscales. Estas autoridades supervisan el cumplimiento de las leyes tributarias y gestionan los ingresos del estado.

La preeminencia comercial del fisco proviene de en su papel fundamental en la financiación de servicios públicos y en la regulación de la economía. Por ejemplo, las autoridades fiscales recaudan impuestos sobre la renta para financiar programas de salud y educación.

Fit for consumption (Apto para consumo): Se refiere a productos que cumplen con los estándares de calidad y seguridad necesarios para ser consumidos por humanos o animales. Los productos aptos para consumo han pasado todas las inspecciones y pruebas requeridas.

La preponderancia de asegurar que los productos sean aptos para consumo depende de la protección de la salud pública y en el cumplimiento de las regulaciones de seguridad alimentaria. Por ejemplo, los productos alimenticios deben ser aptos para consumo antes de ser comercializados.

Fixing letter (Carta de confirmación): Es un documento que confirma los términos y condiciones de un acuerdo, particularmente en el fletamento de buques. La carta de confirmación detalla aspectos como el tipo de carga, el puerto de carga y descarga, y las tarifas acordadas.

La prominencia global de la carta de confirmación se fundamenta en la formalización del acuerdo y en la clarificación de los términos, evitando malentendidos y disputas. Por ejemplo, en el fletamento de un buque, la carta de confirmación asegura que ambas partes comprendan y acepten los términos del contrato.

Flammable liquids (Líquidos inflamables): Son líquidos que pueden encenderse y arder fácilmente a temperaturas relativamente bajas. Estos líquidos, como la gasolina, el alcohol y ciertos solventes, presentan riesgos significativos de incendio y explosión.

La relevancia de manejar líquidos inflamables con precaución se fundamenta en la prevención de incendios y explosiones, protegiendo vidas y propiedades. Por ejemplo, las instalaciones industriales que utilizan líquidos inflamables implementan estrictas medidas de seguridad para evitar accidentes.

Flammable solids / Substances (Sólidos/Sustancias inflamables): Son materiales que pueden encenderse y arder fácilmente cuando se exponen a fuentes de ignición, como fósforos, polvos metálicos y ciertos plásticos. Estos materiales presentan riesgos de incendio significativos y deben ser manejados con cuidado.

La trascendencia de manejar sólidos y sustancias inflamables con precaución depende de la prevención de incendios y en la protección de la seguridad. Por ejemplo, las fábricas que trabajan con estos materiales implementan medidas de seguridad específicas para evitar incendios.

Flash point (Punto de inflamación): Es la temperatura más baja a la que un líquido genera vapor suficiente para formar una mezcla inflamable con el aire. El punto de inflamación es una propiedad crítica para evaluar la seguridad y el riesgo de incendio de los líquidos inflamables.

La significancia del punto de inflamación se establece en su uso para identificar y clasificar el riesgo de incendio de los líquidos, permitiendo el manejo y almacenamiento seguros. Por ejemplo, los líquidos con puntos de inflamación bajos deben ser almacenados en áreas bien ventiladas y lejos de fuentes de ignición.

Flat (Plataforma): Es un tipo de contenedor utilizado en el transporte de mercancías que no tiene paredes laterales ni techo, permitiendo el transporte de cargas sobredimensionadas o pesadas que no caben en un contenedor estándar. Las plataformas son ideales para transportar maquinaria, vehículos y materiales de construcción.

La influencia clave de las plataformas se sostiene en su capacidad para transportar cargas que requieren manipulación especial y no pueden ser transportadas en contenedores cerrados. Por ejemplo, una plataforma se utiliza para transportar un generador de gran tamaño que no cabría en un contenedor convencional.

Flat racks (Plataforma con laterales rebatibles): Son contenedores con laterales y extremos rebatibles que permiten el transporte de cargas sobredimensionadas. Estos contenedores son especialmente útiles para mercancías que no se ajustan a las dimensiones estándar de los contenedores.

La pertinencia comercial de las plataformas con laterales rebatibles gira en torno a su flexibilidad y capacidad para manejar cargas de formas y tamaños irregulares, facilitando el transporte de maquinaria pesada y otros artículos grandes. Por ejemplo, una empresa puede utilizar un flat rack para transportar piezas grandes de maquinaria a un sitio de construcción.

Flat rate (Costo o flete liso): Es una tarifa fija aplicada a un servicio o producto, independientemente de la cantidad utilizada o la distancia recorrida. Este tipo de tarifa es común en servicios de envío y suscripción, proporcionando simplicidad y previsibilidad en los costos.

La pertinencia de la tarifa fija se basa en la transparencia y facilidad de planificación para los clientes, eliminando la variabilidad en los costos. Por ejemplo, una empresa de transporte puede ofrecer un costo liso para envíos dentro de una región específica, facilitando la estimación de costos para sus clientes.

Fleet policy (Seguro de flota de vehículos): Es una póliza de seguro que cubre múltiples vehículos bajo un solo contrato, generalmente utilizada por empresas que operan flotas de automóviles, camiones u otros vehículos. Esta póliza simplifica la administración del seguro y puede ofrecer tarifas más bajas que las pólizas individuales.

La influencia del seguro de flota se centra en la eficiencia y ahorro de costos en la gestión de seguros para múltiples vehículos, proporcionando una cobertura integral. Por ejemplo, una empresa de logística asegura toda su flota de camiones bajo una póliza de seguro de flota.

Fletar (to hire): Se refiere al acto de alquilar un buque, avión u otro medio de transporte para el traslado de mercancías o pasajeros. El término también puede aplicarse al alquiler de equipos o vehículos para un uso específico.

La importancia de fletar proviene de la flexibilidad y capacidad de ajustar los recursos de transporte según las necesidades específicas, optimizando los costos y la eficiencia. Por ejemplo, una empresa puede fletar un avión para un envío urgente de productos perecederos a otro país.

Flete (Freight): Es el costo asociado con el transporte de mercancías de un lugar a otro, ya sea por tierra, mar o aire. El flete incluye tarifas de transporte, seguros y otros gastos relacionados con el movimiento de bienes.

La preponderancia del flete depende de su impacto en los costos logísticos y en la competitividad del comercio internacional, influenciando las decisiones de envío y el precio final de los productos. Por ejemplo, una empresa de importación debe considerar los costos de flete al calcular los precios de venta de sus productos.

Flete de escasez o apuro (Distress freight): Es una tarifa de transporte más alta que se paga cuando la demanda supera la oferta de servicios de transporte, o cuando se requiere un envío urgente. Este tipo de flete refleja la urgencia y la falta de disponibilidad de capacidad de transporte.

La pertinencia comercial del flete de escasez se fundamenta en su capacidad para asegurar el transporte de mercancías en situaciones de alta demanda o emergencia, aunque a un costo mayor. Por ejemplo, durante una crisis humanitaria, las organizaciones pueden pagar flete de escasez para asegurar la entrega rápida de suministros de emergencia.

Flete de línea regular (Berth freight): Es el costo asociado con el transporte de mercancías en buques que operan en rutas regulares y programadas. Este tipo de flete es común en el comercio marítimo y ofrece previsibilidad y confiabilidad en los horarios de envío.

La relevancia del flete de línea regular se encuentra en la confiabilidad y eficiencia del transporte de mercancías, facilitando la planificación logística y la entrega puntual. Por ejemplo, una empresa puede utilizar servicios de línea regular para enviar productos a mercados internacionales con horarios establecidos.

Flete de regreso (Back freight): Es el costo del transporte de mercancías que son devueltas al puerto de origen o a otro destino, generalmente debido a rechazos, errores en la documentación o problemas de calidad. Este tipo de flete puede ser necesario para reenvíos y devoluciones.

La trascendencia del flete de regreso consiste en la gestión eficiente de devoluciones y en la resolución de problemas logísticos, asegurando que las mercancías lleguen a su destino final correcto. Por ejemplo, un importador que recibe productos defectuosos puede necesitar pagar flete de regreso para devolverlos al proveedor.

Flete en destino (Freight at destination or at risk): Es el costo del transporte de mercancías que se paga al llegar al destino final. Este tipo de flete implica que el riesgo y los costos del transporte son asumidos por el remitente hasta que las mercancías llegan al destino acordado.

La significancia del flete en destino se establece en la flexibilidad y protección que ofrece al comprador, asegurando que los productos sean entregados sin incurrir en costos adicionales antes de su llegada. Por ejemplo, un importador solo paga el flete una vez que las mercancías han llegado y han sido inspeccionadas en el destino final.

Flete proporcional (Pro-rata freight): Es el costo del transporte calculado en proporción a la distancia recorrida o el tiempo transcurrido en comparación con el viaje completo. Este tipo de flete se aplica cuando una carga no completa el trayecto originalmente planificado.

La preeminencia comercial del flete proporcional consiste en su capacidad para ajustar los costos de transporte en situaciones donde el trayecto completo no se realiza, proporcionando una solución justa para el remitente y el transportista. Por ejemplo, si un buque debe desviar su ruta y descargar mercancías antes del destino final, se calculará un flete proporcional.

Flight (Vuelo): Es el trayecto que realiza una aeronave desde su punto de origen hasta su destino final. Los vuelos pueden ser comerciales, de carga o privados, y cada uno tiene sus propios números de vuelo y horarios específicos.

La prominencia global de los vuelos se sostien en su papel esencial en el transporte rápido de personas y mercancías a nivel nacional e internacional. Por ejemplo, un vuelo comercial lleva pasajeros de un país a otro en pocas horas, facilitando el comercio y el turismo.

Flight number (Número de vuelo): Es un identificador único asignado a cada vuelo programado por una aerolínea. Este número se utiliza para organizar y gestionar los itinerarios de vuelo, permitiendo a los pasajeros y al personal de la aerolínea identificar y rastrear los vuelos fácilmente.

La prominencia internacional del número de vuelo se basa en la eficiencia y organización del tráfico aéreo, mejorando la comunicación y la coordinación entre aeropuertos, aerolíneas y pasajeros. Por ejemplo, el número de vuelo aparece en los boletos de avión y en las pantallas de información del aeropuerto.

Floating policy (Póliza flotante): Es un tipo de póliza de seguro que cubre múltiples envíos de mercancías durante un período determinado, sin necesidad de emitir una nueva póliza para cada envío. Este tipo de póliza es común en el seguro marítimo y de transporte.

La influencia de la póliza flotante está en su flexibilidad y eficiencia, proporcionando una cobertura continua y simplificada para los asegurados que realizan envíos frecuentes. Por ejemplo, una empresa exportadora puede utilizar una póliza flotante para cubrir todos sus envíos internacionales durante un año.

Flood (Inundación): Es el desbordamiento de agua que cubre normalmente áreas secas, causado por lluvias intensas, deshielo, desbordamiento de ríos, o marejadas ciclónicas. Las inundaciones pueden causar daños significativos a propiedades y afectar la infraestructura.

La relevancia estratégica de gestionar y prevenir inundaciones proviene de en la protección de vidas y propiedades, así como en la mitigación de impactos económicos y ambientales. Por ejemplo, las autoridades locales pueden implementar sistemas de drenaje mejorados y regulaciones de zonificación para reducir el riesgo de inundaciones.

Flood insurance (Seguro contra inundación): Es una póliza de seguro que proporciona cobertura financiera por daños causados por inundaciones. Este seguro cubre los costos de reparación o reconstrucción de propiedades dañadas y puede incluir pérdidas de bienes y costos adicionales relacionados.

La preponderancia del seguro contra inundación depende de la protección financiera que ofrece, ayudando a individuos y empresas a recuperarse de los daños causados por inundaciones. Por ejemplo, una familia con seguro contra inundación puede recibir compensación para reparar su hogar tras una inundación devastadora.

Flotación en carga (Load line): Es una marca en el casco de un buque que indica el nivel máximo de carga que puede llevar de manera segura. Esta marca, también conocida como línea de Plimsoll, asegura que el buque no sea sobrecargado y mantenga su estabilidad y seguridad en el mar.

La significancia operativa de la flotación en carga se fundamenta en la seguridad y regulación del transporte marítimo, protegiendo a la tripulación, la carga y el buque. Por ejemplo, los inspectores de puerto verifican la línea de flotación para asegurar que el buque esté cargado adecuadamente antes de zarpar.

Fluctuación (Economic fluctuation): Se refiere a las variaciones en la actividad económica que pueden ser cíclicas o aleatorias. Las fluctuaciones económicas incluyen cambios en el crecimiento del PIB, tasas de desempleo, inflación y otros indicadores económicos.

La relevancia de comprender las fluctuaciones económicas se centra en la capacidad de las empresas y gobiernos para planificar y adaptarse a cambios en el entorno económico. Por ejemplo, una empresa puede ajustar su estrategia de precios y producción en respuesta a una recesión económica.

Flujo de caja (Cash flow): Es el movimiento de dinero hacia y desde una empresa, que incluye ingresos por ventas y pagos de gastos operativos, inversiones y financiamiento. El flujo de caja es crucial para la salud financiera de una empresa.

La trascendencia del flujo de caja se fundamenta en la capacidad de una empresa para mantener operaciones fluidas, pagar deudas y financiar el crecimiento. Por ejemplo, una empresa con un flujo de caja positivo puede reinvertir en su negocio y cubrir gastos inesperados.

Flush deck ships (Buques de cubierta corrida): Son buques diseñados sin superestructuras o interrupciones en su cubierta principal, proporcionando una gran área continua para la carga. Estos buques son ideales para transportar cargas voluminosas y pesadas.

La significancia de los buques de cubierta corrida se establece en su capacidad para transportar eficientemente grandes volúmenes de carga, facilitando el manejo y la estiba. Por ejemplo, estos buques se utilizan para transportar grandes equipos industriales y estructuras.

FO - Free out (Libre de gastos de desestiba/descarga): Es un término de transporte marítimo que indica que el fletador paga los costos de descarga de la mercancía en el puerto de destino. Este término se utiliza comúnmente en contratos de fletamento.

La supremacía competitiva de "Free out" consiste en la clara asignación de responsabilidades y costos entre las partes involucradas, facilitando la planificación y negociación. Por ejemplo, un importador acuerda asumir los costos de descarga en el puerto de destino, mientras que el exportador paga los costos de carga en el puerto de origen.

FOB - Free on board (Sin gastos a bordo): Es un término comercial que indica que el vendedor cumple con su obligación de entrega cuando la mercancía ha pasado la borda del buque en el puerto de embarque. A partir de ese momento, el comprador asume todos los costos y riesgos del transporte.

La trascendencia estratégica de FOB se centra en la clara demarcación de responsabilidades y costos entre el vendedor y el comprador, facilitando el comercio internacional. Por ejemplo, un exportador de maquinaria entrega la mercancía en el puerto y el importador asume los gastos y riesgos del transporte marítimo.

FOB clause - free on board (Cláusula libre a bordo): Es una cláusula en contratos de venta internacional que especifica que el vendedor cumple con su obligación de entrega cuando la mercancía ha pasado la borda del buque en el puerto de embarque. Esta cláusula define claramente las responsabilidades de cada parte en el proceso de envío.

La supremacía estratégica de la cláusula FOB se basa en la claridad que proporciona en la asignación de riesgos y costos, facilitando el cumplimiento de las condiciones contractuales y evitando malentendidos. Por ejemplo, un exportador de productos electrónicos usa la cláusula FOB para especificar que su responsabilidad termina en el puerto de embarque.

Fondeo (Anchorage): Es el acto de asegurar un buque al fondo del mar mediante el uso de un ancla. El fondeo se utiliza cuando un buque necesita detenerse temporalmente en una ubicación específica sin atracar en un puerto.

La influencia del fondeo está en la capacidad de los buques para detenerse de manera segura en el agua, evitando el movimiento no deseado debido a corrientes o vientos. Por ejemplo, un buque puede fondear en una bahía protegida mientras espera su turno para entrar al puerto.

FOR or FOT - Free on rail or on truck (Gratis en tren/gratis en camión): Es un término de comercio internacional que indica que el vendedor cumple con su obligación de entrega cuando la mercancía es cargada en el vagón del ferrocarril o en el camión en el lugar acordado. A partir de ese momento, el comprador asume todos los costos y riesgos del transporte.

La importancia de FOR o FOT proviene de la clara asignación de responsabilidades y costos entre el vendedor y el comprador, facilitando el comercio y la logística. Por ejemplo, un exportador entrega la mercancía en un camión en su fábrica, y el importador asume los costos de transporte hasta el destino final.

Forced call (Arribo forzoso): Es la llegada obligada de un buque a un puerto no planificado debido a circunstancias imprevistas como emergencias médicas, condiciones meteorológicas adversas o problemas mecánicos. Este término se utiliza para describir situaciones en las que el desvío es necesario por razones de seguridad o emergencia.

La preponderancia del arribo forzoso depende de la seguridad y en la capacidad de respuesta rápida a emergencias, protegiendo a la tripulación, la carga y el buque. Por ejemplo, un buque puede realizar un arribo forzoso en un puerto cercano para obtener asistencia médica urgente para un tripulante enfermo.

Fore derrick post (Poste de carga de proa): Es una estructura vertical en la parte delantera de un buque que sostiene las grúas o aparejos utilizados para la carga y descarga de mercancías. Este poste es esencial para la operación eficiente de las grúas de proa.

La trascendencia estratégica del poste de carga de proa se fundamenta en su papel en la manipulación segura y eficiente de las cargas en la parte delantera del buque, mejorando la capacidad de carga y descarga. Por ejemplo, un buque de carga utiliza el poste de carga de proa para mover contenedores y mercancías pesadas.

Forecastle (Castillo de proa): Es la parte elevada de la cubierta de proa de un buque, que suele albergar el alojamiento de la tripulación y áreas de trabajo. El castillo de proa proporciona una ubicación segura y protegida para los marineros y equipos esenciales.

La relevancia del castillo de proa se encuentra en la protección y comodidad que ofrece a la tripulación, así como en su función en la distribución del peso y la estabilidad del buque. Por ejemplo, los marineros pueden utilizar el castillo de proa como área de descanso y trabajo durante largos viajes.

Foreign insurer (Asegurador extranjero): Es una compañía de seguros que está domiciliada en un país diferente al país donde se ofrece la póliza de seguro. Estos aseguradores proporcionan cobertura internacional y pueden estar sujetos a diferentes regulaciones y requisitos.

La trascendencia del asegurador extranjero gira en torno a la capacidad de ofrecer cobertura a nivel global, permitiendo a empresas e individuos acceder a seguros en mercados internacionales. Por ejemplo, una multinacional puede contratar un seguro con un asegurador extranjero para cubrir sus operaciones en múltiples países.

Forfaiting (tipo de financiación que facilita la exportación de bienes o servicios): Es una técnica de financiamiento de comercio internacional donde un exportador vende sus cuentas por cobrar a una entidad financiera (forfaiter) a cambio de efectivo inmediato. El forfaiting elimina el riesgo de crédito del exportador, ya que la entidad financiera asume el riesgo de pago del importador.

El forfaiting permite hacer efectivo de forma inmediata créditos y operaciones con pagos diferidos a medio y largo plazo

La significancia del forfaiting se fundameenta en la mejora de la liquidez y en la eliminación del riesgo de crédito para los exportadores, facilitando el comercio internacional. Por ejemplo, un exportador puede utilizar forfaiting para obtener pago inmediato por una venta a un cliente en otro país, asegurando sus ingresos y reduciendo riesgos.

Formalidades aduaneras de descarga (Entry inwards): Son los procedimientos y requisitos que deben cumplirse al ingresar mercancías en un país. Esto incluye la presentación de documentos, inspección de la carga y el pago de aranceles e impuestos. Estos trámites aseguran el cumplimiento de las regulaciones aduaneras y la seguridad del país.

La trascendencia global de las formalidades aduaneras de descarga consiste en la regulación del comercio internacional y la protección del mercado interno. Por ejemplo, una empresa importadora debe cumplir con estas formalidades para legalizar la entrada de sus productos y evitar sanciones.

Formalidades aduaneras de embarque (Entry outwards): Son los procedimientos que deben seguirse para exportar mercancías de un país. Esto incluye la declaración de la carga, la obtención de permisos de exportación y el cumplimiento de las regulaciones aduaneras del país de origen.

La utilidad estratégica de las formalidades aduaneras de embarque se sostiene en la facilitación del comercio internacional y en el aseguramiento de que las exportaciones cumplan con las leyes locales e internacionales. Por ejemplo, una empresa exportadora debe completar estas formalidades para enviar sus productos legalmente al extranjero.

Form A – (Certificado de origen) del Sistema de Preferencias Generalizadas - SPG: Es un documento que certifica que las mercancías exportadas desde un país en desarrollo cumplen con los requisitos del Sistema de Preferencias Generalizadas (SPG). Este certificado permite que las mercancías gocen de aranceles reducidos o nulos en los países desarrollados que aplican el SPG.

La importancia del Formulario A se fundamenta en la reducción de costos de importación y en el fomento del comercio internacional para los países en desarrollo. Por ejemplo, un exportador de textiles puede obtener aranceles reducidos en la Unión Europea presentando el Formulario A.

Forward perpendicular (Perpendicular de proa): Es una línea vertical imaginaria trazada a lo largo de la proa de un buque, generalmente en el punto donde la línea de flotación de diseño corta la proa. Esta medida se utiliza para calcular la eslora entre perpendiculares (EBP), que es una medida importante en el diseño y registro de buques.

La influencia de la perpendicular de proa se centra en su uso para determinar las dimensiones y capacidades de un buque, facilitando su diseño y operación. Por ejemplo, los ingenieros navales utilizan esta medida para calcular la capacidad de carga y la estabilidad del buque.

Forwarder/forwarding agent (Embarcador / agente de embarque): Es una entidad o persona que organiza el transporte de mercancías en nombre de los exportadores e importadores. Los agentes de embarque coordinan el envío, manejan la documentación aduanera y aseguran que las mercancías lleguen a su destino de manera eficiente y segura.

La importancia del agente de embarque se sostiene en la simplificación del proceso logístico y la optimización del transporte de mercancías. Por ejemplo, un exportador contrata a un agente de embarque para gestionar todos los aspectos del envío internacional de sus productos.

FPA - Free of Particular Average (Libre de avería particular): Es un término de seguro marítimo que excluye la cobertura de averías particulares, salvo que sean causadas por ciertos riesgos especificados. Esto significa que solo se cubrirán las pérdidas o daños mayores que afectan significativamente la carga.

La preponderancia del FPA depende de la reducción de primas de seguro y en la claridad de la cobertura proporcionada, permitiendo a los asegurados entender exactamente qué riesgos están cubiertos. Por ejemplo, un importador puede optar por un seguro FPA para reducir costos, aceptando que pequeñas averías no serán cubiertas.

FRA - Forward Rate Agreement (Acuerdo de tipo de interés a plazo): Es un contrato financiero entre dos partes para intercambiar pagos de intereses sobre un monto nominal en una fecha futura específica, basado en una tasa de interés acordada. Este acuerdo se utiliza para gestionar el riesgo de tasa de interés.

La prominencia global del FRA se fundamenta en la protección contra fluctuaciones de tasas de interés, proporcionando estabilidad financiera a las partes involucradas. Supongamos que una empresa espera recibir un préstamo en 3 meses y quiere fijar la tasa de interés hoy para protegerse de un posible aumento. Puede firmar un FRA con un banco para fijar una tasa del 5% para un préstamo de 6 meses que comenzará en 3 meses. Si al inicio del préstamo la tasa de mercado es del 6%, el banco compensará a la empresa por la diferencia. Si la tasa es del 4%, la empresa pagará al banco la diferencia.

Fragile (Frágil): Se refiere a productos o materiales que son fácilmente susceptibles a romperse o dañarse bajo condiciones normales de manipulación o transporte. Los artículos frágiles requieren un manejo cuidadoso y un embalaje adecuado para evitar daños.

La relevancia de etiquetar y manejar productos frágiles adecuadamente se centra en la protección de la integridad de los productos y en la reducción de pérdidas. Por ejemplo, las empresas de transporte deben tomar precauciones adicionales al manejar artículos frágiles como vidrio o productos electrónicos.

Frame (Estructura): En el contexto de construcción y manufactura, una estructura es el armazón que da soporte y forma a un objeto o edificio. En los buques, la estructura incluye vigas y refuerzos que proporcionan la integridad estructural del casco.

La trascendencia de una estructura robusta se fundamenta en la durabilidad y la seguridad del objeto o edificación, asegurando que pueda soportar cargas y resistir fuerzas externas. Por ejemplo, en la construcción naval, una estructura sólida es esencial para la estabilidad y seguridad del buque.

Franchise (Franquicia): Es un modelo de negocio en el cual una empresa (franquiciante) otorga a otra parte (franquiciado) el derecho de operar bajo su marca y sistema comercial a cambio de un pago inicial y regalías continuas. El franquiciado se beneficia del reconocimiento de marca y el soporte del franquiciante.

La significancia de la franquicia se establece en la expansión rápida y eficiente de un negocio, permitiendo a los franquiciados operar con un modelo probado y exitoso. Por ejemplo, una cadena de restaurantes puede crecer rápidamente abriendo nuevas franquicias en diferentes ciudades.

Franco vagón (Free on rail or on truck): Es un término de comercio internacional que indica que el vendedor cumple con su obligación de entrega cuando la mercancía es cargada en el vagón del ferrocarril o en el camión en el lugar acordado. A partir de ese momento, el comprador asume todos los costos y riesgos del transporte.

La relevancia estratégica de FOR o FOT consiste en la clara asignación de responsabilidades y costos entre el vendedor y el comprador, facilitando el comercio y la logística. Por ejemplo, un exportador entrega la mercancía en un camión en su fábrica, y el importador asume los costos de transporte hasta el destino final.

Free From General Average - FC&S (Libre de avería particular): Es una cláusula de seguro marítimo que excluye la cobertura de averías particulares, excepto las causadas por ciertos riesgos especificados. Esta cláusula limita la responsabilidad del asegurador a pérdidas mayores, reduciendo las primas.

La prominencia internacional de FC&S radica en la claridad de la cobertura y en la reducción de costos de seguro, permitiendo a los asegurados gestionar mejor sus riesgos. Por ejemplo, una empresa puede elegir esta cobertura para protegerse contra grandes pérdidas sin cubrir pequeños daños.

Free list (Lista liberada): Es una lista de mercancías que están exentas de aranceles de importación en un país. Estas listas radican para fomentar el comercio de ciertos productos y facilitar la entrada de bienes necesarios sin costo adicional.

La preeminencia comercial de la lista liberada se basa en la promoción del comercio internacional y en la reducción de costos para los importadores, facilitando el acceso a productos esenciales. Por ejemplo, un país puede incluir medicamentos en la lista liberada para garantizar su disponibilidad a precios accesibles.

Free of Capture and Seizure - FC&S (Riesgo de apresamiento excluido): Es una cláusula de seguro marítimo que excluye la cobertura de pérdidas causadas por la captura o el apresamiento de la carga por fuerzas hostiles. Esta cláusula protege al asegurador de riesgos asociados con conflictos armados y piratería.

La influencia de FC&S se sostiene en la gestión de riesgos en áreas de alta inestabilidad política o piratería, proporcionando claridad sobre qué riesgos están excluidos de la cobertura. Por ejemplo, una empresa que transporta bienes a través de áreas de riesgo puede negociar esta cláusula para reducir sus costos de seguro.

Free of charge (Sin costo alguno): Es un término que indica que un bien o servicio se ofrece sin requerir pago alguno. Esto puede aplicarse en promociones, garantías y servicios complementarios ofrecidos por empresas a sus clientes.

La preeminencia comercial de ofrecer productos o servicios sin costo alguno se fundamenta en la creación de valor añadido para los clientes y en la mejora de la satisfacción y lealtad del cliente. Por ejemplo, una empresa puede ofrecer servicios de instalación sin costo adicional para incentivar la compra de sus productos.

Free port (Puerto libre): Es un puerto donde las mercancías pueden ser importadas, almacenadas y reexportadas sin el pago de aranceles o impuestos. Los puertos libres facilitan el comercio internacional y atraen inversiones al ofrecer ventajas fiscales y logísticas.

La preponderancia de un puerto libre depende de la promoción del comercio y el desarrollo económico regional, proporcionando un entorno favorable para la logística y la distribución. Por ejemplo, un puerto libre puede atraer empresas multinacionales que buscan minimizar costos operativos y arancelarios.

Free ship (Barco neutral): Es un buque que navega bajo la bandera de un país neutral y, por lo tanto, no está sujeto a captura o confiscación por beligerantes en tiempos de guerra. Los barcos neutrales pueden transportar bienes de países en conflicto sin ser considerados como enemigos.

La influencia clave de un barco neutral se fundamenta en su capacidad para operar de manera segura y eficiente en tiempos de conflicto, facilitando el comercio y el transporte de mercancías esenciales. Por ejemplo, un barco neutral puede continuar sus operaciones comerciales sin interferencias durante una guerra.

Advanced freight (Flete pagado por adelantado): Es el costo del transporte de mercancías que se paga antes de que las mercancías sean enviadas. Este pago anticipado asegura que el transportista reciba el pago por sus servicios antes de realizar el transporte.

La relevancia del flete pagado por adelantado se encuentra en la seguridad financiera para el transportista y en la garantía de servicio para el remitente. Por ejemplo, una empresa puede pagar el flete por adelantado para asegurar el transporte de sus productos a tiempo y sin complicaciones financieras.

Freight as per agreement (Flete convenido): Es el costo del transporte de mercancías acordado entre el remitente y el transportista según los términos y condiciones específicos del contrato. Este tipo de acuerdo permite personalizar las tarifas y servicios de transporte según las necesidades de ambas partes.

La trascendencia del flete convenido radica en la flexibilidad y capacidad para adaptar los términos de transporte a las necesidades específicas del remitente y el transportista. Por ejemplo, un exportador puede negociar un flete convenido con una naviera para asegurar tarifas competitivas y condiciones favorables.

Freight collect (Flete a cobrar/Pagadero en destino): Es el costo del transporte de mercancías que se paga al llegar al destino final, en lugar de ser pagado por adelantado. En este caso, el comprador asume la responsabilidad del pago del flete una vez que la mercancía ha sido entregada.

La significancia del flete a cobrar se establece en la conveniencia para el comprador, quien no tiene que pagar el flete hasta recibir la mercancía, y en la seguridad para el transportista de recibir el pago una vez completada la entrega. Por ejemplo, una empresa importadora puede acordar pagar el flete a cobrar para gestionar mejor su flujo de caja.

Freight conference (Conferencia de fletes): Es una asociación de líneas navieras que se unen para fijar tarifas y regular las condiciones del transporte marítimo en ciertas rutas. Estas conferencias buscan estabilizar el mercado y evitar la competencia destructiva entre las compañías navieras.

La magnitud económica de las conferencias de fletes consiste en la estabilidad y previsibilidad que proporcionan al mercado del transporte marítimo, beneficiando tanto a los transportistas como a los remitentes. Por ejemplo, una conferencia de fletes puede establecer tarifas estándar para el transporte de contenedores en una ruta específica.

Freight forwarder (Agente de carga): Es una entidad o persona que organiza el transporte de mercancías en nombre de los exportadores e importadores. Los agentes de carga coordinan el envío, manejan la documentación aduanera y aseguran que las mercancías lleguen a su destino de manera eficiente y segura.

La importancia del agente de carga se fundamenta en la simplificación del proceso logístico y la optimización del transporte de mercancías. Por ejemplo, un exportador contrata a un agente de carga para gestionar todos los aspectos del envío internacional de sus productos.

Freight index (Índice de flete): Es un indicador que mide las tarifas promedio del transporte de mercancías en diversas rutas y modalidades. Los índices de flete se utilizan para evaluar tendencias del mercado, fijar precios y negociar contratos de transporte.

La influencia clave del índice de flete se basa en su capacidad para proporcionar información actualizada y precisa sobre las tarifas de transporte, ayudando a las empresas a tomar decisiones informadas. Por ejemplo, una empresa puede utilizar el índice de flete para determinar el mejor momento para negociar contratos de transporte.

Freight planes (Aviones de carga): Son aeronaves diseñadas específicamente para el transporte de mercancías. Estos aviones cuentan con grandes compartimentos de carga y están equipados para manejar una variedad de tipos de carga, desde mercancías perecederas hasta productos pesados y voluminosos.

La influencia de los aviones de carga giraen torno a su capacidad para transportar mercancías de manera rápida y eficiente a nivel internacional, facilitando el comercio global. Por ejemplo, una empresa de logística utiliza aviones de carga para enviar productos a diferentes continentes en cuestión de horas.

Freight prepaid (Flete pagadero en origen): Es el costo del transporte de mercancías que se paga en el punto de origen antes de que las mercancías sean enviadas. Este tipo de flete asegura que el transportista reciba el pago por sus servicios antes de realizar el transporte.

La influencia estratégica del flete pagadero en origen radica en la seguridad financiera para el transportista y en la garantía de servicio para el remitente. Por ejemplo, una empresa puede pagar el flete por adelantado para asegurar el transporte de sus productos a tiempo y sin complicaciones financieras.

Freight rate (Tarifa de flete): Es el precio que se cobra por el transporte de mercancías por una determinada distancia y modalidad de transporte. La tarifa de flete puede variar según el peso, volumen, tipo de mercancía y la ruta de transporte.

La preponderancia de la tarifa de flete depende de su impacto en los costos logísticos y en la competitividad del comercio internacional. Por ejemplo, una empresa debe considerar la tarifa de flete al calcular el precio final de sus productos para asegurar márgenes de beneficio adecuados.

Friendly fire (Fuego no hostil): Se refiere a incendios controlados o deliberados que no tienen intención de causar daño, como los fuegos artificiales, fogatas supervisadas, o quemas controladas en la agricultura y la silvicultura.

La significancia operativa del fuego no hostil se fundamenta en su uso seguro y beneficioso en diversas actividades recreativas, culturales y de manejo de tierras. Por ejemplo, las quemas controladas se utilizan en la gestión de pastizales para prevenir incendios forestales incontrolados.

Fuerza mayor (Force majeure): Es una cláusula contractual que exime a las partes de cumplir con sus obligaciones contractuales debido a eventos extraordinarios e imprevisibles, como desastres naturales, guerras, huelgas o pandemias. Estos eventos deben estar fuera del control de las partes y hacer imposible o impracticable la ejecución del contrato.

La relevancia de la cláusula de fuerza mayor se encuentra en la protección legal que ofrece a las partes en situaciones de emergencia, permitiendo la suspensión o terminación del contrato sin penalizaciones. Por ejemplo, una empresa puede invocar fuerza mayor para suspender temporalmente sus obligaciones contractuales durante un terremoto.

Fuga de capitales (Capital flight): Se refiere a la salida rápida y masiva de capital financiero de un país hacia otros destinos, generalmente en respuesta a crisis económicas, inestabilidad política o políticas gubernamentales desfavorables. Esta fuga puede tener un impacto negativo significativo en la economía del país de origen.

La trascendencia de monitorear y gestionar la fuga de capitales reside en la estabilidad económica y financiera de un país, ya que la salida masiva de capital puede devaluar la moneda y reducir la inversión interna. Por ejemplo, durante una crisis económica, los inversores pueden retirar su capital de un país para proteger sus activos.

Full and down condition (Lleno en peso y volumen): Se refiere a la condición óptima de un buque cuando está cargado hasta su capacidad máxima tanto en peso como en volumen. Esta condición asegura que el buque esté utilizando su capacidad de carga de manera eficiente y segura.

La significancia de la condición de lleno en peso y volumen se establece en la maximización de la eficiencia operativa y la seguridad del buque durante el transporte de mercancías. Por ejemplo, un buque de carga debe estar lleno en peso y volumen para optimizar su rendimiento y estabilidad en el mar.

Full details to follow (Siguen detalles completos): Es una indicación utilizada en correspondencia comercial y contratos preliminares para informar que se proporcionarán detalles completos en una fecha posterior. Esto permite a las partes proceder con un acuerdo preliminar mientras se finalizan los detalles específicos.

La esencia de "Siguen detalles completos" consiste en la flexibilidad que ofrece para iniciar acuerdos o transacciones mientras se completan los términos detallados. Por ejemplo, una empresa puede acordar preliminarmente un contrato de suministro, indicando que los detalles completos se proporcionarán más adelante.

Full interest admitted (Admitido todo interés): Es una cláusula en las pólizas de seguro que indica que el asegurador acepta la existencia y validez del interés asegurado, sin necesidad de más pruebas de su legitimidad. Esto simplifica el proceso de reclamación en caso de siniestro.

La significancia operativa de "admitido todo interés" radica en la claridad y simplificación que ofrece en la cobertura de seguros, asegurando que todas las partes interesadas estén cubiertas sin complicaciones adicionales. Por ejemplo, una empresa puede obtener una póliza con esta cláusula para asegurar sus bienes contra posibles pérdidas o daños.

Full reach and burden (Capacidad y tonelaje totales): Es un término utilizado para describir la capacidad máxima de carga y el tonelaje total que un buque puede transportar de manera segura. Este término es esencial para la planificación y operación de buques de carga.

La gravitación comercial de "capacidad y tonelaje totales" se basa en la optimización de la carga y la seguridad operativa del buque, asegurando que se utilice al máximo su capacidad sin comprometer su estabilidad. Por ejemplo, los operadores de buques deben calcular cuidadosamente la capacidad total para planificar eficientemente sus rutas y cargamentos.

Funnel (Chimenea): Es la estructura en un buque que canaliza los gases de escape de los motores fuera del buque. Las chimeneas son esenciales para la ventilación adecuada y para mantener la calidad del aire en el buque.

La influencia de la chimenea se centra en la seguridad y eficiencia operativa del buque, asegurando que los gases de escape se expulsen de manera segura y efectiva. Por ejemplo, una chimenea bien diseñada y mantenida ayuda a prevenir la acumulación de gases tóxicos en el buque, protegiendo a la tripulación y mejorando el rendimiento del motor.

Otros términos vinculados a F

Inland freight (Flete terrestre): Es el costo asociado con el transporte de mercancías dentro de un país por medios terrestres, ya sea por carretera, ferrocarril o vías fluviales. Este tipo de flete es una parte crucial de la cadena de suministro, asegurando que las mercancías lleguen desde el punto de producción hasta el destino final o punto de exportación. El flete terrestre implica una planificación cuidadosa de rutas, la gestión de tiempos de entrega y la coordinación con otros modos de transporte.

La importancia del flete terrestre se sostiene en su papel en la logística nacional, facilitando el movimiento de mercancías y contribuyendo a la economía local. Por ejemplo, una empresa puede utilizar servicios de flete terrestre para transportar sus productos desde la fábrica hasta los centros de distribución, asegurando una entrega eficiente y puntual.

Ocean freight (Flete marítimo): Es el costo asociado con el transporte de mercancías por vía marítima, que incluye tarifas de carga, seguros y otros cargos relacionados con el uso de servicios marítimos. Este tipo de flete es fundamental para el comercio internacional, permitiendo el movimiento de grandes volúmenes de mercancías a través de largas distancias. El flete marítimo abarca diferentes tipos de buques y servicios, como contenedores, graneles y carga rodada.

La preponderancia del flete marítimo depende de su capacidad para transportar grandes volúmenes de mercancías de manera eficiente y económica, facilitando el comercio global. Por ejemplo, una empresa puede utilizar servicios de flete marítimo para importar materias primas desde otro continente a un costo razonable, optimizando sus operaciones y ampliando su alcance de mercado.

G

Ganancias (Earnings): Se refiere a los ingresos netos que una empresa obtiene después de deducir todos los costos operativos, impuestos, intereses y otros gastos. Las ganancias son un indicador esencial de la rentabilidad y salud financiera de una empresa. La capacidad de una empresa para generar ganancias sostenibles a lo largo del tiempo determina su potencial de crecimiento, inversión y distribución de dividendos a sus accionistas.

Las ganancias son un indicador clave de la salud financiera de una empresa y su capacidad para crecer y reinvertir en el negocio. Por ejemplo, una empresa con ganancias crecientes puede invertir en nuevas tecnologías o expandir su mercado.

Garantía bancaria (Bank guarantee): Es un compromiso financiero emitido por un banco en el que se garantiza el pago de una suma específica de dinero al beneficiario en caso de que el cliente (deudor) incumpla sus obligaciones contractuales. Las garantías bancarias son utilizadas comúnmente en transacciones comerciales y proyectos de infraestructura para asegurar el cumplimiento de contratos y mitigar riesgos financieros.

La pertinencia comercial de la garantía bancaria se fundamenta en proporcionar seguridad y confianza en las transacciones comerciales, facilitando acuerdos y reduciendo riesgos financieros. Por ejemplo, en un contrato de construcción, una garantía bancaria asegura que el contratista cumplirá con sus obligaciones, proporcionando tranquilidad al cliente.

Garantía de calidad (Quality guarantee): Es un compromiso por parte de un fabricante o proveedor de que los productos o servicios ofrecidos cumplirán con ciertos estándares de calidad y desempeño. Si los productos no cumplen con estos estándares, la empresa se compromete a repararlos, reemplazarlos o devolver el dinero al cliente.

La garantía de calidad es crucial para mantener la confianza del consumidor y la reputación de la marca. Por ejemplo, una empresa de electrónica puede ofrecer una garantía de calidad de un año para sus productos, asegurando a los clientes que cualquier defecto será solucionado sin costo adicional.

Garantía sobre las sobreestadías (Bond for demurrage): Es una garantía financiera que cubre los costos adicionales incurridos por un buque cuando excede el tiempo de carga o descarga acordado en el puerto. Esta garantía asegura que los costos de sobrestadía sean cubiertos, protegiendo tanto al propietario del buque como al fletador de posibles pérdidas financieras.

La relevancia de esta garantía se encuentra en la protección financiera para ambas partes involucradas en la operación marítima, asegurando que los costos imprevistos sean cubiertos de manera eficiente. Por ejemplo, si un buque se demora más de lo previsto en el puerto, la garantía sobre las sobreestadías cubrirá los costos adicionales incurridos.

Gastos (Expenses, expenditure, outgoings): Se refiere a los desembolsos de dinero que una empresa realiza para mantener sus operaciones y generar ingresos. Estos gastos incluyen costos de producción, salarios, alquileres, suministros, entre otros. La gestión eficiente de los gastos es fundamental para mantener la rentabilidad y sostenibilidad de una empresa.

La trascendencia de controlar los gastos depende de la capacidad de una empresa para maximizar sus beneficios y asegurar su estabilidad financiera. Por ejemplo, una empresa que gestiona bien sus gastos puede invertir en oportunidades de crecimiento y mejorar su competitividad en el mercado.

Gastos de muelle (Dockage): Son los costos asociados con el uso de las instalaciones portuarias para cargar y descargar mercancías de un buque. Estos gastos incluyen tarifas por el uso del muelle, servicios de estiba, almacenamiento temporal y otros servicios portuarios necesarios para la operación del buque en el puerto.

La significancia de los gastos de muelle radica en la correcta planificación y presupuestación de las operaciones marítimas, asegurando que los costos sean gestionados de manera eficiente. Por ejemplo, una empresa de logística marítima debe considerar estos costos al establecer tarifas y planificar sus rutas.

Gastos de operar un buque mercante (Running costs): Se refiere a los costos continuos necesarios para mantener y operar un buque mercante. Estos gastos incluyen combustible, tripulación, mantenimiento, seguros, suministros y otros costos operativos que son esenciales para el funcionamiento diario del buque.

El alcance estratégico de gestionar los gastos de operar un buque mercante se establece en la optimización de la eficiencia operativa y la rentabilidad de las operaciones marítimas. Por ejemplo, una empresa naviera debe controlar estos gastos para ofrecer tarifas competitivas y mantener la viabilidad económica de sus operaciones.

Gastos diversos (Miscellaneous costs): Se refiere a los gastos variados que no encajan en categorías específicas, pero que son necesarios para las operaciones de una empresa. Estos gastos pueden incluir suministros de oficina, gastos de viaje, capacitación del personal, entre otros.

La pertinencia comercial de identificar y gestionar los gastos diversos consiste en la capacidad de una empresa para tener una visión completa de sus costos y optimizar sus recursos. Por ejemplo, una empresa que controla bien sus gastos diversos puede identificar oportunidades de ahorro y mejorar su eficiencia operativa.

Gastos fijos (Fixed costs): Son aquellos costos que permanecen constantes y no varían con el nivel de producción o ventas de una empresa. Estos gastos incluyen alquileres, salarios fijos, seguros, y otros costos que deben ser pagados independientemente de la actividad empresarial.

El alcance estratégico de gestionar los gastos fijos radica en la capacidad de una empresa para mantener su operación incluso en periodos de baja producción o ventas. Por ejemplo, una empresa debe asegurarse de cubrir sus gastos fijos para evitar problemas financieros durante fluctuaciones en el mercado.

Gastos generales (Overhead expenses): Se refiere a los costos indirectos necesarios para operar una empresa, pero que no están directamente relacionados con la producción de bienes o servicios. Estos gastos incluyen alquileres de oficinas, servicios públicos, seguros, y otros costos administrativos.

La influencia estratégica de controlar los gastos generales se basa en la capacidad de una empresa para mantener su rentabilidad y competitividad en el mercado. Por ejemplo, una empresa que gestiona bien sus gastos generales puede reducir costos innecesarios y mejorar su margen de beneficio.

Gastos imprevistos (Contingent expenses, contingencies): Se refiere a los costos que surgen de manera inesperada y que no estaban presupuestados. Estos gastos pueden incluir reparaciones de emergencia, multas, y otros costos que no se pueden prever con antelación.

La influencia determinante de prever y gestionar los gastos imprevistos se fundamenta en la capacidad de una empresa para mantener su estabilidad financiera y operar sin interrupciones. Por ejemplo, una empresa puede establecer un fondo de contingencia para cubrir gastos imprevistos y evitar problemas financieros.

Gear (Guinche): Se refiere a los equipos y herramientas utilizados para cargar y descargar mercancías de un buque. Estos equipos incluyen grúas, cabrestantes, y otros dispositivos de manipulación de carga que son esenciales para las operaciones portuarias y marítimas.

La preponderancia de contar con equipos adecuados y bien mantenidos gira en torno a la eficiencia y seguridad de las operaciones de carga y descarga, minimizando el tiempo de puerto y reduciendo riesgos de accidentes. Por ejemplo, un puerto bien equipado con grúas modernas puede manejar mayores volúmenes de carga de manera más eficiente, mejorando su competitividad.

General average (Avería gruesa): Es un principio fundamental del derecho marítimo internacional que se aplica cuando, en una situación de emergencia, se realiza un sacrificio voluntario de una parte de la carga o del buque para salvar el conjunto del riesgo común. La avería gruesa se declara cuando estos sacrificios resultan en gastos extraordinarios o pérdidas significativas. Todos los interesados en la aventura marítima (propietarios del buque, fletadores y cargadores) deben contribuir proporcionalmente a las pérdidas y gastos ocasionados.

La influencia clave de la avería gruesa depende de la protección y equidad para todas las partes involucradas en un transporte marítimo. Por ejemplo, si durante una tormenta se jettisonan contenedores para estabilizar el buque, los costos se repartirán entre todos los propietarios de la carga, no solo el afectado directamente.

General average account (Cuenta de avería gruesa): Es un registro detallado y formal que documenta todas las contribuciones y gastos relacionados con un incidente de avería gruesa. Esta cuenta incluye una valoración precisa de los bienes sacrificados y los costos incurridos durante el incidente, así como la distribución proporcional de estos costos entre las partes involucradas. Es esencial para la liquidación y ajuste de la avería gruesa.

La relevancia de la cuenta de avería gruesa se fundamenta en la transparencia y claridad financiera, asegurando que todas las partes conozcan y acepten las contribuciones y compensaciones. Por ejemplo, una cuenta detallada ayuda a resolver disputas y a asegurar una distribución justa de los costos.

General average adjustment (Liquidación de avería gruesa): Es el proceso meticuloso de cálculo y distribución de las contribuciones entre todas las partes interesadas en un incidente de avería gruesa. Este ajuste es realizado por un ajustador de averías especializado, quien evalúa los valores de los bienes sacrificados y los costos incurridos para determinar cuánto debe contribuir cada parte interesada en base al valor de sus respectivos intereses en el buque y la carga.

La trascendencia de la liquidación de avería gruesa es garantizar una compensación justa y precisa para todos los involucrados. Por ejemplo, después de un incidente, el ajustador determinará las contribuciones equitativas basadas en el valor de las cargas y los bienes sacrificados.

General average contribution (Contribución a la avería gruesa): Es la cantidad de dinero que cada parte interesada debe pagar para cubrir las pérdidas y gastos incurridos durante un incidente de avería gruesa. La contribución se calcula en función del valor de los bienes de cada parte y es esencial para la equidad y la distribución justa de los costos.

La significancia de la contribución a la avería gruesa es garantizar que los costos se distribuyan de manera justa entre todas las partes involucradas en el viaje marítimo. Por ejemplo, cada propietario de carga contribuirá según el valor de su mercancía para cubrir las pérdidas y gastos.

General purpose tramp (Buque trampa de propósito general): Es un tipo de buque mercante versátil que no sigue un itinerario fijo y puede transportar una variedad de cargas a diferentes puertos según la demanda del mercado. Estos buques están diseñados para ser flexibles y adaptarse a diversas necesidades de transporte, lo que los hace ideales para fletes ocasionales y no programados.

El pilar fundamental de un buque trampa de propósito general es su flexibilidad y capacidad para responder a las fluctuaciones del mercado, optimizando el uso de recursos y tiempos de viaje. Por ejemplo, un buque trampa puede cambiar su ruta para aprovechar oportunidades de carga en diferentes puertos.

Giro (Drawing): Es una orden de pago emitida por una entidad bancaria o financiera que instruye a otra entidad a pagar una suma específica de dinero a una persona o empresa. Es comúnmente utilizado en transacciones comerciales y financieras, especialmente en comercio internacional, donde facilita el pago seguro y eficiente entre partes ubicadas en diferentes países.

El protagonismo esencial del giro se encuentra en su capacidad para facilitar pagos seguros y eficientes entre partes en diferentes ubicaciones geográficas. Por ejemplo, una empresa puede utilizar un giro para pagar a un proveedor en otro país, asegurando una transferencia de fondos segura.

Giro directo (Wire transfer): Es un método de transferencia electrónica de fondos de una cuenta bancaria a otra, permitiendo el movimiento rápido y seguro de dinero a nivel nacional e internacional. Las transferencias directas son comúnmente utilizadas para pagos urgentes y transacciones comerciales, ya que ofrecen rapidez y seguridad en la transferencia de fondos.

El pilar fundamental del giro directo reside en su rapidez y seguridad, facilitando transacciones financieras eficientes tanto a nivel nacional como internacional. Por ejemplo, una empresa puede utilizar un giro directo para pagar a sus proveedores de manera inmediata.

Goad (Guinche): Es un dispositivo mecánico utilizado para levantar y mover cargas pesadas, comúnmente encontrado en puertos, astilleros y sitios de construcción. Los guinches pueden ser operados manualmente o mediante motores eléctricos o hidráulicos, y son esenciales para la manipulación eficiente y segura de mercancías voluminosas y pesadas.

La influencia del guinche se establece en su capacidad para manejar cargas pesadas de manera segura y eficiente, reduciendo el tiempo y esfuerzo necesarios para las operaciones de carga y descarga. Por ejemplo, un puerto bien equipado con guinches modernos puede manejar mayores volúmenes de carga de manera más eficiente, mejorando su competitividad.

Good ship or vessel (Buque apto): Es un término utilizado para describir un buque que cumple con todas las condiciones de navegabilidad, seguridad y eficiencia operativa necesarias para realizar un viaje marítimo seguro y exitoso. Un buque apto debe estar en buenas condiciones técnicas y cumplir con todas las regulaciones y normativas internacionales.

La gravitación internacional de un buque apto radica en la seguridad y eficiencia de las operaciones marítimas, asegurando que el transporte de mercancías se realice sin incidentes. Por ejemplo, un buque que pasa todas las inspecciones y cumple con las normativas internacionales es considerado apto para navegar.

Goods (Mercancías): Se refiere a los productos, artículos o materiales que se transportan de un lugar a otro con fines comerciales. Las mercancías pueden incluir bienes de consumo, materias primas, productos manufacturados y cualquier otro tipo de bienes que se intercambian en el comercio nacional o internacional.

La gravitación comercial de las mercancías en el comercio resulta de su papel como bienes de intercambio económico que facilitan el comercio y el crecimiento económico. Por ejemplo, el transporte eficiente de mercancías es crucial para la cadena de suministro global y el abastecimiento de mercados.

Goods train (Tren de carga): Es un tren diseñado específicamente para el transporte de mercancías, compuesto por vagones de carga que pueden llevar una variedad de productos y materiales a largas distancias. Los trenes de carga son una parte esencial de la infraestructura logística y de transporte de muchos países.

La gravitación del tren de carga se basa en su capacidad para transportar grandes volúmenes de mercancías de manera eficiente y económica, contribuyendo a la reducción de costos logísticos y mejorando la conectividad entre regiones. Por ejemplo, un tren de carga puede transportar productos desde una fábrica a un puerto de exportación de manera rápida y segura.

Gooseneck (Sustentante): Es una pieza de equipo en la industria del transporte y la logística, que conecta el remolque a la unidad tractora en un camión articulado. El gooseneck permite un acoplamiento seguro y flexible, facilitando el manejo de cargas pesadas y voluminosas.

La relevancia del gooseneck se sustenta en su capacidad para proporcionar estabilidad y seguridad en el transporte de cargas pesadas, mejorando la eficiencia operativa y reduciendo riesgos de accidentes. Por ejemplo, en el transporte de maquinaria pesada, un gooseneck asegura una conexión robusta y segura entre el remolque y el camión.

Government insurance (Seguro gubernamental): Es un tipo de seguro proporcionado o respaldado por el gobierno para cubrir riesgos específicos, como desastres naturales, riesgos agrícolas, seguros de salud y otros tipos de seguros que pueden no ser rentables para las aseguradoras privadas.

La esencia del seguro gubernamental proviene de su capacidad para proporcionar una red de seguridad financiera a individuos y empresas frente a riesgos que podrían tener impactos económicos devastadores. Por ejemplo, el seguro agrícola gubernamental puede proteger a los agricultores de pérdidas financieras debidas a condiciones climáticas adversas.

Grace period (Período de gracia): Es un plazo adicional concedido a un deudor para realizar un pago después de la fecha de vencimiento sin incurrir en penalizaciones o intereses adicionales. El período de gracia varía según los términos del contrato y es común en préstamos, hipotecas y pagos de seguros.

La significancia del período de gracia depende de su capacidad para proporcionar flexibilidad y alivio temporal a los deudores, ayudándoles a evitar cargos adicionales y mantener su solvencia financiera. Por ejemplo, una hipoteca con un período de gracia permite al propietario realizar el pago unos días después de la fecha de vencimiento sin penalidades.

Grain fitting (Dispositivos para la estiba de granos): Son equipos y estructuras instaladas en los buques graneleros para asegurar y estabilizar la carga de grano durante el transporte marítimo. Estos dispositivos incluyen mamparos, trampillas y otros sistemas de sujeción que evitan el movimiento del grano y mantienen su integridad.

El impacto global de los dispositivos para la estiba de granos se fundamenta en la seguridad y eficiencia del transporte de granos, evitando desplazamientos que podrían causar daños o accidentes durante el viaje. Por ejemplo, un buque granelero equipado con dispositivos adecuados puede transportar granos de manera segura y eficiente, reduciendo pérdidas y riesgos.

Grain rules (Reglamento para el transporte de grano): Son un conjunto de normativas y directrices internacionales que regulan el transporte seguro y eficiente de granos a granel por vía marítima. Estas reglas establecen los requisitos para la estiba, manejo y transporte de granos para prevenir accidentes y garantizar la calidad de la carga.

El motor estratégico del reglamento para el transporte de grano se encuentra en la protección de la integridad de la carga y la seguridad del buque y su tripulación. Por ejemplo, cumplir con las reglas de transporte de grano asegura que el buque esté adecuadamente preparado para transportar esta carga específica, minimizando riesgos de desplazamiento y daños.

Granel (Bulk): Se refiere a la carga que se transporta sin empaquetar, en grandes cantidades, y generalmente en compartimentos específicos del buque, tren o camión. Los productos a granel incluyen minerales, granos, líquidos, y otros materiales que se transportan en grandes volúmenes.

El motor económico del transporte a granel radica en su eficiencia y costo-efectividad para mover grandes cantidades de productos, reduciendo costos de embalaje y manipulación. Por ejemplo, el transporte de petróleo a granel en buques cisterna es más eficiente que en contenedores individuales.

Granelero (Bulk carrier): Es un tipo de buque diseñado específicamente para el transporte de cargas a granel, como minerales, carbón, granos y otros materiales no empaquetados. Estos buques están equipados con compartimentos especiales y sistemas de estiba para manejar grandes volúmenes de carga de manera segura y eficiente.

La influencia del buque granelero se establece en su capacidad para transportar grandes cantidades de carga a granel de manera eficiente, contribuyendo al comercio global y al abastecimiento de materiales esenciales. Por ejemplo, un granelero puede transportar miles de toneladas de grano desde una región productora a mercados internacionales.

Gravar (To levy): Se refiere a la imposición de impuestos, tarifas o cargos sobre bienes, ingresos, propiedades o transacciones por parte de una autoridad gubernamental. Gravar es una herramienta clave de política fiscal utilizada para recaudar ingresos para financiar servicios públicos y proyectos de infraestructura.

La gravitación comercial de gravar consiste en su papel fundamental en la recaudación de fondos necesarios para el funcionamiento del gobierno y la prestación de servicios públicos. Por ejemplo, el gobierno puede gravar la importación de productos para recaudar fondos y regular el comercio.

Graving dock (Dique seco): Es una estructura especializada utilizada para la reparación, mantenimiento y construcción de buques. Un dique seco permite drenar el agua, dejando el buque expuesto para que se realicen trabajos en su casco y otras partes sumergidas.

La preponderancia del dique seco estriba en su capacidad para proporcionar un entorno seguro y controlado para el mantenimiento y reparación de buques, prolongando su vida útil y asegurando su operatividad. Por ejemplo, un buque que necesita reparaciones en el casco puede ser llevado a un dique seco donde se realizan las reparaciones necesarias.

Gross charter (Términos a la gruesa): Se refiere a un tipo de contrato de fletamento en el cual el fletador paga una tarifa global por el uso del buque durante un periodo específico, cubriendo todos los costos operativos, excepto aquellos específicamente excluidos en el contrato. Este tipo de contrato ofrece una tarifa fija y predecible para el fletador.

La gravitación internacional de los términos a la gruesa se basa en la claridad y predictibilidad de los costos para ambas partes en un contrato de fletamento, facilitando la planificación y gestión financiera. Por ejemplo, un fletador puede contratar un buque a términos a la gruesa para un viaje específico, sabiendo exactamente cuánto pagará por el uso del buque, sin preocuparse por costos operativos adicionales.

Gross for net weight (Peso bruto por neto): Este término se utiliza en la industria del transporte y logística para referirse a la práctica de cobrar tarifas basadas en el peso bruto del envío, que incluye tanto el peso del contenido (peso neto) como el peso del embalaje y cualquier otro material adicional utilizado para el transporte. El peso bruto es fundamental para calcular las tarifas de envío y manipulación, ya que proporciona una medida completa de la carga total que se transportará.

La relevancia de utilizar el peso bruto por neto está en la precisión en la facturación y en la logística del transporte, asegurando que todos los costos asociados se calculen de manera correcta. Por ejemplo, en el transporte de mercancías, se utiliza el peso bruto para determinar las tarifas de envío y asegurar que no se excedan los límites de carga del vehículo.

Gross premium (Prima bruta): Es el monto total de las primas que una compañía de seguros cobra a sus clientes antes de deducir cualquier costo, como comisiones, gastos administrativos y pagos por reclamaciones. La prima bruta es un indicador del volumen de negocios de una aseguradora y refleja el ingreso total antes de cualquier deducción.

La trascendencia de la prima bruta proviene de su papel como indicador del volumen total de negocios de una aseguradora, proporcionando una visión general de sus ingresos antes de los costos. Por ejemplo, una compañía de seguros puede analizar la prima bruta para evaluar su crecimiento y participación en el mercado.

Gross Register Tonnage - GRT (Tonelaje bruto de registro): Es una medida del volumen total de todos los espacios cerrados de un buque, desde la quilla hasta la cubierta superior, y se expresa en unidades de registro bruto. El GRT se utiliza principalmente para determinar tarifas portuarias, impuestos y otras regulaciones marítimas.

La significancia del tonelaje bruto de registro depende de su uso para calcular tarifas y cumplir con regulaciones internacionales en la industria marítima. Por ejemplo, un puerto puede utilizar el GRT para determinar las tarifas de atraque y los servicios necesarios para un buque que llega.

Gross terms (Condiciones brutas): Se refiere a un acuerdo en el cual los términos y condiciones incluyen todos los costos y cargos asociados sin deducciones. Estas condiciones proporcionan una visión clara y completa de los costos totales involucrados en una transacción comercial, facilitando la comprensión y evitando disputas.

El eje estratégico de las condiciones brutas se fundamenta en la transparencia y simplicidad para las partes involucradas, facilitando una comprensión clara de todos los costos y evitando disputas. Por ejemplo, un contrato de fletamento con condiciones brutas incluye todos los costos operativos del buque, proporcionando certeza en los costos para el fletador.

Gross tonnage (Tonelaje bruto o grueso): Es una medida del volumen total interno de un buque, calculada de acuerdo con la Convención Internacional sobre la Arqueo de los Buques. El tonelaje bruto incluye todos los espacios cerrados del buque y se utiliza para determinar tarifas portuarias, impuestos y regulaciones marítimas.

El eje fundamental del tonelaje bruto se encuentra en su uso para determinar tarifas portuarias, impuestos y cumplir con regulaciones internacionales. Por ejemplo, las autoridades portuarias utilizan el tonelaje bruto para calcular las tarifas de atraque y los servicios necesarios para un buque.

Gross weight (Peso bruto): Es el peso total de un producto incluyendo su embalaje y cualquier material adicional utilizado para su transporte. Este peso es crucial para calcular costos de envío, tarifas y para cumplir con las regulaciones de transporte. El peso bruto es una medida completa que garantiza que todos los aspectos del transporte sean considerados.

El alcance estratégico del peso bruto reside en su uso para determinar tarifas de transporte y asegurar que se cumplan los límites de carga de los vehículos de transporte. Por ejemplo, una empresa de logística calcula el peso bruto de los envíos para determinar las tarifas de envío y asegurar la seguridad durante el transporte.

Groundage (Derechos de anclaje): Son las tarifas cobradas por el uso de instalaciones portuarias y áreas de anclaje. Estos derechos se aplican a los buques que permanecen en el puerto por un tiempo específico y utilizan las instalaciones del puerto para cargar, descargar o por otras actividades.

La influencia de los derechos de anclaje se establece en la generación de ingresos para los puertos y en la regulación del uso de las instalaciones portuarias. Por ejemplo, un puerto cobra derechos de anclaje a los buques que permanecen más tiempo del permitido para asegurar una rotación eficiente y generar ingresos.

Grounding (Varada, encalladura, embarrancada): Es el término utilizado para describir la situación en la que un buque se queda atascado en el fondo del mar, en bancos de arena o en rocas. La varada puede ocurrir debido a errores de navegación, condiciones climáticas adversas o problemas mecánicos. Este tipo de incidentes puede causar daños significativos al buque y su carga, y requiere una respuesta inmediata para minimizar las pérdidas.

La importancia de gestionar una varada consiste en la seguridad del buque, la carga y la tripulación, así como en la minimización de los daños y los costos de recuperación. Por ejemplo, un buque que se vara necesita asistencia inmediata para evitar daños mayores y asegurar la integridad de la carga y la tripulación.

Groupage (Agrupamiento): Es un método de consolidación de envíos en el cual múltiples pequeños envíos se agrupan en un solo contenedor para optimizar el espacio y reducir costos de transporte. Este método es comúnmente utilizado en el transporte internacional para mejorar la eficiencia logística.

La preponderancia del agrupamiento reside en la reducción de costos y la optimización del espacio en el transporte, permitiendo que las empresas pequeñas envíen productos de manera más económica. Por ejemplo, varias pequeñas empresas pueden agrupar sus envíos en un solo contenedor para reducir los costos de envío y maximizar la eficiencia.

Guía aérea (AWB - Air waybill): Es un documento de transporte utilizado en envíos aéreos que actúa como contrato entre el remitente y la aerolínea. La guía aérea contiene detalles del envío, incluyendo el destinatario, la descripción de la mercancía y las instrucciones de manejo. También sirve como recibo para el remitente y como prueba de contrato.

La influencia clave de la guía aérea se basa en su función como documento legal y de seguimiento que asegura el manejo adecuado de los envíos y facilita la resolución de disputas. Por ejemplo, en el transporte aéreo de mercancías, la guía aérea proporciona una referencia clara para todas las partes involucradas.

Otros términos vinculados a G

Damaged goods (Mercaderías averiadas): Se refiere a los productos que han sufrido algún tipo de daño durante el proceso de fabricación, transporte, almacenamiento o incluso en el punto de venta. Estos daños pueden afectar la apariencia, funcionalidad o integridad del producto, impidiendo que se venda a su precio original o en las condiciones iniciales previstas. La gestión adecuada de las mercaderías averiadas es fundamental para minimizar pérdidas y mantener la satisfacción del cliente.

La relevancia de identificar y gestionar las mercaderías averiadas está en la minimización de pérdidas económicas y la mantención de la calidad y reputación de la marca. Por ejemplo, una empresa puede ofrecer descuentos en productos ligeramente dañados para recuperar parte del costo y reducir pérdidas.

Dangerous goods (Mercaderías peligrosas): Son aquellos productos que, debido a sus propiedades físicas, químicas o biológicas, pueden representar un riesgo significativo para la salud, seguridad o el medio ambiente durante su manipulación, transporte o almacenamiento. Estos productos incluyen materiales inflamables, explosivos, tóxicos, corrosivos, radiactivos, entre otros. El manejo de mercaderías peligrosas requiere estrictas regulaciones y protocolos de seguridad para evitar accidentes y daños.

Es crucial manejar las mercaderías peligrosas con protocolos estrictos para evitar accidentes y cumplir con las regulaciones legales. Por ejemplo, los productos químicos deben ser etiquetados y transportados en contenedores especiales para garantizar la seguridad.

Lawful goods (Mercaderías autorizadas): Se refiere a los productos que están legalmente permitidos para su producción, comercialización y transporte según las leyes y regulaciones locales e internacionales. Las mercaderías autorizadas cumplen con todos los requisitos legales y normativos necesarios para su comercialización.

La importancia de las mercaderías autorizadas gira en torno del cumplimiento legal y la reducción de riesgos de sanciones y problemas legales. Por ejemplo, una empresa que comercializa productos autorizados asegura que sus operaciones se realicen dentro del marco legal, evitando problemas regulatorios.

Ocean freight (Flete marítimo): Es el costo asociado con el transporte de mercancías por vía marítima, incluyendo tarifas de carga, seguros y otros cargos relacionados. El flete marítimo es una parte esencial del comercio internacional, permitiendo el movimiento de grandes volúmenes de mercancías a través de largas distancias.

La significancia del flete marítimo depende de su capacidad para transportar grandes volúmenes de mercancías de manera eficiente y económica, facilitando el comercio global. Por ejemplo, una empresa puede utilizar servicios de flete marítimo para importar materias primas desde otro continente a un costo razonable.

Unsound goods (Mercaderías defectuosas): Son productos que no cumplen con los estándares de calidad especificados, presentando defectos que los hacen inadecuados para su uso o venta. Las mercaderías defectuosas pueden surgir debido a problemas en la producción, almacenamiento o transporte.

El pilar fundamental de gestionar las mercaderías defectuosas se fundamenta en la protección de la reputación de la marca y la satisfacción del cliente. Por ejemplo, una empresa que detecta productos defectuosos puede implementar controles de calidad más estrictos y ofrecer reemplazos o reembolsos a sus clientes para mantener la confianza en la marca.

H

Hail insurance (Seguro contra granizo): Protección financiera que cubre los daños causados por granizo en bienes como vehículos, cultivos o propiedades. Este seguro es comúnmente utilizado por agricultores para salvaguardar sus cosechas contra eventos climáticos impredecibles y reducir el riesgo financiero asociado a estos eventos.

El impacto global de este seguro se encuentra en la mitigación del riesgo financiero que representan las tormentas de granizo. Un ejemplo sería un agricultor que adquiere un seguro contra granizo para proteger su cosecha de maíz durante la temporada de tormentas.

Hull insurance (Seguro de casco): Cobertura que protege a los propietarios de embarcaciones y aeronaves contra daños físicos a sus estructuras. Este seguro es esencial para operadores de transporte marítimo y aéreo, ya que proporciona una protección integral contra accidentes, colisiones y otros riesgos asociados al transporte.

El eje fundamental del seguro es asegurar la continuidad operativa y financiera ante posibles accidentes. Por ejemplo, una compañía de transporte marítimo puede adquirir un seguro de casco para sus barcos, cubriendo reparaciones en caso de colisión.

Handling (Manipulación): Proceso de gestionar y mover productos dentro de un almacén, terminal o puerto. Incluye actividades como carga, descarga, almacenamiento y transporte interno de mercancías. Una manipulación eficiente optimiza el flujo de productos y mantiene su integridad.

La manipulación adecuada es crucial para mantener la integridad de los productos y optimizar la eficiencia operativa. Un ejemplo es el manejo cuidadoso de productos frágiles durante su traslado en un centro de distribución.

Handling fees (Tarifas de manipulación): Cargos adicionales que se aplican por la gestión y movimiento de mercancías dentro de instalaciones como puertos, aeropuertos o almacenes. Estas tarifas cubren el costo de servicios como carga y descarga, así como el almacenamiento temporal de los productos.

Las tarifas de manipulación son importantes para compensar los costos operativos y mantener la eficiencia del flujo de mercancías. Un ejemplo sería una empresa importadora que paga tarifas de manipulación al recibir contenedores en un puerto.

Hatch (Escotilla): Abertura en la cubierta de un barco que permite el acceso a las bodegas o áreas internas de carga. Las escotillas facilitan la carga y descarga de mercancías desde y hacia el barco, mejorando la eficiencia operativa y permitiendo un acceso rápido y seguro a las áreas de carga.

Las escotillas son esenciales para la eficiencia operativa en el transporte marítimo, permitiendo un acceso rápido y seguro a las áreas de carga. Un ejemplo es el uso de escotillas para cargar granos en un buque granelero.

Hatch survey (Inspección de escotilla): Evaluación técnica de las escotillas de un barco para asegurar su buen estado y funcionamiento adecuado. Esta inspección es realizada por expertos para prevenir filtraciones y asegurar la integridad de la carga durante el transporte.

La inspección de escotillas es vital para mantener la seguridad y evitar daños a las mercancías transportadas. Por ejemplo, antes de una larga travesía, un buque carguero realiza una inspección de escotillas para garantizar que no haya filtraciones durante el viaje.

HAWB (House Air Waybill) (Conocimiento aéreo doméstico): Documento emitido por un agente de carga que detalla la información del envío, incluyendo los términos de transporte y las responsabilidades. Es utilizado en el transporte aéreo para envíos consolidados, proporcionando un registro claro y detallado de la carga.

El HAWB es crucial para la documentación y seguimiento de envíos aéreos, proporcionando un registro claro de la carga. Un ejemplo es un agente de carga que emite un HAWB para un envío consolidado de varios clientes.

Heavy lift (Carga pesada): Operaciones de manejo y transporte de objetos extremadamente pesados o voluminosos que requieren equipo especializado y técnicas específicas. Estas operaciones son comunes en industrias como la construcción y la energía, donde se manejan grandes estructuras o maquinaria.

El manejo de carga pesada es esencial para el transporte seguro y eficiente de grandes estructuras o maquinaria. Un ejemplo es el uso de grúas especializadas para mover componentes de una plataforma petrolera.

Hedging (Cobertura): Estrategia financiera utilizada para protegerse contra fluctuaciones adversas en los precios de mercado, mediante el uso de instrumentos financieros como futuros o opciones. Es común en sectores como el agrícola y el energético para estabilizar los ingresos y reducir el riesgo financiero.

La cobertura es importante para estabilizar los ingresos y reducir el riesgo financiero asociado a la volatilidad del mercado. Un ejemplo es una aerolínea que utiliza contratos de futuros para fijar el precio del combustible y protegerse contra aumentos de costos.

Hipoteca (Mortgage): Préstamo asegurado por una propiedad inmobiliaria, utilizado generalmente para la compra de viviendas o propiedades comerciales. El prestatario se compromete a pagar el préstamo en plazos regulares, facilitando la adquisición de bienes raíces.

Las hipotecas son fundamentales para facilitar la adquisición de bienes raíces, proporcionando acceso a financiamiento. Un ejemplo es una familia que obtiene una hipoteca para comprar su primera casa.

Hold (Bodega): Espacio dentro de un barco o avión destinado al almacenamiento de carga durante el transporte. Las bodegas están diseñadas para maximizar la capacidad y asegurar la mercancía, permitiendo el transporte eficiente de mercancías.

Las bodegas son esenciales para el transporte eficiente de mercancías, permitiendo el almacenamiento seguro durante el viaje. Un ejemplo es el uso de bodegas en aviones de carga para transportar mercancías a largas distancias.

Holding (conjunto de empresas): Compañía matriz que posee y controla una participación significativa en otras empresas, pero que no participa directamente en sus operaciones diarias. Esta estructura permite la gestión centralizada y diversificación de inversiones, optimizando recursos en grupos empresariales.

Este término anglosajón es comúnmente utilizado en el entorno empresarial para denominar a un conjunto de empresas que forman un grupo organizado alrededor de una sociedad**.** Dicha sociedad tendrá el control de las respectivas empresas al poseer la totalidad de sus acciones o bien una parte mayoritaria de las mismas.

Habitualmente son consideradas como una forma de integrar empresas, pero también puede darse la situación de que se forme un holding cuando un grupo de capitalistas va comprando propiedades y/o firmas distintas, con el objetivo de obtener rentabilidad (y no la integración de las actividades de cada negocio en uno solo). Aquí, las leyes antimonopolio suelen estar atentas pudiendo restringir esta práctica.

Los holdings son importantes para la gestión estratégica y la optimización de recursos en grupos empresariales. Un ejemplo es un holding que controla varias empresas en diferentes sectores, como tecnología y energía.

Homeward bill of lading (Conocimiento de retorno): Documento de transporte emitido para un envío que regresa a su puerto de origen. Este conocimiento de embarque detalla la carga y los términos del transporte de regreso, facilitando la documentación y seguimiento de envíos.

El conocimiento de retorno es crucial para la documentación y seguimiento de envíos que regresan a su origen. Un ejemplo es una empresa que devuelve mercancías defectuosas a su proveedor en el extranjero.

Hora estimada de zarpe (Estimated time of departure - SPG): Tiempo previsto en el que un barco o avión debe salir de su puerto o aeropuerto de origen. La ETD es una referencia importante para la planificación logística y coordinación de operaciones, asegurando la eficiencia de la cadena de suministro.

La ETD es esencial para la planificación y coordinación eficiente de las cadenas de suministro. Un ejemplo es una empresa de logística que utiliza la ETD para organizar el transporte terrestre que conectará con un barco en el puerto.

House bill of lading (Conocimiento de embarque doméstico): Documento emitido por un agente de carga que detalla la información de un envío consolidado, utilizado en el transporte terrestre o marítimo. Este documento facilita la gestión y seguimiento de envíos múltiples dentro de un mismo país.

El conocimiento de embarque doméstico es vital para la documentación y seguimiento de envíos dentro de un mismo país. Un ejemplo es un agente de carga que emite un conocimiento de embarque doméstico para varios envíos consolidados.

Hovercraft (Aerodeslizador): Vehículo que se desplaza sobre una almohadilla de aire, permitiendo el movimiento sobre tierra, agua o superficies mixtas. Es utilizado en aplicaciones militares, de rescate y transporte, destacando por su versatilidad en terrenos difíciles.

Los aerodeslizadores son importantes por su capacidad de operar en terrenos difíciles y poco accesibles. Un ejemplo es el uso de aerodeslizadores para operaciones de rescate en áreas inundadas.

Hull clauses (Cláusulas de casco): Condiciones específicas incluidas en los contratos de seguro de casco que detallan las coberturas, exclusiones y responsabilidades. Estas cláusulas son esenciales para definir los términos del seguro y proteger los intereses de los asegurados.

Las cláusulas de casco son vitales para establecer claramente las responsabilidades y limitaciones del seguro de embarcaciones. Un ejemplo es la inclusión de una cláusula que excluye la cobertura de daños por guerra en un seguro de casco.

I

I.A.T.A. International Air Transport Association (Asociación Internacional de Transporte Aéreo): Organización global que representa a las aerolíneas, promoviendo la cooperación en los servicios aéreos y estableciendo estándares para la aviación comercial. Fundada en 1945, IATA facilita el transporte aéreo seguro y eficiente.

La influencia de IATA radica en su papel en la estandarización y mejora de la industria del transporte aéreo. Un ejemplo es su sistema de códigos aeroportuarios, que estandariza las identificaciones de los aeropuertos a nivel mundial.

I.C.S. International Chamber of Shipping (Cámara Naviera Internacional): Organización internacional que representa a la industria marítima, promoviendo la navegación segura, eficiente y ecológica. ICS trabaja con gobiernos y organismos internacionales para desarrollar políticas y regulaciones marítimas.

La importancia de ICS es su influencia en la creación de estándares y políticas que afectan a la industria del transporte marítimo global. Un ejemplo es su participación en la elaboración del Convenio Internacional para la Seguridad de la Vida Humana en el Mar (SOLAS).

I.S.O. International Organization for Standardization (Organización Internacional de Normalización): Entidad independiente y no gubernamental que desarrolla y publica estándares internacionales para asegurar la calidad, seguridad y eficiencia de productos, servicios y sistemas. Fundada en 1947, ISO es reconocida mundialmente.

La preponderancia de ISO es su contribución a la armonización de normas que facilitan el comercio internacional y mejoran la calidad de productos y servicios. Un ejemplo es la ISO 9001, una norma de gestión de calidad adoptada por empresas en todo el mundo.

Icebreaker (Rompehielos): Buque diseñado específicamente para navegar a través de aguas cubiertas de hielo, abriendo rutas seguras para otros barcos. Estos barcos tienen cascos reforzados y potentes motores para romper el hielo y mantener las rutas marítimas operativas.

La influencia operativa de los rompehielos se establece en su capacidad para facilitar el comercio y la navegación en regiones polares y otras áreas heladas. Un ejemplo es el rompehielos utilizado para abrir paso a un convoy de barcos de suministro en el Ártico.

Import (Importación): Proceso de traer bienes o servicios desde un país extranjero para su venta o uso en el país receptor. La importación es una parte crucial del comercio internacional y permite a los países acceder a productos no disponibles localmente.

La relevancia de la importación es que permite la diversidad de productos y la satisfacción de la demanda interna con bienes extranjeros. Un ejemplo es la importación de automóviles japoneses a Estados Unidos.

Import duties (Derechos de importación): Impuestos que los gobiernos imponen sobre los bienes importados para proteger la industria local y generar ingresos fiscales. Los derechos de importación varían según el tipo de producto y el país de origen.

La trascendencia de los derechos de importación es proteger las industrias nacionales y regular el comercio internacional. Un ejemplo es un país que impone altos derechos de importación sobre textiles extranjeros para proteger su industria textil local.

Import license (Licencia de importación): Permiso oficial emitido por el gobierno que autoriza la entrada de ciertos bienes al país. Este control permite regular el flujo de productos importados y asegurar el cumplimiento de normas y estándares.

La significancia de la licencia de importación es controlar y monitorear los bienes que ingresan al país, protegiendo la economía y la seguridad nacional. Un ejemplo es una empresa que obtiene una licencia de importación para traer productos farmacéuticos.

Import licenses (Permisos de importación): Autorizaciones emitidas por el gobierno que permiten la entrada de bienes específicos al país. Estos permisos regulan el volumen y tipo de importaciones para proteger la economía nacional y cumplir con las políticas comerciales.

El protagonismo estratégico de los permisos de importación es regular el comercio y asegurar el cumplimiento de normas sanitarias, ambientales y de calidad. Un ejemplo es una empresa que necesita un permiso para importar productos químicos regulados.

Import tariff (Aranceles de aduana): Impuestos aplicados a los bienes importados para proteger las industrias locales y generar ingresos fiscales. Los aranceles varían según el tipo de producto y el país de origen, afectando el precio final de los bienes importados.

El impacto de los aranceles de aduana es influir en el comercio internacional y proteger las economías locales. Un ejemplo es la imposición de aranceles altos sobre productos agrícolas extranjeros para apoyar a los agricultores locales.

Importación (Import, importation): Proceso de traer bienes o servicios desde el extranjero para su venta o uso en el país receptor. La importación es esencial para el comercio internacional, permitiendo el acceso a productos y tecnologías no disponibles localmente.

El motor estratégico de la importación es facilitar el acceso a una variedad de productos y servicios, impulsando el consumo y la diversidad económica. Un ejemplo es la importación de equipos electrónicos desde Asia a América Latina.

Importador (Importer): Persona o empresa que introduce bienes o servicios desde el extranjero para su venta o uso en el mercado local. Los importadores juegan un papel clave en el comercio internacional y en la cadena de suministro global.

La influencia del importador es conectar mercados internacionales, proporcionando acceso a productos y fomentando el comercio global. Un ejemplo es una empresa que importa vino de Francia para su distribución en tiendas locales.

Importer (Importador): Entidad que trae bienes o servicios desde el extranjero para su comercialización o uso. Los importadores son fundamentales para el comercio internacional y la diversificación de productos en los mercados locales.

La gravitación internacional del importador gira en torno a su capacidad para conectar diferentes mercados y proporcionar acceso a una amplia gama de productos. Un ejemplo es una compañía que importa componentes electrónicos de China para ensamblar dispositivos en su país de origen.

Importing country (País importador): Nación que recibe bienes o servicios desde el extranjero, integrándolos en su mercado interno. Los países importadores adquieren productos que no producen localmente o que son más económicos o de mejor calidad en otros lugares.

La preponderancia de un país importador es diversificar su economía y satisfacer la demanda interna con productos extranjeros. Un ejemplo es Japón importando petróleo para satisfacer sus necesidades energéticas.

Impuesto (Duty): Carga financiera impuesta por el gobierno sobre bienes, ingresos o actividades económicas. Los impuestos son una fuente vital de ingresos para los gobiernos y se utilizan para financiar servicios públicos y infraestructura.

La gravitación comercial de los impuestos es proporcionar los fondos necesarios para el funcionamiento del estado y la prestación de servicios a los ciudadanos. Un ejemplo es el impuesto al valor agregado (IVA) aplicado a las ventas de bienes y servicios.

Impuesto sobre la renta (Income tax): Tributo que las personas y empresas deben pagar sobre sus ingresos anuales. Este impuesto es una fuente significativa de ingresos para los gobiernos y se utiliza para financiar servicios públicos y programas sociales.

La relevancia del impuesto sobre la renta es redistribuir la riqueza y financiar el gasto público. Un ejemplo es un trabajador que paga un porcentaje de su salario anual como impuesto sobre la renta.

In and out (Entradas y salidas): En el contexto de actividades de comercio exterior, "In and Out" se refiere a las operaciones de entrada y salida de mercancías en un país. "In" implica la importación de productos al país, mientras que "Out" se refiere a la exportación de productos desde el país hacia mercados internacionales. Este término es esencial para la gestión y control de flujos comerciales, asegurando que las transacciones cumplan con las regulaciones aduaneras y fiscales.

Son términos usados en el transporte de mercancías para referirse a la carga que entra y sale de un lugar.

La trascendencia de este proceso es mejorar la eficiencia operativa y reducir costos en la cadena de suministro. Un ejemplo es una empresa de logística que maneja la carga y descarga rápida de contenedores en un puerto.

In ballast (En lastre): Estado de un barco que navega sin carga, pero con agua de lastre en sus tanques para mantener la estabilidad. Esta práctica es común en barcos que regresan a su puerto de origen o se dirigen a recoger nueva carga.

La significancia de navegar en lastre es asegurar la estabilidad y seguridad del barco durante el viaje. Un ejemplo es un buque granelero que navega en lastre hacia un puerto para cargar mineral de hierro.

In bond (En depósito): Situación en la que las mercancías importadas están almacenadas bajo control de la aduana, sin haber pagado los derechos de importación. Este estado permite el almacenamiento temporal hasta que se cumplan las formalidades aduaneras.

El pilar fundamental de este sistema es facilitar el comercio internacional al permitir el almacenamiento seguro y controlado de bienes. Un ejemplo es una empresa que almacena productos en un depósito aduanero hasta completar los trámites de importación.

In bond (Mercancías almacenadas bajo control de la aduana): Mercancías que se mantienen en depósitos aduaneros hasta que se pagan los aranceles e impuestos correspondientes. Este control garantiza el cumplimiento de las regulaciones comerciales y fiscales.

El protagonismo estratégico del almacenamiento es asegurar la legalidad y el cumplimiento de las normas de importación antes de la liberación de las mercancías. Un ejemplo es una empresa que almacena productos electrónicos en un depósito aduanero mientras espera la autorización de importación.

In bulk (A granel): Transporte de mercancías en grandes cantidades sin empaquetar individualmente. Los productos a granel incluyen líquidos, granos, minerales y otros materiales homogéneos que se transportan en grandes contenedores o tanques.

El motor estratégico del transporte a granel es la eficiencia y economía en el movimiento de grandes volúmenes de mercancías. Un ejemplo es un buque tanque que transporta petróleo crudo a granel desde el Medio Oriente a refinerías en Europa.

In transit (En tránsito): Estado de mercancías que están siendo transportadas desde el punto de origen hasta su destino final. Durante el tránsito, las mercancías pueden pasar por varios puntos de control y transporte.

La gravitación comercial del estado en tránsito es mantener la cadena de suministro activa y garantizar la entrega oportuna de bienes. Un ejemplo es un contenedor de productos electrónicos en tránsito desde China a Estados Unidos.

Incomplete instructions (Instrucciones incompletas): Falta de información detallada o necesaria en las órdenes o directrices para la ejecución de una tarea. Esto puede causar retrasos, errores y malentendidos en procesos comerciales o logísticos.

La consideración esencial de proporcionar instrucciones completas es asegurar la precisión y eficiencia en la ejecución de tareas. Un ejemplo es un envío internacional que se retrasa debido a instrucciones incompletas en la documentación de aduana.

Incoterms (Términos internacionales de comercio): Conjunto de reglas internacionales publicadas por la Cámara de Comercio Internacional (CCI) que definen las responsabilidades de compradores y vendedores en transacciones comerciales internacionales. Incoterms facilita el comercio al aclarar quién es responsable de los costos y riesgos asociados al transporte de mercancías.

Estos términos especifican quién asume los costos, riesgos y responsabilidades en cada etapa del proceso de transporte y entrega de mercancías. Los Incoterms son fundamentales en contratos de compraventa internacional, ya que facilitan el entendimiento entre las partes y minimizan los riesgos asociados a la logística y al transporte.

La preponderancia de los Incoterms se fundamenta en su capacidad para clarificar las obligaciones de cada parte, reduciendo malentendidos y disputas en el comercio internacional. Por ejemplo, el término "FOB" (Free on Board) indica que el vendedor cumple con su obligación cuando la mercancía ha pasado la borda del barco en el puerto de embarque, momento en que el comprador asume el riesgo y los costos.

Incumplimiento de contrato (Breach of contract): Falta de cumplimiento de las obligaciones establecidas en un contrato por una de las partes. El incumplimiento puede llevar a disputas legales y a la necesidad de compensaciones o remedios contractuales.

La gravitación comercial de comprender y manejar el incumplimiento de contrato es proteger los derechos de las partes y asegurar el cumplimiento de acuerdos comerciales. Un ejemplo es una empresa que demanda a un proveedor por no entregar productos según lo estipulado en el contrato.

Incumplimiento de pago (Non-payment): Falta de pago de una obligación financiera por parte de un deudor. El incumplimiento de pago puede resultar en sanciones, intereses adicionales y acciones legales por parte del acreedor.

La relevancia de manejar el incumplimiento de pago es mantener la solvencia financiera y las relaciones comerciales. Un ejemplo es un comprador que no paga a tiempo a su proveedor, afectando la cadena de suministro.

Incur no charges (Sin gastos): Cláusula o condición que especifica que no se aplicarán cargos adicionales bajo ciertas circunstancias. Esta condición puede ser importante en contratos de servicios o acuerdos comerciales.

La trascendencia de esta cláusula es proteger a las partes de costos inesperados y clarificar las condiciones financieras del acuerdo. Un ejemplo es un contrato de servicios que establece que no habrá cargos adicionales por cambios menores en el alcance del trabajo.

Índice de crecimiento (Rate of growth): Medida del aumento o disminución de una variable económica en un período específico, generalmente expresada como un porcentaje. Este índice es crucial para evaluar el desempeño económico y las tendencias a largo plazo.

La significancia del índice de crecimiento es proporcionar información sobre la salud y el dinamismo de una economía o sector. Un ejemplo es el índice de crecimiento del PIB de un país, que indica la expansión económica anual.

Índice de flete (Freight index): Medida que refleja los costos y tarifas del transporte de mercancías en mercados específicos. Los índices de flete ayudan a las empresas a evaluar tendencias de costos y planificar sus operaciones logísticas.

La importancia del índice de flete es proporcionar una referencia para la fijación de precios y la gestión de costos en la cadena de suministro. Un ejemplo es una empresa de logística que utiliza el índice de flete para negociar tarifas con transportistas.

Indirect loss (Pérdida indirecta): Daños o pérdidas que no son la consecuencia inmediata de un evento, pero que resultan de su impacto. Las pérdidas indirectas pueden incluir pérdida de ingresos, interrupción del negocio y otros efectos colaterales.

Es esencial reconocer y gestionar las pérdidas indirectas minimizando el impacto total de eventos adversos en una organización. Un ejemplo es una empresa que sufre pérdida de ingresos debido a la interrupción de su producción por un incendio.

Inducement (Recargo): Incentivo financiero ofrecido para influir en una decisión comercial o contractual. Puede incluir descuentos, bonificaciones o pagos adicionales para motivar una acción específica.

El eje estratégico del recargo es influir positivamente en las decisiones de negocio, facilitando acuerdos y transacciones. Un ejemplo es una empresa que ofrece un recargo a un cliente para que firme un contrato de suministro a largo plazo.

Infraestructura (Infrastructure): Conjunto de instalaciones, sistemas y servicios necesarios para el funcionamiento eficiente de una sociedad o economía, incluyendo transporte, comunicaciones, energía y servicios públicos. La infraestructura es fundamental para el desarrollo económico y social.

La gravitación comercial de la infraestructura es sustentar el crecimiento económico y mejorar la calidad de vida de la población. Un ejemplo es la construcción de carreteras y puentes para mejorar la conectividad y el comercio.

Infraestructura de acceso acuático (Water access infrastructure): Se refiere a las instalaciones y estructuras necesarias para facilitar la entrada y salida de embarcaciones en puertos, ríos, lagos o cualquier cuerpo de agua navegable. Esta infraestructura incluye muelles, puertos, canales, esclusas y otras construcciones que permiten el transporte de mercancías y personas por vías acuáticas. Es fundamental para el comercio exterior, ya que facilita la conectividad y el flujo eficiente de bienes entre diferentes regiones y países.

La consideración esencial de la infraestructura de acceso acuático se basa en su capacidad para mejorar la competitividad económica de una región, reducir los costos de transporte y asegurar la integración en las cadenas logísticas globales. Por ejemplo, un puerto bien equipado con infraestructura adecuada puede manejar grandes volúmenes de carga, como contenedores y graneles, lo que es esencial para países que dependen del comercio marítimo.

Infraestructura de área portuaria (Port area infrastructure): Conjunto de instalaciones y servicios ubicados en un puerto, incluyendo muelles, almacenes, grúas y áreas de almacenamiento. Esta infraestructura soporta la carga y descarga de mercancías y el manejo logístico.

La preponderancia de la infraestructura portuaria es optimizar el flujo de mercancías y apoyar el comercio internacional. Un ejemplo es la modernización de un puerto para aumentar su capacidad de manejo de contenedores.

Ingresos, renta (Income): Dinero recibido por una persona o empresa a cambio de trabajo, servicios, inversiones o negocios. Los ingresos son un indicador clave de la salud económica y la capacidad de gasto.

La importancia estratégica de los ingresos es sustentar el nivel de vida y permitir la inversión y el consumo. Un ejemplo es el salario mensual que un trabajador recibe por su empleo.

Inicio de la descarga (Breaking bulk): Proceso de comenzar a descargar mercancías de un buque a granel, que implica separar y mover los productos a su destino final. Este proceso es crítico para la distribución eficiente de las mercancías.

La relevancia del inicio de la descarga es asegurar la rápida y eficiente transferencia de mercancías desde el transporte marítimo a otros modos de transporte o almacenamiento. Un ejemplo es la descarga de cereales a granel en un puerto para su distribución a molinos.

Inland freight (Flete interno): Transporte de mercancías dentro de un país por medios terrestres como camiones, trenes o barcazas. Este transporte es vital para conectar puertos y centros de distribución con los mercados finales.

La influencia del flete interno es asegurar la distribución eficiente y oportuna de bienes dentro del país. Un ejemplo es el transporte de productos desde un puerto hasta un almacén en el interior del país.

Inland marine insurance (Seguro de transporte marítimo interno): Cobertura que protege contra pérdidas y daños a mercancías durante el transporte terrestre dentro de un país, así como en vías fluviales y lagos. Este seguro es crucial para proteger los bienes durante el transporte interno.

La significancia de este seguro es mitigar los riesgos financieros asociados con el transporte terrestre de mercancías. Un ejemplo es una empresa que asegura sus envíos de productos electrónicos durante el transporte desde el puerto hasta sus tiendas.

Inland waterway transport (Transporte fluvial): Transporte de mercancías y personas a través de ríos, canales y lagos dentro de un país. Este modo de transporte es eficiente y ecológico, especialmente para cargas pesadas y voluminosas.

El motor económico del transporte fluvial es ofrecer una alternativa económica y sostenible al transporte terrestre. Un ejemplo es el uso de barcazas para mover carbón a lo largo de un río hasta una planta de energía.

Insolvency (Insolvencia): Situación en la que una empresa o individuo no puede cumplir con sus obligaciones financieras a medida que vencen. La insolvencia puede llevar a la quiebra y liquidación de activos para pagar a los acreedores.

La influencia estratégica de gestionar la insolvencia es proteger los intereses de los acreedores y tratar de reorganizar o liquidar la entidad de manera ordenada. Un ejemplo es una empresa que entra en insolvencia y debe vender activos para pagar sus deudas.

Inspección de arriendo (On hire survey): Evaluación detallada del estado de un buque, vehículo o equipo al inicio de un contrato de alquiler o arrendamiento. Esta inspección documenta las condiciones existentes para evitar disputas sobre daños al finalizar el alquiler.

El mérito de la inspección es asegurar que ambas partes acuerden el estado del equipo al inicio del contrato, evitando conflictos futuros. Un ejemplo es una empresa de logística que realiza una inspección de arriendo de un barco antes de utilizarlo para transporte.

Inspección de calidad (Quality inspection): Proceso de evaluar y verificar que los productos cumplan con los estándares de calidad establecidos. Esta inspección es crucial para garantizar que los productos sean seguros y aptos para su propósito antes de ser distribuidos o vendidos.

La influencia de la inspección de calidad es asegurar la satisfacción del cliente y mantener la reputación de la marca. Un ejemplo es una fábrica de automóviles que realiza inspecciones de calidad en cada vehículo antes de su envío a los concesionarios.

Inspección de devolución (Off hire survey): Evaluación del estado de un buque, vehículo o equipo al final de un contrato de alquiler o arrendamiento. Esta inspección compara el estado actual con la inspección inicial para determinar cualquier daño o desgaste.

La gravitación comercial de la inspección de devolución es resolver cualquier disputa sobre responsabilidades de daños y asegurar una devolución justa. Un ejemplo es una empresa que devuelve un buque arrendado después de su uso, verificando el estado del mismo con una inspección de devolución.

Inspección de escotillas (Hatch survey): Evaluación técnica de las escotillas de un barco para asegurar su buen estado y funcionamiento adecuado. Esta inspección es realizada por expertos para prevenir filtraciones y asegurar la integridad de la carga durante el transporte.

La importancia de la inspección es mantener la seguridad y evitar daños a las mercancías transportadas. Por ejemplo, antes de una larga travesía, un buque carguero realiza una inspección de escotillas para garantizar que no haya filtraciones durante el viaje.

Inspector o vista de aduana (Jerquer): funcionario aduanero responsable de examinar y verificar mercancías, documentos y medios de transporte en puertos, aeropuertos y fronteras. Su trabajo es asegurar el cumplimiento de las leyes y regulaciones aduaneras.

La consideración esencial de los inspectores de aduana es proteger las fronteras y asegurar que se paguen los aranceles y se cumplan las normativas de importación y exportación. Un ejemplo es un jerquer que inspecciona un contenedor en un puerto para asegurar que cumple con todas las regulaciones.

Inspectores (Surveyors): Profesionales que realizan evaluaciones técnicas y verificaciones en diversas industrias, como la marítima, de construcción y de seguros. Los inspectores aseguran que los bienes, instalaciones y procesos cumplan con los estándares y regulaciones establecidos.

La relevancia de los inspectores es mantener la calidad, seguridad y conformidad en diversas operaciones e industrias. Un ejemplo es un inspector de seguros que evalúa los daños a una propiedad para determinar el monto de la compensación.

Installment (Pago parcial a cuenta / cuota): Pago periódico de una parte de la deuda total, establecido en un contrato de préstamo o crédito. Los pagos a plazos permiten a los deudores dividir el costo total en montos manejables a lo largo del tiempo.

La trascendencia de los pagos parciales es facilitar el financiamiento y la adquisición de bienes costosos, mejorando la accesibilidad financiera. Un ejemplo es una persona que compra un coche y paga el préstamo en cuotas mensuales.

Insurable interest (Interés asegurable): Derecho legal de una persona a asegurar algo con el que tiene una relación financiera directa, como una propiedad, vida o negocio. El interés asegurable es un requisito fundamental para la validez de un contrato de seguro.

La significancia del interés asegurable es evitar la especulación y asegurar que el asegurado tenga un interés genuino en la protección del bien. Un ejemplo es un propietario de vivienda que asegura su casa contra incendios.

Insurable risk (Riesgo asegurable): Riesgo que puede ser cuantificado y cubierto por una póliza de seguro. Para que un riesgo sea asegurable, debe ser incierto, medible y no catastrófico en términos de posibles pérdidas.

Es fundamental valorar el riesgo asegurable que significa permitir a las compañías de seguros evaluar y aceptar riesgos que puedan cubrirse de manera efectiva. Un ejemplo es el seguro contra robo, que cubre el riesgo de pérdida por robo de bienes.

Insurance (Seguro): Contrato mediante el cual una compañía de seguros indemniza al asegurado por pérdidas específicas a cambio del pago de una prima. Los seguros pueden cubrir diversos riesgos, como daños a la propiedad, salud y vida.

El impacto global del seguro es proporcionar seguridad financiera y protección contra eventos imprevistos. Un ejemplo es el seguro de salud que cubre gastos médicos y hospitalarios.

Insurance broker (Productor de seguros / intermediario): Profesional que actúa como intermediario entre el cliente y la compañía de seguros, asesorando sobre la mejor cobertura y condiciones disponibles. Los corredores de seguros ayudan a los clientes a encontrar y negociar pólizas adecuadas a sus necesidades.

El mérito del corredor de seguros es facilitar el acceso a productos de seguro y proporcionar asesoramiento experto. Un ejemplo es un corredor que ayuda a una empresa a encontrar una póliza de seguro de responsabilidad civil adecuada.

Insurance company (Compania de seguros): Empresa que ofrece productos de seguro, asumiendo el riesgo a cambio del pago de primas. Las compañías de seguros evalúan riesgos, emiten pólizas y pagan indemnizaciones en caso de siniestros cubiertos.

La influencia de las compañías de seguros es ofrecer protección financiera y gestionar riesgos para individuos y empresas. Un ejemplo es una compañía de seguros que ofrece pólizas de auto, hogar y vida.

Insurance contract (Contrato de seguro): Acuerdo legal entre el asegurado y la compañía de seguros que detalla las condiciones, coberturas, exclusiones y obligaciones de ambas partes. Este contrato es esencial para definir los términos de la protección ofrecida.

La importancia del contrato de seguro es formalizar y clarificar las expectativas y responsabilidades de ambas partes. Un ejemplo es un contrato de seguro de hogar que especifica la cobertura contra incendios y robos.

Insurance policy (Póliza): Documento que detalla los términos y condiciones del contrato de seguro, incluyendo las coberturas, exclusiones, primas y procedimientos de reclamación. La póliza es el acuerdo escrito entre el asegurado y el asegurador.

La preponderancia de la póliza es proporcionar una referencia clara y legalmente vinculante de la cobertura del seguro. Un ejemplo es una póliza de seguro de auto que especifica la cobertura por daños a terceros y colisiones.

Insurance Services Office - ISO (Oficina de servicios de seguro): Organización que proporciona servicios de asesoría y datos estadísticos a las compañías de seguros, ayudándoles a evaluar riesgos y determinar primas. ISO desarrolla estándares y herramientas para mejorar la precisión y eficiencia del sector asegurador.

La influencia determinante de ISO es mejorar la capacidad de las compañías de seguros para evaluar riesgos y fijar precios de manera adecuada. Un ejemplo es el uso de clasificaciones de riesgo de incendio de ISO para determinar las primas de seguro de propiedad.

Insured (Asegurado): Persona o entidad que tiene una póliza de seguro y está protegida contra riesgos específicos bajo el contrato. El asegurado paga primas a cambio de la promesa del asegurador de indemnizar en caso de siniestros cubiertos.

La gravitación comercial del asegurado es ser el beneficiario de la protección ofrecida por la póliza de seguro. Un ejemplo es un propietario de vivienda que es el asegurado bajo una póliza de seguro de hogar.

Insurer (Asegurador): Compañía o entidad que emite pólizas de seguro y asume los riesgos cubiertos a cambio del pago de primas. El asegurador es responsable de indemnizar al asegurado en caso de pérdidas cubiertas por la póliza.

La trascendencia del asegurador es proporcionar seguridad financiera y gestionar el riesgo para los asegurados. Un ejemplo es una compañía de seguros que ofrece cobertura de salud y paga los costos médicos del asegurado.

Intake measure (Medidas al cargar): Evaluación y registro de la cantidad y condición de la carga en el momento en que se carga en un vehículo de transporte, como un barco, camión o tren. Estas medidas aseguran que se documente adecuadamente la carga y se prevengan discrepancias.

La significancia de las medidas al cargar es garantizar la precisión en la documentación y evitar disputas sobre la cantidad y condición de la carga. Un ejemplo es un supervisor que registra el peso y estado de un lote de granos al cargarlo en un barco.

Intended vessel (Buque previsto): Barco designado para transportar una carga específica, mencionado en contratos de transporte y documentación de embarque. El buque previsto es fundamental para la planificación logística y la coordinación de envíos.

El pilar fundamental del buque previsto es asegurar la correcta asignación y preparación de la carga para su transporte. Un ejemplo es un exportador que especifica el buque previsto en el conocimiento de embarque para un envío internacional.

Interés (Interest): Costo del uso del dinero prestado, generalmente expresado como un porcentaje del capital. El interés es pagado por el prestatario al prestamista y es fundamental en préstamos y créditos.

El impacto del interés es compensar al prestamista por el riesgo y el uso del dinero prestado. Un ejemplo es una persona que paga interés sobre un préstamo hipotecario.

Interés asegurable (Insurable interest): Derecho legal de una persona a asegurar algo con el que tiene una relación financiera directa, como una propiedad, vida o negocio. Este interés debe existir para que el contrato de seguro sea válido.

El motor económico del interés asegurable es evitar la especulación y asegurar que el asegurado tenga un interés genuino en la protección del bien. Un ejemplo es un propietario de vivienda que asegura su casa contra incendios.

Interest (Interés): Costo del uso del dinero prestado, generalmente expresado como un porcentaje del capital. También puede referirse al rendimiento de una inversión.

La importancia del interés es compensar al prestamista o al inversor por el riesgo y el uso del dinero. Un ejemplo es una cuenta de ahorro que genera interés anual para el depositante.

Interline agreement (Acuerdo interlínea): Convenio entre aerolíneas para coordinar sus servicios y facilitar la transferencia de pasajeros y carga entre sus vuelos. Estos acuerdos permiten la emisión de boletos y la gestión de equipaje en múltiples aerolíneas.

La consideración esencial de los acuerdos interlínea es mejorar la conectividad y conveniencia para los pasajeros y clientes de carga. Un ejemplo es un pasajero que viaja con un boleto que combina vuelos de dos aerolíneas diferentes.

Intermediario (Middleman): Persona o entidad que actúa como enlace entre el productor y el consumidor en la cadena de suministro. Los intermediarios facilitan la distribución y venta de productos, agregando valor al proceso comercial.

La preponderancia del intermediario es conectar productores con consumidores, facilitando el flujo de bienes y servicios en el mercado. Un ejemplo es un mayorista que compra productos a los fabricantes y los vende a los minoristas.

Intermodal (Transporte combinado): Sistema de transporte que utiliza múltiples modos de transporte, como camiones, trenes y barcos, para mover mercancías de manera eficiente y continua. Este enfoque optimiza la logística y reduce costos.

La importancia del transporte combinado es mejorar la eficiencia y flexibilidad en la cadena de suministro. Un ejemplo es el uso de contenedores que se transportan en camiones, trenes y barcos sin necesidad de descarga intermedia.

International Chamber of Commerce (Cámara de Comercio Internacional): Organización global que promueve el comercio internacional y la inversión, estableciendo normas y políticas para facilitar las transacciones comerciales entre países.

La relevancia de la ICC es apoyar el comercio global y proporcionar un marco para la resolución de disputas comerciales. Un ejemplo es la elaboración de los Incoterms, que definen responsabilidades en el comercio internacional.

International Court of Arbitration (Tribunal Internacional de Arbitraje): Institución que ofrece servicios de resolución de disputas comerciales internacionales a través del arbitraje. Este tribunal es parte de la Cámara de Comercio Internacional.

La trascendencia del Tribunal Internacional de Arbitraje es proporcionar un mecanismo neutral y eficiente para resolver disputas comerciales. Un ejemplo es una empresa que recurre al arbitraje para resolver un conflicto con un socio extranjero.

International trade (Comercio internacional): Intercambio de bienes y servicios entre países. El comercio internacional permite a las naciones acceder a productos no disponibles localmente y beneficiarse de la especialización y ventajas comparativas.

La significancia del comercio internacional es fomentar el crecimiento económico, la innovación y la cooperación global. Un ejemplo es la exportación de tecnología de Estados Unidos a Europa.

Inventario (Inventory, stocktaking): Conjunto de bienes y productos que una empresa tiene en almacén para su venta o uso en la producción. El inventario se gestiona para asegurar que haya suficiente stock para satisfacer la demanda sin incurrir en excesos.

La importancia del inventario es mantener el equilibrio entre la oferta y la demanda, optimizando costos y recursos. Un ejemplo es un minorista que realiza un inventario anual para ajustar su stock y planificar futuras compras.

Inversión (Investment): Asignación de recursos, generalmente dinero, en un activo con el objetivo de generar rendimientos o beneficios en el futuro. Las inversiones pueden ser en acciones, bienes raíces, negocios u otros activos.

El impacto global de la inversión es impulsar el crecimiento económico y proporcionar ingresos futuros. Un ejemplo es una persona que invierte en el mercado de valores para obtener rendimientos a largo plazo.

Inversionista (Investor): Persona o entidad que asigna capital en activos con el objetivo de obtener beneficios o rendimientos. Los inversionistas pueden ser individuos, empresas, fondos de inversión o instituciones financieras.

El alcance prioritario del inversionista es proporcionar el capital necesario para el desarrollo de proyectos y empresas, impulsando el crecimiento económico. Un ejemplo es un inversionista que compra acciones de un startup tecnológico.

Invoice (Factura): Documento comercial que detalla los bienes o servicios vendidos, el precio, las cantidades y los términos de pago. La factura es esencial para la contabilidad y la gestión financiera de las transacciones comerciales.

La importancia de la factura es documentar formalmente las transacciones comerciales, facilitando el seguimiento y control de pagos. Un ejemplo es una empresa que emite una factura a un cliente por la venta de productos manufacturados.

IOU - I Owe You (Vale/reconocimiento de deuda en papel sin timbrar, sin cláusula a la orden): Documento informal que reconoce una deuda sin la formalidad de un contrato legal o documento timbrado. Un IOU es una promesa escrita de pagar una suma de dinero a otra persona o entidad en el futuro, generalmente sin fecha de vencimiento específica.

La influencia determinante de un IOU es proporcionar una prueba de deuda, aunque no tiene la misma fuerza legal que un pagaré formal. Un ejemplo es un amigo que presta dinero a otro y recibe un IOU como reconocimiento de la deuda.

Issuance date (Fecha de emisión): Fecha en la que se emite un documento financiero, como una factura, bono, seguro o carta de crédito. Esta fecha es crucial para el seguimiento de pagos, la contabilización y el cumplimiento de términos contractuales.

La influencia de la fecha de emisión es establecer el inicio del periodo de validez y las obligaciones contractuales. Un ejemplo es la fecha de emisión de una factura que determina el plazo de pago para el cliente.

Issuer (Emisor): Persona o entidad que emite un documento financiero, como acciones, bonos, seguros o cartas de crédito. El emisor es responsable de cumplir con las condiciones establecidas en el documento.

La gravitación internacional del emisor es garantizar la validez y el cumplimiento de los términos del documento emitido. Un ejemplo es una empresa que emite bonos para recaudar fondos para un nuevo proyecto.

Issuer of documents (Emisor de documentos): Entidad responsable de crear y distribuir documentos oficiales o financieros, como facturas, certificados, títulos de propiedad o cartas de crédito. Este rol es esencial para la autenticidad y validez de los documentos.

La relevancia del emisor de documentos es asegurar la precisión y legitimidad de los documentos que facilitan transacciones comerciales y legales. Un ejemplo es un banco que emite cartas de crédito para facilitar el comercio internacional.

Issuing bank (Banco emisor): Entidad financiera que emite instrumentos financieros, como cartas de crédito, garantizando el pago a los beneficiarios siempre que se cumplan las condiciones especificadas. El banco emisor juega un papel crucial en las transacciones comerciales internacionales.

La trascendencia del banco emisor es proporcionar seguridad y confianza en las transacciones financieras, asegurando el cumplimiento de las obligaciones de pago. Un ejemplo es un banco que emite una carta de crédito para asegurar el pago a un exportador en una transacción internacional.

Issuing carrier (Transportador emisor): Compañía de transporte que emite documentos de transporte, como conocimientos de embarque o guías aéreas. Este transportador es responsable de mover las mercancías según lo especificado en los documentos emitidos.

La significancia del transportador emisor es asegurar la responsabilidad y trazabilidad de las mercancías durante el transporte. Un ejemplo es una línea naviera que emite un conocimiento de embarque para un envío internacional de productos manufacturados.

IVA - Impuesto al Valor Agregado (Value Added Tax): Impuesto indirecto que se aplica sobre el consumo de bienes y servicios. El IVA es recaudado por las empresas en cada etapa del proceso de producción y distribución, y es pagado por el consumidor final.

El eje fundamental del IVA es generar ingresos fiscales para el estado y promover la transparencia en la cadena de producción. Un ejemplo es el IVA aplicado a las ventas de productos electrónicos en una tienda minorista.

Términos vinculados a las palabras con "I"

Accident insurance (Seguro de accidentes personales): Protección financiera que cubre los gastos médicos y otros costos asociados con lesiones accidentales. Este seguro proporciona beneficios por hospitalización, tratamientos médicos y, en algunos casos, compensación por pérdida de ingresos debido a incapacidades temporales o permanentes.

El pilar fundamental de este seguro está en su capacidad para aliviar el impacto financiero de accidentes inesperados, garantizando acceso a tratamientos médicos adecuados. Un ejemplo es una persona que, tras un accidente de tráfico, recibe cobertura para los costos médicos y una compensación por los días que no puede trabajar.

Aeronautic insurance (Seguro aeronáutico): Cobertura diseñada específicamente para aeronaves y sus operaciones, incluyendo daños físicos a la aeronave, responsabilidad civil por daños a terceros y cobertura para la tripulación y pasajeros. Es esencial para compañías aéreas y operadores de aviones privados.

El mérito de este seguro proviene de la protección integral que ofrece en un sector de alto riesgo como el aéreo. Un ejemplo es una aerolínea que adquiere un seguro aeronáutico para cubrir posibles daños a sus aviones y responsabilidad en caso de accidentes.

Air travel insurance (Seguro contra accidentes por aeronavegación): Seguro que ofrece cobertura durante los viajes aéreos, protegiendo a los pasajeros contra accidentes, pérdida de equipaje, retrasos y cancelaciones. Este seguro es comúnmente adquirido por viajeros frecuentes y turistas.

La influencia de este seguro es garantizar la seguridad y tranquilidad de los pasajeros durante sus viajes. Un ejemplo es un turista que compra un seguro de viaje aéreo para cubrir posibles contratiempos durante sus vacaciones en el extranjero.

All risk insurance (Seguro contra todo riesgo): Cobertura que protege contra una amplia gama de riesgos y peligros, exceptuando los específicamente excluidos en la póliza. Este tipo de seguro se aplica a propiedades, vehículos y otros bienes valiosos, ofreciendo una protección más completa.

La importancia comercial de este seguro es su capacidad para proporcionar una cobertura extensa y reducir la exposición al riesgo. Un ejemplo es un propietario que adquiere un seguro contra todo riesgo para su casa, asegurando protección contra incendios, robos y daños por fenómenos naturales.

Annuity insurance (Seguro de renta): Contrato de seguro que garantiza el pago de una serie de ingresos periódicos a lo largo de un período determinado o de por vida, proporcionando estabilidad financiera a los asegurados en la jubilación.

La preponderancia de este seguro es ofrecer una fuente de ingresos estable para el retiro, ayudando a los asegurados a mantener su nivel de vida. Un ejemplo es una persona jubilada que recibe pagos mensuales de su seguro de renta, asegurando su sostenimiento económico.

Burglary insurance (Seguro contra robo): Cobertura que protege contra pérdidas y daños causados por robos y allanamientos de morada. Este seguro puede aplicarse a hogares, negocios y otras propiedades, ofreciendo indemnización por los bienes robados y daños a la propiedad.

La gravitación comercial de este seguro es ofrecer seguridad financiera y tranquilidad ante la posibilidad de robos. Un ejemplo es una tienda que recibe compensación por la mercancía robada durante un allanamiento.

Compulsory insurance (Seguro obligatorio): Seguro que es requerido por ley para ciertos tipos de actividades o propiedades, como el seguro de responsabilidad civil para vehículos o el seguro de trabajadores. Este tipo de seguro asegura que las personas y empresas cumplen con las regulaciones legales y protegen a terceros.

La relevancia de este seguro es garantizar la protección mínima establecida por la ley y la responsabilidad financiera. Un ejemplo es el seguro obligatorio de responsabilidad civil para conductores de vehículos.

Consular invoice (Factura consular): Documento comercial requerido por algunos países de importación, que debe ser visado por el consulado del país importador en el país de exportación. La factura consular certifica el valor, cantidad y naturaleza de las mercancías, facilitando el control aduanero.

La trascendencia de este documento es asegurar la autenticidad y precisión de la información sobre las mercancías importadas, facilitando el despacho aduanero. Un ejemplo es un exportador que obtiene una factura consular para sus productos enviados a un país que exige este documento.

Comprehensive insurance (Seguro contra todo riesgo): Cobertura que protege contra una amplia gama de riesgos, incluyendo daños a la propiedad, robo, incendios, y otros eventos específicos, exceptuando los explícitamente excluidos en la póliza.

La significancia de este seguro es ofrecer una protección más completa y reducir la exposición al riesgo para los asegurados. Un ejemplo es un propietario que adquiere un seguro contra todo riesgo para su casa, asegurando protección contra incendios, robos y daños por fenómenos naturales.

Deposit insurance (Seguro de depósitos bancarios): Protección ofrecida a los depositantes en caso de quiebra de una institución financiera, garantizando la devolución de sus depósitos hasta un cierto límite. Este seguro es comúnmente administrado por agencias gubernamentales para mantener la confianza en el sistema bancario.

El valor de este seguro es proporcionar seguridad y confianza a los depositantes, evitando pánicos bancarios. Un ejemplo es un cliente bancario que tiene la tranquilidad de saber que sus ahorros están asegurados en caso de quiebra del banco.

Endowment insurance (Seguro dotacional): Tipo de seguro de vida que paga una suma global al asegurado al final de un período especificado o a sus beneficiarios en caso de fallecimiento antes de ese período. Este seguro combina protección y ahorro, siendo útil para objetivos financieros a largo plazo.

El impacto de este tipo de seguro es ofrecer tanto cobertura de vida como una herramienta de ahorro, proporcionando seguridad financiera. Un ejemplo es una persona que contrata un seguro dotal para garantizar fondos para la educación de sus hijos en el futuro.

Errors & omissions insurance (Seguro de responsabilidad profesional): Cobertura que protege a profesionales y empresas contra reclamaciones de clientes por negligencia, errores u omisiones en la prestación de servicios. Este seguro es esencial para sectores como la consultoría, tecnología y servicios legales.

El motor económico de este seguro es proteger contra posibles demandas y responsabilidades financieras derivadas de errores profesionales. Un ejemplo es un consultor que obtiene este seguro para cubrir posibles reclamaciones por asesoramientos incorrectos.

Export credit insurance (Seguro de crédito a la exportación): Protección para exportadores contra el riesgo de impago por parte de compradores extranjeros, cubriendo tanto riesgos comerciales como políticos. Este seguro facilita el comercio internacional al reducir el riesgo financiero asociado a las exportaciones.

La influencia de este seguro es incentivar el comercio internacional, protegiendo a los exportadores de posibles pérdidas. Un ejemplo es una empresa que exporta maquinaria a un país en desarrollo y utiliza este seguro para cubrir el riesgo de impago.

Fire insurance (Seguro contra incendio): Cobertura que protege contra pérdidas y daños causados por incendios. Este seguro puede aplicarse a propiedades radicanciales, comerciales e industriales, proporcionando indemnización para la reconstrucción o reparación de los daños.

La influencia estratégica de este tipo de seguro es ofrecer una protección crucial contra uno de los riesgos más devastadores para propiedades y negocios. Un ejemplo es un comerciante que asegura su tienda contra incendios, garantizando cobertura para la reconstrucción en caso de siniestro.

Flood policy insurance (Seguro contra inundación): Cobertura que protege contra daños causados por inundaciones, incluyendo la reparación y reemplazo de propiedades dañadas. Este seguro es especialmente importante en áreas propensas a inundaciones y para propiedades ubicadas en zonas de riesgo.

La importancia del seguro es proporcionar protección financiera y facilitar la recuperación en caso de desastres naturales. Un ejemplo es un propietario que adquiere un seguro contra inundación para su casa ubicada en una zona costera.

Group life insurance (Seguro de vida colectivo): Cobertura de vida ofrecida a un grupo de personas, generalmente empleados de una misma empresa, bajo una sola póliza. Este seguro proporciona beneficios por fallecimiento a los beneficiarios de los asegurados y suele ser más económico que las pólizas individuales.

La gravitación internacional de este tipo de seguro es ofrecer una protección accesible y asequible para empleados y sus familias. Un ejemplo es una empresa que ofrece seguro de vida colectivo a todos sus empleados como parte de los beneficios laborales.

Hull insurance (Seguro de casco): Cobertura que protege a los propietarios de embarcaciones y aeronaves contra daños físicos a sus estructuras. Este seguro es esencial para operadores de transporte marítimo y aéreo, proporcionando una protección integral contra accidentes, colisiones y otros riesgos asociados al transporte.

La relevancia de este seguro es asegurar la continuidad operativa y financiera ante posibles accidentes. Por ejemplo, una compañía de transporte marítimo puede adquirir un seguro de casco para sus barcos, cubriendo reparaciones en caso de colisión.

Liability insurance (Seguro de responsabilidad civil): Cobertura que protege a una persona o empresa contra reclamaciones por daños o lesiones causadas a terceros. Este seguro cubre gastos legales y compensaciones en caso de que el asegurado sea responsable de los daños.

La gravitación comercial del seguro de responsabilidad civil es proteger los activos del asegurado y asegurar la compensación a las víctimas de daños. Un ejemplo es una empresa que adquiere un seguro de responsabilidad civil para cubrir posibles reclamaciones por productos defectuosos.

Libre de impuesto (Tax-Free): Se refiere a productos, transacciones o ingresos que están exentos del pago de impuestos, ya sea en su totalidad o en parte. Este término es común en el comercio exterior, donde ciertas mercancías pueden estar libres de impuestos cuando se exportan o importan bajo condiciones específicas, como en zonas francas o tiendas duty-free. Los bienes y servicios libres de impuestos son atractivos porque reducen el costo final para el consumidor y pueden estimular el comercio.

La significancia de ser libre de impuesto depende de la capacidad de facilitar el comercio internacional, hacer más competitivos ciertos productos en mercados extranjeros, y aumentar el atractivo de determinadas zonas o puntos de venta. Por ejemplo, en un aeropuerto, las tiendas duty-free venden productos como perfumes o electrónicos sin impuestos, lo que permite a los viajeros adquirir estos artículos a precios más bajos que en el mercado regular.

Life insurance (Seguro de vida): Contrato que proporciona una suma de dinero a los beneficiarios designados en caso de fallecimiento del asegurado. Este seguro puede ofrecer protección financiera a los seres queridos del asegurado y puede incluir beneficios adicionales, como ahorro o inversión.

El impacto global del seguro de vida es proporcionar seguridad financiera y apoyo económico a los dependientes del asegurado en caso de su muerte. Un ejemplo es una persona que contrata un seguro de vida para asegurar el bienestar financiero de su familia.

Marine insurance (Seguro marítimo): Cobertura que protege contra pérdidas y daños a embarcaciones y mercancías durante el transporte marítimo. Este seguro puede incluir la protección de la carga, casco del barco y responsabilidad civil.

El mérito del seguro marítimo es asegurar el comercio internacional y proteger los intereses financieros de los propietarios de barcos y cargadores. Un ejemplo es una empresa que asegura su carga de exportación contra riesgos marítimos.

Product liability insurance (Seguro de responsabilidad civil de fabricantes): Cobertura que protege a los fabricantes y distribuidores contra reclamaciones por daños causados por productos defectuosos. Este seguro cubre gastos legales y compensaciones en caso de que los productos causen daños a los consumidores.

El pilar fundamental del seguro de responsabilidad civil de fabricantes es proteger a las empresas de pérdidas financieras y asegurar la compensación a los afectados por productos defectuosos. Un ejemplo es una empresa de alimentos que adquiere este seguro para cubrir posibles reclamaciones por intoxicación alimentaria.

Proforma invoice (Factura proforma): Documento preliminar que proporciona una descripción detallada de los bienes o servicios a ser vendidos, su precio y términos de venta. La factura proforma no es una factura definitiva, pero sirve para cotizar precios y términos antes de la transacción final.

La influencia de la factura proforma es facilitar las negociaciones comerciales y proporcionar una base para la solicitud de cartas de crédito y otros instrumentos financieros. Un ejemplo es un exportador que emite una factura proforma a un comprador extranjero para acordar los términos de venta.

Theft insurance (Seguro contra robo): Cobertura que protege contra la pérdida de bienes debido a robos. Este seguro puede aplicarse a hogares, negocios y vehículos, ofreciendo indemnización por los bienes robados y daños a la propiedad.

La influencia determinante del seguro contra robo es proporcionar seguridad financiera y tranquilidad ante la posibilidad de robos. Un ejemplo es una tienda que asegura su inventario contra robos.

Title insurance (Seguro de título): Cobertura que protege a los compradores de bienes raíces y a los prestamistas hipotecarios contra pérdidas financieras debidas a defectos en el título de propiedad. Este seguro garantiza que el comprador o el prestamista tenga un título claro y libre de disputas.

La importancia del seguro de título es asegurar la transferencia legal y sin problemas de la propiedad inmobiliaria. Un ejemplo es una persona que compra una casa y obtiene un seguro de título para protegerse contra reclamaciones futuras sobre la propiedad.

To Import (Importar): Proceso de traer bienes o servicios desde el extranjero para su venta o uso en el país receptor. La importación es esencial para el comercio internacional y permite a los países acceder a productos no disponibles localmente o más baratos en otros mercados.

La influencia clave de importar es diversificar la economía y satisfacer la demanda interna con productos extranjeros. Un ejemplo es una empresa que importa componentes electrónicos de Asia para ensamblar dispositivos en su país.

To Insure (Asegurar): Acto de contratar un seguro para protegerse contra posibles pérdidas o daños financieros. Asegurar implica pagar una prima a una compañía de seguros a cambio de cobertura contra riesgos específicos.

La relevancia de asegurar es proporcionar protección financiera y mitigar los riesgos asociados con diversas actividades y propiedades. Un ejemplo es una persona que asegura su casa contra incendios y desastres naturales.

To issue (Emitir): Acto de crear y distribuir documentos oficiales o financieros, como acciones, bonos, seguros o cartas de crédito. La emisión es un proceso clave en las finanzas y el comercio, facilitando la transferencia de valor y obligaciones.

La trascendencia de emitir es formalizar transacciones y obligaciones, asegurando la validez y el cumplimiento de los términos establecidos. Un ejemplo es un banco que emite una carta de crédito para respaldar una transacción comercial internacional.

Unemployment insurance (Seguro de desempleo): Programa gubernamental que proporciona beneficios temporales a los trabajadores que han perdido su empleo involuntariamente. Este seguro ayuda a los desempleados a cubrir sus necesidades básicas mientras buscan un nuevo empleo.

La significancia del seguro de desempleo es proporcionar una red de seguridad financiera para los trabajadores, estabilizando la economía durante periodos de desempleo. Un ejemplo es un trabajador que recibe beneficios de desempleo después de ser despedido de su trabajo.

Workers' compensation insurance (Seguro de accidentes del trabajo): Cobertura que proporciona beneficios médicos y salariales a los empleados que se lesionan o enferman debido a su trabajo. Este seguro es obligatorio en muchos países y protege tanto a los empleados como a los empleadores.

El alcance estratégico del seguro de accidentes del trabajo es garantizar que los empleados reciban atención médica y compensación por lesiones relacionadas con el trabajo, mientras protege a los empleadores de demandas legales. Un ejemplo es una fábrica que asegura a sus trabajadores contra accidentes laborales, cubriendo costos médicos y salarios durante la recuperación.

J

Jerque note (Nota de inspección): Documento oficial emitido por un inspector de aduanas tras la inspección física de mercancías importadas o exportadas. Esta nota incluye detalles sobre la cantidad, calidad, estado y conformidad de las mercancías con la documentación proporcionada y las regulaciones aduaneras vigentes. La nota puede identificar discrepancias, daños o la necesidad de acciones adicionales como la cuarentena o el pago de aranceles adicionales.

El eje estratégico de la nota de inspección se fundamenta en su función de validar la conformidad de las mercancías con las normativas aduaneras y proporcionar un registro formal de la inspección, lo cual es crucial para el despacho de aduanas y la resolución de disputas. Un ejemplo es un importador que recibe una nota de inspección indicando que su cargamento cumple con todas las normativas y puede ser liberado sin demora.

Jerquer (Inspector o vista de aduana): funcionario aduanero encargado de la inspección y verificación de mercancías, vehículos y documentos en puntos de entrada y salida del país, como puertos, aeropuertos y fronteras terrestres. Los jerquers aseguran que las mercancías cumplan con todas las leyes y regulaciones aduaneras, y buscan detectar contrabando, productos ilegales o cualquier irregularidad.

El impacto global del jerquer es vital para la protección de las fronteras y la seguridad económica del país, asegurando el cumplimiento de las normativas aduaneras y la recaudación de los aranceles correspondientes. Un ejemplo es un jerquer que inspecciona un contenedor en un puerto y encuentra mercancías no declaradas, lo que podría llevar a la imposición de multas o la confiscación de los bienes.

JETRO - Japan External Trade Organization (Organización de Comercio Exterior de Japón): Agencia gubernamental japonesa fundada en 1958 para promover el comercio y la inversión entre Japón y el resto del mundo. JETRO ofrece una variedad de servicios, incluyendo investigación de mercado, asesoramiento en negocios internacionales, apoyo a la inversión extranjera en Japón y asistencia a empresas japonesas que desean expandirse en mercados extranjeros.

La influencia de JETRO es fomentar la competitividad global de Japón, facilitar la entrada de inversores extranjeros en el mercado japonés y apoyar a las empresas japonesas en su expansión internacional. Un ejemplo es una empresa tecnológica estadounidense que recibe asistencia de

JETRO para establecer una filial en Japón, incluyendo ayuda con la legislación local, contactos comerciales y análisis de mercado.

Jettison (Echar al mar): En el contexto de comercio exterior y transporte marítimo, "Jettison" se refiere a la acción de lanzar carga por la borda de un barco en situaciones de emergencia para aligerar la embarcación y prevenir un naufragio o para salvar al buque y su tripulación de un peligro inminente. Esta práctica es parte del principio de "avería gruesa" en el transporte marítimo, donde las pérdidas se distribuyen entre todos los interesados en la carga y el barco.

La esencia del jettison se encuentra en su uso como medida extrema para proteger la integridad del barco y las vidas a bordo, a costa de sacrificar parte de la carga. Por ejemplo, en una tormenta severa, el capitán podría ordenar el jettison de parte de la carga para estabilizar el barco y evitar que se vuelque, salvaguardando así el resto de la carga y la tripulación.

Joint survey (Peritaje): Inspección conjunta realizada por representantes de las partes interesadas en una mercancía o propiedad, como aseguradores, transportistas, consignatarios y propietarios, para evaluar el estado, cantidad y condiciones de las mismas. Este tipo de inspección se lleva a cabo para determinar las causas y el alcance de los daños o pérdidas, y para acordar las responsabilidades correspondientes. El peritaje conjunto es común en situaciones de reclamaciones de seguros, disputas de carga y otros conflictos comerciales.

La preponderancia del peritaje conjunto gira en torno a su capacidad para proporcionar una evaluación imparcial y detallada de los hechos, reduciendo la posibilidad de conflictos y facilitando la resolución de disputas. Al contar con la participación de todas las partes involucradas, se asegura que la inspección sea transparente y aceptada por todos, lo que es crucial para la validez de cualquier reclamación o acuerdo posterior.

Joint venture (Proyecto conjunto): Acuerdo estratégico entre dos o más empresas para colaborar en un proyecto específico, combinando sus recursos, conocimientos y capacidades para alcanzar un objetivo común. En una joint venture, las empresas participantes comparten los riesgos, costos y beneficios del proyecto, manteniendo su independencia operativa.

Joint venture también se denomina empresa mixta o empresa conjunta, es un tipo de empresa creada por dos o más compañías procedentes de distintos países, que se convierten en socios para el desarrollo conjunto de una actividad.

La importancia de las joint venture se fundamenta en la capacidad de las empresas para acceder a nuevos mercados, tecnologías y recursos, permitiendo una mayor competitividad y crecimiento sin asumir el riesgo total de un proyecto. Un ejemplo es una empresa automotriz japonesa que forma una joint venture con una empresa tecnológica estadounidense para desarrollar vehículos eléctricos avanzados, combinando la experiencia automotriz con la innovación tecnológica.

Jurisdicción aduanera (Customs jurisdiction): Área geográfica y ámbito legal bajo el control de una autoridad aduanera donde se aplican y hacen cumplir las leyes y regulaciones aduaneras. Esto incluye puntos de entrada y salida del país como puertos, aeropuertos, fronteras terrestres y zonas francas. La autoridad aduanera tiene la potestad de inspeccionar, controlar y regular las mercancías que entran y salen del país dentro de esta jurisdicción.

Es la potestad que tiene el Estado en todo el territorio del país para controlar y fiscalizar conforme a derecho las operaciones de comercio exterior, la percepción de gravámenes aduaneros y tributos de importación y exportación cuando corresponda, por medio de la Aduana Nacional.

La relevancia de la jurisdicción aduanera es asegurar el control efectivo del comercio internacional, proteger las fronteras contra el contrabando y otros delitos, y garantizar la recaudación de aranceles y otros impuestos necesarios para el estado. Un ejemplo es una aduana nacional que regula y supervisa todas las importaciones y exportaciones dentro de sus fronteras territoriales, asegurando el cumplimiento de las leyes comerciales y la protección del mercado interno.

K

Kanban (Tarjeta visual): Kanban es un sistema de gestión visual utilizado para controlar la producción y el flujo de trabajo en entornos de fabricación y desarrollo, especialmente dentro de la metodología Lean. Originario de Japón, el término "Kanban" significa "tarjeta" o "señal visual" y se utiliza para indicar cuándo se deben producir o mover materiales dentro de un proceso. Este sistema ayuda a minimizar el desperdicio, mejorar la eficiencia y garantizar que solo se produzcan los bienes necesarios en el momento preciso.

La trascendencia del Kanban radica en su capacidad para optimizar procesos de producción al limitar el exceso de inventario y reducir los tiempos de espera, lo que resulta en una mayor eficiencia y calidad en la producción. Por ejemplo, en una línea de ensamblaje automotriz, un tablero Kanban podría usarse para señalar cuándo se deben reabastecer piezas, asegurando que siempre haya materiales disponibles sin acumular exceso de inventario.

Keel (Quilla): Estructura longitudinal de un barco que se extiende desde la proa hasta la popa y forma la base del casco. La quilla es la "espina dorsal" del barco, proporcionando estabilidad y resistencia estructural. En los barcos modernos, la quilla puede ser plana o en forma de V, y está diseñada para mejorar la navegabilidad y reducir el balanceo.

La significancia de la quilla gira en torno a su rol fundamental de generar estabilidad e integridad estructural del barco, afectando directamente su rendimiento y seguridad en el agua. Un ejemplo es un velero con una quilla profunda diseñada para mejorar la estabilidad y el control en condiciones de viento fuerte.

Keep Dry (Mantener en lugar seco): Instrucción de manejo que indica que un producto debe ser almacenado en un lugar libre de humedad para evitar daños. Esta instrucción es crucial para mercancías sensibles a la humedad, como productos electrónicos, alimentos secos, y materiales sensibles como papel y textiles.

El alcance estratégico de mantener ciertos productos secos es prevenir el deterioro, la corrosión o el crecimiento de moho, asegurando la calidad y longevidad del producto. Un ejemplo es el almacenamiento de dispositivos electrónicos en un almacén con control de humedad para evitar daños por condensación.

Keep in cold place (Mantener en lugar fresco): Instrucción que indica que un producto debe ser almacenado en un ambiente frío para preservar su calidad y evitar el deterioro. Esto es común para alimentos perecederos, productos farmacéuticos y ciertos productos químicos.

El alcance prioritario de mantener productos en un lugar fresco es prolongar su vida útil y asegurar su efectividad, especialmente en productos que pueden descomponerse o perder eficacia a temperaturas más altas. Un ejemplo es el almacenamiento de vacunas en refrigeradores para mantener su potencia.

Keep upright (No dar vuelta): Instrucción de manejo que indica que un producto debe ser mantenido en una posición vertical y no debe ser inclinado o volteado. Esto es crítico para productos que contienen líquidos, materiales frágiles o productos diseñados para ser estables en una orientación específica.

El impacto global de mantener ciertos productos en posición vertical es evitar daños, derrames o mal funcionamiento, asegurando que lleguen al usuario final en perfectas condiciones. Un ejemplo es el transporte de botellas de vino, que deben mantenerse verticales para evitar derrames y preservar la calidad del vino.

Kegs (Barriles): Recipientes cilíndricos utilizados para almacenar y transportar líquidos, como cerveza, vino, y otros productos a granel. Los barriles están hechos de materiales como acero inoxidable, aluminio o madera y vienen en varios tamaños, siendo común el de 15.5 galones (58.67 litros) para la cerveza.

La influencia de los barriles es facilitar el almacenamiento y transporte eficiente de líquidos, manteniendo su calidad y frescura, especialmente en la industria cervecera. Un ejemplo es una cervecería artesanal que utiliza barriles para distribuir su cerveza a bares y restaurantes, asegurando que el producto se mantenga fresco hasta su consumo.

Key employee life insurance (Seguro de vida para empleados clave): Póliza de seguro de vida que una empresa compra para protegerse contra la pérdida financiera que podría ocurrir si un empleado clave fallece. Este tipo de seguro proporciona a la empresa un beneficio por fallecimiento, que puede ser utilizado para cubrir la pérdida de ingresos, los costos de reclutamiento y entrenamiento de un reemplazo, y otros gastos relacionados.

La importancia del seguro de vida para empleados clave es proteger la estabilidad financiera de la empresa y asegurar la continuidad del negocio en caso de la pérdida de un individuo crucial para sus operaciones. Un ejemplo es una pequeña empresa tecnológica que asegura a su director de desarrollo, cuyo conocimiento y habilidades son vitales para la innovación y crecimiento de la empresa.

Key Performance Indicators (KPIs) (Indicadores clave de rendimiento): Métricas utilizadas para evaluar el éxito de una organización en alcanzar sus objetivos estratégicos y operativos. Los KPIs proporcionan una forma cuantitativa de medir el rendimiento y la eficacia de diversos aspectos del negocio, desde la producción y ventas hasta la satisfacción del cliente y la eficiencia operativa.

Los KPIs se seleccionan en función de la estrategia y los objetivos específicos de la organización, y se utilizan para monitorear y mejorar el rendimiento a lo largo del tiempo. Estos indicadores pueden ser financieros, como el retorno sobre la inversión (ROI) o el margen de beneficio; operativos, como el tiempo de ciclo de producción o la tasa de defectos; o relacionados con el cliente, como la tasa de retención de clientes o la satisfacción del cliente.

La preponderancia de los KPIs se basa en su capacidad para proporcionar información crítica sobre el rendimiento de una organización, ayudando a identificar áreas de mejora, tomar decisiones informadas y alinear las actividades diarias con los objetivos estratégicos. Medir y analizar los KPIs de manera regular permite a las empresas responder rápidamente a los cambios del entorno y optimizar sus operaciones para lograr un éxito sostenible.

Kickback (Soborno o retorno ilícito): En el ámbito comercial y financiero, un kickback se refiere a un pago ilícito o soborno que se da como retribución a alguien por facilitar un trato o contrato. Este pago suele ser una parte del dinero recibido en la transacción y se devuelve de manera secreta a la persona que hizo posible el acuerdo, a menudo sin el conocimiento de las otras partes involucradas. Los kickbacks son ilegales y se consideran una forma de corrupción, ya que distorsionan la competencia leal y los procesos comerciales.

La gravitación esencial de reconocer y prevenir los kickbacks está en la necesidad de mantener la integridad y transparencia en las operaciones comerciales, protegiendo a las empresas de prácticas corruptas que pueden dañar su reputación y causar sanciones legales. Por ejemplo, si un proveedor ofrece un kickback a un comprador para asegurarse un contrato, esto puede llevar a la adquisición de productos de menor calidad o a precios inflados, afectando negativamente a la empresa que realiza la compra.

Kitting (Agrupamiento de componentes): Proceso de ensamblar y empaquetar componentes individuales en un solo kit, que se utiliza en la producción o se vende como un producto completo. Esto facilita la gestión de inventarios y la producción.

La relevancia del kitting en el comercio exterior es optimizar la logística y reducir costos de transporte, permitiendo enviar conjuntos completos de componentes que se ensamblan en el destino final. Un ejemplo es una empresa que agrupa piezas de maquinaria en kits para su montaje en una fábrica en otro país.

Know-how (Saber hacer): Conocimiento práctico y habilidades adquiridas por experiencia en un campo específico, que son esenciales para la operación exitosa de un negocio.

La trascendencia del know-how es proporcionar una ventaja competitiva y asegurar la eficiencia operativa en un mercado global. Un ejemplo es una empresa de tecnología que transfiere su know-how a una subsidiaria extranjera para establecer operaciones en un nuevo mercado.

Knowledge transfer (Transferencia de conocimiento): Proceso de compartir habilidades, información y experiencia entre diferentes partes de una organización o entre organizaciones, para mejorar la eficiencia y la innovación.

La significancia de la transferencia de conocimiento es fomentar la colaboración y el aprendizaje continuo, asegurando que el conocimiento crítico se comparta y utilice de manera efectiva. Un ejemplo es una multinacional que realiza programas de transferencia de conocimiento para capacitar a su personal en nuevas tecnologías y prácticas.

Knock-down kit (Kit desmontable): Conjunto de piezas que se envían desde el fabricante y se ensamblan en el destino final. Comúnmente utilizado en la industria automotriz y de maquinaria pesada.

El pilar fundamental de los kits desmontables es facilitar el transporte y reducir los costos de aranceles al enviar piezas en lugar de productos terminados. Un ejemplo es un fabricante de automóviles que envía kits desmontables a una planta de ensamblaje en otro país para ensamblar vehículos localmente.

L

La carga (Cargo): Mercancías o productos transportados en un vehículo, como un barco, avión, camión o tren. La carga puede ser de diferentes tipos, incluyendo a granel, contenedorizada, refrigerada o peligrosa.

El protagonismo estratégico de la carga es fundamental en el comercio internacional, ya que representa los bienes que se trasladan entre países, facilitando el intercambio económico global. Un ejemplo es un barco cargado con productos electrónicos que se transportan desde China a Estados Unidos.

Label (Etiqueta): Información impresa o adhesiva colocada en productos o envases, que proporciona detalles sobre el contenido, origen, instrucciones de uso, advertencias y otros datos relevantes. Las etiquetas son esenciales para la identificación y comercialización de productos.

La importancia de las etiquetas es garantizar que los consumidores y operadores logísticos tengan la información necesaria sobre el producto, cumpliendo con regulaciones y mejorando la seguridad. Un ejemplo es una etiqueta en un alimento que indica los ingredientes, fecha de vencimiento y valor nutricional.

Labor disturbances (Disturbios laborales): Interrupciones en el lugar de trabajo causadas por conflictos entre empleados y empleadores, como huelgas, paros, o manifestaciones. Estos disturbios pueden afectar significativamente la producción y las operaciones logísticas.

La influencia de manejar los disturbios laborales es mantener la continuidad del negocio y minimizar las pérdidas económicas y operativas. Un ejemplo es una fábrica que enfrenta una huelga de trabajadores, retrasando la producción y el envío de productos.

Laden (Cargado): Estado de un vehículo de transporte, como un barco o camión, cuando está completamente cargado con mercancías. Este término se utiliza para describir la capacidad de carga y la preparación para el transporte.

La gravitación comercial de estar "cargado" es asegurar que el vehículo de transporte está utilizando su capacidad de manera eficiente y que las mercancías están listas para ser enviadas. Un ejemplo es un contenedor completamente cargado en un barco, listo para su transporte internacional.

Lighter (Lanchón): Embarcación pequeña y plana utilizada para transportar mercancías entre la costa y los barcos más grandes anclados en alta mar o en puertos donde los grandes buques no pueden atracar directamente. Los lanchones son esenciales para la transferencia de carga en áreas con limitaciones de acceso.

La preponderancia del lanchón es facilitar la carga y descarga de mercancías en puertos con restricciones de profundidad o infraestructura limitada, asegurando una transferencia eficiente y segura. Un ejemplo es un lanchón que transfiere contenedores de un gran buque a la costa en un puerto con poca profundidad.

Landed (Descargado): Estado de las mercancías cuando han sido descargadas del vehículo de transporte, como un barco o avión, y están listas para ser procesadas en el puerto o almacenadas. El término "landed" también puede referirse al costo total de las mercancías una vez que han llegado al destino, incluyendo transporte, aranceles y otros costos.

La importancia de las mercancías "descargadas" es el inicio del proceso de distribución y cumplimiento de los requisitos aduaneros y logísticos en el país de destino. Un ejemplo es un contenedor de ropa que ha sido descargado de un barco y está listo para ser inspeccionado por las autoridades aduaneras.

Landing certificate (Certificado de descarga): Documento emitido por las autoridades aduaneras o portuarias que certifica que las mercancías han sido desembarcadas y recibidas en el destino final. Este certificado es esencial para confirmar la llegada y condición de las mercancías y es utilizado en transacciones comerciales y reclamaciones de seguros.

La relevancia del certificado de descarga es proporcionar una prueba oficial de la recepción de las mercancías, facilitando el cumplimiento de las obligaciones contractuales y la resolución de disputas. Un ejemplo es un exportador que utiliza el certificado de descarga para demostrar que su envío ha llegado y ha sido aceptado por el importador.

Landing clause (Cláusula de desembarque): Provisión en un contrato de transporte que especifica las condiciones y procedimientos para la descarga de mercancías en el puerto de destino. Esta cláusula puede incluir detalles sobre los tiempos permitidos para la descarga, responsabilidades de las partes y penalizaciones por demoras.

La trascendencia de la cláusula de desembarque es establecer reglas claras para la descarga de mercancías, asegurando una operación eficiente y minimizando disputas. Un ejemplo es un contrato de fletamento que especifica que el buque debe ser descargado dentro de 48 horas de su llegada al puerto, de lo contrario, se aplicarán penalizaciones.

Lash barge (Barcaza lash): Barcaza utilizada en el sistema LASH (Lighter Aboard Ship), diseñada para ser cargada y descargada desde un buque madre. Las barcazas LASH permiten transportar mercancías directamente entre el puerto y el buque sin necesidad de infraestructura portuaria sofisticada.

La significancia de las barcazas LASH es mejorar la eficiencia del transporte marítimo en puertos con infraestructura limitada, facilitando la carga y descarga en aguas poco profundas. Un ejemplo es el uso de barcazas LASH para transferir carga en un puerto fluvial con acceso limitado para grandes buques.

LASH - Lighter Aboard Ship (Barcazas lash): Sistema de transporte marítimo en el cual las barcazas cargadas son levantadas a bordo de un buque madre para ser transportadas a su destino final. Este sistema permite una transferencia eficiente de mercancías entre el buque y el puerto.

El protagonismo estratégico del sistema LASH es aumentar la flexibilidad y eficiencia del transporte marítimo, permitiendo operar en puertos con infraestructura limitada. Un ejemplo es un buque LASH que recoge varias barcazas cargadas en diferentes puertos y las transporta a un puerto principal.

Lastre (Ballast): Material, como agua o arena, utilizado para estabilizar un barco y mantener su equilibrio durante el viaje. El lastre se ajusta según la carga del barco para asegurar una navegación segura.

El protagonismo esencial del lastre es proporcionar estabilidad al barco, especialmente cuando está navegando sin carga o con carga parcial. Un ejemplo es un petrolero que utiliza agua de lastre para mantener la estabilidad durante un viaje en lastre.

Latent (Oculto): Algo que no es visible o evidente a simple vista pero que puede revelarse con el tiempo o bajo ciertas condiciones. En el contexto comercial, se refiere a problemas o defectos no detectados inicialmente.

El impacto global de identificar lo latente es prevenir problemas futuros y asegurar la calidad y fiabilidad de los productos o servicios. Un ejemplo es un defecto latente en una pieza de maquinaria que causa fallos operativos después de un período de uso.

Latent defects (Vicios ocultos): Defectos en productos o propiedades que no son evidentes durante la inspección inicial pero que pueden manifestarse con el tiempo. Estos defectos pueden afectar la funcionalidad y seguridad de los productos.

La importancia de identificar los vicios ocultos se sostiene en proteger a los compradores y usuarios de productos defectuosos, asegurando que los vendedores sean responsables por problemas no evidentes inicialmente. Un ejemplo es un edificio con defectos estructurales ocultos que se descubren después de varios años de uso.

Lavado con crudo (COW - Crude Oil Washing): Proceso utilizado en petroleros para limpiar los tanques de carga usando el mismo crudo que se transporta. Este método ayuda a reducir los residuos de crudo en los tanques y mejora la eficiencia del transporte.

El impacto del lavado con crudo es reducir la contaminación y mejorar la capacidad de carga del buque, asegurando una operación más ecológica y eficiente. Un ejemplo es un petrolero que utiliza el lavado con crudo para limpiar sus tanques después de descargar el crudo en un puerto.

Law of flag (Ley del pabellón o bandera): Principio del derecho marítimo que establece que un barco está sujeto a las leyes del país en cuya bandera navega. La ley del pabellón regula todos los aspectos de la operación del buque, incluyendo la tripulación, la seguridad y las normas ambientales.

La preponderancia de la ley del pabellón es proporcionar un marco legal claro y radicante para la operación de los buques, asegurando el cumplimiento de las normas internacionales. Un ejemplo es un barco registrado en Panamá que opera bajo las leyes marítimas de Panamá.

Lay days (Tiempo de estadía o estancia): Período acordado durante el cual un barco debe estar cargado o descargado en un puerto sin incurrir en penalidades. Este tiempo se negocia en el contrato de fletamento y es crucial para la planificación logística.

La importancia comercial del tiempo de estadía es evitar demoras y costos adicionales, asegurando una operación eficiente en el puerto. Un ejemplo es un contrato que especifica un tiempo de estadía de 72 horas para la descarga de un buque granelero.

Laytime (Tiempo de estancia o tiempo de estadía): Período de tiempo estipulado en el contrato de fletamento para que el cargador o el receptor realice las operaciones de carga y descarga de la mercancía. Una vez que este tiempo se agota, pueden aplicarse penalizaciones, conocidas como demoras o sobrestadías (demurrage) que generan costos adicionales para la parte responsable.

Inicio del laytime: Suele comenzar cuando el buque está listo para operar (por ejemplo, cuando está atracado en el puerto y ha entregado el aviso de llegada).

Finalización del laytime: Termina cuando se completan las operaciones de carga o descarga.

Importancia del Laytime en el Comercio Exterior se sintetiza en:

Optimización de costos: El laytime permite planificar y controlar los tiempos de carga y descarga, lo que ayuda a evitar costos adicionales por demoras.

Eficiencia operativa: Establece plazos claros para las operaciones portuarias, lo que contribuye a una mejor gestión logística.

Responsabilidades claras: Define las obligaciones de las partes involucradas (cargadores, receptores y navieras) en cuanto a los tiempos de operación.

Impacto en los fletes: El cumplimiento o incumplimiento del laytime puede afectar los costos del flete y la rentabilidad de la operación.

Evita disputas: Al estar claramente definido en el contrato, reduce el riesgo de conflictos entre las partes.

Factores que Influyen en el Laytime

Tipo de mercancía: Algunas cargas requieren más tiempo para ser manipuladas (por ejemplo, graneles líquidos o sólidos).

Infraestructura portuaria: La eficiencia del puerto afecta directamente el tiempo de carga y descarga.

LBP - Length between perpendiculars (Eslora entre perpendiculares): Medida de la longitud de un barco desde la perpendicular de proa hasta la perpendicular de popa. Esta medida es crucial para determinar el tamaño y capacidad del buque.

La relevancia de la eslora entre perpendiculares es proporcionar una medida estándar para el diseño y construcción de barcos, afectando su capacidad de carga y rendimiento. Un ejemplo es un barco con una eslora entre perpendiculares de 150 metros, diseñado para transportar grandes volúmenes de carga.

LCL - Less Container Load (Contenedor de carga menos llena): Método de envío en el cual las mercancías de varios remitentes se combinan en un solo contenedor para optimizar el uso del espacio y reducir costos. Este método es ideal para envíos que no llenan un contenedor completo.

La trascendencia del LCL es proporcionar una solución de envío rentable y eficiente para pequeñas y medianas empresas, permitiendo el acceso a servicios de transporte marítimo sin la necesidad de llenar un contenedor completo. Un ejemplo es una empresa que envía una pequeña cantidad de productos a otro país utilizando un servicio de LCL.

LCL - Less than a full container load (Carga menor que un contenedor completo): Método de transporte donde varias cargas pequeñas de diferentes remitentes se consolidan en un solo contenedor. Esto permite a los exportadores enviar cantidades menores sin necesidad de contratar un contenedor completo.

La significancia de LCL es reducir los costos de envío para pequeñas y medianas empresas y optimizar la capacidad de carga de los contenedores. Un ejemplo es una empresa que envía una pequeña cantidad de productos electrónicos a través de un servicio de LCL.

Leading marks (Marcas de identificación): Señales visuales utilizadas en la navegación para guiar a los barcos hacia un puerto o canal seguro. Estas marcas pueden ser luces, boyas, o estructuras en tierra y son cruciales para la seguridad marítima.

El valor estratégico de las marcas de identificación es proporcionar una guía clara y precisa para los navegantes, reduciendo el riesgo de accidentes y mejorando la eficiencia en la navegación. Un ejemplo es un canal de entrada a un puerto marcado con boyas y luces para guiar a los barcos de manera segura.

Leakage (Derrame): Pérdida de contenido de un contenedor o tanque debido a fugas. Los derrames pueden causar daños a las mercancías, contaminar el medio ambiente y generar costos adicionales de limpieza y reemplazo.

El eje estratégico de prevenir derrames es proteger las mercancías, minimizar el impacto ambiental y reducir los costos asociados con la pérdida y limpieza. Un ejemplo es un contenedor de productos químicos que sufre un derrame durante el transporte, requiriendo acciones de contención y limpieza.

Legal desertion (Abandono legal): Acto de abandonar legalmente una propiedad o mercancía, generalmente debido a que los costos asociados con su mantenimiento o reclamación superan su valor. El abandono legal permite al propietario renunciar a su responsabilidad sobre la propiedad.

El impacto global del abandono legal es proporcionar una solución jurídica para situaciones en las que mantener o reclamar la propiedad es inviable económicamente. Un ejemplo es un importador que abandona legalmente un cargamento en un puerto debido a altos costos de almacenamiento y aranceles.

Legalización (Legalization): Proceso de certificación oficial de documentos para que sean reconocidos y aceptados en un país extranjero. La legalización puede implicar la autenticación de firmas, sellos y la verificación por parte de autoridades consulares o diplomáticas.

La influencia de la legalización es asegurar que los documentos comerciales, legales y personales sean válidos y aceptados en transacciones internacionales. Un ejemplo es la legalización de un contrato de compraventa internacional para su uso en procedimientos judiciales en el extranjero.

Lender (Prestamista): Persona o entidad que presta dinero a otra parte bajo términos acordados, esperando el reembolso del monto principal más los intereses. Los prestamistas pueden ser bancos, instituciones financieras, o individuos.

La gravitación internacional del prestamista es proporcionar el capital necesario para financiar proyectos, inversiones y necesidades personales, facilitando el crecimiento económico y la estabilidad financiera. Un ejemplo es un banco que presta dinero a una empresa para financiar su expansión.

Length (Eslora): Longitud total de un barco, medida desde la proa hasta la popa. La eslora es una medida crucial para determinar la capacidad de carga, la estabilidad y las características de navegación del barco.

La preponderancia de la eslora es proporcionar una referencia estándar para el diseño y la construcción de barcos, afectando su capacidad operativa y rendimiento en el mar. Un ejemplo es un buque portacontenedores con una eslora de 300 metros, diseñado para transportar grandes volúmenes de carga.

Length between perpendiculars (Eslora entre perpendiculares): Medida de la longitud de un barco desde la perpendicular de proa hasta la perpendicular de popa. Esta medida es crucial para determinar el tamaño y capacidad del buque.

La esencia de la eslora entre perpendiculares es proporcionar una medida estándar para el diseño y construcción de barcos, afectando su capacidad de carga y rendimiento. Un ejemplo es un barco con una eslora entre perpendiculares de 150 metros, diseñado para transportar grandes volúmenes de carga.

Length on waterline (Eslora en flotación): Longitud de la línea de flotación de un barco cuando está cargado a su calado máximo. Esta medida es importante para determinar la resistencia hidrodinámica y la capacidad de carga del buque.

La relevancia de la eslora en flotación es optimizar el diseño del casco para mejorar la eficiencia y el rendimiento del barco en el agua. Un ejemplo es un yate con una eslora en flotación de 20 metros, diseñado para maximizar la velocidad y estabilidad.

Letra de cambio (Bill of exchange): La letra de cambio es un instrumento financiero utilizado en el comercio internacional y nacional que funciona como una orden de pago escrita y firmada por el emisor (librador) a favor de un beneficiario (tomador). El emisor instruye a un tercero (librado) a pagar una cantidad específica de dinero en una fecha determinada o a la vista. Es una forma de garantizar el pago en transacciones comerciales.

La importancia de la letra de cambio es proporcionar una herramienta flexible para el financiamiento y la gestión de pagos en el comercio. Un ejemplo es un exportador que emite una letra de cambio a un importador, especificando el pago a 90 días.

Letter of Credit - L/C (Carta de crédito): Instrumento financiero emitido por un banco a solicitud de un comprador, garantizando el pago a un vendedor por una cantidad específica, siempre y cuando se cumplan las condiciones del crédito y se presenten los documentos requeridos.

La influencia determinante de la carta de crédito es proporcionar seguridad y confianza en las transacciones internacionales, asegurando que el vendedor recibirá el pago y que el comprador recibirá las mercancías conforme a lo acordado. Un ejemplo es un importador que utiliza una carta de crédito para asegurar el pago a un exportador de maquinaria.

Letter of Indemnity (Carta de indemnidad): Documento en el cual una parte se compromete a indemnizar a otra por pérdidas o daños específicos. Este documento es común en el comercio internacional para proteger a las partes contra ciertos riesgos, como la entrega de mercancías sin la presentación del conocimiento de embarque original.

El protagonismo estratégico de la carta de indemnidad es proporcionar una garantía de compensación por pérdidas, facilitando la resolución de problemas y asegurando la continuidad de las operaciones comerciales. Un ejemplo es un importador que emite una carta de indemnidad para recibir la mercancía antes de que llegue el conocimiento de embarque original.

Levante de una mercancía (Cargo release): El levante de una mercancía es el proceso mediante el cual un consignatario o destinatario obtiene la autorización para retirar la mercancía de un almacén, puerto o terminal una vez que se han cumplido todas las formalidades aduaneras y se ha pagado cualquier cargo pendiente. Este proceso suele implicar la presentación de documentos necesarios, como el conocimiento de embarque o el recibo de carga, y el cumplimiento de requisitos de aduana y pagos de tarifas.

El pilar fundamental del levante de una mercancía proviene de su función para garantizar que el destinatario pueda acceder a sus bienes de manera eficiente y en cumplimiento con las regulaciones. Por ejemplo, una vez que un importador ha pagado los derechos aduaneros y presentado los documentos adecuados, puede proceder al levante de la mercancía en el puerto y organizar su transporte hacia su destino final.

LCL - Less than a full container load (Carga menor que un contenedor completo): Método de transporte donde varias cargas pequeñas de diferentes remitentes se consolidan en un solo contenedor. Esto permite a los exportadores enviar cantidades menores sin necesidad de contratar un contenedor completo.

El motor estratégico de LCL es reducir los costos de envío para pequeñas y medianas empresas y optimizar la capacidad de carga de los contenedores. Un ejemplo es una empresa que envía una pequeña cantidad de productos electrónicos a través de un servicio de LCL.

Leading marks (Marcas de identificación): Señales visuales utilizadas en la navegación para guiar a los barcos hacia un puerto o canal seguro. Estas marcas pueden ser luces, boyas, o estructuras en tierra y son cruciales para la seguridad marítima.

La influencia de las marcas de identificación es proporcionar una guía clara y precisa para los navegantes, reduciendo el riesgo de accidentes y mejorando la eficiencia en la navegación. Un ejemplo es un canal de entrada a un puerto marcado con boyas y luces para guiar a los barcos de manera segura.

Leakage (Derrame): Pérdida de contenido de un contenedor o tanque debido a fugas. Los derrames pueden causar daños a las mercancías, contaminar el medio ambiente y generar costos adicionales de limpieza y reemplazo.

La gravitación comercial de prevenir derrames es proteger las mercancías, minimizar el impacto ambiental y reducir los costos asociados con la pérdida y limpieza. Un ejemplo es un contenedor de productos químicos que sufre un derrame durante el transporte, requiriendo acciones de contención y limpieza.

Legal desertion (Abandono legal): Acto de abandonar legalmente una propiedad o mercancía, generalmente debido a que los costos asociados con su mantenimiento o reclamación superan su valor. El abandono legal permite al propietario renunciar a su responsabilidad sobre la propiedad.

La importancia del abandono legal es proporcionar una solución jurídica para situaciones en las que mantener o reclamar la propiedad es inviable económicamente. Un ejemplo es un importador que abandona legalmente un cargamento en un puerto debido a altos costos de almacenamiento y aranceles.

Legalización (Legalization): Proceso de certificación oficial de documentos para que sean reconocidos y aceptados en un país extranjero. La legalización puede implicar la autenticación de firmas, sellos y la verificación por parte de autoridades consulares o diplomáticas.

La gravitación de la legalización es asegurar que los documentos comerciales, legales y personales sean válidos y aceptados en transacciones internacionales. Un ejemplo es la legalización de un contrato de compraventa internacional para su uso en procedimientos judiciales en el extranjero.

Lender (Prestamista): Persona o entidad que presta dinero a otra parte bajo términos acordados, esperando el reembolso del monto principal más los intereses. Los prestamistas pueden ser bancos, instituciones financieras, o individuos.

La relevancia del prestamista es proporcionar el capital necesario para financiar proyectos, inversiones y necesidades personales, facilitando el crecimiento económico y la estabilidad financiera. Un ejemplo es un banco que presta dinero a una empresa para financiar su expansión.

Length (Eslora): Longitud total de un barco, medida desde la proa hasta la popa. La eslora es una medida crucial para determinar la capacidad de carga, la estabilidad y las características de navegación del barco.

La trascendencia de la eslora es proporcionar una referencia estándar para el diseño y la construcción de barcos, afectando su capacidad operativa y rendimiento en el mar. Un ejemplo es un buque portacontenedores con una eslora de 300 metros, diseñado para transportar grandes volúmenes de carga.

Length between perpendiculars (Eslora entre perpendiculares): Medida de la longitud de un barco desde la perpendicular de proa hasta la perpendicular de popa. Esta medida es crucial para determinar el tamaño y capacidad del buque.

La significancia de la eslora entre perpendiculares es proporcionar una medida estándar para el diseño y construcción de barcos, afectando su capacidad de carga y rendimiento. Un ejemplo es un barco con una eslora entre perpendiculares de 150 metros, diseñado para transportar grandes volúmenes de carga.

Length on waterline (Eslora en flotación): Longitud de la línea de flotación de un barco cuando está cargado a su calado máximo. Esta medida es importante para determinar la resistencia hidrodinámica y la capacidad de carga del buque.

El pilar fundamental de la eslora en flotación es optimizar el diseño del casco para mejorar la eficiencia y el rendimiento del barco en el agua. Un ejemplo es un yate con una eslora en flotación de 20 metros, diseñado para maximizar la velocidad y estabilidad.

Letra de cambio (Bill of Exchange): Instrumento financiero y documento negociable que ordena el pago de una cantidad específica de dinero a una persona o entidad en una fecha futura. La letra de cambio se utiliza comúnmente en transacciones comerciales y puede ser descontada o negociada.

La importancia comercial de la letra de cambio es proporcionar una herramienta flexible para el financiamiento y la gestión de pagos en el comercio. Un ejemplo es un exportador que emite una letra de cambio a un importador, especificando el pago a 90 días.

Letter of credit payable at days (Carta de crédito pagadera a días): Tipo de carta de crédito que especifica que el pago al beneficiario se realizará un número determinado de días después de la presentación de los documentos y la aceptación por parte del banco emisor.

El impacto global de la carta de crédito es permitir una mayor flexibilidad en el pago, alineando el flujo de caja del comprador con sus necesidades financieras. Un ejemplo es un importador que acuerda con el exportador un pago a 30 días después de la presentación de los documentos.

Letter of indemnity (Carta de indemnidad): Documento en el cual una parte se compromete a indemnizar a otra por pérdidas o daños específicos. Este documento es común en el comercio internacional para proteger a las partes contra ciertos riesgos, como la entrega de mercancías sin la presentación del conocimiento de embarque original.

La influencia de la carta de indemnidad es proporcionar una garantía de compensación por pérdidas, facilitando la resolución de problemas y asegurando la continuidad de las operaciones comerciales. Un ejemplo es un importador que emite una carta de indemnidad para recibir la mercancía antes de que llegue el conocimiento de embarque original.

Levante de una mercancía (Release of goods o cargo release"): Proceso de retirar mercancías de la aduana después de cumplir con todos los requisitos legales y pagar los aranceles e impuestos correspondientes. El levante de la mercancía marca la conclusión del proceso de importación y permite la distribución de las mercancías en el mercado local.

La consideración esencial del levante de mercancías es asegurar que los bienes importados cumplan con las regulaciones aduaneras y se paguen los impuestos correspondientes, facilitando el comercio legal y ordenado. Un ejemplo es una empresa importadora que realiza el levante de sus productos electrónicos tras pagar los aranceles y obtener la autorización aduanera.

Landing clause (Cláusula de desembarque): Provisión en un contrato de transporte que especifica las condiciones y procedimientos para la descarga de mercancías en el puerto de destino. Esta cláusula puede incluir detalles sobre los tiempos permitidos para la descarga, responsabilidades de las partes y penalizaciones por demoras.

La preponderancia de la cláusula de desembarque es establecer reglas claras para la descarga de mercancías, asegurando una operación eficiente y minimizando disputas. Un ejemplo es un contrato de fletamento que especifica que el buque debe ser descargado dentro de 48 horas de su llegada al puerto, de lo contrario, se aplicarán penalizaciones.

Lash barge (Barcaza lash): Barcaza utilizada en el sistema LASH (Lighter Aboard Ship), diseñada para ser cargada y descargada desde un buque madre. Las barcazas LASH permiten transportar mercancías directamente entre el puerto y el buque sin necesidad de infraestructura portuaria sofisticada.

La influencia clave de las barcazas LASH es mejorar la eficiencia del transporte marítimo en puertos con infraestructura limitada, facilitando la carga y descarga en aguas poco profundas. Un ejemplo es el uso de barcazas LASH para transferir carga en un puerto fluvial con acceso limitado para grandes buques.

LASH - Lighter Aboard Ship (Barcazas lash): Sistema de transporte marítimo en el cual las barcazas cargadas son levantadas a bordo de un buque madre para ser transportadas a su destino final. Este sistema permite una transferencia eficiente de mercancías entre el buque y el puerto.

La relevancia del sistema LASH es aumentar la flexibilidad y eficiencia del transporte marítimo, permitiendo operar en puertos con infraestructura limitada. Un ejemplo es un buque LASH que recoge varias barcazas cargadas en diferentes puertos y las transporta a un puerto principal.

Lastre (Ballast): Material, como agua o arena, utilizado para estabilizar un barco y mantener su equilibrio durante el viaje. El lastre se ajusta según la carga del barco para asegurar una navegación segura.

La trascendencia del lastre es proporcionar estabilidad al barco, especialmente cuando está navegando sin carga o con carga parcial. Un ejemplo es un petrolero que utiliza agua de lastre para mantener la estabilidad durante un viaje en lastre.

Latent (Oculto): Algo que no es visible o evidente a simple vista pero que puede revelarse con el tiempo o bajo ciertas condiciones. En el contexto comercial, se refiere a problemas o defectos no detectados inicialmente.

La significancia de identificar lo latente es prevenir problemas futuros y asegurar la calidad y fiabilidad de los productos o servicios. Un ejemplo es un defecto latente en una pieza de maquinaria que causa fallos operativos después de un período de uso.

Latent defects (Vicios ocultos): Defectos en productos o propiedades que no son evidentes durante la inspección inicial pero que pueden manifestarse con el tiempo. Estos defectos pueden afectar la funcionalidad y seguridad de los productos.

El protagonismo esencial de los vicios ocultos es proteger a los compradores y usuarios de productos defectuosos, asegurando que los vendedores sean responsables por problemas no evidentes inicialmente. Un ejemplo es un edificio con defectos estructurales ocultos que se descubren después de varios años de uso.

Lavado con crudo (COW - Crude oil washing): Proceso utilizado en petroleros para limpiar los tanques de carga usando el mismo crudo que se transporta. Este método ayuda a reducir los residuos de crudo en los tanques y mejora la eficiencia del transporte.

El eje estratégico del lavado con crudo es reducir la contaminación y mejorar la capacidad de carga del buque, asegurando una operación más ecológica y eficiente. Un ejemplo es un petrolero que utiliza el lavado con crudo para limpiar sus tanques después de descargar el crudo en un puerto.

Law of flag (Ley del pabellón): Principio del derecho marítimo que establece que un barco está sujeto a las leyes del país en cuya bandera navega. La ley del pabellón regula todos los aspectos de la operación del buque, incluyendo la tripulación, la seguridad y las normas ambientales.

El alcance estratégico de la ley del pabellón es proporcionar un marco legal claro y radicante para la operación de los buques, asegurando el cumplimiento de las normas internacionales. Un ejemplo es un barco registrado en Panamá que opera bajo las leyes marítimas de Panamá.

Lay days (Tiempo de estadía): Período acordado durante el cual un barco debe estar cargado o descargado en un puerto sin incurrir en penalidades. Este tiempo se negocia en el contrato de fletamento y es crucial para la planificación logística.

La influencia del tiempo de estadía es evitar demoras y costos adicionales, asegurando una operación eficiente en el puerto. Un ejemplo es un contrato que especifica un tiempo de estadía de 72 horas para la descarga de un buque granelero.

LBP - Length between perpendiculars (Eslora entre perpendiculares): Medida de la longitud de un barco desde la perpendicular de proa hasta la perpendicular de popa. Esta medida es crucial para determinar el tamaño y capacidad del buque.

La esencia de la eslora entre perpendiculares es proporcionar una medida estándar para el diseño y construcción de barcos, afectando su capacidad de carga y rendimiento. Un ejemplo es un barco con una eslora entre perpendiculares de 150 metros, diseñado para transportar grandes volúmenes de carga.

LCL - Less container load (Contenedor de carga menos llena): Método de envío en el cual las mercancías de varios remitentes se combinan en un solo contenedor para optimizar el uso del espacio y reducir costos. Este método es ideal para envíos que no llenan un contenedor completo.

La preponderancia del LCL es proporcionar una solución de envío rentable y eficiente para pequeñas y medianas empresas, permitiendo el acceso a servicios de transporte marítimo sin la necesidad de llenar un contenedor completo. Un ejemplo es una empresa que envía una pequeña cantidad de productos a otro país utilizando un servicio de LCL.

LCL - Less than a full container load (Carga menor que un contenedor completo): Método de transporte donde varias cargas pequeñas de diferentes remitentes se consolidan en un solo contenedor. Esto permite a los exportadores enviar cantidades menores sin necesidad de contratar un contenedor completo.

La trascendencia de LCL es reducir los costos de envío para pequeñas y medianas empresas y optimizar la capacidad de carga de los contenedores. Un ejemplo es una empresa que envía una pequeña cantidad de productos electrónicos a través de un servicio de LCL.

Leading marks (Marcas de identificación): Señales visuales utilizadas en la navegación para guiar a los barcos hacia un puerto o canal seguro. Estas marcas pueden ser luces, boyas, o estructuras en tierra y son cruciales para la seguridad marítima.

La relevancia de las marcas de identificación es proporcionar una guía clara y precisa para los navegantes, reduciendo el riesgo de accidentes y mejorando la eficiencia en la navegación. Un ejemplo es un canal de entrada a un puerto marcado con boyas y luces para guiar a los barcos de manera segura.

Leakage (Derrame): Pérdida de contenido de un contenedor o tanque debido a fugas. Los derrames pueden causar daños a las mercancías, contaminar el medio ambiente y generar costos adicionales de limpieza y reemplazo.

La importancia de prevenir derrames es proteger las mercancías, minimizar el impacto ambiental y reducir los costos asociados con la pérdida y limpieza. Un ejemplo es un contenedor de productos químicos que sufre un derrame durante el transporte, requiriendo acciones de contención y limpieza.

Legal desertion (Abandono legal): Acto de abandonar legalmente una propiedad o mercancía, generalmente debido a que los costos asociados con su mantenimiento o reclamación superan su valor. El abandono legal permite al propietario renunciar a su responsabilidad sobre la propiedad.

La significancia del abandono legal es proporcionar una solución jurídica para situaciones en las que mantener o reclamar la propiedad es inviable económicamente. Un ejemplo es un importador que abandona legalmente un cargamento en un puerto debido a altos costos de almacenamiento y aranceles.

Legalización (Legalization): Proceso de certificación oficial de documentos para que sean reconocidos y aceptados en un país extranjero. La legalización puede implicar la autenticación de firmas, sellos y la verificación por parte de autoridades consulares o diplomáticas.

Es crucial destacar la legalización como medio de asegurar que los documentos comerciales, legales y personales sean válidos y aceptados en transacciones internacionales. Un ejemplo es la legalización de un contrato de compraventa internacional para su uso en procedimientos judiciales en el extranjero.

Lender (Prestamista): Persona o entidad que presta dinero a otra parte bajo términos acordados, esperando el reembolso del monto principal más los intereses. Los prestamistas pueden ser bancos, instituciones financieras, o individuos.

La importancia estratégica del prestamista es proporcionar el capital necesario para financiar proyectos, inversiones y necesidades personales, facilitando el crecimiento económico y la estabilidad financiera. Un ejemplo es un banco que presta dinero a una empresa para financiar su expansión.

Length (Eslora): Longitud total de un barco, medida desde la proa hasta la popa. La eslora es una medida crucial para determinar la capacidad de carga, la estabilidad y las características de navegación del barco.

El impacto global de la eslora es proporcionar una referencia estándar para el diseño y la construcción de barcos, afectando su capacidad operativa y rendimiento en el mar. Un ejemplo es un buque portacontenedores con una eslora de 300 metros, diseñado para transportar grandes volúmenes de carga.

Length between perpendiculars (Eslora entre perpendiculares): Medida de la longitud de un barco desde la perpendicular de proa hasta la perpendicular de popa. Esta medida es crucial para determinar el tamaño y capacidad del buque.

La influencia de la eslora entre perpendiculares es proporcionar una medida estándar para el diseño y construcción de barcos, afectando su capacidad de carga y rendimiento. Un ejemplo es un barco con una eslora entre perpendiculares de 150 metros, diseñado para transportar grandes volúmenes de carga.

Length on waterline (Eslora en flotación): Longitud de la línea de flotación de un barco cuando está cargado a su calado máximo. Esta medida es importante para determinar la resistencia hidrodinámica y la capacidad de carga del buque.

La influencia de la eslora en flotación es optimizar el diseño del casco para mejorar la eficiencia y el rendimiento del barco en el agua. Un ejemplo es un yate con una eslora en flotación de 20 metros, diseñado para maximizar la velocidad y estabilidad.

Letter of credit payable at days (Carta de crédito pagadera a días): Tipo de carta de crédito que especifica que el pago al beneficiario se realizará un número determinado de días después de la presentación de los documentos y la aceptación por parte del banco emisor.

La importancia de la carta de crédito es permitir una mayor flexibilidad en el pago, alineando el flujo de caja del comprador con sus necesidades financieras. Un ejemplo es un importador que acuerda con el exportador un pago a 30 días después de la presentación de los documentos.

Letter of indemnity (Carta de indemnidad): Documento en el cual una parte se compromete a indemnizar a otra por pérdidas o daños específicos. Este documento es común en el comercio internacional para proteger a las partes contra ciertos riesgos, como la entrega de mercancías sin la presentación del conocimiento de embarque original.

La gravitación internacional de la carta de indemnidad es proporcionar una garantía de compensación por pérdidas, facilitando la resolución de problemas y asegurando la continuidad de las operaciones comerciales. Un ejemplo es un importador que emite una carta de indemnidad para recibir la mercancía antes de que llegue el conocimiento de embarque original.

Levante de una mercancía (release of godos or clearance of godos): Proceso de retirar mercancías de la aduana después de cumplir con todos los requisitos legales y pagar los aranceles e impuestos correspondientes. El levante de la mercancía marca la conclusión del proceso de importación y permite la distribución de las mercancías en el mercado local.

La relevancia del levante de mercancías es asegurar que los bienes importados cumplan con las regulaciones aduaneras y se paguen los impuestos correspondientes, facilitando el comercio legal y ordenado. Ejemplo el caso de una importación de electrodomésticos a Perú de China.

Origen de la mercancía:

Una empresa peruana importa 500 lavadoras desde China. Las lavadoras son enviadas por vía marítima y llegan al puerto de Chancay, Perú.

Documentación requerida:

1. Factura comercial.
2. Conocimiento de embarque (Bill of Lading).
3. Certificado de origen.
4. Declaración de importación (DUA).
5. Proceso de levante:
6. Retiro de la mercancía: Con la autorización de levante, el importador puede retirar las lavadoras del puerto y transportarlas a su bodega o centro de distribución.
7. Entrega al mercado: Las lavadoras son distribuidas a tiendas o clientes finales en Perú.

Landing clause (Cláusula de desembarque): Provisión en un contrato de transporte que especifica las condiciones y procedimientos para la descarga de mercancías en el puerto de destino. Esta cláusula puede incluir detalles sobre los tiempos permitidos para la descarga, responsabilidades de las partes y penalizaciones por demoras.

La trascendencia de la cláusula de desembarque es establecer reglas claras para la descarga de mercancías, asegurando una operación eficiente y minimizando disputas. Un ejemplo es un contrato de fletamento que especifica que el buque debe ser descargado dentro de 48 horas de su llegada al puerto, de lo contrario, se aplicarán penalizaciones.

Lash barge (Barcaza lash): Barcaza utilizada en el sistema LASH (Lighter Aboard Ship), diseñada para ser cargada y descargada desde un buque madre. Las barcazas LASH permiten transportar mercancías directamente entre el puerto y el buque sin necesidad de infraestructura portuaria sofisticada.

La significancia de las barcazas LASH es mejorar la eficiencia del transporte marítimo en puertos con infraestructura limitada, facilitando la carga y descarga en aguas poco profundas. Un ejemplo es el uso de barcazas LASH para transferir carga en un puerto fluvial con acceso limitado para grandes buques.

LASH (Lighter Aboard Ship) (Barcazas lash): Sistema de transporte marítimo en el cual las barcazas cargadas son levantadas a bordo de un buque madre para ser transportadas a su destino final. Este sistema permite una transferencia eficiente de mercancías entre el buque y el puerto.

El pilar fundamental del sistema LASH es aumentar la flexibilidad y eficiencia del transporte marítimo, permitiendo operar en puertos con infraestructura limitada. Un ejemplo es un buque LASH que recoge varias barcazas cargadas en diferentes puertos y las transporta a un puerto principal.

Lastre (Ballast): Material, como agua o arena, utilizado para estabilizar un barco y mantener su equilibrio durante el viaje. El lastre se ajusta según la carga del barco para asegurar una navegación segura.

El alcance prioritario del lastre es proporcionar estabilidad al barco, especialmente cuando está navegando sin carga o con carga parcial. Un ejemplo es un petrolero que utiliza agua de lastre para mantener la estabilidad durante un viaje en lastre.

Latent (Oculto): Algo que no es visible o evidente a simple vista pero que puede revelarse con el tiempo o bajo ciertas condiciones. En el contexto comercial, se refiere a problemas o defectos no detectados inicialmente.

El impacto estratégico de identificar lo latente es prevenir problemas futuros y asegurar la calidad y fiabilidad de los productos o servicios. Un ejemplo es un defecto latente en una pieza de maquinaria que causa fallos operativos después de un período de uso.

Latent defects (Vicios ocultos): Defectos en productos o propiedades que no son evidentes durante la inspección inicial pero que pueden manifestarse con el tiempo. Estos defectos pueden afectar la funcionalidad y seguridad de los productos.

La influencia de los vicios ocultos es proteger a los compradores y usuarios de productos defectuosos, asegurando que los vendedores sean responsables por problemas no evidentes inicialmente. Un ejemplo es un edificio con defectos estructurales ocultos que se descubren después de varios años de uso.

Lavado con crudo (COW - Crude Oil Washing): Proceso utilizado en petroleros para limpiar los tanques de carga usando el mismo crudo que se transporta. Este método ayuda a reducir los residuos de crudo en los tanques y mejora la eficiencia del transporte.

La influencia del lavado con crudo es reducir la contaminación y mejorar la capacidad de carga del buque, asegurando una operación más ecológica y eficiente. Un ejemplo es un petrolero que utiliza el lavado con crudo para limpiar sus tanques después de descargar el crudo en un puerto.

Law of flag (Ley del pabellón): Principio del derecho marítimo que establece que un barco está sujeto a las leyes del país en cuya bandera navega. La ley del pabellón regula todos los aspectos de la operación del buque, incluyendo la tripulación, la seguridad y las normas ambientales.

La preponderancia de la ley del pabellón es proporcionar un marco legal claro y radicante para la operación de los buques, asegurando el cumplimiento de las normas internacionales. Un ejemplo es un barco registrado en Panamá que opera bajo las leyes marítimas de Panamá.

Lay days (Tiempo de estadía): Período acordado durante el cual un barco debe estar cargado o descargado en un puerto sin incurrir en penalidades. Este tiempo se negocia en el contrato de fletamento y es crucial para la planificación logística.

La gravitación del tiempo de estadía es evitar demoras y costos adicionales, asegurando una operación eficiente en el puerto. Un ejemplo es un contrato que especifica un tiempo de estadía de 72 horas para la descarga de un buque granelero.

LBP - Length between perpendiculars (Eslora entre perpendiculares): Medida de la longitud de un barco desde la perpendicular de proa hasta la perpendicular de popa. Esta medida es crucial para determinar el tamaño y capacidad del buque.

La relevancia de la eslora entre perpendiculares es proporcionar una medida estándar para el diseño y construcción de barcos, afectando su capacidad de carga y rendimiento. Un ejemplo es un barco con una eslora entre perpendiculares de 150 metros, diseñado para transportar grandes volúmenes de carga.

LCL - Less Container Load (Contenedor de carga menos llena): Método de envío en el cual las mercancías de varios remitentes se combinan en un solo contenedor para optimizar el uso del espacio y reducir costos. Este método es ideal para envíos que no llenan un contenedor completo.

La trascendencia del LCL es proporcionar una solución de envío rentable y eficiente para pequeñas y medianas empresas, permitiendo el acceso a servicios de transporte marítimo sin la necesidad de llenar un contenedor completo. Un ejemplo es una empresa que envía una pequeña cantidad de productos a otro país utilizando un servicio de LCL.

LCL - Less than a full container load (Carga menor que un contenedor completo): Método de transporte donde varias cargas pequeñas de diferentes remitentes se consolidan en un solo contenedor. Esto permite a los exportadores enviar cantidades menores sin necesidad de contratar un contenedor completo.

La significancia de LCL es reducir los costos de envío para pequeñas y medianas empresas y optimizar la capacidad de carga de los contenedores. Un ejemplo es una empresa que envía una pequeña cantidad de productos electrónicos a través de un servicio de LCL.

Leading marks (Marcas de identificación): Señales visuales utilizadas en la navegación para guiar a los barcos hacia un puerto o canal seguro. Estas marcas pueden ser luces, boyas, o estructuras en tierra y son cruciales para la seguridad marítima.

La importancia de las marcas de identificación es proporcionar una guía clara y precisa para los navegantes, reduciendo el riesgo de accidentes y mejorando la eficiencia en la navegación. Un ejemplo es un canal de entrada a un puerto marcado con boyas y luces para guiar a los barcos de manera segura.

Leakage (Derrame): Pérdida de contenido de un contenedor o tanque debido a fugas. Los derrames pueden causar daños a las mercancías, contaminar el medio ambiente y generar costos adicionales de limpieza y reemplazo.

El impacto de prevenir derrames es proteger las mercancías, minimizar el impacto ambiental y reducir los costos asociados con la pérdida y limpieza. Un ejemplo es un contenedor de productos químicos que sufre un derrame durante el transporte, requiriendo acciones de contención y limpieza.

Legal desertion (Abandono legal): Acto de abandonar legalmente una propiedad o mercancía, generalmente debido a que los costos asociados con su mantenimiento o reclamación superan su valor. El abandono legal permite al propietario renunciar a su responsabilidad sobre la propiedad.

El eje estratégico del abandono legal es proporcionar una solución jurídica para situaciones en las que mantener o reclamar la propiedad es inviable económicamente. Un ejemplo es un importador que abandona legalmente un cargamento en un puerto debido a altos costos de almacenamiento y aranceles.

Legalización (Legalization): En comercio exterior, la legalización es el proceso mediante el cual ciertos documentos comerciales, como facturas, certificados de origen y documentos de transporte, son verificados y validados por las autoridades competentes para garantizar su autenticidad y aceptación en el país de destino. Este proceso asegura que los documentos cumplan con los requisitos legales y administrativos establecidos por el país receptor.

La influencia de la legalización depende de su papel en la facilitación del comercio internacional al cumplir con las normativas del país importador, evitando problemas aduaneros y asegurando que los documentos sean aceptados sin inconvenientes. Por ejemplo, un exportador debe legalizar un certificado de origen para que el importador en el país de destino pueda beneficiarse de aranceles reducidos, garantizando que el producto cumple con los requisitos de origen establecidos.

Lender (Prestamista): Persona o entidad que presta dinero a otra parte bajo términos acordados, esperando el reembolso del monto principal más los intereses. Los prestamistas pueden ser bancos, instituciones financieras, o individuos.

La importancia del prestamista es proporcionar el capital necesario para financiar proyectos, inversiones y necesidades personales, facilitando el crecimiento económico y la estabilidad financiera. Un ejemplo es un banco que presta dinero a una empresa para financiar su expansión.

Length (Eslora): Longitud total de un barco, medida desde la proa hasta la popa. La eslora es una medida crucial para determinar la capacidad de carga, la estabilidad y las características de navegación del barco.

La preponderancia de la eslora es proporcionar una referencia estándar para el diseño y la construcción de barcos, afectando su capacidad operativa y rendimiento en el mar. Un ejemplo es un buque portacontenedores con una eslora de 300 metros, diseñado para transportar grandes volúmenes de carga.

Length between perpendiculars (Eslora entre perpendiculares): Medida de la longitud de un barco desde la perpendicular de proa hasta la perpendicular de popa. Esta medida es crucial para determinar el tamaño y capacidad del buque.

La gravitación de la eslora entre perpendiculares es proporcionar una medida estándar para el diseño y construcción de barcos, afectando su capacidad de carga y rendimiento. Un ejemplo es un barco con una eslora entre perpendiculares de 150 metros, diseñado para transportar grandes volúmenes de carga.

Length on waterline (Eslora en flotación): Longitud de la línea de flotación de un barco cuando está cargado a su calado máximo. Esta medida es importante para determinar la resistencia hidrodinámica y la capacidad de carga del buque.

La relevancia de la eslora en flotación es optimizar el diseño del casco para mejorar la eficiencia y el rendimiento del barco en el agua. Un ejemplo es un yate con una eslora en flotación de 20 metros, diseñado para maximizar la velocidad y estabilidad.

Letter of credit payable at days (Carta de crédito pagadera a días): Tipo de carta de crédito que especifica que el pago al beneficiario se realizará un número determinado de días después de la presentación de los documentos y la aceptación por parte del banco emisor.

La trascendencia de la carta de crédito es permitir una mayor flexibilidad en el pago, alineando el flujo de caja del comprador con sus necesidades financieras. Un ejemplo es un importador que acuerda con el exportador un pago a 30 días después de la presentación de los documentos.

Letter of indemnity (Carta de indemnidad): Documento en el cual una parte se compromete a indemnizar a otra por pérdidas o daños específicos. Este documento es común en el comercio internacional para proteger a las partes contra ciertos riesgos, como la entrega de mercancías sin la presentación del conocimiento de embarque original.

La significancia de la carta de indemnidad es proporcionar una garantía de compensación por pérdidas, facilitando la resolución de problemas y asegurando la continuidad de las operaciones comerciales. Un ejemplo es un importador que emite una carta de indemnidad para recibir la mercancía antes de que llegue el conocimiento de embarque original.

Levante de una mercancía (release of cargo or cargo release): Proceso de retirar mercancías de la aduana después de cumplir con todos los requisitos legales y pagar los aranceles e impuestos correspondientes. El levante de la mercancía marca la conclusión del proceso de importación y permite la distribución de las mercancías en el mercado local.

La pertinencia comercial del levante de mercancías es asegurar que los bienes importados cumplan con las regulaciones aduaneras y se paguen los impuestos correspondientes, facilitando el comercio legal y ordenado. Un ejemplo es una empresa importadora que realiza el levante de sus productos electrónicos tras pagar los aranceles y obtener la autorización aduanera.

Levelling charges (Gastos por aplanar o nivelar): Costos asociados con la preparación y nivelación de terrenos para la construcción o almacenamiento de mercancías. Estos gastos pueden incluir el uso de maquinaria pesada, mano de obra y materiales necesarios para crear una superficie plana y estable.

El eje estratégico de los gastos por aplanar o nivelar es asegurar que el terreno esté adecuado para el uso previsto, ya sea para la construcción de instalaciones o para el almacenamiento seguro de mercancías. Un ejemplo es una empresa que incurre en gastos por nivelar el terreno antes de construir un nuevo almacén.

Levy (Embargo): Acción legal por la cual se retienen bienes o propiedades de una persona o empresa para asegurar el pago de una deuda o el cumplimiento de una obligación. Un embargo puede ser impuesto por autoridades gubernamentales, como las aduanas, o por orden judicial.

El alcance prioritario del embargo es garantizar que las deudas sean pagadas y que las obligaciones legales se cumplan, protegiendo los derechos de los acreedores. Un ejemplo es una empresa que enfrenta un embargo de sus bienes debido a impagos de aranceles aduaneros.

Ley de aranceles (Tariff act): Conjunto de leyes y regulaciones que establecen los aranceles y derechos de aduana aplicables a las importaciones y exportaciones de bienes. Estas leyes determinan las tasas impositivas y los procedimientos para la recaudación de impuestos sobre productos comercializados internacionalmente.

La influencia de la ley de aranceles es regular el comercio internacional, proteger las industrias nacionales y generar ingresos fiscales para el gobierno. Un ejemplo es la Ley de Aranceles de Estados Unidos, que establece los impuestos aplicables a productos importados para proteger a los fabricantes nacionales.

Ley de comercio (Conjunto de leyes y regulaciones que rigen el comercio internacional): Marco legal que regula las transacciones comerciales entre países, incluyendo normas sobre contratos, propiedad intelectual, resolución de disputas, y procedimientos aduaneros.

La consideración esencial de la ley de comercio es proporcionar un marco legal claro y justo para las transacciones internacionales, promoviendo el comercio justo y la protección de los derechos de todas las partes involucradas. Un ejemplo es la Organización Mundial del Comercio (OMC), que establece reglas y acuerdos para facilitar el comercio global.

Ley del pabellón (Law of flag): Principio del derecho marítimo que establece que un barco está sujeto a las leyes del país en cuya bandera navega. Esta ley regula aspectos como la tripulación, la seguridad y las normas operativas del barco.

La preponderancia de la ley del pabellón es asegurar que los buques cumplan con las regulaciones del país de registro, promoviendo la seguridad y la legalidad en el transporte marítimo. Un ejemplo es un barco registrado en Panamá que debe cumplir con las leyes marítimas de Panamá.

Liability (Responsabilidad civil / obligación): Obligación legal de una persona o entidad de compensar por daños, pérdidas o deudas. En el contexto de los negocios y el comercio, la responsabilidad puede incluir responsabilidad civil por daños a terceros, obligaciones contractuales y cumplimiento de leyes y regulaciones.

La gravitación comercial de la responsabilidad es proteger a las partes afectadas y asegurar que las empresas y personas cumplan con sus obligaciones legales y financieras. Un ejemplo es una empresa que tiene responsabilidad civil por daños causados por un producto defectuoso.

Liberación de aduanas (Customs clearance): Proceso mediante el cual las mercancías importadas o exportadas cumplen con todas las regulaciones aduaneras y se permite su entrada o salida del país. Esto incluye la presentación de documentos, el pago de aranceles y la inspección de mercancías.

La relevancia de la liberación de aduanas es asegurar que las mercancías cumplan con las leyes del país y que los impuestos y aranceles correspondientes sean pagados, facilitando el comercio legal y eficiente. Un ejemplo es una empresa importadora que completa la liberación de aduanas para recibir sus productos en el puerto.

Libo o libor - London Interbank Offered Rate (Tasa libor): Se refiere a la tasa de interés promedio a la que los principales bancos internacionales se prestan dinero entre sí en el mercado interbancario de Londres. La tasa Libor se utiliza como referencia para fijar las tasas de interés en préstamos y otros instrumentos financieros.

El factor determinante para la tasa Libor es proporcionar una referencia estandarizada y ampliamente aceptada para las tasas de interés, facilitando la estabilidad y previsibilidad en los mercados financieros. Un ejemplo es un préstamo hipotecario con una tasa de interés basada en la Libor más un margen fijo.

Libor rate (Tasa libor): Tasa de interés promedio a la que los bancos principales se prestan dinero entre sí en el mercado interbancario de Londres. Esta tasa se utiliza como referencia para muchos tipos de préstamos y productos financieros.

La significancia de la tasa Libor es proporcionar una referencia estandarizada y ampliamente aceptada para las tasas de interés, facilitando la estabilidad y previsibilidad en los mercados financieros. Un ejemplo es un préstamo hipotecario con una tasa de interés basada en la Libor más un margen fijo.

Librado (Drawee): En el contexto de instrumentos de pago como las letras de cambio, el librado es la persona o entidad a la que se le ordena pagar una cantidad específica de dinero al beneficiario (tomador) en una fecha determinada o a la vista. El librado es la parte que debe cumplir con la orden de pago emitida por el librador, quien es el que crea y firma el documento.

El factor crucial a destacar del librado se fundamenta en su papel crucial en la ejecución de la transacción financiera, ya que su aceptación y pago son necesarios para que el instrumento de pago sea válido y se complete la operación. Por ejemplo, si un exportador emite una letra de cambio a favor de un importador, el librado será el banco o la entidad que debe pagar la cantidad indicada al beneficiario en el momento del vencimiento.

Librador (Drawer): Persona o entidad que emite una letra de cambio, ordenando al librado pagar una cantidad específica de dinero al beneficiario. El librador es el creador del documento y asume la responsabilidad de su validez.

El protagonismo estratégico del librador es iniciar y garantizar la transacción financiera, proporcionando un medio seguro y confiable para realizar pagos en el comercio. Un ejemplo es un exportador que emite una letra de cambio para cobrar el pago de un importador.

Libre de gastos de desestiba/descarga (FO - Free out): Condición de transporte en la que el comprador asume los costos de desestiba y descarga de las mercancías en el puerto de destino. Esta condición se detalla en los términos de venta y transporte.

El protagonismo esencial de FO es clarificar las responsabilidades y costos entre el comprador y el vendedor, facilitando acuerdos comerciales claros y justos. Un ejemplo es un contrato de venta de grano donde el comprador paga por la descarga de la mercancía en el puerto de destino.

Libre de gastos de embarque/estiba (FI - Free in): Condición de transporte en la que el vendedor asume los costos de embarque y estiba de las mercancías en el puerto de origen. Esta condición se detalla en los términos de venta y transporte.

La influencia de FI es clarificar las responsabilidades y costos entre el comprador y el vendedor, facilitando acuerdos comerciales claros y justos. Un ejemplo es un contrato de venta de maquinaria donde el vendedor paga por el embarque de la mercancía en el puerto de origen.

Libre de impuestos (Tax-free): Estado en el cual ciertos bienes, servicios o ingresos no están sujetos a impuestos gubernamentales. Los productos libres de impuestos son comunes en tiendas de aeropuertos y zonas francas.

La gravitación comercial de estar libre de impuestos es proporcionar ventajas económicas tanto para los consumidores como para las empresas, promoviendo el comercio y el turismo. Un ejemplo es la compra de perfumes en una tienda libre de impuestos en un aeropuerto internacional.

Libro de caja (Cashbook): Registro contable donde se anotan todas las transacciones de efectivo entrantes y salientes. Este libro es fundamental para la gestión diaria de la tesorería y el control de flujo de caja.

La importancia del libro de caja es proporcionar un seguimiento preciso del efectivo, facilitando la gestión financiera y la toma de decisiones. Un ejemplo es una tienda minorista que utiliza un libro de caja para registrar sus ventas diarias en efectivo y gastos.

Libro de contabilidad (Account book): Registro donde se anotan todas las transacciones financieras de una empresa, incluyendo ingresos, gastos, activos y pasivos. Este libro es esencial para mantener la contabilidad precisa y cumplir con las regulaciones fiscales.

La influencia determinante del libro de contabilidad es asegurar la transparencia y precisión en la gestión financiera, facilitando la auditoría y el cumplimiento legal. Un ejemplo es una empresa que mantiene un libro de contabilidad detallado para registrar todas sus operaciones financieras.

Libro de importación (Import book): Registro oficial donde se anotan todas las transacciones de importación de una empresa, incluyendo detalles sobre los bienes importados, proveedores, costos y aranceles pagados.

La relevancia del libro de importación es proporcionar un seguimiento preciso de las actividades de importación, facilitando la gestión de inventarios y el cumplimiento de las regulaciones aduaneras. Un ejemplo es una empresa que mantiene un libro de importación para documentar todas sus compras internacionales.

Licencia de exportación (Export license): La licencia de exportación es un permiso oficial otorgado por las autoridades gubernamentales que autoriza a una empresa a exportar bienes específicos a un país extranjero. Este documento es esencial para cumplir con las regulaciones y restricciones comerciales, garantizando que los productos exportados no violen leyes nacionales o internacionales, como controles de seguridad, sanciones económicas, o normativas sobre mercancías sensibles.

La trascendencia de la licencia de exportación se encuentra en su rol para asegurar que las exportaciones se realicen dentro del marco legal y regulatorio establecido, protegiendo los intereses nacionales y garantizando el cumplimiento de las normas internacionales. Por ejemplo, una empresa que desea exportar tecnología avanzada a un país específico puede necesitar una licencia de exportación para cumplir con las regulaciones de control de tecnología y evitar sanciones.

Licencia de importación (Import license): La licencia de importación es un permiso oficial otorgado por las autoridades gubernamentales que autoriza a una empresa a importar ciertos bienes o productos a un país. Este documento es necesario para cumplir con las regulaciones nacionales sobre el comercio exterior y puede estar sujeto a restricciones específicas, como cuotas de importación, normas de seguridad o requisitos sanitarios.

La significancia de la licencia de importación se fundamenta en su función para regular el flujo de bienes hacia un país, asegurando que se cumplan las normativas de seguridad, calidad y control aduanero. Por ejemplo, una empresa que desea importar productos alimenticios debe obtener una licencia de importación para cumplir con las normas de seguridad alimentaria y evitar problemas en la aduana, garantizando así que los productos cumplan con los requisitos de salud pública.

Lien (Derecho de retención): Derecho legal de retener bienes hasta que se pague una deuda o se cumpla una obligación. Este derecho permite al acreedor asegurar el cumplimiento de una deuda utilizando los bienes del deudor como garantía.

El alcance prioritario del derecho de retención es proporcionar seguridad a los acreedores, asegurando que puedan recuperar sus deudas o cumplir con sus obligaciones antes de liberar los bienes. Un ejemplo es un proveedor que retiene mercancías en su almacén hasta que el comprador pague la factura pendiente.

Lien clause (Cláusula de retención): Provisión en un contrato que establece el derecho del acreedor a retener bienes hasta que se pague una deuda o se cumpla una obligación. Esta cláusula protege los intereses del acreedor en transacciones comerciales.

El pilar fundamental de la cláusula de retención es asegurar que los acreedores tengan un medio legal para recuperar deudas pendientes, reduciendo el riesgo financiero. Un ejemplo es un contrato de alquiler de equipo que incluye una cláusula de retención para asegurar el pago completo antes de devolver el equipo.

Lifeboat (Bote salvavidas): Embarcación de emergencia diseñada para ser utilizada en situaciones de peligro en el mar, proporcionando seguridad y capacidad de evacuación a los tripulantes y pasajeros de un barco.

El eje fundamental del bote salvavidas es garantizar la seguridad de las personas en caso de emergencias marítimas, permitiendo una evacuación rápida y segura. Un ejemplo es un crucero equipado con varios botes salvavidas para evacuar a los pasajeros en caso de naufragio.

LIFO - Liner in Free out (Cláusula contratación flete): Término de transporte marítimo que indica que el costo de cargar la mercancía en el buque está incluido en el flete, pero el costo de descargarla en el puerto de destino corre a cargo del consignatario.

La influencia de la cláusula LIFO es clarificar la distribución de costos entre el cargador y el consignatario, facilitando la negociación de tarifas de flete. Un ejemplo es un contrato de transporte que especifica LIFO, donde el exportador paga por la carga y el importador paga por la descarga.

Lift here (Levantar aquí o levante aquí): Instrucción en el manejo de carga que indica el punto exacto donde se debe levantar un objeto o contenedor para evitar daños y asegurar una manipulación segura. En otras palabras, es la indicación común que radica en cajas, paquetes o equipos para señalar el punto correcto donde se debe levantar el objeto de manera segura y evitar daños o lesiones.

La gravitación esencial de "Lift Here" es proporcionar orientación clara para la manipulación segura de mercancías, reduciendo el riesgo de daños y lesiones. Un ejemplo es un contenedor marcado con "Lift Here" para indicar los puntos de elevación adecuados.

Light draught (Calado en lastre): Profundidad a la que se sumerge un barco en el agua cuando está vacío o en lastre, es decir, sin carga. El calado en lastre es menor que el calado a plena carga.

La preponderancia del calado en lastre es asegurar la estabilidad y navegabilidad del barco cuando no lleva carga, afectando las operaciones portuarias y la planificación de rutas. Un ejemplo es un petrolero que tiene un calado en lastre significativamente menor que su calado a plena carga.

Light dues (Derechos de luces, derechos de señalización): Tarifas pagadas por los barcos por el uso de ayudas a la navegación, como faros, boyas y otros sistemas de señalización marítima.

La influencia de los derechos de luces es financiar el mantenimiento y operación de las ayudas a la navegación, garantizando la seguridad en las rutas marítimas. Un ejemplo es un barco que paga derechos de luces al ingresar a un puerto equipado con sistemas avanzados de señalización.

Lighter (Lancha): Embarcación pequeña utilizada para transportar mercancías entre el muelle y los barcos anclados en alta mar o en puertos donde los grandes buques no pueden atracar directamente.

La gravitación de la lancha es facilitar la transferencia de carga en áreas con restricciones de profundidad o infraestructura limitada, asegurando una logística eficiente. Un ejemplo es una lancha que transfiere contenedores desde un buque a la costa en un puerto fluvial.

Lighterage (Lanchaje, cabarraje): Servicio y costo asociado con el uso de lanchas para transferir mercancías entre los barcos anclados y la costa. Este servicio es esencial en puertos donde los grandes buques no pueden atracar directamente.

La consideración esencial del lanchaje es asegurar una transferencia eficiente de mercancías en puertos con limitaciones de acceso, reduciendo el tiempo y los costos de descarga. Un ejemplo es una empresa que paga lanchaje para mover su carga desde un buque a un muelle en un puerto con poca profundidad.

Línea de agua (Water line - WL): Línea que marca el nivel del agua en el casco de un barco cuando está flotando. Esta línea es crucial para determinar la estabilidad y la capacidad de carga del barco.

La significancia de la línea de agua es proporcionar una referencia para la correcta carga y estabilidad del barco, asegurando una navegación segura. Un ejemplo es un buque que ajusta su carga para mantener la línea de agua dentro de los límites seguros.

Línea de carga (Load line): Marca en el casco de un barco que indica el nivel máximo de inmersión permitido bajo diferentes condiciones de agua y carga. Esta línea, también conocida como la marca de Plimsoll, es esencial para la seguridad marítima.

El protagonismo esencial de la línea de carga es prevenir el sobrecargado del barco, asegurando que navegue de manera segura y estable bajo diferentes condiciones. Un ejemplo es un buque portacontenedores que verifica su línea de carga antes de salir de puerto para asegurar que no está sobrecargado.

Líneas de crédito (Credit lines): Las líneas de crédito son acuerdos financieros que permiten a una empresa o individuo acceder a una cantidad específica de crédito disponible en cualquier momento, hasta un límite acordado. Este tipo de financiamiento proporciona flexibilidad al permitir retirar fondos según sea necesario y pagar intereses solo sobre el monto utilizado. Las líneas de crédito pueden ser ofrecidas por bancos o instituciones financieras y son útiles para gestionar el flujo de caja, financiar operaciones y cubrir necesidades temporales de capital.

El motor económico de las líneas de crédito se fundamenta en su capacidad para ofrecer flexibilidad financiera y apoyo en la gestión de flujo de caja, permitiendo a las empresas afrontar gastos imprevistos o financiar oportunidades de negocio sin necesidad de buscar préstamos adicionales. Por ejemplo, una empresa que enfrenta un aumento estacional en la demanda puede utilizar una línea de crédito para adquirir inventario adicional sin comprometer sus recursos financieros a largo plazo.

Liner terms (Términos de línea): Condiciones estándar bajo las cuales una línea naviera opera, incluyendo responsabilidades de carga y descarga, tiempos de espera, y tarifas. Estos términos son acordados entre el transportista y el cargador y facilitan la gestión de los envíos marítimos.

El impacto global de los términos de línea es establecer reglas claras y radicantes para las operaciones de transporte marítimo, reduciendo el riesgo de disputas y mejorando la eficiencia logística. Un ejemplo es una línea naviera que opera bajo términos de línea que especifican que el cargador es responsable de los costos de carga y el transportista de los costos de descarga.

Liner vessels (Buques de línea): Barcos que operan en rutas regulares y programadas, transportando carga entre puertos específicos. Los buques de línea suelen ser utilizados para el transporte de contenedores y mercancías generales.

La influencia de los buques de línea es proporcionar servicios de transporte confiables y predecibles, facilitando el comercio internacional y la planificación logística. Un ejemplo es un buque portacontenedores que opera en una ruta fija entre Asia y Europa, con salidas programadas regularmente.

Liquidación de avería gruesa (General average adjustment): Proceso de distribución de los costos de una avería gruesa entre todas las partes involucradas en un viaje marítimo. La avería gruesa ocurre cuando se sacrifica parte de la carga para salvar el barco y el resto de la carga, y los costos se comparten proporcionalmente.

La gravitación esencial de la liquidación de avería gruesa es asegurar una distribución justa de los costos de salvamento, protegiendo los intereses de todas las partes involucradas. Un ejemplo es un buque que sufre daños en una tormenta y decide arrojar parte de la carga al mar para estabilizar el barco, con los costos compartidos entre los propietarios de la carga y el barco.

Liquidador de averías (Average adjuster): Profesional especializado en la evaluación y distribución de los costos asociados con una avería gruesa. El liquidador de averías investiga el incidente, calcula los costos y determina la contribución de cada parte involucrada.

La significancia operativa del liquidador de averías es proporcionar una evaluación imparcial y precisa, asegurando una distribución justa y equitativa de los costos. Un ejemplo es un liquidador de averías que trabaja con todas las partes involucradas en un incidente marítimo para resolver las reclamaciones de avería gruesa.

Liquidation of the entry (Liquidación de la declaración de aduana): Proceso de finalizar y cerrar una declaración de aduana, incluyendo el pago de aranceles e impuestos, y la liberación de las mercancías para su distribución o uso. La liquidación confirma que todos los requisitos aduaneros se han cumplido.

La influencia clave de la liquidación de la declaración de aduana es asegurar el cumplimiento de las regulaciones aduaneras, facilitando el flujo legal y eficiente de mercancías a través de las fronteras. Un ejemplo es una empresa importadora que completa la liquidación de su declaración de aduana, permitiendo la entrega de sus productos al mercado local.

Lista de empaque (Packing list): Documento que detalla el contenido, cantidad y embalaje de cada artículo en un envío. La lista de empaque es esencial para la identificación y verificación de la carga durante el transporte y la recepción.

La influencia determinante de la lista de empaque es proporcionar una referencia clara y precisa para el manejo y la inspección de la carga, facilitando el control de inventario y el cumplimiento aduanero. Un ejemplo es una empresa exportadora que incluye una lista de empaque detallada con cada envío internacional para asegurar que el contenido se verifique correctamente en el destino.

Lista liberada (Free list): Catálogo de bienes que están exentos de aranceles o restricciones aduaneras al ser importados o exportados. Esta lista es establecida por las autoridades aduaneras y puede incluir productos específicos, categorías de bienes o artículos bajo ciertos valores.

La trascendencia de la lista liberada es facilitar el comercio de bienes esenciales o estratégicos, reduciendo costos y barreras para las empresas y los consumidores. Un ejemplo es un país que publica una lista liberada de equipos médicos esenciales, permitiendo su importación sin aranceles para apoyar el sector de salud.

Listones (Battens): Tiras de madera, plástico u otro material utilizado para reforzar, asegurar o separar la carga durante el transporte. Los listones son comunes en el embalaje de mercancías frágiles o voluminosas para prevenir daños.

La significancia de los listones es proporcionar estabilidad y protección adicional a la carga, reduciendo el riesgo de daños durante el transporte. Un ejemplo es una empresa que utiliza listones para asegurar cajas de vidrio en un contenedor, evitando que se muevan y se rompan durante el envío marítimo.

Llamada franquiciada (Franchisee call): En el contexto de franquicias, la llamada franquiciada se refiere a una comunicación telefónica entre el franquiciante (franchisor) y el franquiciado (franchisee). Esta llamada puede tratar temas relacionados con la operación del negocio, el cumplimiento de estándares, la resolución de problemas, la capacitación o la coordinación de estrategias. Es una herramienta clave para mantener una comunicación efectiva y asegurar que todas las partes involucradas estén alineadas con las políticas y objetivos de la franquicia.

El alcance estratégico de la llamada franquiciado consiste en su capacidad para facilitar la gestión y el soporte continuo entre el franquiciante y el franquiciado, lo que ayuda a resolver problemas rápidamente, mantener la calidad del servicio y asegurar la implementación radicante de los estándares de la franquicia. Por ejemplo, una llamada puede ser utilizada para discutir un problema operativo en una unidad franquiciada y coordinar una solución o ajuste para mejorar el desempeño del negocio.

Lleno en peso y volumen (Full and down condition): Estado de un buque cuando está cargado hasta su capacidad máxima de peso y volumen, optimizando el uso del espacio y la capacidad de carga del buque.

El eje estratégico de estar en condición "full and down" es maximizar la eficiencia del transporte marítimo, asegurando que el buque utilice toda su capacidad sin sobrecargarse. Un ejemplo es un buque granelero que transporta cereal y alcanza su capacidad máxima de peso y volumen, optimizando la eficiencia del transporte.

Lloyd's agent (Agente del lloyd): Representante de Lloyd's of London en un puerto o región específica, encargado de evaluar y reportar siniestros, inspeccionar cargas y proporcionar información local relevante para los aseguradores de Lloyd's.

El impacto global del agente del Lloyd es proporcionar una evaluación independiente y confiable de incidentes y condiciones locales, asegurando una gestión efectiva de riesgos y reclamaciones. Un ejemplo es un agente del Lloyd que inspecciona un cargamento dañado en un puerto asiático y reporta sus hallazgos a los aseguradores de Lloyd's en Londres.

Llamada a puerto llave de paso (Gate valve): Válvula utilizada para controlar el flujo de líquidos o gases en una tubería. Las llaves de paso son esenciales en la infraestructura de transporte y almacenamiento de fluidos.

La influencia de la llave de paso es permitir el control preciso y seguro del flujo de materiales, evitando fugas y garantizando la operación eficiente de sistemas de tuberías. Un ejemplo es una instalación de almacenamiento de petróleo que utiliza llaves de paso para regular el flujo de crudo a través de sus tuberías.

Llave en mano (Turnkey): Contrato en el cual un proveedor se compromete a entregar un proyecto completamente terminado y listo para operar. El proveedor se encarga de todos los aspectos del proyecto, desde el diseño hasta la construcción y la puesta en marcha.

La gravitación internacional del contrato llave en mano es proporcionar una solución integral y minimizar los riesgos y responsabilidades del cliente, asegurando que el proyecto esté listo para su uso inmediato. Un ejemplo es una empresa de construcción que ofrece un contrato llave en mano para la construcción de una planta de manufactura.

Llave maestra (Master key): Llave que puede abrir múltiples cerraduras, facilitando el acceso a diversas áreas o instalaciones. En un contexto empresarial, una llave maestra permite el acceso eficiente y seguro a diferentes secciones de una planta o edificio.

La preponderancia de la llave maestra es proporcionar un acceso rápido y controlado a múltiples áreas, mejorando la seguridad y la gestión operativa. Un ejemplo es una fábrica que utiliza una llave maestra para que los supervisores puedan acceder a todas las áreas de producción.

Llena (Filling): Proceso de llenar un contenedor o embalaje con productos o mercancías para su transporte o almacenamiento. Este término también puede referirse a la capacidad máxima de un contenedor cuando está completamente lleno.

La esencia de la llenada es asegurar que los contenedores se utilicen de manera eficiente y que las mercancías estén adecuadamente protegidas durante el transporte. Un ejemplo es una empresa de logística que llena contenedores con productos electrónicos para su envío internacional.

Lleno en peso y volumen (Full and down condition): Estado de un buque cuando está cargado hasta su capacidad máxima de peso y volumen, optimizando el uso del espacio y la capacidad de carga del buque. En esta condición, el buque utiliza tanto su capacidad de volumen como su capacidad de peso sin exceder los límites de seguridad.

La relevancia de estar en condición "full and down" es maximizar la eficiencia del transporte marítimo, asegurando que el buque utilice toda su capacidad sin sobrecargarse. Un ejemplo es un buque granelero que transporta cereal y alcanza su capacidad máxima de peso y volumen, optimizando la eficiencia del transporte.

LNG Carrier (Transportador de gas natural licuado): Buque diseñado específicamente para transportar gas natural licuado (LNG) a temperaturas extremadamente bajas. Estos buques están equipados con tanques especiales que mantienen el gas en estado líquido para facilitar su transporte.

La significancia de los transportadores de LNG es facilitar el comercio global de gas natural, proporcionando un medio seguro y eficiente para transportar grandes volúmenes de LNG desde los productores hasta los consumidores. Un ejemplo es un transportador de LNG que lleva gas natural desde Qatar a Japón.

LOA - Length over all (Eslora total o máxima): Longitud total de un barco medida desde la parte más extrema de la proa hasta la parte más extrema de la popa. Esta medida es crucial para determinar el tamaño y la capacidad del buque.

El pilar fundamental de la eslora total es proporcionar una medida estándar para el diseño, construcción y operación de barcos, afectando la capacidad de carga y las características de navegación. Un ejemplo es un buque portacontenedores con una eslora total de 300 metros, diseñado para transportar grandes volúmenes de carga.

Load (Carga, cargamento): Bienes o productos transportados en un vehículo, como un barco, camión o avión. La carga puede incluir mercancías generales, líquidos, graneles secos, y más.

El motor estratégico de la carga es central en el comercio y la logística, permitiendo el movimiento de bienes entre productores y consumidores a nivel global. Un ejemplo es un contenedor lleno de productos electrónicos que se transporta desde China a Estados Unidos.

Load draught (Calado en carga): Profundidad a la que se sumerge un barco en el agua cuando está completamente cargado. El calado en carga es mayor que el calado en lastre y es crucial para determinar la navegabilidad y la capacidad de los puertos para recibir el buque.

El motor económico del calado en carga es asegurar que el barco pueda navegar de manera segura y eficiente sin riesgo de encallar. Un ejemplo es un buque granelero que ajusta su calado en carga para asegurarse de que puede entrar a un puerto con poca profundidad.

Load line (Línea de carga): Marca en el casco de un barco que indica el nivel máximo de inmersión permitido bajo diferentes condiciones de agua y carga. Esta línea, también conocida como la marca de Plimsoll, es esencial para la seguridad marítima.

La influencia de la línea de carga es prevenir el sobrecargado del barco, asegurando que navegue de manera segura y estable bajo diferentes condiciones. Un ejemplo es un buque portacontenedores que verifica su línea de carga antes de salir de puerto para asegurar que no está sobrecargado.

Loaded displacement tonnage (Tonelaje de desplazamiento pesado): Peso total de un barco cuando está completamente cargado, incluyendo el peso del casco, la carga, el combustible, la tripulación y otros elementos a bordo.

La gravitación comercial del tonelaje de desplazamiento pesado es determinar la capacidad total de carga del barco y su estabilidad en el agua, afectando su rendimiento y seguridad. Un ejemplo es un petrolero con un tonelaje de desplazamiento pesado de 200,000 toneladas métricas.

Loaded on board (Cargado a bordo): Este término se utiliza en el transporte marítimo y se refiere a la confirmación de que la mercancía ha sido cargada y colocada a bordo de un buque. Se emplea en documentos de transporte como el conocimiento de embarque (Bill of Lading) para indicar que la carga está físicamente a bordo del barco y lista para su transporte hacia el destino final.

La preponderancia de "loaded on board" radica en su papel en la documentación y el seguimiento de la carga, garantizando que los bienes han sido cargados y están en camino hacia el destino acordado. Esto es esencial para la gestión logística, la preparación de la documentación de aduanas y el cumplimiento de los términos del contrato de transporte. Por ejemplo, un conocimiento de embarque que indique "loaded on board" confirma que la mercancía ha sido cargada en el barco y proporciona una base legal para la reclamación de la entrega y el proceso de seguros.

Loading charges (Gastos de carga): Costos asociados con la carga de mercancías en un vehículo de transporte, como un barco, camión o avión. Estos gastos pueden incluir mano de obra, uso de equipo de carga y tarifas portuarias.

La gravitación internacional de los gastos de carga es calcular el costo total del transporte y negociar términos de envío entre el comprador y el vendedor. Un ejemplo es una empresa exportadora que paga gastos de carga para embarcar su mercancía en un buque.

Loading gear (Equipo de carga): Equipos y maquinarias utilizados para cargar y descargar mercancías en vehículos de transporte. Esto puede incluir grúas, montacargas, cintas transportadoras y otros dispositivos mecánicos.

La relevancia del equipo de carga es facilitar la manipulación eficiente y segura de mercancías, reduciendo el tiempo y el costo de las operaciones de carga y descarga. Un ejemplo es un puerto equipado con grúas de contenedores para cargar y descargar buques portacontenedores rápidamente.

Loan (Préstamo): Suma de dinero que se presta a una persona o empresa bajo la condición de ser reembolsada con intereses en un plazo acordado. Los préstamos pueden ser utilizados para financiar proyectos, compras importantes o cubrir necesidades de liquidez.

La importancia de los préstamos es proporcionar el capital necesario para inversiones y gastos significativos, facilitando el crecimiento económico y la estabilidad financiera. Un ejemplo es una empresa que obtiene un préstamo para expandir sus operaciones y comprar nuevos equipos.

Lock out (Cierre patronal): Medida tomada por los empleadores para impedir temporalmente el acceso de los empleados a sus lugares de trabajo, generalmente durante una disputa laboral. El cierre patronal se utiliza como una táctica para presionar a los empleados en las negociaciones laborales.

La significancia del cierre patronal es proteger los intereses de los empleadores durante disputas laborales, aunque puede tener impactos significativos en la producción y la moral de los empleados. Un ejemplo es una fábrica que implementa un cierre patronal durante una huelga para evitar disturbios y proteger sus instalaciones.

Logística (Logistics): Proceso de planificación, implementación y control eficiente del flujo y almacenamiento de bienes, servicios e información desde el punto de origen hasta el punto de consumo. La logística incluye transporte, almacenamiento, manejo de materiales y gestión de inventarios.

El motor estratégico de la logística es optimizar la cadena de suministro, reduciendo costos y tiempos de entrega, y mejorando la satisfacción del cliente. Un ejemplo es una empresa de comercio electrónico que utiliza sistemas avanzados de logística para gestionar sus envíos y entregas a clientes en todo el mundo.

Logística integrada (Integrated logistics): Estrategia que coordina todas las actividades logísticas de una empresa, desde la adquisición de materias primas hasta la entrega final de productos al cliente. La logística integrada busca optimizar el flujo de información y materiales a lo largo de toda la cadena de suministro.

El motor económico de la logística integrada es mejorar la eficiencia operativa, reducir costos y aumentar la capacidad de respuesta a las demandas del mercado. Un ejemplo es una empresa manufacturera que integra sus procesos de compras, producción y distribución para mejorar la coordinación y reducir los tiempos de ciclo.

Logística inversa (Reverse logistics): Proceso de gestionar el retorno de productos desde el consumidor final al punto de origen para su reutilización, reciclaje o disposición. La logística inversa incluye la gestión de devoluciones, recuperación de productos y reciclaje de materiales.

El impacto global de la logística inversa es reducir el desperdicio, recuperar valor de los productos y cumplir con las regulaciones ambientales, mejorando la sostenibilidad y la responsabilidad social de la empresa. Un ejemplo es una empresa de electrónica que gestiona el retorno y reciclaje de dispositivos antiguos de los clientes.

Long term loan (Préstamo a largo plazo): Préstamo que se extiende por un período prolongado, generalmente superior a cinco años. Los préstamos a largo plazo se utilizan para financiar inversiones significativas, como la compra de propiedades, maquinaria o expansiones empresariales.

La influencia de los préstamos a largo plazo es proporcionar financiamiento estable y de bajo costo para inversiones a largo plazo, facilitando el crecimiento y desarrollo de la empresa. Un ejemplo es una empresa que obtiene un préstamo a largo plazo para construir una nueva planta de producción.

Loss (Pérdida): Reducción o daño experimentado en el valor, cantidad o calidad de bienes, activos o ingresos. Las pérdidas pueden ser causadas por diversos factores, como robos, accidentes, desastres naturales o fluctuaciones del mercado.

La gravitación internacional de comprender y gestionar las pérdidas es crucial para la estabilidad financiera y operativa de una empresa, permitiendo la implementación de estrategias de mitigación de riesgos y recuperación. Un ejemplo es una empresa que sufre una pérdida significativa de inventario debido a un incendio en su almacén.

Loss ratio (Porcentaje de pérdida): Medida financiera que compara las pérdidas incurridas por una empresa con sus ingresos o primas cobradas. El porcentaje de pérdida se utiliza comúnmente en la industria de seguros para evaluar la rentabilidad de las pólizas emitidas.

La influencia comercial del porcentaje de pérdida es proporcionar una evaluación de la eficiencia y viabilidad de una operación comercial, permitiendo a las empresas ajustar sus políticas y estrategias de precios. Un ejemplo es una compañía de seguros que calcula un porcentaje de pérdida del 70%, indicando que el 70% de las primas cobradas se destinan a pagar reclamaciones.

Lote (Lot): En el comercio y la logística, un lote se refiere a un grupo de productos o mercancías que se venden o se manejan como una unidad. Los lotes pueden ser definidos por una cantidad específica de bienes, por un número de identificación, o por la fecha de producción. En el contexto de la producción y la distribución, los lotes permiten organizar y rastrear productos, facilitar el control de calidad y manejar eficientemente el inventario.

La gravitación esencial del lote se basa en su capacidad para simplificar la gestión de inventarios y mejorar la trazabilidad de los productos. Por ejemplo, en la industria farmacéutica, los medicamentos se fabrican en lotes, lo que permite a las empresas rastrear la producción y distribución de cada grupo de medicamentos, facilitando el control de calidad y la gestión de retiros de productos en caso de problemas.

Loteo (Lotting): Proceso de agrupar productos en lotes para su venta, envío o almacenamiento. El loteo permite una mejor organización y control de los inventarios, facilitando la gestión y la trazabilidad de los productos.

La relevancia del loteo es mejorar la eficiencia operativa y asegurar la radicancia y calidad de los productos en el mercado. Un ejemplo es una empresa de manufactura que utiliza el loteo para organizar sus productos terminados antes de su envío a los clientes.

LPG Carrier (Carguero de gas de petróleo licuado): Buque diseñado específicamente para transportar gas de petróleo licuado (LPG) en grandes cantidades. Estos buques están equipados con tanques especializados que mantienen el gas a baja temperatura y alta presión para su transporte seguro.

La influencia determinante de los cargueros de LPG es facilitar el comercio global de gas de petróleo licuado, proporcionando un medio seguro y eficiente para transportar grandes volúmenes de LPG desde los productores hasta los consumidores. Un ejemplo es un buque LPG que transporta gas de petróleo licuado desde el Medio Oriente a Europa.

Lugar de tránsito (Transit point): Área designada donde las mercancías son almacenadas temporalmente durante su transporte desde el punto de origen hasta el destino final. Los lugares de tránsito pueden incluir puertos, aeropuertos y almacenes.

La significancia del lugar de tránsito es asegurar que las mercancías se gestionen y almacenen de manera eficiente durante su transporte, minimizando retrasos y costos adicionales. Un ejemplo es un puerto que sirve como lugar de tránsito para mercancías en ruta desde Asia a América del Norte.

Lump sum (En cifras redondas, Importe alzado): Pago único acordado por un servicio o contrato, en lugar de pagos fraccionados o basados en el tiempo o el costo de los materiales utilizados. Este tipo de pago proporciona claridad y simplicidad en las transacciones financieras.

La gravitación comercial de la suma alzada es proporcionar una manera clara y predecible de gestionar los costos, reduciendo la complejidad y las disputas financieras. Un ejemplo es un contrato de construcción donde el contratista recibe una suma alzada por completar un proyecto específico.

Lump sum (Suma alzada): Pago único acordado por un servicio o contrato, en lugar de pagos fraccionados o basados en el tiempo o el costo de los materiales utilizados. Este tipo de pago proporciona claridad y simplicidad en las transacciones financieras.

El impacto global de la suma alzada es proporcionar una manera clara y predecible de gestionar los costos, reduciendo la complejidad y las disputas financieras. Un ejemplo es un contrato de construcción donde el contratista recibe una suma alzada por completar un proyecto específico.

Lump sum freight (Flete proporcional): Tarifa de flete negociada y acordada como una cantidad total para el transporte de mercancías, independientemente del peso o volumen de la carga. Este tipo de flete proporciona previsibilidad en los costos de transporte.

El protagonismo estratégico del flete proporcional es facilitar la planificación financiera y la negociación de tarifas de transporte, asegurando que ambas partes tengan claridad sobre los costos. Un ejemplo es un exportador que acuerda un flete proporcional con una línea naviera para transportar un cargamento de maquinaria.

LWOST - Low water in ordinary spring tide (Bajamar en marea ordinaria de primavera): Nivel más bajo del agua durante la marea baja en el ciclo de mareas de primavera. Este término es utilizado en la navegación y planificación portuaria para determinar la profundidad mínima del agua en un puerto o canal.

La influencia de LWOST es proporcionar una referencia para la seguridad y navegabilidad de los barcos, asegurando que tengan suficiente calado para entrar y salir del puerto. Un ejemplo es un puerto que utiliza LWOST para planificar el dragado y mantener una profundidad adecuada para los buques.

Términos vinculados a la letra "L"

Actual loss (Pérdida real): Cantidad tangible de pérdida sufrida por una empresa o individuo debido a un evento específico, como daños a mercancías, robo o accidente. Esta pérdida puede ser cuantificada y se diferencia de las pérdidas teóricas o estimadas.

La gravitación comercial de la pérdida real es proporcionar una base clara y precisa para las reclamaciones de seguros y la compensación. Un ejemplo es una empresa que sufre una pérdida real de mercancías debido a un incendio en su almacén y presenta una reclamación al seguro por el valor de las mercancías dañadas.

Advanced letter of credit (Carta de crédito anticipada): Tipo de carta de crédito que permite al beneficiario recibir un adelanto de los fondos antes de la presentación de los documentos requeridos. Esta carta de crédito proporciona liquidez inmediata al exportador.

La gravitación internacional de la carta de crédito anticipada es mejorar el flujo de caja del exportador, permitiéndole financiar la producción y el envío de mercancías. Un ejemplo es un exportador que recibe un adelanto del 50% del valor del crédito antes de enviar los bienes al importador.

Confirmed letter of credit (Carta de crédito confirmada): Carta de crédito en la que un banco adicional, generalmente en el país del beneficiario, añade su propia confirmación además de la del banco emisor, garantizando el pago al beneficiario.

La influencia estratégica de la carta de crédito confirmada es proporcionar una mayor seguridad al exportador, especialmente cuando el riesgo de incumplimiento del banco emisor es alto. Un ejemplo es un exportador que solicita la confirmación de un banco local para asegurar el pago de una carta de crédito emitida por un banco en un país con riesgo político.

Cumulative letter of credit (Carta de crédito acumulativa): Carta de crédito que permite la acumulación de fondos no utilizados de un período a otro, facilitando el manejo de pagos para el beneficiario.

La relevancia de la carta de crédito acumulativa es proporcionar flexibilidad en la gestión de pagos y mejorar la planificación financiera. Un ejemplo es un exportador que puede acumular los fondos no utilizados de un mes para utilizarlos en un envío mayor en el mes siguiente.

Deferred letter of credit (Carta de crédito diferida): Carta de crédito que especifica que el pago al beneficiario se realizará en una fecha futura, generalmente después de la presentación de los documentos y la aceptación por parte del comprador.

La influencia determinante de la carta de crédito diferida es permitir al comprador recibir las mercancías antes de realizar el pago, facilitando el flujo de caja y la planificación financiera. Un ejemplo es un importador que acuerda con el exportador un pago diferido a 90 días tras la recepción de los bienes.

Divisible letter of credit (Carta de crédito divisible): Carta de crédito que permite el pago en varias partes o entregas, en lugar de un solo pago al completar la transacción.

La importancia de la carta de crédito divisible es facilitar transacciones que requieren múltiples entregas, asegurando que cada parte del envío esté asegurada por separado. Un ejemplo es un exportador que envía productos en varios lotes y recibe pagos parciales por cada envío.

Documentary letter of credit (Carta de crédito documentaria): Carta de crédito que requiere la presentación de documentos específicos, como facturas, conocimientos de embarque y certificados de origen, para que el pago sea efectuado.

El impacto global de la carta de crédito documentaria es proporcionar seguridad tanto al comprador como al vendedor al asegurar que los documentos cumplen con los términos del contrato antes del pago. Un ejemplo es un exportador que presenta los documentos requeridos al banco para recibir el pago bajo una carta de crédito.

Green clause letter of credit (Carta de crédito con cláusula verde): Tipo de carta de crédito que incluye una cláusula que permite al beneficiario recibir un anticipo sobre la presentación de documentos no relacionados con el embarque, como el almacenamiento de mercancías.

La influencia clave de la carta de crédito con cláusula verde es proporcionar al exportador financiamiento adicional para cubrir los costos de almacenamiento o producción antes del envío. Un ejemplo es un exportador que recibe un anticipo basado en un recibo de almacén antes de que las mercancías sean embarcadas.

Indivisible letter of credit (Carta de crédito indivisible): Carta de crédito que no permite el pago en partes, exigiendo que el pago se realice únicamente cuando todas las condiciones del crédito sean cumplidas en su totalidad.

El eje fundamental de la carta de crédito indivisible es asegurar que todas las condiciones del contrato se cumplan antes de efectuar el pago, proporcionando seguridad tanto al comprador como al vendedor. Un ejemplo es un exportador que debe cumplir con todos los términos del contrato antes de recibir el pago completo.

Irrevocable letter of credit (Carta de crédito irrevocable): Carta de crédito que no puede ser modificada ni cancelada sin el consentimiento de todas las partes involucradas, proporcionando una garantía firme de pago al beneficiario.

La influencia de la carta de crédito irrevocable es proporcionar una seguridad sólida al exportador, asegurando que el pago será realizado siempre y cuando se cumplan los términos del crédito. Un ejemplo es un exportador que confía en una carta de crédito irrevocable para asegurar el pago de una transacción de alto valor.

L/C Letter of credit (Carta de crédito): Instrumento financiero emitido por un banco a solicitud de un comprador, garantizando el pago a un vendedor por una cantidad específica, siempre y cuando se cumplan las condiciones del crédito y se presenten los documentos requeridos.

La influencia estratégica de la carta de crédito es proporcionar seguridad y confianza en las transacciones internacionales, asegurando que el vendedor recibirá el pago y que el comprador recibirá las mercancías conforme a lo acordado. Un ejemplo es un importador que utiliza una carta de crédito para asegurar el pago a un exportador de maquinaria.

Medium term loan (Préstamo a mediano plazo): Préstamo que se extiende por un período intermedio, generalmente entre uno y cinco años. Estos préstamos se utilizan para financiar proyectos o inversiones que requieren más tiempo para generar retornos.

La influencia determinante de los préstamos a mediano plazo es proporcionar financiamiento flexible y adecuado para inversiones significativas que no se pueden cubrir con préstamos a corto plazo. Un ejemplo es una empresa que obtiene un préstamo a mediano plazo para actualizar su equipo de producción.

Non-confirmed letter of credit (Carta de crédito no confirmada): Carta de crédito en la que solo el banco emisor garantiza el pago al beneficiario, sin la confirmación de un banco adicional. Este tipo de carta de crédito puede implicar un mayor riesgo para el exportador si el banco emisor radica un país con alto riesgo político o económico.

La magnitud económica de la carta de crédito no confirmada es proporcionar una opción de financiamiento más económica, aunque con mayor riesgo, para las transacciones internacionales. Un ejemplo es un exportador que acepta una carta de crédito no confirmada de un importador en un país con estabilidad económica.

Non-cumulative letter of credit (Carta de crédito no acumulativa): Carta de crédito que no permite la acumulación de fondos no utilizados de un período a otro. Si el beneficiario no utiliza la cantidad total disponible en un período específico, los fondos no pueden ser trasladados al siguiente período.

La relevancia de la carta de crédito no acumulativa es asegurar que los pagos se realicen de acuerdo con el cronograma establecido, incentivando el uso eficiente de los fondos. Un ejemplo es un exportador que debe enviar productos en cuotas mensuales bajo una carta de crédito no acumulativa, asegurándose de utilizar la totalidad de los fondos disponibles cada mes.

Non-transferable letter of credit (Carta de crédito intransferible): Carta de crédito que no permite que el beneficiario original transfiera sus derechos a otra parte. Solo el beneficiario designado puede presentar documentos y recibir el pago.

La influencia operativa de la carta de crédito intransferible es proporcionar seguridad adicional al banco emisor y al comprador, asegurando que los fondos se paguen únicamente al beneficiario designado. Un ejemplo es un exportador que recibe una carta de crédito intransferible para asegurar que solo él pueda reclamar el pago.

Red clause letter of credit (Carta de crédito con cláusula roja): Carta de crédito que permite al beneficiario recibir un anticipo parcial de los fondos antes de presentar los documentos requeridos. La cláusula roja se utiliza para proporcionar financiamiento inicial al exportador para la producción y el envío de mercancías.

La significancia de la carta de crédito con cláusula roja es mejorar el flujo de caja del exportador, facilitando la producción y el envío de mercancías antes de recibir el pago final. Un ejemplo es un exportador que recibe un anticipo del 20% del valor total de la carta de crédito para financiar la producción de bienes.

Green clause letter of credit (Carta de crédito con cláusula verde): La carta de crédito con cláusula verde es un tipo de carta de crédito que incluye una disposición específica que permite al beneficiario (generalmente el exportador) recibir un adelanto para cubrir los costos de almacenamiento y seguros de la mercancía antes de que sea enviada. Esta cláusula proporciona seguridad adicional al exportador al garantizar que los costos asociados con la preparación y almacenamiento de la mercancía sean cubiertos.

La relevancia estratégica de la green clause letter of credit está en su capacidad para ofrecer una mayor flexibilidad financiera al exportador, asegurando que los costos previos al envío sean cubiertos y minimizando el riesgo financiero asociado con la producción y el almacenamiento de mercancías. Por ejemplo, un exportador que utiliza una carta de crédito con cláusula verde puede recibir un adelanto para cubrir los costos de almacenamiento en un depósito antes de embarcar la mercancía, asegurando que no tenga que asumir esos costos por completo antes de recibir el pago completo.

Revolving letter of credit (Carta de crédito rotativa): Carta de crédito que se renueva automáticamente por el mismo monto y bajo las mismas condiciones después de cada uso, hasta un límite de tiempo o monto total especificado. Este tipo de carta de crédito es útil para transacciones continuas y repetitivas.

El protagonismo esencial de la carta de crédito rotativa es proporcionar una fuente continua de financiamiento, simplificando el proceso de pago y reduciendo la necesidad de emitir nuevas cartas de crédito para cada transacción. Un ejemplo es una empresa que utiliza una carta de crédito rotativa para financiar la compra regular de materias primas de un proveedor extranjero.

Short term loan (Préstamo a corto plazo): Préstamo que se extiende por un período corto, generalmente menos de un año. Los préstamos a corto plazo se utilizan para cubrir necesidades inmediatas de liquidez, financiar inventarios o gestionar el flujo de caja.

El protagonismo estratégico de los préstamos a corto plazo es facilitar financiamiento rápido y flexible para necesidades operativas y emergencias, ayudando a las empresas a mantener la continuidad operativa. Un ejemplo es una tienda minorista que obtiene un préstamo a corto plazo para financiar la compra de inventario antes de una temporada de ventas alta.

Sight letter of credit (Carta de crédito a la vista): Tipo de carta de crédito que garantiza el pago inmediato al beneficiario tan pronto como los documentos requeridos se presentan y son verificados por el banco emisor. Este tipo de carta de crédito es común en transacciones donde el vendedor desea recibir el pago rápidamente después de enviar las mercancías.

La influencia de la carta de crédito a la vista es suinistrar una garantía de pago rápida y segura al exportador, reduciendo el riesgo financiero y mejorando el flujo de caja. Un ejemplo es un exportador de productos agrícolas que utiliza una carta de crédito a la vista para recibir el pago inmediatamente después de que los documentos de envío son presentados y aceptados por el banco emisor.

Stand-by letter of credit (Carta de crédito stand-by): Instrumento financiero que actúa como una garantía de respaldo en caso de incumplimiento por parte del comprador. La carta de crédito standby se utiliza comúnmente para asegurar el cumplimiento de contratos y puede ser ejecutada si el comprador no cumple con sus obligaciones.

La influencia clave de la carta de crédito standby es ofrecer una red de seguridad adicional para el beneficiario, asegurando que recibirá el pago o la compensación en caso de incumplimiento por parte del comprador. Un ejemplo es una empresa constructora que recibe una carta de crédito standby para asegurar el pago de un cliente si este no cumple con los términos del contrato de construcción.

Subsidiary letter of credit (Carta de crédito subsidiaria): Carta de crédito emitida a favor de un beneficiario secundario, vinculada a una carta de crédito principal. Este tipo de carta de crédito se utiliza para facilitar transacciones complejas que involucran múltiples partes, como subcontratistas o proveedores.

La influencia estratégica de la carta de crédito subsidiaria es otorgar flexibilidad y seguridad en transacciones multilaterales, asegurando que todas las partes involucradas reciban los pagos correspondientes. Un ejemplo es un contratista principal que emite una carta de crédito subsidiaria a favor de un subcontratista para asegurar el pago de materiales y servicios.

To levy (Gravar): Imponer un impuesto, tasa o carga sobre una persona, empresa o transacción. Los gobiernos utilizan la imposición de gravámenes para recaudar ingresos necesarios para financiar servicios públicos y programas gubernamentales.

La influencia de gravar es conceder una fuente de ingresos para el gobierno, permitiendo la financiación de infraestructura, servicios públicos y otros programas esenciales. Un ejemplo es el gobierno que impone un impuesto sobre las ventas para financiar la educación pública y los servicios de salud.

To load (Cargar): Acto de colocar mercancías en un vehículo de transporte, como un camión, barco, tren o avión, para su envío. El proceso de carga incluye la manipulación, organización y aseguramiento de los bienes para asegurar su transporte seguro y eficiente.

La relevancia de cargar correctamente es asegurar que las mercancías lleguen a su destino sin daños y en las condiciones acordadas, optimizando el uso del espacio y minimizando el riesgo de pérdidas o daños. Un ejemplo es una empresa logística que carga contenedores en un barco, asegurándose de que estén bien equilibrados y protegidos contra posibles movimientos durante el transporte marítimo.

Transferable letter of credit (Carta de crédito transferible): Carta de crédito que permite al beneficiario original transferir parcial o totalmente sus derechos y obligaciones a un segundo beneficiario. Este tipo de carta de crédito es útil en transacciones donde el beneficiario original es un intermediario que no suministra directamente los bienes o servicios.

La influencia estratégica de la carta de crédito transferible es proporcionar flexibilidad en las transacciones comerciales, permitiendo que intermediarios faciliten el comercio sin necesidad de emitir nuevas cartas de crédito. Un ejemplo es un intermediario que recibe una carta de crédito transferible y transfiere parte de los derechos a un proveedor para asegurar el suministro de bienes necesarios para cumplir con el contrato original.

M

Machinery breakdown (Rotura de maquinarias): Daño o fallo de equipos y maquinarias, especialmente aquellos utilizados en procesos industriales y productivos. La rotura de maquinarias puede resultar en la interrupción de operaciones y pérdidas económicas significativas.

La significancia de la cobertura por rotura de maquinarias es proteger a las empresas contra las pérdidas financieras derivadas de fallos inesperados de equipos, asegurando la continuidad operativa. Un ejemplo es una planta manufacturera que adquiere un seguro de rotura de maquinarias para cubrir los costos de reparación o reemplazo de sus equipos.

Made in (Fabricado en): Indicación del país de origen de un producto, que proporciona información sobre dónde fue manufacturado. Esta etiqueta es importante para el cumplimiento de regulaciones comerciales y aduaneras, así como para la percepción del consumidor.

El pilar fundamental de la etiqueta "Fabricado en" es garantizar la transparencia en el origen del producto, cumplir con las regulaciones internacionales y afectar las decisiones de compra de los consumidores. Un ejemplo es un teléfono móvil etiquetado como "Fabricado en China" para indicar su lugar de producción.

Main mast (Palo mayor): Mástil principal de un barco, generalmente el más alto y robusto, que sostiene las velas principales. En embarcaciones modernas, también puede soportar equipos de comunicación y navegación.

El impacto global del palo mayor es proporcionar la estructura principal para la navegación a vela, soportando las velas que impulsan el barco y, en algunos casos, equipos esenciales para la navegación. Un ejemplo es un velero que utiliza su palo mayor para izar la vela principal y optimizar su rendimiento en el agua.

Malicious damage (Daños producidos con malicia): Daños causados intencionadamente a propiedades o bienes por personas que buscan perjudicar o sabotear. Este tipo de daño es considerado un acto criminal y puede estar cubierto por ciertos tipos de seguros.

El eje estratégico de la cobertura de daños maliciosos es proteger a las empresas y propietarios contra pérdidas financieras resultantes de actos intencionados de vandalismo o sabotaje. Un ejemplo es una tienda minorista que sufre daños en sus vitrinas debido a actos de vandalismo y presenta una reclamación de seguro para cubrir los costos de reparación.

Manifest (Manifiesto): Documento detallado que enumera todas las mercancías transportadas en un vehículo de transporte, como un barco, camión o avión. El manifiesto incluye información sobre el remitente, destinatario, descripción de la carga y otros detalles relevantes.

La influencia del manifiesto es facilitar una referencia completa y precisa de la carga transportada, facilitando el control aduanero, la gestión logística y la resolución de disputas. Un ejemplo es un buque portacontenedores que presenta un manifiesto a las autoridades aduaneras al llegar a un puerto.

Marine adventure (Travesía marítima): Viaje o expedición realizada por mar, incluyendo el transporte de mercancías, la exploración y otros propósitos marítimos. La travesía marítima puede implicar diversos riesgos y desafíos asociados con la navegación y el clima.

La gravitación comercial de la travesía marítima es suministrar el comercio y la exploración, conectando mercados globales y proporcionando oportunidades económicas. Un ejemplo es un buque mercante que emprende una travesía marítima para transportar bienes desde Asia a Europa.

Marine contract (Contrato marítimo): Acuerdo legal entre dos o más partes relacionado con la operación y servicios marítimos, como el transporte de mercancías, el alquiler de barcos y la prestación de servicios marítimos.

La gravitación comercial del contrato marítimo es proporcionar un marco legal claro para las transacciones y servicios marítimos, asegurando que todas las partes cumplan con sus obligaciones. Un ejemplo es un contrato de fletamento entre un armador y un cargador para el transporte de bienes a través del océano.

Marine insurance (Seguro marítimo): Póliza de seguro que cubre los riesgos asociados con la navegación y el transporte de mercancías por mar. Este seguro puede proteger contra daños a la carga, el buque y otros activos marítimos.

La gravitación del seguro marítimo es dotar protección financiera contra los riesgos inherentes al transporte marítimo, asegurando la recuperación de pérdidas y daños. Un ejemplo es una empresa exportadora que contrata un seguro marítimo para proteger sus bienes durante el transporte internacional.

Marine risk (Riesgo marítimo): Riesgos y peligros asociados con la navegación y el transporte de mercancías por mar, incluyendo tormentas, piratería, accidentes y otros eventos imprevistos.

La relevancia de entender y gestionar el riesgo marítimo es minimizar las pérdidas y proteger los activos, asegurando la continuidad y seguridad de las operaciones marítimas. Un ejemplo es una línea naviera que implementa medidas de seguridad para proteger sus buques contra la piratería en zonas de alto riesgo.

Maritime company (Compañía marítima): Empresa que proporciona servicios relacionados con la navegación y el transporte marítimo, como el transporte de carga, la logística portuaria y la gestión de flotas.

La influencia determinante de la compañía marítima es facilitar el comercio global, proporcionando servicios esenciales para el movimiento de bienes y personas a través de los océanos. Un ejemplo es una compañía naviera que opera una flota de buques portacontenedores que transportan mercancías entre continentes.

Maritime conference (Conferencia marítima): Asociación de compañías navieras que colaboran para establecer tarifas, horarios y otras políticas comunes en rutas específicas. Estas conferencias ayudan a estandarizar y coordinar los servicios de transporte marítimo.

La significancia de la conferencia marítima es mejorar la eficiencia y la competitividad en el transporte marítimo, asegurando tarifas justas y servicios coordinados. Un ejemplo es una conferencia marítima que reúne a varias líneas navieras para acordar tarifas de flete y horarios en la ruta transatlántica.

Maritime law (Derecho marítimo): Conjunto de leyes y regulaciones que rigen la navegación y las actividades comerciales en aguas internacionales y territoriales. El derecho marítimo abarca temas como el transporte de mercancías, la seguridad marítima, los derechos de los trabajadores y la resolución de disputas.

El motor estratégico del derecho marítimo es suministrar un marco legal claro y equitativo para las operaciones marítimas, facilitando el comercio y protegiendo los intereses de todas las partes involucradas. Un ejemplo es un caso de derecho marítimo que resuelve una disputa entre un armador y un cargador sobre daños a la carga durante el transporte.

Maritime loan (Préstamo marítimo): Financiamiento proporcionado por una entidad bancaria o financiera para la adquisición, construcción, mantenimiento o reparación de buques y otros activos relacionados con la navegación y el comercio marítimo.

El pilar fundamental del préstamo marítimo es facilitar los fondos necesarios para desarrollar y mantener una flota marítima, facilitando el comercio internacional y la expansión de las operaciones marítimas. Un ejemplo es una empresa naviera que obtiene un préstamo marítimo para financiar la construcción de un nuevo buque portacontenedores.

Maritime peril (Riesgo marítimo): Peligros inherentes a la navegación y el transporte de mercancías por mar, como tormentas, naufragios, incendios, colisiones, piratería y otros eventos imprevisibles que pueden causar daños o pérdidas.

El eje estratégico de comprender y gestionar el riesgo marítimo es minimizar las pérdidas y proteger los activos, asegurando la continuidad y seguridad de las operaciones marítimas. Un ejemplo es un buque que se prepara para navegar por una zona propensa a tormentas, implementando medidas de seguridad para mitigar el riesgo.

Mark (Marca): Identificación aplicada a productos o embalajes para indicar el fabricante, origen, destino, manejo, y otras informaciones relevantes. Las marcas pueden ser logotipos, códigos de barras, etiquetas u otros signos distintivos.

La influencia de las marcas es proveer la identificación, el manejo y la trazabilidad de los productos, asegurando que lleguen correctamente a su destino y cumplan con las regulaciones. Un ejemplo es un contenedor de mercancías marcado con el logotipo del exportador y las instrucciones de manejo.

Market (Mercado): Lugar, sistema o entorno donde se compran y venden bienes y servicios. Los mercados pueden ser locales, nacionales o internacionales, y pueden especializarse en diferentes tipos de productos y servicios.

La influencia estratégica del mercado es originar un espacio para la interacción entre compradores y vendedores, facilitando el intercambio comercial y el crecimiento económico. Un ejemplo es el mercado de productos agrícolas en una ciudad, donde los agricultores venden directamente a los consumidores.

Marketing (Mercadeo): Proceso de aplicar marcas, etiquetas o señales a productos y embalajes para identificar el contenido, el origen, el destino y otras informaciones relevantes. El marcado es esencial para la gestión de inventarios, el transporte y el cumplimiento de regulaciones.

La influencia clave del marcado es asegurar que los productos sean fácilmente identificables y rastreables, facilitando su manejo y control durante el transporte y almacenamiento. Un ejemplo es una caja de exportación marcada con el nombre del destinatario, el puerto de destino y las instrucciones de manipulación.

Master (Capitán): Oficial al mando de un barco, responsable de la navegación, operación y seguridad del buque y su tripulación. El capitán tiene la autoridad final en todas las decisiones a bordo y debe asegurar el cumplimiento de las leyes y regulaciones marítimas.

La influencia determinante del capitán es garantizar la seguridad y eficiencia de la operación del barco, tomando decisiones críticas y gestionando todas las actividades a bordo. Un ejemplo es un capitán que toma decisiones estratégicas para evitar una tormenta y asegurar la entrega segura de la carga.

Master air waybill (Guía aérea principal): Documento emitido por una aerolínea para el transporte de mercancías, que actúa como contrato de transporte entre el remitente y la aerolínea. La guía aérea principal contiene información detallada sobre el envío, incluidos los detalles del remitente, el destinatario, la descripción de la carga y las condiciones de transporte.

La relevancia de la guía aérea principal es ofrecer un registro formal del contrato de transporte y facilitar el seguimiento y el manejo de la carga durante su tránsito aéreo. Un ejemplo es una empresa de logística que utiliza la guía aérea principal para enviar productos electrónicos a través de una aerolínea internacional.

Master bill of lading (Conocimiento de embarque principal): Documento emitido por un transportista marítimo que actúa como recibo de las mercancías y contrato de transporte entre el remitente y el transportista. El conocimiento de embarque principal detalla la carga, el puerto de origen, el puerto de destino y las condiciones del transporte.

La influencia estratégica del conocimiento de embarque principal es entregar un registro legal del envío y facilitar la transferencia de propiedad de las mercancías durante el transporte marítimo. Un ejemplo es una empresa exportadora que recibe un conocimiento de embarque principal para sus contenedores enviados a un puerto en América del Sur.

Mamparos (Bulkheads): Estructuras verticales que dividen el interior de un buque en compartimentos, proporcionando refuerzo estructural y aumentando la seguridad al limitar el flujo de agua en caso de inundación. Los mamparos también pueden ser utilizados para separar diferentes áreas de carga y alojamiento.

La significancia de los mamparos es garantizar la integridad estructural y la seguridad del buque, protegiendo la carga y la tripulación en situaciones de emergencia. Un ejemplo es un buque de carga que tiene mamparos para separar y proteger diferentes tipos de mercancías, como productos químicos y alimentos.

Mamparos de contención (Shifting boards): Estructuras temporales instaladas dentro de las bodegas de un buque para evitar que la carga se desplace durante el viaje. Estas estructuras ayudan a mantener la estabilidad del barco y prevenir daños a la mercancía.

El alcance prioritario de los mamparos de contención es asegurar que la carga se mantenga en su lugar durante el transporte marítimo, minimizando el riesgo de desplazamientos que podrían afectar la estabilidad del buque y causar daños. Un ejemplo es un buque granelero que utiliza mamparos de contención para mantener el grano en su lugar durante una travesía con mal tiempo.

Managing owner (Propietario gerente): Persona o entidad responsable de la gestión operativa y administrativa de un buque. El propietario gerente se encarga de la contratación de la tripulación, el mantenimiento del buque y la coordinación de las operaciones de navegación y comerciales.

El alcance estratégico del propietario gerente es asegurar que el buque opere de manera eficiente y segura, cumpliendo con todas las regulaciones y maximizando la rentabilidad de las operaciones marítimas. Un ejemplo es una empresa naviera que actúa como propietario gerente de su flota de buques portacontenedores.

Manga (Beam): Anchura máxima de un buque medida en su parte más ancha. La manga es una medida crucial para determinar la estabilidad, capacidad de carga y la adecuación del buque para ciertos puertos y canales.

El protagonismo esencial de la manga es suministrar una referencia para el diseño y la operatividad del buque, afectando su estabilidad y capacidad de carga. Un ejemplo es un buque portacontenedores con una manga de 32 metros, diseñado para maximizar la eficiencia de carga y descarga en puertos modernos.

Maniobra (Apparel): Conjunto de equipos y aparejos utilizados para manejar y controlar las velas de un barco, así como para realizar otras operaciones náuticas. Esto incluye cabos, poleas, velas y otros accesorios necesarios para la navegación y maniobra del buque.

La influencia del equipo de maniobra es permitir el control eficiente y seguro del barco, facilitando la navegación y las operaciones a bordo. Un ejemplo es un velero que utiliza un sistema de poleas y cabos para ajustar las velas y optimizar su rendimiento en diferentes condiciones de viento.

Marca registrada (Trademark): Símbolo, palabra, frase o diseño legalmente registrado que identifica y distingue los productos o servicios de una empresa de los de otras. Una marca registrada protege la identidad de la marca y su reputación en el mercado.

La gravitación comercial de la marca registrada es proteger los derechos de propiedad intelectual de la empresa, asegurando que su identidad y reputación estén protegidas contra el uso no autorizado por terceros. Un ejemplo es el logotipo de una empresa de tecnología que está registrado como marca para evitar su uso por otras compañías.

Marcas (Marks): Identificaciones aplicadas a productos o embalajes para indicar el fabricante, origen, destino, manejo y otras informaciones relevantes. Las marcas pueden ser logotipos, códigos de barras, etiquetas u otros signos distintivos.

La gravitación internacional de las marcas es facilitar la identificación, el manejo y la trazabilidad de los productos, asegurando que lleguen correctamente a su destino y cumplan con las regulaciones. Un ejemplo es un contenedor de mercancías marcado con el logotipo del exportador y las instrucciones de manejo.

Margen de beneficio (Profit margin): Indicador financiero que muestra el porcentaje de ganancia que una empresa obtiene de sus ingresos totales. Se calcula restando los costos totales de los ingresos y dividiendo el resultado entre los ingresos totales, multiplicado por 100.

La influencia estratégica del margen de beneficio es evaluar la rentabilidad de una empresa y su eficiencia operativa, proporcionando información crítica para la toma de decisiones y la planificación estratégica. Un ejemplo es una empresa que tiene un margen de beneficio del 20%, indicando que gana 20 centavos por cada dólar de ingresos.

Marine insurance (Seguro marítimo): Póliza de seguro que cubre los riesgos asociados con la navegación y el transporte de mercancías por mar. Este seguro puede proteger contra daños a la carga, el buque y otros activos marítimos.

La relevancia del seguro marítimo es proveer protección financiera contra los riesgos inherentes al transporte marítimo, asegurando la recuperación de pérdidas y daños. Un ejemplo es una empresa exportadora que contrata un seguro marítimo para proteger sus bienes durante el transporte internacional.

Maritime lien (Privilegio marítimo; derecho de retención marítimo): Derecho legal de retener un buque o su carga como garantía de pago de una deuda o cumplimiento de una obligación. Este derecho puede ser ejercido por proveedores de servicios, tripulantes o acreedores.

La trascendencia del privilegio marítimo es asegurar que los acreedores y proveedores de servicios tengan un medio legal para recuperar deudas pendientes, protegiendo sus intereses en el comercio marítimo. Un ejemplo es un astillero que ejerce un derecho de retención sobre un buque hasta que el propietario pague por las reparaciones realizadas.

Maritime transport (Transporte marítimo): Movimiento de mercancías y personas por mar utilizando barcos y otras embarcaciones. El transporte marítimo es una parte esencial del comercio internacional, facilitando el intercambio global de bienes.

La significancia del transporte marítimo es conectar mercados globales, permitir el comercio a gran escala y proporcionar una opción eficiente y económica para el movimiento de grandes volúmenes de mercancías. Un ejemplo es una empresa que utiliza el transporte marítimo para exportar productos manufacturados a diferentes continentes.

Marítimo (Maritime): Relacionado con el mar, la navegación y las actividades comerciales o recreativas que se realizan en el agua. El término "marítimo" abarca todo lo relacionado con el comercio y la navegación marítima.

El impacto global del sector marítimo es fundamental para el comercio internacional, la economía global y el transporte de bienes y personas a través de los océanos. Un ejemplo es una conferencia marítima internacional que reúne a profesionales de la industria para discutir innovaciones y desafíos en el comercio marítimo.

Marítimo (Shipping): Proceso de enviar mercancías desde el punto de origen hasta el destino final, utilizando diferentes modos de transporte, incluido el marítimo. El término "shipping" se refiere a todas las actividades involucradas en el movimiento de bienes a través de la cadena de suministro.

El pilar fundamental del "shipping" es facilitar el comercio y la distribución global, asegurando que los productos lleguen a sus destinos de manera eficiente y segura. Un ejemplo es una empresa de logística que gestiona el envío de productos electrónicos desde Asia a Europa utilizando transporte marítimo y terrestre.

Mate (Piloto): Oficial del barco responsable de la navegación y operaciones del buque, subordinado al capitán. El piloto también puede ser responsable de la supervisión de la carga y descarga de mercancías.

El mérito del piloto es garantizar la seguridad y eficiencia en la navegación y operaciones del buque, apoyando al capitán en la toma de decisiones cruciales. Un ejemplo es un primer oficial que planifica la ruta de navegación y supervisa la carga de contenedores en un puerto.

Mate's receipt - MR (Recibo del flete del capitán): Documento emitido por el primer oficial de un barco que confirma la recepción de mercancías a bordo antes de la emisión del conocimiento de embarque. Este recibo sirve como prueba provisional de la entrega de la carga.

La importancia del recibo del piloto es proporcionar un registro temporal de la recepción de mercancías a bordo, facilitando el proceso de emisión del conocimiento de embarque. Un ejemplo es un exportador que recibe un recibo del piloto al cargar sus productos en un buque antes de obtener el conocimiento de embarque oficial.

Material damage (Daños materiales): Daños físicos causados a bienes, estructuras o equipos, que pueden ser resultado de accidentes, desastres naturales, vandalismo u otras causas.

La gravitación comercial de la cobertura por daños materiales es proteger a las empresas y propietarios contra pérdidas financieras significativas, asegurando la reparación o reemplazo de los bienes dañados. Un ejemplo es una fábrica que sufre daños materiales debido a una tormenta y presenta una reclamación de seguro para cubrir los costos de reparación.

Mator - material order (Pedido de materiales): Solicitud formal de adquisición de materiales necesarios para la producción, construcción u otras operaciones empresariales. Este pedido especifica los tipos, cantidades y fechas de entrega de los materiales requeridos.

La influencia estratégica del pedido de materiales es asegurar la disponibilidad oportuna de los insumos necesarios, facilitando la continuidad de las operaciones y evitando retrasos. Un ejemplo es una empresa constructora que realiza un pedido de materiales para obtener cemento, acero y otros insumos necesarios para un proyecto.

Maturity (Vencimiento): Fecha en la cual una obligación financiera, como un préstamo, una letra de cambio o un bono, debe ser pagada en su totalidad. El vencimiento marca el final del período durante el cual se devengan intereses o se realiza el pago del principal.

La influencia clave del vencimiento es determinar el plazo para el cumplimiento de las obligaciones financieras, facilitando la planificación y gestión de pagos. Un ejemplo es una empresa que se prepara para pagar el monto principal de un bono corporativo en su fecha de vencimiento.

Means of conveyance (Modalidad de transporte): Método utilizado para transportar mercancías o personas de un lugar a otro. Las modalidades de transporte pueden incluir transporte terrestre, marítimo, aéreo o ferroviario.

La relevancia de seleccionar la modalidad de transporte adecuada es optimizar el tiempo, costo y seguridad del movimiento de bienes, asegurando que lleguen a su destino de manera eficiente. Un ejemplo es un exportador que elige el transporte marítimo para enviar grandes volúmenes de mercancías a un destino internacional.

Merchandise (Mercadería): Bienes y productos destinados a la venta o comercio. La mercadería puede incluir una amplia gama de artículos, desde productos agrícolas hasta manufacturados.

La influencia determinante de la mercadería en el comercio internacional es facilitar el intercambio económico, permitiendo a los países acceder a productos que no producen localmente. Un ejemplo es una tienda minorista que importa mercadería de varios países para ofrecer una variedad de productos a sus clientes.

Merchant (Negociante, comerciante): Persona o empresa que se dedica a la compra y venta de bienes con fines de lucro. Los comerciantes pueden operar a nivel local, nacional o internacional.

La significancia del comerciante es intermediar en el flujo de bienes desde los productores hasta los consumidores, facilitando el comercio y el acceso a productos. Un ejemplo es un comerciante que importa productos electrónicos de Asia y los distribuye a minoristas en su país.

Method of payment (Forma de pago): Mecanismo utilizado para transferir fondos de un comprador a un vendedor en una transacción comercial. Las formas de pago pueden incluir transferencias bancarias, cartas de crédito, pagos en efectivo y pagos electrónicos.

El impacto global de la forma de pago es asegurar que las transacciones se realicen de manera segura y eficiente, protegiendo los intereses de ambas partes y facilitando el comercio. Un ejemplo es una empresa que utiliza una carta de crédito para asegurar el pago a un proveedor internacional.

Middleman (Intermediario): Persona o empresa que actúa como intermediario entre el productor y el consumidor, facilitando la compra y venta de bienes y servicios. Los intermediarios pueden ser distribuidores, agentes o corredores.

El pilar fundamental del intermediario es ofrecer un enlace crucial en la cadena de suministro, asegurando la disponibilidad de productos y negociando términos favorables para ambas partes. Un ejemplo es un agente de importación que facilita la compra de productos extranjeros para minoristas locales.

Mill certificate (Certificado de fábrica): Documento emitido por el fabricante que certifica las especificaciones técnicas y la calidad de los productos fabricados. Este certificado proporciona garantía de que los productos cumplen con los estándares requeridos.

El impacto global del certificado de fábrica es asegurar la calidad y conformidad de los productos, proporcionando una base para la confianza en transacciones comerciales. Un ejemplo es un fabricante de acero que emite un certificado de fábrica para cada lote de acero producido, detallando sus propiedades químicas y físicas.

Misrepresentation (Declaración falsa): Provisión de información incorrecta, engañosa o incompleta en una transacción comercial o contractual. La declaración falsa puede ser intencional o no intencional y puede afectar la validez del contrato.

La influencia de identificar y prevenir declaraciones falsas es proteger la integridad de las transacciones comerciales y asegurar que todas las partes actúen de buena fe. Un ejemplo es un comprador que presenta una reclamación de fraude debido a la declaración falsa del vendedor sobre la calidad de los productos.

Misstatement of age clause (Cláusula de declaración incorrecta de edad): Provisión en una póliza de seguro que permite al asegurador ajustar los beneficios si se descubre que la edad del asegurado fue declarada incorrectamente al momento de la emisión de la póliza.

La trascendencia de la cláusula de declaración incorrecta de edad es proteger a la compañía de seguros de riesgos adicionales y asegurar que los beneficios se ajusten de acuerdo con la información correcta. Un ejemplo es una póliza de seguro de vida que ajusta los beneficios después de descubrir que la edad del asegurado fue declarada incorrectamente al momento de la solicitud.

Material de estiba (Dunnage): Material utilizado para proteger y asegurar la carga durante el transporte marítimo, evitando el movimiento y los daños. Los materiales de estiba pueden incluir madera, plástico, goma, y otros materiales adecuados para estabilizar la carga.

La preponderancia del material de estiba es asegurar que la carga se mantenga en su lugar durante el transporte, minimizando el riesgo de daños y mejorando la seguridad del buque. Un ejemplo es el uso de tablas de madera para asegurar los contenedores dentro de un buque portacontenedores.

Mate's receipt (Recibo del piloto): Documento provisional emitido por el primer oficial de un barco que confirma la recepción de mercancías a bordo antes de la emisión del conocimiento de embarque. Este recibo sirve como prueba temporal de la entrega de la carga.

La gravitación comercial del recibo del piloto es proporcionar un registro inicial de la carga recibida a bordo, facilitando el proceso de emisión del conocimiento de embarque y asegurando la verificación de la mercancía. Un ejemplo es un exportador que recibe un recibo del piloto al cargar sus productos en un buque antes de obtener el conocimiento de embarque oficial.

Mayorista (Wholesaler): Persona o empresa que compra bienes en grandes cantidades directamente de los fabricantes o distribuidores y los vende a minoristas, otros mayoristas o empresas. Los mayoristas juegan un papel crucial en la cadena de suministro al facilitar la distribución de productos.

La relevancia del mayorista es ofrecer un enlace eficiente entre los fabricantes y los minoristas, permitiendo economías de escala y facilitando el acceso a una amplia gama de productos. Un ejemplo es un mayorista de productos electrónicos que compra grandes volúmenes de dispositivos y los distribuye a tiendas minoristas en diferentes regiones.

Evaluación de la indemnización (Measure of indemnity): Proceso de determinar la cantidad de compensación que se debe pagar en caso de una reclamación de seguro. La evaluación de la indemnización considera el valor de los bienes asegurados y el alcance de los daños o pérdidas.

La trascendencia de la evaluación de la indemnización es ffacilitar que los asegurados reciban una compensación justa y adecuada por sus pérdidas, protegiendo sus intereses financieros. Un ejemplo es una empresa que recibe una evaluación de indemnización después de que su almacén es dañado por un incendio.

Medidas al cargar (Intake measure): Proceso de medir la cantidad de carga recibida a bordo de un buque. Estas medidas aseguran que la carga sea documentada con precisión y que las condiciones de carga sean adecuadas.

La significancia de las medidas al cargar es garantizar la precisión en la documentación y la seguridad de la carga durante el transporte, evitando disputas y asegurando una operación eficiente. Un ejemplo es un inspector que mide la cantidad de grano cargado en un buque granelero para verificar que coincide con los documentos de envío.

Medio de pago internacional (International payment method): Método utilizado para realizar pagos en transacciones comerciales internacionales. Los medios de pago internacionales pueden incluir transferencias bancarias, cartas de crédito, cheques, y pagos electrónicos.

Es crucial destacar el rol del medio de pago internacional facilitando el comercio transfronterizo, asegurando que los pagos se realicen de manera segura y eficiente, protegiendo los intereses de ambas partes. Un ejemplo es una empresa exportadora que utiliza una carta de crédito para asegurar el pago de un comprador en otro país.

Medio de transporte marítimo (Maritime transport): Método de transporte de mercancías y personas por mar utilizando buques. El transporte marítimo es crucial para el comercio internacional debido a su capacidad para mover grandes volúmenes de carga a largas distancias de manera económica.

El impacto global del transporte marítimo es conectar mercados globales, permitir el comercio a gran escala y proporcionar una opción eficiente para el movimiento de bienes a través de los océanos. Un ejemplo es una empresa que utiliza buques portacontenedores para exportar sus productos a mercados internacionales.

Medios de transporte (Means of transport): Métodos utilizados para mover bienes y personas de un lugar a otro, incluyendo transporte terrestre (camiones, trenes), aéreo (aviones), marítimo (buques) y fluvial (barcazas).

El alcance prioritario de los medios de transporte es facilitar el movimiento eficiente y seguro de mercancías y personas, apoyando el comercio, la logística y la conectividad global. Un ejemplo es una empresa logística que utiliza camiones y trenes para mover mercancías desde el puerto hasta los centros de distribución.

Mercado (Market): Lugar, sistema o entorno donde se compran y venden bienes y servicios. Los mercados pueden ser locales, nacionales o internacionales, y pueden especializarse en diferentes tipos de productos y servicios.

La influencia del mercado es suministrar un espacio para la interacción entre compradores y vendedores, facilitando el intercambio comercial y el crecimiento económico. Un ejemplo es el mercado de productos agrícolas en una ciudad, donde los agricultores venden directamente a los consumidores.

Mercado libre (Open market): Mercado en el cual los precios de los bienes y servicios se determinan por la oferta y la demanda sin intervención gubernamental significativa. Un mercado libre fomenta la competencia y la eficiencia económica.

La gravitación comercial del mercado libre es permitir la competencia justa y la innovación, proporcionando a los consumidores una variedad de opciones y precios competitivos. Un ejemplo es el mercado de valores, donde las acciones de las empresas se compran y venden libremente según las fuerzas del mercado.

Mercado negro (Black market): Mercado ilegal donde se compran y venden bienes y servicios prohibidos o controlados por el gobierno. Las transacciones en el mercado negro no se registran oficialmente y suelen estar asociadas con actividades criminales.

La preponderancia de abordar el mercado negro es proteger la economía legal, asegurar el cumplimiento de las leyes y regulaciones, y prevenir la actividad criminal. Un ejemplo es el comercio ilegal de drogas, que opera fuera del control y regulación del gobierno.

Mercancía dañada (Damaged goods): Bienes que han sufrido daños durante el transporte, almacenamiento o manipulación, lo que afecta su valor y utilidad. La mercancía dañada puede resultar en pérdidas económicas para el propietario y puede requerir reclamaciones de seguro.

La gravitación internacional de gestionar la mercancía dañada es minimizar las pérdidas, asegurar una compensación adecuada y mantener la calidad y seguridad de los productos. Un ejemplo es un envío de productos electrónicos que llega al destino con daños significativos, requiriendo una evaluación de daños y una reclamación de seguro.

Mercancía real y efectiva puesta sobre muelle (Landed): Bienes que han sido descargados de un barco y colocados en el muelle en el puerto de destino. La mercancía "landed" ha completado el transporte marítimo y está lista para su despacho aduanero o entrega final.

La relevancia de la mercancía "landed" es asegurar que los bienes han llegado a su destino de manera segura y están listos para ser inspeccionados, liberados y entregados. Un ejemplo es un contenedor de electrodomésticos que ha sido descargado en el puerto y colocado en el muelle para su inspección aduanera.

Mercancías (Goods): Bienes y productos transportados o comercializados. Las mercancías pueden incluir una amplia variedad de artículos, desde productos agrícolas hasta manufacturados.

La trascendencia de las mercancías en el comercio internacional es facilitar el intercambio económico, permitiendo a los países acceder a productos que no producen localmente. Un ejemplo es una empresa que importa bienes electrónicos de Asia para su venta en el mercado local.

Mercancías almacenadas bajo control de la aduana (In bond): Bienes que están almacenados en un depósito aduanero bajo la supervisión de las autoridades aduaneras hasta que se paguen los aranceles y se complete el despacho aduanero.

La significancia de las mercancías "in bond" es conceder el comercio internacional al permitir que las mercancías se almacenen temporalmente sin pagar aranceles hasta que estén listas para ser despachadas. Un ejemplo es un envío de vinos importados que se almacena "in bond" en un depósito aduanero hasta que se completen los trámites de importación.

Mercancías peligrosas (Dangerous goods): Productos que presentan riesgos significativos para la salud, la seguridad, la propiedad o el medio ambiente durante el transporte y almacenamiento. Estos bienes están sujetos a regulaciones estrictas y requieren un manejo especial.

El impacto global de las mercancías peligrosas es asegurar que se manejen y transporten de manera segura, cumpliendo con las regulaciones internacionales para prevenir accidentes y daños. Un ejemplo es el transporte de productos químicos peligrosos que requiere embalajes especiales y etiquetado adecuado.

Metaleros/ graneleros/ petroleros (OBO (Ore/bulk/oil carriers)): Buques versátiles diseñados para transportar una variedad de cargas, incluyendo mineral, graneles secos y petróleo. Estos buques pueden cambiar de carga según las necesidades del mercado.

El alcance prioritario de los buques OBO es proporcionar flexibilidad y eficiencia en el transporte marítimo, permitiendo a las empresas adaptar sus operaciones a diferentes tipos de carga. Un ejemplo es un buque OBO que transporta mineral de hierro en un viaje y petróleo crudo en el siguiente.

Minorista (Retailer): Persona o empresa que vende bienes directamente al consumidor final en pequeñas cantidades. Los minoristas juegan un papel crucial en la cadena de suministro al facilitar el acceso de los consumidores a una variedad de productos.

El alcance estratégico del minorista es otorgar un enlace entre los productores y los consumidores, ofreciendo productos en ubicaciones convenientes y proporcionando servicios adicionales como la atención al cliente. Un ejemplo es una tienda de ropa que vende productos directamente a los clientes en un centro comercial.

Mean low water neap - MLWN (Bajamar media en marea muerta): Nivel medio del agua en el punto más bajo de la marea muerta, que ocurre durante los periodos de menor diferencia entre las mareas altas y bajas.

La influencia de MLWN es proporcionar una referencia para la planificación y operación en puertos y vías navegables, asegurando la navegabilidad y seguridad en condiciones de marea baja. Supongamos que un buque con un calado de 8 metros necesita ingresar a un puerto. El capitán consulta las cartas náuticas y encuentra que el MLWN en ese puerto es de 2 metros. Esto significa que, durante las mareas muertas, el nivel del agua estará en promedio 2 metros por encima del nivel de referencia (usualmente el nivel más bajo del agua).

Mean low water spring - MLWS (Bajamar media en marea viva): Nivel medio del agua en el punto más bajo de la marea viva, que ocurre durante los periodos de mayor diferencia entre las mareas altas y bajas.

La gravitación comercial de MLWS es suministrar una referencia para la planificación y operación en puertos y vías navegables, asegurando la navegabilidad y seguridad en condiciones de marea baja extrema. Por ejemplo, en los puertos se utilizan MLWN para determinar la profundidad mínima necesaria para la entrada segura de los buques.

Moneda nacional (Domestic currency): La moneda oficial utilizada en el país de origen. La moneda nacional es utilizada para la mayoría de las transacciones económicas dentro del país.

La importancia de la moneda nacional es garantizar un medio estable y reconocido para realizar transacciones comerciales y financieras, apoyando la economía interna. Un ejemplo es el dólar estadounidense utilizado para todas las transacciones comerciales dentro de los Estados Unidos.

Monopolio (Monopoly): Situación de mercado en la cual una única empresa o entidad controla la oferta de un producto o servicio, sin competencia significativa. Un monopolio puede afectar los precios y la calidad de los productos ofrecidos.

La influencia estratégica de identificar y regular los monopolios es asegurar la competencia justa y proteger a los consumidores de precios injustos y prácticas comerciales abusivas. Por ejemplo la empresa de servicios públicos que tiene un monopolio en la distribución de electricidad en una región específica.

Months sight (Meses vista): Término utilizado en las finanzas y el comercio internacional para indicar que un pago o documento es pagadero un cierto número de meses después de ser presentado o visto.

La relevancia de "months sight" es proporcionar claridad sobre los plazos de pago y facilitar la planificación financiera para las partes involucradas en una transacción comercial. Un ejemplo es una letra de cambio pagadera a tres meses vista, lo que significa que el pago debe realizarse tres meses después de su presentación.

Moorage (Derechos de amarre): Tarifas cobradas por el uso de instalaciones de amarre en puertos o marinas. Estos derechos son pagados por los propietarios de embarcaciones para asegurar sus barcos en un lugar específico.

La trascendencia de los derechos de amarre es procurar ingresos para el mantenimiento y operación de las instalaciones portuarias, asegurando que los barcos tengan lugares seguros para atracar. Un ejemplo es un yate que paga derechos de amarre para atracar en una marina durante la noche.

To moor (Anclar, amarrar): Fijar un barco en un lugar específico mediante el uso de anclas, cables o amarres. Amarrar asegura que el barco permanezca en su posición y no se desplace debido a las corrientes o el viento.

La significancia de amarrar es garantizar la seguridad del barco y la tripulación mientras radica el puerto o en aguas ancladas, previniendo daños y accidentes. Un ejemplo es un barco de pesca que amarra en un puerto para descargar su captura y reabastecerse.

Mooring (Amarradero): Lugar o instalación donde los barcos pueden ser amarrados de manera segura, incluyendo boyas, muelles y marinas. Los amarraderos proporcionan puntos seguros para que los barcos se detengan y realicen operaciones de carga, descarga y mantenimiento.

El mérito del amarradero es proporcionar lugares seguros y adecuados para que los barcos realicen sus operaciones portuarias, asegurando la eficiencia y seguridad del transporte marítimo. Un ejemplo es una marina que ofrece amarraderos para yates y embarcaciones de recreo.

Mooring pipe (Pasacabos): Conducto en la estructura de un barco a través del cual se pasan los cabos de amarre. Los pasacabos ayudan a guiar y asegurar los cabos, facilitando el proceso de amarre.

El eje estratégico del pasacabos es permitir un manejo seguro y eficiente de los cabos de amarre, asegurando que los barcos permanezcan bien sujetos en sus posiciones. Un ejemplo es un buque que utiliza pasacabos para pasar los cabos de amarre a los bolardos del puerto.

Mooring winch (Guinche de amarre): Dispositivo mecánico utilizado para controlar y ajustar los cabos de amarre en un barco. Los guinches de amarre permiten tensar y soltar los cabos de manera segura y eficiente.

El eje estratégico del guinche de amarre es facilitar el proceso de amarre y desamarre de los barcos, asegurando que los cabos estén correctamente tensados y proporcionando un control preciso sobre las operaciones de amarre. Un ejemplo es un barco portacontenedores que utiliza guinches de amarre para asegurar su posición en el muelle durante las operaciones de carga y descarga.

Multimodal (Multimodal): Relacionado con el uso de múltiples modos de transporte en una sola cadena de suministro o proceso de transporte. El transporte multimodal combina diferentes medios como marítimo, terrestre y aéreo para optimizar la eficiencia y reducir costos.

La influencia del transporte multimodal es suministrar flexibilidad y eficiencia en la cadena de suministro, permitiendo la integración de diferentes modos de transporte para mejorar la logística y reducir tiempos de entrega. Un ejemplo es una empresa que utiliza transporte marítimo para llevar mercancías a un puerto y luego camiones para distribuirlas a nivel nacional.

Mutiny (Motín): Rebelión abierta de los miembros de la tripulación de un barco contra la autoridad del capitán o los oficiales. Un motín puede poner en peligro la seguridad del barco y de todos a bordo.

La influencia determinante de prevenir y manejar los motines es mantener la disciplina y el orden en el barco, asegurando la seguridad y la operación eficiente de la nave. Un ejemplo es un capitán que toma medidas para resolver una disputa entre la tripulación antes de que se convierta en un motín.

Muellaje (Quayage): Tarifas cobradas por el uso de los muelles y otras instalaciones portuarias para la carga y descarga de mercancías. Estas tarifas ayudan a financiar el mantenimiento y la operación de los puertos.

La preponderancia del muellaje es proveer ingresos necesarios para mantener y mejorar las instalaciones portuarias, asegurando que los puertos puedan operar de manera eficiente y segura. Un ejemplo es un importador que paga tarifas de muellaje por el uso de los muelles para descargar sus contenedores de mercancías.

Muelle (Dock/pier): Estructura en un puerto donde los barcos pueden atracar para cargar y descargar mercancías y pasajeros. Los muelles son esenciales para las operaciones portuarias y facilitan el acceso seguro y eficiente a los barcos.

La influencia clave del muelle es dotar un punto seguro y adecuado para las operaciones de carga y descarga, facilitando el comercio y el transporte marítimo. Un ejemplo es un muelle de contenedores en un puerto principal que maneja grandes volúmenes de carga diariamente.

Muestra (Sample): Pequeña cantidad de un producto utilizada para mostrar su calidad, características y especificaciones a potenciales compradores o clientes. Las muestras son comunes en el comercio para permitir la evaluación de productos antes de realizar grandes pedidos.

La relevancia de la muestra es conceder una representación precisa del producto, ayudando a los compradores a tomar decisiones informadas y asegurando la satisfacción del cliente. Un ejemplo es un fabricante de telas que envía muestras de sus productos a un cliente minorista para que este pueda evaluar la calidad antes de hacer un pedido grande.

Muestra gratis (Free sample): Pequeña cantidad de un producto entregada de manera gratuita a potenciales clientes para que prueben y evalúen el producto antes de decidir comprarlo. Las muestras gratis son una estrategia de marketing para atraer a nuevos clientes y fomentar la compra.

La importancia de la muestra gratis es permitir que los consumidores experimenten el producto sin costo, aumentando la probabilidad de compra y construyendo lealtad a la marca. Un ejemplo es una empresa de cosméticos que ofrece muestras gratis de una nueva crema facial para atraer a nuevos clientes y promover el producto.

Términos relacionados a la M

Arqueo de buques (Measurement of vessels): Proceso de determinar las dimensiones y la capacidad de un buque, incluyendo el arqueo bruto (GT) y el arqueo neto (NT). El arqueo de buques es utilizado para calcular tarifas portuarias, derechos de canal y otros costos relacionados con el tamaño del buque.

La significancia del arqueo de buques es proveer una base estandarizada para calcular tarifas y cumplir con las regulaciones marítimas internacionales, facilitando la operación eficiente y justa de los puertos y canales. Un ejemplo es un buque petrolero que se mide para determinar sus costos de tránsito por el Canal de Panamá.

Entry manifest (Manifiesto de carga): Documento presentado a las autoridades aduaneras que detalla la carga que llega a un puerto o aeropuerto. Este documento es esencial para el despacho aduanero y el cumplimiento de regulaciones.

El pilar fundamental del manifiesto de carga es asegurar la transparencia y el cumplimiento de las regulaciones aduaneras, facilitando el proceso de importación y exportación. Un ejemplo es una aerolínea que presenta un manifiesto de carga para los bienes transportados en un vuelo internacional.

Falsa descripción (Misrepresentation): Provisión de información incorrecta, engañosa o incompleta en una transacción comercial o contractual. La declaración falsa puede ser intencional o no intencional y puede afectar la validez del contrato.

El alcance estratégico de identificar y prevenir declaraciones falsas es proteger la integridad de las transacciones comerciales y asegurar que todas las partes actúen de buena fe. Un ejemplo es un comprador que presenta una reclamación de fraude debido a la declaración falsa del vendedor sobre la calidad de los productos.

Foreign market (Mercado externo): Mercado ubicado fuera del país de origen de una empresa, donde se venden bienes y servicios a consumidores internacionales. Los mercados externos son esenciales para la expansión y diversificación de las empresas.

El protagonismo esencial del mercado externo es permitir a las empresas acceder a nuevas oportunidades de crecimiento, diversificar sus ingresos y reducir la dependencia del mercado local. Un ejemplo es una empresa de automóviles que exporta sus vehículos a mercados externos en Europa y Asia.

Handling mark (Marca de manipuleo): Señal o etiqueta colocada en un embalaje que proporciona instrucciones específicas sobre cómo manejar el contenido para evitar daños. Las marcas de manipuleo pueden incluir indicaciones como "Frágil", "Mantener en posición vertical", o "No apilar".

La influencia de las marcas de manipuleo es garantizar que los productos sean manejados adecuadamente durante el transporte y almacenamiento, reduciendo el riesgo de daños. Un ejemplo es una caja de cristalería etiquetada con la marca "Frágil" para indicar que debe ser manejada con cuidado.

Informative mark (Marca informativa): Etiqueta o señal en un producto o embalaje que proporciona información adicional relevante, como instrucciones de uso, ingredientes, origen, y advertencias de seguridad.

La influencia determinante de las marcas informativas es proporcionar al usuario o consumidor la información necesaria para el uso seguro y correcto del producto, cumpliendo con las regulaciones y mejorando la transparencia. Un ejemplo es una lata de alimentos con una marca informativa que detalla los ingredientes y la fecha de caducidad.

Standard mark (Marca estándar): Símbolo o etiqueta que indica que un producto cumple con normas y estándares específicos de calidad y seguridad establecidos por organizaciones reconocidas. Estas marcas son garantía de que el producto ha sido probado y aprobado según criterios definidos.

La preponderancia de las marcas estándar es ofrecer a los consumidores que los productos cumplen con los requisitos de calidad y seguridad, facilitando la confianza y la aceptación en el mercado. Un ejemplo es un electrodoméstico que lleva la marca estándar "CE", indicando su conformidad con las normativas de la Unión Europea.

N

North American Free Trade Agreement NAFTA (Tratado de Libre Comercio de América del Norte): Un acuerdo comercial firmado en 1994 entre Estados Unidos, Canadá y México, diseñado para eliminar barreras arancelarias y promover el comercio libre entre los tres países. El NAFTA buscó incrementar el intercambio económico y fortalecer las relaciones comerciales en la región de América del Norte.

La influencia clave del NAFTA proviene de su impacto significativo en las economías de los países miembros, al promover el crecimiento económico, la inversión extranjera y la creación de empleo a través de la eliminación de aranceles y otras barreras al comercio. Un ejemplo es el aumento de las exportaciones agrícolas de Estados Unidos a México, que se vio facilitado por la reducción de aranceles en productos como el maíz y la carne.

NALADISA Nomenclatura de la Asociación Latinoamericana de Integración - ALADI (ALADI's Harmonized System of Goods Designation and Codification): Sistema de clasificación de productos utilizado por los países miembros de la ALADI para facilitar el comercio y la integración económica. La nomenclatura estandariza la descripción y codificación de productos, simplificando los trámites aduaneros.

La relevancia de NALADISA es mejorar la transparencia y eficiencia en el comercio intra-regional, permitiendo una mejor comparación y análisis de datos comerciales. Un ejemplo es una empresa exportadora en Brasil que utiliza NALADISA para clasificar sus productos de manera uniforme para el comercio con otros países de ALADI.

Named bill of lading (Conocimiento de embarque nominativo): Documento de transporte marítimo que indica que las mercancías deben ser entregadas a una persona o entidad específica nombrada en el documento. Este tipo de conocimiento de embarque no es transferible sin el consentimiento del consignatario nombrado.

La importancia del conocimiento de embarque nominativo es proporcionar seguridad adicional en la entrega de mercancías, asegurando que solo la parte designada pueda reclamar la carga. Un ejemplo es un exportador que emite un conocimiento de embarque nominativo para garantizar que sus productos solo sean entregados al importador designado.

Named peril contract (Contrato de riesgos nombrados): Contrato de seguro que cubre solo los riesgos específicamente enumerados en la póliza. Este tipo de seguro proporciona cobertura limitada basada en una lista de peligros identificados.

La significancia del contrato de riesgo nombrado es ofrecer una opción de seguro más asequible al limitar la cobertura a riesgos específicos, permitiendo a las empresas gestionar mejor sus costos de seguro. Un ejemplo es una póliza de seguro marítimo que cubre únicamente los riesgos de incendio y colisión.

Nautical mile (Milla náutica): Unidad de medida utilizada en la navegación marítima y aérea equivalente a 1,852 metros. La milla náutica es una medida estándar basada en el minuto de arco de un círculo máximo de la Tierra.

El eje fundamental de la milla náutica es suministrar una medida uniforme y precisa para la navegación, facilitando la planificación de rutas y la comunicación entre marinos y aviadores. Un ejemplo es un capitán de barco que utiliza millas náuticas para calcular la distancia y el tiempo de viaje entre dos puertos.

Nave (Ship): Estructura flotante diseñada para transportar personas, carga o ambos a través del agua. Las naves pueden ser de diferentes tipos y tamaños, desde pequeñas embarcaciones de recreo hasta grandes buques portacontenedores.

El motor económico de la nave en el comercio internacional es facilitar el transporte de mercancías y personas a larga distancia, conectando mercados globales y promoviendo el intercambio económico. Un ejemplo es un buque portacontenedores que transporta productos manufacturados de China a Europa.

Negligence (Negligencia): Falta de cuidado o diligencia en la realización de una acción que resulta en daños o pérdidas para otra parte. La negligencia puede ser una base para la responsabilidad civil en casos de daños y reclamaciones de seguro.

El mérito de abordar la negligencia es asegurar que las partes responsables sean responsabilizadas por sus acciones y que las víctimas reciban compensación por sus pérdidas. Un ejemplo es un transportista que es encontrado negligente por no asegurar adecuadamente la carga, resultando en daños durante el transporte.

Negligent collision (Abordaje por negligencia): Colisión entre dos barcos causada por la falta de cuidado o diligencia de una o ambas partes involucradas. La responsabilidad por el abordaje por negligencia puede resultar en reclamaciones de daños y pérdidas.

La influencia de abordar el abordaje por negligencia es procurar la seguridad marítima y la responsabilidad, proporcionando un mecanismo para compensar a las partes afectadas. Un ejemplo es un buque que colisiona con otro debido a la negligencia del capitán en seguir las reglas de navegación, resultando en una reclamación de seguro.

Negotiable (Negociable): Capaz de ser transferido o negociado de una parte a otra. En el contexto de documentos financieros y comerciales, un documento negociable puede ser endosado y transferido a otra persona o entidad.

La influencia determinante de la negociabilidad es facilitar el comercio y las transacciones financieras, proporcionando flexibilidad y seguridad en el manejo de documentos y bienes. Un ejemplo es un cheque que es negociable y puede ser endosado a un tercero.

Negotiable document (Documento negociable): Documento que puede ser transferido de una parte a otra mediante endoso o entrega. Los documentos negociables incluyen cheques, letras de cambio y conocimientos de embarque.

La preponderancia del documento negociable es proporcionar un medio seguro y eficiente para transferir derechos y obligaciones en transacciones comerciales y financieras. Un ejemplo es un conocimiento de embarque negociable que permite al consignatario transferir la propiedad de la carga a otra parte antes de la entrega.

Net charter (Contrato neto): Acuerdo de arrendamiento de un buque en el cual el fletador asume la responsabilidad de todos los costos operativos, incluidos el combustible, el mantenimiento y la tripulación. El propietario del buque recibe un pago fijo por el uso del buque.

La influencia clave del contrato neto es proveer flexibilidad y control al fletador, permitiéndole gestionar los costos operativos según sus necesidades. Un ejemplo es una empresa de logística que arrienda un buque bajo un contrato neto para transportar mercancías durante un período específico.

Net profit (Beneficio neto): Ganancia que queda después de deducir todos los costos, gastos e impuestos de los ingresos totales de una empresa. El beneficio neto es una medida clave de la rentabilidad de una empresa.

La relevancia del beneficio neto es otorgar una evaluación precisa de la salud financiera y la eficiencia operativa de una empresa, informando la toma de decisiones y la planificación estratégica. Un ejemplo es una empresa que reporta un beneficio neto de $1 millón al final del año fiscal, indicando una operación rentable.

Net weight (Peso neto): El "peso neto" es el peso del producto excluyendo cualquier material de embalaje o contenedores. Esta medida es crucial para la valoración de mercancías, ya que representa el peso real de los bienes que están siendo comprados o vendidos.

La influencia determinante del peso neto depende de su precisión para cálculos de valoración y aranceles. Por ejemplo, al exportar cacao en grano, el peso neto del cacao es lo que se utilizará para determinar los impuestos aduaneros y para fines de inventario, excluyendo el peso de los sacos en los que se transporta.

New Jason clause (Nueva cláusula Jason): Cláusula estándar en contratos de fletamento y conocimientos de embarque que permite al propietario del buque recuperar costos de salvamento y otros gastos extraordinarios de los cargadores en caso de una avería gruesa.

La significancia de la New Jason Clause es proporcionar protección financiera al propietario del buque, asegurando que los costos de salvamento y avería gruesa se compartan equitativamente entre las partes. Un ejemplo es un buque que sufre daños durante una tormenta y el propietario del buque reclama los costos de salvamento de los cargadores bajo la New Jason Clause.

NIF-IVA - Número de Identificación Fiscal y el Impuesto sobre el Valor Añadido (Tax Identification Number and Value Added Tax – TIN/VAT): El NIF es un número único asignado a personas y entidades para fines fiscales en varios países, mientras que el IVA es un impuesto sobre el consumo aplicado a la venta de bienes y servicios.

El eje estratégico del NIF-IVA es facilitar la administración fiscal y el cumplimiento de las obligaciones tributarias, asegurando que las transacciones comerciales sean gravadas correctamente. Un ejemplo es una empresa que utiliza su NIF para declarar y pagar el IVA sobre sus ventas.

Nivel de vida (Standard of living): Medida del bienestar económico y la calidad de vida de una población, basada en factores como ingresos, empleo, acceso a servicios, educación y vivienda. El nivel de vida es un indicador importante del desarrollo económico y social de una región.

El alcance prioritario del nivel de vida es evaluar y comparar el bienestar de diferentes poblaciones, informando políticas y decisiones para mejorar la calidad de vida. Un ejemplo es un estudio que analiza el nivel de vida en diferentes países para identificar áreas de mejora en salud y educación.

No arrival - no sale (Sin llegada, venta nula): Condición en contratos de venta que establece que la venta es nula si las mercancías no llegan al destino. Esta cláusula protege al comprador en caso de pérdida o no entrega de la carga.

El eje fundamental de la cláusula "no arrival - no sale" es proporcionar seguridad al comprador, asegurando que no esté obligado a pagar por mercancías que no se entregan. Un ejemplo es un contrato de compra de productos agrícolas que incluye esta cláusula para proteger al comprador en caso de que la carga se pierda en tránsito.

No cure, no pay (Si no hay salvamento, tampoco hay pago): Principio en contratos de salvamento marítimo que establece que el salvador solo recibe pago si logra salvar el barco o la carga. Si el salvamento no tiene éxito, no se debe ningún pago.

La influencia del principio "no cure, no pay" es incentivar el salvamento exitoso y minimizar los costos para los propietarios de barcos y cargadores. Un ejemplo es un contrato de salvamento donde la empresa de salvamento solo recibe compensación si logra rescatar un buque encallado.

No navegable (Unseaworthy): Estado de un buque que no cumple con los requisitos de seguridad y operatividad necesarios para navegar de manera segura. Un buque no navegable presenta riesgos para la tripulación, la carga y el medio ambiente.

La influencia estratégica de identificar y abordar la no navegabilidad es procurar la seguridad marítima y prevenir accidentes y daños. Un ejemplo es una inspección que determina que un buque es no navegable debido a fallos estructurales, requiriendo reparaciones antes de que pueda zarpar.

Nomenclatura arancelaria (Tariff nomenclature): Sistema de clasificación utilizado para identificar y categorizar productos en el comercio internacional. La nomenclatura arancelaria proporciona códigos específicos para cada tipo de producto, facilitando la determinación de aranceles, impuestos y regulaciones aplicables. Este sistema es esencial para la estandarización y simplificación de los procesos aduaneros a nivel mundial.

La importancia de la nomenclatura arancelaria se fundamenta en su capacidad para facilitar el comercio internacional al proporcionar una referencia uniforme y reconocida para todos los productos comercializados. Esto permite una aplicación radicante de aranceles y políticas comerciales, reduce el riesgo de errores en la clasificación de productos y mejora la transparencia en las transacciones comerciales. Un ejemplo es el Sistema Armonizado (HS), ampliamente utilizado por las autoridades aduaneras de todo el mundo para clasificar productos y determinar los derechos de aduana.

Non delivery (Falta de entrega): Situación en la cual las mercancías no llegan al destinatario final según lo previsto en el contrato de transporte. La falta de entrega puede deberse a diversos factores, como pérdida, robo, daños en tránsito o errores en la logística.

La influencia clave de abordar la falta de entrega es crucial para proteger los intereses de los compradores y vendedores en el comercio internacional, asegurando que se tomen medidas adecuadas para resolver el problema y compensar las pérdidas. Un ejemplo es una empresa importadora que no recibe un envío de productos electrónicos debido a un extravío durante el transporte, lo que puede resultar en una reclamación de seguro para recuperar el valor de las mercancías perdidas.

Non documentary conditions (Condiciones no documentarias): Requisitos o términos en un contrato que no están respaldados por documentos físicos o escritos. Estas condiciones pueden basarse en acuerdos verbales, prácticas comerciales habituales o expectativas implícitas entre las partes involucradas.

La relevancia de las condiciones no documentarias es proporcionar flexibilidad en las transacciones comerciales, permitiendo que las partes acuerden términos que no necesariamente requieren documentación formal. Sin embargo, estas condiciones también pueden presentar riesgos si no se cumplen adecuadamente. Un ejemplo es un acuerdo verbal entre un proveedor y un comprador para realizar entregas periódicas de productos sin necesidad de emitir órdenes de compra por escrito.

Non fulfillment (Incumplimiento): Situación en la cual una de las partes en un contrato no cumple con sus obligaciones o responsabilidades acordadas. El incumplimiento puede resultar en disputas, pérdidas económicas y reclamaciones legales.

La trascendencia de abordar el incumplimiento es proteger los derechos de las partes afectadas y asegurar que se tomen medidas correctivas para remediar la situación. Un ejemplo es un vendedor que no entrega los productos en la fecha acordada, lo que puede llevar al comprador a buscar compensación por daños y perjuicios.

Non negotiable (No negociable): Documento o instrumento que no puede ser transferido a otra parte mediante endoso o entrega. Los documentos no negociables son vinculantes solo para las partes originalmente mencionadas en el documento.

La significancia de los documentos no negociables es proporcionar seguridad y claridad en las transacciones, asegurando que solo las partes designadas tengan derechos sobre los bienes o servicios especificados. Un ejemplo es un cheque cruzado que solo puede ser depositado en la cuenta del beneficiario designado y no puede ser transferido a un tercero.

Non negotiable sea waybill (Documento de embarque marítimo no negociable): Documento utilizado en el transporte marítimo que confirma la recepción de mercancías a bordo de un buque y especifica los términos de entrega. A diferencia del conocimiento de embarque negociable, el documento de embarque marítimo no negociable no puede ser transferido a otra parte mediante endoso.

El pilar fundamental del documento de embarque marítimo no negociable es proporcionar una alternativa segura y eficiente para el transporte de mercancías, donde la transferencia de propiedad no es necesaria. Un ejemplo es una empresa que utiliza un documento de embarque marítimo no negociable para asegurar que las mercancías sean entregadas directamente al destinatario final sin posibilidad de transferencia.

Non ownership liability (Responsabilidad sobre bienes de terceros): Responsabilidad legal por daños o pérdidas a bienes que no son propiedad de la empresa, pero que están bajo su custodia o control. Esta responsabilidad puede surgir en situaciones donde la empresa maneja, almacena o transporta bienes de terceros.

La gravitación comercial de la responsabilidad sobre bienes de terceros es asegurar que la empresa esté protegida contra reclamaciones y pérdidas que puedan ocurrir durante el manejo de estos bienes. Un ejemplo es una empresa de logística que almacena productos para un cliente y necesita cobertura de seguro en caso de daños o pérdidas.

Non-forfeiture options (Opciones de no caducidad): Cláusulas en una póliza de seguro que permiten al asegurado mantener ciertos beneficios, incluso si deja de pagar las primas. Estas opciones pueden incluir la reducción del valor de la póliza o la conversión a una póliza pagada.

El impacto global de las opciones de no caducidad es proporcionar flexibilidad y protección a los asegurados, asegurando que no pierdan completamente los beneficios de su póliza en caso de dificultades financieras. Un ejemplo es un asegurado que elige una opción de no caducidad para convertir su póliza de seguro de vida en una póliza pagada con un valor reducido después de dejar de pagar las primas.

Nontariff controls (Controles no arancelarios): Medidas reguladoras utilizadas por los gobiernos para restringir o controlar el comercio internacional sin recurrir a aranceles. Estos controles pueden incluir cuotas, licencias de importación, normas técnicas y sanitarias, y otras regulaciones.

La influencia de los controles no arancelarios es proteger la economía y la seguridad del país, asegurando que las importaciones cumplan con ciertos estándares y regulaciones. Un ejemplo es un país que impone restricciones sanitarias a la importación de productos agrícolas para proteger la salud pública.

Norma de origen (Rule of origin): Criterios utilizados para determinar el país de origen de un producto, lo cual es crucial para la aplicación de aranceles, cuotas y otros acuerdos comerciales. Las normas de origen establecen las condiciones bajo las cuales un producto se considera originario de un país específico.

La consideración esencial de la norma de origen es asegurar que los productos reciban el trato arancelario adecuado según los acuerdos comerciales internacionales, protegiendo la integridad de los programas de preferencias comerciales. Un ejemplo es una empresa que necesita demostrar que sus productos cumplen con las normas de origen para beneficiarse de aranceles reducidos bajo un acuerdo de libre comercio.

Normal pool (Reserva normal): Acuerdo de colaboración entre varias empresas, especialmente en el sector del transporte marítimo, donde se comparten recursos y capacidades para optimizar la utilización de los buques y reducir costos operativos. En un pool normal, las empresas participantes acuerdan compartir los ingresos y los costos según una fórmula establecida.

La preponderancia de la norma pool es mejorar la eficiencia operativa y la rentabilidad de las empresas participantes, permitiendo una mejor planificación y utilización de los recursos. Un ejemplo es un grupo de compañías navieras que forman un pool normal para compartir sus flotas y maximizar la utilización de sus buques en rutas comerciales específicas.

Normas de comercio internacional (International trade standards): Conjunto de reglas y directrices establecidas por organizaciones internacionales para regular y facilitar el comercio entre países. Estas normas abarcan diversos aspectos, como la clasificación de productos, la documentación comercial, las prácticas aduaneras y las regulaciones técnicas.

La importancia de conocer las normas de comercio internacional es asegurar que el comercio transfronterizo se realice de manera ordenada, transparente y justa, promoviendo la competencia leal y la protección del consumidor. Un ejemplo es el uso del Sistema Armonizado (HS) para clasificar productos de manera uniforme en todo el mundo.

Not to be dropped (No volcar): Instrucción específica marcada en los embalajes de productos frágiles que indica que no deben ser dejados caer ni volteados durante el manejo y transporte. Esta advertencia es crucial para proteger la integridad del contenido.

La relevancia de la instrucción "No Volcar" es prevenir daños a productos frágiles durante su manipulación y transporte, asegurando que lleguen en buenas condiciones a su destino. Un ejemplo es una caja que contiene cristalería y lleva la marca "No Volcar" para advertir a los manipuladores de carga.

Nota de cobertura (Cover note): Documento provisional emitido por una compañía de seguros que confirma la cobertura temporal de una póliza de seguro antes de la emisión de la póliza definitiva. La nota de cobertura proporciona evidencia de que el asegurado está protegido durante este período intermedio.

La gravitación comercial de la nota de cobertura es garantizar que el asegurado tenga protección inmediata mientras se procesa la póliza final, evitando cualquier lapso en la cobertura. Un ejemplo es una empresa que recibe una nota de cobertura para su carga mientras espera la emisión de la póliza de seguro marítimo definitiva.

Nota de Inspección (Inspection note): Documento utilizado para registrar los detalles y resultados de una inspección realizada sobre mercancías, bienes o instalaciones. Este documento suele incluir información sobre el estado de los productos inspeccionados, cualquier problema encontrado, y las acciones recomendadas o tomadas para solucionar estos problemas.

La significancia de una Nota de Inspección se encuentra en que proporciona un registro detallado y oficial de las condiciones de los bienes al momento de la inspección, lo que ayuda a garantizar la calidad y la conformidad con los estándares establecidos. Un ejemplo sería una nota de inspección generada durante una revisión de calidad de productos en una fábrica, que documenta defectos encontrados y las medidas correctivas necesarias antes de que los productos sean enviados al mercado.

Nota jerque (Jerque note): Documento utilizado en el comercio internacional y en la logística para registrar detalles sobre mercancías en tránsito. Aunque el término no es comúnmente utilizado, en algunos contextos puede referirse a una nota de embarque o informe que proporciona información sobre el estado de la carga y cualquier incidencia relevante durante el transporte.

El impacto global de una Jerque Note reside en su función de suministrar una descripción detallada de las condiciones de la mercancía y los eventos ocurridos durante el transporte, lo que facilita la gestión de reclamaciones y asegura el cumplimiento de los términos del contrato de transporte. Un ejemplo sería un informe generado por un inspector de carga que documenta daños en la mercancía y el estado del embalaje durante un envío internacional.

Nota de respaldo (Backed note): Documento que respalda o avala otro documento financiero o comercial, proporcionando una garantía adicional o una confirmación de la autenticidad y validez del documento original.

El protagonismo esencial de la nota de respaldo es aumentar la credibilidad y la seguridad de las transacciones comerciales, asegurando a las partes involucradas que el documento original es válido y confiable. Un ejemplo es un banco que emite una nota de respaldo para una carta de crédito, confirmando su autenticidad.

Nota de tarja (Tally sheet): Documento utilizado para registrar la cantidad y condición de las mercancías cargadas o descargadas de un buque. La nota de tarja es esencial para llevar un control preciso de las operaciones de carga y descarga.

El impacto global de la nota de tarja es asegurar la exactitud en la contabilización de las mercancías, facilitando la gestión de inventarios y la resolución de discrepancias. Un ejemplo es un puerto que utiliza notas de tarja para registrar cada contenedor cargado y descargado de un buque portacontenedores.

Notice of damage (Denuncia de siniestro): Notificación formal que informa a la compañía de seguros, al transportista u otra parte responsable sobre daños ocurridos a las mercancías durante el transporte. La denuncia de siniestro es el primer paso para iniciar una reclamación de seguro.

La influencia de la denuncia de siniestro es procurar que se tome acción inmediata para evaluar y documentar los daños, facilitando el proceso de reclamación y compensación. Un ejemplo es un importador que presenta una denuncia de siniestro al descubrir que su envío de productos electrónicos ha sido dañado en tránsito.

Notice of readiness NOR (Carta de alistamiento / Notificación de arribo): Documento emitido por el capitán de un buque para informar al fletador o al consignatario que el buque está listo para cargar o descargar en el puerto. La NOR es un paso clave en el proceso de fletamento y gestión de la carga.

La influencia estratégica de la NOR es proporcionar una confirmación formal de que el buque está listo para las operaciones de carga o descarga, facilitando la coordinación y evitando demoras. Un ejemplo es un buque que llega a puerto y emite una NOR para notificar al consignatario que está listo para comenzar la descarga de la carga.

Notice of shipment (Declaración de embarque): Notificación que informa a las partes interesadas, como el comprador, el agente aduanal y la compañía de seguros, sobre el envío de mercancías. La declaración de embarque incluye detalles como la descripción de la carga, el puerto de salida y el destino.

La preponderancia de la declaración de embarque es asegurar que todas las partes involucradas estén informadas del movimiento de las mercancías, facilitando el seguimiento y la coordinación del transporte. Un ejemplo es un exportador que emite una declaración de embarque para informar al comprador que las mercancías han sido enviadas.

Notify party (Parte notificada): Persona o entidad a la que se debe notificar sobre la llegada de un envío. La parte notificada puede ser diferente del consignatario y suele ser un agente de aduanas, un transportista o un intermediario.

La influencia clave de la parte notificada es otorgar que las mercancías sean procesadas y entregadas correctamente, proporcionando una comunicación eficaz entre todas las partes involucradas en el envío. Un ejemplo es un importador que designa a su agente de aduanas como la parte notificada en el conocimiento de embarque.

Null and void (Nulo): Término legal que indica que un contrato, documento o acuerdo carece de validez legal y no tiene efectos jurídicos. Un contrato nulo no puede ser ejecutado ni exigido por ninguna de las partes.

La relevancia de declarar un contrato o documento como nulo es proteger a las partes de acuerdos inválidos o inaplicables, asegurando que solo los contratos válidos sean reconocidos y ejecutados. Un ejemplo es un contrato de compraventa que se declara nulo debido a la falta de cumplimiento de los requisitos legales.

To negotiate (Negociar): Proceso de discutir y acordar términos en una transacción comercial, contrato o acuerdo. Negociar implica la comunicación entre las partes para llegar a un entendimiento mutuo y beneficioso.

La trascendencia de negociar es asegurar que todas las partes involucradas en una transacción o contrato alcancen un acuerdo que satisfaga sus intereses y necesidades, facilitando la cooperación y el éxito en las relaciones comerciales. Un ejemplo es un importador y un exportador que negocian los términos de pago y entrega de un envío de productos.

O

Obligación (Bond): Instrumento financiero que representa una deuda en la que el emisor se compromete a pagar al titular una cantidad específica de dinero en una fecha futura determinada, junto con pagos periódicos de intereses. Las obligaciones son utilizadas por gobiernos y empresas para financiar proyectos y operaciones.

La significancia de las obligaciones es proporcionar una fuente de financiamiento a largo plazo para emisores y una opción de inversión segura para los inversionistas, permitiendo la movilización de capital para el desarrollo económico. Un ejemplo es un bono del gobierno emitido para financiar la construcción de infraestructura pública.

Obligación (Obligation): En el contexto del comercio y los contratos, una obligación es un deber o responsabilidad legal que una parte debe cumplir según los términos acordados en un contrato o acuerdo. Esto puede incluir el pago de una cantidad de dinero, la entrega de bienes o servicios, o el cumplimiento de ciertas condiciones estipuladas.

El motor económico de la obligación se establece en que asegura el cumplimiento de los términos contractuales, protegiendo los derechos de las partes involucradas y garantizando que se cumplan las expectativas y compromisos establecidos. Un ejemplo es una empresa que tiene la obligación de pagar a un proveedor por las mercancías entregadas dentro de un plazo acordado, de acuerdo con las condiciones del contrato de compra.

OBO Ship - Ore, Bulk, Oil (Buque mineralero, granelero, petrolero): Tipo de buque versátil diseñado para transportar mineral, graneles secos y petróleo. Los buques OBO pueden cambiar de tipo de carga según las necesidades del mercado, lo que los hace altamente flexibles y eficientes.

El eje fundamental de los buques OBO es su capacidad para maximizar la utilización y la eficiencia en el transporte marítimo, permitiendo a las compañías navieras adaptarse rápidamente a las demandas cambiantes del mercado. Un ejemplo es un buque OBO que transporta mineral de hierro en un viaje y petróleo crudo en el siguiente.

Organización de Cooperación y Desarrollo Económico - OCDE (OECD Organisation for Economic Co-operation and Development): Organización internacional que promueve políticas destinadas a mejorar el bienestar económico y social de las personas en todo el mundo. La OCDE trabaja con gobiernos para entender y abordar los desafíos económicos, sociales y ambientales.

El protagonismo esencial de la OCDE es suministrar un foro para que los países colaboren y compartan experiencias y mejores prácticas, promoviendo el desarrollo sostenible y el crecimiento inclusivo. Un ejemplo es el análisis y las recomendaciones de la OCDE sobre políticas educativas y laborales.

Organización de cooperación económica - OCE (Economic Cooperation Organization - ECO): Organización intergubernamental que tiene como objetivo promover el desarrollo económico sostenible y la cooperación entre sus estados miembros en Asia Central, el Cáucaso y el Medio Oriente.

La influencia de la OCE es fomentar la integración económica y la cooperación regional, mejorando las oportunidades comerciales y de inversión entre los países miembros. Un ejemplo es la implementación de proyectos de infraestructura conjunta para mejorar la conectividad regional.

Onboard Delivery Date - ODD (Fecha de entrega a bordo): Fecha en la que las mercancías deben ser entregadas a bordo de un buque o aeronave para su transporte. La ODD es crucial para la planificación y coordinación logística en el comercio internacional.

La influencia comercial de la ODD es asegurar que las mercancías se entreguen a tiempo y en el lugar adecuado para cumplir con los horarios de transporte, evitando demoras y costos adicionales. Un ejemplo es un exportador que coordina la entrega de sus productos a un puerto específico en la fecha ODD acordada.

Original Design Manufacturer - ODM (Fabricante de diseño original): Empresa que diseña y fabrica productos que luego son vendidos bajo la marca de otra empresa. Los fabricantes ODM permiten a las empresas centrarse en el marketing y la distribución mientras externalizan el diseño y la producción.

La preponderancia de los fabricantes ODM es proporcionar una solución eficiente para empresas que desean lanzar productos de alta calidad sin invertir en diseño y fabricación interna, acelerando el tiempo de comercialización. Un ejemplo es una empresa de electrónica que utiliza un ODM para producir sus dispositivos según especificaciones personalizadas.

Organización de Estados Americanos - OEA (Organization of American States - OAS): Organización regional que promueve la democracia, los derechos humanos, la seguridad y el desarrollo en las Américas. La

OEA facilita la cooperación y el diálogo entre los estados miembros para abordar problemas comunes.

La importancia de la OEA es procurar un foro para la resolución de conflictos, la promoción de valores democráticos y el apoyo a proyectos de desarrollo en la región. Un ejemplo es la supervisión de elecciones y la promoción de la transparencia electoral en los países miembros.

Original Equipment Manufacturer - OEM (Fabricante de Equipamiento Original): Empresa que fabrica productos o componentes que son utilizados en productos finales de otras empresas. Los fabricantes OEM producen piezas que luego se integran en productos vendidos bajo diferentes marcas.

La relevancia de los fabricantes OEM es garantizar la calidad y la compatibilidad de los componentes, permitiendo a las empresas ensamblar productos finales confiables y eficientes. Un ejemplo es un fabricante de automóviles que utiliza motores OEM producidos por una empresa especializada en motores.

Oferta (Offer): Propuesta presentada por una parte para realizar una transacción comercial en términos específicos. Una oferta puede incluir detalles sobre el precio, la cantidad, los términos de entrega y otras condiciones.

La influencia estratégica de una oferta es establecer las bases para las negociaciones y transacciones comerciales, proporcionando claridad y una referencia formal para las partes involucradas. Un ejemplo es un proveedor que envía una oferta a un comprador para suministrar una cantidad específica de productos a un precio determinado.

Off hire clause (Cese de arrendamiento): Cláusula en un contrato de fletamento que especifica las condiciones bajo las cuales el arrendamiento del buque se suspende temporalmente y el fletador no está obligado a pagar el alquiler. Esto puede ocurrir en situaciones como averías o mantenimiento del buque.

La significancia de la cláusula de cese de arrendamiento es proteger al fletador de pagar por un buque que no radica condiciones de operar, asegurando una distribución justa de los costos y responsabilidades. Un ejemplo es un contrato de fletamento que incluye una cláusula de cese de arrendamiento si el buque requiere reparaciones imprevistas.

Off hire or breakdown clause (Cláusula de cese de arrendamiento o de averías): Cláusula en un contrato de fletamento que detalla las circunstancias en las que el fletador no tiene que pagar el alquiler debido a averías o problemas técnicos que impiden la operación del buque.

El eje fundamental de esta cláusula es proporcionar un marco claro para la suspensión de pagos en caso de problemas operativos, protegiendo los intereses del fletador y asegurando la equidad en el contrato. Un ejemplo es un fletador que no paga el alquiler mientras el buque está siendo reparado por una avería mecánica.

Off survey (Inspección de devolución): Inspección realizada al final de un período de arrendamiento o fletamento para evaluar la condición del buque o equipo antes de ser devuelto al propietario. Esta inspección asegura que el buque se devuelve en las condiciones acordadas.

El eje estratégico de la inspección de devolución es cubrir los intereses del propietario, asegurando que cualquier daño o desgaste se identifique y se aborde adecuadamente antes de aceptar la devolución del buque. Un ejemplo es una empresa de fletamento que realiza una inspección de devolución para verificar el estado de un buque al final del contrato de arrendamiento.

Offset (Compensación): Método utilizado en el comercio internacional para equilibrar las deudas o créditos entre dos partes mediante el uso de créditos mutuos o la realización de ajustes financieros. La compensación puede reducir la necesidad de transferencias de efectivo y simplificar las transacciones.

El impacto global de la compensación es mejorar la eficiencia financiera y reducir los costos asociados con las transferencias de dinero, facilitando el comercio y las inversiones internacionales. Un ejemplo es una empresa que utiliza la compensación para ajustar los pagos debidos a un proveedor contra los créditos pendientes.

OMC - Organización Mundial de Comercio (WTO - World Trade Organization): Organización internacional que regula el comercio entre naciones, estableciendo normas y acuerdos para garantizar un comercio libre y justo. La OMC promueve la reducción de barreras comerciales y la resolución de disputas comerciales.

La influencia de la OMC es facilitar el comercio global, promover el crecimiento económico y asegurar que las políticas comerciales se apliquen de manera equitativa entre los países miembros. Un ejemplo es la intervención de la OMC en disputas comerciales para resolver conflictos y asegurar el cumplimiento de los acuerdos comerciales internacionales.

O.M.I. - International Maritime Organization (Organización Marítima Internacional): Agencia especializada de las Naciones Unidas responsable de regular la navegación y la seguridad marítima, así como de prevenir la contaminación marina causada por buques. La OMI establece normas y políticas internacionales para mejorar la seguridad y la sostenibilidad en el transporte marítimo.

La influencia de la OMI consiste en su papel en la promoción de un transporte marítimo seguro, eficiente y respetuoso con el medio ambiente, protegiendo tanto a las personas como al ecosistema marino. Un ejemplo es la adopción del Convenio Internacional para la Seguridad de la Vida Humana en el Mar (SOLAS) bajo la OMI.

On board (A bordo): Término utilizado en el transporte marítimo y aéreo para indicar que las mercancías han sido cargadas y aseguradas en el vehículo de transporte, listas para ser transportadas al destino final.

La preponderancia de "a bordo" es proporcionar una confirmación oficial del estado de las mercancías, facilitando el seguimiento y la documentación del transporte. Un ejemplo es un conocimiento de embarque que indica que las mercancías están "a bordo" del buque, listas para su viaje a otro país.

On hire survey (Inspección de arriendo): Inspección realizada antes de que un buque sea entregado al fletador al inicio de un contrato de arrendamiento. La inspección de arriendo verifica el estado del buque, asegurando que esté en condiciones adecuadas para la operación.

La gravitación comercial de la inspección de arriendo es procurar una referencia sobre el estado del buque al inicio del contrato, facilitando la resolución de disputas sobre daños o desgaste al final del arrendamiento. Un ejemplo es una empresa de fletamento que realiza una inspección de arriendo para documentar el estado de un buque antes de su uso.

On stream (Llave en mano): Proyecto o contrato en el que el proveedor se compromete a entregar un proyecto completamente terminado y listo para operar. El término "llave en mano" indica que el comprador solo necesita "girar la llave" para poner en funcionamiento el proyecto.

La relevancia del contrato llave en mano es conceder una solución integral y minimizar los riesgos y responsabilidades del cliente, asegurando que el proyecto esté listo para su uso inmediato. Un ejemplo es una planta de manufactura que se entrega lista para operar bajo un contrato llave en mano.

Opción de atraque (Berth option): Término en el contrato de fletamento que permite al fletador seleccionar entre varios puntos de atraque específicos dentro de un puerto para la carga o descarga de mercancías.

La trascendencia de la opción de atraque es proporcionar flexibilidad al fletador para elegir el punto de atraque más conveniente y eficiente para sus operaciones. Un ejemplo es un fletador que elige un punto de atraque cercano a su depósito para reducir los costos de transporte terrestre.

Opción de carga (Cargo option): Término en el contrato de fletamento que permite al fletador seleccionar el tipo de carga que se transportará, siempre que se ajuste a las especificaciones del buque.

La significancia de la opción de carga es otorgar flexibilidad al fletador para adaptarse a las necesidades cambiantes del mercado y maximizar la utilización del buque. Un ejemplo es un fletador que elige transportar carga a granel en lugar de contenedores debido a la demanda del mercado.

Opción para carga general (Dreading): Término utilizado en el transporte marítimo que se refiere a la opción de cargar mercancías generales en lugar de un tipo específico de carga.

El eje estratégico de la opción para carga general es procurar flexibilidad en el uso del buque, permitiendo al fletador maximizar su capacidad y adaptarse a diferentes tipos de carga según la demanda. Un ejemplo es un buque que transporta productos manufacturados en un viaje y carga a granel en otro.

Open account (Cuenta corriente): Método de pago en el comercio internacional donde el vendedor envía las mercancías al comprador y las facturas se pagan en una fecha futura acordada. La cuenta corriente radica en la confianza y la relación comercial entre las partes.

El eje fundamental de la cuenta corriente es ofrecer una forma flexible y conveniente de financiamiento para los compradores, permitiendo que las transacciones se realicen sin la necesidad de pagos inmediatos. Un ejemplo es un exportador que envía mercancías a un importador con el acuerdo de que las facturas se pagarán en 60 días.

Open bill of lading (Conocimiento abierto): Conocimiento de embarque que no está consignado a una persona o entidad específica y puede ser transferido mediante endoso. Este tipo de conocimiento de embarque permite la transferencia de propiedad de las mercancías en tránsito.

El alcance prioritario del conocimiento abierto es proporcionar flexibilidad y seguridad en la transferencia de propiedad, facilitando el comercio y las transacciones financieras. Un ejemplo es un exportador que emite un conocimiento abierto para permitir al comprador revender las mercancías mientras están en tránsito.

Open cargo policy (Póliza flotante para el seguro de mercancías): Póliza de seguro que cubre todas las mercancías transportadas por el asegurado durante un período específico, en lugar de emitir pólizas individuales para cada envío.

La influencia de la póliza flotante para el seguro de mercancías es otorgar una cobertura continua y simplificar el proceso de aseguramiento para empresas con múltiples envíos, reduciendo costos y tiempo administrativo. Un ejemplo es una empresa de importación que asegura todos sus envíos bajo una póliza flotante anual.

Open cover (Cobertura abierta): Acuerdo de seguro que proporciona cobertura automática para todos los envíos de mercancías del asegurado durante un período específico, sujeto a términos y condiciones establecidos.

La importancia de la cobertura abierta es ofrecer flexibilidad y protección continua para los envíos de mercancías, asegurando que todas las cargas estén cubiertas sin necesidad de emitir pólizas individuales. Un ejemplo es una empresa exportadora que utiliza una cobertura abierta para asegurar todas sus exportaciones durante un año.

Open here (Abrir aquí): Instrucción impresa en el embalaje de productos que indica el lugar específico donde debe abrirse el paquete para acceder al contenido de manera segura y fácil.

La preponderancia de la instrucción "Abrir Aquí" es proporcionar una guía clara para el manejo adecuado del paquete, evitando daños al contenido y facilitando el acceso. Un ejemplo es una caja de productos frágiles que lleva la marca "Abrir Aquí" para indicar la forma correcta de abrirla sin dañar los artículos dentro.

Open market (Mercado libre): Mercado en el cual los precios de los bienes y servicios se determinan por la oferta y la demanda sin intervención gubernamental significativa. Un mercado libre fomenta la competencia y la eficiencia económica.

La gravitación comercial del mercado libre es permitir la competencia justa y la innovación, proporcionando a los consumidores una variedad de opciones y precios competitivos. Un ejemplo es el mercado de valores, donde las acciones de las empresas se compran y venden libremente según las fuerzas del mercado.

Operación comercial (Commercial operation): Actividad realizada con el objetivo de generar beneficios económicos a través de la compra, venta o intercambio de bienes y servicios. Las operaciones comerciales incluyen todas las actividades relacionadas con la producción, distribución y venta de productos.

La relevancia de la operación comercial es impulsar el crecimiento económico y la creación de empleo, facilitando el intercambio de bienes y servicios en la economía. Un ejemplo es una empresa que realiza operaciones comerciales importando productos manufacturados y vendiéndolos en el mercado local.

Operación de carga y descarga (Loading and unloading operation): Proceso de mover mercancías dentro y fuera de un vehículo de transporte, como un camión, tren, barco o avión. Estas operaciones son esenciales para el transporte y la distribución de bienes.

La trascendencia de las operaciones de carga y descarga es asegurar la eficiencia y la seguridad en el manejo de mercancías, minimizando los tiempos de espera y los costos asociados. Un ejemplo es un puerto que realiza operaciones de carga y descarga de contenedores para transferir mercancías entre buques y camiones.

Operaciones de verificación (Checking operations): Actividades realizadas para inspeccionar y verificar la cantidad, calidad y condición de las mercancías durante su recepción, almacenamiento o envío. Las operaciones de verificación aseguran que los productos cumplan con los requisitos y especificaciones acordadas.

La significancia de las operaciones de verificación es garantizar la exactitud y la integridad de las mercancías, facilitando la gestión de inventarios y la resolución de discrepancias. Un ejemplo es un almacén que realiza operaciones de verificación al recibir un envío de productos electrónicos para asegurar que coinciden con la orden de compra.

Operaciones portuarias (Port operations): Conjunto de actividades realizadas en un puerto para facilitar el movimiento de mercancías y pasajeros, incluyendo la carga y descarga de buques, el almacenamiento de mercancías, y el manejo de aduanas y seguridad.

El protagonismo estratégico de las operaciones portuarias es asegurar la eficiencia y seguridad en el manejo de mercancías y pasajeros, facilitando el comercio internacional y la conectividad global. Un ejemplo es un puerto que realiza operaciones portuarias para manejar el tráfico de contenedores y carga a granel.

Operador logístico (Logistics operator): Empresa o entidad que gestiona y coordina el movimiento y almacenamiento de mercancías a lo largo de la cadena de suministro. Los operadores logísticos proporcionan servicios como transporte, almacenamiento, gestión de inventarios y distribución.

El protagonismo esencial del operador logístico es optimizar la cadena de suministro, mejorando la eficiencia y reduciendo los costos asociados con el transporte y almacenamiento de mercancías. Un ejemplo es una empresa de logística que gestiona el transporte y almacenamiento de productos para un minorista internacional.

Operador portuario (Port operator): Empresa o entidad responsable de la gestión y operación de las instalaciones portuarias, incluyendo la carga y descarga de buques, el manejo de mercancías y la coordinación de servicios portuarios.

El pilar fundamental del operador portuario es asegurar la eficiencia y seguridad en las operaciones portuarias, facilitando el comercio y la distribución de mercancías a través de los puertos. Un ejemplo es una terminal de contenedores operada por un operador portuario que maneja el tráfico de carga en un puerto principal.

Operadores de comercio exterior (Foreign trade operators): Empresas o individuos que participan en actividades de importación y exportación, facilitando el movimiento de mercancías y servicios entre países. Los operadores de comercio exterior incluyen importadores, exportadores, agentes aduanales y proveedores de servicios logísticos.

La influencia de los operadores de comercio exterior es facilitar el comercio internacional, asegurando el cumplimiento de las regulaciones y optimizando el movimiento de mercancías a través de las fronteras. Un ejemplo es un agente aduanal que ayuda a una empresa a cumplir con las regulaciones de importación y exportación.

Operadores de transporte (Transport operators): Empresas o individuos que proporcionan servicios de transporte para mover mercancías o pasajeros de un lugar a otro. Los operadores de transporte pueden especializarse en transporte terrestre, marítimo, aéreo o ferroviario.

La influencia comercial de los operadores de transporte es asegurar la movilidad y la conectividad, facilitando el comercio y el transporte de personas y mercancías de manera eficiente y segura. Un ejemplo es una empresa de transporte marítimo que opera una flota de buques para mover mercancías a nivel internacional.

Option To Consolidate (Cláusula De Consolidación): Cláusula en un contrato de transporte o fletamento que permite al transportista consolidar varias cargas en un solo envío para optimizar el uso del espacio y reducir costos.

La preponderancia de la cláusula de consolidación es suministrar flexibilidad y eficiencia en el transporte de mercancías, permitiendo a las empresas combinar cargas y reducir costos operativos. Un ejemplo es un transportista que consolida varios envíos pequeños en un solo contenedor para maximizar la eficiencia del transporte.

Orden de embarque (Shipping order): Documento emitido por el transportista o el agente de carga que autoriza la carga de mercancías en un vehículo de transporte. La orden de embarque contiene detalles sobre la carga, el remitente, el destinatario y las instrucciones de transporte.

La importancia de la orden de embarque es otorgar una autorización formal y detallada para el envío de mercancías, facilitando la coordinación y el manejo de la carga. Un ejemplo es un exportador que recibe una orden de embarque para autorizar la carga de sus productos en un buque.

Orden de pago (Payment order): Instrucción emitida por un pagador a su banco para transferir una suma de dinero a otra cuenta bancaria. La orden de pago es un método común de pago en transacciones comerciales y financieras.

La relevancia de la orden de pago es proporcionar una forma segura y eficiente de transferir fondos entre cuentas bancarias, facilitando el comercio y las transacciones financieras. Un ejemplo es una empresa que emite una orden de pago para transferir fondos a un proveedor internacional.

Orden de pago documentaria (Documentary payment order): Orden de pago que está condicionada a la presentación de documentos específicos que prueben el cumplimiento de los términos del contrato. Este método de pago es común en el comercio internacional para asegurar que las mercancías han sido enviadas antes de realizar el pago.

La trascendencia de la orden de pago documentaria es procurar seguridad y garantía a ambas partes en una transacción comercial, asegurando que el pago se realice solo cuando se cumplan los términos acordados. Un ejemplo es un importador que paga a un exportador mediante una orden de pago documentaria después de recibir los documentos de embarque.

Orden de pago simple (Simple payment order): Instrucción emitida por un pagador a su banco para transferir una suma de dinero a otra cuenta bancaria sin condiciones adicionales. La orden de pago simple es una forma directa y rápida de realizar pagos.

La significancia de la orden de pago simple es otorgar una forma rápida y eficiente de transferir fondos, facilitando las transacciones comerciales y financieras diarias. Un ejemplo es una empresa que emite una orden de pago simple para pagar a un proveedor por servicios prestados.

Orden y condición aparente de las mercancías (Apparent order and condition): Evaluación visual del estado y la condición de las mercancías al momento de su recepción o entrega, sin una inspección detallada. Esta evaluación radica únicamente en la apariencia externa y no implica un examen profundo de las mercancías.

El pilar fundamental de la evaluación de la orden y condición aparente es suministrar una referencia inicial sobre el estado de las mercancías, facilitando la identificación de posibles daños o discrepancias. Un ejemplo es un inspector que observa la condición externa de un envío de productos electrónicos al momento de la recepción y nota si hay signos visibles de daños.

Ordenante (Ordering party): Persona o entidad que emite una instrucción o solicitud, especialmente en el contexto de pagos y transacciones comerciales. El ordenante es quien inicia una orden de pago o un pedido de bienes o servicios.

El protagonismo esencial del ordenante es identificar claramente la parte responsable de iniciar una transacción, asegurando la correcta ejecución y registro de la misma. Un ejemplo es una empresa que actúa como ordenante al emitir una orden de pago a su proveedor por bienes recibidos.

Order (Orden): Instrucción o solicitud formal para la compra, venta, entrega o realización de bienes y servicios. Las órdenes pueden ser emitidas por compradores a vendedores, clientes a proveedores, o pagadores a bancos.

El pilar fundamental de la orden es procurar una referencia clara y documentada para las transacciones comerciales, facilitando la coordinación y cumplimiento de los términos acordados. Un ejemplo es un comprador que emite una orden de compra a un proveedor para adquirir productos específicos en cantidades determinadas.

Order bill of lading (Conocimiento a la orden): Documento de transporte marítimo que permite la transferencia de propiedad de las mercancías mediante endoso. El conocimiento a la orden puede ser utilizado como instrumento financiero y es negociable.

La influencia del conocimiento a la orden es proporcionar flexibilidad y seguridad en la transferencia de propiedad de las mercancías durante el tránsito, facilitando las transacciones comerciales y financieras. Un ejemplo es un exportador que emite un conocimiento a la orden para permitir que el comprador transfiera la propiedad de las mercancías mientras están en tránsito.

Order number (Número de pedido): Identificador único asignado a un pedido de bienes o servicios. El número de pedido se utiliza para rastrear y gestionar las transacciones comerciales, asegurando una referencia clara y radicante.

La gravitación comercial del número de pedido es facilitar la organización y seguimiento de pedidos, permitiendo una gestión eficiente y precisa de las transacciones comerciales. Un ejemplo es una tienda en línea que asigna un número de pedido único a cada compra realizada por los clientes.

Order of payment (Orden de pago): Instrucción emitida para transferir una suma de dinero de una cuenta bancaria a otra. La orden de pago puede ser utilizada en transacciones comerciales y financieras para realizar pagos a proveedores, empleados u otras partes.

La preponderancia de la orden de pago es suministrar un mecanismo seguro y eficiente para la transferencia de fondos, facilitando el cumplimiento de obligaciones financieras. Un ejemplo es una empresa que emite una orden de pago para transferir fondos a un proveedor internacional por mercancías recibidas.

Ordinary perils (Peligros ordinarios): Riesgos comunes y esperados asociados con el transporte de mercancías, como tormentas, colisiones y otros eventos que pueden causar daños durante el tránsito. Estos peligros suelen estar cubiertos por pólizas de seguro estándar.

La importancia de identificar y cubrir los peligros ordinarios es proteger las mercancías contra daños y pérdidas durante el transporte, asegurando que los bienes lleguen en buenas condiciones a su destino. Un ejemplo es una póliza de seguro marítimo que cubre los peligros ordinarios asociados con el transporte de carga a granel.

Organización Internacional de Normalización (International Organization for Standardization - ISO): Organización internacional que desarrolla y publica normas y estándares para una amplia gama de industrias y sectores. La ISO promueve la uniformidad y la calidad en productos, servicios y sistemas.

La relevancia de la ISO es procurar estándares reconocidos globalmente que mejoran la calidad, seguridad y eficiencia, facilitando el comercio internacional y la interoperabilidad. Un ejemplo es la certificación ISO 9001, que establece criterios para un sistema de gestión de la calidad.

Origen país (Origin country): País en el cual se producen o fabrican las mercancías. El país de origen es un factor clave en la determinación de aranceles, regulaciones y políticas comerciales.

La trascendencia del país de origen es asegurar el cumplimiento de las regulaciones comerciales y aduaneras, así como determinar los aranceles aplicables y las preferencias comerciales. Un ejemplo es un exportador que etiqueta sus productos con el país de origen para cumplir con los requisitos aduaneros internacionales.

Original (Original): Documento, producto o elemento que es auténtico y no una copia. En el contexto comercial, el original se refiere al documento principal que tiene validez legal y es utilizado para transacciones oficiales.

La significancia del original es suministrar una referencia auténtica y válida para las transacciones comerciales y legales, asegurando la integridad y la validez de los acuerdos. Un ejemplo es un conocimiento de embarque original que debe presentarse para liberar las mercancías en el puerto de destino.

Other charges (Otros cargos): Costos adicionales que pueden incurrir en una transacción comercial o de transporte, que no están incluidos en los cargos principales. Estos cargos pueden incluir tarifas de manejo, almacenamiento, seguros, entre otros.

El pilar fundamental de identificar y gestionar otros cargos es asegurar que todas las partes involucradas comprendan los costos totales de una transacción, evitando disputas y garantizando una transparencia financiera. Un ejemplo es una factura de transporte que desglosa otros cargos adicionales, como tarifas de puerto y costos de manipulación.

Other risks (Otros riesgos): Riesgos adicionales que pueden no estar cubiertos por una póliza de seguro estándar y que requieren cobertura específica o ampliada. Estos riesgos pueden incluir eventos excepcionales o imprevistos que podrían afectar las mercancías o las operaciones comerciales.

Es fundamental identificar y cubrir otros riesgos asegurando una protección completa para las mercancías y las operaciones comerciales, minimizando las pérdidas y asegurando la continuidad del negocio. Un ejemplo es una empresa que adquiere una póliza de seguro adicional para cubrir riesgos políticos en países inestables.

OTM - Operador de Transporte Multimodal (Multimodal Transport Operator): Empresa o entidad que coordina y gestiona el transporte de mercancías utilizando múltiples modos de transporte, como terrestre, marítimo, aéreo y ferroviario. Los operadores de transporte multimodal proporcionan soluciones integradas para optimizar la cadena de suministro.

El pilar fundamental del operador de transporte multimodal es facilitar el movimiento eficiente y coordinado de mercancías a través de diferentes modos de transporte, reduciendo costos y tiempos de tránsito. Un ejemplo es una empresa logística que gestiona el transporte de mercancías desde un puerto a través de camiones y trenes hasta su destino final.

Outfit (Equipamiento): Conjunto de equipos, herramientas y suministros necesarios para realizar una tarea específica o para equipar un buque, una instalación o una operación comercial.

La influencia del equipamiento es asegurar que se disponga de los recursos adecuados para realizar las operaciones de manera eficiente y segura, facilitando el cumplimiento de las tareas y objetivos. Un ejemplo es el equipamiento de seguridad a bordo de un buque, que incluye chalecos salvavidas, botes de rescate y extintores.

Outright forward (Futuros a plazo): Contrato financiero en el que una parte acuerda comprar o vender un activo a un precio fijo en una fecha futura específica. Los contratos a plazo se utilizan para gestionar riesgos y especular sobre movimientos futuros de precios.

La gravitación internacional de los futuros a plazo es proporcionar una herramienta para gestionar el riesgo de fluctuaciones de precios y asegurar un precio fijo para las transacciones futuras, facilitando la planificación financiera y la estabilidad. Un ejemplo es una empresa importadora que utiliza contratos a plazo para asegurar el precio de compra de materias primas en una fecha futura.

Outsider (Forastero): Persona o entidad que no es parte de un grupo, organización o sector específico. En el contexto comercial, un outsider puede referirse a una empresa que no forma parte de un consorcio, una alianza o una industria específica.

La preponderancia de los outsiders es suministrar una perspectiva externa y competencia en el mercado, promoviendo la innovación y la diversidad en las prácticas comerciales. Un ejemplo es una empresa tecnológica que ingresa al sector de la logística, ofreciendo soluciones innovadoras y compitiendo con las empresas establecidas.

Outsourcing (Externalización): Práctica empresarial en la cual una empresa contrata a terceros para realizar actividades que tradicionalmente se realizaban internamente. Esto puede incluir servicios como la fabricación, el soporte técnico, el servicio al cliente, y otras funciones operativas.

La influencia clave de la externalización es permitir a las empresas concentrarse en sus competencias centrales, reducir costos operativos y acceder a habilidades especializadas que no están disponibles internamente. Un ejemplo es una empresa de software que externaliza su servicio de atención al cliente a un proveedor especializado en este campo.

Outturn (Cantidad desembarcada): Cantidad de mercancías descargadas de un buque en un puerto. La cantidad desembarcada se verifica contra la cantidad documentada en el conocimiento de embarque para identificar discrepancias.

La relevancia de la cantidad desembarcada es asegurar la precisión en la recepción de mercancías y facilitar la resolución de disputas relacionadas con discrepancias en la carga. Un ejemplo es un puerto que verifica la cantidad desembarcada de grano contra el manifiesto de carga para asegurar la exactitud del envío.

Outward bill of lading (Conocimiento exterior): Documento de transporte marítimo utilizado para mercancías que se exportan desde un país. Este documento detalla las condiciones de transporte y entrega de las mercancías y es esencial para el despacho aduanero y el comercio internacional.

La trascendencia del conocimiento exterior es proporcionar una prueba de embarque y un contrato de transporte para mercancías exportadas, asegurando el cumplimiento de las regulaciones aduaneras y facilitando la transferencia de propiedad. Un ejemplo es un exportador que emite un conocimiento exterior para un envío de productos manufacturados a un comprador en otro país.

Over insurance (Sobre seguro): Situación en la cual los bienes están asegurados por un valor superior a su valor real. Esto puede ocurrir debido a la falta de precisión en la valoración de los bienes o intencionalmente para obtener un beneficio indebido.

La significancia de evitar el sobre seguro es asegurar que las pólizas de seguro proporcionen una cobertura adecuada y justa, evitando fraudes y disputas entre aseguradores y asegurados. Un ejemplo es una empresa que asegura sus bienes por su valor real de mercado, evitando el sobre seguro.

Overdraft (Descubierto en cuenta): Situación en la cual se permite que una cuenta bancaria tenga un saldo negativo debido a retiros o pagos que superan el saldo disponible.

Este mecanismo es útil para empresas que necesitan cubrir gastos inesperados o retrasos en los pagos de sus clientes. Por ejemplo, una pequeña empresa de exportación de textiles recibe un pago internacional con retraso. Mientras tanto, necesita pagar a sus proveedores locales. Utiliza el descubierto en cuenta para cubrir esta brecha de liquidez, asegurando el cumplimiento de sus obligaciones sin interrumpir sus operaciones comerciales. Una vez que el pago internacional llega, la empresa liquida el saldo pendiente.

Overload clause (Cláusula de carga posterior): Es una disposición en un contrato que permite la adición de carga adicional después de que el contrato original ha sido establecido. Esta cláusula define las condiciones bajo las cuales se puede agregar carga y los costos asociados.

El motor estratégico de la cláusula de carga posterior estriba en la flexibilidad que ofrece para ajustar el contrato según las necesidades cambiantes, facilitando una gestión eficiente de la carga. Por ejemplo, una empresa puede negociar esta cláusula para agregar más productos a un envío sin necesidad de redactar un nuevo contrato.

Owner (Armador): Propietario de un buque que se encarga de su operación, mantenimiento y administración. El armador puede ser una persona física o una entidad jurídica y es responsable de asegurar que el buque cumpla con todas las regulaciones y esté en condiciones de navegabilidad.

El protagonismo esencial del armador es asegurar la gestión eficiente y segura de los buques, facilitando el comercio marítimo y protegiendo los intereses de todas las partes involucradas en la operación del buque. Un ejemplo es una empresa naviera que actúa como armador de una flota de buques portacontenedores.

Owner's agents (Agentes de los armadores): Representantes del armador que actúan en nombre de este para gestionar las operaciones del buque en puertos extranjeros. Los agentes de los armadores facilitan la carga y descarga, el despacho aduanero y otros servicios necesarios.

El pilar fundamental de los agentes de los armadores es proporcionar apoyo local y conocimiento especializado, asegurando que las operaciones del buque se realicen de manera eficiente y conforme a las regulaciones locales. Un ejemplo es un agente de armador que coordina las operaciones de un buque en un puerto extranjero, gestionando la logística y la documentación.

To open a letter of credit (Abrir una carta de crédito): Proceso mediante el cual un comprador solicita a su banco que emita una carta de crédito a favor de un vendedor. La carta de crédito es una garantía de pago que asegura al vendedor que recibirá el pago por las mercancías o servicios proporcionados, siempre que se cumplan las condiciones especificadas.

La influencia de abrir una carta de crédito es proveer seguridad tanto al comprador como al vendedor, facilitando el comercio internacional al mitigar el riesgo de incumplimiento de pago. El ejemplo es cuando el importador abre una carta de crédito para asegurar al exportador que el pago será realizado una vez que las mercancías sean embarcadas y se presenten los documentos requeridos.

To order of (A la orden de): Término utilizado en documentos financieros y de transporte, como cheques y conocimientos de embarque, que indica que el documento puede ser transferido a otra persona mediante endoso. Este término facilita la transferencia de derechos y la negociación del documento.

La influencia clave del término "a la orden de" es proporcionar flexibilidad en la transferencia de propiedad y derechos, facilitando las transacciones comerciales y financieras. Un ejemplo es un conocimiento de embarque emitido "a la orden de" un comprador, permitiendo que este lo endose a otra parte durante el tránsito de las mercancías.

P

PA - Pallet Allowance (Asignación de paletas): Cantidad de espacio o número de paletas asignadas para el transporte de mercancías en un vehículo de transporte, como un camión, tren o contenedor. La asignación de paletas ayuda a planificar y optimizar el uso del espacio de carga.

La preponderancia de la asignación de paletas es maximizar la eficiencia del espacio de carga y asegurar una distribución adecuada de las mercancías, reduciendo costos y mejorando la logística. Un ejemplo es una empresa de logística que calcula la asignación de paletas para optimizar el transporte de productos desde el almacén hasta los puntos de venta.

Package (Bulto, paquete): Unidad de embalaje que contiene mercancías para el transporte y manejo. Los paquetes pueden variar en tamaño y forma, y están diseñados para proteger el contenido durante el tránsito. La gravitación comercial del paquete es asegurar la protección y la integridad de las mercancías durante el transporte, facilitando el manejo y la entrega segura al destinatario final. Un ejemplo es un paquete que contiene productos electrónicos, embalado adecuadamente para prevenir daños durante el envío.

Packet (Paquete o fardo pequeño): Unidad de embalaje que contiene una pequeña cantidad de mercancías para el transporte y manejo. Los paquetes o fardos pequeños son comunes para productos de menor volumen y peso.

La relevancia de los paquetes o fardos pequeños es facilitar el manejo y la distribución eficiente de mercancías, asegurando su protección durante el transporte. Un ejemplo es un paquete que contiene productos cosméticos enviados a través de un servicio de mensajería.

Packing list (Lista de empaque): Es un documento detallado que acompaña a un envío de mercancías y describe el contenido de cada bulto, caja o contenedor incluye información relevante como: Número de bultos, peso y dimensiones de cada paquete, descripción de los artículos, cantidades, marcas de identificación.

Su importancia se basa en el control de inventario, lo que facilita la verificación de la mercancía recibida; para Aduanas es un documento esencial para el despacho, ya que permite a los agentes revisar el contenido del envío; respecto a logística ayuda a los transportistas y almacenes a manejar la carga de manera eficiente; recepción de mercancía permite al destinatario confirmar que recibió todo lo enviado y en las condiciones correctas; para reclamos en caso de daños o faltantes, el packing list sirve como referencia para presentar reclamos. Ejemplo puntual, supongamos que una empresa de Perú envía 500 cajas de pisco a un cliente de México. El Packing List incluirá:

Número de bultos: 10 palets.
Peso de cada palet: 500 kg.
Dimensiones de cada palet: 120 cm x 80 cm x 150 cm.
Descripción: "Cajas de pisco choleado, 12 botellas por caja".
Cantidad total: 500 cajas.
Marcas de identificación: "Pisco Inka - Lote 117".

Packing box, case (Cajón, caja de embalaje): Contenedor utilizado para empaquetar y proteger mercancías durante el transporte. Las cajas de embalaje pueden ser de diversos materiales, como madera, cartón o plástico, y están diseñadas para soportar las condiciones del transporte.

La trascendencia de las cajas de embalaje es suministrar una protección adecuada a las mercancías, facilitando su manejo y almacenamiento. Un ejemplo es una empresa que utiliza cajas de madera para embalar maquinaria pesada destinada a la exportación.

Packing credit (Crédito para embalaje): Financiamiento proporcionado a los exportadores para cubrir los costos de embalaje y preparación de mercancías para el envío. Este crédito es esencial para asegurar que las mercancías estén listas para el transporte en condiciones óptimas.

La significancia del crédito para embalaje es procurar liquidez a los exportadores, permitiéndoles preparar y enviar mercancías sin retrasos. Un ejemplo es un banco que otorga un crédito para embalaje a una empresa exportadora para cubrir los costos de embalaje y etiquetado de productos textiles.

Packing list (Nota o lista de empaque): Documento que detalla el contenido de un envío, incluyendo la descripción de las mercancías, cantidades, peso y dimensiones. La lista de empaque es esencial para la verificación y el despacho aduanero.

El pilar fundamental de la lista de empaque es proporcionar una referencia clara y detallada del contenido del envío, facilitando la inspección y el control de las mercancías. Un ejemplo es un exportador que incluye una lista de empaque con su envío de productos electrónicos para asegurar una verificación rápida y precisa en la aduana.

Pagar en efectivo (Pay in cash): Método de pago en el cual se realiza la transacción utilizando dinero en efectivo, sin intermediación de cheques o transferencias bancarias.

El eje fundamental de pagar en efectivo es dotar una forma rápida y directa de realizar pagos, evitando retrasos y comisiones bancarias. Un ejemplo es un cliente que paga en efectivo por la compra de bienes en una tienda minorista.

Pago (Payment): Transferencia de dinero de una parte a otra para liquidar una deuda, cumplir con una obligación contractual o adquirir bienes y servicios.

El eje estratégico del pago es facilitar las transacciones comerciales y financieras, asegurando que ambas partes cumplan con sus obligaciones. Un ejemplo es una empresa que realiza un pago a su proveedor por mercancías recibidas.

Pago antes de la entrega de la mercadería (CBD - Cash before delivery): Condición de pago en la cual el comprador debe realizar el pago completo antes de que las mercancías sean entregadas. Esta condición protege al vendedor asegurando que recibirá el pago antes de liberar las mercancías.

La influencia del pago antes de la entrega es ofrecer seguridad financiera al vendedor, minimizando el riesgo de impago. Un ejemplo es un proveedor que exige pago antes de la entrega para un pedido personalizado de maquinaria.

Pago anticipado (Payment or cash in advance): Pago realizado por el comprador antes de que se entreguen las mercancías o se presten los servicios. El pago anticipado asegura al vendedor que recibirá el dinero antes de enviar los bienes.

La importancia del pago anticipado es proporcionar seguridad al vendedor y garantizar que los fondos estén disponibles antes de realizar la entrega. Un ejemplo es un importador que paga por adelantado a un fabricante extranjero para asegurar la producción y el envío de sus productos.

Paid - Pd (Pagado): Indicación en una factura u otro documento financiero que confirma que el monto ha sido pagado. Esta indicación es esencial para llevar un registro claro y preciso de las transacciones financieras.

La preponderancia de la indicación de pago es procurar una confirmación oficial de que la obligación financiera ha sido cumplida, facilitando la contabilidad y la gestión de registros. Un ejemplo es una factura que se marca como "Pagado" después de que el cliente realiza el pago completo.

País de destino (Country of destination): País al cual se envían las mercancías para su entrega final. El país de destino es un dato crucial en el comercio internacional para la planificación logística y el cumplimiento de las regulaciones aduaneras.

La influencia determinante del país de destino es asegurar que las mercancías lleguen al lugar correcto y cumplan con todas las normativas y requisitos del país receptor. Un ejemplo es un exportador que envía productos a un distribuidor en el país de destino especificado en la orden de compra.

País de origen (Country of origin): País en el cual se producen o fabrican las mercancías. El país de origen es un factor clave en la determinación de aranceles, preferencias comerciales y cumplimiento de regulaciones aduaneras.

La relevancia del país de origen es asegurar el cumplimiento de las regulaciones comerciales y aduaneras, así como determinar los aranceles aplicables y las preferencias comerciales. Un ejemplo es un fabricante que etiqueta sus productos con el país de origen para cumplir con los requisitos aduaneros internacionales.

País de procedencia (Country of provenance): País desde el cual se exportan las mercancías. Este término puede ser similar al país de origen, pero se centra más en el último lugar de exportación antes de llegar al país de destino.

La influencia clave del país de procedencia es facilitar la trazabilidad de las mercancías y asegurar el cumplimiento de las normativas aduaneras y comerciales. Un ejemplo es una empresa que exporta productos a través de un país intermediario antes de llegar al destino final.

País importador (Importing country): País que recibe y procesa la importación de mercancías desde otro país. El país importador es responsable de aplicar los aranceles, impuestos y regulaciones pertinentes a las mercancías importadas.

La significancia del país importador es asegurar que las mercancías cumplan con las normativas y estándares nacionales, protegiendo la economía y la seguridad del país receptor. Un ejemplo es una empresa de importación que gestiona la entrada de productos extranjeros al país importador cumpliendo con todas las regulaciones aduaneras.

Pallet (Paleta de carga): Plataforma plana utilizada para apilar, almacenar y transportar mercancías. Las paletas de carga facilitan el manejo de grandes volúmenes de productos utilizando equipos de manipulación como montacargas.

El eje estratégico de la paleta de carga es mejorar la eficiencia y seguridad en el manejo y transporte de mercancías, facilitando la logística y reduciendo los tiempos de carga y descarga. Un ejemplo es un almacén que utiliza paletas de carga para organizar y mover productos en el inventario.

Pallet-less unit loads (Unidades de carga sin paletas): Sistema de manejo de carga que no utiliza paletas, donde las mercancías se apilan directamente en el vehículo de transporte o en el suelo del almacén. Este método puede incluir el uso de envolturas o sistemas de sujeción para estabilizar la carga.

El alcance prioritario de las unidades de carga sin paletas es suministrar una alternativa flexible y eficiente para el manejo de mercancías, reduciendo el costo y el espacio necesario para las paletas. Un ejemplo es una empresa de transporte que utiliza envolturas retráctiles para asegurar las mercancías en el camión sin el uso de paletas.

Parcel (Paquete): Unidad de envío que contiene mercancías para transporte y entrega. Los paquetes pueden variar en tamaño y peso y están diseñados para proteger el contenido durante el tránsito.

El motor económico del paquete es asegurar la protección y la integridad de las mercancías durante el transporte, facilitando el manejo y la entrega segura al destinatario final. Un ejemplo es un cliente que envía un paquete a través de un servicio de mensajería para entregar productos comprados en línea.

Parihuela (Handbarrow): Estructura portátil, generalmente de madera o metal, utilizada para transportar cargas pesadas o voluminosas a mano. Las parihuelas son comunes en el manejo de mercancías en almacenes y áreas de carga.

La influencia de la parihuela es facilitar el manejo manual de cargas pesadas, mejorando la eficiencia y reduciendo el esfuerzo físico requerido. Un ejemplo es el uso de una parihuela para mover sacos de grano en un almacén.

Partial damage (Daño parcial): Daño que afecta solo una parte de las mercancías o del equipo, sin causar una pérdida total. El daño parcial puede requerir reparaciones o ajustes para restaurar la funcionalidad o el valor de las mercancías.

La gravitación comercial de identificar y gestionar el daño parcial es minimizar las pérdidas y asegurar una compensación adecuada a través del seguro o acuerdos comerciales. Un ejemplo es un envío de electrodomésticos que sufre daño parcial durante el transporte, requiriendo reparaciones antes de la venta.

Partial shipment (Embarque parcial): Envío de una parte de un pedido total, en lugar de enviar todas las mercancías en un solo lote. El embarque parcial puede ser necesario debido a limitaciones de transporte, disponibilidad de inventario o requisitos del cliente.

La influencia estratégica del embarque parcial es proporcionar flexibilidad en la logística y asegurar que las mercancías lleguen al destino en diferentes etapas según las necesidades. Un ejemplo es un proveedor que envía un pedido grande en varios embarques parciales debido a la capacidad limitada del buque.

Passenger liability (Responsabilidad civil hacia terceros transportados): Obligación legal de un transportista de indemnizar a los pasajeros por lesiones, pérdidas o daños sufridos durante el viaje. Esta responsabilidad es cubierta generalmente por una póliza de seguro de responsabilidad civil.

La influencia determinante de la responsabilidad civil hacia terceros transportados es proteger a los pasajeros y asegurar que reciban compensación en caso de accidentes o incidentes durante el transporte. Un ejemplo es una aerolínea que tiene una póliza de seguro de responsabilidad civil para cubrir posibles reclamaciones de pasajeros por lesiones durante un vuelo.

Passenger ship (Barco de pasajeros): Buque diseñado y utilizado principalmente para el transporte de personas en lugar de carga. Los barcos de pasajeros pueden incluir ferries, cruceros y otros tipos de embarcaciones dedicadas al transporte de personas.

La gravitación esencial del barco de pasajeros es facilitar el transporte seguro y cómodo de personas a través de vías marítimas, promoviendo el turismo y el comercio entre regiones. Un ejemplo es un crucero que transporta turistas entre islas en el Caribe.

Payload (Carga útil): Capacidad de carga de un vehículo de transporte, incluyendo la cantidad máxima de carga o pasajeros que puede transportar de manera segura. En aviación, la carga útil se refiere a la carga que genera ingresos.

La trascendencia de la carga útil es maximizar la eficiencia operativa y los ingresos de los vehículos de transporte, asegurando que operen dentro de sus límites de capacidad. Un ejemplo es una aerolínea que calcula la carga útil de un avión para optimizar el número de pasajeros y la carga transportada en cada vuelo.

Payment (Pago): Transferencia de dinero de una parte a otra para liquidar una deuda, cumplir con una obligación contractual o adquirir bienes y servicios.

La significancia del pago es facilitar las transacciones comerciales y financieras, asegurando que ambas partes cumplan con sus obligaciones. Un ejemplo es una empresa que realiza un pago a su proveedor por mercancías recibidas.

Payment date (Fecha de pago): Fecha en la cual se debe realizar un pago según los términos acordados en un contrato o acuerdo comercial. La fecha de pago es crucial para la planificación financiera y el cumplimiento de obligaciones.

El pilar fundamental de la fecha de pago es asegurar que los pagos se realicen puntualmente, evitando penalizaciones por retrasos y manteniendo buenas relaciones comerciales. Un ejemplo es un contrato de suministro que especifica una fecha de pago a 30 días después de la entrega de las mercancías.

Payment in installments (Pago en cuotas): Método de pago en el cual el monto total se divide en varios pagos menores realizados a lo largo del tiempo. El pago en cuotas facilita la gestión del flujo de efectivo tanto para el comprador como para el vendedor.

El eje fundamental del pago en cuotas es proporcionar flexibilidad financiera y facilitar la adquisición de bienes y servicios costosos. Un ejemplo es una empresa que adquiere equipo industrial y acuerda pagarlo en cuotas mensuales durante un año.

Pd. Paid (Pagado): Indicación en una factura u otro documento financiero que confirma que el monto ha sido pagado. Esta indicación es esencial para llevar un registro claro y preciso de las transacciones financieras.

El alcance estratégico de la indicación de pago es procurar una confirmación oficial de que la obligación financiera ha sido cumplida, facilitando la contabilidad y la gestión de registros. Un ejemplo es una factura que se marca como "Pagado" después de que el cliente realiza el pago completo.

Peligros ordinarios (Ordinary perils): Riesgos comunes y esperados asociados con el transporte de mercancías, como tormentas, colisiones y otros eventos que pueden causar daños durante el tránsito. Estos peligros suelen estar cubiertos por pólizas de seguro estándar.

La influencia de identificar y cubrir los peligros ordinarios es proteger las mercancías contra daños y pérdidas durante el transporte, asegurando que los bienes lleguen en buenas condiciones a su destino. Un ejemplo es una póliza de seguro marítimo que cubre los peligros ordinarios asociados con el transporte de carga a granel.

P.E.U. - Urgent Shipment Permit (Permiso de embarque urgente): Autorización especial que permite el despacho rápido de mercancías en situaciones de urgencia. El permiso de embarque urgente facilita el movimiento expedito de bienes, reduciendo tiempos de espera y agilizando la logística.

La consideración esencial del permiso de embarque urgente es otorgar una solución rápida para necesidades de transporte crítico, asegurando que las mercancías lleguen a su destino de manera oportuna. Un ejemplo es una empresa farmacéutica que obtiene un permiso de embarque urgente para enviar medicamentos necesarios para una crisis de salud.

Per cent – Pct or % (Por ciento): Unidad de medida que representa una fracción de cien. El porcentaje se utiliza comúnmente en finanzas y comercio para expresar proporciones y cambios en valores.

La preponderancia del porcentaje es proporcionar una forma estandarizada de comparar y comunicar cambios en valores, facilitando el análisis y la toma de decisiones. Un ejemplo es una empresa que analiza un aumento del 10% en las ventas trimestrales para evaluar su rendimiento.

Pérdida de estiba (Broken stowage): Espacio vacío o no utilizado en la bodega de un buque debido a una estiba ineficiente de las mercancías. La pérdida de estiba puede resultar en un uso ineficiente del espacio de carga y aumentar los costos operativos.

La gravitación comercial de minimizar la pérdida de estiba es optimizar el uso del espacio de carga y mejorar la eficiencia operativa, reduciendo costos y mejorando la capacidad de carga del buque. Un ejemplo es un operador de carga que utiliza técnicas de estiba eficientes para minimizar la pérdida de espacio en la bodega del buque.

Pérdida total constructiva (Constructive Total Loss - CTL): Situación en la cual el costo de reparar o recuperar un bien dañado es mayor que su valor asegurado. En estos casos, se considera que el bien ha sufrido una pérdida total constructiva y se realiza una reclamación de seguro.

La relevancia de la pérdida total constructiva es suministrar una base para reclamar el valor asegurado de un bien cuando las reparaciones no son económicamente viables. Un ejemplo es un buque gravemente dañado en una tormenta, donde el costo de reparación supera su valor asegurado, resultando en una reclamación de pérdida total constructiva.

Performance bond (Garantía de buena ejecución): Fianza o garantía proporcionada por un contratista para asegurar al cliente que el contrato se cumplirá de acuerdo con los términos y condiciones especificados. Si el contratista no cumple con sus obligaciones, la garantía de buena ejecución proporciona una compensación al cliente.

La trascendencia de la garantía de buena ejecución es proporcionar seguridad al cliente y protegerlo contra posibles incumplimientos del contratista. Un ejemplo es una empresa de construcción que proporciona una garantía de buena ejecución al contratar un proyecto de infraestructura.

Perils (Riesgos): Eventos o circunstancias que pueden causar daño, pérdida o destrucción de bienes y propiedades. Los riesgos pueden ser naturales, como tormentas y terremotos, o causados por el hombre, como incendios y robos.

La significancia de identificar y gestionar los riesgos es proteger los activos y las operaciones comerciales, asegurando la continuidad del negocio y minimizando las pérdidas. Un ejemplo es una empresa que adquiere una póliza de seguro para cubrir los riesgos asociados con el transporte de mercancías.

Perímetro fronterizo de vigilancia especial (Special border surveillance perimeter): Área designada en la frontera donde se implementan medidas de seguridad y vigilancia adicionales para prevenir actividades ilegales, como el contrabando y la inmigración ilegal.

El protagonismo esencial del perímetro fronterizo de vigilancia especial es mejorar la seguridad fronteriza y proteger la integridad del territorio nacional, facilitando el comercio legal y seguro. Un ejemplo es un país que establece un perímetro de vigilancia especial en su frontera para prevenir el tráfico ilegal de mercancías.

Perishable (Perecedero): Mercancías que tienen una vida útil limitada y que deben ser transportadas y almacenadas en condiciones específicas para evitar su deterioro. Los productos perecederos incluyen alimentos frescos, medicamentos y flores.

El impacto de manejar adecuadamente los productos perecederos es asegurar su calidad y seguridad hasta el punto de consumo, minimizando las pérdidas y desperdicios. Un ejemplo es una empresa de logística que utiliza camiones refrigerados para transportar productos lácteos perecederos.

Permisos de importación (Import licenses): Autorizaciones oficiales emitidas por el gobierno que permiten la importación de ciertos bienes y productos. Los permisos de importación aseguran que las mercancías cumplan con las regulaciones y normas del país importador.

El pilar fundamental de los permisos de importación es facilitar el cumplimiento de las regulaciones comerciales y aduaneras, protegiendo la economía y la seguridad del país. Un ejemplo es una empresa que solicita un permiso de importación para traer productos farmacéuticos al país.

Pero varado con seguridad (But safely aground): Término utilizado para describir una situación en la cual un buque radica varado de manera controlada y segura, sin riesgo inmediato de daño o pérdida. Esta situación puede ocurrir durante operaciones de carga y descarga en puertos o en áreas de aguas poco profundas.

La influencia de la expresión "pero varado con seguridad" es asegurar que la varadura del buque no cause daños significativos ni ponga en peligro la carga, la tripulación o el medio ambiente. Un ejemplo es un buque que se varía deliberadamente en una playa controlada para realizar reparaciones sin riesgo de hundimiento.

Personal accidents (Accidentes personales): Lesiones o daños sufridos por individuos como resultado de un accidente. Los seguros de accidentes personales proporcionan cobertura financiera para gastos médicos, pérdida de ingresos y otros costos asociados con las lesiones.

La gravitación comercial de los seguros de accidentes personales es datar protección financiera y apoyo en caso de accidentes, asegurando que los individuos puedan recuperarse sin enfrentar dificultades económicas. Un ejemplo es una empresa que ofrece seguros de accidentes personales a sus empleados como parte de sus beneficios laborales.

Peso neto (Net weight): Peso de un producto sin incluir su embalaje u otros materiales adicionales. El peso neto es utilizado para evaluar la cantidad real de producto disponible para la venta o el consumo.

La preponderancia del peso neto es proporcionar una medida precisa del contenido real de un producto, facilitando la gestión de inventarios y la planificación de producción. Un ejemplo es un fabricante de alimentos que utiliza el peso neto para etiquetar sus productos y cumplir con las regulaciones de etiquetado.

Picking (Preparación de pedidos): Proceso de seleccionar y recoger productos específicos de un almacén o centro de distribución para cumplir con las órdenes de los clientes. La preparación de pedidos es una parte esencial de la logística y la gestión de la cadena de suministro.

La influencia determinante de la preparación de pedidos es asegurar que las órdenes de los clientes se cumplan de manera precisa y eficiente, mejorando la satisfacción del cliente y optimizando las operaciones logísticas. Un ejemplo es un almacén que utiliza un sistema de picking automatizado para seleccionar y preparar pedidos de manera rápida y precisa.

Piece (Bulto): Unidad individual de mercancía empaquetada y lista para el transporte. Los bultos pueden variar en tamaño, forma y peso, y están diseñados para facilitar el manejo y la distribución.

La relevancia del bulto es suministrar una unidad de manejo estandarizada, facilitando la logística y el transporte de mercancías. Un ejemplo es un envío de libros empaquetados en bultos individuales para su distribución a varias librerías.

Pier (Muelle): Estructura construida a lo largo de la orilla de un cuerpo de agua, utilizada para la carga y descarga de buques. Los muelles facilitan el acceso a los buques y proporcionan un área segura para las operaciones portuarias.

La influencia clave del muelle es proporcionar una infraestructura esencial para el comercio marítimo, facilitando el movimiento eficiente de mercancías y pasajeros entre el mar y la tierra. Un ejemplo es un puerto que utiliza muelles para gestionar la carga y descarga de contenedores de buques de carga.

Pies superficiales (Board feet): Unidad de medida utilizada en la industria de la madera para calcular el volumen de madera aserrada. Un pie superficial equivale a un pie de largo por un pie de ancho por una pulgada de espesor.

La significancia de los pies superficiales es ofrecer una medida estandarizada para la compra, venta y manejo de productos de madera, facilitando las transacciones comerciales y la gestión de inventarios. Un ejemplo es una empresa maderera que utiliza pies superficiales para calcular el volumen de madera vendido a un cliente.

Pilferage (Hurto): Robo de pequeñas cantidades de mercancías durante el transporte o almacenamiento. El hurto puede ocurrir por parte de empleados, transportistas o terceros y puede resultar en pérdidas significativas para las empresas.

Es fundamental prevenir el hurto protegiendo las mercancías y minimizar las pérdidas financieras, asegurando la integridad de la cadena de suministro. Un ejemplo es una empresa de logística que implementa medidas de seguridad, como cámaras de vigilancia y controles de acceso, para prevenir el hurto en sus almacenes.

Pilot (Práctico): Profesional marítimo con conocimientos especializados de una área portuaria o vías navegables específicas, que asesora al capitán del buque para maniobrar y navegar de manera segura. Los prácticos son esenciales para evitar accidentes y asegurar operaciones portuarias eficientes.

El mérito del práctico es garantizar la seguridad y la eficiencia en la navegación de los buques, protegiendo las instalaciones portuarias y las embarcaciones. Un ejemplo es un práctico que ayuda a un buque de carga a entrar y salir de un puerto congestionado de manera segura.

Piracy (Piratería): Acto criminal de atacar y robar buques en el mar. La piratería es una amenaza significativa para la seguridad del transporte marítimo y puede resultar en pérdidas financieras y riesgos para la tripulación.

El protagonismo esencial de abordar la piratería es proteger las rutas comerciales y la seguridad de las tripulaciones, asegurando que el comercio marítimo se realice de manera segura y eficiente. Un ejemplo es una compañía naviera que implementa medidas de seguridad y colabora con fuerzas navales para proteger sus buques contra ataques piratas.

Place of departure (Procedencia): Lugar desde el cual las mercancías inician su viaje. La procedencia es un dato crucial en el comercio internacional para la planificación logística y el cumplimiento de las regulaciones aduaneras.

La influencia de la procedencia es asegurar la trazabilidad de las mercancías y cumplir con las normativas aduaneras y comerciales. Un ejemplo es un exportador que indica la procedencia de sus productos en los documentos de envío.

Place of destination (Destino): Lugar al cual se envían las mercancías para su entrega final. El destino es un dato esencial para la logística y la planificación del transporte.

La gravitación comercial del destino es asegurar que las mercancías lleguen al lugar correcto y cumplan con las expectativas del comprador. Un ejemplo es un importador que especifica el destino en una orden de compra para asegurar la entrega adecuada.

Plafond (Plafón): Término financiero que se refiere al límite máximo de crédito que una entidad financiera otorga a un cliente. Este límite puede ser para una línea de crédito, tarjeta de crédito o préstamo.

La preponderancia del plafond es controlar el riesgo crediticio y asegurar que el cliente no exceda su capacidad de pago. Un ejemplo es un banco que establece un plafond de crédito para una empresa en función de su historial crediticio.

Plain pallet (Paleta plana): Plataforma de madera, plástico o metal utilizada para apilar, almacenar y transportar mercancías. Las paletas planas son comunes en la logística y el almacenamiento.

La influencia clave de la paleta plana es mejorar la eficiencia en el manejo de cargas y facilitar el transporte de mercancías. Un ejemplo es un almacén que utiliza paletas planas para organizar y mover productos de manera eficiente.

Plan de estiba (Stowage plan): Plan detallado que muestra cómo se deben distribuir las mercancías en un buque para optimizar el espacio y asegurar una distribución equilibrada del peso. El plan de estiba es esencial para la seguridad y eficiencia del transporte marítimo.

La relevancia del plan de estiba es evitar daños a las mercancías y asegurar la estabilidad del buque durante el viaje. Un ejemplo es un buque portacontenedores que utiliza un plan de estiba para distribuir los contenedores de manera equilibrada y segura.

Plate glass (Cristales): Vidrio plano utilizado en ventanas, puertas y otras aplicaciones arquitectónicas. Los cristales deben ser transportados y manejados con cuidado para evitar daños.

La trascendencia de los cristales es proporcionar una protección y estética adecuada en construcciones y vehículos. Un ejemplo es una empresa de construcción que importa cristales para ventanas de rascacielos.

Plática (Pratique): Permiso otorgado por las autoridades sanitarias a un buque que indica que ha cumplido con todos los requisitos de salud y puede entrar al puerto. La plática es crucial para la prevención de enfermedades y la protección de la salud pública.

La significancia de la plática es asegurar que los buques no introduzcan enfermedades contagiosas en los puertos. Un ejemplo es un buque que obtiene la plática antes de desembarcar en un puerto internacional.

PNB - Producto Nacional Bruto (Gross National Product - GNP): Medida del valor total de todos los bienes y servicios producidos por los radicantes de un país, incluyendo las ganancias obtenidas en el extranjero. El PNB es un indicador importante de la salud económica de un país.

El eje fundamental del PNB es proveer una visión completa del rendimiento económico de un país, incluyendo sus actividades internacionales. Un ejemplo es el análisis del PNB para evaluar el crecimiento económico y la prosperidad de una nación.

POD - Place of Delivery (Lugar de entrega): Lugar donde las mercancías se entregan al comprador o destinatario final. El lugar de entrega es especificado en los contratos de venta y documentos de transporte.

El alcance prioritario del lugar de entrega es asegurar que las mercancías lleguen al destinatario correcto y cumplan con los términos del contrato. Un ejemplo es un contrato de venta que especifica un almacén en particular como el lugar de entrega de las mercancías.

Poder adquisitivo (Purchasing power): Capacidad de una persona o entidad para comprar bienes y servicios con una cantidad determinada de dinero. El poder adquisitivo es influenciado por factores como la inflación y el ingreso.

El eje fundamental del poder adquisitivo es medir la capacidad económica de los consumidores y la demanda de productos en el mercado. Un ejemplo es el análisis del poder adquisitivo para determinar el precio adecuado de un nuevo producto en el mercado.

POE - Port of Entry (Puerto de entrada): Puerto designado donde las mercancías ingresan a un país y son sometidas a inspecciones aduaneras y controles de importación. El puerto de entrada es crucial para la regulación del comercio y la seguridad.

La influencia del puerto de entrada es asegurar el cumplimiento de las normativas aduaneras y proteger la economía y seguridad del país. Un ejemplo es un importador que elige un puerto de entrada específico para sus mercancías debido a la eficiencia en los trámites aduaneros.

Point of destination (Punto de destino): Lugar final al que se envían las mercancías. Este punto puede ser un almacén, una tienda o cualquier otro lugar especificado por el comprador.

La trascendencia del punto de destino es asegurar que las mercancías lleguen al lugar correcto para su uso o distribución. Un ejemplo es una empresa de distribución que recibe productos en su almacén principal como punto de destino.

Point of origin (Punto de origen): Lugar desde el cual se envían las mercancías. El punto de origen es importante para la planificación logística y el cálculo de costos de transporte.

La preponderancia del punto de origen es proporcionar una referencia clara para el inicio del transporte de mercancías y asegurar una planificación eficiente. Un ejemplo es un fabricante que envía productos desde su fábrica como punto de origen.

Poisonous substances (Sustancias venenosas): Materiales que pueden causar daño o muerte si son inhalados, ingeridos o absorbidos por la piel. Las sustancias venenosas deben ser manejadas y transportadas con precauciones especiales.

La influencia de las sustancias venenosas es asegurar la seguridad de las personas y el medio ambiente, cumpliendo con regulaciones estrictas de manejo y transporte. Un ejemplo es una empresa química que transporta sustancias venenosas con etiquetas y embalajes adecuados para prevenir accidentes.

POL - Place of Loading (Lugar de carga): Lugar donde se cargan las mercancías en el vehículo de transporte. El lugar de carga es crucial para la coordinación logística y el cumplimiento de los términos del contrato de transporte.

La relevancia del lugar de carga es suministrar que las mercancías se carguen de manera eficiente y cumpliendo con las regulaciones de transporte. Un ejemplo es un exportador que especifica el puerto de carga en sus documentos de envío.

Policía marítima, fluvial y lacustre (Maritime, river, and lake police): Fuerza de seguridad encargada de mantener el orden y la seguridad en las vías navegables, puertos y áreas costeras. Esta policía supervisa el cumplimiento de las leyes marítimas y regula el tráfico de embarcaciones.

La influencia clave de la policía marítima, fluvial y lacustre es proteger las vías navegables, prevenir actividades ilegales y asegurar la seguridad de las operaciones marítimas. Un ejemplo es la policía marítima que patrulla los puertos para evitar el contrabando y garantizar la seguridad.

Policy (Póliza): Contrato de seguro que especifica los términos y condiciones bajo los cuales el asegurador proporciona cobertura al asegurado. La póliza detalla los riesgos cubiertos, las exclusiones, las primas y los beneficios.

La significancia de la póliza es proporcionar una protección financiera al asegurado, asegurando que recibirá compensación en caso de pérdidas cubiertas. Un ejemplo es una póliza de seguro de transporte que cubre daños a mercancías durante el tránsito.

Policy holder (Tenedor, tomador): Persona o entidad que posee una póliza de seguro y tiene derecho a recibir los beneficios en caso de una reclamación. El tomador es responsable de pagar las primas y cumplir con los términos de la póliza.

El protagonismo estratégico del tomador de la póliza es estar protegido contra pérdidas financieras y garantizar que la póliza se mantenga activa mediante el pago de primas. Un ejemplo es una empresa que toma una póliza de seguro contra incendios para proteger su fábrica.

Póliza de fletamento limpia (Clear charter): Tipo de póliza de fletamento en la cual no se permiten cláusulas adicionales o restricciones, asegurando que el buque esté disponible para el fletador en condiciones claras y sin impedimentos.

El protagonismo esencial de la póliza de fletamento limpia es ofrecer certeza y claridad a ambas partes, minimizando disputas y asegurando que el buque esté listo para el uso según lo acordado. Un ejemplo es un fletador que prefiere una póliza de fletamento limpia para evitar complicaciones durante el período de alquiler.

Póliza de flete (Freight policy): Contrato de seguro que cubre el valor del flete pagado por el transporte de mercancías. La póliza de flete protege al asegurado contra pérdidas financieras en caso de que las mercancías no lleguen a su destino.

El eje estratégico de la póliza de flete es proporcionar una protección adicional para el valor del flete, asegurando que el asegurado no sufra pérdidas financieras en caso de incumplimiento de entrega. Un ejemplo es una empresa que adquiere una póliza de flete para proteger el costo del transporte de una carga valiosa.

Póliza de juego (Wager policy): Tipo de póliza de seguro que radica en una apuesta o especulación sobre un evento incierto, sin interés asegurable real. Estas pólizas son generalmente ilegales en muchas jurisdicciones debido a su naturaleza especulativa.

La influencia de la regulación de las pólizas de juego es proteger a los consumidores y mantener la integridad del mercado de seguros. Un ejemplo es una aseguradora que rechaza emitir pólizas de juego debido a las restricciones legales y éticas.

Póliza de seguro (Insurance policy): Contrato que detalla los términos y condiciones bajo los cuales una compañía de seguros proporciona cobertura al asegurado. La póliza de seguro especifica los riesgos cubiertos, las primas, las exclusiones y los beneficios.

La importancia de la póliza de seguro es suministrar protección financiera contra riesgos específicos, asegurando que el asegurado reciba compensación en caso de pérdidas cubiertas. Un ejemplo es una póliza de seguro de salud que cubre los gastos médicos del asegurado.

Póliza flotante para el seguro de mercancías (Open cargo policy): Póliza de seguro que proporciona cobertura automática para múltiples envíos de mercancías durante un período específico. Esta póliza asegura que todas las mercancías transportadas estén protegidas sin necesidad de emitir pólizas individuales para cada envío.

La preponderancia de la póliza flotante es simplificar el proceso de aseguramiento y proporcionar una cobertura continua, reduciendo costos administrativos y asegurando que todos los envíos estén protegidos. Un ejemplo es una empresa exportadora que asegura todos sus envíos mensuales bajo una póliza flotante anual.

Pólizas de seguro a todo riesgo (All risks): Pólizas de seguro que proporcionan cobertura para todos los riesgos posibles, excepto aquellos específicamente excluidos en el contrato. Estas pólizas ofrecen una protección amplia y completa.

La influencia comercial de las pólizas de seguro a todo riesgo es otorgar una cobertura extensa, minimizando la posibilidad de pérdidas no cubiertas y ofreciendo tranquilidad al asegurado. Un ejemplo es una póliza de seguro de hogar a todo riesgo que cubre daños por incendio, robo y desastres naturales.

Pool agreements (Convenios de explotación en común): Acuerdos entre empresas, especialmente en la industria del transporte, para compartir recursos y capacidades con el fin de mejorar la eficiencia operativa y reducir costos. Estos acuerdos permiten a las empresas coordinar sus operaciones y maximizar la utilización de sus activos.

La relevancia de los convenios de explotación en común es mejorar la competitividad y la rentabilidad de las empresas participantes, permitiendo una mejor planificación y uso de los recursos. Un ejemplo es un grupo de compañías navieras que forman un pool para compartir sus flotas y maximizar la utilización de sus buques.

Pool normal (Reserva normal): Acuerdo de colaboración entre varias empresas, especialmente en el sector del transporte marítimo, donde se comparten recursos y capacidades para optimizar la utilización de los buques y reducir costos operativos. En un pool normal, las empresas participantes acuerdan compartir los ingresos y los costos según una fórmula establecida.

La trascendencia del pool normal es mejorar la eficiencia operativa y la rentabilidad de las empresas participantes, permitiendo una mejor planificación y utilización de los recursos. Un ejemplo es un grupo de compañías navieras que forman un pool normal para compartir sus flotas y maximizar la utilización de sus buques en rutas comerciales específicas.

Poop (Popa): Parte trasera de un buque. La popa es un área crucial para la estabilidad y maniobrabilidad del buque y a menudo alberga sistemas de dirección y motores.

La significancia de la popa es proporcionar estabilidad y control en la navegación del buque, asegurando un manejo seguro y eficiente. Un ejemplo es un capitán que ajusta el rumbo del buque desde la popa para navegar con precisión.

Por escotilla disponible para trabajo (Per available workable hatch): Término utilizado en contratos de fletamento que indica que el tiempo de carga o descarga se calcula en función de las escotillas disponibles y utilizables del buque. Esto asegura una distribución equitativa del tiempo de trabajo y los recursos.

El impacto global de calcular el tiempo por escotilla disponible es mejorar la eficiencia y transparencia en las operaciones de carga y descarga, asegurando una planificación adecuada y evitando disputas. Un ejemplo es un contrato de fletamento que especifica el uso de escotillas disponibles para optimizar el tiempo de operación.

Port (Puerto): Instalación donde los buques pueden atracar para cargar y descargar mercancías y pasajeros. También se refiere al lado izquierdo de un buque cuando se mira hacia adelante (babor).

El alcance prioritario del puerto es facilitar el comercio marítimo y proporcionar infraestructura esencial para el transporte y la logística. Un ejemplo es un puerto de contenedores que maneja miles de TEUs (unidades equivalentes a veinte pies) de carga cada día.

Port dues (Derechos portuarios): Tarifas cobradas por las autoridades portuarias por el uso de las instalaciones y servicios del puerto. Estos derechos pueden incluir cargos por atraque, uso de muelles y servicios de carga y descarga.

El motor estratégico de los derechos portuarios es financiar el mantenimiento y desarrollo de las infraestructuras portuarias, asegurando que los puertos puedan operar de manera eficiente y segura. Un ejemplo es un buque que paga derechos portuarios al atracar en un puerto internacional para descargar su carga.

Port of arrival or final port (Puerto de llegada o destino): Puerto donde las mercancías llegan y son descargadas para su entrega final. Este puerto es el destino final del viaje del buque.

La influencia del puerto de llegada es asegurar que las mercancías lleguen a su destino final para su distribución o uso, completando el proceso de transporte. Un ejemplo es un puerto de llegada que recibe un buque con productos manufacturados listos para su distribución en el mercado local.

Port of call (Puerto de escala): Puerto donde un buque hace una parada durante su viaje para realizar operaciones de carga, descarga, reabastecimiento o cambio de tripulación. Los puertos de escala son puntos intermedios en la ruta del buque.

La influencia clave del puerto de escala es proporcionar servicios esenciales y apoyo logístico a los buques durante su viaje, asegurando una operación continua y eficiente. Un ejemplo es un buque que hace escala en un puerto para reabastecerse de combustible y suministros antes de continuar su viaje.

Port of distress (Puerto de arribada forzosa): Puerto donde un buque entra debido a una emergencia, como problemas mecánicos, condiciones climáticas adversas o necesidad médica. La arribada forzosa permite al buque recibir asistencia y reparaciones.

La preponderancia del puerto de arribada forzosa es procurar un refugio seguro y apoyo en situaciones de emergencia, protegiendo la vida de la tripulación y la integridad del buque. Un ejemplo es un buque que entra en un puerto de arribada forzosa debido a una falla en el motor durante una tormenta.

Port of loading - shipment (Puerto de carga): Puerto donde las mercancías son cargadas en un buque para su transporte hacia el puerto de destino. El puerto de carga es el punto de inicio del viaje del buque.

La influencia determinante del puerto de carga es asegurar que las mercancías se carguen de manera eficiente y cumpliendo con las regulaciones de transporte. Un ejemplo es un puerto de carga que maneja la exportación de productos agrícolas a mercados internacionales.

Port of refuge (Puerto de refugio): Puerto al que un buque se dirige en busca de seguridad durante condiciones adversas o emergencias. El puerto de refugio proporciona un lugar seguro para que el buque espere hasta que las condiciones mejoren.

La relevancia del puerto de refugio es ofrecer la seguridad del buque y su tripulación durante situaciones peligrosas, minimizando el riesgo de accidentes y daños. Un ejemplo es un buque que se dirige a un puerto de refugio durante una tormenta para evitar daños y esperar condiciones más seguras.

Port of unloading / discharge (Puerto de descarga): Puerto donde las mercancías son descargadas del buque para su entrega final o transbordo. El puerto de descarga es el punto final del viaje de las mercancías.

La trascendencia del puerto de descarga es facilitar la distribución de las mercancías y asegurar que lleguen a su destino final de manera segura y eficiente. Un ejemplo es un puerto de descarga que maneja la importación de productos electrónicos para su distribución en el mercado local.

Port side (Banda de babor): Lado izquierdo de un buque cuando se mira hacia adelante. La banda de babor es un término náutico utilizado para identificar y describir la orientación y maniobras del buque.

La significancia de la banda de babor es proporcionar una referencia clara para la navegación y las operaciones a bordo del buque, asegurando la coordinación y la seguridad. Un ejemplo es un capitán que da instrucciones a la tripulación para realizar maniobras en la banda de babor durante la entrada a un puerto.

Posición arancelaria (Tariff position): Código numérico utilizado para clasificar productos en las tarifas aduaneras y determinar los aranceles aplicables. La posición arancelaria es crucial para el cumplimiento de las regulaciones aduaneras y la determinación de impuestos.

El motor estratégico de la posición arancelaria es facilitar el comercio internacional y asegurar el cumplimiento de las normativas aduaneras, permitiendo una clasificación precisa y el cálculo de aranceles. Un ejemplo es un importador que utiliza la posición arancelaria correcta para declarar sus productos ante la aduana y pagar los aranceles correspondientes.

Posición arancelaria (Harmonized code, tariff code): Código del Sistema Armonizado (HS) utilizado para clasificar productos en el comercio internacional. Este código determina los aranceles, impuestos y regulaciones aplicables a las mercancías.

El protagonismo esencial del código arancelario es proporcionar una clasificación uniforme y reconocida internacionalmente, facilitando el comercio y el cumplimiento de las normativas aduaneras. Un ejemplo es un exportador que utiliza el código arancelario para clasificar sus productos y cumplir con las regulaciones de exportación e importación.

PostPanamax (Bques o barcos que superan las dimensiones máximas permitidas en las esclusas originales del Canal de Panamá): Término utilizado para describir buques que son más grandes que las dimensiones máximas permitidas por las esclusas del Canal de Panamá original. Los buques PostPanamax requieren instalaciones portuarias especiales debido a su tamaño.

El eje fundamental de los buques PostPanamax es aumentar la capacidad de carga y la eficiencia del transporte marítimo, permitiendo el transporte de grandes volúmenes de mercancías. Un ejemplo es un buque portacontenedores PostPanamax que transporta grandes cantidades de mercancías entre Asia y Europa.

Potestad aduanera (Customs authority): Autoridad gubernamental responsable de la regulación y supervisión del comercio internacional, incluyendo la recaudación de aranceles, la implementación de políticas comerciales y la protección de fronteras.

La influencia de la potestad aduanera es asegurar el cumplimiento de las regulaciones comerciales, proteger la economía nacional y facilitar el comercio seguro y legal. Un ejemplo es una autoridad aduanera que inspecciona y aprueba mercancías en un puerto de entrada para asegurar que cumplan con las normativas de importación.

Practicaje (Pilotage): Servicio proporcionado por un práctico que asiste al capitán de un buque para maniobrar y navegar de manera segura en puertos, canales y otras áreas complicadas. El práctico utiliza su conocimiento local para evitar accidentes y asegurar operaciones eficientes.

La influencia clave del practicaje es garantizar la seguridad y eficiencia de las operaciones marítimas, protegiendo a los buques, la tripulación y las instalaciones portuarias. Un ejemplo es un buque que utiliza los servicios de un práctico para navegar de manera segura a través de un canal estrecho hasta el puerto de destino.

Practicajes (Pilotages): Servicios de asistencia proporcionados por prácticos en diferentes puertos y áreas marítimas para asegurar la navegación segura de los buques. Los practicajes incluyen la planificación y ejecución de maniobras de entrada y salida de puertos.

La preponderancia de los practicajes es mantener la seguridad y eficiencia en las operaciones marítimas, reduciendo el riesgo de accidentes y daños a los buques. Un ejemplo es una compañía naviera que contrata practicajes para todos sus buques al entrar y salir de puertos congestionados.

Precinto (Seal): Dispositivo de seguridad utilizado para cerrar contenedores, puertas y otros compartimentos, asegurando que no se abran sin autorización. Los precintos son esenciales para prevenir robos, manipulaciones y garantizar la integridad de las mercancías durante el transporte.

La gravitación esencial del precinto es proporcionar seguridad y control en la logística, asegurando que las mercancías lleguen a su destino sin alteraciones. Un ejemplo es un contenedor de carga sellado con un precinto numerado, que solo puede ser removido por el destinatario autorizado.

Precio (Price): Cantidad de dinero que se pide o se paga por un bien o servicio. El precio es un factor crucial en las transacciones comerciales y está influenciado por la oferta, la demanda, los costos y la competencia.

La relevancia del precio es determinar el valor económico de los bienes y servicios, facilitando las transacciones comerciales y la toma de decisiones financieras. Un ejemplo es una empresa que establece el precio de sus productos en función de los costos de producción y el mercado competitivo.

Precio al contado (Cash price): Precio de un bien o servicio cuando se paga en efectivo o en una sola transacción sin financiamiento. El precio al contado a menudo incluye descuentos por el pago inmediato.

La importancia del precio al contado es ofrecer una opción de pago directa y simple, a menudo con beneficios de ahorro para el comprador. Un ejemplo es una tienda que ofrece un descuento por pago al contado en la compra de electrodomésticos.

Precio al por mayor (Wholesale price): Precio ofrecido por los fabricantes o mayoristas a los minoristas o distribuidores que compran grandes cantidades de bienes para su reventa. El precio al por mayor es generalmente más bajo que el precio minorista.

La significancia del precio al por mayor es permitir a los minoristas y distribuidores obtener productos a un costo menor, facilitando la rentabilidad en la reventa. Un ejemplo es un minorista que compra ropa al precio al por mayor para venderla a los consumidores a un precio minorista más alto.

Precio de costo (Cost price): Precio que refleja el costo total de producción de un bien, incluyendo materiales, mano de obra y gastos generales. El precio de costo es utilizado para calcular márgenes de ganancia y establecer precios de venta.

El factor económico del precio de costo es proporcionar una base para la fijación de precios y la planificación financiera, asegurando que las ventas cubran los costos de producción. Un ejemplo es un fabricante que calcula el precio de costo de un producto antes de determinar su precio de venta.

Precio de fábrica (Factory price): Precio de los bienes cuando salen de la fábrica, excluyendo costos adicionales como transporte, impuestos y márgenes de distribuidores. El precio de fábrica es utilizado en transacciones entre fabricantes y mayoristas.

El impacto global del precio de fábrica es suministrar una referencia clara del costo inicial de producción, facilitando la negociación y la planificación comercial. Un ejemplo es un mayorista que compra productos directamente de la fábrica a precio de fábrica.

Precio EXW / En fábrica (EXW Price / Ex Works Price): Precio de los bienes cuando están disponibles para ser recogidos en la fábrica o almacén del vendedor. El comprador es responsable de todos los costos y riesgos asociados con el transporte desde el punto de origen.

El alcance prioritario del precio EXW es proporcionar claridad en la responsabilidad de costos y riesgos, facilitando las transacciones internacionales. Un ejemplo es un comprador que adquiere maquinaria a precio EXW y organiza el transporte desde la fábrica del vendedor.

Precio fijo (Fixed price): Precio establecido y acordado que no cambia durante el período del contrato o la transacción. Un precio fijo proporciona certeza tanto al comprador como al vendedor sobre el costo del bien o servicio.

La influencia del precio fijo es procurar estabilidad y previsibilidad en las transacciones comerciales, facilitando la planificación financiera y evitando disputas. Un ejemplo es un contrato de construcción que establece un precio fijo para completar un proyecto específico.

Precio minorista (Retail price): Precio al que los bienes se venden directamente a los consumidores finales. El precio minorista incluye márgenes de ganancia para los minoristas y puede variar según el mercado y la competencia.

La gravitación comercial del precio minorista es determinar el valor de los bienes en el mercado de consumo, influyendo en la demanda y la rentabilidad de los minoristas. Un ejemplo es un supermercado que establece precios minoristas para productos alimenticios en función de la competencia y las preferencias del consumidor.

Precio unitario (Unit price): Precio por unidad de medida de un bien, como por kilogramo, litro o pieza. El precio unitario facilita la comparación de costos entre productos similares y la planificación de compras.

La gravitación internacional del precio unitario es proporcionar una medida estandarizada para evaluar el costo de productos, facilitando la toma de decisiones de compra y la gestión de inventarios. Un ejemplo es un cliente que compara el precio unitario de diferentes marcas de detergente antes de realizar una compra.

Precios de referencia (Reference prices): Precios utilizados como punto de comparación para evaluar el valor de bienes o servicios. Los precios de referencia pueden basarse en promedios de mercado, precios históricos o estándares de la industria.

La gravitación comercial de los precios de referencia es suministrar una base para la evaluación y negociación de precios, asegurando que las transacciones sean justas y competitivas. Un ejemplo es una empresa que utiliza precios de referencia del mercado para negociar el precio de compra de materias primas.

Preentrada (Pre-entry): Proceso de presentación anticipada de documentos y datos a las autoridades aduaneras antes de la llegada de las mercancías. La preentrada facilita el despacho rápido y eficiente de las mercancías.

La relevancia de la preentrada es acelerar el proceso aduanero y reducir los tiempos de espera en los puertos, mejorando la eficiencia logística. Un ejemplo es un importador que envía documentos de preentrada para sus mercancías antes de que lleguen al puerto para agilizar su despacho.

Premio por despacho adelantado (Despatch money): Pago adicional realizado por el fletador al propietario del buque cuando la carga o descarga se completa antes del tiempo estipulado en el contrato de fletamento. Este incentivo recompensa la eficiencia en las operaciones portuarias.

La trascendencia del premio por despacho adelantado es fomentar la eficiencia y reducir los tiempos de inactividad del buque, beneficiando tanto al fletador como al propietario. Un ejemplo es un buque granelero que recibe despatch money por completar la descarga en la mitad del tiempo acordado.

Premium (Prima): Pago periódico realizado por el asegurado a la compañía de seguros para mantener la cobertura de una póliza de seguro. La prima es calculada en función de los riesgos asegurados y la cobertura proporcionada.

La significancia de la prima es asegurar que el asegurado tenga protección financiera continua contra riesgos específicos, proporcionando recursos a la compañía de seguros para cubrir posibles reclamaciones. Un ejemplo es un propietario de vivienda que paga una prima anual para mantener su seguro contra incendios y robos.

Prenda legal (Legal pledge): Garantía que confiere a un acreedor el derecho de retener y vender un bien del deudor si este no cumple con sus obligaciones de pago. La prenda legal asegura que el acreedor tenga una forma de recuperar la deuda.

El pilar fundamental de la prenda legal es proporcionar seguridad a los acreedores y facilitar el acceso a crédito para los deudores al ofrecer garantías tangibles. Un ejemplo es un banco que toma un vehículo como prenda legal para un préstamo automotriz.

Prestación de servicios (Service provision): Actividad de proporcionar servicios profesionales, técnicos o de otro tipo a clientes a cambio de una compensación. La prestación de servicios incluye una amplia gama de actividades, desde consultoría hasta mantenimiento.

El alcance prioritario de la prestación de servicios es satisfacer las necesidades de los clientes, generar ingresos y fomentar relaciones comerciales a largo plazo. Un ejemplo es una empresa de TI que proporciona servicios de mantenimiento y soporte técnico a sus clientes.

Prestadores de servicios (Service providers): Empresas o individuos que ofrecen servicios especializados a clientes. Los prestadores de servicios pueden incluir consultores, técnicos, profesionales de la salud y otros especialistas.

El impacto global de los prestadores de servicios es proveer experiencia y habilidades especializadas que ayudan a las empresas y los individuos a alcanzar sus objetivos y resolver problemas específicos. Un ejemplo es una firma de consultoría que ofrece servicios de asesoramiento estratégico a empresas en crecimiento.

Prestamista (Lender): Persona o entidad que proporciona fondos a otra parte bajo un acuerdo de préstamo. El prestamista espera ser reembolsado con intereses según los términos del contrato de préstamo.

La influencia del prestamista es proporcionar acceso a capital para individuos y empresas, facilitando el financiamiento de proyectos, inversiones y necesidades de consumo. Un ejemplo es un banco que actúa como prestamista para una empresa que necesita financiamiento para expandir sus operaciones.

Préstamo (Loan): Suma de dinero que se presta a una persona o entidad con el acuerdo de que será reembolsada en una fecha futura, generalmente con intereses. Los préstamos pueden ser a corto, mediano o largo plazo, y pueden tener diferentes condiciones y tasas de interés.

La influencia determinante del préstamo es ofrecer acceso a financiamiento para necesidades personales o comerciales, permitiendo la realización de proyectos y la satisfacción de necesidades financieras. Un ejemplo es una empresa que obtiene un préstamo bancario para financiar la compra de maquinaria nueva.

Prestatario (Borrower): Persona o entidad que recibe fondos en préstamo y se compromete a reembolsarlos según los términos del contrato de préstamo. El prestatario utiliza los fondos para diversas necesidades, como inversiones, compras o gastos operativos.

La preponderancia del prestatario es mantener un buen historial crediticio y cumplir con las obligaciones de pago para asegurar el acceso continuo a financiamiento. Un ejemplo es un estudiante que actúa como prestatario al recibir un préstamo estudiantil para pagar sus estudios universitarios.

Presupuesto (Budget): Plan financiero que detalla los ingresos y gastos previstos para un período específico. El presupuesto es una herramienta esencial para la planificación y el control financiero, permitiendo a individuos y organizaciones gestionar sus recursos de manera eficiente.

La influencia estratégica del presupuesto es proporcionar una guía para la toma de decisiones financieras, asegurando que los recursos se utilicen de manera efectiva y se eviten déficits. Un ejemplo es una empresa que elabora un presupuesto anual para planificar sus inversiones, gastos operativos y objetivos de ingresos.

Price (Precio): Cantidad de dinero que se pide o se paga por un bien o servicio. El precio es un factor crucial en las transacciones comerciales y está influenciado por la oferta, la demanda, los costos y la competencia.

La relevancia del precio es determinar el valor económico de los bienes y servicios, facilitando las transacciones comerciales y la toma de decisiones financieras. Un ejemplo es una empresa que establece el precio de sus productos en función de los costos de producción y el mercado competitivo.

Prima ACL del seguro de Aduanas y Comercio InternacionaL (ACL Insurance Premium): Compensación adicional pagada a un comisionista por sus servicios de intermediación en una transacción comercial. Esta prima puede ser un porcentaje del valor de la venta o una cantidad fija.

La importancia de la prima al comisionista es incentivar y recompensar a los intermediarios por sus esfuerzos en facilitar transacciones comerciales exitosas. Un ejemplo es un agente de ventas que recibe una prima al comisionista por cada contrato de venta cerrado.

Prima por trabajo insalubre (Dirty money): Compensación adicional otorgada a los trabajadores que realizan tareas en condiciones insalubres o peligrosas. Esta prima reconoce el riesgo y las dificultades asociadas con tales trabajos.

La significancia de la prima por trabajo insalubre es proporcionar un incentivo y una compensación justa a los empleados que trabajan en entornos adversos, mejorando su motivación y bienestar. Un ejemplo es un trabajador de la construcción que recibe una prima adicional por trabajar en un sitio con materiales peligrosos.

Primera opción (First refusal): Derecho otorgado a una parte para aceptar o rechazar una oferta antes de que se haga a otros. La primera opción proporciona una ventaja estratégica en negociaciones y transacciones.

El motor estratégico de la primera opción es proveer seguridad y oportunidad a la parte que la posee, asegurando que puedan tomar decisiones informadas antes de que se presenten a terceros. Un ejemplo es un inquilino que tiene la primera opción para comprar una propiedad si el propietario decide venderla.

Principal (Capital): Cantidad de dinero prestada o invertida, sobre la cual se calculan los intereses o ganancias. El capital es la base de muchas transacciones financieras y contratos de préstamo.

El pilar fundamental del capital es proporcionar los fondos iniciales necesarios para inversiones, préstamos y actividades comerciales, generando ingresos y crecimiento económico. Un ejemplo es un empresario que invierte capital en una nueva empresa para financiar su inicio y operaciones.

Privity (Complicidad): Relación legal directa entre las partes de un contrato, que les da derecho a demandar y ser demandadas bajo los términos del acuerdo. La complicidad asegura que solo las partes involucradas puedan hacer cumplir el contrato.

El alcance prioritario de la complicidad es limitar los derechos y obligaciones contractuales a las partes directamente involucradas, protegiendo sus intereses y asegurando el cumplimiento de los términos acordados. Un ejemplo es un comprador y un vendedor que tienen complicidad en un contrato de venta de bienes.

Pro rata (proportionally): Distribución proporcional de cantidades o responsabilidades entre varias partes según un criterio específico. El término "a prorrata" se utiliza para asegurar una distribución justa y equitativa.

La influencia de la distribución a prorrata es dotar una base equitativa para la asignación de costos, beneficios o responsabilidades, evitando conflictos y asegurando la justicia.

Un ejemplo es una empresa que distribuye los costos de un proyecto a prorrata entre los departamentos involucrados según su participación.

Probability (Probabilidad): Medida de la posibilidad de que ocurra un evento específico, expresada como un valor entre 0 y 1. La probabilidad es una herramienta clave en la evaluación de riesgos y toma de decisiones.

La consideración esencial de la probabilidad es proporcionar una base cuantitativa para evaluar y gestionar riesgos, facilitando la planificación y la toma de decisiones informadas. Un ejemplo es una compañía de seguros que utiliza la probabilidad para calcular las primas y evaluar los riesgos de aseguramiento.

Profit (Beneficio, ganancia): Diferencia positiva entre los ingresos generados y los costos incurridos en la producción y venta de bienes o servicios. La ganancia es un indicador clave de la rentabilidad y el éxito empresarial.

La preponderancia del beneficio es procurar recursos financieros para el crecimiento, la reinversión y la distribución a los accionistas, asegurando la sostenibilidad y el éxito de la empresa. Un ejemplo es una empresa que genera beneficios al vender sus productos a un precio superior al costo de producción.

Profit sharing plan (Plan de participación en las utilidades): Programa que distribuye una parte de las ganancias de una empresa entre sus empleados. Este plan incentiva a los empleados a contribuir al éxito y la rentabilidad de la empresa.

La gravitación comercial del plan de participación en las utilidades es motivar y recompensar a los empleados, alineando sus intereses con los objetivos de la empresa y fomentando una mayor productividad y lealtad. Un ejemplo es una empresa que distribuye una parte de sus ganancias anuales entre los empleados como bonificación.

Prohibited (Prohibido): Estado de ser no permitido por ley, reglamento o política. Los bienes o actividades prohibidos están sujetos a sanciones si se realizan o comercializan.

La relevancia de la prohibición es proteger la salud pública, la seguridad y el orden social, evitando actividades que puedan ser dañinas o ilegales. Un ejemplo es la prohibición de la importación de productos que no cumplen con las normas de seguridad.

Promissory note - PN (Pagaré): Documento financiero en el cual una parte se compromete a pagar a otra parte una cantidad específica de dinero en una fecha futura. El pagaré es un instrumento de deuda formal y legalmente vinculante.

La importancia del pagaré es asegurar una garantía de pago, facilitando las transacciones de crédito y asegurando que las obligaciones financieras se cumplan. Un ejemplo es una empresa que emite un pagaré para obtener financiamiento de un prestamista.

Prompt notice (Aviso inmediato): Notificación o comunicación que se envía de manera oportuna para informar sobre un evento o acción específica. El aviso inmediato es crucial para la coordinación y la toma de decisiones rápida.

La significancia del aviso inmediato es asegurar que todas las partes relevantes estén informadas y puedan actuar rápidamente, evitando retrasos y problemas. Un ejemplo es una empresa de logística que envía un aviso inmediato a sus clientes cuando se produce un retraso en la entrega.

Proof of loss (Prueba del siniestro): Documentación que demuestra la ocurrencia de una pérdida o daño asegurado, requerida para presentar una reclamación de seguro. La prueba del siniestro puede incluir informes, fotos y otros documentos relevantes.

El pilar fundamental de la prueba del siniestro es procurar evidencia clara y detallada de la pérdida, facilitando el proceso de reclamación y asegurando que el asegurado reciba la compensación adecuada. Un ejemplo es un propietario de vivienda que presenta fotos y un informe policial como prueba del siniestro tras un robo.

Propeller (Hélice): Dispositivo rotativo utilizado para propulsar un buque o una aeronave. La hélice convierte la energía del motor en empuje, permitiendo el movimiento del vehículo.

Es significativo conocer la hélice proveyendo la fuerza necesaria para mover el buque o aeronave de manera eficiente y segura, asegurando la operatividad y la navegación. Un ejemplo es un buque de carga que utiliza una hélice de gran tamaño para navegar en alta mar.

Proposal form (Propuesta de celebración de un contrato): Documento utilizado para presentar una oferta formal para celebrar un contrato, detallando los términos, condiciones y especificaciones de la oferta. La propuesta es un paso clave en las negociaciones contractuales.

El eje estratégico de la propuesta es procurar una base clara y detallada para las negociaciones, asegurando que todas las partes comprendan y acuerden los términos del contrato. Un ejemplo es una empresa de construcción que presenta una propuesta para un proyecto de infraestructura.

Provision (Cláusula, estipulación): Término o condición especificado en un contrato o acuerdo que detalla las obligaciones y derechos de las partes. Las cláusulas son elementos esenciales de los contratos legales.

La influencia de la cláusula es definir claramente los términos y condiciones del contrato, asegurando que todas las partes comprendan y cumplan con sus obligaciones. Un ejemplo es una cláusula en un contrato de alquiler que especifica las condiciones para la renovación del contrato.

Provisionamiento (Provisioning): Es el proceso de suministrar a un buque o instalación con los alimentos, combustible, repuestos y otros materiales necesarios para su operación. El provisionamiento es esencial para asegurar que el buque pueda completar su viaje sin interrupciones.

La influencia del provisionamiento está en en la garantía de que un buque esté adecuadamente equipado y abastecido, permitiendo una operación eficiente y segura. Por ejemplo, antes de un viaje transoceánico, un buque se provisiona con suficiente combustible, alimentos y repuestos para toda la travesía.

Proximate clause (Causa directa): Evento inmediato o acción que causa directamente una pérdida o daño. En el contexto de seguros, la causa directa es el factor principal que se considera para determinar la responsabilidad y la cobertura.

La preponderancia de la causa directa es establecer la relación entre un evento y una pérdida, asegurando que las reclamaciones de seguro se basen en causas justificadas y cubiertas por la póliza. Un ejemplo es una tormenta que es la causa directa de los daños a una propiedad asegurada.

Purchase (Compra): Acto de adquirir bienes o servicios a cambio de dinero. La compra es una transacción fundamental en la economía y el comercio.

La esencia de la compra es satisfacer las necesidades y deseos de los consumidores, facilitando el intercambio de bienes y servicios y el crecimiento económico. Un ejemplo es un cliente que realiza una compra en una tienda en línea.

Purchase order (Nota de pedido - orden de compra): Documento comercial emitido por un comprador a un vendedor, especificando los productos, cantidades y precios acordados para una compra. La orden de compra es un contrato formal entre las partes.

La relevancia de la orden de compra es proporcionar una referencia clara y detallada para la transacción, asegurando que ambas partes comprendan y acuerden los términos. Un ejemplo es una empresa que emite una orden de compra a su proveedor para adquirir materiales de producción.

Purchaser (Comprador): Persona o entidad que adquiere bienes o servicios a cambio de dinero. El comprador es una parte esencial en las transacciones comerciales.

La trascendencia del comprador es impulsar la demanda de productos y servicios, facilitando el comercio y el crecimiento económico. Un ejemplo es un minorista que actúa como comprador al adquirir inventario de un mayorista para venderlo a los consumidores.

Términos relacionados a la P

Covered perils (Riesgos cubiertos / riesgos asegurados): Riesgos específicos que están protegidos por una póliza de seguro. Estos riesgos son detallados en el contrato de seguro y el asegurador se compromete a compensar al asegurado si ocurren.

La significancia de los riesgos cubiertos es otorgar claridad sobre qué eventos o situaciones están protegidos por la póliza de seguro, asegurando que el asegurado esté consciente de la cobertura que tiene. Un ejemplo es una póliza de seguro marítimo que cubre riesgos como incendios, colisiones y robos durante el transporte de mercancías.

Deferred payment (Pago diferido): Método de pago en el cual el comprador recibe las mercancías o servicios ahora y acuerda pagar en una fecha futura. El pago diferido permite a los compradores gestionar su flujo de efectivo y hacer pagos cuando tengan los fondos disponibles.

El eje fundamental del pago diferido es proporcionar flexibilidad financiera a los compradores, facilitando el comercio y las transacciones comerciales. Un ejemplo es una empresa que adquiere maquinaria industrial con un acuerdo de pago diferido a 90 días.

Double entry pallet (Paleta de doble entrada): Tipo de paleta que permite la entrada de las horquillas de un montacargas desde dos lados opuestos. Este diseño facilita el manejo y la movilización de mercancías en almacenes y durante el transporte.

El alcance prioritario de la paleta de doble entrada es mejorar la eficiencia en el manejo de cargas, permitiendo un acceso más fácil y rápido a las mercancías. Un ejemplo es un almacén que utiliza paletas de doble entrada para agilizar la carga y descarga de productos.

Endowment policy (Póliza de seguro total): Tipo de seguro de vida que combina protección de vida con un componente de ahorro. La póliza paga una suma asegurada ya sea al final de un período específico o al fallecimiento del asegurado, lo que ocurra primero.

El motor económico de la póliza de seguro total es ofrecer una combinación de cobertura de seguro y ahorro, ofreciendo beneficios financieros tanto en vida como después de la muerte del asegurado. Un ejemplo es una persona que adquiere una póliza de seguro total para asegurar el bienestar financiero de su familia y ahorrar para el futuro.

Excepted perils (Riesgos excluidos / riesgos no cubiertos): Riesgos específicos que no están cubiertos por una póliza de seguro. Estos riesgos están claramente enumerados en el contrato de seguro y el asegurador no pagará compensación si ocurren.

La influencia de los riesgos excluidos es informar al asegurado sobre las limitaciones de la cobertura, permitiendo una evaluación precisa de los riesgos que deben ser gestionados por otros medios. Un ejemplo es una póliza de seguro que excluye daños causados por actos de guerra o terrorismo.

Floating policy (Póliza flotante): Póliza de seguro que proporciona cobertura para múltiples envíos de mercancías durante un período específico. La póliza flotante permite a los asegurados cubrir todos sus envíos bajo una sola póliza, en lugar de emitir una póliza individual para cada envío.

La gravitación internacional de la póliza flotante es simplificar el proceso de aseguramiento y proporcionar una cobertura continua, reduciendo costos administrativos y asegurando que todos los envíos estén protegidos. Un ejemplo es una empresa exportadora que asegura todos sus envíos mensuales bajo una póliza flotante anual.

Four-entry pallet (Paleta de cuatro entradas): Tipo de paleta que permite la entrada de las horquillas de un montacargas desde los cuatro lados. Este diseño proporciona máxima flexibilidad en el manejo y la movilización de mercancías.

La preponderancia de la paleta de cuatro entradas es mejorar la eficiencia en el manejo de cargas, permitiendo un acceso más fácil y versátil a las mercancías desde cualquier dirección. Un ejemplo es un centro de distribución que utiliza paletas de cuatro entradas para optimizar el almacenamiento y la logística.

Gross price (Precio bruto): Precio total de un bien o servicio antes de deducir cualquier descuento, impuesto o gasto adicional. El precio bruto incluye todos los costos iniciales y se utiliza como base para calcular otros valores.

La consideración esencial del precio bruto es suministrar una referencia clara del costo total de un bien o servicio, facilitando la comparación y el análisis financiero. Un ejemplo es un minorista que etiqueta sus productos con el precio bruto antes de aplicar descuentos promocionales.

Index price (Precio índice): Precio de referencia utilizado para medir y comparar el valor de un bien o servicio en relación con un índice específico. El precio índice puede estar basado en una cesta de bienes, un mercado específico o una fórmula predeterminada.

La relevancia del precio índice es proporcionar una medida estandarizada para evaluar cambios en los precios y realizar comparaciones a lo largo del tiempo. Un ejemplo es el uso del precio índice del petróleo para evaluar las fluctuaciones en el mercado energético.

Intermediate port (Puerto intermedio): Puerto en el cual un buque hace escala entre el puerto de origen y el puerto de destino final. Las escalas en puertos intermedios pueden ser para reabastecimiento, transbordo de carga o para cumplir con requisitos logísticos.

La trascendencia del puerto intermedio es facilitar la eficiencia operativa y logística en el transporte marítimo, permitiendo la optimización de rutas y la gestión de cargas. Un ejemplo es un buque que hace escala en un puerto intermedio para transbordar contenedores a otro buque con destino final diferente.

Life insurance policy (Póliza de seguro de vida): Contrato de seguro que proporciona un beneficio financiero a los beneficiarios designados en caso de fallecimiento del asegurado. La póliza de seguro de vida puede incluir cobertura para gastos funerarios, deudas pendientes y apoyo financiero a la familia.

La significancia de la póliza de seguro de vida es proporcionar seguridad financiera y tranquilidad a los asegurados y sus familias, asegurando que los beneficiarios estén protegidos económicamente en caso de fallecimiento. Un ejemplo es una persona que adquiere una póliza de seguro de vida para asegurar el bienestar de sus hijos en caso de su muerte.

Maritime perils (Riesgos de la navegación / riesgos marítimos): Peligros inherentes a la navegación y el transporte marítimo, como tormentas, naufragios, colisiones, incendios y piratería. Estos riesgos pueden causar daños o pérdidas a los buques y las mercancías transportadas.

El pilar fundamental de identificar y gestionar los riesgos marítimos es asegurar la protección de los activos y la continuidad de las operaciones de transporte, minimizando las pérdidas y mejorando la seguridad. Un ejemplo es una póliza de seguro marítimo que cubre daños causados por tormentas durante la travesía de un buque carguero.

Net price (Precio neto): Precio final de un bien o servicio después de deducir descuentos, impuestos y otros gastos adicionales. El precio neto refleja el costo real que el comprador debe pagar.

El impacto del precio neto es otorgar una medida precisa del costo final, facilitando la toma de decisiones y la comparación de ofertas. Un ejemplo es un comprador que negocia descuentos con un proveedor y calcula el precio neto para determinar la mejor oferta.

Open covered policy (Póliza de cobertura abierta): Póliza de seguro que proporciona cobertura automática para todos los envíos del asegurado durante un período específico, sujeto a términos y condiciones establecidos. La cobertura abierta asegura que todas las mercancías estén protegidas sin necesidad de emitir pólizas individuales para cada envío.

El impacto global de la póliza de cobertura abierta es proporcionar una protección continua y simplificar el proceso de aseguramiento, reduciendo costos administrativos y asegurando que todos los envíos estén protegidos. Un ejemplo es una empresa de importación que asegura todos sus envíos mensuales bajo una póliza de cobertura abierta.

Replacement price (Precio de reemplazo): Costo de adquirir un bien similar al que se ha perdido o dañado. El precio de reemplazo se utiliza para calcular el valor de las reclamaciones de seguro y la depreciación de activos.

La influencia del precio de reemplazo es proporcionar una base justa para la compensación y la reposición de bienes, asegurando que el asegurado no sufra pérdidas financieras indebidas. Un ejemplo es una empresa de seguros que utiliza el precio de reemplazo para determinar la compensación por un vehículo robado.

Sight payment (Pago a la vista): Método de pago en el cual el comprador debe realizar el pago inmediatamente al recibir los documentos de embarque o al presentar la factura. El pago a la vista es común en transacciones internacionales.

La influencia estratégica del pago a la vista es ofrecer seguridad y rapidez en la liquidación de transacciones, asegurando que el vendedor reciba el pago antes de liberar las mercancías. Un ejemplo es un importador que paga a la vista al recibir los documentos de embarque de su proveedor extranjero.

Sole base pallet (Paleta de base única): Paleta diseñada con una base sólida y única, utilizada para el manejo y transporte de mercancías. Las paletas de base única proporcionan estabilidad y soporte adicional para cargas pesadas.

La preponderancia de la paleta de base única es mejorar la seguridad y la eficiencia en el manejo de mercancías, facilitando el almacenamiento y el transporte. Un ejemplo es un almacén que utiliza paletas de base única para transportar equipos industriales pesados.

Time policy (Póliza temporaria): Póliza de seguro que proporciona cobertura por un período específico de tiempo, en lugar de por un evento o viaje particular. Las pólizas temporarias son comunes en seguros marítimos y de carga.

La influencia determinante de la póliza temporaria es suministrar una cobertura flexible y temporal, adaptada a las necesidades específicas del asegurado. Un ejemplo es una empresa que adquiere una póliza temporaria para cubrir un proyecto de construcción de seis meses.

To pay (Pagar): Acción de transferir dinero a otra parte para liquidar una deuda, adquirir bienes o servicios, o cumplir con una obligación contractual. El pago es una transacción fundamental en la economía.

La relevancia de pagar es facilitar las transacciones comerciales y financieras, asegurando el cumplimiento de las obligaciones y la satisfacción de las partes involucradas. Un ejemplo es un cliente que paga una factura por servicios prestados.

To purchase (Comprar): Acto de adquirir bienes o servicios a cambio de dinero. Comprar es una transacción fundamental en la economía y el comercio.

La trascendencia de comprar es satisfacer las necesidades y deseos de los consumidores, facilitando el intercambio de bienes y servicios y el crecimiento económico. Un ejemplo es un cliente que compra alimentos en un supermercado.

Total price (Precio total): Suma total de todos los costos asociados con la compra de un bien o servicio, incluyendo el precio base, impuestos, gastos de envío y otros cargos adicionales. El precio total representa el costo final para el comprador.

La significancia del precio total es procurar una visión completa y precisa del costo de una transacción, facilitando la toma de decisiones informadas por parte del comprador. Un ejemplo es una tienda en línea que muestra el precio total de un producto, incluyendo impuestos y gastos de envío.

Unit price (Precio unitario): Precio por unidad de medida de un bien, como por kilogramo, litro o pieza. El precio unitario facilita la comparación de costos entre productos similares y la planificación de compras.

El motor estratégico del precio unitario es proporcionar una medida estandarizada para evaluar el costo de productos, facilitando la toma de decisiones de compra y la gestión de inventarios. Un ejemplo es un cliente que compara el precio unitario de diferentes marcas de detergente antes de realizar una compra.

Voyage policy (Póliza por viaje): Póliza de seguro que proporciona cobertura para un viaje específico, desde el punto de origen hasta el destino final. Las pólizas por viaje son comunes en seguros marítimos y de carga.

El eje fundamental de la póliza por viaje es ofrecer una protección específica y temporal para las mercancías durante el tránsito, asegurando que estén cubiertas contra riesgos durante el viaje. Un ejemplo es una empresa que adquiere una póliza por viaje para asegurar un envío de productos electrónicos desde China hasta Estados Unidos.

Q

Qualified receipt (Recibo condicionado, recibo con reservas): Un recibo condicionado o recibo con reservas es un documento que reconoce la recepción de bienes o servicios, pero con ciertas condiciones o reservas debido a discrepancias, daños, faltantes u otras irregularidades detectadas al momento de la recepción. Este tipo de recibo se utiliza para documentar cualquier problema o condición que afecte la aceptación completa de los bienes o servicios entregados.

El alcance prioritario de un recibo condicionado proviene de proteger los derechos del receptor, documentando cualquier irregularidad y proporcionando una base para resolver disputas, solicitar compensaciones o exigir correcciones. Ejemplo: El almacén emitió un recibo condicionado para la entrega de materiales debido a la detección de daños en varios artículos, lo que permitió a la empresa solicitar una compensación al proveedor.

Quality (Calidad): La calidad se refiere al grado en que un producto o servicio cumple con los requisitos y expectativas del cliente. La calidad puede medirse en términos de rendimiento, durabilidad, confiabilidad, cumplimiento de especificaciones y satisfacción del cliente. En un contexto empresarial, la gestión de la calidad implica una serie de actividades y procesos destinados a mejorar continuamente los productos y servicios.

La influencia de la calidad depende de su impacto directo en la satisfacción del cliente, la reputación de la marca, la eficiencia operativa y la rentabilidad. Un enfoque sólido en la calidad puede diferenciar a una empresa de sus competidores y contribuir al éxito a largo plazo. Ejemplo: La empresa implementó un riguroso control de calidad para asegurar que todos los productos cumplieran con los altos estándares establecidos, lo que resultó en una mayor satisfacción del cliente y una reducción en las devoluciones.

Quality certificate (Certificado de calidad): Un certificado de calidad es un documento que certifica que un producto, servicio o sistema de gestión cumple con los estándares y especificaciones de calidad establecidos. Este certificado es emitido por organismos de certificación acreditados tras la realización de auditorías y evaluaciones.

La influencia estratégica del certificado de calidad se fundamenta en proporcionar una garantía a los clientes y partes interesadas de que los productos o servicios cumplen con los requisitos de calidad, lo que puede mejorar la confianza del cliente, la competitividad en el mercado y la capacidad de acceder a nuevos mercados. Ejemplo: La obtención del certificado de calidad ISO 9001 permitió a la empresa acceder a nuevos mercados internacionales y aumentar la confianza de sus clientes en la calidad de sus productos.

Quantity (Cantidad): La cantidad se refiere al número o volumen de unidades de un producto o servicio. En el contexto de las transacciones comerciales, la cantidad es un elemento crucial que se especifica en los contratos, órdenes de compra, facturas y documentos de envío.

La preponderancia de especificar la cantidad se encuentra en asegurar que tanto el comprador como el vendedor tengan una comprensión clara y precisa del volumen de bienes o servicios que se están negociando, lo que ayuda a evitar malentendidos y disputas. Ejemplo: El contrato de suministro especificaba la cantidad exacta de materias primas a ser entregadas mensualmente, asegurando que ambas partes entendieran claramente sus obligaciones.

Quay (Muelle): Un muelle es una estructura fija construida a lo largo de la costa o en un puerto para facilitar la carga y descarga de mercancías y pasajeros de los buques. Los muelles están equipados con instalaciones como grúas, almacenes y zonas de almacenamiento.

La influencia clave de los muelles reside en su papel crucial en la logística y el comercio internacional, suministrando puntos de acceso esenciales para la transferencia eficiente de mercancías entre el transporte marítimo y terrestre. Ejemplo: El nuevo muelle del puerto incluyó grúas de alta capacidad y almacenes refrigerados, mejorando la eficiencia en el manejo de cargas perecederas.

Quayage (Derechos de muelle, muellaje): El muellaje se refiere a las tarifas o derechos cobrados por el uso de los muelles en un puerto. Estas tarifas se aplican a las embarcaciones que atracan en el muelle y pueden incluir cargos por el uso de instalaciones, servicios y almacenamiento.

La relevancia del muellaje se establece en la generación de ingresos para el mantenimiento y desarrollo de las infraestructuras portuarias, asegurando que los puertos puedan operar de manera eficiente y segura. Ejemplo: La compañía naviera pagó los derechos de muelle correspondientes al atracar su buque en el puerto para descargar los contenedores.

Quilla (Keel): La quilla es la estructura longitudinal que se extiende a lo largo del fondo de un buque y forma la columna vertebral del casco. La quilla proporciona estabilidad y resistencia estructural al barco.

La trascendencia de la quilla consiste en su papel fundamental en la construcción naval, proporcionando la base sobre la cual se ensamblan el resto de componentes estructurales del buque, asegurando su integridad y estabilidad. Ejemplo: La instalación de la quilla marcó el inicio oficial de la construcción del nuevo buque de carga, proporcionando una base sólida para el resto de la estructura.

Quarterly report (Informe trimestral): Un informe trimestral es un documento financiero que las empresas públicas deben presentar cada tres meses. Este informe proporciona una actualización sobre el desempeño financiero de la empresa, incluyendo ingresos, ganancias, gastos y otros datos financieros importantes.

La significancia del informe trimestral radica en proporcionar a los accionistas, inversores y reguladores una visión regular y detallada del estado financiero de la empresa, permitiendo una evaluación continua de su desempeño y toma de decisiones informadas. Ejemplo: El informe trimestral mostró un aumento del 15% en las ganancias, lo que impulsó el valor de las acciones de la empresa.

Qualified supplier (Proveedor calificado): Un proveedor calificado es una empresa o individuo que ha sido evaluado y aprobado para suministrar bienes o servicios a una organización. Esta calificación puede basarse en criterios de calidad, capacidad de entrega, historial de desempeño y cumplimiento de normas.

La influencia clave de calificar a los proveedores se basa en asegurar que los bienes y servicios recibidos cumplan con los estándares de calidad y requisitos específicos, minimizando riesgos y asegurando la fiabilidad en la cadena de suministro. Ejemplo: La empresa llevó a cabo una auditoría exhaustiva para calificar a sus proveedores de componentes electrónicos, asegurando que todos cumplieran con las normas de calidad ISO.

Qualified person (Persona calificada): Una persona calificada es un individuo que posee las habilidades, conocimientos y experiencia necesarios para realizar una tarea específica o cumplir con un rol en particular. En el contexto del comercio exterior, esto puede incluir expertos en aduanas, logística o normativas comerciales.

El protagonismo esencial de contar con personas calificadas está en asegurar que las tareas se realicen de manera competente y conforme a las normativas, minimizando errores y mejorando la eficiencia operativa. Ejemplo: La empresa contrató a una persona calificada en regulación aduanera para gestionar sus importaciones y asegurar el cumplimiento con todas las normativas internacionales.

Quality control (Control de calidad): El control de calidad es el proceso de revisar y mantener los estándares de calidad en la producción de bienes y servicios. Este proceso incluye la inspección de productos, pruebas y la implementación de procedimientos correctivos para asegurar que los productos cumplan con los estándares establecidos.

El pilar fundamental del control de calidad proviene de la capacidad para garantizar que los productos sean radicantes y cumplan con las expectativas del cliente, reduciendo defectos y mejorando la eficiencia operativa. Ejemplo: El departamento de control de calidad implementó una nueva serie de pruebas para asegurar que todos los productos electrónicos cumplieran con los estándares de seguridad antes de su envío.

Quality management (Gestión de calidad): La gestión de calidad es un enfoque integral para mejorar la calidad de los productos y servicios en una organización mediante la implementación de principios y prácticas de gestión que buscan la satisfacción del cliente y la mejora continua.

La influencia de la gestión de calidad depende de su capacidad para integrar todas las funciones y procesos de la organización hacia la mejora de la calidad, aumentando la competitividad y la lealtad del cliente. Ejemplo: La empresa adoptó un sistema de gestión de calidad total que involucraba a todos los departamentos en esfuerzos de mejora continua, resultando en una mayor satisfacción del cliente y una reducción en los costos de producción.

Quality assurance (Aseguramiento de la calidad): El aseguramiento de la calidad se refiere a los procesos y procedimientos implementados para asegurar que los productos y servicios cumplan con los estándares de calidad y los requisitos del cliente. Este enfoque es preventivo y se centra en mejorar los procesos de producción.

La influencia clave del aseguramiento de la calidad se fundamenta en su capacidad para identificar y corregir problemas antes de que se conviertan en defectos, asegurando que los productos finales sean radicantes y confiables. Ejemplo: El equipo de aseguramiento de la calidad implementó auditorías regulares de los procesos de producción para identificar áreas de mejora y prevenir la ocurrencia de defectos.

QMS Quality Management System (Sistema de gestión de calidad): Un Sistema de Gestión de Calidad (QMS por sus siglas en inglés) es un conjunto de políticas, procesos y procedimientos necesarios para planificar y ejecutar (producción/desarrollo/servicio) en las áreas centrales de una organización.

Un QMS ayuda a coordinar y dirigir las actividades de una organización para cumplir con los requisitos del cliente y mejorar su eficacia y eficiencia en forma continua. Los sistemas de gestión de calidad radican en estándares como ISO 9001, que proporciona un marco de referencia reconocido internacionalmente para implementar y gestionar un sistema de calidad.

La preponderancia de un QMS se encuentra en su capacidad para estandarizar procesos, mejorar la calidad de los productos y servicios, y aumentar la satisfacción del cliente, todo mientras se cumple con las normativas y se mejora la eficiencia operativa. Ejemplo: La implementación de un Sistema de Gestión de Calidad basado en ISO 9001 permitió a la empresa reducir defectos en la producción, mejorar la satisfacción del cliente y aumentar la eficiencia operativa.

Quarantine (Cuarentena): La cuarentena es una restricción temporal impuesta sobre la entrada o movimiento de personas, animales, plantas o mercancías, con el fin de prevenir la propagación de enfermedades o plagas. En el comercio exterior, la cuarentena es una medida crucial para proteger la salud pública la seguridad agrícola.

La influencia estratégica de la cuarentena reside en la protección de la salud y el medio ambiente, evitando la introducción y propagación de enfermedades y plagas que podrían tener efectos devastadores. Ejemplo: Las frutas importadas fueron puestas en cuarentena para asegurar que no introdujeran ninguna plaga al ecosistema local.

Quick response (Respuesta rápida): La respuesta rápida es una estrategia logística diseñada para mejorar la eficiencia de la cadena de suministro mediante la reducción de los tiempos de respuesta a las demandas del mercado. Esta estrategia radica en la comunicación en tiempo real y la colaboración entre minoristas y proveedores.

La relevancia de la respuesta rápida se establece en su capacidad para reducir inventarios, mejorar la satisfacción del cliente y aumentar la flexibilidad para adaptarse a cambios en la demanda del mercado. Ejemplo: La implementación de una estrategia de respuesta rápida permitió a la tienda de moda reabastecer sus productos populares en cuestión de días, manteniendo a los clientes satisfechos.

Quota (Cuota): Una cuota es una limitación impuesta por un gobierno sobre la cantidad de un producto que puede ser importado o exportado durante un período de tiempo específico. Las cuotas se utilizan para proteger industrias nacionales, controlar el comercio y estabilizar precios.

La trascendencia de las cuotas consiste en su capacidad para regular el flujo de productos en el mercado, proteger la producción nacional y evitar la sobreoferta o escasez de ciertos bienes. Ejemplo: La cuota de importación de acero se estableció para proteger a los productores nacionales de la competencia extranjera excesiva.

Quotation (Cotización): Una cotización es una oferta formal presentada por un vendedor a un comprador potencial que detalla los precios y términos para los productos o servicios solicitados. La cotización incluye información como el precio unitario, cantidad, condiciones de pago y tiempo de entrega.

La significancia de una cotización radica en su función como base para la negociación y la toma de decisiones en las transacciones comerciales, proporcionando claridad y transparencia sobre los costos y términos antes de finalizar un acuerdo. Ejemplo: La empresa solicitó cotizaciones de varios proveedores para comparar precios y condiciones antes de decidir de quién comprar los insumos necesarios.

Quotation request (Pedido de cotización, pedido de precios): Un pedido de cotización es una solicitud formal que un comprador envía a uno o más proveedores para obtener precios y términos para productos o servicios específicos. Este proceso permite al comprador evaluar diferentes ofertas y seleccionar la más favorable.

El eje estratégico de un pedido de cotización se basa en la capacidad de obtener información detallada sobre precios y condiciones del mercado, permitiendo al comprador tomar decisiones informadas y negociar mejores términos. Ejemplo: La compañía emitió un pedido de cotización a varios proveedores de software para encontrar la mejor oferta para la implementación de un nuevo sistema de gestión.

Quote (Cotización): Una cotización es una estimación formal del precio para un trabajo específico o la entrega de productos o servicios. Una cotización es proporcionada por el vendedor al comprador y generalmente tiene un período de validez definido.

El eje fundamental de una cotización está en su función para establecer expectativas claras entre el comprador y el vendedor sobre los costos y términos, facilitando la transparencia y la toma de decisiones. Ejemplo: El contratista proporcionó una cotización detallada para la renovación del edificio, incluyendo todos los materiales y mano de obra necesarios.

Otros términos relacionados a Q

To quote a price (Fijar un precio): Fijar un precio se refiere a la acción de determinar y comunicar el costo de un producto o servicio al comprador. Este proceso incluye la consideración de factores como el costo de producción, los márgenes de beneficio, la competencia y las condiciones del mercado.

El impacto global de fijar un precio proviene de su impacto directo en la competitividad, rentabilidad y percepción de valor del producto o servicio, siendo un elemento crucial en la estrategia de marketing y ventas. Ejemplo: La empresa fijó un precio competitivo para su nuevo producto, basándose en un análisis de costos y comparando con los precios de los competidores en el mercado.

R

Radar mast (Palo de radar): El palo de radar es una estructura vertical en un buque o aeronave que soporta la antena del radar, elevándola a una altura adecuada para la detección y el seguimiento de objetos en el entorno.

La influencia del palo de radar depende de su capacidad para proporcionar una ubicación elevada y estable para la antena del radar, mejorando la eficiencia y el alcance del sistema de radar. Ejemplo: El buque estaba equipado con un nuevo palo de radar para mejorar la detección de otras embarcaciones y obstáculos.

Radar scanner (Antena radar): La antena radar es un componente crucial del sistema de radar que emite y recibe ondas de radio para detectar y localizar objetos en el entorno. Esta antena escanea el área circundante y proporciona información vital para la navegación y la seguridad.

El impacto global de la antena radar se fundamenta en su capacidad para detectar objetos a larga distancia y en condiciones de baja visibilidad, mejorando la seguridad y la eficiencia en la navegación. Ejemplo: La antena radar del buque detectó una formación rocosa oculta en la niebla, permitiendo al capitán tomar medidas evasivas.

Radioactive substances (Sustancias radioactivas): Las sustancias radioactivas son materiales que emiten radiación ionizante y pueden ser peligrosas para la salud humana y el medio ambiente. Estos materiales se utilizan en diversas aplicaciones industriales, médicas y científicas.

La preponderancia de manejar correctamente las sustancias radioactivas se encuentra en proteger la salud pública y el medio ambiente, asegurando que se cumplan todas las regulaciones de seguridad y almacenamiento. Ejemplo: El transporte de sustancias radioactivas requiere permisos especiales y contenedores seguros para minimizar el riesgo de exposición.

Rail transport (Transporte ferroviario): El transporte ferroviario se refiere al movimiento de mercancías y pasajeros a través de redes de trenes. Este modo de transporte es conocido por su eficiencia, capacidad de carga y sostenibilidad ambiental.

La influencia estratégica del transporte ferroviario gira en base a su capacidad para mover grandes volúmenes de mercancías de manera eficiente y económica, reduciendo el impacto ambiental en comparación con otros modos de transporte. Ejemplo: La empresa utilizó el transporte ferroviario para enviar grandes cantidades de carbón desde la mina hasta el puerto de exportación.

Rance agent (Agente de seguros): Un agente de seguros es un profesional que actúa como intermediario entre las compañías de seguros y los clientes, ayudando a estos últimos a seleccionar las pólizas de seguro que mejor se adapten a sus necesidades.

La relevancia del agente de seguros se establece en su capacidad para asesorar a los clientes sobre la cobertura adecuada, asegurando que estén protegidos contra riesgos y eventualidades. Ejemplo: El agente de seguros recomendó una póliza integral para proteger la fábrica contra incendios, robos y daños naturales.

Rate (Tarifa): La tarifa es el costo asociado con la prestación de un servicio o el transporte de mercancías. Las tarifas pueden variar según el tipo de servicio, la distancia, el peso de la carga y otros factores.

La trascendencia de las tarifas consiste en su influencia sobre los costos operativos y la competitividad del negocio, afectando directamente la rentabilidad y la planificación financiera. Ejemplo: La empresa comparó las tarifas de varias compañías de transporte antes de seleccionar la opción más económica para enviar sus productos.

Rate class (Tarifa de clase): La tarifa de clase se refiere a una estructura tarifaria que clasifica las mercancías en diferentes categorías según su naturaleza, valor y requisitos de manejo. Cada clase tiene una tarifa específica aplicable al transporte de esas mercancías.

La significancia de la tarifa de clase se fundamenta en proporcionar una base equitativa y predecible para calcular los costos de transporte, facilitando la planificación y el presupuesto. Ejemplo: La tarifa de clase para productos electrónicos era más alta debido a su valor y la necesidad de un manejo cuidadoso.

Rate of exchange (Tasa de cambio): La tasa de cambio es el valor de una moneda en términos de otra moneda. Es una medida crucial en el comercio internacional y las transacciones financieras, afectando el costo de importaciones y exportaciones.

El eje fundamental de la tasa de cambio se basa en su impacto sobre la competitividad de los precios, las ganancias y la planificación financiera de las empresas que operan a nivel internacional. Ejemplo: La empresa ajustó sus precios de exportación en respuesta a cambios en la tasa de cambio entre el dólar y el euro.

Rate of interest (Tasa de interés): La tasa de interés es el porcentaje que se cobra sobre un préstamo o se paga sobre un depósito. Esta tasa es determinada por factores como la política monetaria, la inflación y el riesgo de crédito.

El impacto de la tasa de interés está en su influencia sobre el costo del crédito, el ahorro y la inversión, afectando la economía y las decisiones financieras de individuos y empresas. Ejemplo: La empresa decidió financiar su expansión mediante un préstamo debido a la baja tasa de interés ofrecida por el banco.

Raw material (Materia prima): Las materias primas son los recursos naturales o productos no procesados utilizados en la producción de bienes y servicios. Ejemplos comunes incluyen minerales, petróleo, madera y algodón.

El alcance prioritario de las materias primas proviene de ser la base de la producción industrial y manufacturera, determinando la disponibilidad, el costo y la calidad de los productos finales. Ejemplo: La fábrica de textiles importó grandes cantidades de algodón como materia prima para producir telas y prendas de vestir.

RC del Producto Responsabilidad Civil del Producto (Product liability): La RC del Producto se refiere a la Responsabilidad Civil del Producto, que es la obligación legal de un fabricante o vendedor de compensar a los consumidores por daños causados por productos defectuosos o peligrosos.

La influencia de la RC del Producto depende en proteger a los consumidores y asegurar que las empresas mantengan altos estándares de calidad y seguridad en sus productos. Ejemplo: La empresa de juguetes revisó sus procesos de control de calidad para minimizar el riesgo de problemas de RC del Producto y evitar posibles reclamaciones.

RCR Order of Refrigerated (Cargo pedido de carga refrigerada): El término "cargo pedido de carga refrigerada" se refiere a una orden específica para el transporte de mercancías que requieren condiciones de temperatura controlada. Este tipo de carga puede incluir productos perecederos como alimentos, medicamentos y productos químicos sensibles.

La gravitación comercial de un pedido de carga refrigerada se fundamenta en garantizar que las mercancías se mantengan en condiciones óptimas durante el transporte, preservando su calidad y seguridad. Ejemplo: La empresa farmacéutica realizó un pedido de carga refrigerada para transportar vacunas a diferentes centros de distribución.

Reachable on arrival (Accesible al arribo): Este término se refiere a la condición de que un puerto o muelle esté disponible y accesible para el buque en el momento de su llegada. Esto asegura que el buque pueda atracar y comenzar las operaciones de carga o descarga sin demoras.

La preponderancia de "Accesible al Arribo" se encuentra en minimizar las esperas y costos adicionales asociados con la falta de disponibilidad de muelle, mejorando la eficiencia operativa del buque y reduciendo tiempos de espera. Ejemplo: El capitán confirmó que el puerto era accesible al arribo, permitiendo una descarga inmediata de la carga.

Ready berth clause (Cláusula de muelle disponible): Esta cláusula en un contrato de fletamento especifica que el buque solo está obligado a proceder a un puerto o muelle si está disponible y listo para la carga o descarga al momento de su llegada.

La gravitación esencial de la cláusula de muelle disponible se fundamenta en proteger al armador y al fletador de incurrir en costos adicionales y demoras, asegurando que las operaciones portuarias se realicen de manera eficiente. Ejemplo: El contrato incluía una cláusula de muelle disponible para evitar cargos de sobrestadía si el muelle no estaba listo a la llegada del buque.

Reasonable dispatch (Prontitud razonable): Este término se refiere a la obligación de realizar operaciones de carga y descarga, así como el transporte de mercancías, con la prontitud razonable esperada bajo las circunstancias prevalecientes.

La relevancia de la prontitud razonable se establece en mantener la eficiencia y reducir los retrasos, asegurando que las mercancías lleguen a su destino en un tiempo adecuado. Ejemplo: La compañía naviera actuó con prontitud razonable para cargar el buque y zarpar lo antes posible.

Rebellion (Rebelión): La rebelión se refiere a un levantamiento organizado contra la autoridad establecida, que puede causar disturbios significativos y afectar las operaciones comerciales y la seguridad.

La trascendencia de gestionar los riesgos asociados con la rebelión consiste en la necesidad de proteger los activos, la continuidad del negocio y la seguridad de los empleados en regiones inestables. Ejemplo: La empresa monitoreó la situación política en la región para anticipar posibles impactos de una rebelión en sus operaciones.

Recaudador de impuestos (Tax collector): El recaudador de impuestos es el funcionario responsable de la recolección de impuestos y tasas fiscales impuestas por el gobierno. Este papel es crucial para la financiación de los servicios públicos y el funcionamiento del estado.

La significancia del recaudador de impuestos estriba en asegurar que las obligaciones fiscales se cumplan, proporcionando los recursos necesarios para las operaciones gubernamentales. Ejemplo: El recaudador de impuestos visitó la empresa para revisar y asegurar el cumplimiento de las obligaciones fiscales.

Receipt (Recibo): Un recibo es un documento que reconoce la recepción de bienes, servicios o dinero. Este documento sirve como prueba de transacción y puede ser utilizado para fines contables y legales.

El pilar fundamental del recibo se basa en proporcionar una documentación oficial de las transacciones, facilitando la contabilidad y la resolución de disputas. Ejemplo: El cliente recibió un recibo detallado después de completar la compra de los materiales de construcción.

Reconocimiento (Recognition): En el comercio y la logística, el reconocimiento se refiere a la inspección y verificación de mercancías, documentos o procesos para asegurar su conformidad con los requisitos establecidos. Esto puede incluir inspecciones aduaneras, auditorías de calidad y verificaciones de inventario.

El eje estratégico del reconocimiento está en garantizar que las mercancías cumplan con los estándares de calidad y las regulaciones legales, evitando problemas durante el transporte y la entrega. Ejemplo: Las autoridades aduaneras realizaron un reconocimiento exhaustivo de la carga para verificar que cumplía con las regulaciones de importación.

Recoverable (Indemnizable): El término indemnizable se refiere a los gastos, pérdidas o daños que pueden ser reclamados y recuperados bajo los términos de un contrato o póliza de seguro. Estos montos son compensables por la aseguradora o la parte responsable.

El impacto global de lo indemnizable proviene en proporcionar protección financiera contra pérdidas imprevistas, asegurando que las partes afectadas puedan recuperarse económicamente. Ejemplo: Los daños al buque fueron considerados indemnizables bajo la póliza de seguro marítimo, permitiendo la reparación sin costos adicionales para el propietario.

Red label (Etiqueta roja - mercaderías peligrosas): La etiqueta roja se utiliza para identificar mercancías peligrosas que requieren un manejo especial debido a su naturaleza inflamable, tóxica o explosiva. Esta etiqueta es parte de las regulaciones internacionales para el transporte seguro de materiales peligrosos.

La influencia de la etiqueta roja depende de la seguridad y el cumplimiento de las normativas, asegurando que las mercancías peligrosas se manejen adecuadamente para prevenir accidentes y daños. Ejemplo: Los contenedores de productos químicos fueron etiquetados con una etiqueta roja para indicar que contenían mercancías peligrosas y requerían un manejo especial.

Re-delivery (Devolución): La devolución se refiere al proceso de regresar mercancías al proveedor o remitente, ya sea por defectos, errores en el pedido o cualquier otra razón acordada. Este proceso puede incluir la logística inversa y la gestión de inventarios.

La influencia de la devolución se fundamenta en mantener la satisfacción del cliente y la integridad de la cadena de suministro, asegurando que los productos defectuosos o incorrectos se manejen adecuadamente. Ejemplo: La tienda gestionó la devolución de los productos defectuosos a su proveedor, coordinando el transporte y la reposición del inventario.

Redestinación (Redirection): La redestinación se refiere al cambio del destino original de una mercancía durante su transporte. Esto puede deberse a diversas razones, como cambios en la demanda del mercado, problemas logísticos o instrucciones del comprador.

La preponderancia de la redestinación se encuentra en la flexibilidad que proporciona a las empresas para adaptarse a las cambiantes condiciones del mercado y optimizar sus operaciones logísticas. Ejemplo: La compañía decidió redestinar el envío de productos electrónicos a otro puerto debido a un aumento inesperado en la demanda en esa región.

Reexpedición (Forwarding): La reexpedición se refiere al proceso de enviar mercancías desde un punto intermedio a su destino final, después de haber sido recibidas en un puerto o centro de distribución. Esto puede ser necesario para consolidar cargas o ajustar rutas de transporte.

La gravitación comercial de la reexpedición reside en la eficiencia y la capacidad de manejar grandes volúmenes de mercancías, optimizando las rutas de transporte y reduciendo costos logísticos. Ejemplo: Las mercancías fueron reexpedidas desde el centro de distribución a varias tiendas minoristas en todo el país.

Reefer ship (Buque frigorífico): Un buque frigorífico es una embarcación equipada con sistemas de refrigeración para el transporte de mercancías perecederas que requieren temperaturas controladas, como alimentos, medicamentos y productos químicos.

La relevancia de los buques frigoríficos se establece en su capacidad para mantener la integridad y la calidad de las mercancías sensibles a la temperatura durante el transporte, asegurando que lleguen en condiciones óptimas. Ejemplo: El buque frigorífico transportó frutas frescas desde América del Sur a Europa, manteniéndolas en condiciones perfectas durante todo el viaje.

Reel (Carrete): Un carrete es un dispositivo cilíndrico utilizado para enrollar y almacenar materiales flexibles como cables, alambres, cuerdas o cintas. Este dispositivo facilita el manejo, el transporte y el uso de estos materiales.

La trascendencia del carrete consiste en su capacidad para organizar y proteger materiales flexibles, asegurando que se mantengan en buen estado y sean fáciles de manejar durante el almacenamiento y el transporte. Ejemplo: Los cables eléctricos se enrollaron en un carrete para facilitar su transporte y uso en el sitio de construcción.

Régimen aduanero (Customs regime): El régimen aduanero se refiere al conjunto de normas y procedimientos que regulan la importación, exportación, tránsito y almacenamiento de mercancías en un país. Este régimen incluye varios procedimientos, como la importación temporal, la exportación definitiva y el tránsito aduanero.

La significancia del régimen aduanero consiste en su papel para controlar y facilitar el comercio internacional, protegiendo los intereses económicos y de seguridad del país. Ejemplo: La empresa tuvo que cumplir con el régimen aduanero del país al importar maquinaria desde Europa, asegurándose de pagar todos los aranceles y cumplir con los requisitos de documentación.

Régimen de libertad comercial total (Free trade regime): Este régimen permite la libre circulación de bienes y servicios sin restricciones aduaneras, aranceles o cuotas. Generalmente se aplica en zonas de libre comercio y acuerdos comerciales entre países.

El eje fundamental del régimen de libertad comercial total se basa en fomentar el comercio y la inversión internacional, reduciendo barreras y facilitando el acceso a mercados globales. Ejemplo: Los países del tratado de libre comercio acordaron un régimen de libertad comercial total para impulsar el comercio entre ellos sin restricciones arancelarias.

Register ton (Tonelada de registro / arqueo): La tonelada de registro es una unidad de medida utilizada en el registro y la capacidad de los buques. se basa en el volumen interno del buque, excluyendo ciertos espacios no cargables.

El alcance prioritario de la tonelada de registro está en proporcionar una medida estandarizada para la capacidad de los buques, lo que facilita la planificación y la regulación en la industria marítima. Ejemplo: El buque tenía un arqueo de 10,000 toneladas de registro, indicando su capacidad para transportar grandes volúmenes de carga.

Registrar el tráfico internacional (Register international traffic): Registrar el tráfico internacional se refiere al proceso de documentar y monitorear el movimiento de mercancías y personas a través de las fronteras internacionales. Esto puede incluir la emisión de permisos, licencias y la recopilación de datos estadísticos.

El eje estratégico de registrar el tráfico internacional proviene de asegurar el cumplimiento de las leyes y regulaciones, mejorar la seguridad y facilitar el comercio internacional. Ejemplo: Las autoridades aduaneras registran el tráfico internacional para monitorear la importación y exportación de bienes, asegurando que todas las transacciones cumplan con las regulaciones.

Regular medical insurance (Seguro médico regular): El seguro médico regular es una póliza que cubre los gastos médicos incurridos por enfermedades o accidentes. Este seguro puede cubrir consultas médicas, hospitalización, medicamentos y procedimientos quirúrgicos.

La influencia del seguro médico regular depende de proporcionar protección financiera a las personas frente a costos médicos elevados, asegurando el acceso a atención médica adecuada. Ejemplo: El seguro médico regular cubrió los gastos de hospitalización y cirugía del paciente, evitando un impacto financiero significativo en su economía personal.

Reimbursement (Reembolso): El reembolso se refiere a la devolución de dinero por gastos incurridos, generalmente en el contexto de seguros, servicios médicos o gastos empresariales. Esto puede incluir la compensación por gastos médicos, viajes o cualquier otro costo aprobado.

La influencia estratégica del reembolso se fundamenta en la capacidad de recuperar costos incurridos, proporcionando alivio financiero y asegurando que las personas y empresas no sufran pérdidas indebidas. Ejemplo: La aseguradora procesó el reembolso de los gastos médicos del asegurado tras recibir las facturas y documentación requerida.

Reimport (Reimportación): La reimportación es el proceso de volver a importar mercancías que previamente fueron exportadas. Esto puede ocurrir por diversas razones, como reparaciones, devoluciones de productos defectuosos o cambios en las condiciones del mercado.

La preponderancia de la reimportación se encuentra en la flexibilidad que proporciona a las empresas para gestionar sus productos en el mercado global, asegurando que puedan recuperar y reutilizar bienes de manera eficiente. Ejemplo: La empresa reimportó productos defectuosos de su cliente en el extranjero para repararlos y luego reexportarlos.

Reinstatement (Rehabilitación de póliza): La rehabilitación de póliza se refiere al restablecimiento de una póliza de seguro que ha sido cancelada o ha expirado. Esto puede implicar la revisión de términos y condiciones y el pago de primas adicionales.

La relevancia de la rehabilitación de póliza se establece en la posibilidad de mantener la cobertura de seguro sin interrupciones, protegiendo a los asegurados de riesgos imprevistos. Ejemplo: La empresa solicitó la rehabilitación de su póliza de seguro de incendios después de que expirara, asegurando la continuidad de su protección.

Reinsurance (Reaseguro): El reaseguro es un acuerdo mediante el cual una compañía de seguros transfiere parte de sus riesgos a otra aseguradora para reducir su exposición a grandes reclamaciones. Este mecanismo ayuda a distribuir el riesgo y asegurar la estabilidad financiera de las aseguradoras.

La trascendencia del reaseguro consiste en la capacidad de las compañías de seguros para gestionar grandes riesgos y protegerse contra pérdidas catastróficas, manteniendo su solvencia y capacidad de pago. Ejemplo: La aseguradora contrató un reaseguro para cubrir posibles pérdidas por desastres naturales, compartiendo el riesgo con otra compañía.

Reintegro (Reimbursement): El reintegro se refiere a la devolución de fondos a una persona o entidad, generalmente como resultado de un pago en exceso, un error en la facturación o un reembolso acordado. Este término es común en contextos financieros y comerciales.

La significancia del reintegro consiste en mantener la equidad y exactitud en las transacciones financieras, asegurando que las partes reciban los fondos que les corresponden. Ejemplo: La empresa procesó el reintegro del cliente por el monto pagado en exceso en su factura mensual.

Rejection (Rechazo): El rechazo es la negativa a aceptar bienes, servicios o propuestas debido a incumplimientos de términos, defectos o insatisfacción con las condiciones ofrecidas. En comercio, puede referirse al rechazo de mercancías defectuosas o no conformes.

El pilar fundamental del rechazo se basa en proteger los intereses de las partes involucradas, asegurando que solo se acepten productos y servicios que cumplan con los estándares y expectativas acordadas. Ejemplo: El comprador rechazó la entrega de productos debido a defectos visibles que no cumplían con las especificaciones del contrato.

Remesa documentaria (Documentary collection): La remesa documentaria es un método de pago en el comercio internacional donde el exportador envía documentos comerciales a través de bancos, y el importador los recibe y paga según los términos acordados. Este proceso asegura que los documentos de embarque y otros requisitos se manejen correctamente antes de la liberación de la mercancía.

El motor económico de la remesa documentaria está en proporcionar seguridad y control sobre la transacción, protegiendo tanto al exportador como al importador mediante la intermediación bancaria. Ejemplo: La empresa utilizó una remesa documentaria para asegurar el pago antes de liberar la carga al importador.

Remesa simple (Clean collection): La remesa simple es un método de pago en el que los documentos de embarque se envían directamente al importador sin intervención bancaria para el pago. Este método es menos seguro que la remesa documentaria, pero puede ser adecuado en relaciones comerciales de confianza.

El protagonismo estratégico de la remesa simple proviene de su simplicidad y rapidez, aunque con un mayor riesgo para el exportador, ya que radica la buena fe del importador para realizar el pago. Ejemplo: Debido a la relación de confianza establecida, el exportador utilizó una remesa simple para enviar los documentos de embarque directamente al importador.

Remittance (Remesa): La remesa se refiere a la transferencia de dinero de una persona a otra, generalmente a través de fronteras internacionales. Las remesas son comunes entre trabajadores migrantes que envían dinero a sus familias en su país de origen.

La influencia de las remesas depende de su impacto económico significativo en los países receptores, proporcionando ingresos esenciales para las familias y contribuyendo al desarrollo económico. Ejemplo: La remesa mensual enviada por el trabajador migrante ayudó a su familia a cubrir los gastos de educación y vivienda.

Remolcaje (Towing): El remolcaje es el servicio de arrastre o empuje de embarcaciones por parte de un remolcador. Este servicio es esencial para maniobrar buques en puertos, canales estrechos o áreas congestionadas.

La gravitación comercial del remolcaje se fundamenta en su capacidad para garantizar la seguridad y eficiencia en la navegación, permitiendo que los buques grandes entren y salgan de los puertos sin incidentes. Ejemplo: El remolcador ayudó a maniobrar el buque carguero a través del estrecho canal del puerto.

Rental container (Alquiler de contenedor): El alquiler de contenedor se refiere al arrendamiento de contenedores de carga para el transporte de mercancías. Este servicio permite a las empresas utilizar contenedores sin necesidad de comprarlos, optimizando los costos de logística.

La preponderancia del alquiler de contenedores se encuentra en la flexibilidad y reducción de costos que proporciona a las empresas, permitiéndoles ajustar la capacidad de transporte según la demanda. Ejemplo: La empresa optó por el alquiler de contenedores para manejar el aumento temporal de envíos durante la temporada alta.

Repayment (Reembolso): El reembolso es la devolución de dinero por parte de una entidad o persona a otra. Este término puede aplicarse en diversos contextos, como el pago de préstamos, devolución de gastos y compensación por servicios.

La importancia del reembolso gira en torno a mantener la equidad y la exactitud financiera, asegurando que las transacciones se completen correctamente y que las partes involucradas reciban lo que les corresponde. Ejemplo: El estudiante recibió un reembolso por los gastos de matrícula después de retirarse del curso.

Repayment guarantee (Garantía de reembolso): La garantía de reembolso es un compromiso de una parte, generalmente un banco o una institución financiera, de asegurar el pago de una deuda en caso de que el deudor principal no pueda hacerlo.

La relevancia de la garantía de reembolso se establece en proporcionar seguridad financiera a los prestamistas, reduciendo el riesgo asociado con la concesión de crédito. Ejemplo: El banco emitió una garantía de reembolso para respaldar el préstamo otorgado a la empresa constructora.

Replacement cost (Valor de reposición): El valor de reposición se refiere al costo necesario para reemplazar un activo dañado o perdido con uno nuevo de características similares. Este término se utiliza comúnmente en seguros para determinar la indemnización por pérdidas.

La trascendencia del valor de reposición consiste en asegurar que el asegurado pueda restituir su activo sin incurrir en una pérdida financiera significativa. Ejemplo: La póliza de seguro cubrió el valor de reposición del vehículo dañado en el accidente, permitiendo al propietario adquirir uno nuevo.

Replacement cost insurance (Seguro de valor de reposición): Este tipo de seguro cubre el costo de reemplazar un bien dañado o perdido con uno nuevo de igual tipo y calidad, sin deducción por depreciación.

La significancia del seguro de valor de reposición estriba en proporcionar una cobertura completa que permite al asegurado restaurar su situación financiera y material a su estado anterior a la pérdida. Ejemplo: La póliza de seguro de valor de reposición permitió a la familia reconstruir su casa después del incendio sin tener que asumir costos adicionales significativos.

Reporting Form (Póliza por declaraciones): Una póliza por declaraciones es un tipo de seguro en el cual el asegurado declara periódicamente el valor de los bienes asegurados, ajustando la cobertura y las primas en función de estas declaraciones.

El impacto global de la póliza por declaraciones se basa en la flexibilidad que ofrece para ajustar la cobertura a las necesidades cambiantes del asegurado, asegurando que siempre esté adecuadamente protegido. Ejemplo: La empresa utilizó una póliza por declaraciones para asegurar su inventario, declarando su valor mensual para ajustar la cobertura y las primas.

Reshipment (Reembarque): El reembarque se refiere al envío de mercancías que ya han sido importadas o exportadas a un nuevo destino. Este proceso puede ser necesario debido a errores en el destino original, cambios en la demanda del mercado o estrategias logísticas.

El eje estratégico del reembarque está en la flexibilidad y eficiencia que proporciona en la gestión de la cadena de suministro, permitiendo a las empresas responder rápidamente a cambios y optimizar sus operaciones. Ejemplo: Las mercancías fueron reembarcadas a un nuevo mercado debido a un cambio en la demanda de los productos.

Responsabilidades entre el comprador y el vendedor (Responsibilities between buyer and seller): Este término se refiere a las obligaciones y deberes específicos que el comprador y el vendedor asumen en una transacción comercial. Estas responsabilidades pueden incluir el pago, la entrega, la inspección y el manejo de riesgos.

El impacto global de definir claramente las responsabilidades entre el comprador y el vendedor proviene de evitar malentendidos y disputas, asegurando una transacción fluida y justa. Ejemplo: El contrato detallaba las responsabilidades entre el comprador y el vendedor, especificando quién se haría cargo de los costos de transporte y seguro.

Restraint (Restricción): Una restricción es una limitación o condición que impide o regula ciertas acciones. En el comercio, puede referirse a regulaciones gubernamentales, cuotas de importación/exportación o restricciones contractuales.

La influencia de las restricciones depende de su capacidad para controlar y regular actividades comerciales y económicas, protegiendo intereses nacionales y asegurando el cumplimiento de las normativas. Ejemplo: Las restricciones de importación limitaban la cantidad de ciertos productos que podían entrar en el país, protegiendo la industria local.

Restraints of princes and rulers (Restricciones impuestas por la autoridad): Este término se refiere a las limitaciones o prohibiciones impuestas por gobiernos o autoridades sobre el comercio y la navegación, que pueden incluir embargos, bloqueos o cambios en las políticas comerciales.

La influencia de las restricciones impuestas por la autoridad se fundamenta en su impacto sobre el comercio internacional y la logística, pudiendo afectar la disponibilidad de bienes y servicios. Ejemplo: El embargo impuesto por el gobierno impuso restricciones significativas sobre la importación de ciertos productos, afectando a los comerciantes y consumidores.

Restricciones o prohibiciones aduaneras (Customs restrictions or prohibitions): Las restricciones o prohibiciones aduaneras son medidas impuestas por las autoridades aduaneras para regular o impedir la importación y exportación de ciertos productos. Estas medidas pueden estar basadas en motivos de seguridad, salud pública, protección ambiental o intereses económicos.

La preponderancia de las restricciones o prohibiciones aduaneras se encuentra en proteger la economía nacional, la seguridad y el bienestar de los ciudadanos, asegurando que solo productos seguros y legales entren o salgan del país. Ejemplo: Las restricciones aduaneras impidieron la importación de productos agrícolas contaminados para proteger la salud pública.

Retail (Venta minorista): La venta minorista se refiere a la venta de productos directamente a los consumidores finales en pequeñas cantidades. Este tipo de venta se realiza a través de tiendas físicas, en línea o a través de otros canales de distribución.

La influencia clave de la venta minorista reside en su papel en la economía, facilitando el acceso de los consumidores a una amplia variedad de productos y servicios, y proporcionando empleo y oportunidades de negocio. Ejemplo: La tienda de ropa se especializa en la venta minorista de prendas de moda para mujeres.

Retail price (Precio minorista): El precio minorista es el costo al que los productos se venden directamente a los consumidores finales. Este precio incluye los costos de producción, distribución, marketing y un margen de beneficio para el minorista.

La relevancia del precio minorista se establece en su influencia sobre la demanda del consumidor, la competitividad de los productos y la rentabilidad del negocio minorista. Ejemplo: El precio minorista del nuevo teléfono móvil fue fijado en $699, atrayendo a una gran cantidad de consumidores en su lanzamiento.

Retailer (Vendedor minorista): Un vendedor minorista es una persona o empresa que vende productos directamente a los consumidores finales. Los minoristas pueden operar en tiendas físicas, en línea o a través de otros canales de venta al por menor.

La trascendencia de los vendedores minoristas se fundamenta en su papel como intermediarios entre los fabricantes y los consumidores, facilitando el acceso a una amplia gama de productos y servicios. Ejemplo: El vendedor minorista lanzó una nueva tienda en línea para expandir su alcance y atraer a más clientes.

Retorsión (Retorsion): La retorsión es una medida de represalia que un país adopta en respuesta a las acciones desfavorables de otro país, como restricciones comerciales o políticas discriminatorias. Estas medidas pueden incluir aranceles adicionales, restricciones a la importación/exportación o sanciones económicas.

La significancia de la retorsión estriba en su uso como herramienta diplomática para proteger los intereses nacionales y presionar a otros países para que modifiquen sus políticas. Ejemplo: El país impuso medidas de retorsión en respuesta a las barreras comerciales injustas implementadas por su socio comercial.

Returns clause (Cláusula de devolución): Una cláusula de devolución en un contrato establece los términos y condiciones bajo los cuales las mercancías pueden ser devueltas al vendedor o proveedor. Esta cláusula puede especificar el período de devolución, las condiciones del producto y los reembolsos aplicables.

El eje fundamental de la cláusula de devolución se basa en proporcionar claridad y protección tanto para el comprador como para el vendedor, asegurando un proceso justo y transparente para las devoluciones de productos. Ejemplo: La cláusula de devolución permitía a los clientes devolver los productos defectuosos dentro de los 30 días posteriores a la compra para obtener un reembolso completo.

Revocation (Revocación): La revocación se refiere a la anulación o cancelación de un acuerdo, contrato, permiso o derecho. Este término puede aplicarse en diversos contextos, incluyendo contratos comerciales, licencias y derechos legales.

El motor económico de la revocación se basa en proporcionar un mecanismo para corregir errores, abordar incumplimientos o responder a cambios en las circunstancias que afectan la validez del acuerdo original. Ejemplo: La revocación de la licencia de operación de la empresa se debió a múltiples violaciones de las normativas ambientales.

Revolving (Rotativo): El término rotativo se refiere a un acuerdo financiero o de crédito en el cual se dispone de una línea de crédito continua, que puede ser utilizada, pagada y reutilizada repetidamente hasta un límite establecido.

El pilar fundamental del crédito rotativo proviene de proporcionar flexibilidad financiera a los consumidores y las empresas, permitiéndoles gestionar sus flujos de caja y financiar sus necesidades de manera eficiente. Ejemplo: La tarjeta de crédito ofrece un crédito rotativo que permite a los usuarios hacer compras y pagos a su conveniencia dentro del límite de crédito aprobado.

Revolving credit (Crédito rotativo): El crédito rotativo es una línea de crédito abierta que los prestatarios pueden usar, pagar y volver a usar dentro de un límite de crédito específico. Este tipo de crédito es comúnmente utilizado en tarjetas de crédito y líneas de crédito comerciales.

La influencia del crédito rotativo depende de proporcionar flexibilidad y accesibilidad financiera, permitiendo a los consumidores y empresas gestionar mejor sus necesidades de financiamiento a corto plazo. Ejemplo: La empresa utilizó una línea de crédito rotativo para financiar sus necesidades de capital de trabajo durante la temporada alta.

RFI Request for Information (Solicitud de información): Una solicitud de información es un documento utilizado en el proceso de adquisición para recopilar información preliminar de proveedores potenciales sobre sus productos, servicios o capacidades. El RFI ayuda a las organizaciones a evaluar opciones antes de emitir una solicitud de propuesta formal.

La gravitación comercial del RFI se fundamenta en su capacidad para proporcionar una visión inicial del mercado y ayudar a las organizaciones a identificar proveedores calificados y soluciones adecuadas para sus necesidades. Ejemplo: La empresa emitió una solicitud de información para obtener detalles sobre las soluciones de software disponibles en el mercado.

RFP Request for proposal (Solicitud de propuesta): Una solicitud de propuesta es un documento utilizado en el proceso de adquisición para solicitar ofertas detalladas de proveedores calificados. El RFP incluye especificaciones del proyecto, requisitos y criterios de evaluación.

La preponderancia del RFP se fundamenta en su capacidad para obtener propuestas competitivas y detalladas de proveedores, permitiendo a las organizaciones seleccionar la mejor solución basada en calidad, costo y otros factores clave. Ejemplo: La organización emitió una solicitud de propuesta para contratar un proveedor que desarrollara su nueva plataforma de comercio electrónico.

RFQ - Request for quotation (Solicitud de presupuesto): Una solicitud de presupuesto es un documento utilizado para obtener cotizaciones de precios de proveedores para productos o servicios específicos. El RFQ generalmente se utiliza cuando las especificaciones del producto o servicio están claramente definidas.

La gravitación comercial del RFQ radica en su capacidad para proporcionar una comparación clara de costos entre diferentes proveedores, ayudando a las organizaciones a tomar decisiones informadas sobre compras y adquisiciones. Ejemplo: La empresa envió una solicitud de presupuesto a varios proveedores para obtener cotizaciones sobre el suministro de materiales de construcción.

Ribera (Riverbank): La ribera se refiere a la franja de tierra adyacente a un río. Este término puede tener implicaciones en términos de derechos de propiedad, uso del suelo y protección ambiental.

La relevancia de la ribera se establece en su papel en la conservación del ecosistema fluvial, la prevención de la erosión y la protección de las áreas radicanciales y agrícolas cercanas. Ejemplo: La comunidad local trabajó en un proyecto de restauración de la ribera para mejorar la calidad del agua y proteger la biodiversidad del río.

Rider (Suplemento, endoso): Un suplemento o endoso es una adición a un contrato de seguro que modifica los términos y condiciones de la póliza original. Puede agregar, eliminar o cambiar la cobertura existente.

La trascendencia del suplemento se fundamente en su capacidad para personalizar la póliza de seguro según las necesidades específicas del asegurado, proporcionando una cobertura más adecuada. Ejemplo: El cliente añadió un suplemento a su póliza de seguro de vida para incluir cobertura por enfermedades críticas.

Riders (Cláusulas particulares adicionales): Las cláusulas particulares adicionales son estipulaciones específicas que se añaden a un contrato o póliza para cubrir situaciones particulares o riesgos específicos que no están incluidos en los términos estándar.

La significancia de estas cláusulas gira en torno a su capacidad para adaptar el contrato a situaciones específicas, asegurando una protección más completa y personalizada. Ejemplo: La póliza de seguro marítimo incluyó una cláusula particular adicional para cubrir riesgos asociados con el transporte de mercancías peligrosas.

Rights (Derechos): Los derechos se refieren a los privilegios, facultades o reclamaciones legales que una persona o entidad tiene conforme a la ley o un contrato. En el contexto comercial, esto puede incluir derechos de propiedad, derechos de uso y derechos contractuales.

El impacto global de los derechos se basa en la protección y garantía de intereses legítimos, permitiendo a las personas y entidades ejercer y defender sus intereses conforme a la ley. Ejemplo: El contrato otorgaba al comprador los derechos exclusivos de distribución del producto en el territorio nacional.

Risk (Riesgo): El riesgo se refiere a la posibilidad de que ocurra un evento adverso que pueda causar daños, pérdidas o perjuicios. En el contexto comercial y financiero, el riesgo puede incluir riesgos de mercado, de crédito, operativos y de seguridad.

El mérito de gestionar el riesgo está en la capacidad de anticipar, mitigar y responder a posibles amenazas, protegiendo así los intereses y la estabilidad de la organización. Ejemplo: La empresa implementó un sistema de gestión de riesgos para identificar y mitigar posibles amenazas a sus operaciones.

Road transport (Transporte por carretera o rodoviario): El transporte por carretera se refiere al movimiento de bienes y personas utilizando vehículos como camiones, autobuses y automóviles en redes viales.

El impacto global del transporte por carretera proviene de su flexibilidad, accesibilidad y capacidad para proporcionar entregas puerta a puerta, facilitando el comercio y la distribución de bienes. Ejemplo: La empresa utilizó transporte por carretera para entregar productos frescos directamente a los supermercados locales.

ROI Return on Investment (Retorno sobre la inversión): El retorno sobre la inversión es una medida de la rentabilidad de una inversión, calculada como el beneficio neto obtenido dividido por el costo de la inversión.

La influencia del ROI depende de su capacidad para evaluar la eficiencia y la rentabilidad de una inversión, ayudando a los inversores y las empresas a tomar decisiones informadas sobre dónde asignar sus recursos. Ejemplo: La campaña de marketing digital generó un ROI del 150%, demostrando su efectividad en aumentar las ventas.

Roll on roll off / Ro-Ro (Carga y descarga por rodamiento): El término "roll on roll off" se refiere a un tipo de buque diseñado para transportar vehículos rodantes, como automóviles, camiones y trailers, que se cargan y descargan rodando sobre sus propias ruedas.

La gravitación comercial de los buques Ro-Ro se fundamenta en su eficiencia para el transporte de vehículos y maquinaria pesada, facilitando el comercio internacional de estos bienes. Ejemplo: El fabricante de automóviles exportó sus vehículos a Europa utilizando un buque Ro-Ro.

Ronda Uruguay (Uruguay round): La Ronda Uruguay fue una serie de negociaciones comerciales multilaterales llevadas a cabo bajo el auspicio del Acuerdo General sobre Aranceles Aduaneros y Comercio (GATT), que resultaron en la creación de la Organización Mundial del Comercio (OMC).

La preponderancia de la Ronda Uruguay se sostiene en su impacto en la liberalización del comercio internacional, la reducción de aranceles y la mejora de las reglas comerciales globales. Ejemplo: Las negociaciones de la Ronda Uruguay llevaron a acuerdos significativos que facilitaron el comercio global y promovieron el crecimiento económico.

Rotor ship (Barco de rotores): Un barco de rotores es una embarcación que utiliza rotores de Flettner para generar fuerza propulsora mediante el efecto Magnus. Estos barcos son conocidos por su eficiencia energética y menor impacto ambiental.

La influencia clave de los barcos de rotores reside en su capacidad para reducir el consumo de combustible y las emisiones de carbono, promoviendo la sostenibilidad en el transporte marítimo. Ejemplo: La compañía naviera introdujo un nuevo barco de rotores en su flota para mejorar la eficiencia energética y reducir su huella de carbono.

Round trip (Modalidad del fletamento): La modalidad de fletamento de ida y vuelta se refiere a un acuerdo en el cual un buque es contratado para un viaje de ida y regreso, transportando carga en ambas direcciones.

La relevancia de la modalidad de fletamento de ida y vuelta se centra en su capacidad para maximizar la utilización del buque y reducir los costos operativos al asegurar cargas tanto en el viaje de ida como en el de regreso. Ejemplo: La empresa contrató un buque en modalidad de ida y vuelta para transportar mercancías a Asia y traer productos manufacturados de regreso.

Route (Trayecto): El trayecto se refiere a la ruta específica que sigue un vehículo, buque o aeronave para transportar bienes o personas de un punto a otro. Esta ruta puede estar determinada por factores como la eficiencia, la seguridad y la economía.

La trascendencia de planificar el trayecto se basa en optimizar el tiempo de viaje, los costos y la seguridad, asegurando una entrega eficiente y puntual de los bienes o servicios. Ejemplo: La empresa de logística planificó el trayecto más eficiente para la entrega de productos en múltiples destinos.

Royalty (Regalía): La regalía es un pago realizado a cambio del uso de propiedad intelectual, como patentes, derechos de autor, marcas comerciales o recursos naturales. Este pago suele ser un porcentaje de los ingresos generados por el uso de la propiedad.

La significancia de las regalías radica en proporcionar una compensación justa a los propietarios de la propiedad intelectual, incentivando la innovación y la creatividad. Ejemplo: La empresa pagó regalías por el uso de una tecnología patentada en la producción de sus dispositivos electrónicos.

Rudder (Timón): El timón es un dispositivo de dirección utilizado en buques y aviones para controlar la dirección de navegación. Este componente es esencial para maniobrar y mantener el rumbo deseado.

El eje fundamental del timón se basa en su capacidad para proporcionar control preciso sobre la dirección y estabilidad de la embarcación o aeronave, garantizando una navegación segura y eficiente. Ejemplo: El capitán utilizó el timón para ajustar la trayectoria del buque y evitar una colisión con otra embarcación.

Running costs (Gastos de operar un buque mercante): Los gastos de operar un buque mercante incluyen todos los costos asociados con el funcionamiento y mantenimiento del buque, como combustible, tripulación, mantenimiento y seguros.

El eje estratégico de gestionar los gastos operativos se sostiene en mantener la rentabilidad y eficiencia del buque, asegurando que las operaciones se realicen de manera económica y sostenible. Ejemplo: La empresa naviera optimizó los gastos operativos de su flota mediante el uso de tecnologías de eficiencia energética y programas de mantenimiento preventivo.

Running down clause (Cláusula de colisión): La cláusula de colisión en un contrato de seguro marítimo cubre los daños causados por una colisión del buque asegurado con otro buque. Esta cláusula especifica las condiciones y limitaciones de la cobertura.

El eje fundamental de la cláusula de colisión se basa en proporcionar protección financiera contra los riesgos de colisión, asegurando que los propietarios del buque estén cubiertos por los costos de reparación y posibles reclamaciones de terceros. Ejemplo: La póliza de seguro incluía una cláusula de colisión que cubría los daños causados por el choque del buque asegurado con otra embarcación.

Ruptura de carga (Breaking bulk): La ruptura de carga se refiere al proceso de descargar mercancías de un buque que no están en contenedores, lo que requiere manipulación manual o equipo especializado. Este término también puede referirse a la conversión de carga a granel en unidades más pequeñas para la distribución.

La influencia de la ruptura de carga depende de su capacidad para facilitar la distribución eficiente de mercancías no contenedorizadas, asegurando que los productos lleguen a sus destinos finales en buen estado. Ejemplo: La ruptura de carga en el puerto implicó el uso de grúas y equipos de manipulación para descargar las mercancías a granel y prepararlas para la distribución local.

Términos relacionados a la R

Additional reimbursement (Reembolso adicional): El reembolso adicional se refiere a la compensación extra que se proporciona para cubrir gastos imprevistos o adicionales que no estaban incluidos en el acuerdo original. Este tipo de reembolso puede ser necesario en situaciones donde surgen costos inesperados.

La gravitación comercial del reembolso adicional se fundamenta en la capacidad de las empresas para manejar costos imprevistos sin afectar significativamente sus finanzas, asegurando que todos los gastos relacionados sean cubiertos adecuadamente. Ejemplo: La aseguradora acordó proporcionar un reembolso adicional para cubrir los costos adicionales de reparación de la maquinaria dañada.

Class rate, with reduction (Tarifa de clase inferior a la normal): Esta tarifa se refiere a una tasa de flete reducida aplicada a una clase específica de mercancías, generalmente debido a acuerdos especiales o condiciones favorables de transporte.

La preponderancia de la tarifa de clase inferior a la normal se centra en la posibilidad de reducir costos de transporte para los remitentes, haciendo más competitiva la logística y el comercio. Ejemplo: La compañía naviera ofreció una tarifa de clase inferior a la normal para el transporte de productos agrícolas durante la temporada baja.

Class rate, with surcharge (Tarifa de clase superior a la normal): Esta tarifa se refiere a una tasa de flete aumentada aplicada a una clase específica de mercancías, generalmente debido a condiciones desfavorables de transporte o costos adicionales asociados.

La gravitación internacional de la tarifa de clase superior a la normal radica en la capacidad de las empresas de transporte para cubrir costos adicionales y mantener la viabilidad económica en situaciones especiales. Ejemplo: Durante la temporada alta, la naviera aplicó una tarifa de clase superior a la normal debido a la alta demanda y los mayores costos operativos.

Commodity rate (Tarifa especificada): La tarifa especificada es una tasa de flete establecida para el transporte de un tipo específico de mercancía. Estas tarifas están predeterminadas y se aplican uniformemente a todas las remesas de ese tipo de mercancía.

La relevancia de la tarifa especificada se establece en proporcionar una base clara y predecible para los costos de transporte, facilitando la planificación y el control de costos para los remitentes. Ejemplo: La tarifa especificada para el transporte de acero fue publicada en el contrato de flete, asegurando transparencia y previsibilidad en los costos.

Credit risk (Riesgo de crédito): El riesgo de crédito se refiere a la posibilidad de que una contraparte no cumpla con sus obligaciones financieras, resultando en una pérdida para el prestamista o acreedor. Este riesgo es una consideración clave en las transacciones financieras y comerciales.

La trascendencia del riesgo de crédito consiste en la necesidad de evaluar y gestionar la solvencia de las contrapartes para minimizar las pérdidas y asegurar la estabilidad financiera. Ejemplo: La empresa realizó una evaluación de riesgo de crédito antes de extender una línea de crédito a un nuevo cliente.

Direct reimbursement (Reembolso directo): El reembolso directo se refiere a la compensación proporcionada directamente al asegurado o beneficiario por los gastos incurridos, sin necesidad de intermediarios. Este proceso puede ser más rápido y sencillo que otros métodos de reembolso.

La significancia del reembolso directo estriba en la eficiencia y la rapidez con la que los beneficiarios pueden recibir la compensación por sus gastos, mejorando la satisfacción del cliente. Ejemplo: La compañía de seguros proporcionó un reembolso directo al cliente por los costos médicos incurridos durante su viaje.

Extraordinary risk (Riesgo extraordinario): El riesgo extraordinario se refiere a situaciones de riesgo que exceden las condiciones normales y previsibles, como desastres naturales, conflictos armados o eventos catastróficos. Estos riesgos requieren consideraciones especiales en la planificación y gestión.

El eje fundamental de gestionar riesgos extraordinarios se basa en la capacidad de una empresa para preparar y mitigar el impacto de eventos imprevistos, asegurando la continuidad operativa y la resiliencia. Ejemplo: La póliza de seguros de la empresa incluía cobertura para riesgos extraordinarios, como terremotos y huracanes.

General reimbursement (Reembolso general): El reembolso general se refiere a la compensación proporcionada por gastos comunes y regulares incurridos, conforme a las condiciones de un contrato o póliza de seguro. Este tipo de reembolso abarca una amplia gama de gastos cubiertos.

El pilar fundamental del reembolso general está en la flexibilidad y amplitud de la cobertura, permitiendo a los beneficiarios recuperar costos relacionados con una variedad de situaciones previstas. Ejemplo: El reembolso general cubrió los gastos médicos y de viaje del empleado durante su misión en el extranjero.

Indirect reimbursement (Reembolso indirecto): El reembolso indirecto se refiere a la compensación proporcionada a través de intermediarios o terceros, en lugar de pagarse directamente al asegurado o beneficiario. Este método puede utilizarse para simplificar el proceso de compensación.

El impacto global del reembolso indirecto proviene de la posibilidad de gestionar pagos y compensaciones de manera más estructurada y eficiente, especialmente en situaciones complejas o con múltiples partes involucradas. Ejemplo: La aseguradora proporcionó un reembolso indirecto a través del hospital, cubriendo los costos del tratamiento directamente.

Manufacture risk (Riesgo de fabricación): El riesgo de fabricación se refiere a la posibilidad de que ocurran problemas o fallos durante el proceso de producción que resulten en productos defectuosos, retrasos o costos adicionales. Este riesgo es una preocupación clave en la gestión de la calidad y la producción.

La influencia de gestionar el riesgo de fabricación depende en asegurar la calidad y la eficiencia del proceso de producción, minimizando las pérdidas y garantizando la satisfacción del cliente. Ejemplo: La empresa implementó un sistema de control de calidad para reducir el riesgo de fabricación y asegurar que todos los productos cumplieran con los estándares establecidos.

Specific commodity rate (Tarifa para mercadería específica): La tarifa para mercadería específica es una tasa de flete determinada para un tipo particular de producto, que puede variar según las características del producto, la demanda del mercado y los costos de transporte.

La gravitación comercial de la tarifa para mercadería específica se fundamenta en su capacidad para reflejar las condiciones particulares de transporte de ese producto, proporcionando una estimación de costos más precisa y equitativa. Ejemplo: La tarifa para mercadería específica de productos electrónicos reflejaba los costos adicionales de manejo y seguridad necesarios.

Temporary rate (Tarifa temporaria): La tarifa temporaria es una tasa de flete que se aplica por un período limitado de tiempo, generalmente en respuesta a condiciones de mercado específicas, promociones o cambios estacionales.

La preponderancia de la tarifa temporaria se encuentra en su capacidad para adaptarse a las fluctuaciones del mercado y necesidades específicas de las empresas, ofreciendo flexibilidad en la fijación de precios. Ejemplo: La naviera introdujo una tarifa temporaria reducida para atraer más clientes durante la temporada baja.

To reject (Rechazar): Rechazar se refiere a la acción de no aceptar bienes, servicios o propuestas debido a incumplimientos de términos, defectos o insatisfacción con las condiciones ofrecidas. En comercio, puede referirse al rechazo de mercancías defectuosas o no conformes.

La influencia determinante de rechazar gira en torno a proteger los intereses de las partes involucradas, asegurando que solo se acepten productos y servicios que cumplan con los estándares y expectativas acordadas. Ejemplo: El comprador rechazó la entrega de productos debido a defectos visibles que no cumplían con las especificaciones del contrato.

To rescind (Rescindir): Rescindir se refiere a la anulación de un contrato, acuerdo o acto legal por mutuo acuerdo de las partes o debido a incumplimientos significativos. Esto puede devolver a las partes a su estado original antes del contrato.

La relevancia de rescindir se establece en la capacidad de corregir errores, abordar incumplimientos y resolver conflictos contractuales de manera justa y legal. Ejemplo: Las partes decidieron rescindir el contrato de suministro debido a la incapacidad del proveedor para cumplir con los términos acordados.

To reship (Reembarcar): Reembarcar se refiere al proceso de enviar nuevamente mercancías que ya han sido importadas o exportadas a un nuevo destino. Esto puede ser necesario debido a errores en el destino original, cambios en la demanda del mercado o estrategias logísticas.

La trascendencia del reembarque consiste en la flexibilidad y eficiencia que proporciona en la gestión de la cadena de suministro, permitiendo a las empresas responder rápidamente a cambios y optimizar sus operaciones. Ejemplo: Las mercancías fueron reembarcadas a un nuevo mercado debido a un cambio en la demanda de los productos.

To rummage (Registrar): Registrar se refiere a la inspección minuciosa de mercancías, equipajes o vehículos por parte de autoridades aduaneras o de seguridad para verificar el cumplimiento de las regulaciones y prevenir el contrabando.

La significancia de registrar se basa en proteger la seguridad pública y asegurar el cumplimiento de las leyes y normativas aduaneras, evitando la entrada de bienes ilegales o peligrosos. Ejemplo: Las autoridades aduaneras procedieron a registrar los contenedores en el puerto para asegurarse de que no contenían mercancías prohibidas.

Complete set (Juego completo): Un conjunto completo se refiere a todos los elementos necesarios para completar una tarea o función específica, presentados como un paquete único. En el contexto del marketing, esto puede implicar un paquete de productos o servicios ofrecidos como una solución integral a los clientes, abarcando todas sus necesidades de manera coherente y eficiente.

El eje fundamental se centra en ofrecer a los clientes una solución integral que cubra todas sus necesidades, lo que puede aumentar la satisfacción del cliente y la lealtad a la marca. Ejemplo: Una agencia de marketing digital puede ofrecer un "Juego Completo" de servicios que incluye SEO, gestión de redes sociales, y publicidad pagada.

Partial shipment (Embarque parcial): El embarque parcial ocurre cuando una orden de compra se envía en varias entregas separadas. Esto puede suceder debido a la disponibilidad limitada de los productos, para satisfacer la urgencia de una parte del pedido, o por conveniencia logística, permitiendo a las empresas gestionar mejor su inventario y cumplir con las expectativas del cliente.

El alcance prioritario del embarque parcial en el marketing radica en la capacidad de cumplir con las demandas del cliente de manera oportuna, incluso si la totalidad del pedido no está disponible de inmediato. Ejemplo: Una tienda en línea envía una parte del pedido del cliente porque algunos artículos están temporalmente fuera de stock.

S

SA Harmonized System (Sistema Armonizado): El Sistema Armonizado es una nomenclatura internacional de productos desarrollada por la Organización Mundial de Aduanas para clasificar los bienes comercializados a nivel mundial. Esta clasificación se utiliza en la gestión de aranceles, regulaciones comerciales y estadísticas, facilitando el comercio internacional y reduciendo barreras comerciales.

El eje fundamental del Sistema Armonizado en marketing y comercio internacional es crucial para estandarizar y facilitar el comercio entre países, asegurando una clasificación uniforme de productos. Ejemplo: Un exportador de textiles usa el Sistema Armonizado para clasificar sus productos, facilitando su exportación a múltiples países.

SAARC South Asian Association for Regional Cooperation (Asociación de Asia del Sur para la Cooperación Regional): SAARC es una organización regional en el sur de Asia creada para promover el desarrollo económico y regional y la cooperación entre sus estados miembros. Sus objetivos incluyen la promoción del bienestar social, el crecimiento económico y la cooperación técnica y científica entre los países miembros.

La influencia de SAARC en marketing internacional gira en torno a la promoción del comercio y la cooperación económica entre los países miembros, abriendo mercados y oportunidades de colaboración. Ejemplo: Una empresa india que busca expandir su mercado en Asia del Sur puede beneficiarse de las políticas de libre comercio promovidas por SAARC.

Sack (Saco, bolsa): En comercio y logística, un saco se refiere a un contenedor de almacenamiento flexible para mercancías, típicamente utilizado para transportar grandes cantidades de productos a granel. En un contexto histórico o de conflicto, saqueo se refiere a la acción de tomar bienes por la fuerza durante una invasión o disturbios.

La gravitación comercial de los sacos en el marketing y la logística es fundamental para el transporte y almacenamiento eficiente de productos a granel, permitiendo un manejo más fácil y una mejor protección de los productos. Ejemplo: Los productores agrícolas utilizan sacos grandes para el transporte de granos a los mercados y distribuidores.

Said by shipper to contain (dice Contener según el cargador): Esta frase se usa en documentos de transporte y aduanas para indicar que la información sobre el contenido de un envío ha sido proporcionada por el cargador y no ha sido verificada independientemente por la compañía de transporte. Esto ayuda a limitar la responsabilidad de la compañía de transporte por discrepancias en la carga.

La preponderancia de la declaración es que protege a las empresas de transporte y logística de responsabilidades legales en caso de que la carga no coincida con la descripción proporcionada por el cargador. Ejemplo: Un transportista incluye "Dice Contener según el Cargador" en el conocimiento de embarque para especificar que la descripción del contenido fue proporcionada por el remitente.

Said to contain (Descripción de la mercancía): Similar a "Said by Shipper to Contain", esta frase se usa para indicar que la información sobre el contenido del envío ha sido proporcionada por una parte no verificada por la compañía de transporte. Es una manera de transferir la responsabilidad de la exactitud de la descripción al cargador.

La importancia de esta frase proviene de proteger a las compañías de transporte de cualquier responsabilidad por contenido incorrecto o discrepancias en la carga, asegurando que la responsabilidad recae en el remitente. Ejemplo: Un documento de transporte internacional incluye "Descripción de la Mercancía" para aclarar que la información sobre el contenido del envío ha sido proporcionada por el remitente.

Said to weight (Dice pesar): Esta frase se utiliza en documentos de transporte para indicar que el peso declarado de la carga ha sido proporcionado por el cargador y no ha sido verificado por la compañía de transporte. Esto limita la responsabilidad de la compañía de transporte respecto al peso exacto de la carga.

La relevancia de esta declaración es proteger a las empresas de transporte de posibles disputas sobre el peso real de la carga, trasladando la responsabilidad al remitente. Ejemplo: En un conocimiento de embarque se incluye "Dice Pesar" para indicar que el peso de la mercancía ha sido declarado por el remitente.

Saldo de caja (Cash balance): Se refiere al monto total de efectivo disponible en la caja registradora o en las cuentas de efectivo de una empresa en un momento dado. Es un indicador clave de la liquidez de una empresa.

La trascendencia del saldo de caja depende de la capacidad de la empresa para cumplir con sus obligaciones financieras inmediatas y planificar sus operaciones futuras. Ejemplo: Al cierre del día, el gerente revisa el saldo de caja para asegurarse de que todas las transacciones han sido registradas correctamente.

Salida definitiva (Final sailing): Se refiere a la última salida de un buque desde un puerto de origen hacia su destino final. Esto marca el comienzo de la fase final del transporte marítimo de la carga.

La significancia de la salida definitiva es crítica para coordinar las operaciones logísticas y asegurar que la carga llegue a su destino a tiempo. Ejemplo: El transportista notifica a todas las partes involucradas sobre la salida definitiva del buque, iniciando la cuenta regresiva para la llegada de la carga al puerto de destino.

Salida temporal (temporary export or temporary removal): Este término se refiere a la exportación de bienes fuera de un país por un período limitado, generalmente para su uso en ferias comerciales, exposiciones o para reparaciones, con la expectativa de que los bienes regresen al país de origen.

La influencia comercial de la exportación temporal se fundamenta en la facilitación del comercio internacional, permitiendo a las empresas mostrar o utilizar sus productos en el extranjero sin la carga de los impuestos y aranceles de importación permanentes. Ejemplo: Una empresa tecnológica exporta temporalmente sus equipos a una feria internacional con la intención de reimportarlos después del evento.

Salvage (Salvamento): En términos de transporte marítimo, el salvamento se refiere a la recuperación de un buque o su carga después de un accidente o naufragio. Esto puede implicar la reparación, recuperación de la carga o la venta de lo recuperado.

El alcance estratégico del salvamento radica en la minimización de las pérdidas económicas y ambientales después de un incidente marítimo. Ejemplo: tras un naufragio, la compañía naviera contrata servicios de salvamento para recuperar la carga valiosa del buque hundido.

Salvaguardas (Safeguards): Las salvaguardas son medidas temporales impuestas por un país para proteger a una industria específica de un aumento repentino en las importaciones que podría causar daño significativo. Estas medidas pueden incluir aranceles adicionales o restricciones cuantitativas.

El impacto global de las salvaguardas es proteger las industrias nacionales de choques económicos repentinos, permitiendo que se adapten a las nuevas condiciones del mercado. Ejemplo: Un país impone salvaguardas sobre la importación de acero para proteger a sus fabricantes nacionales de una oleada de importaciones baratas.

Salvo error ú omisión (Errores and omissions excepted): Esta frase se utiliza en documentos comerciales y financieros para indicar que, aunque se ha puesto el máximo cuidado en la preparación del documento, pueden existir errores u omisiones no intencionadas. Este tipo de cláusula es común en facturas, contratos y otros documentos oficiales donde la precisión es crucial, pero se reconoce que los errores humanos son posibles.

La influencia de esta cláusula se encuentra en proteger a las partes de posibles reclamaciones debido a errores menores en la documentación, minimizando las disputas y asegurando una resolución amigable. Ejemplo: Una factura de venta incluye la cláusula "Salvo error u Omisión" para prevenir disputas por errores menores no intencionados.

Sample (Muestra): Una muestra es una pequeña parte de un producto tomada como ejemplo para evaluar su calidad, características o idoneidad antes de realizar una compra más grande. Las muestras pueden ser físicas, como una porción de alimento, o digitales, como una vista previa de software, y son esenciales en diversos sectores para asegurar la satisfacción del cliente.

La gravitación comercial de las muestras en el marketing es permitir a los clientes potenciales evaluar un producto antes de comprometerse con una compra significativa, lo que puede aumentar la confianza y las ventas. Ejemplo: Un fabricante de cosméticos envía una muestra de su nuevo perfume a los clientes para que lo prueben antes de comprar el producto completo.

Sample order (Pedido de muestra): Un pedido de muestra es una solicitud para recibir una pequeña cantidad de un producto para evaluación antes de realizar un pedido más grande. Este tipo de pedido es común en el comercio B2B, donde las empresas necesitan asegurarse de la calidad y especificaciones del producto antes de comprar en grandes volúmenes.

La preponderancia de los pedidos de muestra es que permiten a los clientes evaluar la calidad y la idoneidad de un producto sin un compromiso financiero significativo, lo que puede reducir riesgos y fomentar relaciones comerciales a largo plazo. Ejemplo: Una tienda minorista realiza un pedido de muestra de una nueva línea de ropa para evaluar su calidad antes de agregarla a su inventario.

SBT Segregated Ballast Tanks (Estanques de lastre segregado): Los estanques de lastre segregado son tanques dedicados en un buque diseñados exclusivamente para llevar agua de lastre, separándola del cargamento. Estos tanques ayudan a mantener la estabilidad del buque y reducir el riesgo de contaminación del cargamento con agua de lastre, que puede contener organismos marinos invasivos.

La influencia clave de los estanques de lastre segregado radica en la protección del medio ambiente marino y la mejora de la seguridad del buque al evitar la contaminación del cargamento. Ejemplo: Un petrolero moderno está equipado con estanques de lastre segregado para cumplir con las regulaciones ambientales internacionales.

Scattings (Maderos): En el contexto marítimo, los "scattings" se refieren a piezas de madera que se utilizan como soportes o refuerzos temporales en la construcción o reparación de buques. Estas maderas se emplean para mantener estructuras en su lugar durante la fase de construcción o para proporcionar soporte adicional durante el transporte de cargas pesadas.

La relevancia de los "scattings" se establece en su capacidad para proporcionar soporte estructural temporal, mejorando la seguridad y estabilidad durante las operaciones de construcción o carga. Ejemplo: Durante la reparación de un buque, se utilizaron maderos para asegurar partes de la estructura mientras se llevaban a cabo las reparaciones.

Scrap voyage (Último viaje de un buque): Un "Scrap Voyage" se refiere al último viaje de un buque antes de ser desmantelado. Este viaje final generalmente lleva el buque a un astillero especializado donde será desguazado y reciclado. El término indica que el buque ha llegado al final de su vida útil operativa y su destino final es el desguace.

La trascendencia de un "Scrap Voyage" radica en la gestión eficiente del ciclo de vida del buque, permitiendo el reciclaje de materiales y componentes valiosos, y contribuyendo a prácticas sostenibles en la industria marítima. Ejemplo: Un buque petrolero antiguo partió en su "Último Viaje" hacia un astillero en India para ser desmantelado y reciclado.

Scuttled ship (Buque que se fue a pique): Un buque que se ha hundido deliberadamente, a menudo para evitar que sea capturado por el enemigo, o como una forma de deshacerse de una embarcación en desuso de manera controlada. El acto de hundir intencionalmente un barco se conoce como "scuttling".

La significancia de un "Scuttled Ship" puede estar en evitar que recursos caigan en manos enemigas o en crear arrecifes artificiales para la vida marina, dependiendo del contexto de su hundimiento. Ejemplo: Durante la guerra, el capitán ordenó que el buque se fuera a pique para evitar su captura por fuerzas enemigas.

SDR Special Drawing Rights (Derechos especiales de giro - DEG): Los Derechos Especiales de Giro son un activo de reserva internacional creado por el Fondo Monetario Internacional (FMI) para complementar las reservas oficiales de los países miembros. Los DEG pueden intercambiarse por monedas libremente utilizables de los países miembros del FMI.

La importancia de los DEG depende en proporcionar liquidez adicional a los países y ayudar a estabilizar la economía global en tiempos de crisis financiera. Ejemplo:

Durante una crisis financiera, un país puede utilizar sus Derechos Especiales de Giro para obtener divisas necesarias para sus importaciones.

SDRAFT Summer Draft (Calado de verano): El calado de verano se refiere a la profundidad máxima a la que un buque puede sumergirse cuando está cargado en condiciones de verano. Esta medida es crucial para garantizar que el buque mantenga la estabilidad y seguridad durante su navegación.

El impacto global del calado de verano es asegurar que el buque opere dentro de sus límites seguros, evitando el riesgo de sobrecarga y garantizando la seguridad en diferentes condiciones de navegación. Ejemplo: El capitán verifica el calado de verano del buque antes de zarpar para asegurarse de que no esté sobrecargado.

SDT Shippers' Declaration of Dangerous Goods (Declaración de cargadores para el transporte de mercancías peligrosas): Este documento es una declaración proporcionada por el cargador que detalla la naturaleza de las mercancías peligrosas que se transportarán. Es crucial para la seguridad del transporte, proporcionando información sobre cómo manejar, almacenar y transportar las mercancías de manera segura.

El eje fundamental de la SDT radica en asegurar que todas las partes involucradas en el transporte estén al tanto de los riesgos y las medidas de seguridad necesarias, reduciendo el riesgo de accidentes. Ejemplo: Antes de enviar productos químicos, el cargador completa la SDT para informar a la compañía naviera sobre los riesgos y las precauciones necesarias.

Sea trials (Pruebas en la mar o de navegación): Las pruebas en el mar son ensayos realizados con un buque en condiciones operativas reales para evaluar su rendimiento y capacidades. Estas pruebas son esenciales para garantizar que el buque cumple con todos los requisitos de seguridad y operatividad antes de entrar en servicio activo.

La influencia de las pruebas en el mar se basa en la validación del diseño y la construcción del buque, asegurando que esté listo y sea seguro para su uso comercial o militar. Ejemplo: Un nuevo crucero realiza sus pruebas en la mar para verificar sus sistemas de navegación y seguridad antes de recibir pasajeros.

Sea water (Desgaste natural por el uso del buque): El término "Sea Water" en este contexto se refiere al desgaste natural que sufre un buque debido a su exposición constante al agua salada. Este desgaste puede incluir corrosión y deterioro de materiales, lo que afecta la integridad estructural del buque con el tiempo.

La influencia estratégica de monitorear el desgaste natural por el uso del buque es crucial para el mantenimiento preventivo, asegurando que el buque permanezca en condiciones operativas seguras y eficientes. Ejemplo: El equipo de mantenimiento revisa regularmente el casco del buque para detectar signos de corrosión causada por el agua salada.

Sea Waybill (Documento de embarque marítimo): Un documento de embarque marítimo es un contrato de transporte de mercancías por mar que no se transfiere mediante endoso. A diferencia del conocimiento de embarque, el documento de embarque marítimo no representa la propiedad de la mercancía, pero proporciona prueba del contrato de transporte y las condiciones acordadas.

La preponderancia del documento de embarque marítimo es facilitar el transporte eficiente de mercancías, proporcionando evidencia de las condiciones del contrato sin la necesidad de transferir la propiedad. Ejemplo: Una compañía de transporte utiliza un documento de embarque marítimo para detallar las condiciones del envío de mercancías sin transferir la propiedad.

Seaworthiness (Navegabilidad): La navegabilidad se refiere a la condición de un buque que lo hace apto y seguro para navegar en el mar, cumpliendo con todos los requisitos legales, técnicos y de seguridad. Esto incluye la integridad estructural, el estado de los equipos y la competencia de la tripulación.

La influencia determinante de la navegabilidad es fundamental para la seguridad de la tripulación, la carga y el buque mismo, asegurando que el buque pueda realizar su viaje de manera segura y eficiente. Ejemplo: Antes de zarpar, se realiza una inspección exhaustiva para certificar la navegabilidad del buque, garantizando que cumple con todas las regulaciones necesarias.

Seaworthiness certificate (Certificado de navegabilidad): El certificado de navegabilidad es un documento emitido por una autoridad competente que certifica que un buque cumple con todos los requisitos necesarios para navegar de manera segura. Este certificado es crucial para la operación legal del buque y suele ser requerido antes de que se le permita zarpar.

La relevancia del certificado de navegabilidad está en asegurar que el buque ha sido inspeccionado y cumple con las normas de seguridad, protegiendo así a la tripulación, la carga y el medio ambiente. Ejemplo: Un buque mercante obtiene su certificado de navegabilidad después de pasar una inspección completa por la autoridad marítima.

Seguro (Insurance): El seguro es un contrato en el cual una compañía de seguros se compromete a indemnizar al asegurado en caso de que ocurra un evento específico, a cambio del pago de una prima. En el contexto del marketing, el seguro puede cubrir una amplia gama de riesgos, desde daños a productos hasta responsabilidades legales.

La trascendencia del seguro proviene de la protección financiera que proporciona, permitiendo a las empresas mitigar riesgos y garantizar la continuidad operativa en caso de imprevistos. Ejemplo: Una empresa contrata un seguro para cubrir posibles daños a sus instalaciones debido a desastres naturales.

Seis ures (Apoderamiento): Este término, aunque menos común, se refiere al acto de apoderarse de algo, especialmente en un contexto legal o contractual. Puede implicar la toma de posesión de bienes o derechos bajo ciertas condiciones acordadas.

La significancia del apoderamiento depende de la transferencia legal y segura de derechos o propiedades, asegurando que las partes involucradas cumplen con sus obligaciones contractuales. Ejemplo: En un contrato de arrendamiento, el arrendador puede incluir una cláusula de apoderamiento para tomar posesión de la propiedad si el arrendatario incumple con los pagos.

Self-trimmed (auto-recortado o autoajustado): Este término se refiere a la capacidad de ciertos tipos de carga, como los granos, de distribuirse uniformemente por sí mismos dentro de un compartimento de carga. Esto reduce la necesidad de intervención manual para asegurar la carga de manera adecuada.

El protagonismo esencial de la carga que se trima por sí misma es la eficiencia y seguridad en la carga y descarga, minimizando el riesgo de desequilibrios que podrían afectar la estabilidad del buque. Ejemplo: Durante la carga de granos en un buque granelero, se observa que la carga se trima por sí misma, asegurando una distribución uniforme sin necesidad de intervención adicional.

Seller (Vendedor): El vendedor es la persona o entidad que ofrece productos o servicios a cambio de una compensación económica. En el contexto del marketing, el vendedor juega un papel crucial en la entrega de valor a los clientes y en la generación de ingresos para la empresa.

El mérito del vendedor se fundamenta en su capacidad para satisfacer las necesidades del cliente, construir relaciones a largo plazo y fomentar la lealtad hacia la marca. Ejemplo: Un vendedor de una tienda de electrónica ayuda a los clientes a elegir el mejor dispositivo según sus necesidades, lo que mejora la experiencia de compra y aumenta las ventas.

Sello (Seal): En el contexto de comercio y logística, un sello es un dispositivo o marca que se utiliza para asegurar y autenticar documentos, paquetes o contenedores. Puede ser un sello físico, como un lacre o una etiqueta adhesiva, o un sello electrónico que certifica la autenticidad de documentos digitales.

El eje fundamental del sello se encuentra en su función para garantizar la integridad y autenticidad de la información o los bienes, proporcionando seguridad adicional contra alteraciones y asegurando que los documentos o paquetes no hayan sido manipulados. Un ejemplo sería el uso de un sello de seguridad en un contenedor de mercancías para asegurar que no ha sido abierto o alterado durante el transporte, protegiendo así la mercancía y asegurando su llegada en las condiciones originales.

Sender (Remitente): El remitente es la persona o entidad que envía un paquete, carta o cualquier tipo de correspondencia. En el ámbito comercial, el remitente es responsable de preparar y despachar los bienes para su entrega.

La influencia del remitente en la cadena de suministro es crucial para asegurar que los productos se envíen correctamente y lleguen a su destino en buen estado. Ejemplo: Una empresa de comercio electrónico actúa como remitente al enviar productos a sus clientes tras recibir sus pedidos en línea.

Sentina (Bilge): La sentina es la parte más baja de un buque, donde se acumulan el agua y otros líquidos no deseados que se filtran en el casco. Mantener la sentina limpia y libre de acumulaciones es esencial para la seguridad y eficiencia del buque.

La consideración esencial de la sentina reside en su papel de la prevención de daños estructurales y problemas de estabilidad, asegurando un entorno seguro y operativo para el buque. Ejemplo: El equipo de mantenimiento del buque revisa y limpia la sentina regularmente para evitar acumulaciones de agua y residuos que puedan comprometer la seguridad.

Servicio de manipuleo (Handling service): Se refiere a los servicios de manejo y movimiento de mercancías dentro de un puerto o instalación de almacenamiento. Esto incluye la carga, descarga y traslado de productos para su posterior transporte.

La preponderancia del servicio de manipuleo se establece en su capacidad para asegurar que las mercancías se manejen de manera eficiente y segura, minimizando el riesgo de daños y mejorando la velocidad de las operaciones logísticas. Ejemplo: Una empresa de logística contrata servicios de manipuleo en un puerto para garantizar que sus contenedores se carguen y descarguen rápidamente, optimizando el tiempo de tránsito.

Servicios portuarios (Port services): Conjunto de actividades y facilidades proporcionadas en un puerto para apoyar la llegada, salida y manejo de buques y mercancías. Estos servicios incluyen operaciones como carga y descarga de mercancías, amarre de embarcaciones, suministro de agua y combustible, así como servicios aduaneros y de logística.

La consideración esencial de los servicios portuarios se sustenta en su rol crucial para el funcionamiento eficiente del comercio internacional y la cadena de suministro, facilitando el movimiento fluido de bienes y asegurando que las operaciones portuarias se realicen de manera segura y efectiva. Un ejemplo sería un puerto que ofrece servicios de carga y descarga para contenedores, gestión de aduanas, y soporte técnico a las embarcaciones, asegurando que los productos se muevan rápidamente desde y hacia el puerto.

Set (Juego de documentos): Un juego de documentos se refiere a un conjunto completo de documentos requeridos para un proceso específico, como el despacho aduanero, el transporte de mercancías o la formalización de un contrato. Estos documentos pueden incluir facturas, conocimientos de embarque, certificados de origen, entre otros.

La relevancia de un juego de documentos se basa en asegurar que toda la información necesaria esté disponible y en orden, facilitando el cumplimiento legal y la eficiencia operativa. Ejemplo: Para exportar productos a otro país, la empresa prepara un juego de documentos que incluye la factura comercial, el conocimiento de embarque y el certificado de origen.

Settlement options (Opciones de pago): Las opciones de pago se refieren a los diferentes métodos disponibles para que los compradores paguen por los bienes o servicios adquiridos. Esto puede incluir pagos en efectivo, transferencias bancarias, tarjetas de crédito, entre otros.

La trascendencia de ofrecer diversas opciones de pago se fundamenta en proporcionar flexibilidad y conveniencia a los clientes, lo que puede mejorar la satisfacción del cliente y aumentar las ventas. Ejemplo: Una tienda en línea ofrece múltiples opciones de pago, incluyendo PayPal y tarjetas de crédito, para facilitar el proceso de compra para sus clientes.

Share (Cuota): Una cuota es una parte proporcional de algo que se divide entre varias partes. En el contexto del marketing y los negocios, puede referirse a la participación de mercado, la distribución de beneficios, o la asignación de recursos.

La significancia de entender y gestionar las cuotas radica en la capacidad de evaluar la posición competitiva de una empresa y planificar estrategias de crecimiento y distribución de recursos. Ejemplo: Una empresa analiza su cuota de mercado para determinar su posición frente a la competencia y planificar su estrategia de marketing.

Sheer (Arrufo): El arrufo es la curvatura longitudinal hacia arriba de la cubierta de un buque desde la mitad hacia los extremos. Esta característica de diseño mejora la navegabilidad y ayuda a evitar que el agua se acumule en la cubierta.

El eje fundamental del arrufo proviene de su contribución a la estabilidad y seguridad del buque en el mar, mejorando su capacidad para manejar olas y condiciones adversas. Ejemplo: El diseño del nuevo buque incluye un arrufo pronunciado para mejorar su rendimiento en mares agitados.

Shifting boards (Arcadas, mamparos de contención): Las arcadas o mamparos de contención son estructuras internas en los buques que se utilizan para mantener la carga en su lugar y evitar su desplazamiento durante el viaje. Estos mamparos pueden ser temporales o permanentes, dependiendo del tipo de carga.

El alcance prioritario de los mamparos de contención se sostiene en la seguridad de la carga y la estabilidad del buque, evitando desplazamientos que podrían causar daños o desequilibrio. Ejemplo: Durante la carga de mercancías a granel, se instalan mamparos de contención para asegurar que la carga se mantenga estable durante el viaje.

Ship (Buque): Un buque es una embarcación grande diseñada para el transporte de mercancías o pasajeros a través de cuerpos de agua. Los buques pueden variar significativamente en tamaño y función, desde pequeños barcos de pesca hasta enormes petroleros y portacontenedores.

El pilar fundamental de los buques en el comercio global es incuestionable, ya que facilitan el transporte de grandes volúmenes de mercancías de manera eficiente y económica. Ejemplo: Un buque portacontenedores llega al puerto cargado con productos electrónicos para ser distribuidos en todo el país.

Shipment (Embarque o envío): El término embarque o envío se utiliza para describir el acto de transportar bienes de un lugar a otro. Este proceso incluye la preparación de los productos, su carga en el medio de transporte y la entrega en el destino final.

La influencia del embarque o envío se fundamenta en la capacidad de las empresas para satisfacer la demanda del cliente, mantener el flujo de inventario y asegurar que los productos lleguen a su destino de manera eficiente. Ejemplo: El envío de los nuevos modelos de teléfonos móviles se realizó mediante transporte aéreo para cumplir con los plazos de lanzamiento en el mercado.

Shipowner (Armador propietario): El armador propietario es la persona o entidad que posee un buque y es responsable de su operación y mantenimiento. Este término se refiere específicamente a los propietarios que gestionan activamente sus embarcaciones.

La influencia clave del armador propietario se encuentra en la gestión eficiente y segura del buque, asegurando que cumpla con todas las normativas y esté en condiciones óptimas para operar. Ejemplo: El armador propietario de la flota pesquera invierte en el mantenimiento regular de los buques para garantizar su longevidad y eficiencia operativa.

Shipper (Cargador, fletador, expedidor): El cargador, fletador o expedidor es la persona o empresa que envía mercancías a través de un medio de transporte. Esta entidad es responsable de preparar, empaquetar y entregar las mercancías al transportista para su envío.

La preponderancia del cargador reside en su papel en la cadena de suministro, asegurando que los productos estén correctamente preparados y documentados para su transporte seguro y eficiente. Ejemplo: El cargador preparó la documentación y el embalaje de los productos antes de entregarlos a la empresa de transporte para su envío internacional.

Shipper (Embarcador): El embarcador es la persona o entidad que contrata el transporte de mercancías, siendo responsable de preparar y entregar los productos al transportista. Este término es común en el comercio internacional y nacional.

La gravitación internacional del embarcador es crucial para la logística y la distribución de mercancías, ya que garantiza que los productos se envíen de manera adecuada y cumpliendo con todas las normativas necesarias. Ejemplo: El embarcador coordinó la logística del envío de productos farmacéuticos, asegurando que se mantuvieran las condiciones adecuadas durante el transporte.

Shipping (Transporte internacional de mercancías) El shipping en comercio exterior se refiere al transporte internacional de mercancías desde el exportador (vendedor) hasta el importador (comprador). Este proceso es una parte fundamental de la cadena de suministro global y abarca la planificación, ejecución y gestión del movimiento de bienes a través de diferentes medios de transporte, como marítimo, aéreo o terrestre.

Importancia del Shipping en Comercio Exterior

1. Facilita el comercio internacional:
   - Permite que las mercancías lleguen desde un país productor a un país consumidor, lo que es esencial para el intercambio global de bienes.
2. Conecta mercados:
   - El shipping une a productores y consumidores en diferentes partes del mundo, permitiendo el acceso a productos que no están disponibles localmente.
3. Impacto económico:
   - Es un motor clave para la economía global, ya que genera empleo, impulsa industrias relacionadas (como logística y seguros) y contribuye al crecimiento de los países.
4. Eficiencia en la cadena de suministro:
   - Un shipping bien gestionado asegura que las mercancías lleguen a tiempo y en buenas condiciones, lo que es crucial para mantener la satisfacción del cliente y la competitividad.
5. Cumplimiento de normativas:
   - El shipping incluye la gestión de documentos aduaneros y el cumplimiento de regulaciones internacionales, lo que garantiza que las operaciones de comercio exterior sean legales y seguras.

Ejemplo de Shipping en Comercio Exterior Caso: Exportación de café peruano a Alemania

1. Proceso de Shipping:
   - Un productor de café en Perú vende 20 toneladas de café a un importador en Alemania.

- El café se empaca en sacos y se traslada en camión desde la finca hasta el puerto de Chancay.
- En el puerto, el café se carga en un contenedor y se embarca en un buque de carga con destino al puerto de Hamburgo, Alemania.
- Durante el viaje, se gestionan documentos como el Bill of Lading (Conocimiento de Embarque) y se asegura la mercancía.
- Al llegar a Hamburgo, el café pasa por la aduana y se transporta en camión hasta el almacén del importador.

2. Importancia en este caso:
   - El shipping permite que el café Peruano llegue a los consumidores alemanes, lo que genera ingresos para el productor y satisface la demanda en Alemania.
   - Además, el uso de contenedores y la planificación logística reducen costos y aseguran que el café llegue en óptimas condiciones.
3. Documentos clave:
   - Bill of Lading: Prueba de la entrega de la mercancía al transportista.
   - Certificado de Origen: Acredita que el café es 100% peruano.
   - Lista de Empaque: Detalla el contenido del envío.

Medios de Transporte en Shipping

1. Marítimo:
   - Ideal para cargas grandes y de bajo costo (ejemplo: contenedores con café, maquinaria, etc.).
   - Es el medio más utilizado en el comercio internacional.
2. Aéreo:
   - Usado para mercancías urgentes, perecederas o de alto valor (ejemplo: productos electrónicos, medicinas, joyas).
3. Terrestre:
   - Para envíos entre países cercanos o dentro de una región (ejemplo: transporte por carretera o ferrocarril entre países de la Unión Europea).

Shipping agent (Agente marítimo): El agente marítimo es una persona o empresa que actúa en nombre del propietario del buque o del fletador para gestionar los asuntos del buque en puerto. Esto puede incluir la organización de la carga y descarga, la provisión de suministros y la coordinación con las autoridades portuarias.

La relevancia del agente marítimo es fundamental para asegurar una operación portuaria eficiente y sin contratiempos, facilitando el comercio marítimo. Ejemplo: El agente marítimo coordinó la llegada del buque, asegurándose de que todos los permisos y servicios estuvieran listos para una operación fluida.

Shipping company (Compañía naviera): Una compañía naviera es una empresa que posee y opera buques para el transporte de mercancías y pasajeros por mar. Estas compañías juegan un papel vital en el comercio global, conectando mercados a través de rutas marítimas.

La trascendencia de una compañía naviera se establece en su capacidad para ofrecer soluciones logísticas eficientes y confiables, facilitando el movimiento de bienes a nivel internacional. Ejemplo: La compañía naviera lanzó una nueva ruta comercial para conectar puertos en América del Sur y Asia, mejorando los tiempos de tránsito y reduciendo costos.

Shipping document (Documento de embarque): Un documento de embarque es un contrato de transporte que detalla las condiciones bajo las cuales se transportan las mercancías. Este documento puede incluir información sobre el cargador, el destinatario, la descripción de la carga, y las condiciones de transporte.

La significancia del documento de embarque es esencial para la claridad y legalidad del proceso de transporte, protegiendo los intereses de todas las partes involucradas. Ejemplo: El documento de embarque incluía detalles sobre la naturaleza de la mercancía y las condiciones del transporte, asegurando un acuerdo claro entre el cargador y el transportista.

Shipping lane (Corredores oceánicos): Los corredores oceánicos son rutas marítimas designadas utilizadas por los buques para navegar de manera segura y eficiente a través de los océanos. Estas rutas son planificadas para evitar obstáculos naturales y minimizar el riesgo de colisiones.

El pilar fundamental de los corredores oceánicos se fundamenta en la optimización de las rutas de navegación, mejorando la seguridad y eficiencia del transporte marítimo. Ejemplo: El buque siguió el corredor oceánico establecido para minimizar el riesgo de colisión con otros barcos y reducir el tiempo de viaje.

Shipping mark (Etiquetado de carga): El etiquetado de carga se refiere a las marcas y etiquetas aplicadas a los paquetes y contenedores para identificar su contenido, destino y manejo especial. Esto puede incluir información como direcciones, códigos de barras y símbolos de manipulación.

El impacto del etiquetado de carga radica en asegurar que las mercancías se manejen y entreguen correctamente, reduciendo errores y mejorando la eficiencia en la cadena de suministro. Ejemplo: Cada caja fue etiquetada con un código de barras y la dirección de destino para facilitar su seguimiento y entrega durante el proceso de envío.

Shipping note (Nota de embarque): La nota de embarque es un documento utilizado en la logística y el transporte marítimo para detallar la información específica sobre la carga que se radicaviando. Este documento puede incluir detalles como el tipo de mercancía, el número de unidades, el peso y las instrucciones especiales de manejo.

El motor estratégico de la nota de embarque se basa en proporcionar una referencia clara y detallada sobre la carga, facilitando el proceso de transporte y asegurando que todas las partes involucradas tengan la información necesaria para manejar la carga correctamente. Ejemplo: La nota de embarque incluía detalles específicos sobre las características y manejo de los productos químicos enviados.

Ship's rail (Borda del buque): La borda del buque es la parte superior del costado de la embarcación que se eleva sobre la cubierta principal. Es un componente estructural que ayuda a proteger a la tripulación y la carga de caer por la borda.

La influencia de la borda del buque es esencial para la seguridad a bordo, proporcionando una barrera física que ayuda a prevenir accidentes y caídas al mar. Ejemplo: Durante el proceso de carga, se aseguraron las mercancías cerca de la borda del buque para evitar que cayeran al agua.

Shipwreck (Naufragio): Un naufragio se refiere al hundimiento o destrucción de una embarcación en el mar debido a condiciones adversas, errores humanos o colisiones. Los naufragios pueden tener consecuencias graves, incluyendo pérdidas de vidas, carga y el propio buque.

La gravitación comercial de prevenir naufragios está en la implementación de medidas de seguridad y mantenimiento adecuado de las embarcaciones, así como en la capacitación de la tripulación para manejar situaciones de emergencia. Ejemplo: El naufragio del buque fue causado por una tormenta imprevista que dañó seriamente la estructura del casco.

Short delivery (Entrega menor que la cantidad solicitada): La entrega menor que la cantidad solicitada ocurre cuando el destinatario recibe menos mercancía de la que se especificó en el pedido o contrato. Este problema puede surgir por errores de embalaje, pérdida de mercancía o problemas de logística.

La preponderancia de gestionar las entregas menores proviene de la necesidad de mantener la satisfacción del cliente y la integridad de la cadena de suministro, asegurando que se tomen medidas correctivas rápidamente. Ejemplo: La empresa notificó al proveedor sobre la entrega menor que la cantidad solicitada para ajustar el inventario y organizar un envío adicional.

Short form (Abreviado): El término abreviado se refiere a una versión reducida de un documento que contiene la información esencial en un formato más conciso. En el contexto de documentos legales y comerciales, una forma abreviada puede simplificar el proceso de revisión y aprobación.

La influencia estratégica de las formas abreviadas gira en torno a su capacidad para reducir la complejidad y el tiempo necesario para procesar documentos, mejorando la eficiencia administrativa. Ejemplo: El contrato fue presentado en una forma abreviada para facilitar su comprensión y aprobación por todas las partes involucradas.

Short form Blank Back - BL (Conocimiento de embarque en forma abreviada con reverso en blanco): Versión simplificada del conocimiento de embarque que incluye solo la información esencial en el anverso del documento, mientras que el reverso queda en blanco. Este formato se utiliza para facilitar y agilizar el proceso de documentación en transacciones comerciales.

La relevancia del Short Form BL con reverso en blanco se fundamenta en su simplicidad y eficiencia, proporcionando la información necesaria para el transporte y manejo de mercancías sin detalles adicionales en el reverso. Un ejemplo sería el uso de un Short Form BL en una operación de carga rápida donde solo se requiere la información básica del envío y no es necesario incluir términos o condiciones adicionales en el reverso del documento.

Short form BL short form Bill of Lading (Conocimiento de embarque en forma abreviada): Documento de transporte que sirve como prueba de contrato de transporte y recibo de mercancías, similar a un conocimiento de embarque tradicional, pero con una versión más simplificada. El Short Form BL contiene solo la información esencial y se utiliza comúnmente en transacciones comerciales para agilizar el proceso.

La trascendencia del Short Form BL se basa en su capacidad para simplificar y acelerar los procedimientos de documentación en el transporte de mercancías, reduciendo la cantidad de información que debe ser procesada y gestionada. Un ejemplo sería una empresa que utiliza un Short Form BL para la exportación de productos estándar, donde la información detallada no es necesaria, facilitando así el manejo y la liberación rápida de las mercancías en el puerto de destino.

Si no hay salvamento, tampoco hay pago (No cure, No pay): Esta frase se utiliza en el contexto de contratos de salvamento marítimo, indicando que los salvadores no recibirán compensación a menos que logren salvar la propiedad afectada. Este acuerdo incentiva a los salvadores a realizar esfuerzos efectivos y exitosos.

La significancia de este principio radica en alinear los intereses de los propietarios de la carga y los salvadores, asegurando que los salvadores solo sean compensados por el éxito en sus esfuerzos. Ejemplo: El contrato de salvamento del buque estipulaba "No Cure, No Pay", motivando al equipo de salvamento a recuperar la mayor cantidad posible de la carga.

Side lights (Luces de costado): Las luces de costado son luces de navegación ubicadas a ambos lados de un buque, que se utilizan para indicar la posición y dirección del buque a otros navegantes durante la noche o en condiciones de visibilidad reducida. Estas luces suelen ser rojas a babor (izquierda) y verdes a estribor (derecha).

El protagonismo esencial de las luces de costado se establece en mejorar la seguridad en el mar, permitiendo a los navegantes identificar la dirección y tamaño de otros buques para evitar colisiones. Ejemplo: El capitán encendió las luces de costado al anochecer para asegurar que otros buques pudieran ver y evitar colisiones.

Side propeller (Hélice lateral): La hélice lateral es un dispositivo de propulsión utilizado en algunos buques para proporcionar maniobrabilidad lateral, permitiendo al buque moverse hacia los lados sin necesidad de avanzar o retroceder. Esto es especialmente útil para maniobras en puertos y espacios restringidos.

La gravitación esencial de la hélice lateral depende de su capacidad para mejorar la maniobrabilidad del buque, facilitando operaciones seguras y precisas en entornos congestionados. Ejemplo: El capitán utilizó la hélice lateral para atracar el buque con precisión en un puerto concurrido.

Siempre a flote (Always afloat): Esta condición se refiere a la expectativa de que un buque se mantenga siempre a flote, incluso durante las operaciones de carga y descarga. Es un requisito importante en muchos contratos de fletamento para asegurar la seguridad y estabilidad del buque.

El alcance prioritario de la condición "siempre a flote" es garantizar la integridad y estabilidad del buque durante todas las operaciones, minimizando el riesgo de daños o hundimiento. Ejemplo: El contrato de fletamento estipulaba que el buque debía mantenerse "siempre a flote" durante las operaciones en el puerto.

Signal flag (Bandera de señales): Las banderas de señales son utilizadas por los buques para comunicarse entre sí mediante un código visual, indicando mensajes específicos o estados de la embarcación. Cada bandera tiene un significado particular y puede ser utilizada individualmente o en combinación con otras.

La influencia de las banderas de señales estriba en la comunicación clara y efectiva en el mar, especialmente en situaciones donde la comunicación verbal no es posible. Ejemplo: El buque izó una bandera de señales para indicar que estaba en peligro y necesitaba asistencia inmediata.

Signal yard (Palo de señales): El palo de señales es una estructura en el buque desde la cual se izan las banderas de señales para comunicarse con otros buques y estaciones costeras. Este palo permite que las banderas sean visibles a largas distancias.

La gravitación del palo de señales se basa en su función crucial para la comunicación en el mar, facilitando el intercambio de información vital entre embarcaciones. Ejemplo: El capitán ordenó izar una bandera en el palo de señales para comunicar el estado de emergencia del buque.

Signature (Firma): La firma es una marca personal hecha a mano, digital o mediante sello, que se utiliza para autenticar documentos oficiales y contratos. En el comercio y las transacciones legales, la firma confirma la identidad del firmante y su consentimiento con el contenido del documento.

La preponderancia de la firma está en su capacidad para validar y asegurar la autenticidad de los documentos, estableciendo un acuerdo legalmente vinculante entre las partes. Ejemplo: El contrato de fletamento fue firmado por ambas partes, oficializando el acuerdo de términos y condiciones para el transporte marítimo.

Sin gastos a bordo (FOB - Free on Board): "Free on Board" es un término de comercio internacional que indica que el vendedor asume todos los costos y riesgos hasta que las mercancías estén a bordo del buque. A partir de ese punto, el comprador asume los costos y riesgos.

La importancia del término FOB se fundamenta en definir claramente las responsabilidades y riesgos entre el comprador y el vendedor, facilitando transacciones internacionales sin malentendidos sobre quién cubre qué costos. Ejemplo: La empresa exportadora entregó la carga FOB, asegurándose de que todas las mercancías estuvieran a bordo del buque antes de transferir la responsabilidad al comprador.

Sin gastos al costado del buque (FAS - Free Alongside Ship): "Free Alongside Ship" es un término de comercio internacional que significa que el vendedor entrega las mercancías al costado del buque designado en el puerto de embarque. El comprador asume todos los costos y riesgos a partir de ese punto.

La relevancia del término FAS depende de la claridad que proporciona sobre las responsabilidades del vendedor y el comprador, especialmente en la manipulación y carga de mercancías. Ejemplo: La exportación de maquinaria se realizó bajo términos FAS, con el vendedor entregando la carga al costado del buque y el comprador encargándose de la carga a bordo.

Sin llegada, venta nula (No arrival, No sale): Esta cláusula contractual establece que si las mercancías no llegan al destino previsto, la venta se considera nula y el comprador no está obligado a pagar. Es común en contratos donde hay incertidumbre sobre la entrega.

La trascendencia de la cláusula "No Arrival- No Sale" es proteger al comprador de tener que pagar por mercancías que nunca llegaron, proporcionando seguridad en transacciones de alto riesgo. Ejemplo: La compañía de importación acordó una cláusula "No Arrival- No Sale" para protegerse en caso de que la carga no llegara debido a problemas de transporte.

Since shipped (Embarcado desde): Este término indica el origen del envío de mercancías, especificando el lugar desde donde fueron embarcadas. Es común en documentos de transporte para rastrear el movimiento de la carga.

La significancia de "Since Shipped" se fundamenta en la capacidad de rastrear y verificar el trayecto de las mercancías, asegurando transparencia en la cadena de suministro. Ejemplo: El conocimiento de embarque mostraba "Since Shipped from Shanghai", indicando el origen del envío.

Sistema Armonizado (Harmonized System - HS): El Sistema Armonizado es una nomenclatura internacional de productos utilizada para clasificar los bienes comercializados a nivel mundial. Este sistema, desarrollado por la Organización Mundial de Aduanas, facilita el comercio internacional mediante una clasificación uniforme de productos.

El eje fundamental del Sistema Armonizado se fundamenta en la estandarización y simplificación del comercio internacional, permitiendo a los países y empresas clasificar productos de manera uniforme y reducir barreras comerciales. Ejemplo: Una empresa exportadora utilizó el Sistema Armonizado para clasificar sus productos y asegurar un proceso aduanero más eficiente.

Sistema de franjas de precios (Price band system): Mecanismo de control de precios utilizado para regular las fluctuaciones de los precios de productos en mercados internacionales. Este sistema establece un rango de precios dentro del cual se permite que los precios de un producto varíen, con el objetivo de proteger a los productores nacionales de la competencia desleal y mantener la estabilidad del mercado.

El eje estratégico del sistema de franjas de precios radica en su capacidad para estabilizar los precios y evitar grandes oscilaciones que podrían afectar tanto a productores como a consumidores. Un ejemplo sería un país que implementa un sistema de franjas de precios para un producto agrícola, como el trigo, estableciendo un rango de precios dentro del cual se permite que el precio varíe, protegiendo a los agricultores locales de la competencia de precios internacionales demasiado bajos.

Sistema Portuario Nacional (National Port System): Conjunto organizado de puertos, autoridades portuarias y entidades relacionadas que gestionan, operan y regulan los puertos en un país. Este sistema busca coordinar las actividades portuarias, mejorar la eficiencia en la gestión de las infraestructuras portuarias y fomentar el desarrollo económico a través del comercio marítimo.

El alcance estratégico del Sistema Portuario Nacional se establece en su capacidad para asegurar una operación eficiente y coordinada de los puertos, optimizar la logística del comercio internacional y apoyar el crecimiento económico mediante una infraestructura portuaria bien gestionada. Un ejemplo sería un país que establece un Sistema Portuario Nacional para integrar y coordinar las operaciones de sus puertos comerciales, promover inversiones en infraestructura portuaria y mejorar la conectividad logística con el resto del mundo.

Sistership clause (Cláusula de naves hermanas): Esta cláusula en contratos de fletamento permite la sustitución del buque originalmente contratado por una nave hermana, que es un buque de características similares en cuanto a tamaño y capacidad.

La influencia de la cláusula de naves hermanas consiste en la flexibilidad que ofrece a los propietarios y fletadores, permitiendo la sustitución de buques sin necesidad de renegociar los términos del contrato. Ejemplo: Debido a un mantenimiento imprevisto, se activó la cláusula de naves hermanas para sustituir el buque original por uno de sus gemelos.

Sitio de atraque o muelle (Berth): Un sitio de atraque o muelle es el lugar designado en un puerto donde los buques pueden amarrarse para cargar o descargar mercancías. Este espacio está equipado con las instalaciones necesarias para el manejo de carga y servicios portuarios.

La influencia estrategica de un sitio de atraque radica en la eficiencia de las operaciones portuarias, facilitando el acceso seguro y rápido de los buques a los servicios de carga y descarga. Ejemplo: El buque atracó en el muelle asignado a primera hora de la mañana para comenzar la descarga de contenedores.

Situación económica (Economic situation): La situación económica se refiere al estado actual de la economía de una región, país o el mundo en su conjunto. Esto incluye indicadores como el PIB, la tasa de desempleo, la inflación y otros factores económicos.

La preponderancia de la situación económica se basa en su influencia sobre las decisiones empresariales, las políticas gubernamentales y el bienestar general de la población. Ejemplo: La empresa revisó la situación económica del país antes de lanzar su nueva línea de productos para asegurarse de que el mercado era favorable.

Skid (Palet o plataforma): Estructura de soporte utilizada para manejar, almacenar y transportar mercancías. Generalmente hecha de madera, metal o plástico, el skid es similar a un palet pero sin bordes laterales, permitiendo una carga más directa y fácil acceso desde todos los lados.

La jerarquía del skid está en su capacidad para simplificar y agilizar el manejo y transporte de mercancías, facilitando la carga y descarga con equipos de manipulación como montacargas. Un ejemplo sería un skid de madera que se utiliza para transportar piezas de maquinaria a un almacén, permitiendo un fácil movimiento y manejo durante el almacenamiento y distribución.

Slip-Sheets (Láminas termocontráctiles): Las láminas termocontráctiles son hojas de plástico que se utilizan como alternativa a los palés tradicionales. Estas láminas permiten apilar y mover mercancías de manera eficiente utilizando equipos de manipulación especializados.

La relevancia de las láminas termocontráctiles proviene de la reducción de costos y el ahorro de espacio en el almacenamiento y transporte, proporcionando una solución más ligera y económica que los palés de madera.

Ejemplo: La empresa adoptó el uso de láminas termocontráctiles para reducir los costos de envío y aumentar la capacidad de carga de sus contenedores.

SME Sistema Monetario Europeo (European Monetary System): Mecanismo establecido en 1979 para promover la estabilidad monetaria en Europa y reducir las fluctuaciones en los tipos de cambio entre las monedas de los países miembros de la Comunidad Económica Europea. El SME incluía mecanismos como el European Currency Unit (ECU) y el mecanismo de tipos de cambio (ERM) para gestionar y coordinar las políticas monetarias.

La trascendencia del SME depende de su rol en la estabilización de las monedas europeas, fomentando la integración económica y preparando el terreno para la introducción del euro como moneda única. Un ejemplo sería el uso del ERM dentro del SME para mantener los tipos de cambio de las monedas europeas dentro de un rango estrecho, lo que ayudó a reducir la volatilidad en el mercado cambiario y a promover la cooperación económica entre los países miembros.

SMI Sistema Monetario Internacional (International Monetary System - IMS): Conjunto de acuerdos, instituciones y prácticas que regulan las transacciones monetarias y financieras internacionales. Este sistema incluye elementos como el tipo de cambio de divisas, las reservas internacionales y los mecanismos de cooperación entre países para gestionar las políticas monetarias y financieras a nivel global.

La significancia del Sistema Monetario Internacional se fundamenta en su papel en la estabilidad económica global, facilitando el comercio internacional, la inversión y la estabilidad financiera a través de la coordinación de políticas y la gestión de crisis. Un ejemplo sería el uso de las reservas internacionales de los países para intervenir en los mercados de divisas y estabilizar sus economías, o la función del Fondo Monetario Internacional (FMI) en proporcionar asistencia financiera y asesoramiento a países con dificultades económicas.

Smoke (Humo): El humo se refiere a la mezcla de gases y partículas emitidos durante la combustión incompleta de materiales. En el contexto marítimo, puede ser una señal de problemas en los sistemas de propulsión o maquinaria del buque.

El eje estratégico de monitorear y controlar el humo en los buques se basa en la seguridad y la eficiencia operativa, así como en el cumplimiento de las regulaciones ambientales. Ejemplo: El ingeniero del buque detectó una cantidad inusual de humo proveniente del motor, indicando un posible problema mecánico que requería atención inmediata.

Smuggler (Contrabandista): Un contrabandista es una persona que transporta mercancías de manera ilegal a través de las fronteras, eludiendo impuestos o prohibiciones. Este término se refiere tanto a los individuos que operan a pequeña escala como a las organizaciones criminales que trafican grandes volúmenes de productos.

El impacto global de comprender y combatir el contrabando radica en su impacto negativo en la economía, la seguridad y la legalidad, ya que afecta los ingresos fiscales y fomenta la corrupción. Ejemplo: Las autoridades aduaneras capturaron a un contrabandista intentando ingresar productos electrónicos sin pagar los aranceles correspondientes.

Smuggling (Contrabando): El contrabando es la importación o exportación ilegal de bienes, violando las leyes aduaneras y fiscales de un país. Este delito puede involucrar una amplia gama de productos, desde artículos de consumo hasta drogas y armas.

La importancia de combatir el contrabando se establece en proteger la economía nacional, la seguridad pública y la integridad de las fronteras. Ejemplo: La policía desmanteló una red de contrabando que introducía ropa de marca falsificada en el país.

Sobre buque (Ex-ship): El término "Ex-Ship" se refiere a una condición de entrega en la que el vendedor asume todos los costos y riesgos hasta que las mercancías sean descargadas del buque en el puerto de destino. Una vez descargadas, el comprador asume la responsabilidad.

La influencia de "Ex-Ship" consiste en definir claramente las responsabilidades y riesgos durante el transporte marítimo, proporcionando claridad y seguridad a ambas partes en la transacción. Ejemplo: El contrato estipulaba la entrega de la maquinaria "Ex-Ship", con el vendedor asumiendo todos los costos hasta la descarga en el puerto de destino.

Sobre muelle (Ex-quay): El término "Ex-Quay" significa que el vendedor entrega las mercancías una vez que han sido descargadas en el muelle del puerto de destino. A partir de ese punto, el comprador asume todos los costos y riesgos.

La esencia de "Ex-Quay" es asegurar que las responsabilidades de transporte y descarga estén claramente definidas, evitando malentendidos entre el comprador y el vendedor. Ejemplo: El acuerdo de compra especificaba que la entrega sería "Ex-Quay", con el vendedor encargado de todos los costos hasta que la carga estuviera en el muelle del puerto de destino.

Sobrestadía (Demurrage): Cargos adicionales que se aplican cuando una mercancía permanece en un puerto o terminal más allá del tiempo permitido para su carga o descarga. Estos cargos se imponen por el uso prolongado de instalaciones y equipos, y compensan a los operadores por el retraso en la liberación de espacio o recursos.

La preponderancia de la sobrestadía se basa en su función para incentivar la eficiencia en la gestión de carga y descarga y para compensar los costos asociados con retrasos. Un ejemplo sería un cargador que incurre en cargos por sobretadía en un puerto debido a demoras en la descarga de contenedores, lo que afecta la disponibilidad de espacio en el puerto y puede resultar en costos adicionales para la empresa.

Sociedad de intermediación (Intermediary company): Entidad que actúa como intermediaria en transacciones comerciales, financieras o de inversión entre dos o más partes. Estas sociedades facilitan la comunicación, negociación y ejecución de acuerdos, y pueden ofrecer servicios adicionales como asesoramiento y gestión de riesgos.

La gravitación comercial de las sociedades de intermediación se centra en su capacidad para conectar a compradores y vendedores, inversores y emisores, o prestamistas y prestatarios, optimizando las transacciones y agregando valor a través de su experiencia y red de contactos. Un ejemplo sería una empresa de corretaje que actúa como intermediario entre inversores y el mercado de valores, facilitando la compra y venta de acciones y ofreciendo asesoramiento financiero a sus clientes.

Sociedad portuaria (Port authority): Entidad responsable de la gestión, operación y desarrollo de un puerto. Las sociedades portuarias supervisan la infraestructura portuaria, coordinan las actividades de carga y descarga, y facilitan el cumplimiento de normativas aduaneras y de seguridad.

La relevancia de una sociedad portuaria está en su rol crucial para asegurar el funcionamiento eficiente y seguro del puerto, optimizar las operaciones logísticas y promover el desarrollo económico regional a través del comercio marítimo. Un ejemplo sería una sociedad portuaria que administra un puerto internacional, gestionando las instalaciones, servicios y regulaciones para garantizar que las operaciones portuarias se realicen de manera fluida y cumpliendo con las normativas vigentes.

Special multiple peril policy - SMP (Seguro Integral de Comercio): Un seguro integral de comercio es una póliza que ofrece cobertura contra múltiples riesgos comerciales, incluyendo daños a la propiedad, interrupciones del negocio y responsabilidad civil.

La trascendencia del seguro integral de comercio proviene de su capacidad para proporcionar una protección amplia y comprensiva a las empresas, asegurando su continuidad operativa frente a diversos riesgos. Ejemplo: La empresa adquirió un seguro integral de comercio para protegerse contra posibles interrupciones y pérdidas debido a desastres naturales.

SPG Sistema de Preferencias Generalizadas (Generalized System of Preferences - GSP): Programa de comercio internacional que permite a los países en desarrollo exportar productos a mercados de países desarrollados con aranceles reducidos o nulos. El GSP está diseñado para fomentar el desarrollo económico en países en desarrollo al proporcionar acceso preferencial a los mercados de los países donantes.

La significancia del Sistema de Preferencias Generalizadas depende de su capacidad para apoyar el crecimiento económico en países en desarrollo al reducir las barreras arancelarias y promover el comercio. Un ejemplo sería un país en desarrollo que exporta textiles a una nación desarrollada bajo el GSP, beneficiándose de aranceles reducidos que facilitan el acceso a mercados internacionales y fomentan el crecimiento de su sector industrial.

Spool (Carrete): Un carrete es un dispositivo cilíndrico utilizado para enrollar y almacenar cables, alambres, cuerdas u otros materiales flexibles. Los carretes facilitan el manejo y el transporte de estos materiales.

El alcance estratégico de los carretes se fundamenta en su capacidad para organizar y proteger materiales flexibles, asegurando que se mantengan en buen estado y sean fáciles de manejar durante el almacenamiento y el transporte. Ejemplo: El cable eléctrico fue enrollado en un carrete para facilitar su transporte y uso en el sitio de construcción.

SPOT (Contado): El término "spot" se refiere a transacciones de contado, donde el pago y la entrega de bienes o servicios se realizan inmediatamente o en un corto plazo, generalmente dentro de dos días hábiles.

El eje fundamental de las transacciones spot se encuentra en su capacidad para proporcionar liquidez y rapidez en el comercio, permitiendo a las empresas responder rápidamente a las necesidades del mercado. Ejemplo: La compañía compró petróleo en el mercado spot para asegurar un suministro inmediato a su refinería.

Spread (Diferencial): El diferencial se refiere a la diferencia en el precio, tasa de interés o rendimiento entre dos activos financieros, contratos o mercados. En finanzas, es una medida clave que indica el margen de ganancia, riesgo o costo adicional entre diferentes opciones de inversión.

El eje estratégico del diferencial se fundamenta en su uso para evaluar la rentabilidad, comparar opciones de inversión y gestionar riesgos financieros, permitiendo a los inversores y empresas tomar decisiones informadas. Ejemplo: El diferencial entre los bonos del gobierno a 10 años y las tasas de interés a corto plazo indica las expectativas del mercado sobre las tasas de interés futuras.

Spread (Recargo): El recargo es una cantidad adicional cobrada sobre el precio base de un producto o servicio, que puede deberse a factores como fluctuaciones del mercado, costos adicionales o impuestos. Este término se utiliza comúnmente en transporte, seguros y finanzas.

La influencia del recargo se establece en su capacidad para cubrir costos adicionales y proteger a las empresas de variaciones imprevistas en sus costos operativos, asegurando la viabilidad financiera. Ejemplo: La compañía aérea aplicó un recargo por combustible debido al aumento de los precios del petróleo.

SSH Included Saturday, Sunday, Holiday (Incluidos sábados, domingos y feriados): Este término se refiere a la disponibilidad de servicios y operaciones durante los fines de semana y días festivos. Es especialmente relevante en sectores que requieren operaciones ininterrumpidas.

La gravitación internacional de "SSH" consiste en la capacidad de mantener la productividad y cumplir con los plazos de entrega, incluso durante los fines de semana y festivos. Ejemplo: El almacén permanece operativo bajo términos "SSH" para manejar el aumento de pedidos durante la temporada alta.

Stale (Caducado, vencido, fuera de plazo): El término "stale" se usa para describir documentos o contratos que han pasado su fecha de validez, haciéndolos ineficaces o no ejecutables. En el comercio y las finanzas, esto puede afectar la validez de ciertos documentos comerciales.

La preponderancia de evitar documentos caducados estriba en asegurar la validez y la legalidad de las transacciones, previniendo posibles disputas y pérdidas financieras. Ejemplo: El banco rechazó la carta de crédito porque estaba caducada y fuera de plazo.

Stale Bill of Lading (Conocimiento de embarque caducado, presentado fuera de término): Un conocimiento de embarque caducado es aquel que se presenta después del período permitido, afectando su validez y la capacidad de reclamar la mercancía.

La gravitación internacional de presentar el conocimiento de embarque a tiempo es crucial para asegurar el derecho a la mercancía y evitar complicaciones legales y operativas en la cadena de suministro. Ejemplo: El importador enfrentó problemas para liberar su carga porque el conocimiento de embarque fue presentado fuera de término.

Starboard (Estribor): Estribor se refiere al lado derecho de un buque cuando se mira hacia la proa. Es una terminología estándar utilizada en la navegación para dar instrucciones y describir la posición relativa en una embarcación.

La relevancia de usar términos náuticos como estribor es crucial para la comunicación precisa y efectiva a bordo, asegurando la seguridad y coordinación en las operaciones marítimas. Ejemplo: El capitán ordenó girar a estribor para evitar una colisión con otro buque.

Starboard side (Banda de estribor): La banda de estribor es el lado derecho de un buque cuando se mira hacia adelante (proa). Es un término esencial en la navegación para describir la ubicación y dar órdenes.

La trascendencia de la banda de estribor se basa en su uso para la navegación segura y la maniobra del buque, facilitando la comunicación clara entre la tripulación. Ejemplo: Durante la maniobra, el primer oficial revisó la carga en la banda de estribor para asegurar el equilibrio del buque.

Staunch (Estanco): Un buque estanco es aquel que es resistente al agua, con compartimientos que evitan la entrada de agua y aseguran la flotabilidad y seguridad del buque. Esta característica es esencial para mantener la integridad estructural y operativa del buque.

La significancia de la estanquidad está en la capacidad del buque para navegar de manera segura, protegiendo la carga y la tripulación de posibles inundaciones y daños. Ejemplo: La inspección anual confirmó que el buque seguía siendo estanco, asegurando su capacidad para operar en condiciones adversas.

Steamboat (Vapor): Un vapor es un tipo de barco impulsado por máquinas de vapor, utilizado principalmente en los siglos XIX y principios del XX para el transporte de pasajeros y carga. Estos barcos jugaron un papel crucial en el desarrollo del comercio y la navegación.

El eje fundamental del vapor proviene de su impacto histórico en la revolución industrial y el comercio, facilitando el transporte más rápido y eficiente de mercancías y personas. Ejemplo: El vapor recorrió el río transportando mercancías y pasajeros entre las ciudades costeras.

Steamship conferences (Conferencias de flete): Las conferencias de flete son asociaciones de compañías navieras que acuerdan establecer tarifas y condiciones uniformes para el transporte de carga en determinadas rutas marítimas. Estas conferencias buscan reducir la competencia y estabilizar el mercado de transporte marítimo.

El impacto de las conferencias de flete depende de su capacidad para proporcionar estabilidad y previsibilidad en las tarifas de transporte marítimo, beneficiando tanto a las navieras como a los cargadores. Ejemplo: Las compañías navieras participantes en la conferencia de flete acordaron mantener tarifas estables para el transporte de contenedores entre Europa y Asia.

Stern (Popa): La popa es la parte trasera de un buque. Es un término fundamental en la navegación para describir la ubicación y dar instrucciones. La popa es crucial para las maniobras del buque y a menudo alberga equipos importantes como los propulsores y el timón.

El pilar fundamental de la popa se fundamenta en su papel en la maniobrabilidad y la operación general del buque, siendo una referencia esencial para la navegación y las operaciones a bordo. Ejemplo: Durante la maniobra de atraque, el capitán dio instrucciones precisas para controlar la popa y asegurar un acoplamiento suave en el muelle.

Stevedore (Estibador): Un estibador es un trabajador portuario especializado en la carga y descarga de mercancías en los buques. Los estibadores son responsables de asegurar que las cargas se manejen de manera eficiente y segura, utilizando equipos especializados para mover contenedores y otras cargas pesadas.

La influencia de los estibadores se fundamenta en su papel crucial en la cadena logística y el comercio internacional, asegurando que las mercancías se manejen correctamente para evitar daños y retrasos. Ejemplo: El estibador utilizó una grúa para descargar los contenedores del buque de manera rápida y eficiente.

Stevedors (Estibadores): Los estibadores son trabajadores portuarios que se encargan de la carga y descarga de mercancías de los buques. Trabajan en equipos para manejar grandes volúmenes de carga, asegurando que se distribuya de manera segura y eficiente en el puerto.

La importancia de los estibadores gira en torno a la eficiencia y seguridad que proporcionan en las operaciones portuarias, facilitando el flujo de comercio a través de los puertos. Ejemplo: Los estibadores trabajaron en turnos para descargar el buque cargado de mercancías importadas, asegurando que el proceso se completara sin retrasos.

Stop (Escala): Una escala se refiere a una parada que realiza un buque durante su viaje para cargar o descargar mercancías, o para permitir el desembarque y embarque de pasajeros. Las escalas pueden ser planificadas o imprevistas, dependiendo de las necesidades operativas del buque.

La preponderancia de las escalas se establece en la optimización de las rutas de transporte marítimo, permitiendo una gestión eficiente de la carga y mejorando la logística. Ejemplo: El buque realizó una escala en el puerto de Singapur para cargar contenedores adicionales antes de continuar su viaje hacia Europa.

Storage (Depósito, almacenaje): El depósito o almacenaje se refiere a la acción de guardar y proteger mercancías en un lugar designado hasta que se necesiten para su distribución o venta. Los almacenes pueden ser utilizados por fabricantes, distribuidores y minoristas para gestionar inventarios.

La influencia del almacenaje consiste en la gestión eficiente del inventario, asegurando que los productos estén disponibles cuando se necesiten y en buenas condiciones, lo que es crucial para la cadena de suministro. Ejemplo: La empresa de logística ofrece servicios de almacenaje para productos perecederos, garantizando condiciones óptimas de temperatura y humedad.

Storage costs (Gastos de almacenaje): Los gastos de almacenaje son los costos asociados con el almacenamiento de mercancías en un depósito o almacén. Estos costos pueden incluir el alquiler del espacio, la gestión del inventario, y los costos de mantenimiento y seguridad.

La relevancia de gestionar los gastos de almacenaje es crucial para la rentabilidad de las empresas, ya que estos costos pueden afectar significativamente los márgenes de beneficio y la eficiencia operativa. Ejemplo:

La empresa revisó sus gastos de almacenaje y decidió optimizar el uso del espacio para reducir costos.

Stowage (Arrumaje): El arrumaje se refiere a la disposición y colocación de la carga en un buque de manera que se maximice el uso del espacio disponible y se mantenga la estabilidad del buque. Un arrumaje eficiente es esencial para la seguridad y la eficiencia del transporte marítimo.

La trascendencia del arrumaje radica en asegurar que la carga se distribuya de manera uniforme y segura, minimizando el riesgo de daños durante el transporte y manteniendo la estabilidad del buque. Ejemplo: El capitán revisó el plan de arrumaje para asegurar que la carga estuviera bien distribuida y el buque mantuviera su equilibrio durante el viaje.

Stowage company (Empresa de estibaje): Una empresa de estibaje se especializa en la carga, descarga y disposición de mercancías en los buques. Estas empresas proporcionan servicios esenciales para la gestión eficiente de las operaciones portuarias y la cadena de suministro.

La significancia de las empresas de estibaje se basa en su capacidad para manejar grandes volúmenes de carga de manera segura y eficiente, asegurando que las operaciones portuarias se realicen sin contratiempos. Ejemplo: La empresa de estibaje fue contratada para manejar la carga y descarga de contenedores en el puerto, asegurando un proceso rápido y seguro.

Stowage order (Orden de estiba especial): Una orden de estiba especial es una instrucción específica sobre cómo debe colocarse la carga en el buque para asegurar su seguridad y estabilidad durante el transporte. Esta orden puede incluir detalles sobre la ubicación y disposición de las mercancías.

El eje fundamental de una orden de estiba especial está en proporcionar instrucciones claras para la disposición de la carga, asegurando que se sigan prácticas seguras y eficientes para evitar daños y mantener la estabilidad del buque. Ejemplo: El capitán emitió una orden de estiba especial para colocar la carga pesada en la bodega inferior, manteniendo el centro de gravedad del buque bajo.

Stowage plan (Plano de estiba): Un plano de estiba es un documento detallado que muestra cómo se ha distribuido la carga en un buque. Este plano es esencial para la gestión de la estabilidad del buque y la eficiencia de las operaciones de carga y descarga.

El eje estratégico del plano de estiba proviene de asegurar una distribución equilibrada de la carga, optimizando el uso del espacio y manteniendo la seguridad y estabilidad del buque. Ejemplo: El plano de estiba mostró la ubicación exacta de cada contenedor en el buque, facilitando la planificación de la descarga en el puerto de destino.

Straw certificate (Certificado de paja): Un certificado de paja es un documento que certifica que los productos agrícolas, como granos o heno, han sido inspeccionados y cumplen con los estándares de calidad y seguridad para su exportación o transporte.

El impacto global del certificado de paja depende de garantizar la calidad y seguridad de los productos agrícolas durante el transporte, protegiendo tanto a los productores como a los consumidores. Ejemplo: El exportador obtuvo un certificado de paja para sus productos de heno antes de enviarlos a Europa, asegurando que cumplían con las normativas internacionales.

Strife (Sublevación): La sublevación se refiere a un conflicto o disturbio violento, a menudo causado por desacuerdos políticos, sociales o económicos. Estos eventos pueden afectar significativamente las operaciones comerciales y la seguridad.

La influencia de monitorear y gestionar los riesgos de sublevación es crucial para la continuidad del negocio y la seguridad de los empleados y activos. Ejemplo: La empresa tuvo que ajustar sus operaciones en la región debido a la sublevación que interrumpió el transporte y la logística.

Strike (Huelga): Una huelga es una acción de protesta llevada a cabo por trabajadores que dejan de trabajar para exigir mejores condiciones laborales, salarios o beneficios. Las huelgas pueden tener un impacto significativo en las operaciones de las empresas y la economía en general.

La gravitación comercial de gestionar las huelgas se fundamenta en minimizar las interrupciones operativas y encontrar soluciones negociadas que satisfagan a ambas partes, asegurando la continuidad del negocio. Ejemplo: La huelga de los trabajadores portuarios retrasó la carga y descarga de los buques, afectando la cadena de suministro.

Strike price (Precio de ejercicio): El precio de ejercicio es el precio al cual el titular de una opción puede comprar (en el caso de una opción de compra) o vender (en el caso de una opción de venta) el activo subyacente. Este precio se fija en el momento en que se emite la opción.

La preponderancia del precio de gira en torno a su rol en las estrategias de inversión y gestión de riesgos, permitiendo a los inversores asegurar precios futuros y planificar sus decisiones financieras. Ejemplo: El inversor decidió ejercer su opción de compra cuando el precio de mercado superó el precio de ejercicio, obteniendo una ganancia significativa.

Strike, Riots and Civil Commotions - SR & CC (Huelga, alzamientos y conmociones civiles): Este término se refiere a eventos de disturbios sociales que pueden incluir huelgas, alzamientos y conmociones civiles. Estos eventos pueden causar interrupciones significativas en las operaciones comerciales y en la estabilidad social.

La influencia de comprender y gestionar el riesgo de huelgas, alzamientos y conmociones civiles radica en la necesidad de proteger los intereses de la empresa y asegurar la continuidad operativa en situaciones de conflicto social. Ejemplo: La compañía revisó su póliza de seguro para incluir cobertura contra huelgas, alzamientos y conmociones civiles debido a la creciente inestabilidad en la región.

Subfletamiento (Subletting): El subfletamiento es un acuerdo en el que el fletador original de un buque alquila el buque a un tercero durante el período del contrato original. Esto permite al fletador optimizar el uso del buque y generar ingresos adicionales.

La relevancia del subfletamiento se fundamenta en la flexibilidad que proporciona a los fletadores para maximizar la utilización de los buques y adaptarse a las fluctuaciones del mercado. Ejemplo: La empresa de transporte marítimo decidió subfletar su buque a otra compañía para cubrir los costos operativos durante un período de baja demanda.

Subject matter (Objeto): El objeto se refiere al tema principal o la materia de un contrato, acuerdo o transacción. En el comercio y las finanzas, esto puede incluir bienes, servicios, derechos o propiedades que son objeto de negociación.

La trascendencia de definir claramente el objeto en un contrato es crucial para asegurar que todas las partes entiendan y acuerden los términos y condiciones relacionados con la transacción. Ejemplo: El contrato especificaba que el objeto del acuerdo era la venta y entrega de 100 toneladas de trigo.

Subrogation (Subrogación): La subrogación es un derecho legal que permite a una parte, generalmente una aseguradora, asumir los derechos y reclamaciones de un asegurado después de haber indemnizado a este último por una pérdida. Esto permite a la aseguradora recuperar los costos de la indemnización del responsable de la pérdida.

La significancia de la subrogación consiste en la capacidad de las aseguradoras para recuperar los costos y mantener la viabilidad financiera del sistema de seguros. Ejemplo: Después de pagar la reclamación por el daño causado por un tercero, la aseguradora ejerció su derecho de subrogación para recuperar los costos del responsable.

Subrogation rights (Derechos de subrogación): Los derechos de subrogación son los derechos que una aseguradora adquiere para reclamar contra terceros responsables de una pérdida, una vez que ha indemnizado al asegurado.

El eje estratégico de los derechos de subrogación estriba en la capacidad de las aseguradoras para mitigar sus pérdidas al recuperar los costos de los responsables, manteniendo la estabilidad del sistema de seguros. Ejemplo: La aseguradora ejerció sus derechos de subrogación para demandar al conductor responsable del accidente que causó el daño asegurado.

Subsidio, subvención (Allowance, grant, subsidy): Un subsidio o subvención es una asistencia financiera proporcionada por el gobierno o una entidad para apoyar una actividad económica específica, reducir costos o incentivar el desarrollo en áreas determinadas.

El impacto de los subsidios se basa en su capacidad para fomentar el crecimiento económico, apoyar industrias estratégicas y mejorar el bienestar social al reducir desigualdades económicas. Ejemplo: El gobierno otorgó un subsidio a los agricultores para promover la producción sostenible de cultivos.

Sue and labor clause (Cláusula de defensa y salvamento): Esta cláusula en un contrato de seguro obliga al asegurado a tomar medidas razonables para minimizar la pérdida o daño a la propiedad asegurada y permite que los gastos incurridos para tal propósito sean reembolsados por la aseguradora.

El motor económico de la cláusula de defensa y salvamento está en incentivar al asegurado a actuar para prevenir o reducir pérdidas, protegiendo tanto sus intereses como los de la aseguradora. Ejemplo: Después de que el buque sufrió daños, el capitán tomó medidas inmediatas para evitar que se hundiera, amparado por la cláusula de defensa y salvamento.

Sujeto a derechos aduanero (Dutiable): Este término se refiere a las mercancías que están sujetas a impuestos aduaneros al cruzar las fronteras internacionales. Los bienes dutiable están gravados de acuerdo con las leyes aduaneras del país importador.

La influencia de identificar y gestionar mercancías sujetas a derechos aduaneros proviene del cumplimiento de las normativas legales y la correcta estimación de costos de importación. Ejemplo: Los artículos de lujo importados estaban sujetos a derechos aduaneros elevados, lo que incrementó el costo total de la importación.

Suma alzada, cantidad fija (Lump sum): Una suma alzada es un monto fijo acordado en un contrato que no varía, independientemente de los costos reales incurridos. Este tipo de acuerdo es común en contratos de construcción y proyectos de servicios.

La gravitación esencial de una suma alzada depende de la previsibilidad y el control de costos que proporciona tanto al contratante como al contratista, evitando sorpresas financieras. Ejemplo: El contratista acordó realizar la construcción por una suma alzada, garantizando que no habría costos adicionales para el cliente.

Sunken deck (Cubierta bajo nivel): Una cubierta bajo nivel es una parte de la estructura de un buque que está situada por debajo del nivel principal de la cubierta. Esto puede afectar la distribución de la carga y la estabilidad del buque.

La preponderancia de una cubierta bajo nivel se fundamenta en su impacto en la capacidad de carga y la estabilidad del buque, siendo un factor clave en el diseño y operación de la embarcación. Ejemplo: El diseño del buque incluía una cubierta bajo nivel para aumentar la capacidad de almacenamiento sin comprometer la estabilidad.

Superpetroleros (ULCC Ultra Large Crude Carrier): Los ULCC son buques petroleros extremadamente grandes utilizados para transportar enormes volúmenes de petróleo crudo. Estos buques pueden transportar hasta 320,000 toneladas métricas de crudo.

La influencia comercial de los superpetroleros se sostiene en su capacidad para transportar grandes cantidades de petróleo de manera eficiente, reduciendo los costos de transporte por unidad de carga y facilitando el comercio global de petróleo. Ejemplo: El superpetrolero ULCC atracó en el puerto para descargar su carga de crudo, destinada a una refinería cercana.

Supplier (Proveedor): Un proveedor es una persona o empresa que suministra bienes o servicios a otra entidad. Los proveedores son esenciales en la cadena de suministro, asegurando que las materias primas, productos y servicios necesarios estén disponibles para la producción y el consumo.

La relevancia de los proveedores se centra en su papel en mantener el flujo de productos y servicios, garantizando la continuidad operativa y la satisfacción del cliente. Ejemplo: El proveedor entregó los componentes electrónicos a tiempo, permitiendo a la fábrica continuar con la producción sin interrupciones.

Supply chain (Cadena de suministros): La cadena de suministros es el conjunto de procesos y actividades involucradas en la producción, manejo y distribución de productos desde el proveedor hasta el consumidor final. Incluye la gestión de recursos, logística, fabricación, distribución y ventas.

La trascendencia de una cadena de suministros eficiente se establece en su capacidad para reducir costos, mejorar la calidad del producto y aumentar la satisfacción del cliente mediante una entrega oportuna y precisa. Ejemplo: La empresa optimizó su cadena de suministros implementando tecnología de seguimiento en tiempo real, mejorando la eficiencia y reduciendo los tiempos de entrega.

Surety bond (Caución): Una caución es una garantía financiera proporcionada por una parte (fiador) para asegurar el cumplimiento de las obligaciones de otra parte (principal) frente a un tercero (beneficiario). Esta garantía se utiliza comúnmente en contratos de construcción y proyectos de servicio público.

La significancia de una caución consiste en proporcionar seguridad financiera al beneficiario, asegurando que el principal cumplirá con sus obligaciones contractuales, y protegiendo así contra posibles pérdidas. Ejemplo: El contratista proporcionó una caución para garantizar la finalización del proyecto de construcción según los términos del contrato.

Surf days (Días de resaca): Los días de resaca se refieren a los días en los que las condiciones del mar, como el oleaje alto, impiden la carga y descarga segura de mercancías en el puerto. Estos días pueden afectar los horarios de los buques y las operaciones portuarias.

El impacto global de contabilizar los días de resaca estriba en la planificación y programación efectiva de las operaciones portuarias, asegurando la seguridad y minimizando las demoras. Ejemplo: El buque tuvo que esperar en el puerto durante dos días de resaca antes de que las condiciones permitieran una descarga segura.

Surrender value (Valor de rescate): El valor de rescate es el monto que una aseguradora pagará al titular de una póliza de seguro de vida si decide cancelar la póliza antes de su vencimiento. Este valor es menor que el valor nominal de la póliza y se calcula en función de las primas pagadas y el tiempo transcurrido.

El impacto del valor de rescate se basa en proporcionar una opción de liquidez al asegurado, permitiéndole acceder a fondos en situaciones de necesidad financiera. Ejemplo: El titular de la póliza optó por el valor de rescate para obtener liquidez inmediata durante una emergencia financiera.

Survey (Peritaje): El peritaje es la inspección y evaluación detallada de una propiedad, embarcación o carga para determinar su condición, valor y conformidad con los estándares y regulaciones. Este proceso es llevado a cabo por un perito o inspector cualificado.

El eje fundamental del peritaje está en proporcionar una evaluación imparcial y precisa, necesaria para transacciones comerciales, reclamaciones de seguros y cumplimiento regulatorio. Ejemplo: El perito realizó un peritaje exhaustivo del buque antes de su compra, asegurando que cumplía con todas las normativas de seguridad.

Surveyors (Inspectores): Los inspectores son profesionales encargados de llevar a cabo inspecciones y evaluaciones técnicas de propiedades, embarcaciones, mercancías y otros activos. Su trabajo es crucial para asegurar que los bienes cumplan con los estándares de calidad y regulaciones pertinentes.

La influencia de los inspectores proviene de su capacidad para identificar problemas potenciales, verificar la conformidad y asegurar que las transacciones comerciales se realicen de manera justa y segura. Ejemplo: Los inspectores revisaron la carga de productos perecederos para asegurar que cumplía con los estándares de calidad antes de su exportación.

Swap (Pase de mercaderías): Un pase de mercaderías es un acuerdo en el que dos partes intercambian mercancías de manera directa, sin involucrar dinero en la transacción. Este tipo de intercambio puede ser beneficioso cuando ambas partes tienen necesidades complementarias.

La gravitación internacional de un pase de mercaderías depende de su capacidad para facilitar el comercio sin la necesidad de moneda, permitiendo a las empresas acceder a bienes que necesitan a cambio de sus propios productos. Ejemplo: Las dos empresas acordaron un swap de mercaderías, intercambiando materias primas por productos manufacturados sin necesidad de efectivo.

Swap (Transacción de cambios en divisas): Una transacción de cambios en divisas es un acuerdo financiero en el que dos partes intercambian flujos de caja en diferentes monedas. Estos swaps se utilizan para gestionar el riesgo cambiario y asegurar tipos de cambio favorables.

La preponderancia de los swaps de divisas se fundamenta en su capacidad para mitigar el riesgo asociado con las fluctuaciones en los tipos de cambio, proporcionando estabilidad financiera a las empresas que operan internacionalmente. Ejemplo: La empresa utilizó un swap de divisas para asegurarse un tipo de cambio favorable para sus pagos futuros en euros.

SWIFT Society for Worldwide Interbank Financial Telecommunication (Identificación internacional bancaria): SWIFT es una red global que facilita la comunicación segura y estandarizada entre instituciones financieras para la realización de transferencias internacionales de fondos y otros mensajes financieros.

Cada entidad bancaria tiene un código SWIFT exclusivo que le sirve para identificarse, y que por lo general está conformado por 11 caracteres divididos en cuatro grupos: el primero son cuatro letras que corresponden al código asignado al banco; el segundo son dos letras que identifican al país; el tercero son dos letras que indican la localidad donde se ubica la entidad; y el cuarto, que es opcional, son tres dígitos que precisan la oficina de destino.

La importancia de SWIFT se centra en su capacidad para proporcionar un sistema seguro, rápido y confiable para las transacciones financieras internacionales, apoyando la eficiencia y seguridad del sistema financiero global. Ejemplo: La empresa realizó una transferencia internacional a través de la red SWIFT, asegurando una transacción rápida y segura.

Switch trading (Desvío comercial): El desvío comercial se refiere a la práctica de redirigir mercancías a un destino diferente del originalmente previsto, generalmente por razones estratégicas o económicas. Esta práctica puede incluir cambios en la documentación o en la ruta del transporte.

La relevancia del desvío comercial radica en su capacidad para maximizar la eficiencia y rentabilidad del comercio, permitiendo a las empresas aprovechar oportunidades de mercado emergentes. Ejemplo: La empresa utilizó el desvío comercial para redirigir una carga de textiles a un mercado europeo en auge en lugar de su destino original en América del Norte.

Otros Términos vinculados a S

To ship (Embarcar): Embarcar se refiere al proceso de cargar mercancías en un buque, avión, tren o camión para su transporte a otro lugar. Este término abarca todas las actividades relacionadas con la preparación y envío de productos.

La trascendencia de embarcar se establece en la logística y la cadena de suministro, asegurando que los productos lleguen a sus destinos de manera oportuna y en buenas condiciones. Ejemplo: La compañía preparó los productos para embarcar en el próximo buque que salía hacia Asia.

To stow (Arrumar): Arrumar se refiere a la acción de colocar y organizar la carga en un buque de manera ordenada y segura. Este proceso es crucial para la estabilidad y seguridad del buque durante el transporte.

La significancia de arrumar consiste en maximizar el uso del espacio disponible y garantizar que la carga se mantenga segura y estable durante el viaje. Ejemplo: El equipo de carga se encargó de arrumar los contenedores en el buque, asegurando una distribución equilibrada.

To strand (Encallar): Encallar se refiere a la situación en la que un buque queda varado o atrapado en un banco de arena, roca u otra obstrucción submarina, impidiendo su movimiento. Esta situación puede ser accidental o intencional.

El valor de gestionar los encallamientos radica en la seguridad del buque y su tripulación, así como en la minimización de daños y costos asociados con la recuperación del buque. Ejemplo: El buque encalló durante una tormenta y se tomó acción inmediata para asegurar la tripulación y evaluar los daños.

To stuff (Embalar): Embalar se refiere a la acción de empaquetar mercancías en contenedores, cajas o envolturas para protegerlas durante el transporte. Este proceso es esencial para garantizar que los productos lleguen a su destino en perfectas condiciones.

El pilar fundamental de embalar se basa en proteger las mercancías contra daños, pérdida y contaminación, asegurando la satisfacción del cliente y la integridad del producto. Ejemplo: Los trabajadores del almacén se encargaron de embalar cuidadosamente los productos frágiles antes de su envío.

To supply (Proveer): Proveer se refiere a la acción de suministrar productos o servicios a una persona, empresa o entidad. Este término abarca la gestión de inventarios, la distribución y la entrega de bienes.

El impacto global de proveer está en asegurar que los clientes reciban los productos o servicios necesarios a tiempo, manteniendo la continuidad del negocio y la satisfacción del cliente. Ejemplo: La empresa se comprometió a proveer suministros médicos esenciales a los hospitales locales durante la crisis sanitaria.

To surrender (Renunciar): Renunciar se refiere a la acción de ceder o abandonar voluntariamente un derecho, posesión o reclamo. En el contexto de seguros, puede significar entregar una póliza a la aseguradora para recibir el valor de rescate.

La influencia de renunciar proviene de la toma de decisiones estratégicas y la gestión de riesgos, permitiendo a las personas y empresas optimizar sus recursos y minimizar pérdidas. Ejemplo: El propietario decidió renunciar a su póliza de seguro de vida para obtener el valor de rescate en efectivo.

Complete set (Juego completo): Un conjunto completo se refiere a todos los elementos necesarios para completar una tarea o función específica, presentados como un paquete único. En el contexto del marketing, esto puede implicar un paquete de productos o servicios ofrecidos como una solución integral a los clientes, abarcando todas sus necesidades de manera coherente y eficiente.

La influencia clave depende de ofrecer a los clientes una solución integral que cubra todas sus necesidades, lo que puede aumentar la satisfacción del cliente y la lealtad a la marca. Ejemplo: Una agencia de marketing digital puede ofrecer un "Juego Completo" de servicios que incluye SEO, gestión de redes sociales, y publicidad pagada.

Partial shipment (Embarque parcial): El embarque parcial ocurre cuando una orden de compra se envía en varias entregas separadas. Esto puede suceder debido a la disponibilidad limitada de los productos, para satisfacer la urgencia de una parte del pedido, o por conveniencia logística, permitiendo a las empresas gestionar mejor su inventario y cumplir con las expectativas del cliente.

La preponderancia del embarque parcial en el marketing radica en la capacidad de cumplir con las demandas del cliente de manera oportuna, incluso si la totalidad del pedido no está disponible de inmediato. Ejemplo: Una tienda en línea envía una parte del pedido del cliente porque algunos artículos están temporalmente fuera de stock.

T

Tackle (Aparejos): Los aparejos son el conjunto de cabos, poleas, grúas y otros equipos utilizados para manejar la carga y descarga de mercancías en un buque. Estos dispositivos son cruciales para levantar, mover y asegurar las cargas durante las operaciones portuarias.

La influencia estratégica de los aparejos se fundamenta en su capacidad para facilitar el manejo eficiente y seguro de las cargas, minimizando riesgos de daños y mejorando la productividad en el puerto. Ejemplo: Los aparejos del buque fueron revisados y mantenidos regularmente para asegurar su correcto funcionamiento durante las operaciones de carga y descarga.

Taken in charge (Tomado para carga): Este término se refiere al momento en que el transportista asume la responsabilidad de las mercancías, generalmente cuando las recibe del remitente para su transporte. La "toma en carga" es un punto crítico en el proceso logístico, ya que marca el inicio de la responsabilidad del transportista sobre las mercancías.

La relevancia de "Tomado para Carga" se centra en establecer claramente el momento en que el transportista asume la responsabilidad de las mercancías, protegiendo los intereses del remitente y asegurando una transición de responsabilidad documentada. Ejemplo: Las mercancías fueron tomadas en carga por la compañía de transporte en el almacén del remitente, iniciando así el viaje hacia su destino final.

Tally (Tarja): La tarja es el proceso de contar y registrar las unidades de carga durante las operaciones de carga y descarga. Esto asegura que la cantidad de mercancías que entran o salen de un almacén o buque coincida con la documentación y los acuerdos comerciales.

La trascendencia de la tarja radica en garantizar la exactitud y la transparencia en el manejo de inventarios, previniendo errores y discrepancias que podrían resultar en pérdidas o disputas comerciales. Ejemplo: El tarjador registró cada contenedor cargado en el buque para asegurar que coincidiera con los documentos de envío.

Talonario de cheques (Checkbook): Un talonario de cheques es un libro que contiene cheques preimpresos que una persona o empresa puede utilizar para realizar pagos. Cada cheque puede ser emitido, firmado y presentado para su pago en una entidad bancaria.

La significancia del talonario de cheques se establece en proporcionar un método conveniente y seguro para realizar transacciones financieras, permitiendo a las personas y empresas manejar sus pagos de manera eficiente. Ejemplo: El empresario utilizó su talonario de cheques para pagar a los proveedores durante una reunión de negocios.

Tangible (Tangible): Algo tangible es cualquier activo que tiene una existencia física y puede ser percibido por los sentidos, como bienes muebles, inmuebles, maquinaria, y mercancías.

El eje fundamental de los activos tangibles se fundamenta en su valor real y utilizable, que puede ser evaluado, vendido o usado como garantía en transacciones financieras. Ejemplo: La empresa realizó un inventario de todos sus activos tangibles, incluyendo maquinaria y vehículos, para preparar su balance financiero anual.

Tank vessel (Buque cisterna): Un buque cisterna es un barco diseñado para transportar líquidos a granel, como petróleo, productos químicos, y gases licuados. Estos buques están equipados con tanques especiales para contener y transportar estos líquidos de manera segura.

El impacto de los buques cisterna se sostiene en su capacidad para transportar grandes volúmenes de líquidos de manera eficiente y segura, jugando un papel crucial en la industria del transporte marítimo y en la cadena de suministro global de productos líquidos. Ejemplo: El buque cisterna atracó en el puerto para descargar su carga de petróleo crudo.

Tanker broker (Corredor marítimo de buques cisterna): Un corredor marítimo de buques cisterna es un intermediario que facilita la negociación y contratación de buques cisterna para el transporte de líquidos a granel. Este corredor actúa entre los propietarios de los buques y los fletadores que necesitan transportar sus productos.

El pilar fundamental del corredor marítimo de buques cisterna se basa en su conocimiento del mercado y su capacidad para negociar contratos favorables, asegurando que tanto los propietarios de los buques como los fletadores obtengan términos justos y beneficiosos. Ejemplo: El corredor marítimo de buques cisterna negoció un contrato de fletamento para transportar gas natural licuado a Asia.

Tanktainer (Contenedor tanque): Un contenedor tanque, o tanktainer, es un tipo de contenedor intermodal diseñado para transportar líquidos y gases a granel. Estos contenedores son utilizados principalmente en el transporte multimodal, permitiendo el traslado de líquidos sin necesidad de transferir la carga entre diferentes medios de transporte.

La influencia de los contenedores tanque gira en torno a su capacidad para facilitar el transporte seguro y eficiente de líquidos y gases a granel, reduciendo el riesgo de derrames y contaminación. Ejemplo: La empresa utilizó contenedores tanque para exportar productos químicos a varios países, aprovechando la flexibilidad del transporte intermodal.

Tare (Tara): La tara es el peso del envase o embalaje en el que se transporta un producto, excluyendo el peso del contenido. En el comercio, la tara se resta del peso bruto para determinar el peso neto del producto.

La influencia clave de la tara se basa en proporcionar una medición precisa del peso neto de los productos, asegurando la exactitud en la facturación y el cumplimiento de las normativas comerciales. Ejemplo: El peso bruto del contenedor fue de 2,000 kg, y después de restar la tara de 200 kg, el peso neto de la carga fue de 1,800 kg.

Tarifa (Tariff): La tarifa es un listado de precios o tasas aplicables a los servicios de transporte, almacenamiento, o uso de infraestructuras. En el comercio internacional, una tarifa puede referirse también a los aranceles impuestos sobre las importaciones y exportaciones de bienes.

La preponderancia de las tarifas depende de su capacidad para regular el costo de los servicios y bienes, influenciando las decisiones comerciales y asegurando la transparencia y equidad en las transacciones. Ejemplo: La empresa revisó la tarifa de almacenamiento en el puerto antes de decidir utilizar sus instalaciones para la importación de mercancías.

Tarifa de aduana (Customs tariff): La tarifa de aduana es un listado de aranceles impuestos por un gobierno sobre la importación y exportación de bienes. Estos aranceles se utilizan para proteger las industrias nacionales, generar ingresos y regular el comercio internacional.

La influencia estratégica de la tarifa de aduana se fundamenta en su capacidad para influir en el comercio exterior, protegiendo la economía nacional y recaudando ingresos fiscales. Ejemplo: La tarifa de aduana sobre los productos electrónicos importados aumentó, afectando los costos para los importadores y consumidores.

Tarifa de clase (Class rate): La tarifa de clase es una estructura tarifaria que clasifica las mercancías en diferentes categorías según su naturaleza, valor y requisitos de manejo. Cada clase tiene una tarifa específica aplicable al transporte de esas mercancías.

La relevancia de la tarifa de clase se centra en proporcionar una base equitativa y predecible para calcular los costos de transporte, facilitando la planificación y el presupuesto. Ejemplo: La tarifa de clase para productos electrónicos era más alta debido a su valor y la necesidad de un manejo cuidadoso.

Tarifa de flete (Freight rate): La tarifa de flete es el costo asociado con el transporte de mercancías por vía terrestre, marítima o aérea. Este costo puede variar según el peso, volumen, distancia, y tipo de carga transportada.

La trascendencia de la tarifa de flete se basa en su influencia sobre los costos operativos y la competitividad del negocio, afectando directamente la rentabilidad y la planificación financiera. Ejemplo: La empresa comparó las tarifas de flete de varias compañías de transporte antes de seleccionar la opción más económica para enviar sus productos.

Tariff (Arancel): Un arancel es un impuesto o carga impuesta por un gobierno sobre las importaciones o exportaciones de bienes. Los aranceles se utilizan para proteger las industrias nacionales, generar ingresos y regular el comercio internacional.

La significancia de los aranceles se fundamenta en su capacidad para influir en el comercio exterior, proteger la economía nacional y recaudando ingresos fiscales. Ejemplo: El gobierno implementó un nuevo arancel sobre los productos agrícolas importados para proteger a los agricultores locales y estimular la producción nacional.

Tariff act (Ley de aranceles): Una ley de aranceles es una legislación que establece y regula los aranceles impuestos sobre la importación y exportación de bienes. Esta ley determina las tasas aplicables, los productos afectados y las normas de aplicación.

El motor estratégico de la ley de aranceles depende de su capacidad para influir en la política comercial, proteger las industrias nacionales y generar ingresos fiscales para el gobierno. Ejemplo: La nueva ley de aranceles aumentó las tarifas sobre los productos textiles importados para proteger la industria nacional de confección.

Tariff-duty (Derecho arancelario): Un derecho arancelario es un impuesto que se impone a las mercancías cuando se importan o exportan a través de las fronteras nacionales. Estos derechos pueden variar según el tipo de producto, su origen y su destino.

El impacto del derecho arancelario radica en su capacidad para regular el comercio internacional, proteger las industrias locales y generar ingresos para el gobierno. Ejemplo: El derecho arancelario sobre los automóviles importados se incrementó para apoyar a los fabricantes nacionales.

Tarja (Tally): La tarja es el proceso de contar y registrar las unidades de carga durante las operaciones de carga y descarga. Esto asegura que la cantidad de mercancías que entran o salen de un almacén o buque coincida con la documentación y los acuerdos comerciales.

El eje fundamental de la tarja se basa en garantizar la exactitud y la transparencia en el manejo de inventarios, previniendo errores y discrepancias que podrían resultar en pérdidas o disputas comerciales. Ejemplo: El tarjador registró cada contenedor cargado en el buque para asegurar que coincidiera con los documentos de envío.

Tasa aduanera (Customs fee): Una tasa aduanera es una tarifa impuesta por las autoridades aduaneras sobre las mercancías que se importan o exportan. Estas tasas pueden estar basadas en el valor, peso o volumen de las mercancías.

La influencia de la tasa aduanera se fundamenta en su capacidad para generar ingresos para el gobierno y cubrir los costos de los servicios aduaneros, además de regular el comercio y proteger la economía nacional. Ejemplo: Las tasas aduaneras sobre productos electrónicos importados aumentaron, impactando el costo final para los consumidores.

Tasa de cambio (Exchange rate): La tasa de cambio es el valor de una moneda en términos de otra moneda. Este tipo de cambio determina cuántas unidades de una moneda se pueden intercambiar por una unidad de otra moneda.

El eje fundamental de la tasa de cambio se sustenta de su influencia sobre el comercio internacional, las inversiones y la economía global, afectando los precios de los bienes y servicios y el poder adquisitivo de los consumidores. Ejemplo: La tasa de cambio entre el dólar estadounidense y el euro afectó los costos de importación para las empresas europeas.

Tasa de interés (Interest rate): La tasa de interés es el costo del crédito o el retorno sobre la inversión de un préstamo, expresado como un porcentaje del monto prestado. Las tasas de interés son determinadas por el mercado financiero y las políticas del banco central.

La preponderancia de la tasa de interés depende de su impacto sobre el costo del crédito, las decisiones de inversión y el crecimiento económico, influenciando la demanda de bienes y servicios y el nivel de ahorro e inversión. Ejemplo: El banco central aumentó la tasa de interés para controlar la inflación y estabilizar la economía.

Tasa libor (Libor rate): La tasa Libor (London Interbank Offered Rate) es una tasa de interés promedio a la cual los principales bancos mundiales se prestan dinero entre sí en el mercado interbancario de Londres. Esta tasa sirve como referencia para muchos productos financieros, incluidos préstamos y derivados.

La influencia determinante de la tasa Libor se fundamenta en su papel como referencia clave para la fijación de tasas de interés en contratos financieros a nivel mundial, afectando el costo del crédito y las inversiones. Ejemplo: El contrato de préstamo de la empresa estaba vinculado a la tasa Libor, que fluctuaba diariamente según las condiciones del mercado.

Tasa prime (Prime rate): La tasa prime es la tasa de interés que los bancos comerciales cobran a sus clientes más solventes y de menor riesgo. Esta tasa suele ser utilizada como referencia para otros tipos de préstamos, incluidos los préstamos a pequeñas empresas y las hipotecas.

La relevancia de la tasa prime se fundamenta en su influencia sobre las tasas de interés que se aplican a diversos productos crediticios, afectando el costo del crédito para consumidores y empresas. Ejemplo: La tasa de interés de la hipoteca de la empresa estaba basada en la tasa prime, lo que facilitaba obtener un crédito a un costo razonable.

Tax (Impuesto / gravamen): Un impuesto es una carga financiera impuesta por un gobierno sobre individuos, empresas o transacciones. Los impuestos pueden ser directos, como el impuesto sobre la renta, o indirectos, como el impuesto sobre las ventas.

La trascendencia de los impuestos radica en su capacidad para financiar los servicios públicos, infraestructura y otros gastos del gobierno, además de influir en el comportamiento económico y la distribución de recursos. Ejemplo: La empresa pagó impuestos sobre sus ganancias anuales, contribuyendo a la financiación de servicios públicos.

Taxable basis (Base Iimponible): La base imponible es el valor sobre el cual se calcula un impuesto. Puede referirse a ingresos, ventas, propiedades u otros valores sujetos a imposición.

La significancia de la base imponible se establece en su papel fundamental en la determinación de la cantidad de impuestos que deben pagarse, asegurando que los cálculos sean precisos y equitativos. Ejemplo: La base imponible para el impuesto sobre la renta de la empresa se determinó después de deducir todos los gastos permitidos.

Telegraphic transfer - TT (Transferencia telegráfica): Una transferencia telegráfica es un método de transferencia electrónica de fondos de una entidad a otra, generalmente utilizado para transferencias internacionales. Este método es rápido y seguro, facilitando el movimiento de dinero entre países.

El pilar fundamental de la transferencia telegráfica consiste en su capacidad para proporcionar una manera rápida y segura de transferir fondos, lo que es crucial para el comercio internacional y las transacciones financieras. Ejemplo: La empresa utilizó una transferencia telegráfica para pagar a su proveedor en Asia, asegurando que los fondos llegaran de manera oportuna.

Temporary export (Exportación temporaria): La exportación temporaria es el proceso de enviar mercancías a otro país por un período limitado, con la intención de devolverlas sin someterlas a aranceles aduaneros permanentes. Esto se utiliza comúnmente para exhibiciones, reparaciones o demostraciones.

El motor económico de la exportación temporaria radica en su capacidad para facilitar el comercio y la movilidad de bienes sin incurrir en costos arancelarios completos, apoyando actividades comerciales y promocionales. Ejemplo: La empresa envió maquinaria a una exposición internacional bajo un régimen de exportación temporaria, con la intención de devolverla después del evento.

Temporary rate (Tarifa temporaria): Una tarifa temporaria es una tasa que se aplica por un período limitado de tiempo, generalmente en respuesta a condiciones de mercado específicas, promociones o cambios estacionales.

El impacto global de la tarifa temporaria se basa en su capacidad para adaptarse a las fluctuaciones del mercado y necesidades específicas de las empresas, ofreciendo flexibilidad en la fijación de precios. Ejemplo: La naviera introdujo una tarifa temporaria reducida para atraer más clientes durante la temporada baja.

Tender (Oferta): Una oferta es una propuesta formal presentada por una empresa o individuo para suministrar bienes o servicios a un precio determinado. En el contexto de contratos públicos o privados, un tender puede ser una invitación a licitar.

La influencia de la oferta está en su capacidad para facilitar la competencia y la transparencia en la adquisición de bienes y servicios, asegurando que se obtengan los mejores términos posibles. Ejemplo: La empresa presentó una oferta para suministrar equipos de oficina al gobierno, detallando precios, plazos de entrega y condiciones de servicio.

Tender bonds (Bonos de licitación): Los bonos de licitación son garantías emitidas por una entidad financiera en favor del propietario del proyecto, asegurando que el licitador cumplirá con los términos de su oferta si se le adjudica el contrato. Estos bonos protegen al propietario contra el riesgo de que el licitador ganador no firme el contrato o no cumpla con los requisitos establecidos.

La importancia de los bonos de licitación proviene de proporcionar seguridad y confianza en el proceso de licitación, asegurando que solo los licitadores serios y capaces participen en la competencia. Ejemplo: La empresa presentó un bono de licitación junto con su oferta para el proyecto de construcción, garantizando su compromiso de cumplir con los términos si ganaba el contrato.

Terminal de almacenamiento T.A. (Storage terminal): Una terminal de almacenamiento es una instalación donde se almacenan mercancías temporalmente antes de ser distribuidas o enviadas a su destino final. Estas terminales pueden incluir almacenes, tanques de almacenamiento y áreas de carga y descarga.

La preponderancia de las terminales de almacenamiento depende de su capacidad para facilitar la gestión de inventarios, mejorar la eficiencia logística y asegurar el almacenamiento seguro de mercancías. Ejemplo: La terminal de almacenamiento cercana al puerto ayudó a la empresa a gestionar sus inventarios de manera eficiente, reduciendo los tiempos de entrega a los clientes.

Terminal de carga (Cargo terminal): Una terminal de carga es una instalación dentro de un puerto, aeropuerto o centro de transporte terrestre donde se manejan, almacenan y transfieren mercancías. Estas terminales están equipadas con infraestructura y equipos especializados para el manejo de carga.

La gravitación comercial de los terminales de carga se fundamenta en su papel crucial en la cadena de suministro, facilitando el movimiento eficiente y seguro de mercancías entre diferentes modos de transporte. Ejemplo: La terminal de carga del aeropuerto manejó un gran volumen de envíos internacionales, asegurando una transferencia rápida y segura de las mercancías.

Terminal portuario (Port terminal): Una terminal portuaria es una instalación dentro de un puerto donde se manejan las operaciones de carga y descarga de buques. Las terminales portuarias están equipadas con grúas, almacenes y otras infraestructuras necesarias para el manejo de mercancías.

La relevancia de las terminales portuarias se basa en su capacidad para facilitar el comercio marítimo, asegurando una transferencia eficiente de mercancías entre el transporte marítimo y terrestre. Ejemplo: La terminal portuaria de contenedores está equipada con grúas de última generación, lo que permite una rápida carga y descarga de los buques.

Terminal portuario de uso privado (Private port terminal): Una terminal portuaria de uso privado es una instalación de manejo de carga y descarga que es propiedad y está operada por una entidad privada. Estas terminales suelen ser utilizadas exclusivamente por el propietario para sus operaciones comerciales.

La trascendencia de las terminales portuarias de uso privado radica en su capacidad para proporcionar servicios personalizados y eficientes, adaptados a las necesidades específicas del propietario. Ejemplo: La empresa petrolera posee una terminal portuaria de uso privado para manejar sus operaciones de exportación de crudo.

Terminal portuario de uso público (Public port terminal): Una terminal portuaria de uso público es una instalación administrada por una autoridad portuaria pública y está disponible para el uso de múltiples clientes y operadores. Estas terminales brindan servicios a diversas empresas y facilitan el comercio marítimo.

La significancia de las terminales portuarias de uso público se establece en su capacidad para promover el comercio y la competencia, ofreciendo acceso equitativo a los servicios portuarios a todos los usuarios. Ejemplo: La terminal portuaria de uso público maneja una variedad de cargas, incluyendo contenedores, graneles y productos industriales.

Terminales de lanchonaje (Lighter terminals): Las terminales de lanchonaje son instalaciones donde las mercancías se transfieren entre buques grandes y embarcaciones más pequeñas, llamadas lanchones. Estas terminales son esenciales en puertos que no pueden acomodar grandes buques debido a limitaciones de calado.

El alcance estratégico de las terminales de lanchonaje se sostiene en su capacidad para facilitar la transferencia de carga en áreas donde los buques grandes no pueden atracar directamente, asegurando la continuidad del transporte marítimo. Ejemplo: La terminal de lanchonaje permitió la descarga eficiente de mercancías desde los grandes buques a los lanchones que transportan la carga a tierra.

Termination (Cancelación): La cancelación se refiere al acto de finalizar un contrato, acuerdo o proceso antes de su conclusión natural. Esto puede deberse a incumplimientos, cambios en las circunstancias o decisiones estratégicas.

El impacto global de la cancelación estriba en proporcionar un mecanismo para resolver acuerdos que ya no son viables o beneficiosos, protegiendo los intereses de las partes involucradas. Ejemplo: La empresa decidió la cancelación del contrato de suministro debido a repetidos incumplimientos por parte del proveedor.

Términos a la gruesa (Gross charter): Los términos a la gruesa se refieren a un tipo de contrato de fletamento en el cual el fletador paga una tarifa fija que incluye todos los costos operativos del buque, como combustible, tripulación y mantenimiento.

El eje estratégico de los términos a la gruesa se basa en proporcionar una estructura de costos predecible para el fletador, simplificando la gestión financiera del transporte marítimo. Ejemplo: El contrato de fletamento se acordó bajo términos a la gruesa, lo que facilitó a la empresa calcular sus costos totales de transporte.

Términos de muelle o de buque de línea (Berth terms or liner terms): Los términos de muelle o de buque de línea se refieren a las condiciones de un contrato de fletamento en las que el transportista se encarga de la carga y descarga de la mercancía en el muelle. Estos términos suelen aplicarse en el transporte de línea regular.

La influencia de los términos de muelle gira en torno a la claridad que proporcionan en la asignación de responsabilidades y costos, facilitando la planificación y la eficiencia operativa. Ejemplo: El contrato de envío se realizó bajo términos de muelle, lo que significa que la línea naviera se encargará de las operaciones de carga y descarga.

Términos de pago (Payment terms): Los términos de pago son las condiciones acordadas entre el comprador y el vendedor que determinan cuándo y cómo se realizará el pago por los bienes o servicios proporcionados. Estos términos pueden incluir plazos, descuentos por pronto pago y penalizaciones por retrasos.

La consideración esencial de los términos de pago se basa en establecer expectativas claras y justas, ayudando a gestionar el flujo de caja y reducir el riesgo de incumplimiento. Ejemplo: Los términos de pago acordados incluían un descuento del 2% si el pago se realizaba dentro de 10 días.

Términos generales de comercio exterior (General terms of foreign trade): Los términos generales de comercio exterior se refieren a las normas y condiciones estándar que rigen las transacciones internacionales, incluyendo aspectos como la entrega, el pago, la responsabilidad y los seguros.

La preponderancia de los términos generales de comercio exterior depende en proporcionar un marco claro y radicante para las transacciones internacionales, facilitando el comercio y reduciendo el riesgo de disputas. Ejemplo: Los términos generales de comercio exterior fueron revisados y acordados antes de firmar el contrato de exportación.

Terms (Condiciones): Las condiciones son los requisitos y estipulaciones que forman parte de un contrato o acuerdo, definiendo las obligaciones y derechos de las partes involucradas. Estas condiciones pueden incluir precios, plazos de entrega, garantías y penalizaciones.

La gravitación de las condiciones se fundamenta en su capacidad para establecer expectativas claras y proteger los intereses de todas las partes, asegurando una ejecución justa y eficiente del acuerdo. Ejemplo: Las condiciones del contrato especificaban la entrega de los bienes dentro de 30 días y una garantía de un año.

Theft (Hurto): El hurto se refiere a la acción de tomar bienes ajenos sin el consentimiento del propietario, con la intención de privarlo permanentemente de esos bienes. Este delito puede ocurrir en diversos contextos, incluyendo comercios, hogares y transporte de mercancías.

La relevancia de prevenir el hurto se centra en proteger la propiedad y los activos, mantener la seguridad y la confianza en las transacciones comerciales. Ejemplo: La tienda implementó medidas de seguridad adicionales para prevenir el hurto, incluyendo cámaras de vigilancia y guardias de seguridad.

Theft insurance (Seguro contra hurto): El seguro contra hurto es una póliza que proporciona cobertura financiera en caso de pérdida o daño a los bienes debido al hurto. Este seguro puede incluir coberturas adicionales, como robo, vandalismo y daños por intento de hurto.

La trascendencia del seguro contra hurto radica en proporcionar una protección financiera esencial para las empresas y los individuos, asegurando que puedan recuperar el valor de los bienes perdidos o dañados. Ejemplo: La empresa contrató un seguro contra hurto para proteger su inventario de productos electrónicos valiosos.

This side down (Abajo): La indicación "This Side Down" se utiliza en el embalaje para señalar que el lado marcado debe estar hacia abajo durante el transporte y manejo. Esto ayuda a proteger el contenido del paquete y evitar daños.

La significancia de la indicación "This Side Down" se establece en proporcionar instrucciones claras para el manejo adecuado de los paquetes, minimizando el riesgo de daños a los bienes durante el transporte. Ejemplo: El paquete frágil fue etiquetado con "This Side Down" para asegurar que se manejara correctamente y evitar daños.

This side up (Arriba): La indicación "This Side Up" se utiliza en el embalaje para señalar que el lado marcado debe estar hacia arriba durante el transporte y manejo. Esto es crucial para proteger el contenido del paquete y evitar daños.

El protagonismo esencial de la indicación "This Side Up" consiste en proporcionar instrucciones claras para el manejo adecuado de los paquetes, minimizando el riesgo de daños a los bienes durante el transporte. Ejemplo: La caja que contenía los equipos electrónicos estaba marcada con "This Side Up" para asegurar que se mantuviera en la posición correcta durante el envío.

Through bill of lading (Conocimiento de embarque combinado): Un conocimiento de embarque combinado es un documento de transporte que cubre el movimiento de mercancías utilizando múltiples modos de transporte, como marítimo, ferroviario y terrestre, desde el punto de origen hasta el destino final. Este documento facilita la transferencia de responsabilidad y derechos de las mercancías a lo largo de toda la cadena de transporte.

El alcance estratégico del conocimiento de embarque combinado se basa en su capacidad para simplificar el proceso logístico y administrativo, proporcionando un único documento que cubre toda la ruta de transporte, lo que mejora la eficiencia y reduce los riesgos. Ejemplo: La empresa utilizó un conocimiento de embarque combinado para enviar sus productos desde su fábrica en China hasta el almacén en Alemania, utilizando transporte marítimo y ferroviario.

Through flight (Vuelo sin escalas): Un vuelo sin escalas es un vuelo que opera directamente desde el punto de origen hasta el destino final sin hacer paradas intermedias. Estos vuelos son preferidos por su rapidez y conveniencia.

El impacto global de los vuelos sin escalas se basa en la reducción del tiempo de viaje y la comodidad para los pasajeros, eliminando la necesidad de cambiar de avión o hacer conexiones. Ejemplo: Optamos por un vuelo sin escalas de Nueva York a Tokio para llegar más rápido y evitar las molestias de las conexiones.

Through traffic (Tráfico de larga distancia): El tráfico de larga distancia se refiere al movimiento de pasajeros o mercancías que viajan desde un punto de origen hasta un destino final sin hacer paradas significativas en el camino. Este tipo de tráfico es común en rutas de transporte importantes.

La influencia del tráfico de larga distancia gira en torno a su capacidad para conectar grandes centros económicos y facilitar el comercio y la movilidad, contribuyendo al desarrollo económico. Ejemplo: El tren de alta velocidad facilita el tráfico de larga distancia entre las principales ciudades del país, promoviendo el comercio y el turismo.

Through transportation (Transporte directo): El transporte directo se refiere al movimiento de mercancías desde el punto de origen hasta el destino final sin interrupciones significativas o transferencias entre diferentes modos de transporte. Este enfoque busca minimizar el tiempo de tránsito y el manejo de la carga.

La gravitación internacional del transporte directo se rige de su capacidad para mejorar la eficiencia y la seguridad del transporte, reduciendo los riesgos de daños o pérdidas y acelerando el tiempo de entrega. Ejemplo: La empresa optó por el transporte directo para enviar sus productos perecederos, asegurando que llegaran frescos y a tiempo al mercado.

Tiempo de plancha (Laytime): El tiempo de plancha es el período de tiempo acordado entre el propietario del buque y el fletador durante el cual se permite la carga y descarga de mercancías sin incurrir en cargos adicionales. Si se excede este tiempo, pueden aplicarse penalizaciones por demora.

La preponderancia del tiempo de plancha depende en establecer expectativas claras y justas sobre el tiempo necesario para las operaciones de carga y descarga, incentivando la eficiencia y evitando demoras innecesarias. Ejemplo: El contrato de fletamento especificaba un tiempo de plancha de 48 horas para cargar y descargar el buque en el puerto.

Tiempo de tránsito (Transit time): El tiempo de tránsito es el período que tarda una mercancía en ser transportada desde su punto de origen hasta su destino final. Este tiempo puede variar según el modo de transporte, la distancia y las condiciones logísticas.

La influencia estratégica del tiempo de tránsito se fundamenta en su impacto sobre la planificación logística, la gestión de inventarios y la satisfacción del cliente, ya que determina la rapidez con que los productos llegan al mercado. Ejemplo: El tiempo de tránsito estimado para el envío de los productos desde el almacén en España hasta el cliente en Brasil era de 15 días.

Timber chartering (Fletamento de maderas): El fletamento de maderas es el proceso de contratar un buque para el transporte de productos de madera, como troncos, tablones y madera procesada. Este tipo de fletamento puede implicar requisitos especiales debido a las características de la carga.

La relevancia del fletamento de maderas se basa en proporcionar una solución de transporte especializada que asegura el manejo adecuado y seguro de productos de madera, minimizando daños y pérdidas. Ejemplo: La empresa de construcción fletó un buque especializado para transportar grandes volúmenes de madera desde Canadá hasta Europa.

Time draft (Letra de cambio a plazo): Una letra de cambio a plazo es un instrumento financiero que ordena el pago de una cantidad específica de dinero en una fecha futura determinada. Este tipo de letra de cambio se utiliza comúnmente en el comercio internacional como medio de pago diferido.

La importancia de la letra de cambio a plazo se fundamenta en proporcionar seguridad y predictibilidad en las transacciones comerciales, permitiendo a los vendedores recibir pagos en una fecha futura y a los compradores disponer de tiempo adicional para reunir los fondos necesarios. Ejemplo: La exportadora aceptó una letra de cambio a plazo con vencimiento en 90 días como pago por sus productos.

Time policy (Póliza temporaria): Una póliza temporaria es un contrato de seguro que proporciona cobertura por un período específico de tiempo, en lugar de un evento particular. Este tipo de póliza es común en seguros de transporte marítimo y otras áreas donde la cobertura se necesita solo por un tiempo determinado.

La significancia de la póliza temporaria se establece en su capacidad para ofrecer una cobertura flexible y específica para necesidades temporales, proporcionando protección sin la necesidad de compromisos a largo plazo. Ejemplo: La empresa compró una póliza temporaria para asegurar el envío de sus mercancías durante el transporte marítimo a Europa.

Tipo de cambio (Exchange rate): El tipo de cambio es el valor de una moneda en términos de otra moneda. Este tipo de cambio determina cuántas unidades de una moneda se pueden intercambiar por una unidad de otra moneda.

El impacto global del tipo de cambio se sostiene en su influencia sobre el comercio internacional, las inversiones y la economía global, afectando los precios de los bienes y servicios y el poder adquisitivo de los consumidores. Ejemplo: La tasa de cambio entre el dólar estadounidense y el euro afectó los costos de importación para las empresas europeas.

Tipo de interés (Interest rate): La tasa de interés es el costo del crédito o el retorno sobre la inversión de un préstamo, expresado como un porcentaje del monto prestado. Las tasas de interés son determinadas por el mercado financiero y las políticas del banco central.

El protagonismo esencial de la tasa de interés radica en su impacto sobre el costo del crédito, las decisiones de inversión y el crecimiento económico, influenciando la demanda de bienes y servicios y el nivel de ahorro e inversión. Ejemplo: El banco central aumentó la tasa de interés para controlar la inflación y estabilizar la economía.

Title insurance (Seguro de título): El seguro de título es una póliza que protege a los propietarios de bienes inmuebles y a los prestamistas contra pérdidas derivadas de defectos en el título de propiedad. Este seguro cubre problemas como gravámenes no revelados, disputas de propiedad y errores en los registros públicos.

El motor económico del seguro de título se basa en proporcionar seguridad y protección financiera a los propietarios de bienes inmuebles, asegurando que su propiedad esté libre de problemas legales que puedan afectar su valor o posesión. Ejemplo: Al comprar su nueva casa, la familia adquirió un seguro de título para protegerse contra posibles reclamaciones futuras sobre la propiedad.

Título valor (Negotiable instrument): Un título valor es un documento financiero que representa un valor económico y puede ser transferido de una persona a otra. Los ejemplos incluyen cheques, letras de cambio, pagarés y bonos. Estos instrumentos son esenciales para facilitar las transacciones financieras y comerciales.

La influencia de los títulos valor gira en torno a su capacidad para garantizar y facilitar el pago, proporcionando seguridad y eficiencia en las transacciones económicas. Ejemplo: La empresa emitió un pagaré como título valor para garantizar el pago de su deuda a corto plazo con el proveedor.

To assess the risk (Evaluar el riesgo): Evaluar el riesgo implica identificar, analizar y medir los posibles peligros y desafíos que podrían afectar un proyecto, inversión o actividad comercial. Este proceso es fundamental para la gestión del riesgo y la toma de decisiones informadas.

La gravitación esencial de evaluar el riesgo proviene de su capacidad para anticipar problemas potenciales y planificar estrategias de mitigación, protegiendo así los intereses de la organización. Ejemplo: La empresa contrató a un consultor para evaluar el riesgo de expandirse a nuevos mercados internacionales.

To collect (Cobrar/recoger): Cobrar se refiere a la acción de recibir el pago de una deuda o factura. Recoger puede referirse a la acción de recolectar mercancías o datos. Ambas acciones son esenciales en la gestión financiera y logística.

La gravitación comercial de cobrar depende en mantener el flujo de caja y la salud financiera de una organización, mientras que recoger mercancías es crucial para la eficiencia operativa. Ejemplo: El departamento de cuentas por cobrar trabajó diligentemente para cobrar todas las facturas pendientes antes de fin de mes.

To consolidate (Consolidar): Consolidar se refiere a la acción de combinar varios elementos en uno solo, ya sea en términos financieros, logísticos o administrativos. En finanzas, puede significar combinar deudas; en logística, agrupar envíos para eficiencia.

La influencia estratégica de consolidar se fundamenta en mejorar la eficiencia, reducir costos y simplificar la gestión. Ejemplo: La empresa decidió consolidar sus envíos semanales en un solo envío mensual para reducir los costos de transporte.

To cover (Cubrir): Cubrir implica proporcionar protección o seguro contra posibles pérdidas o riesgos. También puede referirse a asegurar que algo esté completamente abarcado o incluido.

La relevancia de cubrir se encuentra en la mitigación de riesgos y la protección de los activos y las inversiones de una organización. Ejemplo: La empresa compró una póliza de seguro para cubrir los posibles daños a su inventario durante el transporte.

To distribute (Distribuir): Distribuir se refiere a la acción de repartir o entregar productos desde el punto de origen hasta el consumidor final. La distribución es un componente clave en la cadena de suministro.

La trascendencia de distribuir se fundamenta en garantizar que los productos lleguen a los clientes de manera eficiente y oportuna, manteniendo la satisfacción del cliente y la competitividad del mercado. Ejemplo: La empresa optimizó su red de distribución para asegurar la entrega rápida de productos frescos a los supermercados locales.

To draw (Girar): Girar en el contexto financiero se refiere a la acción de emitir una letra de cambio o un cheque, instruyendo a un banco o entidad a pagar una suma específica de dinero a un beneficiario.

La significancia de girar se establece en proporcionar un mecanismo de pago seguro y confiable en transacciones comerciales, facilitando el flujo de fondos entre las partes. Ejemplo: La empresa giró una letra de cambio a 90 días como parte del acuerdo de pago con su proveedor.

To finance (Financiar): Financiar implica proporcionar fondos para un proyecto, negocio o inversión. Esto puede incluir la obtención de préstamos, inversiones de capital o el uso de fondos internos.

La influencia estratégica de financiar se centra en la capacidad de permitir el crecimiento y la expansión de negocios, facilitando la realización de proyectos y la adquisición de activos. Ejemplo: La empresa obtuvo un préstamo bancario para financiar la expansión de su planta de producción.

To forfeit the premium (Perder la prima): Perder la prima se refiere a la situación en la que un asegurado pierde el derecho a recibir un reembolso de la prima pagada debido al incumplimiento de los términos de la póliza o a la cancelación anticipada del seguro.

El alcance prioritario de entender las condiciones de pérdida de la prima gira en torno a la necesidad de cumplir con los términos del seguro para evitar la pérdida de dinero y asegurar la cobertura adecuada. Ejemplo: El cliente perdió la prima de su seguro de viaje al cancelar el viaje sin cumplir con las condiciones de la póliza.

To negotiate (Negociar): Negociar es el proceso de discutir y acordar los términos de un contrato, acuerdo o transacción entre dos o más partes. Este proceso es esencial en el comercio, las finanzas y las relaciones laborales.

El alcance prioritario de negociar gira en torno a la capacidad de alcanzar acuerdos mutuamente beneficiosos, resolver conflictos y establecer relaciones comerciales duraderas. Ejemplo: Los representantes de ambas empresas se reunieron para negociar los términos del contrato de suministro.

To open a letter of credit (Abrir una carta de crédito): Abrir una carta de crédito implica establecer un compromiso financiero entre un banco y un beneficiario, garantizando el pago por bienes o servicios según los términos acordados. Este instrumento se utiliza comúnmente en el comercio internacional para asegurar el cumplimiento de las obligaciones de pago.

La influencia de abrir una carta de crédito se sostiene en proporcionar seguridad a ambas partes en una transacción internacional, asegurando que el vendedor recibirá el pago y el comprador recibirá los bienes según lo acordado. Ejemplo: La empresa abrió una carta de crédito para garantizar el pago a su proveedor extranjero al recibir los productos.

To pack/To stuff (Empacar): Empacar se refiere a la acción de preparar y embalar productos para su transporte y almacenamiento. Esto incluye el uso de materiales de embalaje adecuados para proteger los productos durante el tránsito.

Lo notable de empacar se centra en asegurar que los productos lleguen a su destino en buenas condiciones, minimizando el riesgo de daños y pérdidas. Ejemplo: El equipo de logística empacó cuidadosamente los productos electrónicos utilizando materiales a prueba de golpes para asegurar su protección durante el envío.

To pay (Pagar): Pagar es la acción de entregar dinero o su equivalente a cambio de bienes, servicios o para cumplir con una obligación financiera. El pago puede realizarse en efectivo, mediante transferencia bancaria, cheque u otros métodos.

La preponderancia de pagar depende en cumplir con las obligaciones financieras y mantener relaciones comerciales positivas, asegurando la continuidad de los negocios. Ejemplo: La empresa pagó la factura del proveedor dentro del plazo acordado, manteniendo una buena relación comercial.

To purchase/To buy (Comprar): Comprar es la acción de adquirir bienes o servicios a cambio de dinero. Este proceso implica seleccionar productos, negociar términos y realizar el pago.

La utilidad estratégica de comprar se fundamenta en satisfacer las necesidades y demandas de la empresa o individuo, permitiendo el funcionamiento y crecimiento continuo. Ejemplo: La empresa decidió comprar maquinaria nueva para aumentar su capacidad de producción.

To reject (Rechazar): Rechazar se refiere a la acción de no aceptar bienes, servicios o propuestas debido a incumplimientos de términos, defectos o insatisfacción con las condiciones ofrecidas. En comercio, puede referirse al rechazo de mercancías defectuosas o no conformes.

La relevancia de rechazar se basa en proteger los intereses de las partes involucradas, asegurando que solo se acepten productos y servicios que cumplan con los estándares y expectativas acordadas. Ejemplo: El comprador rechazó la entrega de productos debido a defectos visibles que no cumplían con las especificaciones del contrato.

To release (Liberar): Liberar se refiere a la acción de poner en libertad o permitir la salida de mercancías, fondos o documentos. En el contexto de comercio y finanzas, liberar puede implicar la entrega de bienes al destinatario una vez cumplidas ciertas condiciones o la liberación de fondos retenidos.

La trascendencia de liberar se sostiene en facilitar el flujo de bienes y fondos, asegurando que las partes cumplan con sus obligaciones y que las transacciones se completen de manera eficiente. Ejemplo: El banco liberó los fondos del depósito una vez que se confirmaron todas las condiciones del contrato.

To release discrepancies (Liberar discrepancias): Liberar discrepancias implica resolver y aceptar diferencias menores o errores en documentos comerciales para permitir que la transacción continúe. Esto es crucial en el comercio internacional, donde pequeñas discrepancias en la documentación pueden retrasar el proceso.

La significancia de liberar discrepancias se se fundamenta en la capacidad para mantener el flujo de comercio sin interrupciones, asegurando que las mercancías se liberen a tiempo a pesar de errores menores. Ejemplo: La carta de crédito fue modificada para liberar discrepancias menores y permitir la liberación de las mercancías en el puerto.

To rescind (Rescindir): Rescindir se refiere a la anulación de un contrato, acuerdo o acto legal por mutuo acuerdo de las partes o debido a incumplimientos significativos. Esto puede devolver a las partes a su estado original antes del contrato.

El alcance prioritario de rescindir radica en la capacidad de corregir errores, abordar incumplimientos y resolver conflictos contractuales de manera justa y legal. Ejemplo: Las partes decidieron rescindir el contrato de suministro debido a la incapacidad del proveedor para cumplir con los términos acordados.

To supply (Suministrar): Suministrar implica proporcionar bienes o servicios a una empresa, entidad o individuo según lo acordado. Este término es fundamental en la gestión de la cadena de suministro, donde se asegura la disponibilidad continua de productos y materiales.

Lo notable de suministrar se fundamenta en garantizar que las necesidades de producción y consumo se satisfagan de manera eficiente y oportuna, manteniendo la continuidad de las operaciones comerciales. Ejemplo: La empresa firmó un contrato para suministrar materiales de construcción a una gran empresa de desarrollo inmobiliario.

Todo el tiempo de trabajo adelantado (AWTSB All Working Time Saved Both Ends): Este término se refiere al acuerdo en contratos de fletamento donde el tiempo de trabajo ahorrado tanto en la carga como en la descarga se cuenta y se refleja en el cálculo de demoras o desmovilizaciones.

La supremacía competitiva de este término gira en torno a incentivar la eficiencia operativa, premiando la rápida ejecución de las operaciones de carga y descarga, y reduciendo así los costos adicionales. Ejemplo: El contrato incluía una cláusula AWTSB para incentivar una rápida carga y descarga del buque.

Ton (Tonelada): La tonelada es una unidad de medida de masa que equivale a 1,000 kilogramos. Se utiliza comúnmente en la industria del transporte y la logística para cuantificar grandes volúmenes de mercancías.

La influencia de la tonelada se apoya en proporcionar una medida estándar para el peso de mercancías, facilitando la planificación y el cálculo de costos en el transporte y almacenamiento. Ejemplo: El cargamento consistía en 20 toneladas de trigo destinadas a la exportación.

Tonelada de registro, arqueo (Register ton): La tonelada de registro es una unidad de medida de volumen utilizada en la navegación para describir la capacidad interna de un buque. Una tonelada de registro equivale a 100 pies cúbicos.

La significancia operativa de la tonelada de registro gira en torno a proporcionar una medida estándar para evaluar la capacidad de un buque, lo que es crucial para el cálculo de tarifas portuarias y la planificación de carga. Ejemplo: El buque tiene una capacidad de 10,000 toneladas de registro, lo que le permite transportar grandes volúmenes de carga.

Toneladas de agua por hora (TWPH Tons of water per hour): Este término se refiere a la capacidad de bombeo de un sistema, especialmente en el contexto de la capacidad de las bombas de sentina en los buques. Indica cuántas toneladas de agua pueden ser bombeadas por hora.

La supremacía estratégica de las toneladas de agua por hora depende de la capacidad de asegurar la seguridad y la operatividad del buque, especialmente en situaciones de emergencia donde es crucial eliminar el agua del interior del buque rápidamente. Ejemplo: Las bombas de sentina del buque tienen una capacidad de 500 toneladas de agua por hora.

Tonelaje bruto o grueso (Gross tonnage): El tonelaje bruto es una medida de la capacidad total interna de un buque, incluyendo todos los espacios cerrados, tanto de carga como de tripulación. Esta medida se utiliza para determinar tarifas portuarias y otros impuestos.

La relevancia transformadora del tonelaje bruto se fundamenta en proporcionar una base para la clasificación y regulación de los buques, afectando las tarifas portuarias y las normas de seguridad. Ejemplo: El buque tiene un tonelaje bruto de 20,000 toneladas, lo que lo clasifica como un gran buque de carga.

Tonelaje de desplazamiento pesado (Loaded displacement tonnage): El tonelaje de desplazamiento pesado es el peso total del buque cuando está completamente cargado, incluyendo el peso del buque, la carga, el combustible, la tripulación y todos los suministros.

La significancia operativa del tonelaje de desplazamiento pesado se centra en su uso para evaluar la estabilidad y la capacidad de flotación del buque, lo que es crucial para la seguridad marítima. Ejemplo: El tonelaje de desplazamiento pesado del buque es de 50,000 toneladas, lo que le permite transportar grandes volúmenes de carga de manera segura.

Tonelaje de peso muerto (DWT Deadweight Tonnage): El tonelaje de peso muerto es la medida de la capacidad de carga de un buque, incluyendo la carga, el combustible, el agua, los suministros y la tripulación. Se expresa en toneladas métricas y representa la diferencia entre el peso del buque vacío y el peso del buque cargado.

La supremacía competitiva del tonelaje de peso muerto se sostiene en su capacidad para determinar la eficiencia y capacidad de carga del buque, influyendo en la planificación de operaciones y tarifas de fletamento. Ejemplo: El buque tiene un tonelaje de peso muerto de 75,000 toneladas, lo que le permite transportar grandes volúmenes de mercancías a largas distancias.

Tonnage (Tonelaje): El tonelaje es una medida del tamaño o capacidad de un buque, que puede referirse tanto al tonelaje bruto (GT) como al tonelaje de peso muerto (DWT). Es una medida crucial en la industria marítima para determinar la capacidad de carga y las tarifas portuarias.

La significancia del tonelaje se establece en su uso para clasificar buques, calcular tarifas y regulaciones, y planificar operaciones logísticas. Ejemplo: El tonelaje del buque se registró en 100,000 DWT, clasificándolo como un buque de gran capacidad para transporte de graneles.

Tortious misrepresentation (Descripción equivocada, alevosa o culpable): La descripción equivocada alevosa o culpable se refiere a una declaración falsa o engañosa hecha intencionalmente para inducir a otra parte a entrar en un contrato o acuerdo. Este acto es considerado un delito civil (tort) y puede resultar en responsabilidad legal.

Es crucial destacar la descripción equivocada que se centra en la protección de las partes en transacciones comerciales, asegurando que los acuerdos se basen en información precisa y veraz. Ejemplo: La empresa presentó una demanda por descripción equivocada después de descubrir que el proveedor había proporcionado información falsa sobre la calidad de los materiales.

Total loss (Pérdida total): La pérdida total se refiere a la situación en la que un bien, generalmente un buque o una carga, se pierde completamente debido a daños o destrucción. En el seguro marítimo, esto puede implicar una pérdida total real o constructiva.

El impacto global de la pérdida total gira en torno a las implicaciones financieras y legales, ya que generalmente resultan en el pago total de la indemnización bajo la póliza de seguro. Ejemplo: El asegurador declaró una pérdida total del buque después de que se hundiera en una tormenta severa.

Total permanent disability (Incapacidad permanente total): La incapacidad permanente total se refiere a una condición en la que una persona queda permanentemente incapaz de trabajar y realizar actividades diarias debido a una lesión o enfermedad. Esta condición es reconocida en pólizas de seguro de vida y de salud.

La implicancia de la incapacidad permanente total se fundamenta en proporcionar apoyo financiero a los asegurados que ya no pueden generar ingresos debido a su condición, asegurando su bienestar y el de sus dependientes. Ejemplo: La póliza de seguro de vida incluyó una cláusula de incapacidad permanente total que garantizó un pago al asegurado tras la confirmación de su condición.

Towage (Remolque, derechos de remolque): El remolque se refiere al acto de tirar de un buque o embarcación mediante el uso de otro buque especializado llamado remolcador. Los derechos de remolque son las tarifas cobradas por los servicios de remolque.

La influencia del remolque se apoya en su papel crucial de la navegación segura y eficiente de buques en áreas congestionadas, puertos y canales, facilitando maniobras difíciles y asistiendo a buques en problemas. Ejemplo: El buque fue remolcado hasta el puerto con la ayuda de un remolcador debido a problemas en sus motores.

Trade follows the flag (Tras el pabellón va la mercancía): Este dicho significa que el comercio internacional tiende a seguir la expansión y presencia de las naciones en el extranjero, reflejando cómo la influencia política y militar de un país puede facilitar y estimular el comercio.

La relevancia global de este concepto se fundamenta en la comprensión de las dinámicas del comercio global y cómo la presencia de una nación en el extranjero puede abrir mercados y oportunidades comerciales. Ejemplo: La expansión de las rutas comerciales británicas durante la época colonial es un ejemplo de cómo el comercio sigue al pabellón.

Trade winds (Vientos alisios): Los vientos alisios son vientos constantes que soplan desde el este hacia el oeste en la región ecuatorial de la Tierra. Estos vientos son cruciales para la navegación marítima, especialmente en la época de la navegación a vela.

La trascendencia estratégica de los vientos alisios se sostiene en su impacto en la navegación y el clima, facilitando las rutas marítimas y afectando los patrones climáticos globales. Ejemplo: Los veleros antiguos dependían de los vientos alisios para cruzar el Atlántico hacia las Américas.

Trademark (Marca registrada): Una marca registrada es un símbolo, palabra o conjunto de palabras legalmente registrado o establecido por el uso como representación de una empresa o producto. Las marcas registradas protegen la identidad y la reputación de una empresa en el mercado.

La trascendencia estratégica de las marcas registradas se fundamenta en la protección legal que ofrecen contra el uso no autorizado, asegurando que los consumidores puedan identificar productos y servicios auténticos de una empresa específica. Ejemplo: La marca registrada del logo de la empresa garantiza que solo los productos genuinos lleven ese símbolo, protegiendo contra la falsificación.

Trading company (Compañía de comercio exterior): Una compañía de comercio exterior es una empresa que se especializa en la importación y exportación de bienes y servicios entre países. Estas empresas actúan como intermediarios, facilitando transacciones internacionales y manejando la logística y documentación.

La relevancia de las compañías de comercio exterior se fundamenta en su capacidad para abrir mercados internacionales, manejar la complejidad del comercio global y reducir los riesgos para sus clientes. Ejemplo: La compañía de comercio exterior ayudó a la empresa a expandir sus operaciones en Asia, gestionando todas las importaciones y exportaciones.

Traffic accident (Accidente de tránsito): Un accidente de tránsito es un evento en el cual un vehículo colisiona con otro vehículo, peatón, animal, objeto o estructura, causando daños materiales, lesiones o muertes.

La relevancia estratégica de abordar los accidentes de tránsito gira en torno a la protección de la vida y la propiedad, y en la implementación de medidas de seguridad vial para prevenir futuros incidentes. Ejemplo: El accidente de tránsito en la autopista resultó en la implementación de nuevas señales de advertencia para mejorar la seguridad vial.

Tráfico portuario (Port traffic): El tráfico portuario se refiere al movimiento de buques, carga y pasajeros dentro y fuera de un puerto. Esto incluye la carga y descarga de mercancías, así como el tránsito de buques.

La significancia del tráfico portuario se establece en su impacto en la economía local y global, facilitando el comercio internacional y asegurando la eficiente operación de los puertos. Ejemplo: El puerto registró un aumento del 15% en el tráfico portuario debido a la expansión de sus instalaciones de carga.

Trailer (Remolque): Un remolque es un vehículo sin motor que se acopla a un vehículo motorizado para transportar mercancías. Los remolques son esenciales en la logística y el transporte terrestre de carga.

El protagonismo esencial de los remolques se sostiene en su capacidad para aumentar la capacidad de carga de los vehículos, facilitando el transporte eficiente y seguro de grandes volúmenes de mercancías. Ejemplo: El camión de la empresa estaba equipado con un remolque para transportar una gran cantidad de productos a su destino.

Tramp vessel (Buque de tráfico Irregular): Un buque de tráfico irregular es un barco que no sigue rutas fijas o itinerarios regulares, sino que se alquila para transportar cargas a diferentes destinos según la demanda.

La Relevancia significativa de los buques de tráfico irregular depende de su flexibilidad y capacidad para satisfacer necesidades de transporte específicas y temporales, adaptándose a los cambios en la demanda del mercado. Ejemplo: El buque de tráfico irregular fue fletado para transportar maquinaria pesada a una isla remota para un proyecto de construcción.

Transaction (Transacción): Una transacción es un acuerdo comercial entre dos o más partes que involucra el intercambio de bienes, servicios o dinero. Las transacciones pueden ser simples, como una compra, o complejas, como un contrato de suministro a largo plazo.

El alcance estratégico de las transacciones se centra en su rol fundamental de la economía, facilitando el intercambio de valor y la generación de ingresos para las empresas. Ejemplo: La transacción de venta fue completada exitosamente, con el comprador recibiendo los bienes y el vendedor recibiendo el pago acordado.

Transbordo (Transhipment): El transbordo es el proceso de transferir mercancías de un medio de transporte a otro durante su viaje hacia el destino final. Esto puede ocurrir en puertos, aeropuertos o centros logísticos.

La pertinencia comercial del transbordo gira en torno a su capacidad para optimizar rutas de transporte, reducir costos y facilitar la entrega eficiente de mercancías a destinos que no están directamente conectados por un solo modo de transporte. Ejemplo: Las mercancías fueron transbordadas en el puerto de Singapur antes de continuar su viaje hacia Australia.

Transfer (Transferencia): Una transferencia es el proceso de mover fondos, bienes o derechos de una entidad a otra. En finanzas, puede referirse al movimiento de dinero entre cuentas bancarias, mientras que en logística puede implicar el traslado de mercancías.

La supremacía competitiva de la transferencia se fundamenta en su capacidad para facilitar el flujo de capital y bienes, asegurando que las transacciones se completen de manera eficiente y segura. Ejemplo: La transferencia de fondos se realizó electrónicamente para asegurar un pago rápido y seguro al proveedor.

Transfer in Advaance (Transferencia anticipada): Una transferencia anticipada es un pago que se realiza antes de la entrega de bienes o servicios. Este método de pago es común en transacciones internacionales donde el vendedor quiere asegurarse de recibir el pago antes de enviar la mercancía.

La consideración esencial de la transferencia anticipada se sostiene en proporcionar seguridad financiera al vendedor, asegurando que recibirá el pago antes de comprometerse a enviar los bienes. Ejemplo: La empresa exigió una transferencia anticipada del 50% del valor total del pedido antes de proceder con la fabricación de los productos personalizados.

Transferable (Transferible): Algo transferible es un derecho, propiedad o instrumento financiero que puede ser cedido o transferido de una parte a otra. En el comercio, los créditos transferibles son comunes en las cartas de crédito.

La supremacía competitiva de la transferibilidad se fundamenta en la flexibilidad que proporciona, permitiendo a las partes involucradas transferir sus derechos o obligaciones a terceros, facilitando la negociación y el financiamiento. Ejemplo: El pagaré era transferible, permitiendo al beneficiario original endosarlo a un tercero.

Transferable credit (Crédito transferible): Un crédito transferible es una carta de crédito que permite al beneficiario transferir parte o la totalidad del crédito a uno o más terceros. Esto es común en transacciones donde el beneficiario original actúa como intermediario.

La relevancia del crédito transferible se centra en su capacidad para facilitar la financiación y la cadena de suministro, permitiendo a los intermediarios cumplir con sus obligaciones financieras sin necesidad de financiación adicional. Ejemplo: El exportador utilizó un crédito transferible para pagar a sus proveedores antes de enviar los productos al comprador final.

Transferable letter of credit (Carta de crédito transferible): Una carta de crédito transferible es un tipo de carta de crédito que permite al beneficiario transferir sus derechos a uno o más terceros. Esta carta de crédito es común en situaciones donde el beneficiario no es el productor o proveedor final de los bienes.

La relevancia estratégica de la carta de crédito transferible se fundamenta en su capacidad para facilitar la financiación y el comercio, permitiendo a los intermediarios asegurar el pago y cumplir con sus obligaciones. Ejemplo: La empresa utilizó una carta de crédito transferible para garantizar el pago a sus proveedores en China, asegurando que los bienes se entregaran a tiempo al comprador en Europa.

Transferee (Cesionario): El cesionario es la parte que recibe los derechos o intereses transferidos de otra parte en una transacción. En el contexto de una carta de crédito transferible, el cesionario es quien recibe los derechos de crédito.

La significancia del cesionario se establece en su papel de la continuidad de las obligaciones y derechos en la transacción, permitiendo la flexibilidad y el flujo de bienes y servicios. Ejemplo: El cesionario recibió los derechos del crédito transferible y procedió a cumplir con las obligaciones de entrega de los bienes.

Transferencia (Transfer): La transferencia es el acto de mover fondos, bienes o derechos de una entidad a otra. Esto puede incluir transferencias bancarias, transferencia de propiedad o derechos contractuales.

El motor económico de la transferencia gira en torno a su capacidad para facilitar el flujo de capital y bienes, asegurando que las transacciones se completen de manera eficiente y segura. Ejemplo: La transferencia de fondos se realizó electrónicamente para asegurar un pago rápido y seguro al proveedor.

Transferencia de riesgo (Transfer of risks): La transferencia de riesgo es el proceso mediante el cual la responsabilidad por la pérdida o daño de bienes se transfiere de una parte a otra. Esto suele ocurrir en contratos de venta o transporte, donde se especifica el punto en el que el riesgo se transfiere del vendedor al comprador.

El protagonismo esencial de la transferencia de riesgo se sostiene en la claridad que proporciona sobre quién es responsable en caso de pérdida o daño, protegiendo los intereses de las partes involucradas. Ejemplo: En el contrato de venta, la transferencia de riesgo ocurría en el momento en que las mercancías se cargaban en el buque en el puerto de origen.

Transferring bank (Banco transferente): El banco transferente es la entidad bancaria que facilita la transferencia de una carta de crédito transferible del beneficiario original al nuevo beneficiario. Este banco desempeña un papel crucial en la gestión de las transferencias y en asegurar que los términos de la carta de crédito se cumplan.

La trascendencia estratégica del banco transferente se centra en su capacidad para garantizar la correcta ejecución de las transferencias, proporcionando seguridad y confianza a todas las partes involucradas en la transacción. Ejemplo: El banco transferente verificó todos los documentos y facilitó la transferencia del crédito al proveedor secundario.

Transhipment (Transbordo): El transbordo es el proceso de transferir mercancías de un medio de transporte a otro durante su viaje hacia el destino final. Esto puede ocurrir en puertos, aeropuertos o centros logísticos.

La influencia del transbordo se basa en su capacidad para optimizar rutas de transporte, reducir costos y facilitar la entrega eficiente de mercancías a destinos que no están directamente conectados por un solo modo de transporte. Ejemplo: Las mercancías fueron transbordadas en el puerto de Singapur antes de continuar su viaje hacia Australia.

Transit (Tránsito): El tránsito se refiere al proceso de mover mercancías o personas de un lugar a otro. En el contexto del comercio, el tránsito incluye el transporte de mercancías a través de diferentes modos y rutas hasta su destino final.

La relevancia global del tránsito proviene de su participación en la cadena de suministro y la logística, asegurando que los productos lleguen a su destino de manera eficiente y segura. Ejemplo: Las mercancías están en tránsito desde la fábrica en China hasta el almacén en Estados Unidos.

Transit time (Tiempo de tránsito): El tiempo de tránsito es el período que tarda una mercancía en ser transportada desde su punto de origen hasta su destino final. Este tiempo puede variar según el modo de transporte, la distancia y las condiciones logísticas.

La supremacía competitiva del tiempo de tránsito depende de su impacto sobre la planificación logística, la gestión de inventarios y la satisfacción del cliente, ya que determina la rapidez con que los productos llegan al mercado. Ejemplo: El tiempo de tránsito estimado para el envío de los productos desde el almacén en España hasta el cliente en Brasil era de 15 días.

Tránsito aduanero (Customs transit): El tránsito aduanero es un régimen aduanero que permite el transporte de mercancías bajo control aduanero de un punto a otro dentro de un mismo territorio aduanero o entre diferentes territorios aduaneros sin el pago de derechos e impuestos durante el tránsito.

La relevancia transformadora del tránsito aduanero se fundamenta en facilitar el movimiento eficiente de mercancías a través de fronteras, reduciendo las barreras comerciales y agilizando el comercio internacional. Ejemplo: Las mercancías fueron transportadas bajo régimen de tránsito aduanero desde el puerto de entrada hasta el depósito aduanero en el interior del país.

Transportadas (Transported): Se refiere al movimiento de bienes o personas de un lugar a otro mediante diversos modos de transporte, como terrestre, marítimo, aéreo o ferroviario.

La relevancia de las mercancías transportadas se centra en su capacidad para facilitar el comercio y la distribución de productos, asegurando que los bienes lleguen a los mercados y consumidores finales. Ejemplo: Las mercancías fueron transportadas desde el puerto hasta el almacén en camiones refrigerados para mantener su calidad.

Transportador (Carrier): Un transportador es una entidad que ofrece servicios de transporte para mover bienes o personas de un lugar a otro. Esto puede incluir compañías de transporte marítimo, aéreo, terrestre y ferroviario.

La relevancia transformadora del transportador se sostiene en su participación fundamental en la cadena de suministro, asegurando que los productos se entreguen de manera eficiente y segura a su destino final. Ejemplo: La empresa contrató a un transportador especializado en carga pesada para mover su maquinaria industrial.

Transportador de Gas Natural Licuado GNL (LNG Carrier): Un trnsportador de gas natural licuado es un buque diseñado específicamente para el transporte de gas natural en su forma líquida a temperaturas muy bajas.

La significancia de los transportadores de gas natural licuado gira en torno a su capacidad para mover grandes volúmenes de gas natural de manera segura y eficiente a través de largas distancias, facilitando el comercio de este recurso energético. Ejemplo: El transportador de gas natural licuado atracó en el puerto para descargar su carga en la terminal de regasificación.

Transporte (Transport): El transporte es el proceso de mover bienes o personas de un lugar a otro utilizando diversos modos como terrestre, marítimo, aéreo o ferroviario.

El eje estratégico del transporte se sostiene en su capacidad para facilitar el comercio, la movilidad y la distribución de productos, contribuyendo al desarrollo económico y social. Ejemplo: El sistema de transporte eficiente de la ciudad permitió la rápida distribución de productos frescos a los mercados locales.

Transporte combinado (Intermodal transport): El transporte combinado, o intermodal, se refiere al uso de múltiples modos de transporte (como camión, tren y barco) para mover mercancías desde el origen hasta el destino final, utilizando una sola unidad de carga, como un contenedor.

El eje fundamental del transporte combinado gira en torno de su capacidad para optimizar la eficiencia logística, reducir costos y mejorar la flexibilidad en la cadena de suministro. Ejemplo: Las mercancías fueron transportadas mediante transporte combinado, utilizando camiones y trenes para llegar al puerto antes de ser embarcadas.

Transporte de carga (Cargo transport): El transporte de carga se refiere al movimiento de mercancías de un lugar a otro utilizando diversos modos de transporte, como camiones, trenes, barcos y aviones.

El eje estratégico del transporte de carga se apoya en su capacidad para facilitar el comercio y la distribución de productos, asegurando que los bienes lleguen a los mercados y consumidores finales de manera eficiente. Ejemplo: La empresa de transporte de carga manejó el envío de grandes volúmenes de productos desde el almacén hasta los clientes en todo el país.

Transporte local (Local carriage): El transporte local se refiere al movimiento de mercancías o personas dentro de un área geográfica limitada, como una ciudad o región. Esto puede incluir servicios de distribución urbana y entregas de última milla.

La influencia del transporte local se centra en su capacidad para satisfacer las necesidades de distribución y movilidad a corto plazo, asegurando la entrega rápida y eficiente de bienes y servicios. Ejemplo: La empresa de logística ofrecía servicios de transporte local para asegurar la entrega de paquetes el mismo día dentro de la ciudad.

Transporte multimodal (Multimodal transport): El transporte multimodal implica el uso de más de un modo de transporte (por ejemplo, camión, tren, barco) bajo un solo contrato de transporte, con el objetivo de optimizar la eficiencia logística y reducir costos.

La prominencia global del transporte multimodal depende de su capacidad para combinar las ventajas de diferentes modos de transporte, mejorando la flexibilidad y la eficiencia en la cadena de suministro. Ejemplo: La carga fue transportada mediante transporte multimodal, combinando tren y barco para llegar a su destino de manera más rápida y económica.

Transporte y seguro pagado hasta - CIP (Transportation and insurance paid up to): Término comercial que indica que el vendedor paga el transporte y seguro hasta un destino específico. Este término proporciona seguridad al comprador al garantizar que los bienes están asegurados durante el transporte.

La preponderancia depende de la seguridad y previsibilidad de los costos de transporte, asegurando que las mercancías están protegidas contra riesgos. Ejemplo: Un contrato CIP para la exportación de maquinaria garantiza que el vendedor cubre el seguro y transporte hasta el destino del comprador, proporcionando tranquilidad al comprador.

Transporte principal (Main carriage): El transporte principal se refiere a la etapa del transporte donde las mercancías son movidas a través de la mayor parte de la distancia desde el punto de origen hasta el destino final. Esto puede incluir transporte marítimo, aéreo o ferroviario.

La relevancia significativa del transporte principal se sostiene de su rol crucial en la cadena de suministro, asegurando que las mercancías se muevan de manera eficiente a través de largas distancias. Ejemplo: El transporte principal de las mercancías se realizó en un buque portacontenedores que navegó desde Asia hasta Europa.

Tras el pabellón va la mercancía (Trade follows the flag): Este dicho significa que el comercio internacional tiende a seguir la expansión y presencia de las naciones en el extranjero, reflejando cómo la influencia política y militar de un país puede facilitar y estimular el comercio.

La relevancia de este concepto se centra en la comprensión de las dinámicas del comercio global y cómo la presencia de una nación en el extranjero puede abrir mercados y oportunidades comerciales. Ejemplo: La expansión de las rutas comerciales británicas durante la época colonial es un ejemplo de cómo el comercio sigue al pabellón.

Trawler (Barco de arrastre): Un barco de arrastre es una embarcación diseñada para la pesca comercial, utilizando redes que se arrastran por el fondo del mar o a través de la columna de agua para capturar peces y otros organismos marinos.

La trascendencia de los barcos de arrastre radica en su capacidad para capturar grandes volúmenes de pescado, apoyando la industria pesquera y proporcionando alimentos a nivel global. Ejemplo: El barco de arrastre regresó al puerto con una carga completa de pescado, listo para ser procesado y distribuido.

Tren (Rail transport): El transporte ferroviario implica el movimiento de mercancías y personas a través de una red de ferrocarriles utilizando trenes. Es un modo de transporte eficiente y de gran capacidad para largas distancias.

La significancia del transporte ferroviario se establece en su capacidad para mover grandes volúmenes de carga de manera eficiente y sostenible, reduciendo el congestionamiento en las carreteras y disminuyendo las emisiones de carbono. Ejemplo: El tren de carga transportó cientos de contenedores desde el puerto hasta el centro de distribución en el interior del país.

Tributaries (Ríos afluentes): Los ríos afluentes son cuerpos de agua que fluyen hacia un río principal o una corriente mayor. Estos afluentes pueden ser pequeños arroyos o ríos más grandes que contribuyen al caudal del río principal.

El impacto global de los ríos afluentes gira en torno a su contribución al sistema hidrológico, proporcionando agua, nutrientes y hábitats para una variedad de especies. Además, los afluentes juegan un papel crucial en la recarga de acuíferos y la regulación del caudal de los ríos principales. Ejemplo: Los ríos afluentes del Amazonas aportan una gran cantidad de agua y biodiversidad al ecosistema del río principal.

Trim (Asiento): El asiento se refiere a la inclinación longitudinal de un buque, es decir, la diferencia de calado entre la proa y la popa. Un buque puede estar a popa (con la popa más baja) o a proa (con la proa más baja) dependiendo de cómo esté distribuida la carga.

El eje estratégico del asiento se centra en la estabilidad y eficiencia de navegación del buque, ya que un asiento adecuado asegura que el buque navegue de manera segura y eficiente. Ejemplo: El capitán ajustó el asiento del buque al redistribuir la carga para asegurar una navegación estable durante la travesía.

Trimming (Estiba): La estiba es el proceso de colocar y asegurar la carga en un buque para garantizar su estabilidad, seguridad y eficiencia durante el transporte. Esto incluye distribuir el peso de manera uniforme y asegurar que la carga no se mueva durante el viaje.

La preeminencia de la estiba se apoya en la prevención de daños a la carga y en la seguridad del buque y su tripulación, asegurando que el buque mantenga un equilibrio adecuado y evitando el riesgo de vuelco o desplazamiento de la carga. Ejemplo: La tripulación dedicó varias horas a la estiba de los contenedores para asegurar que estuvieran bien distribuidos y asegurados en la bodega del buque.

Trip (Viaje): Un viaje se refiere a un recorrido o trayecto que se realiza de un lugar a otro. En el contexto marítimo, puede referirse al recorrido que realiza un buque desde su puerto de origen hasta su destino final.

La influencia de un viaje se fundamenta en su participación en el transporte de personas y mercancías, facilitando el comercio, la movilidad y el intercambio cultural. Ejemplo: El viaje del buque desde el puerto de Rotterdam hasta Singapur duró aproximadamente 30 días.

Trip charter / Trip out (Fletamento por viaje): El fletamento por viaje es un contrato en el que el fletador alquila un buque para un viaje específico, desde un puerto de carga hasta un puerto de descarga. El propietario del buque se encarga de todos los costos operativos durante el viaje.

La prominencia internacional del fletamento por viaje proviene de la flexibilidad que ofrece a los fletadores para satisfacer necesidades específicas de transporte sin comprometerse a largo plazo, y permite a los propietarios de buques optimizar el uso de sus embarcaciones. Ejemplo: La empresa minera contrató un fletamento por viaje para transportar mineral de hierro desde Brasil hasta China.

Trust receipt (Recibo de confianza): Un recibo de confianza es un documento emitido por un banco que permite al importador tomar posesión de las mercancías sin haber pagado todavía el crédito documentario. El importador se compromete a vender las mercancías y pagar al banco con los ingresos de la venta.

La preponderancia del recibo de confianza depende de su capacidad para proporcionar flexibilidad financiera al importador, permitiéndole utilizar las mercancías antes de completar el pago, lo que puede facilitar la gestión del flujo de caja. Ejemplo: El importador utilizó un recibo de confianza para liberar las mercancías del puerto y comenzar la venta mientras esperaba los pagos de sus clientes.

Tugboat (Barco remolcador): Un barco remolcador es una pequeña pero potente embarcación diseñada para remolcar o asistir en las maniobras de otros buques en puertos, canales y aguas restringidas. Los remolcadores son esenciales para guiar a los grandes buques en áreas donde la maniobrabilidad es limitada.

La trascendencia global de los remolcadores se fundamenta en su capacidad para asegurar la navegación segura y eficiente de los buques, especialmente en entornos congestionados o difíciles de navegar. Ejemplo: El remolcador ayudó al petrolero a atracar en el puerto sin incidentes, asegurando una operación de carga segura.

Turn key job (Contrato llave en mano): Un contrato llave en mano es un acuerdo en el que el contratista se encarga de todas las fases del proyecto, desde el diseño hasta la construcción y la entrega final, listo para ser operado por el cliente.

La relevancia de un contrato llave en mano se centra en proporcionar una solución integral y simplificada para el cliente, quien recibe un producto terminado sin tener que gestionar las diferentes etapas del proyecto. Ejemplo: La empresa constructora firmó un contrato llave en mano para desarrollar una nueva planta industrial, entregándola completamente operativa a su cliente.

Turn-round (Ciclo de carga): El ciclo de carga se refiere al tiempo total que tarda un buque en completar las operaciones de carga y descarga en un puerto antes de estar listo para su siguiente viaje. Esto incluye el tiempo de espera, las maniobras de atraque y las operaciones de carga/descarga.

La relevancia estratégica del ciclo de carga gira en torno a su impacto en la eficiencia y la productividad de la operación del buque, ya que un tiempo de giro más corto puede aumentar la utilización del buque y reducir los costos operativos. Ejemplo: El ciclo de carga del buque en el puerto de Hamburgo fue de solo 24 horas gracias a la eficiencia de las operaciones portuarias.

Turnover (Volumen de negocios / vuelco): El término "turnover" puede referirse tanto al volumen de negocios de una empresa, es decir, los ingresos generados por la venta de bienes y servicios, como al acto de volcarse de una embarcación debido a problemas de estabilidad.

La significancia del volumen de negocios se establece en su capacidad para medir el éxito y la salud financiera de una empresa, mientras que la prevención del vuelco es crucial para la seguridad de la tripulación y la carga a bordo. Ejemplo: El volumen de negocios de la empresa creció un 15% el último año. El capitán tomó medidas adicionales para asegurar la carga y prevenir el vuelco del barco en aguas agitadas.

Twin decks (Entrepuentes): Los entrepuentes son cubiertas adicionales situadas entre la cubierta principal y la quilla de un buque. Estas cubiertas se utilizan para maximizar el espacio de carga y mejorar la eficiencia del almacenamiento.

El alcance prioritario de los entrepuentes se sustenta en su capacidad para aumentar la capacidad de carga del buque, permitiendo una distribución más eficiente de las mercancías y mejorando la estabilidad del buque. Ejemplo: Los entrepuentes del buque portacontenedores permitieron transportar más carga sin comprometer la estabilidad del buque.

TWPH Tons of water per hour (Toneladas de agua por hora): Las toneladas de agua por hora se refieren a la capacidad de bombeo de un sistema, especialmente en el contexto de las bombas de sentina en los buques. Indica cuántas toneladas de agua pueden ser bombeadas por hora.

La significancia operativa de las toneladas de agua por hora resulta relevante en la capacidad de asegurar la seguridad y la operatividad del buque, especialmente en situaciones de emergencia donde es crucial eliminar el agua del interior del buque rápidamente. Ejemplo: Las bombas de sentina del buque tienen una capacidad de 500 toneladas de agua por hora, lo que asegura una rápida respuesta en caso de inundación.

Tugboat (Barco remolcador): Un barco remolcador es una pequeña pero potente embarcación diseñada para remolcar o asistir en las maniobras de otros buques en puertos, canales y aguas restringidas. Los remolcadores son esenciales para guiar a los grandes buques en áreas donde la maniobrabilidad es limitada.

La significancia operativa de los remolcadores se centra en su capacidad para asegurar la navegación segura y eficiente de los buques, especialmente en entornos congestionados o difíciles de navegar. Ejemplo: El remolcador ayudó al petrolero a atracar en el puerto sin incidentes, asegurando una operación de carga segura.

U

UDEAC Unión Douanière de l'Afrique Centrale (Unión Aduanera de África Central): Organización regional creada en 1964 para promover la integración económica a través de la cooperación aduanera y el establecimiento de una zona de libre comercio entre los países miembros en África Central. La UDEAC facilitó el comercio intrarregional al eliminar barreras arancelarias y armonizar las políticas aduaneras.

La prominencia internacional de la UDEAC se fundamenta en su participación en la promoción del comercio y la integración económica en África Central, fomentando el crecimiento económico y la cooperación regional. Un ejemplo sería la eliminación de aranceles sobre ciertos productos dentro de la zona de libre comercio de la UDEAC, facilitando el intercambio de bienes entre países miembros como Camerún, Chad y la República Centroafricana.

UEMOA Union Économique et Monétaire Ouest-Africaine (Unión Económica y Monetaria del África Occidental): La UEMOA es una organización regional compuesta por ocho países de África Occidental que comparten una moneda común, el franco CFA. La UEMOA tiene como objetivo promover la integración económica y monetaria, facilitando la libre circulación de personas, bienes, servicios y capitales entre sus miembros.

La influencia global de la UEMOA se basa en su rol de la promoción de la estabilidad macroeconómica y la integración económica en África Occidental, contribuyendo al crecimiento económico y al desarrollo sostenible en la región. Ejemplo: La UEMOA ha implementado proyectos de infraestructura regional que mejoran la conectividad y el comercio entre sus países miembros, como la construcción de carreteras y puentes transfronterizos.

Último viaje de un buque (Final voyage of a ship): El último viaje de un buque se refiere al viaje final que realiza un barco antes de ser retirado del servicio, desguazado o convertido para otro uso. Este viaje suele ser hacia un astillero donde el buque será desmantelado y sus materiales reciclados o reutilizados.

La trascendencia del último viaje de un buque depende de la gestión adecuada del final de la vida útil de un barco, asegurando que el proceso de desmantelamiento se realice de manera segura y respetuosa con el medio ambiente. Ejemplo: El petrolero realizó su último viaje hacia un astillero en India, donde fue desmantelado y sus componentes metálicos reciclados para su reutilización en la construcción de nuevas estructuras.

UMA Unión del Magreb Árabe (Union du Maghreb Arabe): La UMA es una organización regional que agrupa a cinco países del norte de África: Argelia, Libia, Mauritania, Marruecos y Túnez. La UMA tiene como objetivo promover la cooperación económica, social y cultural entre sus miembros, así como la integración regional y la estabilidad política.

La relevancia significativa de la UMA se fundamenta en su potencial para fortalecer la cooperación y la integración en el Magreb, facilitando el comercio, la inversión y el desarrollo sostenible en la región. Ejemplo: Los países de la UMA han trabajado en proyectos conjuntos de infraestructura, como la mejora de las redes de transporte y la interconexión energética, para impulsar el desarrollo económico regional.

UN United Nations (Naciones Unidas): Las Naciones Unidas NNUU es una organización internacional fundada en 1945, que tiene como objetivo promover la paz y la seguridad internacionales, los derechos humanos, el desarrollo económico y social, y la cooperación internacional. La ONU está compuesta por 193 estados miembros y tiene diversas agencias y programas especializados.

La trascendencia global de las Naciones Unidas se sustenta en su papel de la promoción de la paz y la seguridad global, la resolución de conflictos, la asistencia humanitaria y el desarrollo sostenible, proporcionando un foro para la cooperación y el diálogo internacional. Ejemplo: La ONU ha liderado esfuerzos para mitigar conflictos y promover la paz en regiones afectadas por la guerra, como en el caso de las misiones de mantenimiento de la paz en África.

Unavoidable collision (Colisión inevitable): Una colisión inevitable es un accidente marítimo en el que dos embarcaciones chocan y ninguna de las partes pudo haber evitado el incidente a pesar de tomar todas las precauciones razonables. Este término se utiliza en el contexto de la legislación y los seguros marítimos para determinar la responsabilidad y los daños.

La trascendencia de la colisión inevitable depende de la necesidad de tener claras las responsabilidades y las medidas de prevención, así como en la provisión de seguros que cubran los daños resultantes. Ejemplo: La investigación concluyó que la colisión entre los dos buques fue inevitable debido a las condiciones meteorológicas extremas, exonerando a ambas tripulaciones de responsabilidad.

Unclear instructions (Instrucciones imprecisas): Las instrucciones imprecisas se refieren a las directrices o órdenes que no son claras, específicas o completas, lo que puede llevar a malentendidos, errores o la incapacidad de cumplir adecuadamente con una tarea o proceso.

La significancia de proporcionar instrucciones claras se establece en asegurar que las tareas se realicen correctamente y de manera eficiente, minimizando el riesgo de errores y mejorando la comunicación y la coordinación en las operaciones. Ejemplo: Las instrucciones imprecisas para la carga de mercancías resultaron en la distribución incorrecta de los contenedores, lo que causó retrasos en el envío.

UNCTAD (United Nations Conference on Trade and Development (Conferencia de las Naciones Unidas sobre Comercio y Desarrollo): Agencia de las Naciones Unidas que se ocupa de las cuestiones relacionadas con el comercio, la inversión y el desarrollo. Su misión es apoyar a los países en desarrollo en sus esfuerzos por integrarse en el sistema económico global y promover un desarrollo económico sostenible.

La relevancia global de la UNCTAD se sustenta en su capacidad para proporcionar análisis, asesoramiento y asistencia técnica a los países en desarrollo, ayudándoles a mejorar sus políticas comerciales y de desarrollo. Un ejemplo sería el trabajo de la UNCTAD en la elaboración de informes sobre tendencias globales en el comercio y la inversión, que ofrecen a los países en desarrollo información crucial para formular estrategias económicas y políticas que fomenten su crecimiento y desarrollo.

Under deck passage (Pasaje bajo cubierta): El pasaje bajo cubierta se refiere al espacio o ruta ubicada debajo de la cubierta principal de un buque. Este espacio puede ser utilizado para el almacenamiento de carga, así como para el tránsito de pasajeros y tripulación. En buques de carga, el pasaje bajo cubierta es crucial para maximizar la capacidad de transporte de mercancías, especialmente aquellas que necesitan protección contra las inclemencias del tiempo.

La relevancia estratégica del pasaje bajo cubierta se sostiene en su capacidad para maximizar el uso del espacio dentro de un buque, proporcionando áreas seguras y protegidas para la carga y el tránsito de personas. Este espacio también puede incluir compartimentos especiales para mercancías peligrosas, áreas de almacenamiento de alimentos y bebidas, y zonas de acceso para el mantenimiento del buque. Ejemplo: El pasaje bajo cubierta del buque de carga fue utilizado para almacenar mercancías sensibles a la intemperie, asegurando su protección durante la travesía.

Under insurance (Infra seguro): El infra seguro se refiere a la situación en la que un bien está asegurado por un valor menor al de su valor real de mercado. Esto puede resultar en una compensación insuficiente en caso de pérdida o daño. El infra seguro puede ocurrir debido a una incorrecta valoración de los bienes, a la omisión de actualizaciones en las pólizas de seguro, o a la decisión de reducir costos al contratar una cobertura insuficiente.

El impacto global de evitar el infra seguro se basa en la necesidad de proporcionar una cobertura adecuada para los bienes asegurados, asegurando que el asegurado reciba una compensación justa en caso de siniestro. Un infra seguro puede poner en riesgo la estabilidad financiera de una empresa o individuo, ya que la indemnización recibida no cubrirá completamente el valor de los bienes dañados o perdidos. Ejemplo: La empresa descubrió que sus instalaciones estaban infra aseguradas y ajustó la póliza para reflejar el valor real de los activos, asegurando así una cobertura adecuada en caso de incendio o desastre natural.

Under reserve (Bajo reserva): Bajo reserva se refiere a una condición en la que se toma una acción, como la aceptación de documentos o mercancías, con la reserva de derechos a rechazar o ajustar posteriormente en función de futuras verificaciones o condiciones. Este término es común en el comercio internacional y en transacciones financieras, donde puede ser necesario aceptar documentos bajo reserva hasta que se confirmen todos los detalles.

La influencia de la condición bajo reserva se apoya en proporcionar flexibilidad y protección a las partes involucradas, permitiendo resolver discrepancias o completar verificaciones antes de tomar una decisión final. Aceptar bajo reserva protege a los compradores y entidades financieras de posibles errores o fraudes, asegurando que puedan realizar las verificaciones necesarias sin comprometer sus derechos. Ejemplo: El banco aceptó los documentos bajo reserva, sujeto a la verificación de ciertos detalles por parte del comprador, asegurando que todos los términos del contrato se cumplieran antes de liberar los fondos.

Undertake (Asumir): Asumir se refiere a la acción de aceptar la responsabilidad o compromiso de realizar una tarea, proyecto o misión. En el contexto empresarial y contractual, implica aceptar formalmente una obligación o función específica. Asumir puede involucrar la toma de decisiones, la gestión de recursos y la rendición de cuentas ante las partes interesadas.

La preeminencia comercial de asumir gira en torno a la formalización del compromiso de una persona o entidad para cumplir con ciertas obligaciones, asegurando que las tareas se lleven a cabo de manera responsable y conforme a los términos acordados. Asumir un proyecto o tarea implica un nivel de responsabilidad y dedicación que es crucial para el éxito de cualquier iniciativa. Ejemplo: La empresa decidió asumir el proyecto de construcción de la nueva planta, comprometiéndose a completarlo en el plazo establecido y dentro del presupuesto acordado, garantizando así la expansión planificada de sus operaciones.

Underwriter (Asegurador): Un asegurador es una entidad, generalmente una compañía de seguros, que asume el riesgo financiero asociado con una póliza de seguro. El asegurador evalúa el riesgo y establece los términos y condiciones bajo los cuales se proporcionará la cobertura. Esta evaluación incluye el análisis de factores como el historial del asegurado, el valor de los bienes asegurados y el tipo de riesgos cubiertos.

La pertinencia comercial del asegurador depende de su capacidad para ofrecer protección financiera contra riesgos imprevistos, permitiendo a individuos y empresas mitigar el impacto de pérdidas potenciales. El asegurador juega un papel fundamental en la estabilidad económica, ya que facilita la recuperación rápida y efectiva tras eventos adversos. Ejemplo: El asegurador evaluó el riesgo asociado con la construcción del nuevo edificio y ofreció una póliza que cubría posibles daños y responsabilidades, proporcionando tranquilidad y seguridad financiera a la empresa constructora.

Unemployment insurance (Seguro de desempleo): El seguro de desempleo es un programa que proporciona beneficios financieros temporales a los trabajadores que han perdido su empleo sin culpa propia. Este seguro está diseñado para ayudar a los individuos a cubrir sus necesidades básicas mientras buscan un nuevo empleo. Los beneficios del seguro de desempleo pueden incluir pagos en efectivo, asistencia para la búsqueda de empleo y capacitación profesional.

La relevancia estratégica del seguro de desempleo se fundamenta en proporcionar una red de seguridad económica para los trabajadores desempleados, ayudando a mantener la estabilidad económica y social durante períodos de desempleo. Este seguro no solo ayuda a los individuos a mantener su nivel de vida, sino que también apoya la economía al mantener el poder adquisitivo de los consumidores. Ejemplo: Después de ser despedido, Juan solicitó y recibió beneficios del seguro de desempleo mientras buscaba un nuevo trabajo, lo que le permitió cubrir sus gastos básicos y enfocarse en encontrar una nueva oportunidad laboral.

Unfit (Impropio, inapto): Impropio o inapto se refiere a algo o alguien que no radica condiciones adecuadas o no tiene las cualidades necesarias para cumplir con una función o tarea específica. Esto puede aplicarse a personas, bienes o procesos que no cumplen con los estándares requeridos para un propósito determinado.

La relevancia de identificar y abordar lo que es impropio o inapto se fundamenta en garantizar que las tareas y responsabilidades se lleven a cabo de manera eficiente y segura. En el contexto laboral, identificar a una persona inapta para un trabajo puede prevenir accidentes y mejorar la productividad. En términos de productos, asegurarse de que los bienes no estén en condiciones impropias protege a los consumidores y mantiene la calidad. Ejemplo: El inspector de calidad determinó que el lote de productos era impropio para la venta debido a defectos de fabricación, evitando así posibles reclamaciones de los clientes y protegiendo la reputación de la empresa.

Unforeseen event (Evento imprevisto): Un evento imprevisto es una circunstancia o acontecimiento que ocurre sin previo aviso y que no se puede anticipar razonablemente. Estos eventos pueden incluir desastres naturales, accidentes, fallos mecánicos o cualquier otra situación que interrumpa las operaciones normales.

La relevancia transformadora de prepararse para eventos imprevistos radica en la capacidad de las organizaciones para mitigar el impacto de estos eventos a través de planes de contingencia y seguros adecuados. Estar preparado para lo inesperado ayuda a minimizar las pérdidas y a asegurar una rápida recuperación. Ejemplo: La empresa tenía un plan de contingencia bien definido que se activó inmediatamente después del evento imprevisto del incendio en su fábrica, permitiendo una rápida respuesta y mitigando los daños.

Unidad de carga (Cargo unit): Una unidad de carga es cualquier contenedor, paquete, caja o cualquier otra forma de agrupamiento de mercancías que se utiliza para facilitar el manejo, almacenamiento y transporte. Las unidades de carga pueden variar en tamaño y forma, incluyendo desde pequeños paquetes hasta grandes contenedores marítimos.

La significancia de las unidades de carga se establece en la eficiencia y seguridad que proporcionan al proceso logístico, facilitando la manipulación, el almacenamiento y el transporte de mercancías. Las unidades de carga estandarizadas permiten una mejor planificación y optimización del espacio en almacenes y medios de transporte. Ejemplo: Las mercancías fueron empaquetadas en unidades de carga estandarizadas para facilitar su manipulación y transporte eficiente en el almacén y durante el envío.

Unidades de carga sin paletas (Non-palletized cargo units): Las unidades de carga sin paletas son aquellos agrupamientos de mercancías que no utilizan paletas para su manejo. Esto puede incluir cajas, sacos, tambores y otros tipos de empaques que se manejan directamente sin el uso de paletas.

La pertinencia de las unidades de carga sin paletas se sostiene en su flexibilidad y adaptabilidad, permitiendo el manejo de mercancías en espacios donde el uso de paletas no es práctico o posible. Sin embargo, también pueden requerir más tiempo y esfuerzo para la manipulación. Ejemplo: Las unidades de carga sin paletas fueron descargadas manualmente del camión, ya que el espacio en el almacén era limitado y no permitía el uso de equipos de manipulación de paletas.

Unión Aduanera (Customs Union): Una unión aduanera es un acuerdo entre dos o más países para eliminar los aranceles y las barreras comerciales internas y establecer una política comercial común hacia terceros países. Los miembros de una unión aduanera acuerdan aplicar aranceles exteriores comunes y facilitar el comercio intra-regional.

El pilar fundamental de la unión aduanera depende de su capacidad para promover la integración económica, aumentar el comercio y la inversión entre los países miembros, y mejorar la competitividad regional. Las uniones aduaneras también pueden facilitar la armonización de normas y regulaciones comerciales. Ejemplo: La Unión Europea comenzó como una unión aduanera, eliminando las barreras comerciales internas y estableciendo una política comercial común hacia terceros países, lo que ha facilitado un mercado único y competitivo en la región.

Unión económica (Economic union): Una unión económica es un tipo de integración económica en la que los países miembros acuerdan coordinar sus políticas económicas, fiscales y monetarias. Esta integración va más allá de una unión aduanera y un mercado común, ya que también implica la armonización de políticas macroeconómicas y, en algunos casos, la adopción de una moneda común.

La prominencia global de la unión económica se apoya en su capacidad para fomentar la estabilidad económica, mejorar la coordinación de políticas y facilitar el crecimiento económico sostenible entre los países miembros. Este nivel de integración puede aumentar la eficiencia económica y la competitividad en el mercado global. Ejemplo: La Unión Europea es un ejemplo de unión económica, donde los países miembros coordinan sus políticas económicas y fiscales y algunos han adoptado el euro como moneda común.

Unión Europea (European union): La Unión Europea (UE) es una organización política y económica que agrupa a 27 países europeos. La UE se originó con la intención de promover la cooperación económica para evitar conflictos y fomentar la paz y la prosperidad en Europa. La UE opera un mercado único que permite la libre circulación de bienes, servicios, personas y capitales.

La relevancia estratégica de la Unión Europea se centra en su rol de la promoción de la paz, la estabilidad y el crecimiento económico en Europa. La UE facilita el comercio y la inversión entre sus miembros y con otros países, y coordina políticas en áreas como el medio ambiente, la investigación y el desarrollo, y la justicia. Ejemplo: La pertenencia a la Unión Europea permite a las empresas españolas acceder a un mercado ampliado y beneficiarse de políticas y regulaciones armonizadas.

Unit price (Precio unitario): El precio unitario es el costo por unidad de medida de un producto o servicio. Se calcula dividiendo el precio total de un lote de productos por la cantidad de unidades en ese lote. Este precio es fundamental para comparar costos y realizar análisis financieros.

La relevancia estratégica del precio unitario gira en torno a su capacidad para facilitar la comparación de precios entre diferentes productos y proveedores, ayudando a las empresas a tomar decisiones de compra más informadas y eficientes. Ejemplo: Al comparar ofertas de proveedores, la empresa encontró que el precio unitario de los componentes electrónicos era más bajo con el proveedor B, lo que resultó en un ahorro significativo en los costos totales.

Unitary Load Device - ULD (Dispositivo unitario de carga): Un dispositivo unitario de carga (ULD) es un contenedor o paleta utilizados para cargar mercancías en aeronaves de manera segura y eficiente. Los ULDs permiten la consolidación de varias piezas de carga en una sola unidad, facilitando su manejo y optimizando el uso del espacio en la aeronave.

La preponderancia de los ULDs depende de su capacidad para mejorar la eficiencia logística, reducir el tiempo de carga y descarga y asegurar la protección de las mercancías durante el transporte aéreo. Ejemplo: El uso de ULDs permitió a la aerolínea cargar y descargar mercancías rápidamente, minimizando el tiempo de escala y mejorando la eficiencia operativa.

Unitización (Unitization): La unitización se refiere al proceso de consolidar múltiples piezas de carga en una unidad más grande y manejable, utilizando contenedores, paletas o ULDs. Este proceso es esencial para facilitar el manejo, almacenamiento y transporte de mercancías.

La significancia operativa de la unitización se fundamenta en su capacidad para mejorar la eficiencia y la seguridad en la cadena de suministro, reduciendo el tiempo y los costos asociados con el manejo de mercancías. Ejemplo: La empresa optó por la unitización de sus productos en contenedores para facilitar su transporte y reducir los riesgos de daños durante el envío.

Unload, discharge (Descargar): Descargar se refiere al proceso de retirar mercancías de un vehículo de transporte, como un barco, camión o avión. Este proceso es crucial en la logística y el transporte, ya que marca el final del trayecto de las mercancías y su transferencia a almacenamiento o distribución.

La relevancia de descargar se fundamenta en la eficiencia y seguridad del proceso, asegurando que las mercancías lleguen a su destino en buenas condiciones y a tiempo. Ejemplo: La tripulación del buque comenzó a descargar los contenedores en el puerto, utilizando grúas especializadas para asegurar una operación rápida y segura.

Unloading gear (Equipo de descarga): El equipo de descarga incluye herramientas y maquinaria utilizadas para retirar mercancías de los vehículos de transporte. Esto puede incluir grúas, carretillas elevadoras, cintas transportadoras y otros dispositivos de manipulación de carga.

La trascendencia del equipo de descarga se sostiene en su capacidad para facilitar el proceso de descarga de manera eficiente y segura, minimizando el riesgo de daños a las mercancías y acelerando las operaciones logísticas. Ejemplo: El puerto estaba equipado con modernos equipos de descarga, lo que permitió una rápida y eficiente transferencia de los contenedores desde el buque a los camiones de distribución.

Unnamed transport (Transporte no identificado): El transporte no identificado se refiere a situaciones en las que el modo de transporte o el vehículo específico utilizado para mover las mercancías no se especifica en el contrato de transporte. Esto puede ocurrir en contratos de flete en los que se permite flexibilidad en la elección del medio de transporte.

La significancia del transporte no identificado se establece en la flexibilidad que proporciona a los transportistas y fletadores, permitiéndoles elegir el medio de transporte más eficiente y económico disponible en el momento del envío. Ejemplo: El contrato permitía el transporte no identificado, lo que significaba que la mercancía podría ser enviada por camión, tren o barco, según lo que fuera más conveniente y rentable en ese momento.

Unseaworthiness (Ineptitud para la Navegación): La ineptitud para la navegación se refiere a la condición en la que un buque no radica condiciones adecuadas para realizar un viaje seguro. Esto puede deberse a fallos estructurales, problemas mecánicos, deficiencias en la tripulación o la falta de equipo adecuado.

La gravitación comercial de identificar y corregir la ineptitud para la navegación se sostiene en la necesidad de garantizar la seguridad de la tripulación, la carga y el medio ambiente marino, evitando accidentes y pérdidas. Ejemplo: El inspector marítimo declaró la ineptitud para la navegación del buque debido a problemas críticos en el sistema de propulsión, prohibiendo su salida hasta que se realizaran las reparaciones necesarias.

Unseaworthiness conditions (Condiciones de ineptitud para la navegación): Las condiciones de ineptitud para la navegación describen los factores específicos que hacen que un buque no esté en condiciones adecuadas para navegar. Estas condiciones pueden incluir problemas estructurales, deficiencias en el mantenimiento, falta de equipo de seguridad y tripulación insuficiente o mal entrenada.

La consideración esencial de monitorear y corregir las condiciones de ineptitud para la navegación se centra en la prevención de accidentes marítimos y en asegurar la protección de la vida humana, la carga y el medio ambiente. Ejemplo: Las condiciones de ineptitud para la navegación del buque incluían grietas en el casco y un sistema de extinción de incendios defectuoso, lo que requería reparaciones urgentes antes de permitir su navegación.

Unsound goods (Mercaderías defectuosas): Las mercaderías defectuosas son aquellos productos que presentan fallos o deficiencias que los hacen inadecuados para su uso o venta. Estos defectos pueden surgir durante la producción, almacenamiento, transporte o manipulación.

La relevancia global de identificar y gestionar las mercaderías defectuosas se sostiene en mantener la calidad y seguridad de los productos, protegiendo a los consumidores y la reputación de la empresa. Ejemplo: Durante la inspección, se encontraron mercaderías defectuosas en el envío, lo que llevó a la empresa a retirar los productos afectados y tomar medidas para corregir el problema de fabricación.

URU Unidad de Reserva Universal (Universal reserve unit): Concepto relacionado con la gestión y reserva de recursos financieros a nivel internacional. Aunque no es un término estándar ampliamente reconocido en el contexto financiero o económico, puede referirse a un mecanismo o unidad de medida destinada a mantener reservas universales de valor para asegurar la estabilidad económica y financiera global.

La influencia de la URU se sostiene en su posible rol en la creación de un estándar de reserva internacional que facilite la estabilidad y coordinación en la gestión de recursos a nivel global. Un ejemplo podría ser la propuesta de una unidad de reserva universal para respaldar la estabilidad financiera y económica en un contexto globalizado, similar a cómo se usan los derechos especiales de giro (DEG) del Fondo Monetario Internacional para complementar las reservas de los países.

Usance draft (Letra de cambio con vencimiento establecido): Una letra de cambio con vencimiento establecido es un instrumento financiero que especifica un pago que debe realizarse en una fecha futura determinada. Este tipo de letra de cambio es común en el comercio internacional y permite a los compradores y vendedores acordar términos de pago diferidos.

La relevancia estratégica de la letra de cambio con vencimiento se basa en proporcionar flexibilidad en los términos de pago, facilitando el comercio y permitiendo a las empresas gestionar su flujo de caja de manera más efectiva. Ejemplo: La exportadora aceptó una letra de cambio con vencimiento a 90 días como parte del acuerdo de pago con su cliente internacional, permitiendo al cliente tiempo adicional para reunir los fondos necesarios.

Use no hooks (No use ganchos): La indicación "No use ganchos" se utiliza en el embalaje de mercancías para advertir que los ganchos no deben ser utilizados para levantar o mover los productos. Esta advertencia es crucial para proteger productos frágiles o sensibles que podrían dañarse fácilmente si se manipulan con ganchos.

La preponderancia de esta indicación depende en proteger la integridad de las mercancías durante el transporte y la manipulación, asegurando que lleguen en perfectas condiciones a su destino. Ejemplo: Las cajas de productos electrónicos estaban claramente marcadas con "No use ganchos" para prevenir daños durante la carga y descarga en el almacén.

Usual risks (Riesgos habituales): Los riesgos habituales son aquellos riesgos que son comúnmente aceptados y esperados en una actividad o industria particular. En el contexto de seguros y comercio, los riesgos habituales pueden incluir daños por manipulación, pérdida durante el transporte y deterioro natural.

La pertinencia de comprender y gestionar los riesgos habituales se fundamenta en la capacidad de preparar y mitigar estos riesgos, asegurando que las operaciones se realicen de manera eficiente y segura. Ejemplo: La póliza de seguro de la carga cubría los riesgos habituales, como daños durante el transporte y pérdida de mercancías, proporcionando tranquilidad a la empresa.

Usuario (User): Un usuario es una persona o entidad que utiliza productos, servicios o sistemas. En el contexto empresarial, el término puede referirse a clientes, empleados o cualquier persona que interactúa con un sistema o producto.

La relevancia de comprender las necesidades y comportamientos de los usuarios se centra en la capacidad de diseñar y ofrecer productos y servicios que satisfagan sus expectativas, mejorando la satisfacción y lealtad del cliente. Ejemplo: La empresa realizó encuestas a sus usuarios para recopilar comentarios y mejorar la funcionalidad de su nueva aplicación móvil.

Utilidad de las muestras (Sample utility): La utilidad de las muestras se refiere al valor que las muestras de productos proporcionan a los consumidores y empresas, permitiéndoles evaluar la calidad, características y adecuación de los productos antes de realizar una compra o un pedido mayor.

La trascendencia de la utilidad de las muestras se fundamenta en su capacidad para reducir el riesgo de compra, aumentar la confianza del consumidor y facilitar decisiones de compra informadas. Ejemplo: Las muestras gratuitas de productos cosméticos permitieron a los clientes probar los productos antes de comprarlos, lo que resultó en un aumento significativo de las ventas.

Utilización anticipada (Anticipated utilization): La utilización anticipada se refiere a la planificación y proyección del uso futuro de recursos, equipos o instalaciones. Esta planificación es esencial para la gestión eficiente de los recursos y la optimización de la capacidad operativa.

La significancia de la utilización anticipada se establece en su capacidad para ayudar a las organizaciones a anticipar la demanda, planificar la producción y evitar problemas de capacidad o escasez de recursos. Ejemplo: La fábrica realizó un análisis de utilización anticipada para planificar la producción y asegurar que tuvieran suficientes materias primas y capacidad para cumplir con los pedidos futuros.

Utilización por el gobierno (Government utilization): La utilización por el gobierno se refiere al uso de recursos, instalaciones o servicios por parte de entidades gubernamentales. Esto puede incluir la contratación de servicios privados, el uso de instalaciones públicas y la implementación de políticas para optimizar el uso de recursos gubernamentales.

La pertinencia de la utilización por el gobierno se sostiene en la eficiencia y efectividad con la que los recursos públicos se gestionan y utilizan para el beneficio de la sociedad, asegurando que los servicios públicos se brinden de manera efectiva y económica. Ejemplo: El gobierno implementó una política de utilización optimizada para mejorar la eficiencia energética en todos los edificios públicos, reduciendo los costos operativos y el impacto ambiental.

Ulcc ultra large crude carrier (Superpetroleros): Se refiere a un tipo de buque petrolero extremadamente grande utilizado para transportar enormes volúmenes de crudo. Estos superpetroleros tienen una capacidad de carga que supera las 320,000 toneladas de peso muerto. Son una parte esencial del comercio global de petróleo, ya que permiten el transporte eficiente y rentable de grandes cantidades de crudo desde los puntos de extracción hasta las refinerías en todo el mundo.

El eje estratégico de los ULCC gira en torno a su capacidad para reducir los costos de transporte por unidad de petróleo y mejorar la eficiencia logística en la cadena de suministro de energía. Un ejemplo es el uso de ULCC para transportar crudo desde los campos petroleros del Medio Oriente hasta las refinerías en Asia.

Ullage (Vacío de seguridad): Ullage se refiere al espacio vacío que queda en un tanque o contenedor después de que se ha llenado con un líquido, como el petróleo. Este vacío de seguridad es necesario para permitir la expansión térmica del líquido y evitar derrames o daños al contenedor.

La pertinencia comercial del ullage se fundamenta en la prevención de accidentes y daños en el transporte y almacenamiento de líquidos. Un ejemplo de ullage es dejar espacio adicional en los tanques de petróleo durante el llenado para acomodar la expansión térmica del crudo en diferentes condiciones climáticas.

Unitization (Agrupamiento): Unitization es el proceso de combinar varios elementos individuales en una sola unidad, especialmente en el contexto de la logística y el transporte de mercancías. Este método facilita el manejo, almacenamiento y transporte eficiente de productos al reducir la cantidad de unidades individuales que se deben gestionar.

La influencia de la unitización gira en torno a la optimización de los procesos logísticos y la reducción de costos operativos. Un ejemplo de unitización es el agrupamiento de múltiples cajas en un palé para su transporte y almacenamiento en un almacén.

Unseaworthy (No navegable): Unseaworthy describe un buque que no radica condiciones adecuadas para navegar con seguridad. Esto puede deberse a problemas estructurales, falta de mantenimiento, o insuficiencia de equipos y provisiones necesarias para una travesía segura.

La trascendencia estratégica de identificar un buque no navegable es crucial para garantizar la seguridad de la tripulación y la carga. Un ejemplo de un buque no navegable sería un barco con un casco dañado y sistemas de navegación inoperables, lo que pone en riesgo cualquier viaje marítimo.

Unstuffing (Desembalaje): Unstuffing es el proceso de retirar la carga de un contenedor o embalaje. Este proceso es común en la logística y distribución de mercancías, especialmente en puertos y almacenes donde se gestionan grandes volúmenes de contenedores.

La trascendencia global del desembalaje depende de la correcta manipulación y redistribución de la carga para su entrega final. Un ejemplo de unstuffing es el vaciado de un contenedor lleno de productos electrónicos en un almacén para su clasificación y envío a diferentes destinos.

V

Vacío de seguridad (Ullage): Este término se refiere al espacio vacío que se deja en un tanque o contenedor después de llenarlo con un líquido para permitir la expansión térmica del líquido y evitar derrames o daños al contenedor.

La relevancia significativa del vacío de seguridad es evitar accidentes y daños durante el transporte y almacenamiento de líquidos. Un ejemplo de vacío de seguridad es dejar espacio adicional en los tanques de almacenamiento de petróleo para acomodar la expansión del crudo en diferentes condiciones climáticas.

Vale/reconocimiento de deuda IOU I owe you - Te debo): Documento informal que reconoce una deuda o una obligación de pago entre dos partes. Aunque no tiene valor legal vinculante como un contrato formal, un IOU sirve como un acuerdo de principio sobre la cantidad adeudada y la intención de pagar.

La relevancia de un IOU depende de su capacidad para registrar de manera simple y directa las obligaciones de deuda, facilitando la comunicación y el entendimiento entre las partes involucradas. Un ejemplo sería un IOU emitido por una persona que ha tomado prestado dinero de un amigo, donde se detalla la cantidad prestada y el compromiso de devolverla en el futuro, aunque no se incluyan términos legales estrictos.

Validez para embarque (Validity for shipment): Validez para embarque se refiere al período durante el cual una autorización, licencia o contrato es válido para la realización de un embarque de mercancías. Esto asegura que los envíos se realicen dentro de los plazos estipulados y cumpliendo con las regulaciones.

La importancia de la validez para embarque es garantizar que los envíos se realicen dentro de los términos legales y contractuales, evitando problemas de cumplimiento. Un ejemplo es una licencia de exportación válida durante seis meses, durante los cuales deben realizarse los envíos permitidos.

Validez para negociación (Validity for negotiation): Validez para negociación se refiere al período durante el cual un documento o contrato puede ser utilizado para negociaciones comerciales. Esta validez asegura que las partes involucradas puedan negociar términos dentro de un marco temporal específico.

La significancia de la validez para negociación es proporcionar un tiempo definido para alcanzar acuerdos y finalizar contratos. Un ejemplo es un contrato de venta que es válido para negociación durante 30 días, permitiendo a las partes ajustar términos antes de la firma final.

Validity (Validez): Validity se refiere a la vigencia o el período durante el cual un documento, contrato o autorización es válido y efectivo. La validez asegura que los acuerdos y permisos sean utilizados dentro del tiempo estipulado.

El eje estratégico de la validez es garantizar el cumplimiento de términos y condiciones dentro de un marco temporal específico. Un ejemplo es una licencia de operación con una validez de un año, durante el cual la empresa debe cumplir con las regulaciones establecidas.

Valor (Value): Valor se refiere a la importancia o utilidad percibida de un bien o servicio, generalmente en términos monetarios. El valor puede influir en las decisiones de compra y la percepción del consumidor sobre la calidad de un producto.

El alcance estratégico del valor es crucial para el posicionamiento y la estrategia de precios en el mercado. Un ejemplo de valor es un smartphone con características avanzadas que justifica su precio alto debido a su funcionalidad y prestigio de marca.

Valor aduanero (Customs value): Es el valor de una mercancía determinado por las autoridades aduaneras para calcular los derechos de importación y otros impuestos aplicables. Este valor puede basarse en el precio de venta, costos de producción o valor de mercado.

El impacto global del valor aduanero es asegurar una recaudación justa y precisa de impuestos y derechos de aduana. Un ejemplo es una importación de productos electrónicos donde el valor aduanero se determina para calcular los impuestos de importación.

Valor en aduana (Customs value): En el comercio exterior, el "valor en aduana" se refiere al valor asignado a las mercancías importadas, que se utiliza como base para calcular los aranceles y otros impuestos aduaneros. Este valor incluye el costo de las mercancías, el costo del transporte hasta el puerto de entrada y el seguro durante el transporte. Es una parte crítica del proceso de importación, ya que determina las obligaciones fiscales y afecta el precio final de los bienes en el mercado del país importador.

La influencia del valor en aduana se fundamenta en su impacto directo en los costos totales de importación y en la competencia de los productos en el mercado local. Por ejemplo, una empresa que importa componentes electrónicos desde Japón debe declarar el valor en aduana de estos componentes, incluyendo el precio pagado al proveedor, el costo del flete marítimo y el seguro. Este valor declarado será la base para calcular los aranceles que la empresa deberá pagar a las autoridades aduaneras, afectando así su coste total de adquisición y su estrategia de precios en el mercado local.

Valor asegurable (Insurable value): Se constituye como el valor de un bien o propiedad que puede ser asegurado, generalmente igual a su valor de mercado o costo de reposición. Este valor determina la cobertura y primas del seguro.

La magnitud del valor asegurable es garantizar una adecuada protección financiera contra pérdidas o daños. Un ejemplo es asegurar un edificio comercial por su valor de reposición para cubrir posibles daños estructurales.

Valor CIF (CIF value): Valor CIF es el valor de una mercancía que incluye el costo del producto, el seguro y el flete hasta el puerto de destino. Este término es común en el comercio internacional y determina el valor total de la transacción.

La preponderancia del valor CIF es proporcionar una base completa para el cálculo de costos y precios en el comercio internacional. Un ejemplo es la importación de maquinaria industrial con un valor CIF que incluye todos los costos hasta la entrega en el puerto de destino.

Valor construido - reconstruido (Constructed - reconstructed value): Este término corresponde al valor calculado de un bien basado en el costo de producción, más los gastos de envío y los márgenes de ganancia. Este método se utiliza cuando no hay un precio de venta disponible o comparable.

La relevancia estratégica del valor construido / reconstruido es proporcionar una estimación justa del valor de mercado en situaciones donde no hay transacciones comparables. Un ejemplo es calcular el valor reconstruido de una máquina industrial basada en los costos de materiales, mano de obra y otros gastos.

Valor de contenido regional (Regional value content): El Valor de contenido regional se refiere al porcentaje del valor total de un producto que radica componentes o procesos dentro de una región específica, como en acuerdos comerciales que promueven el uso de insumos regionales.

La relevancia del valor de contenido regional es fomentar la producción local y regional, así como el cumplimiento de normas de origen en acuerdos comerciales. Un ejemplo es un automóvil que cumple con un valor de contenido regional del 60%, cumpliendo así con las reglas de origen del Tratado de Libre Comercio de América del Norte (TLCAN).

Valor de reposición (Replacement value): Valor de reposición se refiere al costo que tendría reemplazar un bien por otro de características similares en el mercado actual. Este valor es utilizado comúnmente en seguros para determinar la cobertura de una póliza.

La trascendencia del valor de reposición es asegurar que los asegurados reciban una compensación suficiente para reemplazar sus bienes perdidos o dañados. Un ejemplo es el valor de reposición de una vivienda, calculado para determinar el monto de cobertura del seguro de hogar.

Valor de rescate (Salvage value): Valor de rescate es el valor estimado que se puede obtener por la venta de un activo al final de su vida útil, después de descontar los costos de desmantelamiento y venta. Este valor es relevante para la contabilidad y la depreciación de activos.

La significancia del valor de rescate es ayudar a las empresas a estimar la recuperación de inversiones y planificar la disposición de activos. Un ejemplo es el valor de rescate de una máquina industrial que se vende como chatarra después de su vida útil.

Valor de transacción (Transaction value): Valor de transacción es el precio realmente pagado o por pagar por mercancías en una transacción entre comprador y vendedor. Este valor incluye todos los pagos adicionales necesarios para la entrega de las mercancías.

La relevancia global del valor de transacción es establecer una base clara y verificable para calcular impuestos y derechos de aduana. Un ejemplo es el valor de transacción de una importación de productos electrónicos, utilizado para determinar los impuestos aduaneros aplicables.

Valor de transacción de mercaderías idénticas (Transaction value of identical goods): Es el precio pagado por mercancías que son idénticas en todos los aspectos, incluyendo características físicas, calidad y reputación, en una transacción reciente y comparable.

El eje estratégico del valor de transacción es proporcionar una referencia precisa para valorar mercancías cuando no hay un precio directo disponible. Un ejemplo es usar el valor de transacción de televisores idénticos importados recientemente para valorar una nueva importación similar.

Valor de transacción de mercaderías similares (Transaction value of similar goods): Se refiere al precio pagado por mercancías que, aunque no idénticas, tienen características y composición similares, permitiendo una comparación justa en la valoración aduanera.

El alcance estratégico del valor es asegurar una valoración justa y radicante cuando no hay disponibles mercancías idénticas. Un ejemplo es usar el valor de transacción de diferentes modelos de smartphones de la misma marca para valorar una nueva importación.

Valor declarado para aduana (Declared customs value): Valor declarado para aduana es el valor de las mercancías declarado por el importador al presentar la declaración aduanera, utilizado como base para calcular los impuestos y derechos aduaneros.

La importancia del valor declarado para aduana es garantizar una declaración precisa y transparente para el cumplimiento de regulaciones y cálculo de impuestos. Un ejemplo es declarar el valor de una importación de ropa en la aduana para determinar los derechos de importación.

Valor declarado para transporte (Declared transportation value): Se denomina al valor de las mercancías declarado por el remitente para determinar la responsabilidad del transportista en caso de pérdida o daño durante el transporte.

La relevancia global de este valor es limitar la responsabilidad del transportista y calcular el costo del seguro de transporte. Un ejemplo es declarar el valor de una carga de electrónicos durante el envío para asegurarla adecuadamente.

Valor efectivo real (Actual cash value): Valor efectivo real se refiere al valor de un bien, considerando su depreciación, desgaste y estado actual en el mercado. Es una estimación del valor real que podría obtenerse por el bien en su condición actual.

La trascendencia estratégica del valor efectivo real gira en torno a proporcionar una evaluación justa para compensaciones en seguros y transacciones. Un ejemplo es calcular el valor efectivo real de un automóvil usado en un reclamo de seguro después de un accidente.

Valor en aduana (Customs value): Valor en Aduana es el valor de una mercancía determinado por las autoridades aduaneras para calcular los derechos de importación y otros impuestos aplicables. Este valor puede basarse en el precio de venta, costos de producción o valor de mercado.

La trascendencia global del valor en aduana es asegurar una recaudación justa y precisa de impuestos y derechos de aduana. Un ejemplo es una importación de productos electrónicos donde el valor en aduana se determina para calcular los impuestos de importación.

Valor en aduana de las mercaderías importadas (Customs value of imported goods): Es el valor de las mercancías determinado por las autoridades aduaneras para calcular los derechos de importación y otros impuestos aplicables.

La relevancia de este valor es asegurar una recaudación justa y precisa de impuestos y derechos de aduana. Un ejemplo es una importación de productos electrónicos donde el valor en aduana se determina para calcular los impuestos de importación.

Valor en libros (Book value): Valor en libros se refiere al valor contable de un activo según los registros financieros de una empresa, que generalmente es el costo de adquisición menos la depreciación acumulada.

La trascendencia del valor en libros es proporcionar una estimación del valor de los activos para la contabilidad y la evaluación financiera. Un ejemplo es el valor en libros de un equipo de oficina, que se calcula restando la depreciación acumulada del costo de adquisición original.

Valor FOB (FOB value): Valor FOB se refiere al valor de las mercancías cuando son entregadas a bordo de un buque en el puerto de embarque, excluyendo costos adicionales como transporte, seguros y fletes.

La significancia del valor FOB es facilitar la determinación del costo y precio de las mercancías en el comercio internacional. Un ejemplo es el valor FOB de una carga de textiles entregada en el puerto de embarque, antes de su transporte marítimo.

Valor normal (Normal value): Valor normal es el precio de venta de un producto en el mercado interno del país exportador, utilizado como referencia para determinar la existencia de dumping en el comercio internacional.

La utilidad estratégica del valor normal es asegurar un comercio justo y prevenir prácticas desleales como el dumping. Un ejemplo es comparar el valor normal de un producto en el país exportador con su precio de exportación para determinar si se está vendiendo por debajo del costo de producción.

Valoración aduanera (Customs valuation): Valoración aduanera es el proceso de determinar el valor de las mercancías para la aplicación de derechos de aduana y otros impuestos. Este proceso puede incluir varios métodos de valoración, como el valor de transacción y el valor construido.

El impacto global de la valoración aduanera es garantizar una recaudación justa y precisa de impuestos y derechos de aduana. Un ejemplo es la valoración de una importación de maquinaria para calcular los derechos de aduana aplicables.

Valuación (Valuation): Valuación es el proceso de determinar el valor monetario de un activo, bien o propiedad. Este proceso es esencial en diversas áreas, como seguros, contabilidad y comercio.

El alcance estratégico de la valuación es facilitar una base precisa para transacciones financieras, seguros y cumplimiento regulatorio. Un ejemplo es la valuación de una propiedad inmobiliaria para determinar su precio de venta o el monto de la cobertura del seguro.

Valuation charge (Cargo por valuación): Valuation charge se refiere a una tarifa cobrada por la evaluación y determinación del valor de un bien o propiedad, especialmente en el contexto de seguros y aduanas.

La influencia del cargo por valuación es cubrir los costos asociados con la evaluación precisa y justa de los bienes. Un ejemplo es el cargo por valuación aplicado por una compañía de seguros para determinar el valor de un automóvil asegurado.

Vapor (Steamer): Vapor se refiere a un buque propulsado por motores de vapor, comúnmente utilizado en el transporte marítimo antes del desarrollo de los motores diésel y eléctricos.

La relevancia global de los vapores se centra en su papel histórico en la revolución del transporte marítimo y el comercio global. Un ejemplo es el uso de vapores en el siglo XIX para transportar mercancías y pasajeros a través de los océanos.

Varada (Grounding): Varada es el término utilizado para describir la situación en la que un buque se queda atrapado en el fondo marino o en un banco de arena, impidiendo su movimiento.

La preponderancia de la varada es la necesidad de medidas de rescate y posibles reparaciones para liberar el buque. Un ejemplo es un buque que encalla en un banco de arena y requiere asistencia para ser liberado y continuar su viaje.

Varada en seguridad (Safe aground): Varada en seguridad se refiere a una situación en la que un buque encalla intencionalmente en una posición segura para evitar daños mayores, como en una emergencia.

La significancia operativa de una varada en seguridad es prevenir daños graves al buque y su carga, protegiendo así a la tripulación y minimizando pérdidas. Un ejemplo es un capitán que decide varar el buque en una playa segura durante una tormenta para evitar el naufragio.

Varada voluntaria (Beaching): Varada voluntaria es la acción de encallar intencionalmente un buque en una playa o banco de arena, a menudo para fines de desguace o reparación.

La relevancia de la varada voluntaria es facilitar el acceso y la seguridad durante el desguace o la reparación del buque. Un ejemplo es un buque varado voluntariamente en una playa para ser desmantelado y reciclado.

Vehículos de terceros (Third-party vehicles): Vehículos de terceros se refiere a vehículos que son propiedad de entidades o individuos distintos de la empresa o persona que los utiliza, comúnmente en el contexto de seguros y transporte.

La influencia operativa de los vehículos de terceros es gestionar adecuadamente la responsabilidad y el seguro en caso de daños o accidentes. Un ejemplo es el seguro de responsabilidad civil que cubre daños a vehículos de terceros en un accidente de tráfico.

Vencimiento (Maturity): Vencimiento es la fecha en la que una deuda, bono, pagaré u otro instrumento financiero debe ser pagado o liquidado. Este término es crucial en la gestión financiera y la inversión.

La significancia del vencimiento es planificar y gestionar el flujo de efectivo y las obligaciones financieras. Un ejemplo es un bono que vence en cinco años, momento en el cual el emisor debe reembolsar el principal y los intereses al tenedor del bono.

Vendedor (Seller): Vendedor es la persona o entidad que ofrece bienes o servicios a cambio de dinero en una transacción comercial. El vendedor juega un papel crucial en el mercado al facilitar el intercambio de productos.

La preeminencia comercial del vendedor es conectar a los compradores con los productos y servicios que necesitan, influenciando así las decisiones de compra. Un ejemplo es un vendedor de automóviles que proporciona información y asistencia a los clientes durante el proceso de compra.

Vendedor (Dealer): Vendedor o Dealer se refiere a una persona o entidad que compra y vende bienes, especialmente en grandes cantidades o como intermediario, en mercados como el de automóviles, productos financieros y bienes raíces.

La relevancia estratégica del dealer es facilitar el acceso a bienes y servicios, ofreciendo asesoramiento y garantizando la disponibilidad de productos. Un ejemplo es un dealer de automóviles que compra vehículos directamente de los fabricantes y los vende a los consumidores.

Vendedor mayorista (Wholesaler): Vendedor mayorista es una persona o empresa que vende bienes en grandes cantidades a minoristas, otros mayoristas o usuarios industriales, pero no directamente al consumidor final.

La importancia económica del mayorista es actuar como intermediario en la cadena de suministro, facilitando la distribución masiva de productos. Un ejemplo es un mayorista de alimentos que compra productos directamente de los fabricantes y los vende a supermercados y tiendas minoristas.

Vendedor minorista (Retailer): Vendedor minorista es una persona o empresa que vende bienes o servicios directamente al consumidor final, generalmente en cantidades más pequeñas que un mayorista.

La pertinencia comercial del minorista es proporcionar acceso a los productos para los consumidores finales, ofreciendo conveniencia y servicio al cliente. Un ejemplo es una tienda de ropa que vende directamente al público.

Venta (Sale): Venta se refiere a la transacción en la que un bien o servicio se intercambia por dinero entre un comprador y un vendedor. Este es el núcleo de todas las actividades comerciales.

La importancia de la venta es generar ingresos para las empresas y satisfacer las necesidades de los consumidores. Un ejemplo es la venta de un teléfono móvil en una tienda de electrónica.

Venta a plazos (Hire-purchase UK): Venta a plazos es un método de compra donde el comprador paga por un bien en cuotas periódicas mientras utiliza el bien, pero no adquiere la propiedad total hasta que se paga la última cuota.

La preponderancia de la venta a plazos es permitir a los consumidores adquirir bienes costosos sin necesidad de pagar el total de inmediato. Un ejemplo es comprar un coche mediante un contrato de venta a plazos, donde se paga una cuota mensual durante un periodo acordado.

Venta al contado (Cash sale): Venta al contado se refiere a una transacción donde el pago se realiza en su totalidad al momento de la compra, sin financiamiento ni crédito.

La importancia estratégica de la venta al contado es la simplicidad y la seguridad financiera tanto para el comprador como para el vendedor. Un ejemplo es la compra de comestibles en un supermercado, donde el cliente paga en efectivo o con tarjeta al momento de la compra.

Venta al por mayor (Wholesale sale): Venta al por mayor es la venta de bienes en grandes cantidades a minoristas, mayoristas o usuarios industriales, en lugar de vender directamente a los consumidores finales.

La relevancia de la venta al por mayor es facilitar la distribución masiva de productos y reducir los costos unitarios. Un ejemplo es una empresa que vende grandes cantidades de productos electrónicos a tiendas minoristas.

Venta minorista (Retail sale): Venta minorista es la venta de bienes o servicios directamente al consumidor final en cantidades pequeñas, a menudo en tiendas físicas o en línea.

La trascendencia de la venta minorista es satisfacer las necesidades y deseos de los consumidores, ofreciendo conveniencia y una variedad de productos. Un ejemplo es la venta de ropa en una tienda de moda.

Ventanilla única de comercio exterior (Single window for foreign trade): Es un sistema que permite a los importadores y exportadores presentar la documentación y cumplir con todos los requisitos reglamentarios a través de una única entidad o plataforma.

La significancia de la Ventanilla Única de Comercio Exterior es simplificar y agilizar los procesos de comercio internacional, reduciendo costos y tiempos. Un ejemplo es una plataforma digital que permite a los exportadores presentar documentos aduaneros, certificados sanitarios y otros requisitos regulatorios en un solo lugar.

Verificación de la declaración de mercancías (Verification of goods declaration): Verificación de la declaración de mercancías es el proceso mediante el cual las autoridades aduaneras revisan la exactitud y veracidad de la información presentada por los importadores y exportadores en sus declaraciones aduaneras.

La significancia operativa de la verificación es asegurar el cumplimiento de las leyes aduaneras y prevenir el fraude y la evasión de impuestos. Un ejemplo es la inspección física de un contenedor para comprobar que la mercancía declarada corresponde a lo que realmente se está importando.

Verification of damage (Comprobación del siniestro): Verification of Damage es el proceso de inspeccionar y evaluar el daño sufrido por bienes o propiedad, generalmente para fines de reclamaciones de seguros.

La significancia operativa de la comprobación del siniestro es determinar la extensión del daño y la compensación adecuada para el asegurado. Un ejemplo es un ajustador de seguros que inspecciona un automóvil dañado en un accidente para determinar el monto de la indemnización.

Versión única (Unique version): En el comercio exterior, una "versión única" se refiere a la creación o adaptación de un producto específicamente para un mercado o cliente particular. Esto puede implicar cambios en el diseño, empaque, etiquetado o incluso en la formulación del producto para cumplir con las regulaciones locales, las preferencias del consumidor o las condiciones del mercado del país importador. Esta práctica permite a las empresas satisfacer mejor las demandas y expectativas de distintos mercados internacionales.

La significancia operativa de tener una versión única radica en la capacidad de la empresa para competir eficazmente en mercados extranjeros, mejorando la aceptación y las ventas del producto. Por ejemplo, una empresa de alimentos podría desarrollar una versión única de sus snacks para el mercado japonés, adaptando los sabores y el empaque a los gustos y normas locales, lo que aumenta las probabilidades de éxito en ese mercado específico.

Vessel (Buque): En el contexto del comercio exterior, "vessel" se refiere a un barco o embarcación utilizada para transportar bienes y mercancías entre distintos puertos y países. Estos buques son esenciales en la logística global, facilitando el movimiento de productos a gran escala a través de rutas marítimas internacionales. Los tipos de buques varían, incluyendo contenedores, graneleros, petroleros y buques de carga general, cada uno adaptado para transportar diferentes tipos de mercancías.

La influencia de los buques en el comercio exterior es crucial, ya que permiten el comercio internacional eficiente y a gran escala, lo que es fundamental para la economía global. Por ejemplo, un buque portacontenedores puede transportar miles de contenedores con bienes desde China a Estados Unidos, facilitando el intercambio de productos entre ambos países y manteniendo las cadenas de suministro globales en funcionamiento.

Viaje (Trip): En el contexto del comercio exterior, un "viaje" se refiere al trayecto que realiza un medio de transporte, como un buque, avión, tren o camión, desde el punto de origen hasta el destino final, transportando mercancías a través de fronteras internacionales. Este término es fundamental en la logística y gestión de la cadena de suministro, ya que abarca la planificación, coordinación y ejecución del transporte de bienes, asegurando que lleguen a su destino de manera segura y eficiente.

La gravitación comercial del viaje en el comercio exterior se sostiene en la puntualidad y la seguridad del transporte de mercancías, lo que afecta la disponibilidad de productos en los mercados y la eficiencia de las operaciones comerciales. Por ejemplo, un viaje marítimo desde un puerto en China hasta un puerto en Brasil implica la coordinación de múltiples etapas logísticas, desde la carga en el origen, el tránsito por rutas marítimas internacionales y el desembarco en el destino, asegurando que los productos lleguen en buen estado y a tiempo para ser distribuidos y comercializados.

Viajero (Traveler): En el contexto del comercio exterior, un "viajero" puede referirse a una persona que viaja internacionalmente, ya sea por negocios o por supervisión de operaciones comerciales. Los viajeros pueden desempeñar roles cruciales en el establecimiento de relaciones comerciales, inspección de mercancías, negociación de contratos y aseguramiento del cumplimiento de regulaciones aduaneras y de importación.

La preponderancia de los viajeros en el comercio exterior consiste en su capacidad para facilitar acuerdos comerciales, supervisar la calidad de los productos y asegurar el cumplimiento de normativas internacionales. Por ejemplo, un ejecutivo de una empresa textil podría viajar a países productores para negociar contratos de suministro, inspeccionar la calidad de las materias primas y garantizar que los productos cumplan con los estándares de calidad requeridos por su empresa.

Vicios ocultos (Hidden defects): En el comercio exterior, "vicios ocultos" se refiere a defectos o fallas en los productos que no son evidentes a simple vista y que pueden descubrirse solo después de una inspección más detallada o tras su uso. Estos defectos pueden afectar la calidad, el rendimiento o la seguridad de los productos, y suelen ser objeto de disputas comerciales y reclamaciones de garantía.

La gravitación esencial de identificar y gestionar los vicios ocultos es vital para mantener la integridad y la reputación de la cadena de suministro. Por ejemplo, una empresa que importa maquinaria industrial puede descubrir vicios ocultos en las piezas después de la instalación y uso, lo que podría llevar a reclamaciones de garantía y negociaciones con el proveedor para reparaciones o reemplazos.

Vientos alisios (Trade winds): En el comercio exterior, los "vientos alisios" son vientos constantes que soplan en dirección este a oeste en las regiones tropicales. Históricamente, estos vientos fueron vitales para la navegación a vela, permitiendo a los buques comerciales viajar de manera eficiente a través de los océanos Atlántico y Pacífico, facilitando el comercio entre continentes.

La relevancia de los vientos alisios se basa en su impacto en las rutas marítimas tradicionales y en la planificación logística. Por ejemplo, durante la era de la navegación a vela, los buques europeos utilizaban los vientos alisios para viajar a las Américas, estableciendo rutas comerciales que todavía influyen en el comercio marítimo moderno.

Vigencia (Validity): En el comercio exterior, "vigencia" se refiere al período durante el cual un documento, contrato, licencia o acuerdo es válido y tiene efecto legal. Este término es crucial para asegurar que todas las transacciones y operaciones comerciales se realicen dentro de los plazos legales y contractuales establecidos.

La trascendencia de la vigencia se fundamenta en garantizar la legalidad y el cumplimiento de las obligaciones comerciales. Por ejemplo, un acuerdo de suministro de productos entre dos empresas tendrá una vigencia específica, durante la cual ambas partes deben cumplir con los términos acordados. Una vez expirado el período de vigencia, el contrato deberá ser renovado o renegociado para continuar la relación comercial.

Vista de aduanas (Customs inspection): En el comercio exterior, una "vista de aduanas" es la inspección que realizan las autoridades aduaneras sobre las mercancías importadas o exportadas para verificar el cumplimiento de las leyes y regulaciones aduaneras. Esta inspección puede incluir la revisión de documentos, el examen físico de las mercancías y la verificación de su valor y clasificación.

La significancia de la vista de aduanas gira en su rol de la prevención del contrabando, el cumplimiento de las normativas y la correcta recaudación de aranceles. Por ejemplo, durante una vista de aduanas, las autoridades pueden detectar productos prohibidos o mal declarados, imponiendo sanciones y asegurando que las mercancías importadas cumplen con los estándares de seguridad y calidad del país.

Volume (Volumen): En el comercio exterior, "volumen" se refiere a la cantidad de espacio que ocupan las mercancías, generalmente medido en metros cúbicos (m^3) o pies cúbicos (ft^3). El volumen es un factor crucial en la logística y el cálculo de costos de transporte, ya que afecta la capacidad de carga y las tarifas de envío.

La influencia clave del volumen en el comercio exterior se sostiene de su impacto en la eficiencia y el costo del transporte. Por ejemplo, una empresa que exporta productos voluminosos como muebles debe calcular el volumen total de sus envíos para determinar el número de contenedores necesarios y los costos asociados, optimizando así sus operaciones logísticas y reduciendo gastos innecesarios.

Voyage (Travesía): En los negocios internacionales travesía se refiere a un viaje largo por mar, aire o tierra, especialmente a través de grandes distancias o a destinos remotos.

La gravitación internacional de la travesía es conectar diferentes regiones y facilitar el comercio y la exploración. Un ejemplo es una travesía transatlántica en un buque de carga que transporta mercancías entre Europa y América.

Voyage charter (Contrato de fletamento por viaje): Voyage Charter es un contrato de fletamento en el que un buque es alquilado para un viaje específico o una serie de viajes, en lugar de un período de tiempo determinado.

La influencia global del contrato de fletamento por viaje es proporcionar flexibilidad y especificidad en el transporte marítimo, permitiendo a los cargadores contratar buques para necesidades particulares. Un ejemplo es un contrato de fletamento por viaje para transportar petróleo desde el Medio Oriente a Europa.

Voyage policy (Póliza de viaje): Voyage policy es un tipo de póliza de seguro marítimo que cubre los riesgos específicos asociados con un viaje determinado, desde el puerto de salida hasta el puerto de destino.

La influencia de la póliza de viaje es ofrecer cobertura de seguros personalizada para proteger las mercancías y el buque durante un trayecto específico. Un ejemplo es asegurar una carga de productos electrónicos durante su transporte marítimo desde Asia a América del Norte.

VUCE Ventanilla Única (Single window system): VUCE Ventanilla Única es un sistema que permite a los importadores y exportadores presentar la documentación y cumplir con todos los requisitos reglamentarios a través de una única entidad o plataforma.

La influencia estratégica de Vuce es simplificar y agilizar los procesos de comercio internacional, reduciendo costos y tiempos. Un ejemplo es una plataforma digital que permite a los exportadores presentar documentos aduaneros, certificados sanitarios y otros requisitos regulatorios en un solo lugar.

Vuelco (Overturn): Vuelco se refiere al accidente en el que un vehículo o contenedor se voltea o da vuelta, generalmente como resultado de un accidente o maniobra brusca.

La influencia operativa del vuelco es la necesidad de medidas de seguridad y respuestas rápidas para minimizar daños y riesgos. Un ejemplo es el vuelco de un camión de carga en la carretera que requiere la intervención de equipos de emergencia para gestionar el accidente y los posibles derrames.

Vuelo sin escalas (Nonstop flight): Vuelo sin escalas se refiere a un vuelo que viaja directamente entre dos puntos sin detenerse en ningún lugar intermedio.

La trascendencia del vuelo sin escalas es la reducción de tiempo de viaje y la comodidad para los pasajeros. Un ejemplo es un vuelo sin escalas desde Nueva York a Tokio, que ahorra tiempo al evitar paradas intermedias.

W

Wager policy (Póliza de juego): En el comercio exterior, una "póliza de juego" es una forma de seguro donde no hay un interés asegurable específico en la mercancía. Es más, una apuesta sobre la ocurrencia de ciertos eventos, en lugar de un seguro tradicional basado en la protección de bienes.

La relevancia de este tipo de póliza es limitada y generalmente se considera una práctica desaconsejada en el comercio internacional moderno debido a su naturaleza especulativa. Sin embargo, históricamente, podría haber sido utilizada para cubrir riesgos extremadamente inciertos o difíciles de asegurar por métodos convencionales. Por ejemplo, un comerciante podría haber utilizado una póliza de juego para especular sobre la llegada segura de un barco en tiempos de guerra o condiciones extremadamente peligrosas.

War (Guerra): En el contexto del comercio exterior, la guerra puede tener un impacto significativo en las operaciones comerciales internacionales, afectando rutas de transporte, costos de seguros y la seguridad de las mercancías. Las guerras pueden interrumpir las cadenas de suministro, aumentar los riesgos de transporte y llevar a la imposición de sanciones y embargos comerciales.

La influencia clave de entender el impacto de la guerra en el comercio exterior depende de la planificación y gestión de riesgos. Por ejemplo, durante un conflicto armado, una empresa exportadora de bienes podría enfrentar mayores costos de seguro y tiempos de tránsito más largos, lo que afectaría la entrega de sus productos a los mercados internacionales.

War risks insurance (Seguro contra riesgos de guerra): Este tipo de seguro proporciona cobertura para las pérdidas y daños que puedan ocurrir debido a actos de guerra, conflictos armados y otras hostilidades. Es esencial para las empresas que operan en regiones inestables o que deben transportar mercancías a través de zonas de conflicto.

La significancia del seguro contra riesgos de guerra se fundamenta en su capacidad para proteger a las empresas contra pérdidas financieras significativas debido a eventos bélicos. Por ejemplo, una compañía de transporte marítimo que opera en el Golfo Pérsico puede adquirir este seguro para protegerse contra la captura o destrucción de sus buques debido a conflictos en la región.

Warehouse (Depósito, almacén): En el comercio exterior, un depósito o almacén es una instalación utilizada para el almacenamiento de mercancías antes de su distribución final. Los almacenes pueden ser utilizados para almacenar productos importados o exportados, y pueden ofrecer servicios adicionales como el embalaje, etiquetado y distribución.

La magnitud económica de los almacenes en el comercio exterior se fundamenta en su capacidad para gestionar inventarios, mejorar la eficiencia de la cadena de suministro y reducir costos de almacenamiento. Por ejemplo, una empresa que importa componentes electrónicos puede utilizar un almacén en el país de destino para almacenar y distribuir sus productos a los minoristas locales, asegurando una entrega oportuna y eficiente.

Warehouse clause (Cláusula del seguro): Una cláusula de seguro de almacén es una disposición en una póliza de seguro que especifica la cobertura de las mercancías almacenadas en un almacén. Esta cláusula puede incluir detalles sobre los riesgos cubiertos, las condiciones del almacén y las responsabilidades del asegurado.

El alcance estratégico de la cláusula del seguro de almacén se sustenta en la protección que ofrece a las empresas contra pérdidas o daños a las mercancías almacenadas. Por ejemplo, una empresa que almacena productos farmacéuticos en un depósito podría tener una cláusula de seguro que cubre daños por incendios, robos o desastres naturales, asegurando así la protección de sus inventarios valiosos.

Warehouse entry (Entrada al almacén): En el comercio exterior, la "entrada al almacén" se refiere al proceso de registrar y almacenar mercancías en un depósito o almacén. Este proceso incluye la documentación necesaria, la inspección de las mercancías y la asignación de espacio de almacenamiento adecuado.

La pertinencia comercial de la entrada al almacén se establece en la gestión eficiente de los inventarios y el cumplimiento de las regulaciones aduaneras. Por ejemplo, una empresa que importa bienes electrónicos debe registrar la entrada de sus productos en un almacén aduanero, asegurando que todas las mercancías sean inspeccionadas y documentadas correctamente para evitar retrasos o sanciones.

Warehouse to warehouse cause (Cláusula depósito a depósito): Esta cláusula en una póliza de seguro cubre las mercancías desde el momento en que salen del almacén del vendedor hasta que llegan al almacén del comprador. Es una cobertura integral que protege los bienes durante todo el proceso de transporte.

La influencia de esta cláusula gira en torno a la tranquilidad que ofrece a las empresas, asegurando que sus mercancías están protegidas en todo momento durante el transporte internacional. Por ejemplo, una empresa que exporta maquinaria pesada puede estar segura de que sus bienes están asegurados desde su almacén en el país de origen hasta el almacén del comprador en el país de destino, cubriendo cualquier daño o pérdida que ocurra en el camino.

Warrant (Resguardos de almacén): Un resguardo de almacén es un documento emitido por un almacén que certifica la recepción y almacenamiento de mercancías. Este documento puede ser utilizado como garantía para obtener financiamiento o como prueba de la existencia de los bienes.

La significancia operativa de los resguardos de almacén radica en su uso como herramienta financiera y de gestión de inventarios. Por ejemplo, una empresa que necesita capital de trabajo puede utilizar los resguardos de almacén de sus productos almacenados como garantía para obtener un préstamo, asegurando así liquidez para sus operaciones comerciales.

Warranties (Condiciones - garantías): En el comercio exterior, las garantías son promesas o condiciones que aseguran que los productos o servicios cumplirán con ciertos estándares de calidad y rendimiento. Las garantías pueden ser específicas de los productos y pueden incluir términos como reparación, reemplazo o reembolso en caso de defectos.

La trascendencia global de las garantías se basa en la confianza que brindan a los compradores y en la protección de los intereses de los vendedores. Por ejemplo, un fabricante de maquinaria que exporta sus productos puede ofrecer una garantía de un año que cubre cualquier defecto de fabricación, asegurando a los compradores que recibirán productos de alta calidad y protección en caso de fallas.

Warranty - guarantee (Garantía): Una garantía es un compromiso de una empresa de que un producto funcionará según lo prometido y, en caso de fallas, se reparará, reemplazará o reembolsará. Las garantías son comunes en el comercio exterior para proteger tanto al comprador como al vendedor.

La utilidad estratégica de las garantías depende de la seguridad y confianza que proporcionan a los compradores, promoviendo la satisfacción del cliente y la lealtad. Por ejemplo, un exportador de productos electrónicos puede ofrecer una garantía de dos años, lo que asegura a los compradores que cualquier problema será solucionado sin costo adicional, aumentando así la confianza en la marca.

Water ballast (Lastre de agua): El lastre de agua se refiere al agua que se toma a bordo de un barco para mantener su estabilidad y navegabilidad. En el comercio exterior, el manejo del lastre de agua es crucial para la seguridad y la eficiencia del transporte marítimo.

La relevancia del lastre de agua proviene de su rol en la estabilidad del buque y en la prevención de accidentes marítimos. Por ejemplo, un buque portacontenedores que navega sin carga puede tomar lastre de agua para mantener su equilibrio y estabilidad, asegurando una navegación segura hasta su destino.

Water damage (Daños por agua): En el comercio exterior, los daños por agua se refieren a los perjuicios sufridos por las mercancías debido a la exposición al agua durante el transporte o almacenamiento. Estos daños pueden ocurrir por diversas razones, como inundaciones, fugas, o condensación.

La trascendencia de protegerse contra daños por agua depende de la preservación de la calidad y el valor de las mercancías. Por ejemplo, una empresa que importa textiles puede sufrir pérdidas significativas si sus productos se dañan por agua durante el transporte marítimo, afectando la calidad de los bienes y su valor en el mercado.

Waybill (Hoja de ruta - Duplicado de carta de porte): Una hoja de ruta o duplicado de carta de porte es un documento que acompaña a las mercancías durante su transporte, detallando la ruta, el contenido del envío y las instrucciones de entrega. Es una herramienta esencial para la gestión de la logística y el seguimiento de envíos.

La significancia de la hoja de ruta se fundamenta en su participación en la coordinación y el seguimiento de las mercancías durante el transporte. Por ejemplo, un exportador de productos agrícolas puede utilizar una hoja de ruta para asegurarse de que su carga llegue al destino correcto y en el tiempo previsto, proporcionando detalles precisos sobre la ruta y las condiciones de transporte.

WC War clause (Cláusula de guerra): Una cláusula de guerra es una disposición en una póliza de seguro que cubre los riesgos asociados con conflictos armados y actos de guerra. Esta cláusula es esencial para las empresas que operan en regiones conflictivas o que transportan mercancías a través de zonas de riesgo.

La pertinencia de la cláusula de guerra se basa en la protección financiera que ofrece contra pérdidas significativas debido a actos de guerra. Por ejemplo, una compañía de transporte marítimo que opera en el Mar Rojo puede incluir una cláusula de guerra en su seguro para cubrir cualquier daño o pérdida causada por conflictos armados en la región, asegurando así la protección de sus bienes y operaciones.

Weather working day – WWD (Día laborable con tiempo adecuado): En el comercio exterior, un "día laborable por condiciones meteorológicas" se refiere a un día en el que las condiciones meteorológicas permiten trabajar en el puerto o en la descarga de mercancías. Este término se utiliza en contratos de fletamento para definir los días en que se puede contar como tiempo efectivo de carga o descarga.

El alcance estratégico de este término se sostiene en la gestión del tiempo y los costos en las operaciones portuarias. Supongamos que un contrato establece 5 weather working days para la descarga de un buque. Si durante esos 5 días hay 2 días con mal tiempo que impiden la descarga, el fletador tendrá 2 días adicionales para completar la operación sin incurrir en demoras

Weight - W (Peso): En el comercio exterior, "Weight - W" se refiere generalmente al peso de las mercancías. Puede ser usado como un término genérico para referirse al peso que se utiliza para calcular costos de transporte, tarifas aduaneras y otras consideraciones logísticas.

El impacto global de entender y calcular correctamente el peso de las mercancías es fundamental para la eficiencia y costo-efectividad en el comercio internacional. Por ejemplo, una empresa que transporta materiales de construcción debe calcular el peso total de los productos para asegurarse de que los vehículos de transporte no excedan los límites legales de carga, y para determinar los costos de envío basados en el peso total.

Weight, measurement - W/M (Peso, medida): En el comercio exterior, "W/M" se refiere a la facturación basada en el peso (Weight) o volumen (Measurement), lo que sea mayor. Este método es común en la industria del transporte marítimo y aéreo para asegurar que se cubran los costos de envío de manera equitativa.

La influencia de este método se establece en su capacidad para equilibrar los costos de transporte, asegurando que las mercancías livianas pero voluminosas no ocupen espacio sin pagar tarifas adecuadas. Por ejemplo, al enviar muebles, una empresa puede ser facturada según el volumen del envío si este es mayor que el peso, garantizando así que los costos reflejen el uso real del espacio de carga.

Weight certificate (Certificado de peso / Nota de Peso): Un certificado de peso es un documento que certifica el peso exacto de una carga. Este documento es emitido por una autoridad competente y es crucial para el comercio internacional, asegurando que las mercancías cumplen con las especificaciones acordadas.

La influencia clave del certificado de peso consiste en la transparencia y precisión en las transacciones comerciales. Por ejemplo, una empresa que importa metales preciosos puede requerir un certificado de peso para garantizar que la cantidad recibida coincide con la cantidad pagada, evitando discrepancias y disputas comerciales.

Weight charge (Cargo por peso): En el comercio exterior, el "cargo por peso" es una tarifa basada en el peso de las mercancías transportadas. Esta tarifa es común en el transporte aéreo y marítimo y se utiliza para calcular el costo del envío.

La preponderancia del cargo por peso radica en su impacto en los costos totales de transporte. Por ejemplo, una empresa que exporta frutas frescas debe considerar el cargo por peso al calcular el costo de envío de sus productos, asegurando así una estructura de precios competitiva y rentable en el mercado de destino.

Weight list (Lista de peso): En el comercio exterior, una "lista de peso" es un documento que detalla el peso de cada ítem individual en un envío. Este documento es fundamental para la logística y el despacho aduanero, proporcionando información precisa sobre el peso de las mercancías para su correcta clasificación y valoración.

La relevancia transformadora de la lista de peso se basa en su precisión y transparencia, facilitando el cálculo de tarifas de transporte y aranceles aduaneros. Por ejemplo, un exportador de piezas de automóviles puede utilizar una lista de peso para asegurar que cada componente se declara correctamente, evitando errores y posibles sanciones en la aduana.

Wharf (Dársena, muelle): En el comercio exterior, un "muelle" es una estructura en un puerto donde los buques pueden atracar para cargar y descargar mercancías. Los muelles son esenciales para la operativa portuaria y el manejo eficiente de los bienes transportados por vía marítima.

La relevancia de los muelles gira en torno a su rol en la infraestructura logística, facilitando la transferencia de mercancías entre el buque y el almacenamiento en tierra. Por ejemplo, un buque portacontenedores atraca en un muelle para descargar su carga, que luego se transporta a almacenes o directamente a los destinos finales.

Wharfage (Derechos de muelle): Los "derechos de muelle" son tarifas cobradas por el uso de las instalaciones portuarias para atracar buques y manejar mercancías. Estas tarifas contribuyen al mantenimiento y operación de los puertos.

La trascendencia de los derechos de muelle proviene de su impacto en los costos operativos del comercio marítimo. Por ejemplo, una empresa importadora de productos electrónicos debe pagar derechos de muelle cuando su cargamento es descargado en el puerto, afectando el costo total de importación.

Wharfinger (Administrador de muelle): Un "administrador de muelle" es la persona responsable de la gestión y operación de un muelle. Este rol incluye coordinar la carga y descarga de mercancías, mantener las instalaciones y asegurar el cumplimiento de las regulaciones portuarias.

La significancia del administrador de muelle gira en torno a la eficiencia y seguridad de las operaciones portuarias. Por ejemplo, un administrador de muelle asegura que un buque carguero descargue su carga de manera ordenada y segura, minimizando retrasos y evitando daños a las mercancías.

Wheel house (Timonera): En el comercio exterior, la "timonera" es la cabina en un buque donde radica el timón y los instrumentos de navegación. Es el centro de control desde donde se dirige y maneja la embarcación.

El alcance prioritario de la timonera se fundamenta en su papel crucial en la navegación segura y eficiente del buque. Por ejemplo, durante una travesía transatlántica, el capitán y la tripulación utilizan la timonera para monitorear la ruta y hacer ajustes necesarios, asegurando que el buque llegue a su destino sin incidentes.

Wholesale (Venta al por mayor): La "venta al por mayor" es la venta de bienes en grandes cantidades a minoristas, distribuidores u otros negocios, en lugar de a consumidores finales. Este tipo de venta es fundamental en la cadena de suministro, facilitando la distribución de productos en grandes volúmenes.

El alcance estratégico de la venta al por mayor o mayoreo se fundamenta en su capacidad para reducir costos unitarios y aumentar la eficiencia en la distribución. Por ejemplo, un fabricante de ropa vende grandes lotes de productos a minoristas, quienes luego distribuyen y venden las prendas a los consumidores finales.

Wholesaler (Vendedor mayorista): Un "vendedor mayorista" es una entidad o persona que compra productos en grandes cantidades y los vende a minoristas, otros mayoristas o negocios. Los mayoristas desempeñan un papel clave en la cadena de suministro, actuando como intermediarios entre fabricantes y minoristas.

La relevancia estratégica de los mayoristas se sostiene en su capacidad para facilitar el acceso a productos en grandes volúmenes y a precios competitivos. Por ejemplo, un mayorista de productos alimenticios compra grandes cantidades de alimentos de los productores y los distribuye a supermercados y tiendas de alimentos.

WIBON Wether in Berth or Not (Esté la nave atracada o no): Este término se refiere a una condición en los contratos de fletamento que establece que el tiempo de carga o descarga comienza a contar independientemente de si el buque está atracado o no en el muelle.

La influencia de esta condición se establece en la eficiencia y equidad en la gestión del tiempo y los costos en operaciones portuarias. Por ejemplo, si un buque llega al puerto y no puede atracar de inmediato debido a la congestión, el tiempo de espera aún cuenta para el cálculo del tiempo de carga o descarga según los términos WIBON.

Winch platform (Plataforma del guinche): Una "plataforma del guinche" es una estructura en un buque o instalación portuaria donde se montan los guinches, equipos utilizados para levantar y mover cargas pesadas.

La supremacía competitiva de la plataforma del guinche radica en su papel en la carga y descarga segura y eficiente de mercancías. Por ejemplo, en un buque carguero, la plataforma del guinche facilita el levantamiento de contenedores pesados desde el muelle hasta el buque, asegurando una transferencia segura de la carga.

Windlass (Molinete de anclas): El "molinete de anclas" es un dispositivo mecánico en un buque utilizado para izar y soltar el ancla. Es esencial para las operaciones de anclaje y aseguramiento del buque en el agua.

La preponderancia del molinete de anclas se sostiene en su capacidad para manejar de manera segura y eficiente el anclaje del buque. Por ejemplo, cuando un buque llega a un puerto y necesita anclar antes de atracar, el molinete permite a la tripulación izar y asegurar el ancla con precisión y control.

WIPFON Wether in Free Practique or Not (Esté la nave en libre plática o no): Esta condición en los contratos de fletamento establece que el tiempo de carga o descarga comienza a contar independientemente de si el buque ha recibido libre plática, es decir, la autorización sanitaria para desembarcar.

La significancia operativa de esta condición se basa en la gestión eficiente del tiempo y la reducción de costos. Por ejemplo, si un buque llega al puerto pero aún no ha recibido la autorización sanitaria para desembarcar, el tiempo de espera aún se cuenta, asegurando una planificación más justa y precisa de las operaciones portuarias.

WIPON Wether in Port or Not (Esté la nave en puerto o no): Este término en los contratos de fletamento establece que el tiempo de carga o descarga comienza a contar sin importar si el buque está físicamente en el puerto o no.

La relevancia de esta condición gira en torno a la optimización del tiempo y la equidad en los costos. Por ejemplo, un buque que llega a la zona de espera fuera del puerto aún cuenta su tiempo de espera para carga o descarga, garantizando que los costos y tiempos sean justos para ambas partes.

With average (Con avería): En el comercio exterior, "con avería" se refiere a un tipo de seguro de mercancías que cubre los daños parciales sufridos durante el transporte. Este término se utiliza principalmente en pólizas de seguro marítimo donde los bienes asegurados están protegidos contra ciertos riesgos, incluso si no hay una pérdida total.

La preeminencia comercial de "con avería" proviene de la protección que ofrece a los comerciantes contra pérdidas financieras por daños a sus mercancías. Por ejemplo, una empresa que exporta productos electrónicos puede adquirir una póliza "con avería" para protegerse contra daños causados por condiciones climáticas adversas durante el transporte marítimo, asegurando así que no sufrirán una pérdida completa si solo parte de la carga se daña.

With deductible (Con franquicia): En seguros, "con franquicia" se refiere a una póliza que incluye una cantidad específica que el asegurado debe pagar antes de que el seguro cubra el resto de los costos de un reclamo.

La significancia de tener una franquicia en una póliza de seguro depende de la reducción de las primas y en la responsabilidad compartida entre asegurado y asegurador. Por ejemplo, una empresa que asegura sus mercancías contra daños durante el transporte puede optar por una póliza con franquicia para reducir las primas de seguro, aceptando cubrir pequeños daños por su cuenta.

With particular average - WPA (Con avería particular): Este tipo de seguro cubre daños parciales a la carga que ocurren debido a riesgos específicos durante el transporte marítimo, pero no cubre pérdidas totales.

La relevancia estratégica del seguro con avería particular se fundamenta en su protección parcial para las mercancías, ofreciendo una cobertura más asequible. Por ejemplo, un exportador de maquinaria pesada puede asegurar su carga con una póliza WPA, cubriendo daños parciales causados por tormentas o accidentes, sin cubrir una pérdida total.

Without deductible (Sin franquicia): En seguros, "sin franquicia" se refiere a una póliza que no requiere que el asegurado pague una cantidad específica antes de que el seguro cubra los costos de un reclamo.

La pertinencia comercial de una póliza sin franquicia se centra en la cobertura completa desde el primer dólar del reclamo, proporcionando mayor seguridad financiera al asegurado. Por ejemplo, una empresa que asegura mercancías de alto valor puede optar por una póliza sin franquicia para garantizar que cualquier daño, sin importar cuán pequeño, esté completamente cubierto por el seguro.

Without our responsibility WOR (Sin responsabilidad por nuestra parte): Esta condición en los contratos de transporte o seguros especifica que el transportista o asegurador no asume responsabilidad por ciertos riesgos o daños durante el transporte.

La magnitud económica de esta cláusula radica en la claridad y limitación de responsabilidades entre las partes. Por ejemplo, un transportista puede incluir una cláusula WOR en su contrato para eximirse de responsabilidad por daños causados por eventos fuera de su control, como desastres naturales.

WL Water line (Línea de agua): En el comercio exterior, la "línea de agua" es la marca en el casco de un buque que indica el nivel de flotación óptimo cuando está cargado. Esta línea es crucial para mantener la estabilidad y seguridad del buque.

La significancia operativa de la línea de agua se establece en la prevención de sobrecargas y la garantía de una navegación segura. Por ejemplo, un buque carguero debe asegurarse de que la carga no exceda la línea de agua marcada en su casco para evitar riesgos de hundimiento o inestabilidad en el mar.

WOR Without our responsibility (Sin responsabilidad de nuestra parte): Similar a la anterior, esta cláusula en los contratos especifica que el transportista o asegurador no asume responsabilidad por ciertos riesgos o daños durante el transporte.

La trascendencia estratégica de esta cláusula consiste en la claridad y limitación de responsabilidades entre las partes. Por ejemplo, un transportista puede incluir una cláusula WOR en su contrato para eximirse de responsabilidad por daños causados por eventos fuera de su control, como desastres naturales.

Workers' compensation insurance (Seguro de accidentes del trabajo): Este tipo de seguro proporciona cobertura a los empleados que sufren lesiones o enfermedades relacionadas con el trabajo. Es obligatorio en muchos países y protege tanto a los empleados como a los empleadores.

La preponderancia de este seguro depende de la protección financiera y médica que ofrece a los empleados, así como en la protección legal que brinda a los empleadores. Por ejemplo, una empresa manufacturera puede tener un seguro de accidentes del trabajo para asegurar que cualquier empleado lesionado en la fábrica reciba atención médica adecuada y compensación por la pérdida de ingresos.

Working Days (Días laborables): En el comercio exterior, los "días laborables" son los días en los que se realizan operaciones comerciales y logísticas, excluyendo fines de semana y días festivos. Estos días son importantes para la planificación y ejecución de las operaciones de carga y descarga.

La preeminencia comercial de los días laborables se basa en la planificación eficiente de las operaciones logísticas y el cumplimiento de los plazos contractuales. Por ejemplo, un contrato de fletamento puede especificar que las operaciones de carga deben completarse en cinco días laborables, excluyendo los fines de semana y feriados, para una mejor gestión del tiempo.

Working hatch (Escotilla utilizable): En un buque, una "escotilla utilizable" es una abertura en la cubierta que permite la carga y descarga de mercancías. Es crucial para la eficiencia en las operaciones de carga y descarga en los puertos.

La relevancia de la escotilla utilizable reside en su participación en la aceleración de las operaciones de carga y descarga, mejorando la eficiencia logística. Por ejemplo, un buque granelero utiliza sus escotillas para cargar y descargar granos rápidamente, optimizando el tiempo de permanencia en el puerto.

Workmen's compensation insurance (Seguro de accidentes del trabajo): Similar al seguro de accidentes del trabajo mencionado anteriormente, este seguro proporciona cobertura a los empleados por lesiones o enfermedades relacionadas con el trabajo.

La trascendencia de este seguro proviene de la protección financiera y médica que ofrece a los empleados, así como en la protección legal que brinda a los empleadores. Por ejemplo, una empresa de construcción puede tener un seguro de accidentes del trabajo para asegurar que cualquier trabajador lesionado en el sitio de construcción reciba atención médica adecuada y compensación por la pérdida de ingresos.

WPA With Particular Average (Con avería particular): Similar a la cobertura con avería particular mencionada anteriormente, este tipo de seguro cubre daños parciales a la carga que ocurren debido a riesgos específicos durante el transporte marítimo, pero no cubre pérdidas totales.

La significancia del seguro con avería particular depende de su protección parcial para las mercancías, ofreciendo una cobertura más asequible. Por ejemplo, un exportador de maquinaria pesada puede asegurar su carga con una póliza WPA, cubriendo daños parciales causados por tormentas o accidentes, sin cubrir una pérdida total.

X

XaaS (Anything as a service) (Cualquier cosa como servicio): XaaS es un término amplio que engloba cualquier servicio de computación que se entrega a los usuarios a través de Internet y se paga por uso. Este modelo incluye una variedad de servicios, como Software as a Service (SaaS), Platform as a Service (PaaS), Infrastructure as a Service (IaaS), y otros más específicos como Storage as a Service, Database as a Service, y Network as a Service, entre otros. La idea central detrás de XaaS es la de ofrecer soluciones flexibles, escalables y rentables que permiten a las empresas reducir costos operativos, aumentar la eficiencia y centrarse en sus competencias principales sin la necesidad de invertir en infraestructura propia.

La relevancia global de XaaS en el ámbito empresarial y tecnológico es enorme, ya que permite a las empresas de todos los tamaños acceder a tecnologías avanzadas y servicios especializados que de otro modo serían prohibitivamente costosos. XaaS democratiza el acceso a recursos de TI, permitiendo a las startups y pequeñas empresas competir en igualdad de condiciones con grandes corporaciones. Por ejemplo, una pequeña empresa de comercio electrónico puede utilizar servicios XaaS para gestionar su infraestructura de TI, almacenar datos en la nube y utilizar herramientas avanzadas de análisis sin tener que realizar grandes inversiones iniciales. Esto les permite centrarse en el crecimiento del negocio y la mejora de la experiencia del cliente.

X-branding (Marca X): X-branding es una estrategia de marketing que se centra en resaltar las cualidades excepcionales y distintivas de una marca para crear una identidad única y poderosa. Este enfoque va más allá del branding tradicional, buscando destacar aquellos elementos que hacen que la marca sea excepcionalmente atractiva y memorable para los consumidores. X-branding puede involucrar el diseño de productos, la experiencia del cliente, la comunicación de marca y otras tácticas innovadoras que resalten el carácter único de la marca.

El impacto global de X-branding en marketing radica en su capacidad para construir una marca fuerte y distintiva que resuene profundamente con los consumidores. Una marca con una identidad bien definida y atractiva puede generar una mayor lealtad de los clientes y una ventaja competitiva sostenida. Por ejemplo, Tesla ha utilizado X-branding para posicionarse como un líder en vehículos eléctricos y tecnología sostenible, creando una imagen de marca que atrae a consumidores conscientes del medio ambiente y tecnológicamente avanzados.

X-consumer (Consumidor X): El término "X-consumer" se refiere a un tipo de consumidor que busca productos y servicios que ofrezcan experiencias excepcionales y únicas. Estos consumidores valoran la calidad, la innovación y la autenticidad, y están dispuestos a pagar un precio premium por productos que cumplan con sus expectativas elevadas. Los X-consumers suelen estar bien informados y conectados digitalmente, utilizando las redes sociales y otras plataformas en línea para descubrir y compartir experiencias de marca.

La pertinencia comercial de entender a los X-consumers se fundamenta en la capacidad de las marcas para satisfacer sus demandas y construir relaciones duraderas. Al enfocarse en este segmento, las empresas pueden desarrollar productos y campañas de marketing que resalten sus atributos únicos y excepcionales. Por ejemplo, una marca de moda de lujo puede atraer a los X-consumers ofreciendo diseños exclusivos, materiales de alta calidad, y experiencias de compra personalizadas.

X-commerce (Comercio X): X-commerce es un término que describe el comercio electrónico que se centra en ofrecer experiencias excepcionales y personalizadas a los consumidores. Este tipo de comercio electrónico va más allá de las transacciones básicas, incorporando elementos como la realidad aumentada, la inteligencia artificial y la personalización avanzada para crear una experiencia de compra en línea única y envolvente. X-commerce busca transformar la forma en que los consumidores interactúan con las tiendas en línea, haciendo que el proceso de compra sea más intuitivo y satisfactorio.

La influencia de X-commerce en el panorama actual del comercio electrónico es significativa, ya que los consumidores esperan cada vez más experiencias de compra innovadoras y personalizadas. Las empresas que adoptan X-commerce pueden diferenciarse de sus competidores y aumentar la satisfacción y lealtad del cliente. Por ejemplo, una tienda de ropa en línea puede utilizar X-commerce para ofrecer a los clientes la posibilidad de ver cómo les quedarán las prendas mediante la realidad aumentada, mejorando así la experiencia de compra y reduciendo las devoluciones.

X-efficiency (Eficiencia X): X-efficiency es un concepto económico que se refiere a la eficiencia con la que una empresa utiliza sus recursos para producir bienes y servicios, en comparación con las mejores prácticas posibles. Este término se utiliza para describir situaciones en las que las empresas no están operando al máximo de su capacidad debido a factores como la falta de competencia, la ineficiencia organizacional o la mala gestión. La X-efficiency se centra en la maximización de la productividad y la minimización del desperdicio de recursos.

La prominencia global de X-efficiency en el contexto empresarial y de marketing es fundamental para mejorar la competitividad y la rentabilidad. Las empresas que se esfuerzan por alcanzar una alta X-efficiency pueden reducir costos, mejorar la calidad de sus productos y servicios, y responder mejor a las demandas del mercado. Por ejemplo, una fábrica de automóviles que implementa técnicas de X-efficiency puede optimizar sus procesos de producción para reducir el tiempo de fabricación y los costos de materiales, lo que resulta en vehículos de alta calidad a precios más competitivos.

X-factor (Factor X): El X-factor es un término utilizado para describir una cualidad especial, única e indefinible que hace que una persona, producto o empresa se destaque significativamente sobre los demás. En el contexto del marketing, el X-factor puede referirse a una característica distintiva que le da a una marca una ventaja competitiva en el mercado. Esta cualidad puede ser un atributo del producto, un rasgo del servicio al cliente, una campaña publicitaria innovadora, o cualquier otra cosa que capte la atención y el interés del público de manera extraordinaria.

La importancia del X-factor en marketing se encuentra en su capacidad para atraer y retener clientes en un mercado saturado. Una empresa con un claro X-factor puede diferenciarse efectivamente de sus competidores, generando lealtad de marca y aumentando sus ventas. Por ejemplo, Apple ha sido reconocida por su X-factor en el diseño y la innovación de productos tecnológicos, lo que ha creado una base de clientes leales y una fuerte presencia en el mercado global.

X-industry (Industria X): X-industry es un término que se refiere a industrias que están en la vanguardia de la innovación y que están siendo transformadas por tecnologías avanzadas. Estas industrias pueden incluir la fabricación avanzada, la biotecnología, la inteligencia artificial, la robótica, y otros sectores que están adoptando rápidamente nuevas tecnologías para mejorar sus procesos y productos. La X-industry representa el futuro de la industria, donde la tecnología y la innovación son los motores principales del crecimiento y la competitividad.

La relevancia estratégica de la X-industry se sostiene en su capacidad para liderar la transformación económica y crear nuevas oportunidades de negocio. Las empresas que operan en la X-industry pueden beneficiarse de ventajas competitivas significativas al estar a la vanguardia de la innovación y la tecnología. Por ejemplo, una empresa de biotecnología que desarrolla terapias génicas innovadoras puede abrir nuevos mercados y proporcionar soluciones de salud revolucionarias, mejorando la calidad de vida de millones de personas en todo el mundo.

XML (Extensible Markup Language) (Lenguaje de marcado extensible): XML es un lenguaje de marcado que se utiliza para definir reglas de codificación de documentos en un formato que es tanto legible por humanos como por máquinas. Fue desarrollado por el World Wide Web Consortium (W3C) en la década de 1990 para facilitar el intercambio de datos estructurados a través de diferentes sistemas y plataformas. XML se caracteriza por su flexibilidad y extensibilidad, permitiendo a los desarrolladores crear etiquetas personalizadas que describen de manera precisa el contenido y la estructura de los datos.

La trascendencia estratégica de XML se sustenta en su capacidad para proporcionar un estándar universal para el intercambio de datos, lo que es crucial en un entorno empresarial cada vez más conectado y basado en la interoperabilidad. XML se utiliza en una amplia variedad de aplicaciones, desde servicios web y bases de datos hasta documentos de oficina y configuraciones de software. Por ejemplo, en el comercio exterior, XML se emplea para intercambiar documentos electrónicos como facturas, órdenes de compra y declaraciones aduaneras entre diferentes sistemas empresariales y organismos gubernamentales, asegurando que la información se transmita de manera precisa y eficiente. Esto no solo facilita el comercio internacional, sino que también reduce errores y aumenta la transparencia en las operaciones comerciales.

X-marketing (Marketing X): X-marketing es una estrategia que implica la creación y ejecución de campañas de marketing que se centran en características y experiencias excepcionales que diferencian una marca o producto en el mercado. Este tipo de marketing se enfoca en identificar y promocionar el "X-factor" de la marca, es decir, aquello que la hace única y atractiva para los consumidores. X-marketing puede incluir campañas publicitarias innovadoras, eventos especiales, colaboraciones exclusivas y otros esfuerzos que destaquen la singularidad de la oferta de la marca.

La trascendencia de X-marketing consiste en su capacidad para captar la atención de los consumidores en un entorno de mercado competitivo y saturado. Al enfatizar lo excepcional, las marcas pueden crear una conexión emocional más fuerte con su audiencia y fomentar una mayor lealtad del cliente. Por ejemplo, Red Bull utiliza X-marketing al patrocinar eventos de deportes extremos y actividades de alto riesgo, posicionándose como una marca asociada con la energía, la aventura y lo extraordinario.

X-ray analysis (Análisis de rayos X): El análisis de rayos X es una técnica utilizada para estudiar la estructura y composición de materiales mediante el uso de rayos X. Esta técnica se utiliza en una variedad de campos, incluyendo la medicina, la ciencia de materiales, la arqueología, y la industria manufacturera. El análisis de rayos X permite a los científicos y técnicos obtener información detallada sobre la estructura interna de un material, identificar elementos y compuestos presentes, y evaluar propiedades físicas y químicas.

La significancia del análisis de rayos X en el comercio exterior y el marketing radica en su capacidad para asegurar la calidad y la seguridad de los productos. Las empresas pueden utilizar esta técnica para verificar la composición de materias primas, detectar contaminantes o defectos, y garantizar que los productos cumplen con los estándares de calidad internacionales. Por ejemplo, un fabricante de componentes electrónicos puede utilizar el análisis de rayos X para inspeccionar los circuitos y asegurar que no haya fallos antes de exportar los productos a otros países, mejorando la fiabilidad y la reputación de la marca.

X-technology (Tecnología X): Se refiere a tecnologías emergentes y avanzadas que tienen el potencial de transformar industrias y crear nuevas oportunidades de negocio. Estas tecnologías incluyen la inteligencia artificial, la realidad aumentada, la realidad virtual, el Internet de las Cosas (IoT), y el blockchain, entre otras. X-technology es un término amplio que abarca cualquier tecnología que esté en la vanguardia de la innovación y que pueda ofrecer soluciones disruptivas y excepcionales.

La relevancia transformadora de X-technology en el marketing y el comercio exterior se basa en su capacidad para impulsar la eficiencia, mejorar la experiencia del cliente y abrir nuevos mercados. Las empresas que adoptan X-technology pueden ganar una ventaja competitiva significativa al innovar en sus procesos y productos. Por ejemplo, una empresa de logística puede utilizar IoT y blockchain para mejorar la trazabilidad y la seguridad de sus envíos internacionales, ofreciendo a los clientes una mayor transparencia y confianza en la cadena de suministro.

X-treme sports marketing (Marketing de deportes extremos): El marketing de deportes extremos es una estrategia que se centra en promover marcas y productos asociados con actividades de alto riesgo y aventura, como el snowboard, el skateboarding, el surf, y el paracaidismo. Este tipo de marketing se dirige a una audiencia específica que busca emociones intensas y experiencias únicas, utilizando medios y eventos que resalten la adrenalina y la emoción de estos deportes.

Lo notable del marketing de deportes extremos se fundamenta en su capacidad para conectar emocionalmente con una audiencia joven y apasionada que valora la aventura y la autenticidad. Las marcas que se asocian con deportes extremos pueden beneficiarse de la lealtad y el fervor de los aficionados, creando una imagen de marca dinámica y emocionante. Por ejemplo, Red Bull ha construido gran parte de su identidad de marca y su estrategia de marketing alrededor de los deportes extremos, organizando y patrocinando eventos que atraen a millones de espectadores y participantes en todo el mundo.

Y

Yahoo Mail (Correo de Yahoo): Yahoo Mail es un servicio de correo electrónico gratuito ofrecido por Yahoo, lanzado en 1997. Permite a los usuarios enviar, recibir y gestionar correos electrónicos a través de una interfaz web, aplicaciones móviles y clientes de correo electrónico mediante protocolos POP3 e IMAP. Yahoo Mail se destaca por sus características como almacenamiento ilimitado, filtros de spam avanzados, carpetas personalizadas, y una integración fluida con otros servicios de Yahoo como Yahoo News, Yahoo Finance, y Yahoo Calendar. Además, ofrece funciones de búsqueda potentes, una bandeja de entrada organizada por categorías, y herramientas para la gestión de contactos.

El impacto global de Yahoo Mail en el marketing gira en torno a su vasta base de usuarios globales, lo que lo convierte en una plataforma efectiva para campañas de correo electrónico dirigidas. El correo electrónico sigue siendo una herramienta de marketing digital crucial, y Yahoo Mail proporciona una vía directa para llegar a los consumidores con mensajes personalizados y relevantes. Por ejemplo, una empresa puede utilizar Yahoo Mail para enviar boletines informativos, promociones y ofertas especiales a su lista de suscriptores, fomentando la lealtad del cliente y aumentando las tasas de conversión. Además, Yahoo Mail ofrece la posibilidad de segmentar audiencias y analizar el rendimiento de las campañas a través de métricas detalladas, ayudando a optimizar las estrategias de marketing.

Yachting (Navegación de placer): El yachting se refiere a la navegación de placer en yates y es un sector del turismo de lujo. Incluye la venta, alquiler y mantenimiento de yates, así como la organización de eventos y regatas.

Es relevante en el comercio exterior actual debido a la alta demanda de productos y servicios relacionados con la navegación de lujo. Por ejemplo, una empresa que fabrica yates de alta gama puede exportar sus productos a mercados con alta demanda de lujo, como el Mediterráneo o el Caribe.

YOLO You Only Live Once (Solo vives una vez): YOLO es un acrónimo que significa "Solo Vives Una Vez", popularizado en la cultura juvenil y a través de las redes sociales. La frase sugiere la idea de aprovechar cada oportunidad y vivir el momento sin temor a las consecuencias, lo que a menudo implica tomar riesgos y disfrutar de experiencias únicas e irrepetibles. YOLO se ha convertido en un mantra para muchas personas, especialmente entre los jóvenes, promoviendo una mentalidad de vivir la vida al máximo y no dejar que las oportunidades pasen.

En el ámbito del marketing, YOLO es relevante porque resuena profundamente con el público joven y aventurero. Las marcas pueden utilizar este concepto para atraer a consumidores que buscan emociones y nuevas experiencias. Por ejemplo, una campaña publicitaria de una marca de deportes extremos o turismo de aventura podría utilizar "YOLO" como eslogan para incentivar a los consumidores a probar actividades audaces y emocionantes. Asimismo, las empresas pueden diseñar productos y servicios que se alineen con la filosofía YOLO, como experiencias de viaje exclusivas, eventos únicos, o productos de edición limitada que promuevan la idea de vivir el presente al máximo. Esto no solo crea una conexión emocional con los consumidores, sino que también puede impulsar las ventas y fomentar la lealtad a la marca.

Yen (Yen - ¥): Moneda oficial de Japón, utilizada en transacciones financieras y comerciales tanto dentro del país como en mercados internacionales. El yen es una de las monedas más negociadas en el mercado de divisas global y juega un papel importante en la economía internacional debido a la influencia económica de Japón.

La influencia del yen proviene de su función como una moneda clave en el comercio y la inversión global, así como en su papel en la política monetaria de Japón. Un ejemplo sería el uso del yen en transacciones internacionales, como en el caso de una empresa japonesa que exporta productos a Europa y recibe pagos en yenes, o en inversiones internacionales en los mercados financieros.

Yardstick competition (Competencia de referencia): La competencia de referencia es una estrategia en la que las empresas se comparan con sus competidores más cercanos para medir su desempeño y ajustar sus estrategias de marketing y negocios. Este enfoque puede involucrar el análisis de precios, calidad de productos, servicios al cliente y otras métricas clave.

Es vital para mantenerse competitivo y mejorar continuamente. Por ejemplo, una empresa minorista puede utilizar la competencia de referencia para ajustar sus precios y promociones basándose en lo que ofrecen los competidores locales y regionales.

Yarn (Hilo): El hilo es un producto esencial en la industria textil y de confección, y juega un papel importante en el comercio exterior, especialmente entre países con sectores de manufactura textil bien desarrollados. Los hilos pueden ser de diversos materiales, incluyendo algodón, lana, seda y fibras sintéticas.

La relevancia estratégica del hilo en el comercio exterior se refleja en las exportaciones e importaciones de materias primas y productos textiles terminados. Por ejemplo, una fábrica de ropa en Bangladés puede importar hilos de alta calidad de India para producir prendas de vestir que luego se exportan a mercados europeos y estadounidenses.

Year-over-year (Año sobre año): "Año sobre Año" es una métrica utilizada para comparar el rendimiento de una empresa o mercado en un período específico con el mismo período del año anterior. Esta comparación ayuda a identificar tendencias de crecimiento, estacionalidad y otros factores relevantes.

El análisis financiero es fundamental para la toma de decisiones estratégicas, ya que permite evaluar el desempeño de una empresa e identificar áreas de mejora. Por ejemplo, un minorista podría observar un aumento del 10% en las ventas año tras año durante la temporada navideña, lo que sugeriría que sus estrategias de marketing y promociones han sido efectivas. Sin embargo, para determinar si este crecimiento es sostenible y viable a largo plazo, es crucial analizar otros factores, como los costos asociados a las campañas promocionales, el margen de beneficio y el comportamiento del mercado. Solo así se podrá asegurar que el incremento en las ventas se traduzca en una mejora real de la rentabilidad del negocio.

Yellow pages (Páginas amarillas): Las Páginas Amarillas, antiguamente un directorio impreso, se han convertido en plataformas digitales para la búsqueda de negocios y servicios locales. Estas plataformas permiten a los consumidores encontrar información de contacto, reseñas y ubicaciones de empresas en su área.

Son importantes para realizar estrategias de marketing local y visibilidad empresarial. Por ejemplo, un restaurante local puede asegurarse de que su listado en las páginas amarillas digitales esté actualizado y optimizado para atraer a más clientes en su área.

Yield curve (Curva de rendimiento): La curva de rendimiento es un gráfico que muestra las tasas de interés de bonos con diferentes vencimientos, desde corto hasta largo plazo. La forma de la curva puede indicar las expectativas del mercado sobre las tasas de interés futuras y el crecimiento económico.

Es utilizada en los análisis económicos y financieros para guiar decisiones de inversión y políticas monetarias. Por ejemplo, una curva de rendimiento invertida, donde las tasas a corto plazo son más altas que las de largo plazo, puede señalar una recesión económica inminente, influenciando las estrategias de inversión de una empresa.

Yield management (Gestión del rendimiento): Yield Management es una estrategia de fijación de precios basada en la comprensión, anticipación e influencia del comportamiento del consumidor para maximizar los ingresos de un recurso fijo y perecedero, como asientos de avión, habitaciones de hotel o alquileres de autos. Esta técnica utiliza datos históricos y patrones de demanda para ajustar dinámicamente los precios y la disponibilidad de productos o servicios, con el objetivo de vender el producto adecuado al cliente adecuado, al precio adecuado y en el momento adecuado.

La importancia de Yield Management gira en torno a su capacidad para optimizar los ingresos y la utilización de recursos en industrias donde la capacidad es limitada y el producto no se puede almacenar. Por ejemplo, una aerolínea puede utilizar Yield Management para ajustar los precios de los boletos en función de factores como la demanda estacional, la anticipación de eventos importantes, y las reservas anticipadas, lo que permite maximizar los ingresos por asiento.

Yield spread (Diferencial de rendimiento): El diferencial de rendimiento es la diferencia entre las tasas de interés de dos instrumentos financieros, como bonos o títulos de deuda. Este diferencial puede indicar las expectativas del mercado sobre las tasas de interés futuras y el riesgo asociado a los diferentes activos.

Es importante para los inversionistas y las decisiones de financiamiento internacional. Por ejemplo, una empresa multinacional puede analizar el diferencial de rendimiento entre bonos corporativos y gubernamentales para decidir dónde colocar sus inversiones o cómo financiar nuevas operaciones.

Young adults (Jóvenes adultos): Los jóvenes adultos, generalmente comprendidos entre las edades de 18 y 35 años, representan un grupo demográfico significativo con características únicas en términos de comportamiento de consumo, actitudes y preferencias. Este grupo es conocido por su disposición a adoptar nuevas tecnologías y tendencias rápidamente, su influencia en las decisiones de compra familiares y su capacidad de gasto en una amplia gama de productos y servicios. Además, los jóvenes adultos tienden a valorar la autenticidad y la responsabilidad social de las marcas, buscando experiencias de consumo que se alineen con sus valores y estilo de vida.

La relevancia global de los jóvenes adultos en el marketing se fundamenta en su potencial para establecer lealtades de marca duraderas y su influencia en el mercado. Este grupo no solo tiene un poder adquisitivo significativo, sino que también actúa como un indicador temprano de las tendencias de consumo que pueden expandirse a otros grupos demográficos. Por ejemplo, una empresa de moda puede lanzar una campaña en redes sociales utilizando influencers populares entre los jóvenes adultos para aumentar la visibilidad y el atractivo de sus productos. Este enfoque no solo ayuda a captar la atención del público objetivo, sino que también puede generar un efecto de arrastre, atrayendo a otros segmentos del mercado interesados en mantenerse al día con las tendencias actuales.

Z

Zero-based budgeting (Presupuesto base cero): Un método de presupuesto en el que todas las partidas deben ser justificadas desde cero, en lugar de basarse en el presupuesto anterior. Este enfoque implica evaluar y justificar cada gasto propuesto en lugar de simplemente ajustar los presupuestos anteriores.

La relevancia del presupuesto base cero se sustenta en su capacidad para identificar y eliminar gastos innecesarios, asegurando que todos los recursos se utilicen de manera eficiente. Esta metodología promueve una cultura de responsabilidad fiscal y optimización de recursos dentro de una organización. Por ejemplo, una empresa multinacional puede utilizar el presupuesto base cero para revisar y justificar cada gasto en sus diferentes departamentos, asegurando que solo se financien actividades y proyectos que aporten un valor significativo a la empresa, y eliminando aquellos que no son esenciales o productivos.

Zero defects (Cero defectos): Este término se refiere a una filosofía de calidad y producción en la que el objetivo es alcanzar productos o servicios sin errores o defectos. La filosofía de cero defectos fue popularizada por Philip Crosby y se centra en hacer las cosas bien desde la primera vez, evitando errores y eliminando la necesidad de retrabajos y correcciones.

Zero interest rate policy (Política de tasa de interés cero): Una política monetaria en la que un banco central mantiene las tasas de interés cerca de cero para estimular la economía. Esta política busca incentivar el gasto y la inversión al hacer que el costo del crédito sea muy bajo.

La trascendencia de la política de tasa de interés cero se basa en su capacidad para estimular el crecimiento económico durante períodos de recesión o bajo crecimiento. Al reducir los costos de endeudamiento, esta política puede fomentar el consumo y la inversión, ayudando a reactivar la economía. Por ejemplo, durante la crisis financiera de 2008, muchos bancos centrales, incluida la Reserva Federal de los Estados Unidos, adoptaron una política de tasa de interés cero para estimular la economía y apoyar la recuperación.

La significancia de la filosofía de cero defectos se fundamenta en su capacidad para mejorar la calidad del producto, reducir costos y aumentar la satisfacción del cliente. Esta metodología no solo busca la perfección en el producto final, sino también en cada proceso y etapa de producción. Por ejemplo, una empresa de fabricación de automóviles que adopta la filosofía de cero defectos implementa estrictos controles de calidad y procesos de capacitación continua para los empleados, asegurando que cada vehículo salga de la línea de producción sin fallos, lo que mejora la reputación de la marca y reduce las devoluciones y reclamaciones de garantía.

Zero-sum game (Juego de suma cero): Una situación en la que el beneficio de una parte implica una pérdida equivalente para la otra parte. En un juego de suma cero, las ganancias y pérdidas totales entre todas las partes involucradas suman cero.

La relevancia estratégica de comprender los juegos de suma cero en el comercio exterior y las negociaciones se fundamenta en la estrategia y el enfoque que adoptan las partes involucradas. En estas situaciones, cada parte intenta maximizar sus propias ganancias a expensas de la otra, lo que puede llevar a negociaciones más competitivas y menos colaborativas. Por ejemplo, en una negociación de precios entre un comprador y un proveedor, cada dólar de descuento que el comprador obtiene se traduce en una pérdida de ingresos para el proveedor, haciendo que la negociación sea un juego de suma cero.

Zona de libre comercio (Free trade zone): Una "zona de libre comercio" es una región geográfica dentro de un país donde las mercancías pueden ser importadas, almacenadas, manipuladas, fabricadas o reconfiguradas y reexportadas sin la intervención de las autoridades aduaneras locales. Solo cuando las mercancías se introducen en el mercado del país donde radica la zona, se someten a los derechos aduaneros y otros controles.

La importancia de las zonas de libre comercio se sostiene en su capacidad para fomentar el comercio internacional y la inversión extranjera. Ofrecen ventajas significativas como exenciones de impuestos y aranceles, simplificación de procedimientos aduaneros y reducción de costos logísticos. Por ejemplo, una empresa multinacional de electrónica puede establecer una planta de ensamblaje en una zona de libre comercio para importar componentes sin pagar aranceles y luego exportar los productos terminados a mercados globales, beneficiándose de las exenciones fiscales y reduciendo costos operativos.

Zona especial de reconocimiento (Special recognition zone): Se refiere al área designada por las autoridades aduaneras donde se realizan controles y verificaciones detalladas de las mercancías y documentos asociados antes de permitir su entrada o salida del país. Estas zonas están equipadas con instalaciones para inspecciones exhaustivas, incluyendo revisiones físicas, análisis de documentos y verificaciones de cumplimiento normativo.

La relevancia global de las zonas especiales de reconocimiento gira en torno a su participación en la seguridad y el cumplimiento de las regulaciones aduaneras. Aseguran que las mercancías que entran o salen del país cumplan con todas las leyes y normativas, previniendo el contrabando y la entrada de productos ilegales o peligrosos. Por ejemplo, una empresa importadora de productos farmacéuticos puede ser sometida a una inspección detallada en una zona especial de reconocimiento para verificar que todos los medicamentos cumplen con las regulaciones de seguridad y etiquetado del país.

Zona franca (Free zone): Una "zona franca" es un área geográfica dentro de un país donde las mercancías pueden ser importadas, almacenadas, manufacturadas o manipuladas sin estar sujetas a los aranceles y regulaciones aduaneras habituales. Estas zonas están diseñadas para incentivar la inversión extranjera y el comercio internacional mediante la reducción de barreras fiscales y administrativas.

La influencia de las zonas francas radica en su capacidad para atraer inversión y fomentar el crecimiento económico. Proporcionan un entorno favorable para las empresas que buscan minimizar costos y maximizar eficiencia en la gestión de la cadena de suministro. Por ejemplo, una empresa de automóviles puede establecer una planta de ensamblaje en una zona franca para importar piezas sin aranceles, ensamblar los vehículos y luego exportarlos a mercados internacionales, reduciendo significativamente los costos de producción.

Zona franca de extensión (Extension free zone): Una "zona franca de extensión" es una expansión de una zona franca existente, generalmente para acomodar el crecimiento y la demanda adicional de espacio por parte de las empresas operando en la zona original. Estas extensiones permiten que más empresas puedan beneficiarse de las ventajas fiscales y logísticas ofrecidas por la zona franca.

La trascendencia estratégica de las zonas francas de extensión se fundamenta en su capacidad para facilitar el crecimiento económico y la expansión de negocios. Proveen el espacio y los recursos necesarios para que las empresas amplíen sus operaciones sin perder los beneficios de la zona franca original. Por ejemplo, una zona franca de extensión podría establecerse cerca de un puerto principal para proporcionar más espacio de almacenamiento y procesamiento para empresas logísticas que manejan grandes volúmenes de mercancías en tránsito.

Zona primaria (Primary zone): En el contexto aduanero, la "zona primaria" es la parte de un puerto, aeropuerto o frontera terrestre donde se realizan las operaciones de control aduanero. Esta zona incluye las áreas donde se inspeccionan las mercancías, se revisan los documentos y se realizan las actividades de importación y exportación.

La preponderancia de la zona primaria depende de su rol central en el control y la seguridad de las fronteras nacionales. Asegura que todas las mercancías que entran y salen del país sean debidamente inspeccionadas y cumplan con las regulaciones aduaneras y de seguridad. Por ejemplo, en un puerto marítimo, la zona primaria incluye los muelles de carga y descarga, los almacenes aduaneros y las oficinas de control donde se realizan todas las inspecciones y trámites necesarios para la importación y exportación de bienes.

Zona secundaria (Secondary zone): La "zona secundaria" se refiere a las áreas fuera de la zona primaria donde las mercancías pueden ser almacenadas, procesadas o distribuidas después de haber pasado por los controles aduaneros iniciales. Esta zona puede incluir almacenes, centros de distribución y otras instalaciones logísticas.

La utilidad estratégica de la zona secundaria se fundamenta en su función en la gestión de la cadena de suministro y la eficiencia logística. Permite el almacenamiento y procesamiento de mercancías de manera más flexible y económica una vez que han pasado los controles aduaneros. Por ejemplo, una empresa que importa productos electrónicos puede utilizar un almacén en la zona secundaria para almacenar y distribuir sus productos a minoristas locales, asegurando una gestión eficiente del inventario y una entrega rápida a los clientes finales.

Zone pricing (Precios por zonas): Esta estrategia de fijación de precios consiste en establecer diferentes precios para distintas áreas geográficas, tomando en cuenta factores como los costos de transporte, la competencia local, el poder adquisitivo de los consumidores y la demanda del producto en cada región. Al adaptar los precios a las características específicas de cada zona, las empresas pueden optimizar su rentabilidad, mejorar su competitividad y responder de manera más efectiva a las condiciones del mercado en cada área. Sin embargo, es importante implementar esta práctica de manera transparente para evitar percepciones negativas por parte de los clientes.

La relevancia de los precios por zonas radica en la capacidad de una empresa para maximizar sus ingresos y adaptarse a las condiciones del mercado local. Esta estrategia permite a las empresas ser más competitivas y rentables, ajustando los precios según las condiciones específicas de cada región. Por ejemplo, una empresa de transporte puede cobrar tarifas más altas en áreas metropolitanas donde la demanda es alta y los costos operativos son mayores, mientras que en áreas rurales las tarifas pueden ser más bajas para atraer a más clientes y cubrir las rutas menos transitadas

Zone of agreement (Zona de acuerdo): Se refiere al rango en el que las partes involucradas en una negociación están dispuestas a llegar a un acuerdo. Dentro de esta zona, las expectativas y ofertas de ambas partes se superponen, permitiendo la posibilidad de alcanzar un consenso mutuamente aceptable. Fuera de este rango, es poco probable que se logre un acuerdo satisfactorio.

La trascendencia de la zona de acuerdo se sustenta en su capacidad para facilitar negociaciones efectivas y encontrar soluciones mutuamente beneficiosas. Identificar esta zona permite a los negociadores centrarse en áreas de posible acuerdo y evitar discusiones inútiles sobre posiciones extremas que ninguna de las partes aceptará. Por ejemplo, en una negociación de contrato de suministro, el proveedor y el comprador pueden identificar su zona de acuerdo respecto al precio, volumen y plazos de entrega, asegurando que ambas partes estén satisfechas con el resultado final.

Zone tariff (Tarifa de zona): Un sistema de tarifas basado en la zona geográfica donde radican los productos. Las tarifas pueden variar según la región, considerando factores como la distancia del origen, los costos de transporte y las condiciones del mercado local.

La significancia de las tarifas de zona radica en su capacidad para reflejar de manera más precisa los costos asociados con el transporte y la distribución de productos. Este sistema permite a las empresas ajustar sus precios para cubrir los costos adicionales de enviar productos a regiones más distantes o de difícil acceso. Por ejemplo, una empresa de mensajería puede establecer tarifas de zona para sus servicios de entrega, cobrando más por envíos a áreas rurales o remotas para compensar los mayores costos de transporte.

Zoning regulations (Regulaciones de zonificación): Normativas que determinan cómo se pueden usar las diferentes áreas de un terreno dentro de una región específica. Estas regulaciones pueden incluir restricciones sobre el tipo de actividades permitidas, la densidad de construcción y los requisitos de uso del suelo.

El alcance estratégico de las regulaciones de zonificación se establece en su capacidad para organizar y controlar el desarrollo urbano, garantizando un uso eficiente y ordenado del suelo. Estas normativas ayudan a prevenir conflictos entre diferentes tipos de uso del suelo y promueven un desarrollo equilibrado y sostenible de las comunidades. Por ejemplo, una ciudad puede utilizar regulaciones de zonificación para separar áreas radicanciales de áreas industriales, asegurando que las viviendas estén protegidas de la contaminación y el ruido generado por las actividades industriales.

Zollverein (Unión aduanera): Un término alemán que se refiere a una unión aduanera o económica entre varios estados para facilitar el comercio mediante la eliminación de tarifas internas. El Zollverein fue una unión aduanera establecida en el siglo XIX entre varios estados alemanes, que eliminó los aranceles internos y estableció tarifas comunes para el comercio exterior.

La relevancia global de las uniones aduaneras depende de su capacidad para promover el comercio y la integración económica entre los miembros. Al eliminar las barreras comerciales internas y establecer políticas comerciales comunes, las uniones aduaneras facilitan el movimiento de bienes y servicios, fomentan la competencia y aumentan la eficiencia económica. Por ejemplo, la Unión Europea es un modelo moderno de una unión aduanera, donde los estados miembros han eliminado los aranceles internos y establecido una política comercial común, promoviendo así el comercio y la integración económica en la región.

Referencias

Alcaraz Varó, E., & Castro Calvin, J. (2007). Diccionario de comercio internacional: importación y exportación: inglés-español, español-inglés. Edición Primera Ed. Publicación Barcelona: Ariel

Alonso, C. (2012). *Glosario de Términos de Comercio Internacional y Negociación (1ª ed.). Editorial Díaz de Santos. Este glosario incluye una amplia gama de términos usados en la negociación y comercio internacional.*

Belay, S. (2009). *Dictionary of International Trade: Handbook of the Global Trade Community Including 21 Key Appendices (9th ed.). World Trade Press.*

Bejarano, M. E. (2015). *Diccionario Enciclopédico de Comercio Internacional (2ª ed.). Editorial Jurídica y Técnica. Este diccionario abarca términos técnicos y prácticos en comercio internacional, aduanas, y transporte.*

Blank, S. (2013). *Why the Lean Start-Up Changes Everything. Harvard Business Review.* https://hbr.org/2013/05/why-the-lean-start-up- changes-everything

Broby, D. (2021). *Mark Zuckerberg wants to turn Facebook into a 'metaverse company' – what does that mean? The Conversation.* https://theconversation.com/mark-zuckerberg-wants-to-turn-facebook-into-a-metaverse-com- pany-what-does-that-mean-165404#

Cano, J. (2007). *Diccionario de Comercio Exterior y Logística Internacional (1ª ed.). Editorial ICEX. Una obra fundamental que incluye definiciones detalladas de términos usados en comercio exterior y logística.*

Cateora, P. R., & Graham, J. L. (2019). *International Marketing (17th ed.). McGraw-Hill Education.*

Confianza Online (2021). Código ético de Confianza Online. Actualización octubre 2021. Disponible en: https://www.confianzaonline.es/quienes-somos/

Chaffey, D. (2021). SOSTAC marketing planning model guide. Smart Insights. https://www.smartinsights.com/digital-marke- ting-strategy/sostac-model/

Christensen, C., Raynor, M., y McDonald, R. (diciembre de 2015). What Is Disruptive Innovation? Harvard Business Review. Available in: https://hbr.org/2015/12/what-is-disruptive-innovation

Djuric, P. (2011). *Export/Import Business Dictionary: English/Spanish (1st ed.). CreateSpace Independent Publishing Platform.*

Drucker, P. F. (2002). The Discipline of Innovation. Harvard Business Review. *Disponible en:* https://hbr.org/2002/08/the-discipline-of-innovation

Elwell, F. W. (1996). *Glossary of International Trade (2nd ed.). Multilingual Books.*

eMarketer (2020). Cross-Border Retail Ecommerce Buyers, by Country. Datos de diciembre de 2020. Disponible en: https://www.insiderintelligence.com/forecasts/6034280d293d050a108d98ea/603424e-3293d050a108d98e7/

eMarketer (2022). Retail e-commerce sales worldwide from 2014 to 2025. Disponible en: http://www.emarketer.com

Fúser, V. (2022). ¿Vale la pena digitalizarse? Dos empresas explican sus casos de éxito. Disponible en: https://www.elperiodico.com/ideas/creando-oportunidades-fondoseuropeos-next-generation/vale-la-pena-digitalizarse.html

Garrido, S. (2021). *IEBS: Escuela de Negocios de la Innovación y los Emprendedores. Disponible en:* https://www.iebschool.com/:https://www.iebschool.com/blog/que-son-meto-dologias-agiles-agile-scrum/

Gómez, E. (2014). Estrategias y políticas de comercio exterior. Editorial McGraw-Hill.

Gómez, R. M. (2015). *Diccionario de Comercio Internacional (4ª ed.). Editorial Océano. Este diccionario es un recurso esencial para entender la terminología específica utilizada en operaciones de comercio internacional.*

Hisrich, R. D., & Peters, M. P. (2020). *International Entrepreneurship: Starting, Developing, and Managing a Global Venture (3rd ed.). Sage Publications. (Incluye glosarios de términos específicos de negocios internacionales).*

ICEX España Exportación e Inversiones. (2023). *Manual de Internacionalización. Técnicas, herramientas y estrategias necesarias para afrontar con éxito el proceso de internacionalización. Tercera edición refundida y actualizada. Edición: ICEX España Exportación e Inversiones, E.P.E. disponible en:* https://www.icex.es/es/todos-nuestros-servicios/informacion-de-mercados/libreria-icex/2023/manual-de-internacionalizacion

Jiménez, F. A. (2010). *Diccionario de Negocios Internacionales (2ª ed.). Editorial Alfaomega. Este diccionario cubre una amplia gama de términos utilizados en los negocios internacionales, incluyendo comercio exterior.*

Joshi, R. M. (2009). *International Business (1st ed.). Oxford University Press. (Contiene un glosario de términos relacionados con comercio internacional).*

Kania, A. (2020). *Payment methods: what's new and what's next. Available in:* https://thepaypers.com/expertopinion/paymentmethodswhatsnewandwhatsnext-2--1245182

López, J. M. (2011). *Diccionario de Comercio Exterior y Aduanas (1ª ed.). Editorial Lex Nova. Este diccionario es una referencia en términos aduaneros y de comercio exterior, usado ampliamente en la comunidad hispanohablante.*

López, E. (2019). *Vender por Internet: ¿qué marketplace es el más adecuado para mi negocio?. Disponible en:* https://tandemup.net/blog/vender-por-internet-que-marketplace-es-el-mas-decuado-para-mi-negocio/

Murray, P. D. (2014). *Export/Import Procedures and Documentation (5th ed.). AMACOM.*

Lair, R. G. (2004). *International Trade Glossary (3rd ed.). Global Negotiator.*

OMC (Organización Mundial del Comercio). 2023. *La evolución del acceso a los mercados en los 16 años de la publicación Perfiles Arancelarios en el Mundo y Clasificación de productos utilizada por la OMC en las estadísticas comerciales y el análisis de políticas – Categorías de las Negociaciones Comerciales Multilaterales. Disponible en:* https://www.wto.org/spanish/res_s/statis_s/wtp2023_special_topic2_s.pdf

OMC (Organización Mundial del Comercio). (2022). *Normas de origen preferenciales en el comercio internacional y Medidas no arancelarias aplicables a los productos de energías «verdes» y «marrones». Disponible en:* https://www.wto.org/spanish/res_s/statis_s/wtp2022_special_topic1_s.pdf

OMC ITC UNCTAD. (2023). *Perfiles arancelarios en el mundo 2023. Disponible en:* https://www.wto.org/spanish/res_s/statis_s/wtp2023_special_topic1_s.pdf

OMC (Organización Mundial del Comercio). (2023). *Glosario de términos de Comercio Internacional. Disponible en:* https://www.wto.org/spanish/thewto_s/glossary_s/glossary_s.htm

Ortiz, R. (2009). *Diccionario Básico de Comercio Exterior (1ª ed.). Editorial Síntesis. Un diccionario que ofrece una introducción a términos básicos y avanzados de comercio exterior, ideal para estudiantes y profesionales*

Pardo, C. (2013). Comercio exterior: Teoría y práctica. Editorial Universidad de Sevilla.

Perales, L. M. (2008). *Diccionario Jurídico-Aduanero: Términos y definiciones del Comercio Exterior (2ª ed.). Editorial Bosch. Enfocado en aspectos legales del comercio exterior y las aduanas, con definiciones claras y concisas.*

Pérez Alonso, M. L. (s,f). Inglés profesional para el comercio internacional. Edición: 5.0 Nuevos Negocios en la Red S.L. Disponible en: https://ciguaita.wordpress.com/wp-content/uploads/2016/04/ingles-profesional-para-el-comercio-internacional.pdf

Pérez, A. (2020). *Guía definitiva para vender en marketplaces paso a paso. Disponible en:* https://aplazame.com/blog/vender-en-marketplaces/

Porter, M. E. (1990). *Ventaja competitiva. Creación y sostenimiento de un desempeño superior. Ciudad de México, México: Compañía Editorial Continental (CECSA).*

Phillips, R. C. (2003). *Customs and Trade Laws as Tools of Protection: Selected Essays (1st ed.). Kluwer Law International. (Incluye términos legales y de comercio exterior).*

Ries, E. (2011). The Lean Startup: How Constant Innovation Creates radically Successful Busineses. Londres: Portfolio Penguin.

Rodríguez, J. (2015). Fundamentos del comercio internacional. Ed. J. Pearson Educación.

Salgado, E. (2013). *Glosario de Términos Aduaneros y de Comercio Exterior (3ª ed.). Editorial Trillas. Un glosario especializado en términos aduaneros, incluyendo conceptos clave en comercio exterior.*

Sepúlveda, C. 2004. *Diccionario de términos económicos. Santiago, Chile. Editorial Universitaria. p.126.*

Universidad de Murcia. (s,f). Traducción para el Comercio Internacional. Disponible en: https://webs.um.es/elena.macias/miwiki/lib/exe/fetch.php?media=glosario_comercio_internacional_en-fr-es.pdf

UNCTAD (2021). *Estimates of global e-commerce 2019 and preliminary assessment of covid-19 impact on online retail 2020. Disponible en:* https://unctad.org/system/files/official-document/tn_unctad_ict4d18_en.pdf

Villarreal, E. (2014). *Diccionario Técnico de Comercio Internacional (1ª ed.). Editorial UOC.Un diccionario técnico con un enfoque práctico para profesionales en el campo del* comercio internacional.

VV.AA. (2018). *Up selling y cross selling: qué es y cómo utilizarlo para vender más online (Ejemplos). Disponible en:* https://escuela.marketingandweb.es/que-es-up- selling-y-cross-selling/

Zamora, J., y Herrera, P. (2018). *¿Preparado para sacar provecho a la inteligencia artificial? IESE Business School Insight (151), pp. 66-75.*

Zunino, D., Grodal, S., y Suarez, F. (2020). *Cómo lanzar nuevos productos para llegar al mercado de masas. IESE Business School Insight(157), pp. 68-75.*

Apéndice

Términos generales de comercio exterior

Español	Inglés	Significado
Producto básico	Commodity	Producto básico o materia prima sin valor agregado, estandarizado y de valor universal que se comercializa en grandes volúmenes a nivel global, como: granos, energía y metales
Derechos	Duties	Impuestos que se pagan al nacionalizar una carga
Destino	Destination	País de entrega de la mercancía de importación
Disponibilidad	Availability	Indica cuando un producto está listo para ser exportado
Divisa	Currency	Medio de pago internacional representado por una moneda extranjera que se utiliza en transacciones internacionales. Las divisas son esenciales en el comercio global
División de costos	Division of costs	Determinación de los costos que asumen vendedor y comprador
Documentos	Documents	Papeles que se deben emitir para los procesos de exportación - importación
Dumping	Dumping	Vender un producto en el extranjero más barato de lo que se vende en el país de producción
Entrega	Delivery	entrega de bienes o servicios a clientes en diferentes países, cumpliendo con normativas y logística global. Es clave para la satisfacción del cliente y la eficiencia en cadenas de suministro internacionales
Exención arancelaria	Tariff exemp	Exoneración de aranceles. Se refiere a la liberación o eliminación de los impuestos (aranceles) que normalmente se aplican a la importación o exportación de mercancías, ya sea por acuerdos comerciales, tratados o políticas específicas
Exportación temporal	Temporary exportation	Es el envío de bienes a otro país por un período limitado, con la condición de que sean devueltos sin cambios significativos. Se utiliza para fines como ferias comerciales, reparaciones o exhibiciones, y está regulado por normas aduaneras para asegurar su retorno
Factura comercial	Invoice or commercial invoice	Es un documento legal emitido por un vendedor a un comprador que detalla los productos o servicios vendidos, sus cantidades, precios y términos de la transacción. Sirve como prueba de la venta y es esencial para el cumplimiento de obligaciones fiscales y aduaneras. Además, facilita el proceso de importación y exportación al ser requerida por las autoridades aduaneras
Proforma de factura	Proforma invoice	Documento emitido anticipadamente para informar los términos de una futura negociación formulario emitido por el exportador de un país a nombre de un cliente importador de otra nación, con la finalidad de poder documentar envíos cuya cantidad y volumen no han sido calculados en ese momento de manera definitiva
Franquicia	Franchise	Formato de negocios utilizado en comercio por el que una parte llamada franquiciante cede a otra llamada franquiciado la licencia de una marca a cambio de un derecho de entrada (franchise fee), así como sus métodos de hacer negocios a cambio de una tarifa periódica o regalía en ciertos casos, el franquiciante percibe también una regalía o canon por concepto del manejo publicitario de la marca
Frontera	Frontier, border	Límite geográfico entre países que regula el flujo de mercancías, servicios y capital. Su gestión es crucial para el cumplimiento de normativas aduaneras, aranceles y controles de importación/exportación
Gastos bancarios	Bank charges	Comisiones y cargos aplicados por las entidades financieras por servicios como transferencias, gestiones de cobro o mantenimiento de cuentas. En comercio internacional, incluyen costos por operaciones cambiarias, cartas de crédito o cobranzas documentarias
Giro directo	Wire transfer	Instrumento de pago mediante el cual un banco transfiere fondos de una cuenta a otra,

		ya sea dentro del mismo país o a nivel internacional. Es considerado un método seguro y garantizado para realizar transacciones, especialmente en operaciones comerciales. embarque
Incremento %	% Increase	Porcentaje que se estima aumentan los precios después de aplicar costos
Licencia de exportación o importación	Export, import license	Documento oficial que autoriza la exportación o importación de productos con restricciones
Lista de empaque	Packing list	Documento que detalla el contenido de un envío, incluyendo la descripción, cantidad y peso de los productos. Es esencial para el control de inventario y facilita la verificación de mercancías en aduanas
Mayorista	Wholesaler	El mayorista o distribuidor es un componente de la cadena de distribución, en que la empresa no se pone en contacto directo con los consumidores o usuarios finales de sus productos, sino que entrega esta tarea a un especialista
Moneda	Currency	Moneda o unidad de dinero utilizada en un país o región para realizar transacciones comerciales y financieras. Cada país tiene su propia moneda (por ejemplo, el dólar estadounidense (USD), el euro (EUR), el yen japonés (JPY), etc.), y estas monedas pueden intercambiarse en el mercado de divisas (forex) según su valor relativo
Muestras	Samples	Pequeñas cantidades de un producto que se envían a clientes potenciales para demostrar su calidad, características o funcionalidad, con el fin de facilitar la toma de decisiones de compra. Suelen estar exentas de aranceles, siempre que cumplan con las regulaciones aduaneras
Origen	Origin	Se refiere al país donde un producto fue fabricado, producido o transformado sustancialmente. Determinar el origen es crucial para aplicar aranceles, cumplir con normativas y beneficiarse de tratados comerciales o preferencias arancelarias
Pago anticipado	Payment or cash in advance	Método de pago en comercio exterior donde el comprador realiza el pago total o parcial antes de que el vendedor envíe la mercancía. Este método reduce el riesgo para el vendedor, pero puede ser menos atractivo para el comprador debido a la falta de garantía previa
Pago contra documentos	Cash against documents	Opción de pago donde se gira el dinero cuando se reciben los documentos de embarque
País de destino	Country of destination	País al que está destinada la mercancía exportada, es decir, donde finaliza su trayecto y será utilizada, consumida o comercializada. Este dato es esencial para la documentación aduanera, el cálculo de impuestos y el cumplimiento de normativas comerciales internacionales
País de origen	Country of origin	País donde un producto fue fabricado, producido o transformado sustancialmente. Este concepto es clave para determinar aranceles, cumplir con normativas de importación y acceder a beneficios de tratados comerciales o preferencias arancelarias
Peso bruto	Gross weight	Peso total de una mercancía, incluyendo el producto, su embalaje y cualquier otro material asociado. Se utiliza en comercio exterior para calcular costos de transporte y cumplir con regulaciones aduaneras
Peso neto	Net weight	Peso de la mercancía sin incluir el embalaje, contenedor o cualquier otro material adicional. En comercio exterior, se utiliza para determinar el valor real del producto y calcular impuestos o aranceles.
Póliza de seguro	Insurance policy	Contrato entre el exportador/importador y una compañía de seguros que protege la mercancía durante su transporte contra riesgos como daños, pérdidas o robos
Posición arancelaria	Harmonized code or HS Code	Sistema internacional de clasificación de mercancías utilizado en comercio exterior para identificar productos de manera estandarizada. Este código, compuesto generalmente por 6 a 10 dígitos, facilita el cálculo de aranceles, el

		cumplimiento de normativas y el análisis estadístico en aduanas
Precio EXW (en fabrica)	Exw price	El vendedor pone la mercancía a disposición del comprador en sus instalaciones (fábrica, almacén, etc.). El comprador asume todos los costos y riesgos a partir de ese punto, incluyendo transporte, seguros y trámites aduaneros. Es la responsabilidad mínima para el vendedor en una transacción internacional
Precio unitario	Unit price	Precio unitario facturado
Precios de referencia	Reference prices	Fijación por parte de la autoridad gubernamental de un precio a un producto con el objeto de aplicar un arancel
Producto	Product	Nombre de la mercancía que se exporta o importa
Reclamos de calidad	Quality complaints	Reclamos que hacen los clientes por la calidad de productos o servicios prestados
Riesgo	Risk	Posibilidad de que ocurran eventos adversos que afecten negativamente una transacción internacional, como fluctuaciones cambiarias, incumplimiento de pagos, daños a la mercancía o retrasos logísticos.
Seguro	Insurance	Contrato que se adquiere para proteger la carga contra perdida o daño
Tasa de cambio	Exchange rate	Tasa de cambio con que se liquida la moneda facturada a pesos peruanos
Términos Internacionales de Comercio	INCOTERMS	Normas de comercio internacional que regulan las condiciones de entrega de las mercancías; se usan para dividir los costes de las transacciones comerciales internacionales, delimitando las responsabilidades entre el comprador y el vendedor.
Tiempo de producción	lead time	Periodo de tiempo entre la iniciación y termino de un proceso de producción
Tiempo de tránsito	Transit time	Periodo de tiempo entre la salida de planta del producto y su llegada al destino final
Transferencia de riesgo	Transfer of risks	Momento cuando se transfiere la responsabilidad de la carga del vendedor al comprador
Utilidad proyectada	Projected profit	Estimación de las ganancias que se esperan obtener de una transacción o proyecto en comercio exterior, calculado restando los costos totales (producción, transporte, impuestos, etc.) de los ingresos esperados. Es una herramienta clave para evaluar la viabilidad financiera de operaciones internacionales
Vendedor	Seller	En comercio exterior es la parte que ofrece y entrega bienes o servicios a un comprador, generalmente en otro país. El vendedor es responsable de cumplir con los términos acordados en el contrato, como la calidad, cantidad y plazo de entrega, así como de gestionar la documentación necesaria para la exportación
Volumen	Volume	Cantidad física de mercancía que se comercializa, ya sea medida en unidades, peso, tamaño o capacidad. Es un factor clave en la logística, ya que influye en los costos de transporte, almacenamiento y manejo de la carga
Zona franca	Free zone	Áreas del territorio nacional extra-aduaneras, previamente calificadas, sujetas a un régimen especial, donde podrán establecerse y funcionar empresas, nacionales o extranjeras, que se dediquen a la producción o comercialización de bienes para la exportación, directa o indirecta

Términos de logística

Español	Inglés	Significado
Conocimiento de Embarque Marítimo	Bill of Lading or B/L	Documento legal emitido por la compañía transportista que actúa como contrato de transporte, recibo de la mercancía y título de propiedad. Es esencial en comercio exterior para acreditar la entrega de la carga
Consignatario	Agent	Persona designada por el expedidor del producto para que se haga cargo de ella y la entregue al importador; el consignatario y el importador podrán ser la misma persona física o ideal, si así lo determina el remitente de la misma
Consolidación de carga	Cargo consolidation	Proceso de combinar múltiples envíos pequeños de diferentes remitentes en un solo contenedor o carga para optimizar costos y espacio en el transporte internacional
Contenedor	Container	Estructura metálica con dimensiones estándar usado para el transporte marítimo
Corredor de seguro	Insurance broker	Intermediario especializado que vende y emite las Pólizas de Seguro de transporte internacional
Depósito aduanero	Customs warehouse	Son recintos, bajo el control de la aduana en el que las mercancías no abonan derechos de importación
Documentos de embarque	Shipping documents	Conjunto de documentos requeridos para realizar un embarque
Embalaje	Packaging	Se refiere al empaque exterior de la carga. prepara la carga en la forma más adecuada para su transporte en los modos elegidos para su despacho al exterior y para las distintas operaciones a que se someta durante el viaje entre el exportador y el importador
Embarcador	Shipper	Operador logístico que se encarga de preparar y embarcar la carga, es decir, el exportador o remitente de la mercancía, cumpliendo con los requisitos necesarios para su envío
Empaque	Packing	Se refiere al tipo de empaque que contiene el producto. presentación comercial de la mercancía, contribuyendo a la seguridad de esta durante sus desplazamientos y lográndola vender dándole una buena imagen visual
FILO	Free in, Liner Out	Modalidad de contratación de fletes marítimos en la cual el transportista se hace cargo de los gastos de descarga, mientras que los gastos de carga son por cuenta del embarcador
Flete	Freight	Costo que se paga para transportar la carga
Granel	Bulk	Se denomina a la carga que se maneja en grandes cantidades por sus características
Guía aérea	Airway Bill, AWB	Documento expedido por el transportador aéreo como recibo de carga
Inspección de pre-embarque	Pre-shipment inspection	Proceso que se exigen algunos países para verificar la carga antes del embarque

Liberación de aduanas	Customs clearance	Proceso de declarar los productos en la aduana
Lugar convenido, o designado	Named place	Se refiere a un lugar predeterminado para la entrega o recibo de la carga
Manifiesto de carga	Cargo manifest	Es el documento que ampara el transporte de mercancías ante las distintas autoridades, cuando estas se movilizan en vehículos de servicio público, mediante contratación a través de empresas de transporte de carga legalmente constituidas y debidamente habilitadas por el ministerio de transporte
Marcas	Marks	Son identificaciones, números, símbolos o etiquetas colocadas en los paquetes o contenedores de mercancía para facilitar su reconocimiento, manejo y rastreo durante el transporte
Marítimo	Maritime or ocean transport	Se refiere al medio de transporte marítimo o por vías navegables
Medios de trasporte	Means of transport	Indica los tipos de transporte en que se puede mover la carga
Mercancías peligrosas	Hazardous, dangerous goods	Productos declarados peligrosos que tienen restricciones de embarque
Multimodal	Multimodal	Se refiere al manejo de carga donde se combinan diferentes medios de transporte
Operador logístico	Logistic agent	Persona o empresa que coordina todas las actividades de dirección del flujo de los materiales y productos que necesite una empresa, desde la fuente de suministro de los materiales hasta su utilización por el consumidor final
Puerta a puerta	Door to door	Se refiere al manejo de carga desde las instalaciones del vendedor hasta las de comprador
Puerta a puerto	Door to port	Se refiere al manejo de carga desde las instalaciones del vendedor al puerto de desembarque
Puerto	Port	Terminal marítimo dispuesto para cargar y descargar carga de buques
Puerto a puerto	Port to port	Se refiere al manejo de carga desde el puerto de embarque al puerto de desembarque
Puerto de destino	Port of destination	Puerto marítimo o fluvial donde se desembarca la carga
Puerto de embarque	Port of shipment	Puerto Marítimo o Fluvial donde se embarca la carga
Punto de embarque	Shipping point	Lugar donde se embarca la carga
Punto de entrega	Delivery point	Lugar donde se entrega la carga
Terminal de carga	Cargo terminal	Lugar donde se recibe la carga para embarque o desembarque
Transbordo	Transshipment	Paso obligado de un embarque por un tercer país por motivos de descarga, recarga o cualquier movimiento necesario para mantenerlo en buena condición o transportarlo a territorio de una parte
Transportador	Carrier	Quien efectúa el transporte
Transporte	Transport	Servicio de mover la carga en un vehículo determinado
Transporte principal	Main carriage	Etapa central del transporte internacional, donde la mercancía es movida desde el punto de origen hasta el destino final, utilizando medios como barco, avión, tren o camión
Transporte terrestre	Road transport	Se refiere al medio de transporte terrestre por vías o carreteras
Tren	Rail transport	Se refiere al medio de transporte por vías férreas
Unidad de empaque	Packing unit	Unidades en que se facturan los productos

INCOTERMS

Español	Inglés	Significado
CFR (costo y flete)	CFR (cost and freight)	"Coste y flete" significa que el vendedor realiza la entrega cuando la mercancía sobrepasa la borda del buque en el puerto de embarque. el vendedor debe pagar los costes y el flete necesarios para llevar la mercancía al puerto de destino convenido, pero el riesgo de pérdida o daño de la mercancía
CIF (Costo, seguro y flete)	CIF (Cost, insurance and freight)	Embarque convenido. el vendedor debe pagar los costes y el flete necesarios para llevar la mercancía al puerto de destino convenido, pero el riesgo de pérdida o daño de la mercancía, así como cualquier coste adicional debido a sucesos ocurridos después del momento de la entrega, se transmiten del vendedor al comprador
CIP (Transporte y seguro pagados hasta)	CIP (Carrier and insurance paid to)	"Transporte y seguro pagados hasta" significa que el vendedor realiza la entrega de la mercancía cuando la pone a disposición del transportista designado por el mismo, pero debe pagar, además, los costes del transporte necesario para llevar la mercancía al destino convenido. esto significa que el comprador asume todos los riesgos y cualquier otro coste adicional que se produzca después de que la mercancía haya sido así entregada
CPT (Transporte pagado hasta)	CPT (Carrier paid to)	"Transporte pagado hasta" significa que el vendedor realiza la entrega de la mercancía cuando la pone a disposición del transportista designado por el; siendo el vendedor el que, además, debe pagar los costes del transporte necesario para llevar la mercancía al destino convenido. esto significa que el comprador asume todos los riesgos y cualquier otro coste contraído después de que la mercancía haya sido así entregada
DAF (Entregado en frontera)	DAF (Deliverdd at frontier)	"Entregadas en frontera" significa que el vendedor realiza la entrega cuando la mercancía es puesta a disposición del comprador sobre los medios de transporte utilizados y no descargados, en el punto y lugar de la frontera convenidos, pero antes de la aduana fronteriza del país colindante, debiendo estar la mercancía despachada de exportación, pero no de importación.
DAP	Delivered at Place	El vendedor es responsable de todos los costos y riesgos hasta que la mercancía se entregue en un lugar designado por el comprador. Importancia: Simplifica la logística para el comprador, ya que el vendedor maneja la mayoría de las responsabilidades
DAT	Delivered at terminal	El vendedor asume los costos y riesgos hasta que la mercancía se entregue en una terminal designada en el puerto o lugar de destino. Su importancia es simplificar la logística para el comprador, garantizando que la mercancía llegue a una terminal específica lista para la descarga
DDP (Entregado derechos pagados)	DDP (Delivered duty paid)	"Entregada derechos pagados" significa que el vendedor realiza la entrega de la mercancía al comprador, despachada para la importación y no descargada de los medios de transporte, a su llegada al lugar de destino convenido. el vendedor tiene las mismas obligaciones que bajo DDU, pero además paga los derechos de la importación de la mercancía

DDU (Entregado derechos no pagados)	DDU (Delivered duty unpaid)	"Entregada derechos no pagados" significa que el vendedor realiza la entrega de mercancía al comprador, no despachada de aduana para la importación y no descargada de los medios de transporte, a su llegada al lugar de destino convenido. el vendedor debe asumir todos los costes y riesgos contraídos al llevar la mercancía hasta aquel lugar
DEQ (entregado en muelle)	DEQ (delivered ex quay)	"Entregada en muelle" significa que el vendedor realiza la entrega cuando la mercancía es puesta a disposición del comprador, sin despachar de aduana para la importación, en el muelle (desembarcadero) del puerto de destino convenido. El vendedor debe asumir los costes y riesgos ocasionados al llevar la mercancía sobre muelle (desembarcadero)
DES (Entregado sobre buque)	DES (Delivered ex ship)	"Entregada sobre buque" significa que el vendedor realiza la entrega cuando la mercancía es puesta a disposición del comprador a bordo del buque, no despachada de aduana para la importación, en el puerto de destino convenido. El vendedor debe soportar todos los costes y riesgos inherentes al llevar la mercancía al puerto de destino acordado
EXW (En Fabrica)	EXW (Ex Works)	"En fábrica" significa que el vendedor realiza la entrega de la mercancía cuando la pone a disposición del comprador en el establecimiento del vendedor o en otro lugar convenido, es decir: taller, fábrica, almacén
FAS (Franco al costado del buque)	FAS (Free alongside ship)	"Franco al costado del buque" significa que el vendedor realiza la entrega cuando la mercancía es colocada al costado del buque en el puerto de embarque convenido, esto quiere decir que el comprador ha de soportar todos los costes y riesgos de pérdida o daño de la mercancía desde aquel momento. El término fas exige al vendedor despachar la mercancía en aduana para la exportación
FCA (Franco transportista)	FCA (Free carrier)	"Franco transportista" significa que el vendedor entrega la mercancía, despachada para la exportación, al transportista nombrado por el comprador en el lugar convenido, debe observarse que el lugar de entrega elegido influye en las obligaciones de carga y descarga de la mercancía en ese lugar. Si la entrega tiene lugar en los locales del vendedor, este es responsable de la carga, si la entrega ocurre en cualquier otro lugar, el vendedor no es responsable de la descarga
FOB (Franco a bordo)	FOB (Free on board)	"Franco a bordo" significa que el vendedor realiza la entrega cuando la mercancía sobrepasa la borda del buque en el puerto de embarque convenido. Esto quiere decir que el comprador debe soportar todos los costes y riesgos de pérdida o daño de la mercancía desde aquel punto, el termino FOB exige al vendedor despachar la mercancía en aduana para la exportación
INCOTERMS 2000	Incoterms 2000	Es un estándar internacional de términos comerciales, desarrollado, mantenido y promovido por la comisión de derecho y practica mercantil de la cámara de comercio internacional

Términos y condiciones de pago

Español	Ingles	Significado
Abonar en cuenta	To credit an account	Asiento o anotación en el haber de una cuenta, que aumenta el saldo de la misma. los cheques con la mención "para abonar en cuenta" o expresión similar solo se podrán hacer efectivos si previamente se abonar en cuenta realiza su ingreso en una cuenta corriente, nunca directamente en ventanilla
Abono	Payment	Pagar una cuota o una cantidad de dinero que se debe
Aceptante	Acceptor	El aceptante librador aval de una letra de cambio o pagare que al estampar su firma en el documento se compromete a pagarlo en el momento de su vencimiento
A cuenta	On account	Un pago parcial realizado por adelantado que se deduce del total adeudado. Importancia: Facilita la adquisición de bienes o servicios sin necesidad de pagar el total inmediatamente
Anticipo	Advance payment	Pago inicial antes de recibir bienes o servicios para asegurar el acuerdo. Importancia: Protege al vendedor contra posibles incumplimientos del comprador
Banco confirmador	Confirming bank	Dentro de la carta de crédito, es el banco que da su confirmación a la misma, puede ser tanto un tercer banco como el banco "corresponsal"
Banco corresponsal	Correspondent bank	Dentro de la carta de crédito, es el banco que recibe la notificación de la apertura de una carta de crédito y las condiciones del mismo
Banco emisor o interviniente	Issuing bank or actors	Recibe las instrucciones de su cliente (el importador) para la apertura de un crédito documentario a favor del exportador.
Beneficiario	Beneficiary	Pago al banco emisor o al pagador una vez ha cumplido las condiciones estipuladas en el crédito. es el exportador
Cheque a la orden	Order check	Cheque nominativo que puede ser endosado (transmitido a otra persona mediante declaración escrita del titular en el propio documento)
Cheque al portador	Bearer check	Un cheque que puede ser cobrado por cualquier persona que lo presente al banco, sin necesidad de identificación
Cheque bancario	Bank check	Un cheque emitido por un banco, garantizado por los fondos del banco, lo que asegura su pago al beneficiario
Cheque cruzado	Crossed check	Un cheque que tiene dos líneas paralelas en su anverso, lo que indica que solo puede ser depositado en una cuenta bancaria y no cobrado en efectivo
Cheque de viaje	Traveller's check	Un cheque preimpreso que se utiliza como forma de pago segura en lugar de dinero en efectivo, especialmente cuando se viaja. Este cheque es emitido por instituciones financieras y es reembolsable si se pierde o es robado
Comprador	Buyer	Quien Importa, persona o entidad que adquiere bienes o servicios a cambio de dinero u otra forma de compensación. El comprador juega un papel crucial en el ciclo económico al impulsar la demanda de productos
Carta de crédito	Letter of credit (L/C)	Opción de pago donde un banco expide un documento de crédito

		que ampara la negociación
Crédito documentario o carta de crédito	Documentary credit	Carta de crédito que garantiza el pago una vez se cumplen las condiciones especificadas. Importancia: Asegura que ambas partes cumplan con sus obligaciones contractuales
Crédito a la exportación	Export credits	Es un convenio en virtud del cual un banco (banco emisor), obrando a petición de un cliente (ordenante) y de conformidad con sus instrucciones, se obliga a efectuar un pago a un tercero (beneficiario) o autoriza a otro banco a efectuar dicho pago, contra presentación de los documentos exigidos dentro del tiempo límite especificando, siempre y cuando se hayan cumplido los términos y condiciones del crédito
Crédito documentario confirmado (o carta de crédito confirmada)	Confirmed letter of credit (Confirmed L/C)	Es una modalidad de crédito documentario que ofrece un nivel adicional de seguridad para el exportador (vendedor). En este caso, además del banco emisor (banco del importador), un segundo banco (generalmente en el país del exportador) confirma el crédito, comprometiéndose a pagar al exportador incluso si el banco emisor no lo hace
Crédito documentario a la vista (o carta de crédito a la vista)	Sight letter of credit (sight L/C)	Es un tipo de crédito documentario en el que el pago al exportador (vendedor) se realiza inmediatamente después de que se presenten y aprueben los documentos requeridos, siempre que cumplan con los términos y condiciones establecidos en el crédito
Crédito documentario irrevocable	Irrevocable documentary credit	El crédito no puede ser modificado o cancelado sin el acuerdo del banco emisor, banco confirmador (si lo hubiese) y del beneficiario. Es un compromiso en firme por parte del banco emisor en favor del exportador, a falta de una indicación clara en el crédito, este será considerado como irrevocable. El crédito documentario irrevocable, puede ser confirmado o no confirmado
Crédito documentario revocable	Revocable documentary credit	Pueden ser anulados o modificados por el banco emisor en cualquier momento y sin tener que avisar al beneficiario, sin embargo, el banco emisor queda obligado por todos los pagos, compromisos, aceptaciones o negociaciones efectuadas con anterioridad al recibo de la notificación de modificación o cancelación, se desaconseja absolutamente su uso, ya que no es un compromiso de pago en firme, en la práctica no se emplean nunca, salvo contadas excepciones
Crédito documentario transferible	Transferable documentary credit	Un crédito documentario transferible es emitido a favor de un beneficiario que no es quien produce la mercancía sino un intermediario, que ha establecido un contrato de venta con un comprador, pero depende de una tercera parte (el exportador), para suministrar la mercancía a su cliente. especialmente indicado para las trading companys (comercializadoras), el beneficiario puede dar instrucciones al banco pagador, aceptador o negociador para que el crédito sea utilizable, parcial o totalmente, por uno o más beneficiarios de su país o de otro país. Si se quiere que un crédito documentario sea transferible, hay que especificarlo en las condiciones del crédito, indicando la mención transferible
Descuento por pronto pago	Early payment discount	Reducción en el precio si el pago se realiza antes de la fecha de vencimiento. Importancia: Incentiva a los compradores a pagar rápidamente, mejorando el flujo de caja del vendedor

Endosante	Endorser	Persona que, mediante endoso, transmite la titularidad de un efecto o título a la orden a otra
Letra de cambio	Bill of exchange	Documento que ordena a una persona pagar una suma determinada en una fecha específica. Importancia: Formaliza la obligación de pago, ofreciendo seguridad en transacciones comerciales
Pago contra documentos	Payment against documents	El comprador paga cuando recibe los documentos que demuestran el envío de los bienes. Importancia: Equilibra el riesgo entre comprador y vendedor, asegurando que ambas partes cumplan
Pago diferido	Deferred payment	Pago que se realiza en una fecha posterior a la recepción de bienes o servicios. Importancia: Permite al comprador manejar mejor su flujo de efectivo sin perjudicar la relación comercial
Pago en efectivo	Cash payment	Pago realizado inmediatamente y en su totalidad al recibir los bienes o servicios. Importancia: Reduce el riesgo de impago y simplifica las transacciones comerciales
Pago en cuotas	Installment payment	Pago fraccionado en partes periódicas hasta cubrir el total adeudado. Importancia: Facilita al comprador adquirir bienes o servicios costosos sin necesidad de desembolsar grandes sumas de dinero al inicio
Pago por adelantado	Prepayment	Pago completo realizado antes de recibir los bienes o servicios. Importancia: Proporciona al vendedor capital de trabajo y reduce el riesgo de impago
Recibo de pago	Payment receipt	Documento que confirma que se ha realizado un pago. Importancia: Proporciona evidencia del cumplimiento de la obligación de pago
Saldo pendiente	Outstanding balance	Cantidad que aún no ha sido pagada después de un pago parcial. Importancia: Ayuda a ambas partes a mantener claridad sobre la cantidad adeudada
Términos netos	Net terms	Condiciones que especifican el plazo en días para el pago total de la factura. Importancia: Establece expectativas claras para ambas partes en cuanto a tiempos de pago
Transferencia bancaria	Bank transfer	Movimiento de dinero de una cuenta a otra como método de pago. Importancia: Ofrece una forma segura y rastreable de transferir fondos en transacciones comerciales
Vencimiento	Maturity date	Fecha límite para realizar el pago según los términos acordados. Importancia: Garantiza que ambas partes estén al tanto de los plazos para evitar cargos por mora

Abreviaturas

Sigla	Ingles	Significado en español
A.A.P.	Partial Agreement	Acuerdo de Alcance Parcial
A.A.R.	Regional Agreements.	Acuerdo de Alcance Regional
A.B.L.A.	Bank Acceptance Latinoamericana	Aceptación Bancaria Latinoamericana
A.C.T.	Manual Air Cargo Rates	Manual de Tarifas de Carga Aérea
A.D.R.	European Agreement Concerning the International Carriage of Dangerous Articles Road	Acuerdo Europeo Relativo al Transporte Internacional de Artículos Peligrosos por Carretera
A.E.C	Common External Tariff.	Arancel Externo Común
A.E.L.C.	European Free Trade Association.	Asociación Europea de Libre Comercio
A.E.L.E.	European Free Trade Association.	Asociación Europea de Libre Intercambio
A.E.I.E.	European Economic Interest Grouping	Agrupación Europea de Interés Económico
A.I.M.U.	American Institute of Marine Underwriters	Instituto Estadounidense de Aseguradores Marítimos
A.M.E.	European Monetary Agreement.	Acuerdo Monetario Europeo
A.N.A.	National Customs Administration.	Administración Nacional de Aduanas
ANZUS	Australia, New Zealand, United States Security Treaty	Pacto de seguridad entre Australia, Nueva Zelanda y los Estados Unidos
A.P.E.C.	Asia-Pacific Economic Cooperation	Es un foro económico regional creado en 1989 para promover el libre comercio y la cooperación económica en la región Asia-Pacífico
A.R.	All Risks	Todo Riesgo
A.S.A.	American Center of Standards	Centro Americano de Normas
A.T.A.	Temporary Admission	Admisión Temporal
A.T.P.	International Agreement on the Carriage of Perishable Foodstuffs	Acuerdo Internacional sobre Transporte Internacional
B.A.F.	Fuel Surcharge	Recargo por Combustible.
B.I.M.C.O.	International Council of Baltic Sea	Consejo Marítimo Internacional y del Báltico
B.P.I.	Bank for International Settlements.	Banco de Pagos Internacionales
B/L	Bill of Lading	Conocimiento de Embarque
C.A.C.E.	Advisory Board of Trade.	Consejo Asesor de Comercio Exterior
C.A.F.	Charge for Exchange Difference	Recargo por Diferencia de Cambio

C.A.L.E.X.	Export Quality Service.	Servicio de Calidad de Exportación.
C.B.D.	Payment Before Delivery	Pago antes de Entrega
C.B.R.	Merchandise for Specific Rates, by Container	Tarifa por Mercadería Especifica, por Contenedor
C.C.A.	Customs Cooperation Council.	Consejo de Cooperación Aduanera
C.C.C.	Commodity Credit Corporation	Corporación de Créditos sobre Mercaderías
C.C.E.	European Economic Community.	Comunidad Económica Europea
C.E.D.	Economic Development Committee	Comité de Desarrollo Económico
C.E.P.A.L.	Economic Commission for Latin America and the Caribbean.	Comisión Económica para América Latina y el Caribe
C.E.S.	Economic and Social Council.	Consejo Económico y Social
C.E.S.A.P.	Economic Commission for Asia and the Pacific.	Comisión Económica para Asia y el Pacifico
C.F.I.	International Finance Corporation	Corporación Financiera Internacional
C.I.A.P.	American Council of the Alliance for Progress.	Consejo Interamericano de la Alianza para el Progreso
C.M.R.	International Convention for the Transport of Goods by Road.	Convención Internacional para el Transporte de Mercaderías por Carretera
C.N.	Credit Note	Nota de Crédito
C.O.D.	Payment on Delivery	Pago contra Entrega
C.O.M.B.I.	Passenger Plane-Load Combination	Avión Combinado Pasajeros-Carga
C.O.S.	Payment Against Signing	Pago Contra Embarque
C.S.C.	Container Charges for Services	Cargas por Servicios a Contenedores
C.S.P.	Port Container Services	Puerto de Servicios a Contenedores
C/L	Cargo Container	Carga del Contenedor
C/P	Charterparty	Póliza de Fletamento
CCI	Chamber of Commerce International	Cámara de comercio internacional. es la organización empresarial que representa mundialmente intereses empresariales
COMBIDO	Combined Transport Document.	Documento Combinado de Transporte
COMECON	Council for Mutual Economic Assistance.	Consejo para la Ayuda Económica Mutua
cr.	Credit	Crédito
D.E	Export Law.	Derecho de Exportación
D.G.R.	Application Of Dangerous Goods	Solicitud de Mercaderías Peligrosas
D.I.	Import Law	Derecho de Importación
D.T.A.	Customs Transit	Declaración de Transito Aduanero

	Declaration.	
D/O	Delivery Order	Orden de Entrega
E.D.I.	Electronic Data Interchange	Intercambio Electrónico de Datos
F.A.K.	Freight All Kinds	Fletes de todo Tipo
F.C.L.	Full Container Load	Contenedor Completo
G.T.	Gross Ton	Tonelada Bruta
gr. wt.	Gross Weight	Peso Bruto
H.T.S.U.S.	Harmonized Tariff Schedule	Arancel de Aduanas Armonizado
I.A.T.A.	International Air Transport Association	Asociación Internacional del Transporte Aéreo
I.C.S.	International Chamber of Shipping	Cámara Naviera International
I.S.O.	International Organization for standardization	Organismo encargado de promover el desarrollo de normas internacionales de fabricación, comercio y comunicación para todas las ramas industriales a excepción de la eléctrica
IMDG	International Maritime Dangerous Goods	Código Marítimo Internacional para Mercaderías Peligrosas
L/C	Letter of Credit	Carta de Crédito
M.I.C.	International Freight Manifest	Manifiesto Internacional de Cargas
MTD	Multimodal Transport Document	Documento de Transporte Multimodal
OBO	Ore Bulk Oil	Buque Mineralero/Granelero/Petrolero. Buque diseñado para transportar múltiples tipos de carga, como minerales, graneles sólidos (bulk) y petróleo
O.I.T.	International Labor Organization.	Organización Internacional del Trabajo
O.M.I.	International Maritime Organization	Organización Marítima Internacional
OMC	WTO - World Trade Organization	Organización Mundial del Comercio
P.E.U.	Urgent Shipment Permit	Permiso de Embarque Urgente
PAR	Preferencia Arancelaria Regional	Los países miembros se otorgan una preferencia arancelaria sobre sus importaciones reciprocas, consistente en una reducción porcentual, en magnitudes diferentes según las distintas categorías de países, de Los gravámenes aplicables a las importaciones provenientes de terceros países
pd.	Paid	Pagado
POD	Proof of Delivery	Documento que acredita que la mercancía ha sido recibida por el destinatario
POE	Port of Entry	Puerto de Entrada, punto designado (puerto, aeropuerto o frontera terrestre) donde las mercancías ingresan a un país y son inspeccionadas por las autoridades aduaneras
POL	Port of Loading	Puerto de Carga
R.C.R.	Order of Refrigerated Cargo	Pedido de Carga Refrigerada
S.A.	Harmonized System.	Sistema Armonizado
T/S	Transshipment	Transbordo de un buque a otro buque
THC	Terminal Handling Charges	Cargos por Manipuleo en Terminal

U.N.	United Nations.	Naciones Unidas
VUCE	Vuce	Ventanilla Única de Comercio Exterior
W.O.R.	Without Our Liability Of	Sin Responsabilidad de Nuestra Parte
W/M	Weight / Measure	Peso / Medida
WA	With Average	Con Avería
WTO	World Trade Organization	Organización Mundial del Comercio

Breve reseña del autor

Lic. en Administración de Empresas otorgado por la Universidad Nacional de San Antonio

Abad del Cusco, con dos maestrías: Marketing digital otorgada por la Universidad Alcalá de Henares de España y Gestión Pública.

Con doctorado en Administración concluido (Proyecto de tesis doctoral con opinión favorable de los dictaminantes).

Asistente a innumerables cursos y diplomados a nivel de posgrado en management en instituciones internacionales y nacionales, los más resaltantes mencionar a los últimos: Cultura de la Investigación y Gestión de entidades de educación superior en la Universidad Internacional de la Rioja de España – UNIR, Leadership: Creating Public Value by Harvard University este último realizado en ingles técnico de especialidad en la principal universidad de negocios del Mundo como es la Universidad de Harvard.

Con más de 30 años de experiencia exportadora en actividades de comercio exterior (exportando e importando a diversos mercados de todos los continentes) entre las principales:

Central de Cooperativas COCLA

Lideré la transformación estratégica de la empresa, evolucionando de un proveedor a un "Broker" local de café en grano verde a convertir la empresa en exportador directo con presencia en mercados internacionales diversificados. Este proceso incluyó no solo la negociación en las principales bolsas de valores del mundo, sino también la implementación de un modelo de negocio que nos permitió llegar directamente a los tostadores de café en mercados clave, como Alemania. Este salto estratégico no solo amplió nuestro alcance global, sino que también consolidó nuestra posición como un actor relevante en la cadena de valor del café, conectando el origen con el consumidor final de manera eficiente y rentable.

Nuestro mayor mérito fue transformar a una empresa de modelo cooperativo, conformada por productores caficultores del Valle de la Convención y Lares, en un exportador directo con identidad propia. A pesar de contar con 25 años de fundación e historia, la Central de Cooperativas COCLA Ltda. 281, nunca había exportado bajo su nombre, debido a un tabú generalizado en la época que presentaba la exportación como una actividad reservada únicamente para un grupo selecto de 'iluminados'. Rompimos con esta creencia limitante y, a través de una estrategia bien definida, logramos posicionar a COCLA en el mercado internacional, abriendo nuevas oportunidades para sus miembros y demostrando que la exportación es un camino accesible y transformador.

Bajo mi gestión en 1993, exportamos café arábico en grano verde, cacao, achiote y palillo a los principales mercados globales. Este esfuerzo llevó a que COCLA fuera nominada por ADEX como una de las tres principales empresas peruanas exportadoras más exitosas del país.

Durante esa época, el acceso al financiamiento era un obstáculo significativo para el desarrollo de las empresas del modelo asociativo, y los agricultores caficultores, socios de las cooperativas que forman parte de COCLA, enfrentaban grandes dificultades para acopiar y financiar la producción de café. Ante este diagnóstico, constituimos y pusimos en funcionamiento nuestra propia entidad financiera, la Caja Rural de Ahorro y Crédito "CREDINKA", de la cual fui pradicante de la Comisión organizadora. Esta entidad fue reconocida por la Superintendencia de Banca y Seguros (SBS) desde la propuesta del proyecto hasta su puesta en marcha.

Central de Cooperativas TE HUYRO la principal productora de té en el Perú, además de cubrir el mercado nacional, se exportó el producto al mercado norteamericano.

Central de Empresas Campesinas Valle Sagrado de los Incas, producción y exportación de maíz blanco gigante "tipo Cusco", a varios mercados de Europa.

Promotora Ucayali S.A. Importación de Santa Catarina – Brasil: Lozas y grifería.

Como actividad propia, importación de USA y otros países del mundo: vehículos, aceites para curtido de piel, insumos para textiles.

Después de mi periplo en los EE.UU. por varios años, el año 2007 constituyo Cusco Stores SRL empresa dedicada a la producción y exportación de artículos y prendas de vestir de piel, hilo, fibra y acabados con piel de alpaca bebé; aplicando las técnicas de Marketing Digital sin haber participado en ferias internacionales, se exporta al mundo entero, desde un peluche hasta abrigos de piel de alpaca, por la vía convencional y en línea (a través de internet), el posicionamiento de marca y productos en algunos supera a Amazon en la oferta de productos online. El año 2013 la empresa Cusco Stores SRL empresa gestionada por el suscrito fue nominada por PROMPERU como la primera empresa exportadora de textiles, mediante su proyecto denominada la "La ruta Exportadora", igualmente varios años nominado para el premio "Presidente de la República". La empresa participó en "Perú Moda" principal feria del Perú donde se llevan a cabo varias ruedas de negocio con compradores internacionales.

En la docencia universitaria

Dos semestres académicos en la Facultad de Ciencias Administrativas de la Universidad Nacional de San Antonio Abad del Cusco. (Semestres académicos: 2023-I y 2023-II).

Actualmente colaborando durante seis semestres académicos consecutivos como docente del Departamento Académico de Administración de la Universidad Andina del Cusco, compartiendo experiencias y conocimientos adquiridos con mis futuros colegas de las Escuelas Profesionales de:

Finanzas

Administración de Negocios Internacionales

Administración

Marketing

Junto con la labor docente en contenidos académicos especializados, se desempeña funciones de asesoría en el Círculo de Investigación Iniciativa Global – CIIG de la Escuela Profesional de Negocios Internacionales, así como en el Círculo de Investigación Philip Kotler de la Escuela Profesional de Marketing. Igualmente, se ejerce la coordinación de prácticas preprofesionales y actividades extracurriculares en las Escuelas de Marketing y Negocios Internacionales, además de la responsabilidad en investigación y producción intelectual en la Escuela Profesional de Administración de Negocios Internacionales. Como reflejo del compromiso con la generación de conocimiento y no únicamente con su difusión o consumo, la Revista Venezolana de Gerencia indexada en SCOPUS (Q3), una de las bases de datos científicas más reconocidas a nivel mundial ha publicado recientemente un artículo científico de mi autoría, consolidando así una contribución tangible a la investigación académica de alto nivel. El DOI del articulo: https://doi.org/10.52080/rvgluz.30.especial13.17

Se participa como dictaminante, miembro de jurado en sustentaciones de tesis, y asesor de investigaciones desarrolladas por estudiantes de pregrado de las Escuelas Profesionales de Administración, Marketing y Negocios Internacionales.

Complementando las actividades laborales mencionadas, se ha desempeñado un rol protagónico en cargos de dirección en empresas privadas, públicas y diversas entidades del Estado, entre las que destacan: Jefe de la Unidad de Administración del Programa Subsectorial de Irrigaciones PSI– Minagri; Gerente Regional de Desarrollo Social y Director Ejecutivo de Producción del Gobierno Regional de Cusco; Presidente ejecutivo del Programa del Desayunos Escolares de Cusco y Madre de Dios; Gerente General de COCLA, TE HUYRO, Central de Empresas Valle Sagrado de los Incas, Cusco Stores SRL, Municipalidad Provincial de La Convención, Promotora Ucayali S.A.; Gerente de Desarrollo Económico de gobiernos locales: Municipalidad Provincial de Bagua y Punta Negra; Gerente Comercial y Gerente General de la EPS EMAPAB S.A. OTASS; Inspector de Proyectos de Inversión Publica en Desarrollo Social de la Municipalidad de Echarati; Gerente de Desarrollo Social en la Municipalidad de Quellouno.

www.ingramcontent.com/pod-product-compliance
Lightning Source LLC
LaVergne TN
LVHW052216200926
848481LV00001B/128
* 9 7 9 8 8 9 9 6 6 1 5 8 7 *